JN434914

제3판

형사소송법

배종대 홍영기

STRAF ·
PROZESS ·
RECHT

홍문사

제3판 머리말

검사작성 피의자신문조서의 증거능력요건, 공수처설치, 수사권조정과 관련된 개정법이 발효되기도 전에 미리 앞당겨 제2판에 모두 반영했던 이유는, 적어도 향후 몇 년간은 책이 그대로 이용되길 바랐기 때문이었다. 그렇지만 모두가 알고 있듯, 다시 책을 새롭게 쓰지 않으면 안 될 상황이 되어버렸다. 검사의 수사범위를 달리하는 등의 법개정이 진행되었고, 적지 않은 법조문의 용어도 바뀌었다. 그 사이에 법전원협의회가 '형사소송법 표준판례'를 발표했는데, 그것이 모두 책에 반영되어 있는지도 확인해야 했다. 중요한 새 판례를 덧붙이고 쉬운 이해를 위해 서술을 가다듬는 작업도 길어졌다.

'잘 해야 본전'인 범죄수사의 고된 의무를 자기편을 위해 사용할 수 있는 권력쯤으로 착각하는 사람들의 정쟁 속에서 특별법이나 하위법령도 아니고 형사소송법 자체가 개정을 반복하고 있다. 법은 고도로 정형화된 수단이어야 한다고 믿는 두 저자가 평상심을 유지하면서 작업을 이어가기 어려운 시절이다. 그러나 이런 상황이니만큼 형사소송법 고유의 이념에 따라 통일성 있게 법률을 해설함으로써, 시류에 휩쓸릴 수 없는 책의 무게를 유지하는 데에 더욱 집중하려 하였다.

제2판을 갖고 있는 독자들에 대해서는 죄송한 마음을, 만만치 않은 분량의 복잡한 수정원고를 처리하느라 또다시 수고를 반복해야 했던 임진우 팀장을 비롯한 홍문사 구성원들에 대해서는 고마운 마음을 같이 전한다.

2022년 8월

공 저 자

제2판 머리말

머리말을 쓰는 지금은 2020년 초 개정된 형사소송법이 발효되기 전이지만 새로운 법에 따라 책을 다시 썼다. 그렇지 않아도 새 판례를 추가하거나 필요한 부분에 더 자세한 설명을 넣는 등 보완작업을 하고 있었는데, 이번 법개정이 그 일을 더 재촉한 셈이다. 개정된 내용은 사소하지 않다. 검찰과 경찰의 수사권조정 결과 형사소송법 및 검찰청법 등에 변화가 있었다. 이른바 '공수처'가 신설된 것도 달라진 점이다. 그런데 그보다는 검사작성 피의자신문조서의 증거능력을 인정받기 위해서 조서 내용의 인정이 필요한 것으로 바뀐 제312조 단 하나의 조문개정이 훨씬 더 극적인 변화이다. 책 안에서 직·간접적으로 관련되는 부분이 많아서 개정작업이 간단하지 않았다. 그밖에도 설명이 다소 간략했던 부분을 보완하고 표현을 더 쉽게 다듬은 곳이 많이 있다. 중요한 새 판례를 소개하기 위해 목차를 추가한 부분도 적지 않다.

이 모든 작업은 법률과 절차 맥락을 독자들이 더 정확히 '이해'할 수 있도록 도와야 한다는 변함없는 목적에 따라 진행되었다. 변호사시험 선택형(객관식)에서 형사소송법을 제외하고, 선별된 표준판례에서만 문제를 출제하도록 하는 등의 변시제도 개선안들은 이 책이 추구하는 방향이 올바른 것임을 알려주는 긍정적인 신호라고 생각한다.

이번에도 홍문사 임진우 팀장님과 이경희 주간님이 작업진행은 물론 구체적인 일정까지 세심하게 챙겨주었다. 수정부분을 포함하여 책 전체를 꼼꼼하게 다시 읽어 교정해준 최한별 조교에게도 고맙다는 말을 전한다.

2020년 7월

공 저 자

머 리 말

이 책의 유일한 목적은 형사소송법 주요 원리와 구조를 '이해'하도록 돕는 것이다. 이를 위해 필요한 부분을 기존 교과서에 비해 더 알기 쉽게 설명하였다. 특히 형사소송법의 본질과 원칙, 강제수사, 공소제기, 소송물이론과 공소장 변경, 그리고 증명책임론과 전문법칙을 비롯한 증거법의 모든 부분은 독자들이 쉽게 이해할 수 있도록 자세하게 서술하는 한편, 현재 실무와 학계의 새로운 경향도 반영하였기에 기존의 교과서들과 완전히 다르다. 또한 변호사시험과 사법시험의 기출문제를 모두 검토하여 사례문제에 자주 출제되는 논점들은 더 세심하게 다루었다.

그런데 책의 두께는 다른 교과서보다 얇다. 전체를 같은 비율로 축약하여 부피를 줄인 것이 아니다. 우선 단순한 학설소개를 생략하였다. 특히 현재 실무와 학계에서 다루지 않는, 역사적인 의미만으로 기존 교과서에서 반복되어 온 연혁과 본질론 등의 설명은 거의 찾아볼 수 없다. 학설대립의 대부분을 판례 입장을 기준으로 서술하였고, 예외적으로 통설이나 저자의 생각이 판례와 다른 때에만 이를 언급하였다. 해설이 중요하지 않고 쟁점과도 관계없는 하위법규내용들을 모두 나열하지 않고 꼭 필요한 것만 옮겨두었다. 형사소송법이 새 모습으로 바뀐 지 벌써 십 년이 되었으므로 더 이상 예전 법과 대조하여 소개할 필요도 없다. 주요 판례의 태도는 그대로 옮겨서 썼지만 의의가 크지 않은 것은 독자들이 검색할 수 있도록 각주에 간단히 인용표시를 하였다. 이렇게만 해도 기존 교과서들에 비해 분량을 대폭 줄일 수 있었다. 요약하자면, 현재 이론과 실무에서 주목하는 내용은 더 자세히, 중요하지 않거나 단순히 기술적인 의미만 있는 것은 지극히 간단히 설명하였다. 현실적인 절차에서의 관심과 형사소송법 수업에서 비중을 두는 방식 그대로이다.

시험제도가 바뀌어야 한다고 믿고 있다. 변호사시험, 사법시험, 각급 공무원시험에서 형법과 형사소송법 문제는 법조문과 수많은 판례를 모두 암기하는 학생들이 좋은 점수를 받도록 출제되어 왔다. 그러나 검색수단인 휴대폰을 들고 다니는 지금, 머리에 그 많은 내용을 고스란히 집어넣는 작업의 의의는 거의 남아 있지 않다. 대신 문제파악, 창의적인 해결, 그 결론을 고유한 논증언어로 표현하는 능력이 과거와 비교할 수 없을 만큼 중요해졌다. 최근 형사법부문 출제 경향도 이에 따라 조심스럽게 바뀌어가는 것이 감지된다. 이 책이 암기내용의 분량을 최소화하는 대신 형사소송법의 맥락과 논증방식을 정확히 이해할 수 있도록 돕는 데 많은 지면을 할애한 이유이다. 이러한 설명방식이 배우는 학생들뿐만 아니라, 개별 상황에서 핵심적인 논거를 찾아야 하는 실무가들에게도 도움을 줄 것으로 생각한다. 각주인용은 자세히 하지 않았지만 중요한 테마를 다룬 두 저자의 책과 논문은 어느 정도 표시해 두었으므로 한걸음 더 나아간 논의에 관심이 있는 독자들은 그 문헌들을 같이 참고하면 좋겠다. 형사절차를 알고 싶어 하는 일반인도 염두에 두어 가능하면 읽기 쉽게 서술하려 노력하였다. 그렇지만 어려운 용어가 이어질 수밖에 없는 전문성 때문에 이 마지막 목표를 넉넉히 달성했다는 말을 듣기에는 어려워 보인다. 책을 발전시키면서 쉬운 서술에 더 신경 쓸 것을 약속한다.

언제나 새로운 아이디어를 제공해 주는 홍문사 임권규 사장님, 꼼꼼하게 편집을 책임져 준 이경희 주간님, 표지도안 등 번거로운 일을 마다하지 않은 임진우 과장님에게 고마운 마음을 전한다. '첫 작품'이 마음에 들었으면 좋겠다. 그리고 짧은 시간에 열심히 원고를 읽어준 김아름솔 석사, 박경선 공익법무관, 황정원 변호사에게도 많은 빚을 졌다. 뜻한 바 일을 꼭 성취하기 바란다.

2017년 12월

공 저 자

차 례

[주요 참고문헌]

강구진	형사소송법원론(1982)	(강구진)
권오걸	형사소송법(2012)	(권오걸)
김기두	형사소송법(전정신판, 1987)	(김기두)
김재환	형사소송법(2013)	(김재환)
노명선/이완규	형사소송법(제 4 판, 2017)	(노명선/이완규)
백형구	형사소송법	(백형구)
______	형사소송법강의(8 정판, 2001)	(백형구(강의))
서일교	형사소송법(8 개정판, 1979)	(서일교)
손동권/신이철	형사소송법(제 3 판, 2016)	(손동권/신이철)
송광섭	형사소송법(2012)	(송광섭)
신동운	신형사소송법(제 5 판, 2014)	(신동운)
신양균	형사소송법(신판, 2009)	(신양균)
신현주	형사소송법(신정 2 판, 2002)	(신현주)
이영란	한국형사소송법(2008)	(이영란)
이은모	형사소송법(제 5 판, 2015)	(이은모)
이은모/김정환	형사소송법(제 5 판, 2015)	(이은모/김정환)
이재상/조균석	형사소송법(제11판, 2017)	(이재상/조균석)
이주원	형사소송법(제 2 판, 2020)	(이주원)
이창현	형사소송법(제 3 판, 2017)	(이창현)
임동규	형사소송법(제12판, 2016)	(임동규)
정승환	형사소송법(2018)	(정승환)
정영석	형사소송법(4 전정판, 1982)	(정영석)
정영석/이형국	형사소송법(1994)	(정영석/이형국)
정웅석/최창호	형사소송법(개정 7 판, 2017)	(정웅석/최창호)
차용석/최용성	형사소송법연구(제 4 판, 2013)	(차용석/최용성)

[일러두기]

- 각주에 문헌의 명칭이 표기되지 아니한 것은 '형사소송법' 또는 그와 유사한 제목의 교과서이며 그에 따른 해당 페이지에는 '면' 표기를 하지 않았다.
- 본문, 각주, 색인 등에 페이지 대신 "/" 앞뒤의 숫자를 사용한 것은 페이지 상단의 [절]과 페이지 양쪽 가장자리의 숫자(Randnummer)를 표기한 것이다.
- 법률의 명칭이 표기되지 아니한 것은 '형사소송법'이다.
- 그 밖에 법규정 명칭의 줄임말은 다음과 같다.

[법령약어표]

검사의 사법경찰관리에 대한 수사지휘 및 사법경찰관리의 수사준칙에 관한 규정	수사지휘규정
검찰사건사무규칙	검사규
경찰관직무집행법	경직법
고위공직자범죄수사처 설치 및 운영에 관한 법률	공수처법
교통사고처리특례법	교처법
국민의 형사재판 참여에 관한 법률	국민참여재판법
도로교통법	도교법
법원조직법	법조법
사법경찰관리집무규칙	사경규칙
성폭력범죄의 처벌 등에 관한 법률	성폭법
소송촉진등에 관한 특례법	소촉법
즉결심판에 관한 절차법	즉심법
통신비밀보호법	통비법
특별사법경찰관리 집무규칙	특사경규칙
특정강력범죄의 처벌에 관한 특례법	특강법
특정경제범죄가중처벌등에 관한 법률	특경법
특정범죄가중처벌등에 관한 법률	특가법
폭력행위등 처벌에 관한 법률	폭처법
헌법재판소법	헌재법
헌정질서 파괴범죄의 공소시효 등에 관한 특례법	헌정범죄시효법
형사보상 및 명예회복에 관한 법률	형사보상법
형사소송규칙	규칙
형의 집행 및 수형자의 처우에 관한 법률	형집행법

형사소송법

제 1 장 형사소송법 총론

제 1 절 형사소송법의 의의

[1] 형사절차와 형사소송법

I. 형사소송법의 개념

1 **형사소송법**은 형사절차를 규율하는 실정법 및 그와 관련되는 전체 법률체계이다. 실체법인 형법[1]과 대조하여 **형사절차법** 또는 절차형법인 **형식법**으로 분류된다. 실체형법과 절차형법을 통틀어서 단순히 '형법' 또는 '형사법'으로 부르는 경우에는, 그 가운데에서 절차와 관련된 부분영역을 차지한다. 이 법영역을 형식법이라고 하는 이유는 '어떠한 행위가 범죄가 되는가' 하는 실질적 내용이 아니라, '그 사안을 어떻게 인식하고 규명하며 법에 적용할 수 있는가' 하는 절차형식을 다루고 있기 때문이다. 야구경기에 비유해 본다면, 야구선수의 기량이나 경기의 내용과 승부 결과는 '실체'에 해당한다. 반면에 삼진아웃, 인필드플라이, 보크 등의 게임규칙이 바로 이러한 '형식'에 속한다.

2 **형사절차**는 범죄사건이 인지되면서부터 사안을 수사하여 증거를 수집하고, 공소를 제기한 후 공판절차를 거쳐 형의 선고와 형의 집행에 이르는 전체 과정을 뜻한다. 반면에 일반적으로 **형사소송**이라고 말하면, 공소제기 이후에 법원에 의해서 공판이 진행되는 과정, 즉 검사와 피고인을 대립되는 당사자로 하여 법원이 주재하는 쟁송과정만을 의미한다. 처음 '형사소송'이라는 단어를 들으면 재판정에서 정면 가운데에 앉은 판사, 양쪽에 앉아 있는 검사와 피고인 그리고 중앙에 출석한 증인이 서로 대화를 진행하는 장면이 떠오를 것이다. 이러한 공판절차는 **좁은 의미의 형사소송**이다.

---

1) 실체형법: 형법총칙 + 형법각칙.

3 그러나 형사소송법은 좁은 의미의 형사소송만을 규율하는 법이 아니다. 법원의 공판과정과 동일한 비중으로 수사기관의 수사활동을 규정해 두고 있다. 곧 **넓은 의미의 형사소송**은 범죄의 수사와 기소, 공판과정을 모두 뜻한다. 제목이 '형사소송법'인 이 책과 일반 교과과목도 공판과정에 앞서 있는 수사과정과 공소제기 그리고 공판과정을 함께 다루고 있다.

II. 형사절차의 개관

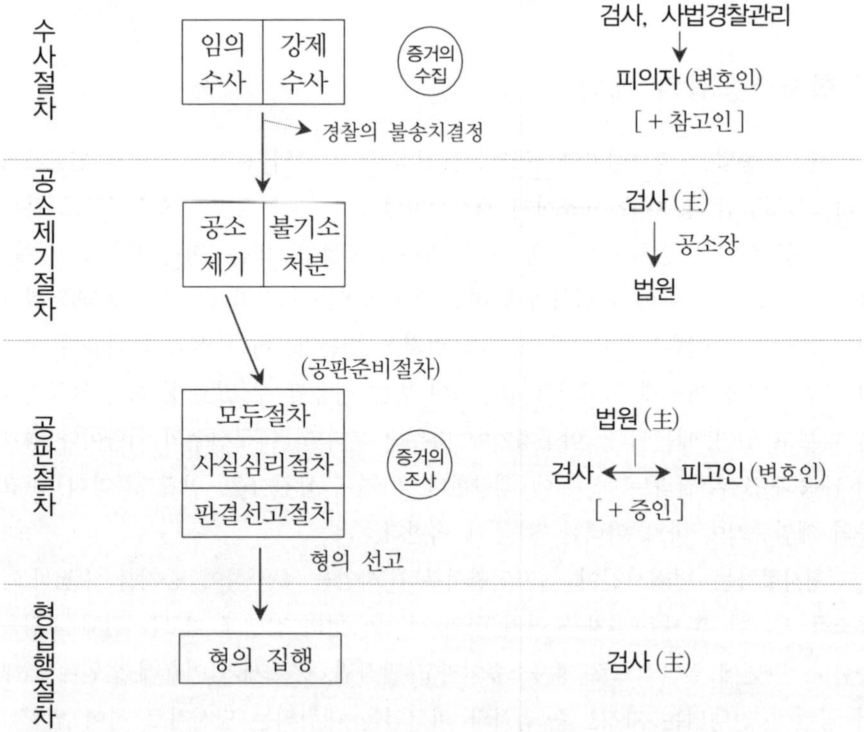

1. 수 사

4 사안 또는 사건이라고 부르는 범죄사실이 발생하는 것 자체로는 형사절차가 진행되지 않는다. 그것을 수사기관이 알게 됨으로서 수사절차가 시작될 수 있는데, 그 계기로는 고소, 고발, 수사기관이 직접 인지하는 것 등이 있다.

수사는 범죄의 사실관계를 규명하여 사안의 실체를 구성해 낼 수 있도록 하는 것을 목적으로 한다. 간단히 말하면 **증거를 수집**하는 과정이다. 수사기관은 크게 검사와 사법경찰관리로 나뉜다. 수사를 받는 대상은 **피의자**로 불리며, 수사기관에 출석하여 질문·대답을 통해 자신이 인식한 사실을 전하는 주체는 증인이 아니라 **참고인**이다. 5

수사와 구별되는 것으로서 흔히 **내사**라 불리는 과정도 있다. 내사는 언론의 보도나 소문, 제보 등을 통해서 범죄혐의가 인식된 때에 수사기관이 **입건**(立件: 형사사건으로 봄) 단계에서 행하는 조사를 말한다. 수사과정에 놓인 대상자가 피의자로 불리는 것과 구별하여, 여기서는 용의자라는 말을 쓰기도 한다. 내사와 수사는 형식적 기준이 아니라 수사기관이 범죄사건으로 인지한 근거 및 주관적으로 갖고 있는 혐의의 정도 등 실질적 기준에 따라 나뉘는 것이므로, 수사가 아니라 내사 단계라고 해서 절차의 적법성이 무시될 수 있는 것은 아니다.[1] 6

2. 공소제기

기소라고 줄여 부르기도 하는 공소제기는 검사가 법원에 대하여 공소사실을 조사하여 범인을 처벌해 달라는 의사를 표시하는 절차이다. 공소사실이 쓰여 있는 공소장을 법원에 전달함으로써 공소제기가 이루어지며 이 공소장은 피고인에게도 전달된다. 법원의 심리범위가 공소사실로 명확히 정해지고 피고인도 공소장을 읽어보고 방어준비를 할 수 있다. 공소제기를 통해서 소송계속이 시작되며 바로 이때부터 피의자였던 자는 **피고인**, 즉 소를 제기당한 사람이 된다. 7

공소제기는 검사의 고유한 권한이다. 역사적으로 검사제도 자체가 소제기, 즉 소추를 위해서 만들어진 것이기 때문이다. 공소를 제기할 것인가 여부, 공소사실을 어떻게 기재할 것인지 여부 등은 모두 검사의 재량에 따르는데, 이러한 제도의 배경을 **기소편의주의**라고 한다. 8

3. 공 판

공판정에서 이루어지는 공판절차의 주재자主宰者는 법원이다. 법관이 사건 및 피고인을 특정하면서 시작된다. 이어 검사가 공소사실을 낭독한 이후 법관이 주 9

1) 대판 2010. 6. 24. 2008도12127.

도하여 피고인을 신문[질문 · 대답]하고, 증인이 있는 경우에 법관, 검사, 피고인 모두 묻고 답을 들을 수 있으며 증거물도 확인한다. 수사과정에서 '증거의 수집'이 행해지는 것에 대비하여, 공판과정에서는 이처럼 **증거의 조사**를 진행하게 된다. 최종변론과 구형이 이루어진 이후에 판결을 내리는 것으로써 공판절차는 끝난다. 이 모든 과정이 한 번에 이루어질 필요는 없고, 많은 경우에는 수차례에 나누어 진행된다. **재판**은 위의 전과정을 일컫는 단어이기도 하고, 법원이 최종적으로 결론을 내리는 것 또는 그 결과를 뜻하기도 한다. 유죄판결이 이루어진 때에는 검사가 주도하여 형을 집행한다.

[2] 형사절차와 형사소송법의 목적

1 형사소송법의 목적은 '형사소송법이 왜 규정되어 있는지, 그것을 어떻게 취급하고 이용해야 하는지'에 대한 답이다. 형사소송법을 공부하기 위해 반드시 필요한 기본적인 소양에 해당한다.[1)]

I. 일반적인 견해

2 여러 문헌에서 형사소송의 목적으로 언급되는 것은 크게 실체적 진실의 발견과 적법절차로 요약할 수 있다. **실체적 진실의 발견**은 소송의 대상이라고 할 수 있는 사실관계의 객관적인 진실을 알아내고자 하는 목적을 의미한다. **적법절차** 또는 **적정절차**는 법체계에 의해 승인된 절차와 방식에 따라서 형사절차가 진행되어야 한다는 뜻으로 쓰고 있다.

3 이 두 이념의 관계에 대한 서술은 일치하고 있지 않다. 1) 일부 견해는 실체적 진실의 발견을 형사절차의 최우선의 과제로 삼고서 적법절차의 원리는 실체적 진실발견을 위한 수단으로 이해한다.[2)] 2) 다른 견해는 이 두 과제를 병렬적으로 생각하여 형사절차는 적법절차와 실체적 진실의 발견을 동시에 달성해야 하는 것으로 보고 있다.[3)]

4 실체적 진실의 발견과 적법절차원리를 각각 목적과 수단으로 본다면, 목적은

1) 자세한 내용은 홍영기, 형사소송법, 그 독자적인 법 목적에 대한 이해, 저스티스 100, 255면 이하.
2) 김기두 24; 백형구(강의) 33.
3) 이재상/조균석 4/3; 이창현 17; 임동규 8.

수단보다 우위에 있는 가치로 여겨지기 쉽다. 양자를 병렬적으로 대립시킨다고 해서 이러한 문제가 사라지는 것도 아니다. 개별 사안에서 대립된 관념 가운데 무엇을 중요시할 것인지 묻게 되는데, 궁극적 목적으로 불리는 실체적 진실발견이 많은 경우 더 유리한 지위를 차지하게 될 것이다. 실체적 진실을 구현하는 것을 '정의'이념으로, 그리고 적법절차에 따르는 것을 '법적 안정성'을 추구하는 것처럼 생각하고, 마치 **라드브루흐의 공식**[1]을 이용하듯이, '일반적으로 적법절차가 유지되어야 하지만, 적법절차원리에 따르는 것이 정의관념에 비추어 보아 용인될 수 없는 예외적인 경우에 실체적 진실발견목적을 우위에 놓아야 한다는' 식의 논증방식을 취하는 것으로 보일 때가 많다.[2]

그러나 우선 확인해야 하는 것은, 실체적 진실발견과 적법절차가 같은 차원에서 대조시켜볼 수 있는 이념이 아니라는 사실이다. 5

II. 실체적 진실발견

1. 의 의

일반적으로 실체적 진실은 과거에 발생한 사안의 사실관계 자체이며, 이것을 발견한다는 것은 흔히 실제 범죄사안 그대로를 인식하고자 한다는 뜻으로 알려져 있다.[3] 어떠한 사건이 실제로 있었는지를 규명하는 것은 실체형법을 목적대로 구현하여 정의에 부합하는 형벌권을 행사하기 위한 기본 전제이기 때문에, 실체적 진실발견이념은 언제나 형사사법에서 결정적인 지위를 차지해왔다. 형사절차의 의미가 '해명된 사안과 해석된 실체형법을 상응시켜보는 과정'이라고 한다면 실체적 진실발견이라는 이념에서 벗어나 있을 수는 없다. 6

2. 한 계

그러나 형사절차에서 사안에 대한 진실을 그대로 발견할 수 있는 현실적인 방법은 없다. 인간의 인식능력과 전달능력에 분명한 한계가 있기 때문에, 실제로 7

---

1) 고정된 실정법에 따라야 하므로 법적 안정성 이념이 우위에 있지만, 이로부터 정의의 훼손이 참을 수 없는 정도에 이를 때에는 예외적으로 정의의 우위를 인정한다는 것을 말한다(홍영기, 법개념요소의 법비판 작용, 법철학연구 8-2, 115면 이하 참조).

2) 대판 2017. 9. 21. 2015도12400; 2013. 3. 14. 2012도13611 등.

3) 이러한 인식론적 개념이 소송법학 안에서는 민사상 형식적 진실과 대비되어 쓰인다.

발생하였던 사실관계를 그대로 소송에 옮겨오는 것은 불가능하다. 서로 다른 선이해先理解[1]를 가진 참여자들은 같은 대상을 놓고도 서로 다르게 인식할 수밖에 없으며, 자신이 나름대로 이해한 제한된 정보를 절차과정에 내어놓을 수 있을 뿐이다. 법원은 이러한 정보를 이용하여 과거에 실제로 있었던 사안을, 역시 제한된 이해가능성을 전제로 복원하고자 한다. 그렇기에 실제 절차과정에서 다루어지는 대상은 '발견된 진실'이 아니라 **구성된 사안**에 불과하다고 보는 것이 정확하다.[2] 구성된 사안을 실체법에 포섭하는 방식 또한 각 주체의 이해에 따라 통일되어 있지 않다.

8 실제로 수사기관이 '이번 사안은 실체적 진실을 99% 구현하였다'라고 말하는 경우가 있지만 그것은 실체적 진실에 가까워지도록 열심히 수사를 했다는 사실을 강조하기 위한 수사(Rhetorik)에 불과하다. 정확한 실체적 진실을 바탕으로 진실과 정의를 고스란히 구현했다고 자신할 수 있는 법관도 없다. '무죄판결'을 하는 때에도, 이는 '실제로 피고인에게 죄가 없다'는 것을 확인하는 것이 아니다. 단지 '절차를 통해서 유죄의 증명이 충분히 이루어지지 않았음'을 뜻할 뿐이다.

3. 형사절차의 목적

9 그렇지만 진실을 그대로 발견해 낸다는 것이 불가능하다는 인식론적인 결론으로 인해 실체적 진실의 발견이라는 이념 자체가 무의미해지는 것은 아니다. 이는 형사절차를 진행할 때에 과연 무엇이 진실에 가까운지를 계속 묻고 답을 찾기 위한 이념적 표상에 해당한다. 실체적 진실의 발견 없이는 실체형법의 정의[**범죄를 저지른 자는 형벌에 처한다**]도 말뜻 그대로 구현될 수 없다.

10 누구도 절차를 통해 진리 그 자체가 고스란히 드러날 수 있다고 생각하지 않는다. 그러나 모든 절차참여자들은 사안을 구성할 때, 될 수 있는 대로 실체적 진실에 가깝게 다가가기 위해 노력해야만 한다. 그러므로 이러한 추상적인 가치로서 실체적 진실의 발견은 과거와 다름없이 현대의 형사사법에서도 언제나 **형사절차의 최종 목적**으로서 유지되고 있다.

---

1) 주체가 대상의 의미를 이해할 때에 그에게 이미 영향을 미치고 있는, 객관적인 인식을 방해하는 요인을 말한다.

2) 이러한 법해석학(juristische Hermeneutik)의 결론에 대해서는 홍영기, 법률해석의 허용과 한계, 법학연구(가톨릭대) 3, 149면 이하.

III. 적법절차

1. 의 의

형사소송법의 본질을 짐작하기 위해서 그것이 없었던 먼 과거를 상상해 보자. 절차법이 없었던 때라고 하더라도 형사절차 자체가 없었을 리는 없다. 누가 범죄자인지 그리고 범죄의 내용이 무엇인지 밝히는 작업은 동서고금을 막론하고 절차의 의미 자체였다. 실체적 진실발견의 이념은 그만큼이나 오래된 것이다. 과거에 고문을 하거나 신판神判[1]을 이용했던 것도, 모두 제한된 재판관의 능력 안에서 어떻게든 실체적 진실을 알아내기 위해서였다. 그러던 중 근대에 이르러서야 비로소 고문을 비롯한 불합리한 절차를 통해 증거를 찾아내는 것은 인간의 존엄에도 반할 뿐만 아니라 오히려 진실발견을 방해할 수도 있다는 생각을 하게 되었다. 형사절차가 계속 비정형적 · 자의적으로 진행되는 것을 막을 필요가 있었으며, 그러한 생각이 곧 적법절차이념을 확립하는 데로 나아갔다. 그리고 이를 체계화한 것이 지금 우리가 사용하고 있는 근대 이후의 형사소송법이다. 11

이미 자동차를 만들고 있던 공장에서 컨베이어벨트를 발명하여 이용하기로 했다면, 그 설비의 목적을 단지 '자동차를 만들기 위해서'라고 말하는 것은 어색하다. 노동력을 아낀다든지 더 균일한 제품을 생산하기 위한 것이라고 말하는 것이 맞다. 마찬가지이다. 실체적 진실발견은 먼 과거에서부터 어쨌든 계속 추구해왔던 절차의 이념이었다. 그 상황을 교정하기 위해 실정법으로 만들어진 '형사소송법'의 목적은 오로지 그와 대조되는 관념인 '적법절차'에 놓여 있을 수밖에 없는 것이다. 12

2. 형사소송법의 목적

이렇게 형사소송법의 고유 목적을 '형사절차를 왜 법률로 확정해 놓아야 하는가'에 대한 근본적인 답으로서 적법절차원칙에서 찾는다면 그것이 곧 **소송법적 정의**의 내용을 이룬다. 이것이 형사소송법의 고유한 법이념이며, 그것은 실체적 진실을 향해 나아가는 데 봉사하는 기능적인 것이 아니라 그 자체로서 고정적인 의미를 갖는 법치국가원칙이다. 그리고 이 원칙의 가장 중요한 근거는 **피의자 또** 13

1) 달궈진 쇠를 손에 올리고 데지 않으면 무죄로 본다거나 유황을 먹게 하여 소화력에 따라 죄의 경중을 알아내는 방법 등.

는 **피고인의 권리보장**에 놓여 있다. 인간의 처분불가능한 기본권, 여기서는 특히 국가권력에 맞서 있는 당사자의 기본권 보장을 의미함과 동시에, 더 나아가 **국가권력의 자기제한**을 아울러 지시한다.[1]

14 형사절차는 형사소송법의 규정에 따라서만 진행되는 것이기 때문에, 이는 **허용된 절차를 통한 사실관계의 구성 과정**이다. 형사절차의 목적은 실체적 진실의 발견에 있지만 실제로 형사절차는 있었던 사안 그대로를 복원해 낼 수 없는 것이므로, 현실적인 목표는 단지 제한적으로 구성된 진실을 정당한 법적 절차 안에서 구현하는 것을 의미할 수 있을 뿐이다.

Ⅳ. 법 이 념

1. 형법 · 형사소송법 · 형사절차

15 형사절차에서 두드러지는 이념은 다음과 같다.[2]

1) 실체형법의 정의正義 : '범죄를 저지른 자는 처벌되어야 한다'는 정의 [법익보호원칙 ← 실체적 진실발견을 전제로 함]
2) 형사소송법의 정의 : 피의자 · 피고인의 권리보장 또는 국가기관의 자기제한 [적법절차원칙]
3) 형사절차의 안정적 실현 : 절차의 안정적인 진행과 효력부여 [절차유지원칙, 기판력 등][3]

2. 법이념간의 관계

16 형사절차에서는 위의 구별되는 목적의 대립과 보완, 제한을 관찰할 수 있다.

17 첫째, 실체형법의 목적인 정의의 실현 그리고 그 전제가 되는 실체적 진실발견[1]은 절차법 고유의 정의[2]에 의해 제한될 수 있다. 적법절차에 의해 구체적인 정의실현이 방해받는 경우들이 여기에 속한다. 참여자의 권리보장, 강제수사

---

1) '자기제한' 이념에 대해서는 홍영기, 국가권력의 한계 어디에서 비롯되는가, 법철학연구 8, 특히 224면 이하 참조.
2) 홍영기, 형사소송법, 그 독자적인 법 목적에 대한 이해, 저스티스 100, 268면 이하. 법이념의 간략한 내용은 홍영기, 법개념요소의 법비판 작용, 법철학연구 8-2, 112면 이하 참조. 기타 '형법 및 형사소송법의 법적 안정성'은 두 법률이 문언 그대로 관철되어야 한다는 것으로서 이는 형법 및 형사소송법의 정의의 조건이 되기도 하고 상호 충돌하기도 한다.
3) 이 원리에 대해서는 아래 소송행위 '무효의 치유[6/9]'를 참조.

법정주의, 영장주의, 증거법원칙으로서 위법수집증거배제법칙, 자백배제법칙, 전문법칙 등이 실체적 정의에 맞서는 절차적 정의원리의 대표적인 예이다. 이때 형사소송법은 실체형법적인 시각에서 볼 때 부정의한 결과를 옹호하게 될 수도 있는데, 이와 같은 충돌상황에서 오히려 형사소송법의 본질적 역할이 더 분명히 드러난다.

둘째, 실체형법이 추구하는 정의의 이념 [1] 은 절차가 담당하는 안정성 [3] 에 의해서 제한되기도 한다. 형사절차는 시간 · 공간적 제한 그리고 형사사법기관의 역량의 한계를 감안하여 실체적 정의를 무한히 추구할 수 없도록 한다. 이를 확인하는 것이 절차유지원칙, 재판의 확정력(기판력, 형식적 확정력)에 관련된 규범내용들, 공판조서의 절대적 증명력 등이다. 예외적으로 절차의 안정성 [3] 이 실체형법의 정의이념 [1] 에 의해 재편되도록 하는 제도로서는 상소, 재심 등이 있다. 18

셋째, 적법절차원칙 [2] 을 원리대로 따를 것인지, 절차의 안정적인 진행 [3] 을 우선할 것인지의 갈등도 있다. 예를 들어 소송행위 하자와 치유의 법리로서 책문권포기에 의한 치유, 고소의 추완 등이 관련된 주제이다. 19

[3] 적법절차원칙의 내용

적법절차원칙을 구성하는, 형사소송에서 반드시 지켜야 할 **법치국가적 정형화원리**로는 다음과 같은 것들이 있다. 모두가 서로 정확히 구별되는 의미를 갖는 것이 아니며 가깝게 연관되어 있다. 1

I. 공평한 재판의 원리

1. 의 의

공평한 재판의 원리란 독립된 법원과 법관에 의하여 법률에 따라 객관적이면서도 한편으로 치우침이 없이 형사재판이 이루어져야 한다는 원칙을 말한다. 공평한 재판의 원리는 적법절차 가운데 가장 상위에 놓인 원리이다. 재판제도는 객관적인 심리와 판결을 위해서 형성된 것으로서 공평한 재판의 원리는 재판 그 자체의 존재의의라고 할 수 있기 때문이다. 소송법적인 정의라고 할 수 있는 '적 2

법절차' 이념 또한 최종적으로 공평한 재판의 원리를 실현하기 위한 것으로 보아야 한다. 만약에 이와 같은 나아간 목표 없이 적법한 절차 그 자체에 의의가 있다고 하면, 적법절차는 맹목적인 형식만을 추구하는 것이거나 순환론에 그치는 것[1]으로 생각될 것이다.

2. 구성과 평가의 공평성

3 공평한 재판이 이루어지기 위해서는 우선 법원이 공정한 규칙에 따라 구성되어야 한다. 공평한 재판은 법에 따라 설치된 공적인 법정에서 당사자들의 참여를 보장하는 가운데 공개된 재판으로서 진행될 것을 전제로 한다. 국가기관인 법원에 의해서만 재판이 이루어져야 하며, 다른 절차참여자나 개인이 형사절차를 주도하거나 그들끼리의 비공식적인 담합이 재판을 대신해서는 안 된다. 또한 실정법체계는 법관으로 하여금 정치적으로 독립적인 지위에서 활동하도록 하고 있다.

4 재판을 주재하는 법관은 어느 한편에게 유리하거나 불리한 사실에 미리 노출되어서도 안 된다. 이를 간단한 표현으로 **예단배제**라고 한다. 예단배제는 적법절차의 요청이지만 동시에 실체적 진실을 향해가는 데에 기여하는 조건이기도 하다. 선입견에 사로잡힌 법관이 실체적 진실에 가까운 사안을 구성할 것으로 기대하기는 어렵기 때문이다.

5 형사소송법은 공평하지 않은 재판을 할 우려가 있는 법관들을 교체할 수 있는 제도로서 제척, 기피, 회피제도를 두고 있다(제17조 내지 제24조). 공소를 제기할 때에 증거가 될 자료를 함께 제출하지 말아야 한다는 공소장일본주의(규칙 제118조 ②항)도 법관이 공판과정에 앞서서 선입견을 갖지 않도록 만든다. 이 제도들은 공평한 재판의 원리를 구체화하는 몇 가지 예에 불과하다. 형사소송법 전체가 곧 형사절차를 공평한 재판이 되도록 하는 데에 기여하는 것으로 보아야 한다.

II. 무죄추정원칙

1. 의 의

6 법원에서 확정적으로 유죄판결을 선고받기 전까지 피의자와 피고인은 무죄

---

1) 적법절차원칙을 왜 지켜야 하는가? → 법에 따르는 절차여야 하니까.

인 것으로 추정된다(헌법 제27조 ④항). 무죄추정원칙은 공평한 재판을 실현하기 위한 가장 중요한 원리이다. 검사와 법관이 피의자 · 피고인에게 죄가 있다는 내심을 갖고서 참여하는 한 형사절차는 불공평하게 흘러갈 수밖에 없기 때문이다. 당사자의 권리를 온전히 지켜주리라 기대할 수도 없다.

그러나 이 원칙을 현실에서 관철하는 것이 쉬운 일은 아니다. 형사사법기관 7
이 '재판이 끝날 때까지 피의자 · 피고인은 무죄'라는 가장 핵심적인 원리를 머리로는 알고 있지만, 개별 상황에서는 피의자 · 피고인이 죄를 저지른 것으로 여기고 절차를 진행하는 것이 일상적인 모습이다. 수사가 시작되기도 전에 '그 범죄자를 처벌하라'는 여론이 지배하게 된 상황에서 절차를 진행해야 하는 때도 있다. 무죄추정원칙은 사법기관이 이러한 안팎의 편견에 스스로 오염되지 않도록 의식적으로 노력해야 한다는 직업윤리적인 강제이기도 하다.

2. in dubio pro reo-원칙

무죄의 추정을 근거로 하는 'in dubio pro reo-원칙' [의심스러울 때는 피고인 8
의 이익으로-원칙]은 피고인의 유죄가 증명되지 아니하는 한 무죄판결을 해야 한다는 당위이며, 피고인에게 죄가 있더라도 무거운 죄임을 국가기관이 증명하지 못하면 가벼운 죄에만 해당한다는 내용이다.[1)]사안을 진실 그대로 규명하지 못하였을 때는 물론이고 법의 해석이 모호한 경우에도 피고인에게 유리한 결론을 내려야 한다. 이에 따라 절차의 잘못으로 소송과정이 형식재판에 의해 도중에 종결된다면 피고인은 무죄인 상태로 남게 된다. 또한 실체재판에서 유죄의 증거가 분명히 조사되지 못할 때에, 비록 피고인이 실제 범죄자라고 할지라도 유죄판결을 할 수 없다. 실체적 정의관념에서 바라보면 안타까운 일이지만 적법절차원리에 의하여 이러한 한계가 드러나는 것은 피할 수 없는 일이다.

III. 비례성원칙

1. 의 의

비례성원칙은 '목적과 수단 간의 관계'에 대한 원칙이다. 일정한 목적을 실 9

1) 대판 2017. 10. 31. 2016도21231 참조.

현하기 위해 투입한 국가의 수단은 목적달성에 비례적이어야 한다는 것을 내용으로 한다.[1] 비례성원칙은 형사절차 전반을 지배하는 원리로서 수사과정에서 특히 중요하며, 공판과정 및 형벌을 양정하는 때에도 중요한 기준으로 이용된다. 원칙의 내용은 선택한 수단이 처음에 의도했던 목적달성에 '적합'하고 '필요'하며 그리고 '균형적'이어야 한다는 것이다. 심사의 엄격성 정도 또한 이 순서에 따른다. 즉 적합성보다는 필요성이, 필요성보다는 균형성이 더 엄격한 심사조건이다.

2. 적합성 · 필요성 · 균형성

10 **적합성원칙**은 비례성원칙의 제1단계 구성원칙이다. 일정한 목적을 위해 투입한 국가의 수단은 의도한 목적을 달성하는 데에 적합해야 한다는 것이다. 이 원칙의 역할은 비교적 제한적이다. 목적달성에 적합한 효과가 있어야 한다는 사후적 시각의 평가이며, 그를 통한 국가작용의 통제도 그렇게 엄격하지 않다.[2]

11 비례성원칙의 제2단계 구성원칙은 **필요성원칙**이다. 목적을 위해 투입하는 수단은 목적달성에 적합한 여러 수단 가운데 대상자에게 가장 경미한 손실을 입히는 것이어야 한다는 의미이다. 다른 말로 **최소침해의 원칙**이라고 한다. 필요성원칙에 따른 심사를 위해서 우선 일정한 목적달성에 적합한 여러 수단이 존재하는지 확인한다. 그리고 그 가운데 대상자에게 가장 부담이 적은 수단을 가려내는 것이다. 이 기준에 따라, 형사소송법의 여러 군데에서 언급되는 '필요성' 요건을 목적달성에 적합한 것으로서 해당 방법 이외에 다른 수단이 없음을 뜻하는 보충성으로 이해해야 하는 경우가 많이 있다.

12 비례성원칙의 마지막 요청은 **균형성원칙**이다. 다른 말로 **상당성원칙** 또는 **좁은 의미의 비례성원칙**으로 불린다. 이 원칙은 앞서와는 달리 목적과 수단 그리고 침해되는 권리 사이의 총체적 평가를 요구한다. 적합하고 필요한 것으로 판단되는 방법을 이용할 때에도 그로 인해 야기되는 침해의 정도와 균형이 맞지 않는 경우에는 비례성원칙에 반한다.[3]

---

1) 배종대, 보안처분과 비례성원칙, 법치국가와 형벌(김일수/배종대 편), 46면.
2) 배종대, 앞의 글, 72면.
3) 배종대, 앞의 글, 76면 이하.

Ⅳ. 방어권 보장

1. 의 의

적법절차원칙이 국가의 형벌권을 강화하고 처벌의 공백을 없애는 데에 관심이 있는 것이 아니라, 반대로 국가형벌권의 대상이 되는 피의자 · 피고인의 권리보호를 위해서 기능할 때 이를 **피의자 · 피고인의 법치국가적 보장원리**라고 말할 수 있다. 특히 형사절차와 관련하여 보장되어야 할 가장 중요한 권리는 피의자 · 피고인의 방어권이다. 피의자와 피고인은 적극적으로 충분한 방어활동을 할 수 있도록 절차 참여권과 대면권, 반대신문권, 변호인의 조력을 받을 권리 등을 보장받는다. 그리고 이와 같은 적극적 방어권을 행사할 때에 피고인이 검사의 주장에 효과적으로 대응할 수 있도록 여건을 갖추어주어야 한다는 측면을 가리켜 **무기대등의 원칙**이라고 말하기도 한다. 13

2. nemo tenetur – 원칙

한편 이와 다른 소극적인 방향에서, 피의자 · 피고인은 형사사법기관의 활동에 아무런 도움을 주지 않아도 된다. 오로지 국가기관인 검사와 법원이 적극적으로 유 · 무죄를 증명해야 하는 것이지, 피의자 · 피고인에게 진실규명에 도움을 줄 것을 강요할 수는 없다. 이러한 소극적 원리를 이른바 'nemo tenetur – 원칙'이라고 부른다.[1] 이는 자신에게 불리한 행위를 스스로 하도록 강요당해서는 안 된다는 보편적인 법원리이다. 스스로 부담을 떠안는 행동을 하도록 강제하는 것이 불이익을 피하려는 인간의 기초적인 본성과 그로부터 이어진 인간존엄에 반한다는 생각에서, 대부분의 문명국가가 nemo tenetur – 원칙을 인정하고 있다. 이는 대표적으로 헌법 및 형사소송법에 규정되어 있는 진술거부권을 통해서 구체화되며, 이것이 피의자 · 피고인의 가장 강력한 방어권을 형성하게 된다. 그 밖에도 형법과 형사소송법에는 이 원칙에 뿌리를 내리고 있는 여러 제도들이 있다.[2] 14

---

1) 이 원칙은 라틴어 'nemo tenetur se ipsum accusare (또는 prodere)'를 줄인 말로서 우리말로 흔히 '자기부죄금지'로 번역되어 왔다. 그러나 형사사법에만 관련되는 것이 아닐뿐더러 뜻이 명확하게 전달되지 않았으므로 국제적인 사용방식에 따라서 nemo tenetur – 원칙으로 쓴다. 의의에 대해서는 홍영기, Nemo tenetur – 원칙, 고려법학 66, 305면 이하.

2) 이에 대해서는 홍영기, 형사사법에서 nemo tenetur – 원칙의 구체화, 고려법학 67, 243면 이하.

3. 사실방어의 원칙

15 나아가 피의자 · 피고인이 방어할 수 있는 대상이 무엇인지가 중요하다. 현행법 전체를 관통하는 원리는 '피고인은 사실에 대해서만 방어한다'는 것이다. 사건을 체험한 것으로 여겨지는 피의자 · 피고인은 극히 일부를 제외하면 모두 법전문가가 아닌 일반인이다. 그렇기에 그들은 사건을 이루고 있는 '사실'에 대해서만 방어를 할 수 있을 뿐이다. '법적 평가'에 대한 방어는 용이하지 않으며, '절차요건'에 대한 방어는 거의 불가능하다고 보면 된다.

16 피고인이 '그때 술을 많이 먹었을 뿐이며, 술에서 깨고 나서야 피해자가 크게 다친 것을 알았다'는 항변을 할 수는 있다. 그러나 법을 배우지 않은 사람으로서 그것이 형법 제10조 ①항의 '심신장애'에 해당하는지, 같은 조 ③항 '원인에서 자유로운 행위'에 해당하는지 여부를 따지는 것은 어렵다. 더욱이 '피고인이 평소에 술을 많이 먹는 성향이고 과거에 유사한 경우가 많았다'고 공소장에 쓴 것이 형사소송규칙 제118조 ②항 '공소장일본주의'에 반할 것이라는 생각은 도저히 할 수가 없다.

17 이러한 '사실방어의 원칙'에 따라, 예를 들어 피고인에게 진술거부권이 있음을 그를 신문하기에 앞서 수사기관과 법원이 알려주어야만 한다. 이는 가장 중요한 기본권이지만 체험의 대상인 '사실'이 아니므로 피고인이 알지 못하는 경우가 많기 때문이다. 또한 공소장의 핵심인 공소사실은 법조法條나 구성요건의 단어가 아닌, '사실'로서 특정해야 하며, 법조나 그 적용이 달라지지 않더라도 '사실'의 관점이 변경되어 피고인의 방어권 행사에 영향이 있으면 공소장변경을 해야 한다. 그리고 공소기각재판이나 면소판결은 피고인이 따지기에 어울리지 않는 요건으로 이루어져 있으므로 그와 같은 소송조건의 흠결 여부는 피고인의 방어활동과 무관하게 법원이 검토해야 하는 것이다.[1]

18 이 원칙은 성문법의 전통을 이어받아 형사법의 전문적인 해석과 적용을 바탕으로 하면서도, 당사자주의를 흡수하여 피고인의 적극적 방어활동을 보장하는 우리의 형사사법에서 특히 주의해야 할 내용이다. 이론과 실무에서 법전문가들끼리 대화를 하는 데 익숙해 있다고 해서, 특별한 사례에서 유력한 피고인의 배후에 사법기관에 능히 맞서는 유능한 변호인이 있는 것을 보아왔다고 해서, 이 '사

1) 홍영기, 공소장일본주의의 위반으로서 여사의 기재, 법조 723 최신판례분석, 869면 이하.

실방어의 원칙'을 간과하거나 가볍게 여겨서는 안 된다. 같은 맥락에서 형사소송법의 해석은 일반인인 피의자·피고인의 이해가능성을 최우선으로 해야 한다. 따라서 어떤 해석기준보다 '문리해석'이 가장 앞선다.

V. 신속한 재판의 원리와 소송경제

1. 의 의

신속한 재판의 원리는 헌법이 기본권으로 인정하고 있다(헌법 제27조 ③항). 19
수사, 공소제기 및 공판과정을 최대한 신속하게 진행함으로써 피의자·피고인을 형사절차로부터 조속하게 해방하고, 국가기관의 부담도 최소화하는 데에 의미를 둔다. 이 원리는 흔히 사법기관이 효율적으로 형벌권을 실현해야 한다는 '소송경제'이념과 구별되어 쓰이고 있다.

2. 소송경제

여기서는 '소송경제'의 뜻을 알기 위해 '절차의 경제성을 왜 고려해야 하는가' 20
하는 후속질문이 필요하다. '소송경제'를 절차에 소요되는 국가기관의 인적·물적 비용을 절약해야 한다는 요청으로 본다면, 이는 '죄책에 상응하는 형벌을 부과해야 한다'는 국가의 형벌의무를 제한할 정도의 비중이 없다. 절차에 비용이 든다고 해서 형사절차의 목적을 제한할 수도 없다. 따라서 소송경제이념 또한 피의자와 피고인이 갖는 신속한 재판을 받을 권리 측면에서만 내용적인 의의를 갖는 것으로 보아야 할 것이다. 죄의 증명이 있는 자에 대해서는 그에 상응하는 형벌을 신속하게 선고하고 집행해야 한다. 죄의 증명이 없거나 절차에 흠결이 있는 때라면 절차를 조속하게 중단함으로써 피의자·피고인을 빨리 이로부터 해방시켜야 한다. 이러한 점에서 보면 신속한 재판의 원리나 소송경제이념은 서로 구별되는 것이 아니다.

VI. 적법절차원칙의 중립성

1. 기타 원칙

언급한 원칙 이외에도 각 과정에 따라 반드시 지켜야 하는 세부원리들이 있 21

다. 수사과정에서 주의되는 것으로는 영장주의, 강제수사법정주의, 임의수사의 원칙 등이 있으며 공소제기는 국가소추주의, 기소독점주의, 공소장일본주의 등에 의해 지탱된다. 형사소송과정에서는 공개주의, 공판중심주의, 직접주의, 구두변론주의, 각 증거법원칙 [자백배제법칙, 위법수집증거배제법칙, 전문법칙, 자백의 보강법칙 등], 법적 청문권, 법원에 의한 피고인보호원칙 등이 특히 중요하다. 이에 대해서는 이하 각 과정을 서술할 때에 자세히 살펴볼 것이다. 죄형법정주의, 책임원칙 등 형사법 전반에 걸쳐 포기될 수 없는 원리들이 실체형법 뿐만 아니라 형사소송법 및 개별 형사절차의 각 과정을 예외 없이 지배해야 함은 물론이다.

2. 형벌권의 적정한 실현

22 이러한 모든 적법절차원칙은 공통적으로 피의자 · 피고인의 권리보장에 기여하지만, 언제나 그 방향으로만 작동하는 편향된 것은 아니다. 오히려 개별 피고인의 이익에 방해가 되는 경우도 적지 않다. 예를 들어 일사부재리원칙은 피고인에게 불리한 재판도 확정되도록 한다. 공소장변경은 피고인의 방어권 보장을 위해서 필요하지만, 형벌권 실현의 흠결을 막는 데에도 기여하는 제도이다.

23 적법절차원칙은 당사자의 권리보장에 앞서서 공평하고 객관적인 형사절차의 진행을 목적으로 하고 있다. 즉 참여자의 자의에 따르지 않고 미리 갖추어진 법과 법률에 의해 절차가 이루어져야 한다는 중립적인 의미로부터 출발한다. 피의자 · 피고인의 권리가 이에 따라 보장되는 것도 물론 중요하지만, 그렇다고 그 이익의 일방적 보호만이 형사절차에서 의미 있는 것은 아니다. 그렇기에 실제 범죄행위가 심각한데도 형벌이 주어지지 않거나, 지나치게 낮은 형벌을 부과하는 것 또한 적법절차원칙에 반한다. **국가형벌권의 적정한 실현, 국가형벌의무의 이행, 형사절차의 기능적 효율성, 형사정책의 목적실현** 등은 피의자 · 피고인의 이익에 반대되는 당위일 수도 있으나, 위에서 열거한 원리들 못지 않게 중요한 적법절차원칙으로서 형사사법을 지배하고 있다.[1]

---

1) 이러한 논증언어들이 '실체적 진실발견 vs 적법절차' 또는 '직권주의 vs 당사자주의'의 낡은 대립구도를 대신하게 되길 바란다.

VII. 적법절차 위반의 효과

적법절차원칙의 침해가 있다면, 과정에 따라 다음과 같은 법적 효과로 이어진다. 1) 수사과정이 적법절차를 위배한 방식으로 시작되거나 진행되어서는 안 된다. 이를 위해 수사기관은 스스로 적법절차를 침해하지 아니하는지 계속 주의를 기울일 의무를 갖는다. 2) 수사과정이 적법절차에 위배되는 방식으로 이루어졌다면 검사는 이 결과를 근거로 공소를 제기해서는 안 되며 불기소처분을 해야 한다. 3) 수사 또는 기소가 적법절차에 어긋난 과정을 통해서 이루어졌다면 법원은 실체재판을 진행하지 말아야 한다. 이때 법원은 공소기각판결로써 절차를 종결시킬 수 있다. 4) 공소제기가 기각되지 아니하고 증거조사의 심리로 들어서더라도 적법절차에 위배하여 얻어낸 증거의 증거능력은 부정된다. 즉 이를 유죄의 증거로 사용할 수 없다. 5) 적법절차 위배가 간과된 채 재판이 이루어진 것은 결정적인 상소이유가 된다. 24

VIII. 적법절차원칙의 궁극적인 역할

1. 적법절차가 지키는 정의

피의자에게 진술거부권이 있다는 사실을 수사기관이 알려주지 않은 채 살인혐의를 받고 있는 사람을 신문했다고 해보자. 적법절차인 '진술거부권의 고지'가 여기서 무시되었다. 그로부터 얻어낸 피의자의 자백으로서 '내가 피해자를 죽였소'라는 말은, 그것이 진실이라고 할지라도 자백배제법칙 또는 위법수집증거배제법칙에 따라 증거로 쓸 수 없다. 심지어 그가 사실 그대로 자백을 하면서 흉기를 숨긴 곳까지 진술하여 경찰이 찾아가 피묻은 칼을 압수하였다고 할 때, 원칙적으로 이 칼도 증거로 이용할 수 없다. 판례도 '적법절차를 어기는 수사방법을 억제하고 재발을 방지하는 가장 효과적이고 확실한 대응책은 이를 통하여 수집한 증거는 물론 이를 기초로 하여 획득한 2차적 증거를 유죄 인정의 증거로 삼을 수 없도록 하는 것이라고 강조한다.'[1] 원칙적으로 이 사안에서 자백과 피묻은 칼 이외에 다른 증거가 없다면 유죄판결을 할 수 없다. 25

다른 외국 사례도 있다. 평이한 재판을 통해서 유죄판결이 이루어졌다. 증거 26

1) 대판 2007. 11. 15. 2007도3061(전합).

조사도 완벽했고 피고인도 수긍하였다. 그런데 재판 중에 법정의 출입문이 5분간 잠겨 있었다는 것이 나중에 드러났다. 문이 잠긴 사이 아무도 공판정에 들어오려고 하지 않았다는 것이 확인되었지만 변호인은 이를 문제삼았고, 공개재판주의에 위반된 절차로서 적법한 항소사유로 인정되었다.[1)]

27 위와 같은 예들에 대해 반감 없이 수긍할 일반인은 드물다. 정의구현은 오간데 없다고 느낄 것이고, '이래서 법률가들이 문제'라고 비판하고 싶어진다. 그러나 분명한 것은 형사소송법이 바로 이러한 작용을 하기 위해서 만들어진 법이라는 사실이다. 정의의 실현이 방해를 받고 그로부터 불편한 느낌이 들 수 있지만, 그럼에도 불구하고 예외 없이 지켜져야 하는 절차 목록을 체계화한 것이 바로 형사소송법이다. 신이라면 모를까, 실존의 한계를 벗어날 수 없는 인간으로서는 어차피 실체적 진실과 정의를 고스란히 구현할 수 없다. 그렇기에 법에 정해진 절차를 어겨가면서까지 진실발견에 노력하지 말 것을, 그리고 그 결과 개별적인 정의는 늘 제한될 수 있음을 분명히 하는 데에 형사소송법의 존재근거가 놓여 있다. 적법절차를 준수하여 '가까운 정의'를 잃어버리는 대가로, 우리는 신뢰가능한 사법체계가 지속적으로 실현하는 '먼 정의'를 얻게 되는 것이다. 이러한 근본적인 특징을 받아들이지 못한다면 끝내 형사소송법학을 이해할 수 없다.

2. 피의자 · 피고인 권리보장의 의미

28 적법절차를 유지함으로써 '피의자 · 피고인의 권리가 보장된다'는 말에도 반감이 있을 수 있다. 많은 시민들은 '범죄자의 인권 보장'이라는 가치에 대해 무관심을 넘어, 증오스러운 감정을 가지고 있다. 누군가 그런 말을 하는 사람이 있다면 곧바로 '범죄자의 인권만 챙기려 하고 피해자의 인권에는 무감각하다'는 반론이 제기되곤 한다.

29 '범죄자 인권'에 대한 반감은, 많은 경우 그들을 처벌하지 않거나 범죄를 저지르지 않은 사람과 마찬가지로 잘 살게 해주려는 것으로 오해하는 데에서 비롯된다. 그러나 적법절차원칙을 통해서 지켜지는 피의자 · 피고인의 권리는 처벌받지 않거나 가볍게 처벌되어 얻는 이익이 아니다. 범죄자를 맘 편하게 지낼 수 있도록 돕는 것이거나, 구금시설을 안락하게 개선하는 것과도 거리가 멀다. 형사소

1) BGHSt 21, 72.

송법이 보호하는 권리는 피의자 · 피고인의 행복추구권이 아니라, **최소한의 절차적 기본권**일 뿐이다.

즉 피의자 · 피고인의 권리는 오로지 위에서 나열한 원칙을 통해 보호되는 30
것에 한정된다. 공평한 재판을 받는 것, 유죄판결을 받기 전까지는 무죄로 추정된다는 것, 형사절차 안에서 방어활동을 할 수 있도록 해주어야 한다는 것 정도이다. 예를 들어 아직 기소되지도 않은 사람의 얼굴을 언론에 공개해서는 안 된다. 피고인이 변호인의 도움을 받으려는 것을 방해하거나 상소를 하지 못하게 해서도 안 된다. 육체적 · 심리적인 압박을 가해서 자백을 받아내려는 것은 금지된다. 이 수준의 제도도 없애야 한다고 할 사람은 드물 것이다. 그리고 이 정도의 피의자 · 피고인의 권리도 지켜주지 못하는 곳은 문명사회로 불리기도 어렵다.

[4] 형사절차의 특징과 구조

I. 형사절차의 특징

1. 국가의 형벌권 독점

형벌권은 국가만이 행사할 수 있다. 형사재판 및 재판의 집행을 국가가 담당 1
하는 것은 물론, 공소의 제기도 국가기관인 검사가 맡는다. 국가 공형벌제도의 확립은 계몽주의의 사회계약설을 거쳐 근대적 합리주의를 배경으로 정당화된다. 이에 따르면, 국가와 법이 존재하지 않았던 시대에 개인은 각자가 각자의 생명과 신체, 재산 등을 알아서 보호해야 했다. 권리침해가 있다면 복수를 하는 방식으로 문제를 해결했기에, 복수가 복수를 낳는 상태로 이어졌다. 이러한 상황을 그치게 하여 인류를 구원하는 유일한 방법은 각자가 갖고 있던 복수를 포함하는 자기보호권한을 떼어, 한 주체에게 몰아줌으로써 바로 그 권한주체만이 권리를 행사할 수 있도록 하는 것이었다. 이러한 사회계약을 통해 만들어진 것이 국가이며, 그 결과 국가는 형벌에 대한 권리를 독점하게 되었다.

2. 국가의 형벌의무

형벌에 대한 권리를 독점하였기에 국가가 이 권한을 행사하지 않으면 다른 2

누구도 이를 대신할 수 없다. 민사법에서는 사인私人인 청구권자가 이를 행사하지 않으면 그에 대한 불이익이 자기 자신에게 귀속된다. 그러나 형벌권을 국가가 행사하지 않으면 그에 대한 불이익은 일반시민 전체에게 미치게 된다. 따라서 국가의 형벌권은 권한이나 권리에 그칠 수 없으며, 이는 곧 일정한 행위에 대한 반작용으로서 형벌을 부과해야 하는 국가의 의무이기도 하다. 여기에 형사소송과 민사소송의 결정적인 차이가 있다. 곧 형사사법의 각 제도의 본질이 민사법에서와 구별되는 이유이기도 하다.

3. 피해자의 중립화

3 복수에 대한 역할이 국가에게 넘어갔기 때문에 형사절차 안에서 피해자의 역할은 극히 미미해졌다. 피해자가 소추를 담당하거나 또는 개인이 형벌을 직접 부과하는 것이 일반적이었던 과거에 비할 때, 근대 이후의 형사사법에서 피해자가 중립화(Neutralisierung)되었다고 말한다. 피해자의 중립화는 근대 형사사법의 특징이자 전제이기도 하다. 문명사회의 형사절차는 범죄행위자의 죄책을 정확히 판단하고, 그 정보만을 바탕으로 하여 상응하는 형벌을 부과하고자 한다. 피해자에 대한 고려가 이 과정에 개입하게 되는 순간, 이와 같은 기본적인 틀은 쉽게 왜곡된다. 피해자의 개인적인 특징과 처지(얼마나 불쌍한가, 유명한 사람인가 등)에 관심을 두지 않을수록 행위자의 죄책의 유무와 정도를 더 객관적으로 결정할 수 있기 때문이다.[1)]

II. 소송구조론

4 형사소송의 구조론은 소송과정에 참여한 자의 역할과 그들의 관계에 대한 서술이다. 전체적인 형사절차가 어떻게 진행되는가를 해명하는 데에 중요한 단서이자 쟁점 해결에 기여하는 논증의 언어로 이루어져 있다.

---

1) 국가가 피해자에 무관심해야 한다는 뜻은 아니다. 범죄피해자를 적극적으로 돕는 국가의 의무는 바로 '사회국가적 과제'에서 비롯된 것으로서, 형사사법의 '법치국가적 과제'와 구별되어야 한다는 의미이다(배종대/홍영기, 형사정책, 23/1 이하).

1. 규문주의와 탄핵주의

(1) 규문주의

규문주의는 소추기관과 재판기관이 구분되어 있지 아니한 형태이다. 즉 수사와 기소 그리고 심리와 재판의 권한이 모두 한 주체에게 집중되어 있다. 재판제도가 역사에 등장한 이래 근대 이전까지 이어져 내려온 소송구조로서, 예를 들어 과거 사또재판, 원님재판이라고 불리는 형태도 이에 속한다. 별도의 소추기관이 없기 때문에 기소된 것에만 재판이 이루어진다는 **불고불리不告不理원칙**은 인정될 수 없고, 소송물을 직접 법관이 결정한다. 규문주의에서는 피고인이 심리의 객체로만 생각되기 쉽고, 증거를 수집하면서 선입견을 가진 주체가 재판까지 하기 때문에 공평하고 객관적인 절차가 이루어지기 어렵다. 5

(2) 탄핵주의

탄핵주의는 소추기관과 재판기관이 구분되는 형태를 뜻한다. 소추기관은 소의 제기를 통해서 재판기관에 사건을 넘기며 [**탄핵**], 재판기관은 제기된 소에 대해 심리와 재판을 담당하는 분업을 이룬다. 탄핵주체에 따라 국가기관이 소추하는 **국가소추주의**, 피해자가 직접 소추하는 피해자소추주의, 일반 시민이 소추하는 공중소추주의 등이 있으며 후자의 두 가지를 일컬어 **사인私人소추주의**라고 한다. 근대 이후 문명국가의 절차는 대륙법계, 영미법계를 불문하고 모두 탄핵주의를 따르며 불고불리원칙을 유지하고 있다. 아래 직권주의와 당사자주의의 구별은 탄핵주의 하에서 다시 나뉘는 구조이다. 6

2. 직권주의와 당사자주의

(1) 직권주의

직권주의란 법원에게 소송의 주도권을 인정하여 법원의 직권에 의해 심리를 진행하는 소송구조를 말한다. 대체로 **성문법주의**를 취하는 **대륙법계**국가의 전통에 속한다. 직권탐지주의에 따라 법원이 사실규명의 임무를 지며, 당사자의 주장 및 공방에 법원이 구속되지 않는다. 소송대상인 '소송물'에 대한 구성권한이 법원에게 있어, 당사자에 의해 가공되지 않은 범죄사실 자체를 재판하는 것이 원칙이다. 7

직권주의의 장점으로는 당사자의 소송물 처분권을 인정하지 않음으로써 실체적 진실에 상응한 재판에 유리하다는 점과, 그에 따라 법치국가적인 형사사법 8

에 더 근접할 수 있다는 사실이 언급된다. 재판의 신속성·효율성을 도모할 수 있으며 검사에 비해 상대적 열세에 놓여있는 피고인의 보호에 충실할 수도 있다. 단점으로는 사건의 심리가 법원의 독단에 빠지기 쉽고, 법관 개인의 능력에 따라 결과가 좌우될 수 있으며, 피고인이 당사자로서 적극적으로 방어권을 행사하지 못하는 문제가 지적된다.

(2) 당사자주의

9 당사자주의는 소송의 당사자인 '검사'와 '피고인'에게 소송의 주도권을 인정하여 그들의 공격과 방어를 중심으로 심리가 진행되고, 법원은 제3자의 입장에서 이러한 당사자의 주장과 증명활동을 평가하는 소송구조를 말한다. **불문법주의**에 속하는 **영미법**의 소송구조에서 비롯된 것이다. 영국의 사법司法은 실정된 법체계에 의존하지 않고 발달되어 왔는데, 법률 없이도 재판관 자의에 따라 결과가 달라지지 않게 하는 방식으로서 **배심제**를 취하였다. 배심제에서는 일반인인 배심원이 재판관이기 때문에 공판정에서 주장과 논증을 하는 두 당사자인 검사와 피고인(변호인)의 역할과 지위가 특별히 중요하다. 증거의 수집과 제출을 당사자가 맡고, 심리과정도 당사자의 공격과 방어의 형태로 진행하게 된다. 기소편의주의를 통해 소송대상을 검사가 정할 수 있게 하는 것도 당사자주의의 특징이다.

10 당사자주의의 장점으로는 당사자의 적극적 증명활동을 통해 더욱 많은 증거가 법원에 제출되어 실체적 진실발견에 유리할 수 있고, 피고인이 실질적 소송주체로서 적극적 지위를 갖게 된다는 점에 있다. 단점으로는 국가형벌권의 행사가 당사자 간의 타협이나 거래 대상으로 전락할 위험이 있다는 점, 소송이 지연될 수 있다는 것과 재판이 당사자의 능력에 의해 좌우되는 '사법의 스포츠화'를 초래할 위험이 있다는 점, 그리고 실제로 검사와 피고인 간 능력의 차이가 있는 현실에서 피고인의 권리실현이 어려워질 수 있다는 점이 지적된다. 당사자의 처분권을 인정함에 따라 공판절차에서 다루는 공소사실이 실제 범죄사안과 차이가 생길 수 있다는 점도 중요한 문제이다.

3. 우리나라의 소송구조

(1) 절차의 이념

11 연혁적·법이론적으로 고찰할 때 위의 두 가지 소송구조는 서로 다른 최종

이념 위에 형성되어 왔음을 알 수 있다. 직권주의가 의무론적 · 투입중심적 사고에서 궁극적으로 **정의의 실현**을 추구하는 데에 반해, 당사자주의적인 소송구조는 공리주의적 · 결과지향적 목표로서 **분쟁의 해결**을 강하게 지향하고 있다.[1] 서로 대비되는 장 · 단점을 갖는 이유이다.

이와 같이 구별되는 다른 이념 가운데에서 한국의 고유한 사고방식이 어떤 목표를 지향해 왔으며 지향하고 있는지에 대해서는 각자 생각이 다를 수 있다. 지금 우리 형사절차가 정확히 둘 중 어느 이념과 구조를 바탕으로 하고 있다고 단정하는 것이 중요한 의미를 갖지도 않는다. 입법론의 이론적 배경을 논하는 것이 아니라 현행법을 해석하고 적용하는 데에서는, 각 제도별로 어떠한 소송구조의 성격을 갖는지 확인하고 그에 따라 장점을 최대화할 수 있도록 운영하는 것만이 중요한 문제로 남아 있다. 12

(2) 현행법제도

연혁적으로 볼 때 우리나라의 형사소송법은 독일식 직권주의적 형사소송법을 계수한 토대 위에서, 영미식의 당사자주의적인 제도에 대폭 영향을 받아 왔다. 정확히 양적으로 재단하는 것은 어렵지만 당사자주의가 직권주의보다 결코 위축되어 있지 않다. 13

현행법상 직권주의적 요소로는 1) 법원의 피고인신문제도, 2) 법원의 직권적인 증거조사, 3) 법원의 증인신문, 4) 법원의 공소장변경 요구 등이 있다. 이 가운데에서 1), 2), 3)은 우리 형사소송의 가장 핵심적인 방식을 이룬다. 특히 법원이 직접 피고인을 신문하는 것은 당사자주의에서는 찾아볼 수 없는 직권주의만의 특징인데, 우리나라 공판절차의 핵심이 바로 법원의 피고인신문에 놓여 있기 때문에 현행법의 근간이 직권주의에 있음은 부인하기 어렵다. 14

한편 당사자주의 요소로는 1) 검사가 갖는 소추의 재량권, 2) 피고인의 적극적 방어권 보장, 3) 불고불리원칙 하에서 공소장일본주의, 4) 배심원제도의 가미 등이 있다. 이 가운데에서 당사자주의적 속성을 드러내는 가장 핵심적 요소는 1), 2)이다. 당사자처분권주의를 일부 받아들여 소송물을 당사자의 한편인 검사가 구 15

---

1) 예를 들어 당사자주의를 취하는 미국에서 형사사건의 90% 이상이 유죄답변협상제도(Plea Bargaining)로 해결되는 데에 반해, 직권주의를 취하는 독일의 연방헌법재판소는 결코 죄를 놓고 딜(deal)을 해서는 안 된다는 점을 분명히 하고 있다(2 BvR 2628/10). 이러한 이념의 차이는 단순히 형사절차가 표방하는 목표에 그치는 것이 아니라, 독일식 관념론과 영국식 공리주의의 대조에서 보듯이 뿌리깊은 성정性情의 차이로부터 비롯된다.

성할 수 있도록 하며, 피고인의 참여권과 반대신문권을 보장한다는 점에서는 형사절차의 핵심요소가 당사자주의에 있다고 할 수 있다.[1)]

(3) 논증수단으로서 직권주의와 당사자주의

16 근래의 소송법학에서는 직권주의가 실체적 진실에, 당사자주의가 적법절차에 각각 기초를 둔 이념이라는 식의 잘못된 이분법은 극복되어가고 있다. 국가형벌권을 엄격하게 관철하는 것은 전자, 피고인 권리를 강하게 보장하는 측면은 후자에 근거한다는 식의 단순한 설명도 더 이상 통용될 수 없다. 실체적 진실발견이나 적법절차는 두 가지 소송구조론의 차이와 관련이 없는, 서로 다른 차원의 법이념이라는 점은 이미 설명하였다. 양 소송구조 모두 실체적 진실발견을 추구하지만 적법절차이념을 구현하는 주체와 방식에 차이가 있을 뿐이다. 직권주의가 더 강한 형벌권 행사의 배경이 된다는 것도 그저 어감의 차이에서 비롯된 잘못된 생각이다. 가장 원형에 가까운 당사자주의를 취하는 미국이 선진국 가운데 제일 강력한 형사사법을 실현하고 있다는 것은 잘 알려진 사실이다.

III. 형사절차의 법적 성질

1. 법률관계설

17 법률관계설은 형사절차를 소송주체인 법원과 검사, 그리고 피고인 사이에 정해진 법률관계로 파악하는 견해이다. 참여자가 갖는 권리와 의무가 고정적으로 존재하고 이들이 교차하여 드러나는 것을 형사절차라고 본다. 이에 따르면 소송법률관계는 실체법률관계와 명백히 구별되며, 소송법은 그 자체로부터 확인되는 고유한 권리와 의무를 확정하는 독자적인 역할을 한다. 이 시각은 피고인의 확정된 절차적 권리를 진제하고 있다는 측면에서 장점이 있다. 그러나 전체 형사절차가 일정한 목적을 향해 나아가는 동적·발전적 성격을 설명하지 못하는 것은 한계이다.

2. 법률상태설

18 법률상태설은 형사절차를 실제 사안에 부합하는 종국판결의 획득을 향해서

1) 헌재결 1995. 11. 30. 92헌마44.

유동적으로 변화·발전해가는 상태로 보는 것을 말한다. 소송절차는 소송행위의 집합체로서 고정되지 아니하는 성격을 띠며, 최종적인 판단을 향해 다이나믹하게 진행되는 상태라는 것이다. 이러한 시각은 형사절차 가운데 일어나는 사정변경 등을 설명하기에 유리하고 특히 실체형법을 최종적으로 구현하기 위해 흘러가는 절차의 본질을 잘 드러낸다. 그러나 참여자 각자가 갖는 권리와 의무의 고정적인 측면을 고려하지 못하는 단점이 있다.

3. 이 면 설

이면설二面說은 유·무죄판결에 이르러가는 실체면과, 고정된 형식으로서의 절차면을 구분한다. 그에 따라 실체면은 법률상태로, 소송의 절차면은 법률관계로 설명하고자 한다.[1] 즉 실체면은 유죄판결의 대상이 확인되는 과정으로서 움직이며 나아가는 법률상태를 의미하는 반면, 절차면은 형사소송법이 독자적으로 지시하는 법률관계를 확인한다. 이면설은 일관성이 결여되어 있고, 실체면과 절차면의 구별기준이 모호하다는 지적을 받기도 한다. 19

4. 두 측면의 구별되는 의미

통설인 이면설을 읽을 때 의아한 느낌이 들 수도 있다. 쉽게 생각하면 그 내용과 반대로, 실체면이 고정된 것이고 절차면이 유동적으로 형성·변화하는 것이 아니냐고 묻고 싶어질 수 있다. 여기서 형사절차의 각 단계별 장치들은 어떤 사안을 대입하더라도 독자적으로 유지되어야 하는 고정된 것임을 이해하는 것이 중요하다. 개별 사안이 향하는 실체사안의 구성과정이 시시각각 변한다고 해서 절차형식이 그에 종속되어 다르게 반응하면 안 된다. 축구경기에서 환상적인 골이 들어가 관객이 모두 환호하는 좋은 결과가 이루어졌다고 해서, 옵사이드(off-side) 반칙이 있었음을 무시해서는 안 된다. 멋진 경기를 펼치느냐 여부는 언제나 유동적인 '실질'이지만, 패스를 받기 위해 수비수보다 골문에 가까이 있어서는 안 된다는 것은 고정된 '형식'이다. 형사사법에서 절차적인 측면은 언제나 불변하는 룰임을 분명히 알아야 한다. 궁극적으로 어떠한 실질을 추구하더라도 적법절차원칙이 그대로 유지되어야 하는 이유이기도 하다. 20

1) 김재환 316; 백형구(강의) 156; 이재상/조균석 6/5; 정영석/이형국 99.

제 2 절 소송행위와 소송조건

[5] 소송행위의 의의

I. 소송행위의 본질

1 소송행위는 형사절차에 관계된 주체들이 행하는 절차적으로 의미 있는 행위를 말한다. 공소제기부터 확정판결에 이르는 공판절차를 형성하는 행위뿐만 아니라, 수사와 형집행절차를 형성하는 행위도 포함한다. 소송행위는 형사소송법상 일정한 효과를 야기하는 것이어야 한다. 절차에 관계있는 행위라고 하더라도 소송법적으로 의미 있는 효과가 없으면 소송행위가 아니다. 예를 들어 피고인의 출석을 돕기 위한 호송행위나 법관의 임면행위 등 절차구성의 의미만 있거나, 법정모욕행위, 위증행위 등 실체법적인 의의만 있는 것도 소송행위라고 볼 수 없다.

2 소송행위는 재판결과를 최종적으로 도출하는 목표를 향해 연속적으로 이어지게 된다. 여기서 사안이 실체적으로 올바르게 구성되어간다고 하더라도 절차적 측면에 하자가 드러나는 한 적법절차에 따른 것이라고 볼 수 없다. 앞선 소송행위에 하자가 있다면 이후의 소송행위가 적정한 것인가 여부와 관계없이 잘못된 소송행위로서 형사절차는 무효가 되는 것이 원칙이다.

3 그러나 이러한 원칙에는 예외가 있다. 개별 소송행위가 무효라고 하여 그때까지 진행되어온 모든 형사절차 전체를 무의미한 것으로 만드는 것은 극히 비효율적일 수 있다. 앞선 소송행위에 하자가 있더라도, 후속된 소송행위들이 이어졌다면 관성에 의해 그 하자를 문제삼지 않는 경우가 있으며, 이를 **하자의 치유**라고 한다. 소송경제, 즉 효율성 이념으로부터 허용되는 이러한 예외를 이른바 **절차유지원칙**이 지탱하고 있다.

II. 소송행위의 요소

1. 소송행위의 적격과 대리

4 주체로서 소송행위를 할 수 있는 자격을 '소송행위적격'이라고 한다. 제3자

가 소송행위적격이 있는 사람 대신 소송행위를 하는 것을 '소송행위의 대리'라고 한다. 소송행위의 대리는 본인 이외의 제3자가 본인을 위해 소송행위를 하고, 그 효과는 본인에게 미치도록 하는 방식이다.

민사법에서 중요하게 다루는 대리의 법리는 형사법에서는 상대적으로 생소하다. 형사절차에서 소송행위는 개별 참여자가 형사사법기관을 상대로 하는 것이다. 그에 대한 효과로 처벌을 받는 것도 바로 그 해당 당사자여야 한다. 그렇기에 특히 피의자·피고인이 자신의 권리 및 의무, 형벌부과 자체와 관련 맺는 소송행위를 직접 해야 하는 것이 원칙이다. 소송법상 중요한 의미가 있으나, 절차참여자 스스로 해결하는 데에 사실적인 한계가 있는 경우, 전문가나 후견인의 도움을 받아야 하는 경우 등에 제한적으로 대리가 인정될 뿐이다. 5

형사소송법이 명문으로 소송행위의 대리를 인정하는 예가 있다. 1) 의사무능력자의 법정대리인이 행하는 소송행위의 대리(제26조), 법인의 대표자가 행하는 소송행위의 대리(제27조) 등은 포괄적인 대리가 가능하다. 2) 반면에 고소 또는 고소취소의 대리(제236조), 구속적부심사청구의 대리(제214조의2), 재정신청의 대리(제264조), 변호인선임의 대리(제30조), 상소의 대리(제341조) 등은 개별적인 상황에 따라 대리가 인정될 수 있는 예이다. 6

형사소송법에 대리의 허용 여부가 규정되지 않은 경우에 대리가 가능하다고 할 것인지에 대해서는 의견이 나뉜다. 대리인의 권한이 분명한 경우로서 형사절차의 형식적 명확성을 해칠 염려가 없고, 이해관계인의 지위도 위태롭게 할 우려가 없는 때에 허용된다고 보는 입장도 있지만,[1] 형사사법에서 소송행위는 일신전속적 성격을 가지기 때문에 원칙적으로 대리를 인정할 수 없다고 해야 한다.[2] 7

2. 구두주의와 서면주의

(1) 방식의 차이

소송행위방식의 원칙으로서 말로 주고받아야 하는 구두주의와 문서를 통해 이루어지는 서면주의가 있다. 1) 구두로 소송행위가 형성되는 경우는 직접 면전에서 인식되는 목소리와 태도 등을 통해 그 진실성을 더 명확하게 확인할 수 있 8

---

1) 강구진 42; 권오걸 119; 김기두 86; 신양균 468; 이재상/조균석 13/6; 정영석/이형국 118.

2) 백형구(강의) 179; 신동운 697; 신현주 172; 이창현 159; 임동규 102.

는 장점이 있다. 2) 서면으로 소송행위를 하는 것은 이와 달리 당시 소송행위의 진실성을 직접 판단하는 것보다는, 장래에 이를 다시 확인할 수 있도록 고정시키는 형식이 중요한 경우이다.

9 이러한 특징에 따라 일반적 기준을 말하자면 1) 유·무죄 및 죄의 경중에 대한 법원의 심증형성에 직접 영향을 미치는 실체형성소송행위는 구두주의에 의하고, 2) 절차진행에서 형식의 확실성이 요구되는 절차형성소송행위는 서면주의를 따르는 것이 원칙이다. 3) 물론 형식적 확실성이 중요하지만, 일반인이 행하는 소송행위인 경우에는 서면작성능력이 전혀 없는 사람도 있을 수 있으므로 구두주의가 병행되는 상황도 있다.

(2) 구두주의의 예

10 실체형성행위는 구두주의에 따른다. 실체판단에 결정적인 영향을 미치는 진술(피의자·피고인의 진술, 증인의 증언)이 대표적이다. 이외에도 소송지휘와 판결선고 등도 구두의 형식을 취하도록 하고 있다. 이 밖에 공판정에서 내려지는 결정·명령도 구두에 의한다.

(3) 서면주의의 예

11 서면주의가 적용되는 절차형성행위는 공소제기(제254조), 약식명령청구(제449조), 정식재판청구(제453조 ②항), 상소제기(제343조 ①항), 준항고(제418조), 비상상고(제442조), 영장청구나 영장발부, 변호인선임신고(제32조 ①항), 불기소처분 및 그 이유통지(제258, 259조), 재정신청(제260조) 등이다.

(4) 서면 또는 구두주의

12 구술 또는 서면 어느 방식에 의하더라도 무방한 소송행위는 절차적인 형식성이 중요하지만 대체로 일반인인 피의자·피고인 또는 피해자 등이 하는 소송행위이다. 고소, 고발 및 그 취소(제237조 ①항, 239조), 상소의 포기 또는 취하(제352조), 정식재판청구의 취하(제458조), 즉결심판에 대한 정식재판의 포기 또는 취하(즉심법 제14조 ④항) 등을 들 수 있다. 공소취소(제255조), 기피신청(제18조), 국선변호인 선정청구(제33조 ②항), 증거조사신청(제273, 294조), 증거조사에 대한 이의신청(제296조), 재판장의 처분에 대한 이의신청(제304조), 공소장변경시 공판절차정지의 청구(제298조 ④항), 변론의 분리와 병합신청(제300조), 변론재개신청(제

305조) 등과 같은 법원 또는 법관에 대한 의사표시에도 특별한 규정이 없는 한 구두 또는 서면 두 가지 방식이 모두 허용된다.

(5) 방식위반의 효과

구두주의 · 서면주의에 관한 규정에 위반한 소송행위는 그 규정이 효력규정인 13
때에는 무효가 된다. 예를 들어 구두에 의한 공소제기나 서면에 의한 판결선고는 무효인 소송행위이다. 각종 조서작성방법을 위반하면 그 조서는 원칙적으로 무효가 된다. 그러나 그것이 수사기관 내부의 업무지침에 불과한 때에는 그렇지 않다.[1] 판례는 공소장에 검사의 서명 또는 날인이 누락된 경우를 무효로 보면서도,[2] 공소장에 검사의 간인이 누락된 때에 공소기각판결을 해야 하는 것은 아니라고 한다.[3]

[6] 소송행위의 성립과 효력

I. 소송행위에 대한 가치판단

소송행위는 언제나 가치평가의 대상이다. 그 종류로는, 1) 성립 · 불성립, 2) 1
적법 · 부적법, 3) 유효 · 무효, 4) 이유 유무의 네 가지가 있다. 앞에 것들은 상대적으로 형식요건이 명확히 결여된 것이고 뒤로 갈수록 실질적 심사가 필요한 것이다. 각 심사조건들은 구별이 불명확하거나 서로 경합할 수도 있다.

1. 소송행위의 성립 · 불성립

소송행위로서 마땅히 갖추어야 할 구성요소가 결여된 때에는 애초에 소송행 2
위로 볼 수 없다. 반면에 어느 정도 본질적 구성요소를 갖추어 소송행위의 외관을 구비하였으면 일단 소송행위가 성립한다. 소송행위가 불성립하면 소송행위 자체가 없는 상태이기 때문에 절차참여자가 이에 대해 어떤 반응을 보이지 않아도 된다. 소송행위를 불성립하게 한 하자는 이후의 행위로 치유될 여지가 없다. 반면에 소송행위가 일단 성립하면 형사사법기관이 그에 대한 다음 단계의 가치판단

---

1) 대판 2007. 10. 25. 2007도4961.
2) 대판 2021. 12. 16. 2019도17150.
3) 대판 2021. 12. 30. 2019도16259.

을 내려야 한다.

2. 소송행위의 적법·부적법

3 소송행위의 적법·부적법은 법률에 규정된 요건을 갖추었는지를 기준으로 한다. 효력규정을 위반한 경우뿐만 아니라 훈시규정을 위반한 경우에도 부적법하다. 효력규정에 위반한 소송행위는 부적법하고 무효인 반면, 훈시규정에 위반한 소송행위는 부적법하지만 유효할 수도 있다.

3. 소송행위의 유효·무효

(1) 의 의

4 적법한 소송행위는 유·무효 판단의 대상이 된다. 이는 소송행위에서 의도된 효력을 인정할 것인가 여부에 대한 것이다. 소송행위가 무효가 되는 경우에, 무효선언을 하지 않아도 되는 당연무효와 법원의 공권적 무효선언이 필요한 경우가 있다. 그 밖에 당사자의 신청이 있을 때 비로소 무효가 확인되는 경우도 있다. 소송행위가 무효인 때 그 소송행위가 의도한 효력이 발생하지 않더라도 그 밖의 법적 효과가 발생하는 경우가 있다. 예컨대 공소제기가 무효라면 실체심리로 이어질 수는 없지만, 공소시효를 정지하는 효력(제253조)은 인정된다.

(2) 행위주체에 따른 무효원인

5 소송행위적격, 즉 소송행위능력·행위적격·대리권 등을 갖추지 못한 주체가 행한 소송행위는 무효이다. 착오·강박 등과 같은 의사표시의 하자 조건 하에 소송행위를 한 경우에, 실체형성행위는 무효가 되지 않는다. 절차형성행위도 원칙적으로 유효하나, 중요한 적법절차원칙에 위반한 때는 무효가 된다고 보아야 한다[**원칙적 유효설**].[1] 항소포기의 절차형성행위에서 착오를 한 데에 소송행위자의 과실이 있는 경우라면 유효한 항소포기로 본 같은 취지의 판례가 있다.[2]

(3) 소송행위에 포함된 무효원인

6 소송행위의 내용이 법률상·사실상 불능인 경우에 소송행위는 무효가 된다. 그 밖에 행위의 이익이 전혀 없거나 소송행위의 내용이 극히 불분명한 경우에도

---

1) 백형구(강의) 190; 신동운 708; 신양균 476; 이재상/조균석 14/7; 임동규 112.

2) 대결 1995. 8. 17. 95모49.

효력이 없다. 법률이 소송행위에 일정한 방식을 규정하였을 때, 그 방식에 위반한 소송행위는 부적법한 것으로서 무효이다.

(4) 소송행위의 취소와 철회

7 소송행위의 취소는 소송행위의 효력을 소급적으로 소멸시키는 것이고, 소송행위의 철회는 소송행위의 효력을 장래를 향하여 상실시키는 것으로 보는 것이 원칙이다. 그러나 현행법에서 취소 또는 취하라는 용어를 쓰는 경우에도 철회와 같은 의미로 이해해야 하는 때가 있다. 공소취소(제255조), 고소취소(제232조), 재정신청의 취소(제264조), 상소취하(제349조), 재심청구의 취하(제429조), 정식재판청구의 취하(제454조) 등이다.

4. 소송행위의 타당성

8 적법성이 인정되는 유효한 소송행위가 확인되면 이제 그 의사표시내용이 사실적·법률적 관점에서 합당한가에 대한 판단에 이르게 된다[**소송행위의 이유 유무**]. 형사절차 안에서는 특히 법률행위적 소송행위 가운데 법원의 재판을 구하는 신청이나 청구 등의 효과요구 소송행위[1]의 타당성을 판단하는 것이 중요하다. 소송행위가 실질적 타당성이 없다고 판단되면, 법원은 신청 또는 청구에 대해 "이유 없으므로 기각한다"는 재판을 한다.[2] 소송행위가 실질적 타당성이 있다고 판단되면, 법원은 "이유 있음"을 인정하여 소송행위주체가 원하는 바에 따라 법적 효과를 발생시키는 재판을 한다.

II. 무효의 치유

1. 의의 : 절차유지의 원칙

9 무효의 치유란 소송행위가 행위시에는 무효였지만, 이후 절차의 진행으로 인하여 유효로 볼 수 있게 되는 경우를 가리킨다. 이러한 치유 필요성을 근거짓는 관념은 이른바 '절차유지의 원칙'이다. 절차유지의 원칙은 기존에 진행되어 온 과정에 절차상 하자가 있거나 실체관계와 상응하지 않는 결과가 개입되더라도 관성에 따라

---

1) 이를 취효적 소송행위라고도 하며 공소제기가 대표적인 예이다. 이와 달리 효과부여 소송행위를 여효적 소송행위라고도 부르는데 고소취소를 예로 들 수 있다.

2) '기각'은 주장이 이유 없음을 이유로, '각하'는 형식이 잘못되었음을 이유로 받아들이지 않는 것이다.

그와 같은 하자가 치유된 것으로 보고 이미 경과된 소송의 단계를 그대로 유지하고자 하는 원리를 말한다. 위의 이념론(2/15)에서 본 **절차의 안정성**을 실현하는 원리로서, 판례는 이를 형사절차의 **동적 안정성**으로 표현하기도 한다.[1]

10 여러 소송행위가 연속되어 진행되는 형사절차에서 앞선 행위가 무효이면 이어진 뒤의 모든 소송행위도 무효로 보는 것이 원칙이다. 그러나 무효의 원인인 하자의 경중을 묻지 않고 언제나 전체 절차의 효력을 부정하고 처음부터 절차를 다시 반복해야 한다면 절차참여자에게 부담이 되고 인적·물적 비용이 필요 이상으로 늘어날 우려가 있다. 여기서 절차유지원칙은 개입된 무효원인이 특히 사소한 것일 때에는 진행되어온 절차를 감안하여 **하자의 치유** 법리에 따라 절차를 계속 진행될 수 있도록 한다.[2]

11 이 원칙은 피고인의 권리를 보장하는 쪽으로도, 그 반대로도 작용할 수 있는 중립적인 성격을 갖고 있다. 그러나 피고인의 권리를 침해하고 형벌의 부담을 가중시키는 방향으로 하자를 치유하는 데에는 특별한 주의가 필요하다. 특히 절차의 결함이 피의자·피고인의 처분불가능한 권리를 침해한 데에서 비롯되었을 때는 절차유지원칙이 우선될 수 없다.

2. 책문권이론

12 민사소송에서 책문권責問權은 법원이나 다른 당사자의 소송행위에 대해 규정위반 등을 이유로 이의를 제기하여 무효를 주장하는 권리이다[민사소송법 제151조 '절차이의권']. 이에 대한 근거규정이 없는 형사소송에서도 책문권개념이 이와 유사한 의미로 쓰이는 경우가 있다.[3] 현실적으로 중요한 문제는, 당사자가 상당한 시기 안에 이의를 제기하지 않았을 때에, 공소장부본송달의 하자, 공판기일지정의 하자, 제1회 공판기일의 유예기간의 하자, 증인신문 등 증거조사에서 참여권을 보장하지 않은 하자, 공소장일본주의 위배의 하자가 치유되는가 등의 문제이다. 이 경우에 **책문권의 포기에 의한 하자의 치유** 개념을 인용하는 예가 있다.[4]

13 그러나 민사소송과 달리, 국가 스스로 형벌의무를 이행하는 형사절차에서는

1) 대판 2017. 11. 9. 2014도15129; 2015. 1. 29. 2012도2957; 2009. 10. 22. 2009도7436(전합).
2) 반대로 앞뒤의 절차단계가 서로 구별되지만(예: 수사 → 공소), 앞에 있었던 하자를 이유로 뒤의 절차까지 무효가 된다고 보는 법리를 '하자의 승계'라고 한다.
3) 대판 2012. 7. 26. 2012도2937.
4) 대판 2001. 12. 27. 2001도5810; 1974. 1. 15. 73도2967 참조.

책문권 포기에 의한 하자치유를 극히 제한적으로 인정해야 한다. 특히 형사사법기관이 스스로 절차에 흠결을 야기한 때에, 피의자·피고인이 문제삼지 못하고 넘어갔다고 해서 하자가 치유된다는 식의 논증을 해서는 안 된다.

3. 소송행위의 추완

무효 치유의 대표적인 개념으로 '소송행위의 추완追完'이 있다. 이는 법률에 규정된 기간을 넘겨 이루어진 소송행위이기 때문에 무효라고 해야 하지만, 이후의 다른 행위를 통해 효력이 있는 것으로 간주하는 것을 말한다. 소송행위의 추완에는 단순추완과 보정적 추완이 있다. **단순추완**은 법정기간을 넘겨 하자가 있는 소송행위 자체가 법정기간이 경과한 후의 추완행위에 의해 유효하게 되는 경우이다. 상소기간만료 후의 상소권회복청구(제345조)와 약식명령에 대한 정식재판청구권회복청구(제458조) 등이 예가 된다. **보정적 추완**은 추완행위에 의해 다른 소송행위의 하자를 보정하는 것을 말한다. 보정적 추완으로서 다음 세 가지 경우가 주로 거론된다. 14

(1) 변호인선임의 추완

변호인으로 선임되기 이전에 변호인으로서 행한 소송행위를 이후 변호인선임신고에 의해 유효한 것으로 볼 수 있는지가 문제된다. 변호인선임신고의 형식적 중요성을 강조하면 이러한 추완은 인정되기 어렵지만, 피고인의 이익을 실질적으로 보호하기 위해 필요한 때에는 선임신고에 의한 보정적 추완을 인정하는 것이 다수견해이다.[1] 그러나 판례는 변호인선임신고서를 제출하지 않은 변호인이 그의 명의로 정식재판청구서를 제출하고, 정식재판청구기간이 지난 이후에 변호인선임신고서를 제출한 경우,[2] 또는 변호인선임서 없이 상고이유서만 제출하고, 상고이유서 제출기간이 지난 후에 변호인선임서를 제출한 경우[3]는 변호인선임이 추완되지 않는다고 한다. 15

(2) 공소장의 추완

공소장은 법원의 심판범위와 피고인의 방어대상을 확정하는 역할을 하기 때문에 엄격한 형식에 따라 작성된다. 이를 위반한 공소제기에 대해서는 법원이 공 16

---

1) 백형구(강의) 193; 이재상/조균석 14/13; 정영석/이형국 134.
2) 대판 2014. 2. 13. 2013도9605; 대결 2005. 1. 20. 2003모429.
3) 대판 2015. 2. 26. 2014도12737.

소기각판결을 하여야 한다. 그러므로 공소제기시 공소장기재요건이 결여된 때는, 사소한 오탈자를 바로잡는 수준이 아닌 한 재기소절차를 통해서 다시 기소하도록 하는 것이 원칙이다.[1] 판례는 공소장에 검사의 기명날인 또는 서명이 누락된 경우에도 이후 검사의 추완에 따라 공소제기효력이 유효하게 될 수 있다고 한다.[2]

17 특히 공소사실이 특정되지 않은 경우가 문제된다. 공소사실은 소송의 대상으로서 법원의 심판과 피고인의 방어권 행사에 결정적인 의미가 있기 때문에(32/7), 특정되지 않은 공소사실은 법원의 석명권 행사 등의 조치로 치유될 수 있는 하자가 아니라고 보아야 한다.

(3) 고소의 추완

18 고소가 없었는데도 친고죄로 공소제기하는 것은 무효인 소송행위이다. 이 경우 공소제기 후에 뒤늦은 고소를 통해 기소 전에 고소가 있었던 것처럼 하자를 치유하는 것을 고소의 추완이라고 한다. 고소의 추완을 인정할 것인가에 관해 다음과 같은 견해가 있다.

19 **적극설**은 공소사실이 친고죄인지 여부가 공소제기 후 공판절차에서 비로소 드러나는 경우가 많기 때문에 고소의 추완을 인정할 필요가 있다고 한다. 고소가 없었다고 하여 공소기각판결을 하고, 이후 고소를 받아 다시금 친고죄로 공소제기하게 하는 것은 소송경제에 반할 뿐만 아니라 고소의 법정기간을 도과하게 만들 가능성이 높다는 것이다.[3]

20 **절충설**은 공소사실이 친고죄임을 알면서도 고소 없이 공소제기한 경우에는 고소의 추완을 인정하지 않지만, 비친고죄로 알고 공소제기하였으나 심리과정에서 친고죄로 판명된 경우 또는 공소제기 후 친고죄가 추가된 경우에는 고소의 추완을 인정해야 한다는 입장이다.[4]

21 **소극설**은 공소제기의 형식적 확실성을 강조하여, 고소가 없는 친고죄의 공소제기는 언제나 공소기각판결을 함으로써 피고인을 절차로부터 조속하게 해방시키도록 해야 한다는 입장이다.[5] 판례도 같은 취지에서, 비친고죄로 공소제기되었다

1) 대판 2009. 2. 26. 2008도11813.
2) 대판 2021. 12. 16. 2019도17150; 2012. 9. 27. 2010도17052.
3) 백형구(강의) 422.
4) 김기두 203; 신현주 183.
5) 강구진 55; 신동운 711; 이재상/조균석 14/19; 이창현 182; 임동규 115; 차용석/최용성 437.

가 친고죄로 공소장이 변경된 때에도 고소의 추완을 인정하지 않는다.[1] 소극설이 더 설득력이 있다. 게다가 성범죄가 친고죄였던 과거에는 중요한 문제였으나, 이제는 고소의 추완을 굳이 인정해야 할 정책적 의미가 더욱 줄어들었다.

[7] 소송조건

I. 의 의

1 **소송조건**은 형사절차가 시작되고 유지되며 실체심리까지 이어지게끔 하는 전제조건을 말한다. 좁은 의미의 형사소송이 아니라 모든 형사절차에 대한 **형사절차조건**이라고 보는 것이 정확하다. 소송조건이 갖추어지지 않으면 형사절차가 시작될 수 없으며, 절차 도중에 소송조건이 결여되면 절차는 중단된다. **소송장애**라는 말은 소송조건을 부존재하게 하는 조건이라는 뜻이다.

2 소송조건과 실체형법의 요건은 구별된다. 구성요건에 해당하고 위법하며 유책한 행위가 있으면 일단 '가벌성'이 인정된다. 추가하여 객관적 또는 인적 처벌조각사유가 없다면 실체법적인 처벌조건은 완성된다. 만약 여기까지의 요건이 갖추어지지 않으면 무죄판결 또는 형면제판결을 해야 한다. 소송조건은 이와 구별되는 '절차적 · 형식적' 요건이므로 이것이 없으면 원칙적으로 공소기각재판 등 형식재판으로 절차를 종결시키게 된다.

II. 소송조건의 심사와 효과

3 수사과정에서는 수사기관이, 공판과정에서는 법원이 직권으로 소송조건을 평가한다.[2] 피의자 · 피고인은 그 부존재를 증명할 필요가 없다. 일반인으로서는 자신에게 죄가 없거나 가벼운 죄라고 항변할 수 있을 뿐이지, 소송조건의 흠결 유무에 대해서는 알지 못하는 경우가 대부분이기 때문이다 [사실방어의 원칙]. 소송조건은 자유로운 증명의 사항이지만, 공판과정에서는 변론을 통해서 심사하는 것이 원칙이며 특히 공소기각판결은 구두변론을 거쳐 재판한다. 반면에 공소기각결정

1) 대판 1982. 9. 14. 82도1504.
2) 대판 2019. 12. 13. 2019도10678; 2014. 7. 10. 2014도224.

을 위해서는 구두변론이 없어도 된다.

4 소송조건의 흠결이 확인된 때에 절차를 종결시키는 방법은 절차단계에 따라 다르다. 1) 검사가 소송조건의 흠결을 발견하면 수사를 진행하지 않아야 하며, 2) 수사과정에서 소송장애가 드러나면 수사를 즉시 종료한다. 3) 검사는 이때에 불기소처분을 해야 하고, 공소제기 후에 소송조건이 흠결되면 공소를 취소해야 한다. 4) 수소법원이 소송조건의 흠결을 발견하면 각 해당사유에 따라 공소기각결정(제328조), 공소기각판결(제327조), 관할위반판결(제319조), 면소판결(제326조)로써 절차를 종결해야 한다. 이때에 절차는 장래를 향하여 중단되는 것이며, 진행되어 온 형사절차가 소급적으로 무효가 되는 것은 아니다. 예를 들어 친고죄에서 고소 없음이 확인되더라도 그 전에 진행된 수사과정이 무효이거나 위법한 것은 아니다.

5 두 개 이상의 소송조건흠결사유 또는 소송장애가 존재하는 경우에는 어떠한 흠결이나 장애를 이유로 절차를 종결시키든 무방하다. 절차를 더 이상 진행하지 못하게 한다는 점에서 차이가 없기 때문이다 [**소송장애의 경합**]. 소송조건의 충족 여부가 불분명한 채로 남게 되면 'in dubio pro reo-원칙'에 따라 소송조건이 결여된 것으로 보아 절차를 종결하고 피의자 · 피고인을 절차로부터 해방시켜야 한다.

III. 소송조건의 추완

6 소송조건이 결여되었거나 소송장애가 있음에도 절차가 이미 진행되었을 경우에, 그 이후의 보완을 통해서 처음부터 소송조건이 갖추어진 것으로 보는 것을 '소송조건의 추완'이라고 한다. '소송장애의 치유'라고도 말할 수 있다. 형사절차의 발전적 · 동적 성격과 절차유지원칙을 고려하여 소송조건의 추완을 인정해야 한다고 볼 수도 있으나, 절차의 형식적 확실성과 피의자 · 피고인을 조속히 절차에서 해방시키는 것이 중요하므로 실제 절차에서는 소송조건의 추완을 적용하지 않는 것이 타당하다.

제 3 절 형사절차의 참여자

대표적인 형사절차의 주체는 **피고인**(**피의자**), **검사** 그리고 **법원**이다. 이들은 소송행위를 통해서 절차 안에서 법률관계를 형성한다. 수사와 공소제기는 검사가 주관한다. 피의자는 수사 대상이 되며 공소제기를 통해 피고인이 된다. 공판과정은 법원이 주도한다. 여기서는 피고인과 검사가 이른바 **대립당사자**로서, 검사는 범죄를 증명하고 피고인은 그에 대해 방어권을 행사한다. **변호인**은 소송주체가 아니라 피의자·피고인의 보조자로서 그들의 권리를 보호하는 역할을 담당한다. 체험한 사안을 법정에서 증언하는 사람을 **증인**이라고 한다. 수사과정에서 사안에 대해 진술하는 사람은 이와 구별하여 **참고인**이라고 부른다.

국가기관인 법원, 검사, 경찰, 교정기관을 모두 가리켜 (**형사**)**사법기관**이라고 부르기도 한다. 본래 '사법司法'은 사안에 대해 법을 적용하여 그에 따라 심리하고 판단하는 작용을 의미하므로 법원만 이에 해당한다고 보아야 하지만, 검사나 경찰도 최종적으로 사법적 판단에 기여하기 때문에 넓은 의미로 포함시킬 수 있다. 그리고 서술을 편하게 하기 위해 '피고인'이라고 쓰는 때에도 피의자 또는 변호인을 함께 지칭하는 경우가 많다.

[8] 법원의 의의

I. 법원의 개념

법원은 사법권을 행사하는 국가기관이다. 좁은 의미의 사법권은 법원이 독점 1
한다. 헌법도 사법권이 법관으로 구성된 법원에 속한다고 규정하고 있다(헌법 제101조 ①항). 법원은 권력분립원칙에 따라서 입법권, 행정권으로부터 독립되어 있다. 사법권이 독립되어야 하는 이유는 무엇보다도 공평한 재판을 실현하기 위해서이다. 이를 위해 법원은 신분과 직무의 독립성이 보장된 법관에 의해 구성되며, 법관은 법률과 양심에 따라서 재판을 해야 한다(헌법 제103조). 법원은 국가기관으로서 의미와 형사절차상 의미로 나뉜다.

II. 국가기관으로서 법원

1. 법원의 체계

2 법원에는 대법원, 고등법원, 특허법원, 지방법원, 가정법원, 행정법원, 회생법원이 있다(헌법 제101조 ②항, 법조법 제3조 ①항). 또한 지방법원 및 가정법원의 사무를 처리하기 위해 그 관할구역 안에 지원과 가정지원, 시·군법원을 둘 수 있다(법조법 제3조 ②항).

3 **대법원**은 최고법원으로서 대법원장, 대법관 또는 대법관 아닌 법관이 소속된다. 사법행정사무를 관장하는 법원행정처도 대법원에 포함된다. **고등법원**은 고등법원장과 법률에 정해진 수의 판사로 구성된다. 고등법원에는 부를 두어, 부장판사는 그 부의 재판에 재판장이 되고, 고등법원장의 지휘에 따라 부의 사무를 감독한다. **지방법원**, **특허법원**, **가정법원**, **행정법원**, **회생법원**은 각각 법원장과 법률에 정해진 수의 판사로 구성된다. **지방법원지원**과 **가정법원지원**은 지원장과 법률에 정해진 수의 판사로 구성된다. 지원장은 소속 지방법원장의 지휘를 받아 그 지원과 관할구역 안에 위치한 시·군법원의 사법행정사무를 맡는다.

2. 법관의 권리와 의무

4 사법권을 행정권·입법권과 엄격하게 독립시키기 위해 법관에게는 특별한 자격이 요구되고, 법관의 신분도 강하게 보장되고 있다. 예를 들어 법관은 탄핵결정 또는 금고 이상의 형의 선고에 의하지 않고서는 파면되지 않으며, 법관징계위원회의 징계처분에 의하지 아니하고는 불리한 처분을 받지 않는다(헌법 제106조 ①항, 법조법 제46조 ①항). 법관은 재직 중 국회 또는 지방의회의 의원이 되거나 행정관서의 공무원이 될 수 없다. 법관은 정치운동에 관여해서도 안 되며, 대법원장의 허가 없이 보수 있는 직무에 종사할 수도 없다.

III. 형사절차상 법원

1. 개 념

5 형사절차상의 법원은 구체적 사건에 대해 재판권을 행사하는 주체로서 재판기관을 말한다. 형사소송법에서는 보통 이 의미의 법원 개념을 사용한다. 개개의

사건에 대해 재판권을 행사하는 주체이기 때문에, 위의 국가기관의 의미로서 하나의 법원 안에는 하나 또는 수개의 소송법적 의미의 법원이 활동하게 된다.

여기서 **단독제**는 1인의 법관으로, **합의제**는 2인 이상의 법관으로 구성된다. 6
단독제는 합의제에 비해 소송절차를 신속하게 진행할 수 있고, 법관의 책임감을 강하게 부여하는 장점이 있지만 심리가 독단으로 좌우될 수 있는 단점이 있다. 합의제는 신중과 공정을 도모할 수 있으나 절차의 신속성은 떨어진다. 지방법원 및 가정법원과 그 지원, 시 · 군법원의 심판권은 단독판사가 주재한다. 대법원 · 고등법원 · 특허법원 · 행정법원의 심판사건은 원칙적으로 합의부에서 주재하며 지방법원 및 가정법원과 그 지원에서 합의심판이 필요한 때에는 합의부에서 행한다.

2. 법원의 구성원

좁은 의미의 법원은 사안심리를 맡은 주체를 말하며, 그에 소속된 신분자를 7
법관이라고 일컫는다. 그러므로 아직 기소가 없는 상태에서 예를 들어 수사과정에서 영장발부를 판단하는 주체는 판사일 수는 있으나 엄격히 말하면 좁은 의미의 법관은 아니다. 넓은 의미 또는 일상적으로 법관이라고 말할 때에는 사법부에서 재판의 업무 등을 담당하는 신분자를 뜻하는데, 특히 대법원장과 대법관은 법관이라고만 부르며, 그 밖의 신분명칭으로서 법관은 **판사**로 부르기도 한다. 이외에 특별히 다음과 같은 명칭을 쓰는 예가 있다.

재판장은 합의체 구성원 가운데 1인으로서 합의체의 기관으로 또는 독립하여 8
권한을 갖는 주체이다. 재판장은 고유의 소송지휘권을 행사하지만, 피고사건의 심리 · 재판에서는 다른 법관과 동등한 역할을 한다. 재판장 이외의 합의체 구성 법관은 **합의부원**(**배석판사**)이라고 한다.

수명受命**법관**은 합의체법원이 그 구성원인 법관에게 특정한 소송행위를 하도 9
록 명령하였을 때, 이를 맡은 법관을 말한다. **수탁**受託**판사**는 한 법원이 다른 법원의 법관에게 일정한 소송행위를 하도록 부탁한 경우, 그 부탁을 받은 법관이다. **수임**受任**판사**는 수소受訴법원과 독립하여 소송법상의 역할을 담당하는 개개의 판사를 말한다. 예를 들어 공판 이전 단계에서 영장발부, 증거보전, 증인신문을 행하는 판사가 여기에 속한다.

[9] 제척 · 기피 · 회피

I. 의 의

1. 공평한 재판의 원리

1 제척 · 기피 · 회피는 특정 법관을 피고사건의 심리로부터 배제할 수 있게 한 제도이다. '제척'은 일정한 사유가 있으면 자동적으로 법관을 직무에서 배제되도록 한 것이고, '기피'는 당사자가 신청하여 심리를 통해 법관의 배제 여부를 결정하도록 한 제도이며, '회피'는 특정 법관 스스로 알아서 절차에서 빠지는 것을 말한다.

2 이 제도들은 공평한 재판의 원리를 실현하는 데에 기여한다. 공평한 재판이 이루어지기 위해서 가장 기초가 되는 것은 법관이 편견을 갖지 않아야 한다는 점이다. 따라서 선입견이 드러나거나 편견을 갖기에 충분한 사정이 있으면 그 법관을 해당 소송에 참여할 수 없도록 해야 한다. 공평한 법원의 구성은 곧 피고인이 재판결과에 승복할 수 있도록 하는 중요한 조건이기도 하다.

2. 법관 이외 참여자에 대한 적용

3 현행법은 재판의 공정성에 영향을 미칠 가능성이 있는 **법원서기관**, **서기**와 **통역인**에 대해서도 제척 · 기피 · 회피제도를 확대 적용하고 있다(제25조).

4 **검사**에 대해서도 이 제도를 준용할 수 있는지가 문제된다. 제척 · 기피 · 회피는 원칙적으로 재판기관이 공평하게 구성되도록 하는 수단이므로 검사에게 적용되기 어려울뿐더러, 검사동일체원칙에 따르면 불공평한 수사 · 기소를 할 우려가 있는 검사를 다른 검사로 교체해 봐도 상황이 크게 달라질 것으로 기대하기는 어렵다.[1)]

II. 제 척

1. 의 의

5 제척이란 법관이 불공평한 재판을 할 우려가 큰 경우를 법률로 정하여 놓고,

1) 대판 2013. 9. 12. 2011도12918 참조.

그 사유에 해당하는 법관을 직무집행에서 자동적으로 배제시키는 제도이다. 제척 효과는 법률규정에 의해 당연히 발생한다.

본안에 대한 판단의 주체가 제척의 대상이므로, 기소가 이루어져 수소법원이 구성되고 난 이후의 법관이 제척대상이 된다. 약식명령 또는 즉결심판을 담당하는 법관도 마찬가지이다. 그러나 예컨대 수사과정에 개입하는 영장판사, 공판기일 전의 절차로서 증거보전(제184조)이나 증인신문(제221조의2)절차를 주재하는 판사는 사안에 대한 재판을 하는 것이 아니므로 제척의 대상이 아니다. 이 경우에 수집된 증거에 절대적 증거능력이 있기 때문에 제척대상이 되어야 한다는 다른 견해가 있지만[1] 제척제도는 실질적인 불공평사유를 배제하려는 것이 아니라 형식적인 법률요건에 따라 법관을 직무로부터 배제하는 것이다. 6

2. 제척사유

제척의 원인인 제척사유는 형사소송법 제17조에 유형적으로 열거되어 있다. 불공평한 재판을 할 우려가 크더라도 이 요건에 해당하지 않으면 제척될 수 없고 기피신청을 할 수 있는 사정이 될 수 있을 뿐이다. 제17조의 제척사유는 다음과 같다. 7

(1) 신분에 따른 사유

법관이 해당 사건의 피해자인 경우에는 제척된다(1호). 여기서 피해자는 직접 피해자만을 의미하며 간접적으로 피해당한 사람을 포함하지 않는다. 법관이 피고인 또는 피해자와 친족이거나 친족이었던 경우(2호), 법정대리인 · 후견감독인인 경우에도 제척된다(3호). 법관이 사건에 관하여 피해자의 대리인(4호 후단) 또는 피고인의 대리인 · 변호인 · 보조인인 때(5호)에도 마찬가지이다. 여기서 친족, 친족관계, 법정대리인, 후견감독인 등의 개념은 민법에 의해 결정한다. 또한 법관이 사건에 관하여 피고인의 변호인이거나 피고인 · 피해자의 대리인인 법무법인, 법무법인(유한), 법무조합, 법률사무소, 외국법자문사법 제2조 9호에 따른 합작법무법인에서 퇴직한 날부터 2년이 지나지 아니한 때(8호), 그리고 법관이 피고인인 법인 · 기관 · 단체에서 임원 또는 직원으로 퇴직한 날부터 2년이 지나지 아니한 때(9호)에도 제척된다. 8

---

1) 손동권/신이철 48; 신동운 782.

9 법관도 증인 또는 감정인이 될 수 있으나 이 경우 해당 사건에서는 제척된다(4호 전단). 해당 절차가 아닌 민사소송 등 기타 절차에서 증인 · 감정인이 된 경우는 여기에 속하지 않는다. 해당 사건에는 피고사건뿐만 아니라 피의사건도 포함되기 때문에 공판 전 증거보전(제184조)이나 증인신문(제221조의2)절차에서 증인 · 감정인이 된 사람은 그 사건을 재판하는 법관이 될 수 없다. 법관이 사건에 관하여 검사 또는 사법경찰관의 직무를 행한 때에도 해당 사건에서 제척된다(6호).[1]

(2) 전심재판 등 관여

10 법관이 해당 사건에 대하여 그 전심재판 또는 그 기초되는 조사 · 심리에 관여한 때에는 그 사건의 심리에서 제척된다(7호). 이 경우에는 법관에게 이미 선입견이 형성되었을 것이므로 공평한 재판을 기대하기 어렵기 때문이다. 하급심 결과에 대해 불복한 피고인이 상소한 이후에 상급심에서도 하급심에서와 같은 법관에게 재판을 받는다면 상소할 때의 기대가 깨어지게 된다. 그러므로 이때의 제척은 상소권을 실질적으로 보장하는 기능도 담당한다.

11 여기서 말하는 '전심前審'이란 상소에 의해 불복이 신청된 재판을 말한다. 즉 제2심에서 볼 때의 제1심, 제3심에 대한 제2심 또는 제1심이 전심재판이다. 곧 해당 재판과 전심재판 사이에 **상소제기에 의한 소송계속의 이전**이 발생한 경우가 이에 해당한다. 상소제기에 의한 소송계속의 이전이 있다고 볼 수 없는 때에는 제척의 상황이 아니다. 즉 수사과정에서 영장을 발부한 판사가 피고사건을 심판하는 경우,[2] 공판절차 전 증거보전, 증인신문을 한 판사가 공판과정에서 수소법원의 판사가 된 경우는 제척사유에 해당하지 않는다. 파기환송 전의 원심에 관여한 법관이 파기환송 후 심리에 관여한 경우,[3] 재심청구의 대상인 확정판결에 관여한 법관이 재심청구사건을 처리하는 경우, 상고심판결을 내린 법관이 판결정정신청사건을 처리하는 경우 등도 제척사유에 속하지 않는다. 전심재판은 소송계속이 이전된 바로 그 피고사건에 국한된다. 다수 공범자 가운데 일부 사람에 대한 재판에 관여한 법관이 이후 분리 심리하는 다른 공범의 재판을 담당하는 것은 제척사유에 해당하지 않는다.

---

1) 그러나 법관이 선거관리위원장으로서 공직선거법 위반사건을 수사의뢰한 경우는 이에 해당하지 않는다(대판 1999. 4. 13. 99도155).

2) 대판 1989. 9. 12. 89도612.

3) 대판 1979. 2. 27. 78도3204; 1971. 12. 28. 71도1208.

약식명령 또는 즉결심판을 한 판사가, 이후 청구된 정식재판을 담당하는 때에 제척되는가가 문제된다. 이 경우 판사는 실질적으로 사건에 대해 선입견을 갖게 되므로 제척되어야 한다는 소수설이 있으나,[1] 정식재판은 약식절차나 즉결심판절차와 구별되는 새로운 소송계속을 발생시키는 것으로서 여기서의 전·후심의 관계가 아니기 때문에 제척사유라고 볼 수 없다.[2] 그러나 만약 약식명령을 발부한 법관이 제1심 정식재판 이후 항소심판결에 관여한 때에는 제척의 이유가 된다.[3] 12

전심재판에 '관여한 때'란 전심재판의 내부적 성립에 실질적으로 참여한 경우를 말한다. 재판선고에만 관여한 때나 사실심리나 증거조사 없이 공판기일 연기재판에만 관여한 때는 이에 해당하지 않는다. '전심재판의 기초되는 조사·심리'란 전심재판의 내용형성에 직접 영향을 미친 경우이다.[4] 13

전심재판에 관여한 시기는 공소제기 전후를 불문한다. 즉 공소제기 전이라도 공소제기를 하게 한 재정신청결정에 참여한 경우, 공판 전 증거보전절차나 증인신문절차에 관여한 경우 등이 이에 해당한다. 이 말은 '제1심의 제1회 공판기일 전 증거보전절차, 증인신문절차를 담당한 판사가 제2심에서 제척된다'는 뜻이라는 데에 유념해야 한다. 즉 제1심의 기초되는 조사·심리에 관여한 판사가 제1심에서 제척되는 것은 아니다. 그가 실질적으로 재판에 앞서 선입견을 갖게 될 것은 분명하지만 '전심' 재판에 관여한 것은 아니므로 형식적인 제척사유에 해당하지 않기 때문이다. 한편 판례 중에는 공판 전 증인신문절차(제184조)의 심리에 관여한 법관이 제2심인 항소심에서 법관이 되었을 때에도 제척될 수 없는 것으로 본 경우가 있다.[5] 14

이와 달리 공판 이전 구속영장발부, 구속적부심사 또는 보석허가결정 등에 관여한 법관은 상소심에서 제척되지 않는다. 이는 수사의 방식을 판단한 것일 뿐, 재판에 기초를 이루는 조사·심리과정이 아니기 때문이다. 15

---

1) 강구진 84; 김기두 41; 신현주 80.
2) 대판 2002. 4. 12. 2002도944; 손동권/신이철 50; 신양균 380; 이재상/조균석 8/53; 임동규 40; 정영석/이형국 44.
3) 대판 1985. 4. 23. 85도281.
4) 대판 1999. 10. 22. 99도3534.
5) 대판 1971. 7. 6. 71도974.

3. 제척의 효과

16 제척사유에 해당하는 법관은 그 사건의 직무집행에서 곧바로 배제된다. 해당 법관이나 당사자가 그 사유를 알 필요도 없다. 제척사유가 있다면 실제로 판사가 예단을 갖고 있는지와 무관하게 공평한 재판의 원리가 곧바로 침해된 것이고, 이 때에는 당사자의 이의제기 여부와 무관하게 절차의 하자가 확인된다. 제척사유 있는 법관이 재판에 관여한 때에는 절대적 항소이유(제361조의5 7호)와 상고이유(제383조 1호)가 된다.

III. 기 피

1. 의 의

17 기피는 법관에게 제척사유가 있음에도 재판에 참여한 때, 또는 그 밖에 공평하지 않은 재판을 할 염려가 있을 때에 당사자의 신청에 따른 결정을 통해서 그 법관을 배제하는 제도이다(제18조). 기피사유는 법률에 규정되지 않은 것도 포함되고, 당사자가 신청하여 법원이 결정함으로써 효력이 발생한다는 점에서 제척과 다르다. 그렇기 때문에 위 제척사유에 해당하는지 여부가 불분명한 경우에도 언제나 기피사유가 될 가능성은 있다.

2. 기피사유

18 기피사유는 법관이 제17조 각호의 제척사유에 해당하는 때와 법관이 불공평한 재판을 할 염려가 있는 때이다(제18조 ①항). 제척사유가 있으면 법관이 당연히 배제되어야 하지만, 제척사유의 존부가 불분명하거나 법관이 이를 간과한 경우 등에서 법원에 대해 이에 대한 판단을 구할 수 있도록 한 것이다.

19 '법관이 불공평한 재판을 할 염려가 있는 경우'에 해당하는지 여부는 해석의 여지가 있다. 판례는 '통상인의 판단으로 법관과 사건의 관계로 보아 불공평한 재판을 할 것이라는 의혹을 갖는 것이 합리적이라고 인정할 만한 객관적인 사정이 있는 때'라고 말한다.[1] 이러한 사정은 구체적 상황을 종합하여 판단한다. 예를 들면 법관이 실체적 진실을 규명할 의사가 없음이 드러나는 때,[2] 재판 중에 재판

1) 대결 2001. 3. 21. 2001모2; 대판 1966. 7. 28. 66도37.
2) 대결 1994. 11. 3. 94모73 참조.

결과를 예단한 말을 하거나 언론에 불필요한 정보를 전하는 경우, 피고인에게 진술을 강요하는 경우 등이다.

20 반면에 재판을 불공평하게 할 것이라는 단순한 주관적인 염려만으로는 기피의 근거가 될 수 없다. 법관의 성별, 가치관, 과거 재판 내력 등은 기피사유가 되지 않는다. 증거신청기각사유가 전혀 없는데도 증거신청을 기각하여 당사자의 증거신청권을 자의적으로 침해한 것이 분명한 때는 기피사유가 된다. 그러나 증거결정에서 자유재량권을 행사한 것으로 볼 수 있는 때에는 기피사유가 아니다.[1] 실무에서 기피는 극히 예외적으로 인정되는 것으로 보인다.

3. 기피절차

(1) 기피신청

21 기피신청은 불공평한 재판을 할 염려가 있다고 생각되는 법관에 대해 당사자가 서면 또는 구두로 신청한다. 재판부 자체에 대한 기피신청은 인정되지 않으나, 합의부 법관 전원에 대한 기피신청은 가능하다. 그러나 대법원 전원합의체와 같이 대체할 수 있는 재판부를 구성할 수 없을 때에는 기피신청이 불가능하다.

22 기피신청을 할 때는 기피원인이 되는 사실을 구체적으로 명시하여야 하고 기피사유는 신청한 날로부터 3일 이내에 신청의 논거가 될 자료를 신청서와 별도의 서면형태로 제출하여 소명해야 한다(제19조).[2] 기피신청시기의 제한규정은 없지만, 남용을 막기 위해 변론기일에만 가능하고 판결선고기일에는 허용되지 않는다고 보아야 한다.

(2) 기피결정

23 기피심사는 형식적 요건의 구비, 기피신청 대상인 법관의 의견서 검토, 실질적 요건에 대한 평가를 포함한다. 기피신청에 대한 재판은 기피당한 법관의 소속 합의부에서 결정의 형식으로 하여야 한다(제21조 ①항). 특히 법적 절차에 따르지 않거나 소송지연만을 목적으로 한 기피신청은 결정으로 기각하는데 이를 **간이기각결정**이라고 한다(제20조 ①항). 소송지연의 목적은 구체적인 요소를 고려하여 판단한다. 기피신청이 있는 경우 간이기각결정의 경우를 제외하고는 소송진행이 정

1) 대결 2001. 3. 21. 2001모2; 1995. 4. 3. 95모10.
2) 대결 1987. 5. 28. 87모10.

지된다(제22조). '급속을 요하는 경우'에는 예외인데, 예를 들어 멸실 우려가 있는 증거를 조사해야 하는 경우 등이다. 기피신청에 따라 공판절차가 정지된 기간은 구속기간에 산입하지 않는다(제92조 ③항).

24 기피신청의 기각결정에 대해서는 즉시항고를 할 수 있다(제23조 ①항). 일반적인 기각결정과 달리 간이기각결정에 대한 즉시항고의 경우에는 재판집행을 정지하는 효력이 없다(같은 조 ②항). 재판장 또는 수명법관이 기피신청을 기각한 데 대해 그 법관 소속의 법원에 간이기각결정의 취소를 구하는 준항고를 할 수 있다(제416조 ①항 1호). 기피신청이 이유 있다고 인정되면 기피당한 법관을 그 사건의 절차에서 배제하는 결정을 내리며, 이에 대해서는 불복하지 못한다. 이때 그 법관은 해당 사건의 직무집행으로부터 탈퇴하고 새로운 법관이 사안을 맡는다. 기피된 법관이 사건의 심판에 관여한 때에는 절대적 상소이유가 된다.

IV. 회 피

25 회피란 법관이 스스로 기피원인이 있다고 판단한 때, 즉 제척사유나 그 밖의 불공평한 재판을 할 염려가 있다고 판단한 때에 자발적으로 직무집행에서 탈퇴하는 것이다(제24조). 회피는 개별 법관의 권한이 아니라 직무상 의무이며 소속법원의 결정이 있어야 가능하다. 회피신청에 대한 결정에는 기피에 관한 규정이 준용된다. 이에 대한 법원의 결정에 대해서는 항고할 수 없다.

[10] 법원의 관할

I. 관할의 의의

1 관할은 각 개별법원에게 분배된 구체적 재판권을 뜻한다. 어떤 피고사건이 특정법원의 관할에 놓이면, 그 법원은 그 사건에 대한 심리와 재판의 권한을 갖는다. 이를 **심판권**으로 부르기도 한다. 추상적인 **재판권**은 법원에게 속하는 주관적·일반적 재판권한을 의미하는 것으로서 헌법상의 개념인 반면,[1] **관할권**은 재판권을 전제로 특정사건에 대해 상응하는 구체적인 법률을 전제로 하여 개별 법

1) 개념에 대해서는 대판 2006. 5. 11. 2005도798 참조.

원이 행사할 수 있는 객관적 권한으로서 소송법상 개념이다. 재판권이 없을 때 공소기각판결을 해야 하지만(제327조 1호), 관할권이 없는 경우에는 관할위반의 판결을 한다(제319조).

2 피고인이 방어권을 행사하기가 어려운 장소의 법원에서 공판을 진행하는 것은 사실상 그의 권리를 침해하는 것이므로 관할은 피고인의 방어권을 보장하는 기능을 담당한다. 이로써 법원이 심리를 효율적으로 진행하고, 개별 법원의 전문성을 반영할 수도 있다.

II. 관할의 종류

1. 관할의 분류

3 관할은 '사건관할'과 '직무관할'로 나뉜다. **사건관할**이란 피고사건의 심판에 관한 관할을 뜻한다. **직무관할**은 특별절차의 심판에 대한 관할을 말한다. 예를 들면 재심, 비상상고, 재정신청사건에 대한 관할 등이다. 관할을 '법정관할'과 '재정관할'로 구별할 수도 있다. **법정관할**은 법률규정에 의해 정해진 방식의 관할이며, **재정관할**은 법원의 재판에 의해 결정되는 관할이다.

2. 법정관할

(1) 고유관할

4 사건에 대해 법률이 규정을 두고 있는 것을 '고유관할'이라고 한다. 다음과 같은 내용이 있다.

5 1) **사물관할**은 제1심에서 사안의 성질에 따라 분배되는 관할이다. 단독판사가 관할을 갖는 경우와 합의부가 맡는 사안, 그리고 시·군법원 관할로 크게 나뉜다. 합의부 관할은 사형·무기 또는 단기 1년 이상의 징역이나 금고에 해당하는 사건과, 지방법원판사에 대한 제척·기피사건, 다른 법률에 의하여 지방법원 합의부의 권한에 속하는 사건, 합의부에서 심판할 것으로 스스로 결정한 사건이다(법조법 제32조 ①항). 시·군법원 관할은 대법원장이 시·군법원의 관할사건으로 심판하게 하여 형성되며(법조법 제33조 ①항), 대체로 즉결심판사안 등 경미사건을 담당한다(같은 법 제34조 ①항 3호, ③항).

6 2) **토지관할**은 동급법원 사이에서 사건의 지역적 관계에 의한 관할을 의미한다.[1] 이를 재판적裁判籍이라고도 한다. 토지관할은 범죄지, 피고인의 주소·거소 또는 현재지로 한다(제4조 ①항). 현재지는 공소제기 당시에 피고인이 실제로 위치하고 있는 장소를 말한다. 여기에는 적법한 강제에 의한 현재지(예: 체포지)도 포함된다.[2]

7 3) **심급관할**은 상소관계를 전제로 나뉘는 관할을 의미한다. 원칙적으로 고등법원이 제1심 판결에 대한 항소사건을, 대법원이 고등법원 또는 항소법원의 판결에 대한 상고사건을 관할한다.

(2) 관련사건의 관할 : 관할의 병합

8 관련사건이란 하나의 사건과 주관적(인적)으로 또는 객관적(물적)으로 관련성이 인정되는 사건 간의 관계를 말한다(제11조). **주관적 관련**은 1인이 범한 수죄를 의미하고, **객관적 관련**은 2인 이상의 사람이 공동하여 죄를 범한 때이다. 이러한 관련사건의 경우에는 관할권이 없는 사건이나 피고인에 대해서도 법원이 관할을 가질 수 있는데, 이러한 처리를 **관할의 병합**이라 하고 그 결과를 **병합관할**이라고 한다. 물론 관련사건이 반드시 병합기소되거나 병합되어 심리되어야 하는 것은 아니므로 고유관할사건 계속 중 고유관할 법원에 관련사건이 계속된 이상 두 사건이 병합되어 심리되지 아니한 채 고유사건에 대한 심리가 먼저 종결되었더라도 관련사건에 대한 관할권은 여전히 유지된다.[3]

9 관할의 병합을 인정하는 이유는 불필요한 이중심리를 피하고, 동일한 사건에 대하여 판결에 차이가 나는 것을 방지하기 위해서이다. 인적 관련성에 따라 피고인이 수 개의 죄에 대해 하나의 절차에서 재판을 받으면, 따로 선고되어 형이 합산되는 것에 비해 형벌이 가벼워지는 이익을 누릴 수도 있다 [동시심판의 이익]. 사물관할이나 토지관할은 병합될 수 있으나, 심급관할은 개념상 병합할 수 없다.

(3) 심리의 병합과 분리

10 사물관할을 달리하는 수개의 관련사건이 각 법원 합의부와 단독판사에 계속된 때에는 합의부가 결정으로 단독판사에 속한 사건을 병합하여 심리할 수 있다

1) 일상언어 이해와 맞지 않기 때문에 입법론적으로는 '지역관할'로 표현을 바꾸는 것이 바람직하다.
2) 대판 2011. 12. 22. 2011도12927.
3) 대판 2008. 6. 12. 2006도8568.

(제10조). 토지관할이 다른 여러 개의 관련사건이 각각 다른 법원에 계속된 때에는 검사 또는 피고인의 신청에 의하여 공통되는 바로 위의 상급법원의 결정으로 1개 법원으로 하여금 병합심리하게 할 수 있다(제6조). 이는 사물관할이 같을 것을 전제로 한다.[1)]

토지관할의 병합심리는 당사자의 신청에 의한다. 병합심리신청을 받은 법원이 신청을 이유있다고 인정한 때에는, 관련사건을 병합심리할 법원을 지정하여 그 법원으로 하여금 병합심리하게 하는 결정을 한다. 신청을 이유없다고 볼 때에는 신청을 기각하는 결정을 한다. 토지관할의 병합심리가 필요없으면 법원은 결정으로 이를 나누어 각각 관할권 있는 다른 법원에 이송할 수 있는데 이를 '심리의 분리'라고 한다(제7조). 11

3. 재정관할

재정관할裁定管轄은 법원의 재판에 의해 정해지는 관할을 말한다. 이를 통해 법정관할이 없는 경우 또는 법정관할은 있으나 구체적 상황에 따라 필요한 때에 관할을 지정·이전할 수 있다. **관할의 지정**은 관할법원이 명확하지 않거나, 관할위반을 선고한 재판의 확정사건에 대해 다른 관할법원이 없는 경우에 상급법원이 사건을 심판할 법원을 지정하는 것을 말한다. 검사는 이러한 사유가 있는 때에 관계있는 제1심 법원에 공통되는 바로 위의 상급법원에 관할지정을 신청해야 한다(제14조). **관할의 이전**은 관할법원이 법률상 또는 특별한 이유로 재판권을 행사할 수 없거나, 범죄성질, 지방민심, 소송상황 등에 비추어 재판의 공평성과 효율성을 유지하기 어려운 경우에 관할권을 다른 법원으로 옮기는 것이다. 이러한 필요가 있는 때에 검사는 관할이전을 신청해야 하며, 피고인도 이를 신청할 수 있다(제15조). 관할이전은 원래 관할권이 없던 법원에 관할권을 부여한다는 점에서 관할권 있는 법원에 사건의 심리를 옮기는 사건이송과 구별된다. 관할이전은 토지관할에 대해서만 인정되며, 제1심은 물론 항소심에서도 가능하다. 12

1) 대결 2006. 12. 5. 2006초기335(전합): 제1심 법원의 상급법원은 법원들의 토지관할 구역을 포괄하여 관할하는 고등법원이다. 그 소속 고등법원이 다른 경우에는 대법원이 이 제1심 법원들의 공통되는 바로 위의 상급법원이다.

III. 관할의 경합

13 법원의 관할은 여러 기준에 의해 결정될 수 있기에 하나의 사건에 대해 둘 이상의 법원이 관할권을 가지는 경우가 있다. 이를 관할의 경합이라고 한다. 이 경우 검사는 어느 법원에나 공소제기를 할 수 있다. 그러나 동일사건에 대해 서로 다른 법원이 각각 심리하는 것은 효율성과 일관성을 떨어뜨린다. 그리고 여러 법원이 각각 확정판결을 하면 나중의 판결이 당연무효가 되는 소송의 비경제가 초래된다.

14 이를 피하기 위해 관할이 경합되는 경우에 다음과 같은 우선순위원칙이 있다. 같은 사건이 사물관할을 달리하는 수개의 법원에 계속된 때에는 법원합의부가 심판한다(제12조) [**합의부우선원칙**]. 합의부우선원칙에 따라 합의부의 소송계속사실이 명확해지면 단독판사는 즉시 공소기각결정을 한다(제328조 ①항 3호). 같은 사건이 사물관할이 같은 여러 개의 법원에 계속된 때에는 먼저 공소를 받은 법원이 심판한다(제13조) [**선착수우선원칙**]. 이에 따라 나중에 소송계속이 발생한 법원은 다른 법원에 동일한 사건이 먼저 기소되었음이 명백해지는 즉시 공소기각결정을 한다(제328조 ①항 3호). 그러나 각 법원에 공통되는 바로 위의 상급법원은 검사나 피고인의 신청에 의하여 결정으로 뒤에 공소를 받은 법원으로 하여금 심판하게 할 수 있다(제13조 후단).

IV. 사건의 이송

15 사건의 이송은 수소법원이 계속중인 사건을 다른 법원이 심판하도록 소송계속을 이전하는 것을 말한다(제7, 8, 9조, 제16조의2). 사건이송은 관할법원 상호간에 소송계속을 이전하는 것이고, 관할이전은 관할 없는 법원에 이전한다는 점에서 서로 구별된다. 사건이송은 관할과 관련된 것이 대부분이며, 군사법원이송과 소년부송치의 경우도 여기에 포함된다. 예를 들어 관할구역 내에 피고인이 있지 않는 경우에 특별한 사정이 있으면 법원은 결정으로 사건을 피고인의 현재지를 관할하는 동급법원에 이송할 수 있다. 또는 단독판사가 공판심리 중 공소장변경에 의하여 합의부의 관할사건으로 변경된 경우에 법원은 결정으로 합의부로 이송해야 한다(제18조 ②항, 36/52 참조).

V. 관할의 위반

관할권의 존재는 소송조건이다. 법원은 직권으로 관할유무를 조사하여야 한 16
다(제1조). 관할권 판단시기는 토지관할의 경우 공소제기시를 기준으로 하며, 나중에 관할권이 생기면 그 하자는 치유된다. 사물관할은 공소제기시부터 재판종결까지 심리의 모든 과정에 존재해야 한다. 관할권 없음이 명백한 때에는 판결로써 관할위반을 선고한다(제319조). 관할위반의 경우에도 그동안 행해진 소송행위의 효력에는 영향이 없다(제2조).

관할을 위반한 상태로 선고한 판결은 절대적 항소이유 또는 상고이유가 된 17
다. 관할인정이 법률위배를 이유로 상고심에서 원심판결 또는 제1심 판결을 파기하는 경우에 대법원은 판결로써 사건을 원심법원 또는 제1심 법원에 이송하여야 한다(제394, 367조). 제1심법원이 피고사건에 대해 관할권이 있음에도 관할위반의 판결을 선고하고, 제1심판결에 대한 항소를 원심법원이 기각하는 판결을 한 경우 그리고 상고심에서 원심판결 또는 제1심 판결을 파기하는 경우에 대법원은 판결로써 사건을 관할 있는 법원에 환송해야 한다(제395조).

[11] 검 사

I. 의 의

1. 검사 · 검찰

검사는 검찰권을 행사한다. 흔히 '검찰'이라는 표현으로 쓴다면 위의 법원개 1
념에서 '국가기관으로서 법원'에서와 마찬가지로 기관의 명칭에 해당한다. 형사소송법적으로 형사절차에 참여하는 주체는 검사라고 부른다. 이는 제도 및 기관 전체를 가리키는 말이기도 하고, 권한을 갖는 개인을 의미하기도 한다.

2. 검사의 역할

검사는 수사권의 주체이다. 검사는 경찰과 더불어 수사개시에 대한 권리와 2
의무를 갖는다(제196, 197조). 이외에도 영장청구권, 증거보전청구권, 증인신문청구권 등을 갖고 있다. 검사는 또한 소추권의 주체이다. 공소는 검사만이 제기할 수 있으며, 이른바 사인소추제도는 없다. 이를 **기소독점주의**라고 한다.[1] 검사는 **기소편의주의**에 따라 공소제기를 할 것인지 여부 및 어떠한 공소사실로 기소할 것인지를 재량으로 결정할 수 있다. 그리고 **기소변경주의**에 따라 제1심 판결선고 전까지는 공소를 취소할 수도 있다. 검사는 공판절차에서 공소사실을 증명하고 공소를 유지할 권한과 의무를 갖는다. 이를 위해 검사는 피고인과 대립된 지위에서 형사소송에 참여하여 법령의 정당한 적용을 법원에 청구한다. 재판의 집행도 검사가 지휘한다.

3 역사적으로 보면 검사의 본질적 역할은 소를 제기하는 데에서 시작되었다. 그렇기에 공소제기의 권한만큼은 다른 기관이 대신하거나 제한할 수 없다. 반면에 수사권의 행사여부 및 방식, 공판과정에서의 역할, 형벌 집행의 기능 등은 각 국가의 제도별로 차이가 있다.

II. 검사의 법적 성격

4 검사를 법원과 더불어 사법기관으로 보는 시각과, 사법기관적인 성격을 일부 포함하는 준사법기관으로 보는 입장이 있다. 사법司法의 본뜻을 '사안에 대한 심리와 재판'을 의미하는 것이라고 한다면 검사는 사법기관이 아니다. 검사에게 제척 · 기피가 인정되지 않는 이유이기도 하다.[2] 그러나 다른 한편, 검사는 사실상 개별 사안에 대한 최종 판단을 하고 있다. 사안에 대한 기소 여부와 기소 내용을 검사가 결정하고 있기 때문이다. 실제로 법원이 무죄판결을 하는 것에 비해, 검사가 불기소처분을 하는 비율이 압도적으로 크다. 이와 같은 검사의 현실적인 역할을 분석하는 것이 중요하다. 검사를 '사법기관'이라고 하든 '준사법기관'이라고 하든 명칭부여에 큰 의미가 있는 것은 아니다.

5 검사와 법원은 국가형벌권의 실현을 위하여 서로 돕고 견제하는 관계에 있다. 헌법상 권력분립이 형사절차에서 실현되는 모습이다. 이를 위해 검사에게는 법관과 같은 수준의 자격요건을 갖추도록 하고 있고, 사법기관에 상응하는 직업윤리를 요구하고 있다.

---

1) 고위공직자범죄수사처가 설치되어, 일정한 범죄주체 및 범죄유형에 대해서는 이에 속한 수사처검사도 공소제기를 할 수 있지만 이로부터 검사의 소추권독점의 예외가 형성된 것으로 볼 수는 없다.

2) 대판 2013. 9. 12. 2011도12918.

III. 검사의 조직과 검사동일체원칙

1. 검찰청의 의의와 조직

검찰청은 검사의 사무를 통할하는 기관 명칭으로서 행정조직상의 단위이다. 6
대검찰청, 고등검찰청, 지방검찰청, 지방검찰청지청으로 조직되어 있다. 각각 대법원, 고등법원, 지방법원에 대응한다.

대검찰청에 소속된 검찰총장은 대검찰청 및 검찰사무를 통할하며, 검찰청 공 7
무원을 지휘·감독한다. 이하 차장검사와 부장검사, 검사가 있으며, 검찰연구관도 두고 있다. **고등검찰청**과 **지방검찰청**에는 각각 고등검찰청 검사장과 지방검찰청 검사장이 있다. 이하 차장검사, 부장검사 및 검사가 소속된 것은 마찬가지이다. 지방검찰청지청의 장은 지청장이며 이하 구성원 조직은 같다. 기타 검찰조직의 자세한 사항은 '검찰청법'에 나와 있다.

2. 검사동일체원칙

(1) 의 의

모든 검사들은 검찰총장을 정점으로 피라미드형의 계층적 조직체를 형성하 8
고, 일체불가분의 유기적 통일체로서 활동하는데 이를 '검사동일체원칙'이라고 한다. 이러한 원칙이 인정되는 이유는 수사와 공소의 제기 및 유지 그리고 재판의 집행 등의 검찰권 행사가 통일적·효율적으로 이루어지게 하기 위한 것이라고 한다.

이에 따라 한 명의 검사가 업무를 담당하고 있다고 하더라도 실제로는 엄격 9
한 지휘감독 관계에 의해서 형성되어 있는 조직체의 모습으로 활동하는 것이라고 할 수 있다. 이를 놓고 **검사의 단독관청성**이라고 말한다. 곧 개개의 검사가 전체 통일된 검찰조직과 다름없는 권한과 의무를 갖는다는 뜻이다. 판사도 물론 법원의 일원으로서 독자적으로 활동하지만 그가 법원조직 전체와 통일된 판단을 하는 것이 아니므로 단독관청성을 갖고 있다고 보지는 않는다.

(2) 실현방법

검찰청법 제7조 ①항은 "검사는 검찰사무에 관하여 소속 상급자의 지휘·감 10
독에 따른다"고 규정하고 있다. 상급자는 하급검사에 대해 검찰사무 및 검찰행정 사무에 대해서도 지휘·감독한다. 그러나 이러한 관계는 내부효력만 갖는 것이므로 상급자의 지휘 · 감독에 위반한 검사의 처분이나, 상사의 결재를 받지 않은 검사의 처분의 대외적 효력은 변함이 없다.

11 '직무승계권', '직무이전권', '직무대리권'은 실제로 검사동일체원칙을 유효하게 하는 수단이다. 검찰총장과 각급 검찰청의 검사장 및 지청장은 소속검사의 직무를 자신이 직접 처리하거나 [직무의 승계 · 대리], 다른 검사로 하여금 이를 처리하게 할 수 있다 [직무의 이전]. 검사동일체원칙에 따라, 검찰권 행사 도중에 다른 검사로 교체되어도 그동안 교체 전 검사가 행한 행위의 소송법상 효과에는 영향이 없다. 수사나 공판절차가 진행되는 도중에 검사가 교체되더라도 새로운 검사가 수사절차를 처음부터 다시 하거나 법원이 공판절차를 갱신할 필요가 없다. 이는 동일체원칙이 적용되지 않는 법원에서 판사가 바뀌면 반드시 공판절차를 갱신하여야 하는 것과 다른 점이다.

(3) 평 가

12 검찰권이 통일적 · 효율적으로 행사되어야 한다는 데에 대해서는 대부분 공감할 수 있다. 그렇다고 해서 모든 검사들을 한 유기체와 같은 통일적 계층구조에 맞추어 놓을 필요가 있는지, 그것이 검사동일체원칙을 통해 원리적으로 강제되어야 하는 것인지에 대해서는 나아간 논의가 필요해보인다. 지금처럼 소통수단이 발달된 때라면 더욱 긴밀한 연락과 협조를 통해 검찰 조직 전반에 걸친 객관적이면서도 공정한 업무수행이 가능할 것이다. 오히려 검사동일체원칙의 유지가 검사 각자의 정의구현에 대한 의지나 창의성을 억누르고 조직 전체의 이익을 앞세우게 만드는 공식적인 방편이 될 수도 있다.

Ⅳ. 검사의 의무

1. 국가형벌의무

13 형벌권은 국가가 독점하고 있기에 이는 곧 국가의 권한이자 의무이다. 법원, 경찰, 교정기관 등과 더불어 이러한 국가의 형벌의무를 분담하고 있는 검사는 그 가운데에서도 가장 중요한 역할을 담당한다. 검사는 국가형벌권의 실현을 위해서 수사, 공소제기와 공소유지, 형의 집행을 책임져야 한다. 검사가 이를 소홀히 하면 다른 어떤 주체도 이를 대신할 수 없기에 국가형벌권의 실현은 불가능해진다.

제196조 1항은 검사는 범죄혐의가 있다고 사료하는 때에는 범인, 범죄사실과 증거를 수사한다고 규정하고 있는데, 여기서 '수사한다'는 것은 '수사를 할 수 있다'는 권한[**수사권**]과 '수사를 해야 한다'는 의무[**수사의무**]를 모두 포함하는 것으로 해석된다.

검사가 수사를 개시할 수 있는 범죄의 범위는 제한되어 있다. 검사는, 1) 부패범죄(예: 주요공직자 뇌물죄), 경제범죄(예: 이득액 5억원 이상의 횡령, 배임) 등 대통령령으로 정하는 중요범죄, 2) 경찰공무원(특사경 포함) 및 공수처 소속 공무원이 범한 범죄, 3) 사법경찰관이 송치한 범죄와 관련하여 인지한 각 해당 범죄와 직접 관련성이 있는 범죄에 대해서만 수사를 개시할 수 있다(검찰청법 제4조 ①항 1호). 그리고 만약 검사가 직접 수사를 개시한 사건이라면 그에 대해서는 스스로 공소를 제기할 수 없다(검찰청법 제4조 ②항). 이러한 제안은 미리 기소를 염두에 두고 예단에 의해 수사를 진행할 수 없도록 하기 위한 것이다. 13-1

2. 객관의무

검사는 피의자·피고인과 대립되는 지위에 놓이는 것을 넘어, 정치적 중립을 유지하는 가운데 공익을 대표하고 진실과 정의, 인권을 존중하여 검찰권을 행사할 의무를 지는데, 이를 객관의무라고 부른다(검찰청법 제4조 ③항). 객관의무는 국가의 형벌권을 행사하는 형사사법기관으로서 당연히 지니는 의무이다. 적법절차를 곧 형사소송법의 법목적이라고 한다면 이 목적을 궁극적으로 실현하는 데에 법원과 검사의 입장이 크게 다르지 않다. 14

객관의무에 따라 검사는 피고인·피의자에게 불리한 사실뿐만 아니라 유리한 사실을 뒷받침하는 증거도 수집해야 한다.[1] 또한 검사는 피고인의 이익을 위하여 상소할 수 있고, 재심도 청구할 수 있다. 검찰총장은 판결이 확정된 후, 그 사건의 심판이 피고인에게 불리하게 법령에 위반하여 이루어진 경우에는 비상상고를 할 수도 있다. 이외에 고소권자를 지정할 의무(제228조), 민법상의 성년·한정·특정후견개시 심판의 청구(민법 제9, 12조), 부재자의 재산관리 및 실종선고의 청구(민법 제22, 27조)도 이러한 객관의무에 의해 설명된다. **검사의 인권보장 의무**도 널리 객관의무에 포함된다. 형사사법은 그 자체로 인권침해의 가능성에 노출되어 15

1) 대판 2002. 2. 22. 2001다23447.

있다. 특히 수사과정에서 피의자의 권리를 침해하지 않도록 스스로 주의하고, 검찰·경찰을 비롯한 수사기관이 인권을 침해하지 않도록 감독관리할 의무가 검사에게 있다(제197조의3, 제198조 ②항, 제198조의2).

[12] 사법경찰관리

I. 의 의

1 경찰활동은 크게 사법경찰과 치안경찰로 나뉜다. 전자인 사법경찰은 형사소송법에 따라 이미 발생한 범죄의 수사활동을 뜻하기에, 장차 일어날 수 있는 범죄를 예방하는 치안경찰의 활동과 다르다.[1] 사법경찰관리는 사법경찰관과 사법경찰리를 함께 일컫는 말이다. **사법경찰관**은 수사를 행하는 수사기관으로서 경무관, 총경, 경정, 경감, 경위이며(제197조 ①항), **사법경찰리**는 수사의 보조기관으로서 경사와 경장, 순경이다(같은 조 ②항). 법개정을 통해 **특별사법경찰관리**(= 특사경)에 대한 내용도 신설되었다. 이는 검사의 지휘 하에 삼림, 해사, 전매, 세무, 군수사기관, 그 밖에 특별한 사항에 관하여 사법경찰관리의 직무를 행하는 주체이다(제245조의10). 과거 사법경찰관리는 검사의 보조기관으로서 실질적으로 검사의 명령에 따르는 상명하복관계에 놓여 있었으나, 근래 몇 차례의 법개정 끝에 이른바 '검찰과 경찰간 수사권조정'이 이루어졌다.

II. 경찰의 수사활동: 검사와의 관계

1. 수사개시권

2 제197조 ①항은 사법경찰관은 범죄혐의가 있다고 사료하는 때에는 범인, 범죄사실과 증거를 수사한다고 규정되어 있다. 검사와 마찬가지로 경찰도 수사권을 가질 뿐만 아니라 수사의무를 부담하는 주체인 것이다. 검사가 직접 수사하는 범죄유형이 정해진 데에 반해, 일반적인 범죄는 모두 경찰이 독자적으로 수사활동을 개시할 수 있다. 사법경찰리는 수사를 보조해야 한다(같은 조 ②항).

1) 구별되는 두 역할에 따른 과제와 양자를 지배하는 다른 원리에 대해서는 배종대/홍영기, 형사정책, 64/17 이하.

2. 수사종결권

또한 수사결과 범죄혐의가 인정되지 않을 때 사법경찰관 스스로 수사를 종결할 수 있는 1차적 수사종결권을 갖고 있다. 과거 수사종결은 곧 공소제기 또는 불기소처분을 일컫는 것이었기 때문에 오로지 검사만 할 수 있는 것이었다. 그러나 사법경찰관이 수사를 개시할 수 있게 하는 이상, 검사만이 수사를 종결하는 것은 불합리하기에 경찰에게 독자적인 수사종결권을 부여하지 않을 수 없다. 경찰이 수사를 종결하는 대표적인 방식은 사건의 **불송치결정**이다. 3

3. 검사와의 관계

(1) 사건의 송치와 영장신청

사법경찰관이 범죄를 수사한 때에 범죄혐의가 인정되면 검사에게 사건을 송치하고, 그 밖의 경우에는 그 이유를 명시한 서면과 함께 관계 서류와 증거물을 검사에게 송부해야 한다(제245조의5). 즉 경찰이 혐의를 인정하지 않은 사건은 불송치함으로써 스스로 수사를 종결할 수 있다. 만약 사법경찰관이 사건을 검사에게 송치하지 않은 경우에는 고소인 · 고발인 · 피해자 또는 그 법정대리인에게 사건을 검사에게 송치하지 않은 취지와 그 이유를 서면으로 통지해야 한다(제245조의6). 이러한 통지를 받은 사람은 해당 사법경찰관 소속 관서의 장에게 이의를 신청할 수 있다. 이와 같은 이의신청이 있으면 사법경찰관은 지체 없이 검사에게 사건을 송치해야 한다(제245조의7). 통지대상자 가운데 고발인은 이의신청인 요건에서 배제되어 있기 때문에 고발인은 자신이 고발한 사건의 수사를 담당한 사법경찰관이 불송치결정을 하더라도 이의신청을 할 수 없다. 4

검사가 사법경찰관이 신청한 영장을 정당한 이유 없이 판사에게 청구하지 않으면 사법경찰관은 관할 고등검찰청에 영장청구 여부에 대한 심의를 신청할 수 있다. 이를 심의하기 위하여 각 고등검찰청에 외부 위원으로 구성된 영장심의위원회를 두도록 하였다(제221조의5). 5

(2) 검사의 재수사, 보완수사 요구권

만약 사법경찰관이 사건을 검사에게 송치하지 않은 것이 위법 또는 부당한 때에는 검사는 그 이유를 문서로 명시하여 사법경찰관에게 재수사를 요청할 수 있으며, 사법경찰관은 이에 따라 사건을 재수사해야 한다(제245조의8). 또한 경찰 6

이 사건을 송치한 이후에 검사는 송치사건의 공소제기 여부 결정 또는 공소유지에 관하여 필요한 경우와, 사법경찰관이 신청한 영장의 청구 여부 결정에 관하여 필요한 경우에 사법경찰관에게 보완수사를 요구할 수 있다. 정당한 이유가 없는 한 사법경찰관은 지체 없이 이를 이행해야 한다. 만약 사법경찰관이 이러한 요구에 불응하는 경우에는 검찰총장 또는 각급 검찰청 검사장이 해당 사법경찰관의 직무배제 또는 징계를 권한 있는 사람에게 요구할 수 있게 하였다(제197조의2).

(3) 검사의 사건송치요구권 등

7 또한 검사는 사법경찰관리의 수사과정에서 법령위반, 인권침해 또는 현저한 수사권남용이 의심되는 사실의 신고가 있거나, 그러한 사실을 인식하게 된 경우에는 사법경찰관에게 사건기록 등본의 송부를 요구할 수 있다. 송부를 받은 검사는 필요한 경우 사법경찰관에게 시정조치를 요구할 수 있다 [**시정조치요구권**]. 이러한 요구가 정당한 이유 없이 이행되지 않은 경우에 검사는 사법경찰관에게 사건을 송치할 것을 요구할 수 있다(제197조의3 ⑥항). 적법절차위배에 대한 상당한 이유가 있는 경우에도 피구속자를 석방하거나 사건을 검찰에 송치할 것을 명할 수 있다(제198조의2 ②항) [**사건송치요구권**]. 이와 같은 사건송치요구에 따른 송치나, 경찰의 불송치결정에 대한 고소인 등의 이의신청이 있어 검사에게 송치하는 경우(제245조의7 ②항)에 검사는 송치받은 사건에 관하여 해당 사건과 동일성을 해치지 아니하는 범위 내에서 수사할 수 있다(제196조 ②항).

8 사법경찰관리가 수사과정에서 법령위반, 인권침해 또는 현저한 수사권 남용이 있었던 경우 검찰총장이나 각급 검찰청의 검사장은 이에 대한 징계를 요구할 수 있다 [**징계요구권**]. 사법경찰관은 피의자를 신문하기 전에 수사과정의 법령위반 등에 대해서 위와 같은 구제신청을 검사에게 할 수 있다는 사실을 피의자에게 알려주어야 한다(제197조의3).

(4) 수사의 경합

9 검사가 사법경찰관과 동일한 범죄사실을 수사하게 된 때에, 검사는 사법경찰관에게 사건을 송치할 것을 요구할 수 있다. 요구를 받은 사법경찰관은 지체 없이 검사에게 사건을 송치해야 하나, 검사가 영장을 청구하기 전에 동일한 범죄사실에 관하여 사법경찰관이 영장을 신청한 경우에는 해당 영장에 기재된 범죄사실을 계속 수사할 수 있다(제197조의4).

[12-1] 고위공직자범죄수사처(공수처)

I. 의의와 구성

1. 설치목적

지금까지 이어온 제도를 통해서는 고위공직자에 대한 수사를 정의롭게 담당할 수 없다는 지적이 이어졌고, 그에 따라 2020년부터 고위공직자범죄수사처(이하 '공수처')를 설치 · 운영하고 있다. 이는 특정 고위공직자와 그 가족이 저지른 일정한 범죄를 수사하고 기소하기 위해 신설된 기관으로서, 기존 수사기관은 물론 입법 · 행정 · 사법 어디에도 속하지 않는 독립적인 부패 수사기구이다(공수처법 제3조 ②항). 1

2. 대상이 되는 사람과 범죄 종류

공수처법에 의해 수사 · 기소될 수 있는 대상은 그동안 여러 이유에서 수사와 기소가 쉽지 않았던 고위 공무원들이다. 예를 들어 대통령, 국회의원, 대법관, 헌법재판관, 중앙행정기관 정무직 공무원, 국가정보원 소속의 3급 이상 공무원, 금융감독원, 감사원, 국세청, 공정거래위원회, 금융위원회의 고위 공무원, 검찰총장, 판 · 검사, 경무관 이상 경찰공무원, 장성급 장교, 특별 · 광역시장, 도지사 등과 그와 관련된 일정 범위의 가족 등이다. 현직이 아니라 퇴임한 자도 포함한다(같은 법 제2조, 1, 2호). 2

공수처가 수사 · 기소할 수 있는 행위유형은 형법상 직무유기, 직권남용, 불법체포, 불법감금, 폭행, 가혹행위, 피의사실공표, 공무상 비밀누설, 선거방해 등과 더불어 전형적인 부패범죄로서 뇌물수수, 알선수재, 정치자금법위반, 그 밖에 문서죄, 배임 · 횡령, 공갈, 강요, 직권남용, 직무유기, 선거관여, 변호사법 위반, 국정원의 정치관여, 비밀누설 등 공직업무와 관련한 범죄이다(같은 법 제2조 3, 4호). 3

3. 공수처의 조직

공수처는 법조경력 15년 이상을 가진 사람 가운데 후보추천위원회가 2명을 추천하고 대통령이 1명을 지명한 후 인사청문회를 거쳐 임명된 공수처장과, 10년 이상 경력자 가운데 처장의 제청으로 대통령이 임명한 차장을 두며, 수사처검사 4

의 임용, 전용 등 인사에 관한 중요 사항을 심의·의결하기 위한 기관으로서 인사위원회를 두고 있다. 25명 이내로 특정직 공무원인 수사처검사가 활동하도록 하는데, 이들은 변호사 자격을 7년 이상 가진 사람으로서 인사위원회의 추천을 거쳐 대통령이 임명한다(공수처법 제5, 7, 8조).

5 수사처수사관을 40명까지 둘 수 있다. 만약 검찰청으로부터 검찰수사관을 파견받은 경우에는 수사처수사관의 정원에 포함한다. 이들은 변호사자격을 보유한 사람, 7급 이상 공무원으로서 조사·수사업무에 종사했던 사람, 수사처규칙으로 정하는 조사업무의 실무를 5년 이상 수행한 경력이 있는 사람 중에서 처장이 임명한다(같은 법 제10조).

II. 공수처의 활동

1. 수 사

6 수사처검사는 고위공직자범죄의 혐의가 있다고 판단될 때에는 범인, 범죄사실과 증거를 수사해야 한다(같은 법 제23조). 다른 수사기관의 범죄수사와 겹치는 때에 공수처장은 수사의 진행 정도 및 공정성 논란 등에 비추어 수사처에서 수사하는 것이 적절하다고 판단하면 이첩을 요청할 수 있고, 해당 수사기관은 이에 응해야 한다(제24조 ①항). 다른 수사기관이 범죄를 수사하는 과정에서 위와 같은 고위공직자범죄를 인지하면 그 사실을 즉시 수사처에 통보하여야 한다(같은 조 ②항). 처장은 통보를 해온 다른 수사기관의 장에게 수사개시 여부를 회신해야 하고(같은 조 ④항), 피의자, 피해자, 사건의 내용과 규모 등에 비추어 다른 수사기관이 수사하는 것이 적절하다고 판단될 때에 사건을 이첩할 수도 있다(같은 조 ③항).

7 수사처검사가 고위공직자범죄 등에 관한 수사를 한 때에는 관계서류와 증거물을 지체 없이 서울중앙지방검찰청 소속 검사에게 송부해야 하는데(제26조 ①항), 이를 송부받아 사건을 처리하는 검사가 공수처장에게 해당 사건의 공소제기 여부를 통보하도록 하고 있다(제26조 ②항).

2. 기 소

8 공수처법은 수사처검사가 공소를 제기하는 방식 자체에 대해서는 규정하고

있지 않으나, 형사소송법 제246조에 따라 공소를 제기할 수 있다(제47조 준용규정). 수사처검사가 공소를 제기하는 사건의 제1심 재판은 원칙적으로 서울중앙지방법원의 관할로 한다(제31조). 고위공직자범죄에 대하여 불기소결정을 하는 때에 공수처장은 그 범죄의 수사과정에서 알게 된 사건을 대검찰청에 이첩해야 한다(제27조). 고소 · 고발인은 수사처검사로부터 공소를 제기하지 않는다는 통지를 받으면 서울고등법원에 그 당부에 관한 재정을 신청할 수 있다(제29조 ①항).

[13] 피 고 인

I. 의 의

1. 피의자와 피고인

1 '피의자'는 범죄혐의가 있는 것으로 수사기관에 의해 의심을 받아 수사대상이 되어 있는 사람을 말한다. 수사와 내사는 구별되므로 피의자는 피내사자 또는 용의자와 다른 개념이며 형사소송법에 따라 수사대상으로 특정된 경우에 피의자가 된다.

2 '피고인'은 검사에 의해 공소가 제기된 자를 말한다. 피의자는 공소가 제기됨으로써 피고인이 된다. 경찰서장에 의하여 즉결심판이 청구된 자도 피고인이라고 부른다. 공소가 제기된 이후에 비로소 소송법상 당사자가 되므로 피고인은 이러한 의미의 당사자이지만, 피의자는 준당사자적 지위를 갖는 데 그친다.

3 형사절차에서 피고인이 갖는 권리는 대부분 피의자의 권리와 공통된다. 진술거부권, 변호인 선임권, 접견교통권 등이 그것이다. 이하에서 피고인의 권리를 서술한 내용은 피의자에게도 함께 해당한다고 보면 된다.

2. 공동피고인

4 공동피고인은 동일한 소송절차에서 한 명 이상의 피고인이 관여하는 것을 전제로 하여, 해당 개별 공판절차에서 심리되고 있는 피고인 이외의 또 다른 피고인을 말한다. 절차에서는 기소된 다른 피고인을 상相피고인이라고 부르기도 한다. 공동피고인은 수 개의 관련사건(제11조)을 병합심리하도록 하여 동일법원에 계

속시킴으로써 생기는 개념이다. 아무리 공범관계에 있다고 해도 관계된 여러 사람을 한꺼번에 심리하고 재판할 수는 없다. 형사소송은 한 사람을 대상으로 하여 진행되는 것이기 때문이다. 즉 공동피고인은 피고인에 대해 제3자에 불과하므로 피고인에게 발생한 법률효과가 공동피고인에게 미치지 않는 것이 원칙이다.

5 공동피고인이 반드시 공범은 아니다. 예를 들어 공모 없이 두 사람이 한 피해자를 대상으로 범죄를 저지른 경우(동시범)에도 공동피고인이 될 수 있으며, 피고인과 그를 숨겨준 범인은닉죄의 피고인도 공동피고인이 될 수 있다. 뇌물을 주고받은 혐의로 공범관계에 있다고 여겨지는 공동피고인이, 심리되는 과정에서 뇌물죄가 아니라 공갈죄사안으로 드러나 한 명은 단순히 공갈죄의 피해자가 될 수도 있다. 그렇기에 공범인 공동피고인과 공범 아닌 공동피고인을 처음부터 소송법적으로 구별되는 대상으로 취급하는 것은 정확한 방법이 아니다.

II. 피고인의 소송법적 지위

1. 소송구조와의 관계

6 소송구조론은 형사절차 참여자들의 관계에 대한 이론이다(4/4). 각 소송구조에 따라 피고인의 지위는 달라진다. 규문절차를 이용했던 과거에, 피고인은 국가기관에 의해 일방적으로 조사당하고 처벌을 받는 수동적인 지위에서 벗어날 수 없었다. 근대 말엽 탄핵주의가 자리잡고 검사가 소추기관으로 독립된 이후, 피고인은 검사의 공소사실에 대해 방어하는 지위를 얻을 수 있었다.

7 탄핵주의는 다시금 당사자주의와 직권주의로 나뉜다. **당사자주의**를 취하는 영미식 재판에서 피고인은 검사와 대립된 당사자로서 재판에 참여하고, 대등한 위치에서 검사의 공격에 대해 방어하는 모습으로 비친다. 배심원과 직업법관으로 구성된 법원은 제3자로서 그에 대해 평결 및 양형을 한다. 법원이 스스로 피고인을 신문하는 경우는 없다. 반면에 **직권주의**모델에서는 여전히 법원이 피고인을 대상으로 사안을 조사하는 형식이 재판의 흐름을 주도한다. 여기서 피고인은 실제로 검사와 대립된 당사자로 생각되기 어렵다.

8 우리나라의 형사절차가 전적으로 직권주의적 또는 당사자주의적이라고 보는 입장은 현재 찾아보기 어려우며, 대부분 두 소송구조가 혼합되어 있는 형태로 보

고 있다. 피고인이 어떠한 지위에 놓여 있는지 개념적으로 단정짓기보다는 구체적 절차에서 어떤 상황에 놓이는지, 그의 개별적 권리가 온전하게 보장되는지 따지는 것이 더 중요하다.

2. 증거방법으로서 피고인

소송법상 **증거방법**이란 사실인정의 자료가 되는 사람이나 물건 자체를 뜻한 9
다. 피고인은 매우 중요한 증거방법이다. 피고인의 임의진술은 그에게 유리하거나 불리한 증거가 될 수 있고[인적 증거], 피고인의 신체 및 그로부터 떨어져 나온 것은 검증대상이 될 수도 있다[물적 증거]. 수사과정에서 피의자 그리고 공소후 피고인은 체포·구속, 압수·수색 등 강제처분의 객체가 된다. 적법절차에 따라 진행되는 한, 피의자와 피고인은 진실발견을 위해 그와 같은 강제처분을 수인해야 할 의무를 진다.

3. 피고인의 권리

피의자·피고인에게 속하는 권리의 핵심은 단연 '방어권'이다. 방어권의 적극 10
적 측면은 피고인이 일방적으로 국가기관의 판단에 내맡겨지지 않고 스스로 죄가 없음, 또는 죄가 가벼움을 주장하는 권리이다. 소극적인 측면은 검사 및 법원의 소송행위에 대해 반응을 보이지 않음으로써 형사사법기관에 굳이 협조를 하지 않아도 되는 권리를 뜻한다.

현행법에서 인정되는 대표적 방어권은 피의자·피고인의 진술거부권, 서류· 11
증거물의 열람·복사권, 증거신청권, 의견진술권, 이의신청권, 증인신문권, 변호인에게 도움을 받을 권리, 공판절차 등 주요과정에 대한 참여권, 대면권, 반대신문권, 상소권, 정식재판청구권 등이다. 이 가운데 가장 강력한 방어권은 '진술거부권'이라고 할 수 있다.

III. 피의자·피고인의 진술거부권

1. 진술거부권의 의의

피의자·피고인은 수사 및 공판과정에서 수사기관이나 법원의 물음에 대해 12

아무런 진술을 하지 않아도 되는 권리를 갖고 있다. 이를 진술거부권이라고 하며, 일반적으로 **묵비권**으로 부르기도 한다. 헌법은 제12조 ②항에서 "모든 국민은 형사상 자기에게 불리한 진술을 강요당하지 아니한다"고 규정하여 진술거부권을 국민의 기본권으로 보장하고 있으며, 형사소송법도 피고인(제283조의2)과 피의자(제244조의3)의 진술거부권을 분명히 규정하고 있다.

13 형사절차에서 사안을 구성하는 데 도움을 줄 것인가 여부를 피고인 · 피의자 스스로 결정할 수 있어야 한다. 이를 말하고 있는 nemo tenetur－**원칙**은 '어느 누구도 자신에게 불리한 일을 하도록 강요당해서는 안 된다'는 의미의 상위원리이다. 이 원칙은 개별 인간의 최소한의 자유영역을 보장하는 역할을 담당한다. 인간본성에 반해 스스로 자신의 죄를 적극적으로 드러내도록 하는 것은 그의 존엄성을 훼손하는 것이기도 하다.[1] 형사절차에서 nemo tenetur－원칙은 특별히 진술거부권으로 강화되어, 진술을 통해 수사와 공판에 협조할 것인지를 피의자 · 피고인이 스스로 자유롭게 결정할 수 있도록 보장한다.

2. 진술거부권의 주체

(1) 원 칙

14 헌법 제12조 ②항은 모든 국민에게 진술거부권을 보장하고 있으므로 진술거부권의 주체는 제한이 없다. 사실관계가 드러남으로써 불리한 지위에 놓일 수 있는 절차참여자라면 모두 실질적으로 진술거부권을 행사할 수 있는 주체가 된다. 피의자와 피고인은 물론 그의 대리인도 진술거부권을 갖는다. 법인이 피고인이라면 법인의 대표자도 진술거부권의 주체가 된다. 그러나 이 원칙의 배경이 되는 인간본성의 존중이라는 측면에서 보면, 법인이나 단체 그 자체에게는 진술거부권을 인정하기 어렵다.[2]

(2) 피의자 아닌 수사대상

15 수사과정에서 대상이 되는 자가 언제부터 '피의자'의 지위를 갖게 되는지는 정해져 있지 않다. '내사'와 '수사'의 구별이 분명하지 않은 것과 마찬가지이다. 현재 실무에서 피의자 개념은 수사기관의 주관적 판단에 의존한다. 즉 수사기관

1) 원칙의 궁극적인 목적으로는 홍영기, Nemo tenetur－원칙, 고려법학 66, 305면 이하.
2) 홍영기, 형사사법에서 nemo tenetur－원칙의 구체화, 고려법학 67, 248면 이하.

이 수사를 시작하는 데 필요한 주관적 혐의를 갖고 있는가가 기준이 되고 있다. 판례도 '피의자의 지위는 수사기관이 조사대상자에 대한 범죄혐의를 인정하여 수사를 개시하는 행위를 한 때 시작되는 것'으로 본다.[1) 그러나 피의자로서 권리와 의무의 주체가 되는지를 수사기관의 순수한 주관적 의사로부터 결정하는 것은 합리적 방법이라고 보기 어렵다. '입건 여부' 등 형식적 요건에 따라 피의자지위가 시작되는 것으로 보는 형식설은 더욱 불합리하다.

중요한 것은 '언제부터 피의자가 되는가' 하는 형식적 기준이 아니라, '언제부터 피의자로 보아야 하는가' 하는 규범적 기준이다. 즉 형식적으로 참고인이나 증인으로 출석하였더라도 범죄혐의와 관련있는 자로서 형사사법기관이 그를 조사하고자 하는 의도가 있으면 그에게 진술거부권을 보장해주어야 한다. 따라서 참고인으로 소환하여 진술거부권 고지 없이 신문하였는데, 이후 과정에서 그가 실제로 피의자 또는 피고인이 되었다면 진술거부권 고지 없이 획득한 그 진술에는 증거능력이 없다고 해야 한다. 이와 같은 기준에 따를 때에만 피의자 개념을 주관적으로 정하는 국가기관에게 그 판단결과에 대한 부담을 지울 수 있다. 16

판례도 '현재 형사피의자나 피고인으로서 수사 및 공판절차에 계속 중인 자뿐만 아니라 장차 형사피의자나 피고인이 될 가능성이 있는 자에게도 그 진술내용이 자기 형사책임에 관련되는 것일 때에는 그 진술을 강요받지 않을 자기부죄거절의 권리가 보장되는 것'이라고 하였고,[2) '진술조서, 진술서, 자술서라는 다른 형식을 취하였더라도 실질이 피의자신문조서에 해당하면 수사기관은 그 진술을 듣기 전에 미리 진술거부권을 고지해야 한다'고 하여 같은 입장이다.[3) 17

3. 진술거부권의 내용

(1) 진 술

진술거부권이 미치는 범위는 피의자 또는 피고인의 진술이다. 구두 또는 서면에 의한 진술을 모두 포함한다. 좁은 의미의 진술에 속하지는 않지만, 범행재연 등 현장검증 방법이나 자필감정 또는 음성감정도 강제로 시킬 수 없다. 거짓 18

---

1) 대판 2014. 4. 30. 2012도725; 2011. 11. 10. 2011도8125.

2) 대판 2015. 5. 28. 2015도3136. 그러나 바로 위의 2011도8125 판례는 피의자 지위에 있지 아니한 자에 대하여는 진술거부권이 고지되지 아니하였더라도 진술의 증거능력을 부정할 것은 아니라고 하여 이와 구별되는 입장이다.

3) 대판 2015. 10. 29. 2014도5939; 2009. 8. 20. 2008도8213.

말탐지기의 반응을 보려는 이유로 진술을 강요하는 것도 금지된다. 반면에 지문이나 족형의 측정, 체내외 사진촬영, DNA 추출, 호흡식 음주측정 등의 신체검사는 진술이 아니기 때문에 일반적으로 진술거부권이 적용되지 않는다.1)

(2) 진술거부권의 범위

19 피의자·피고인은 개개의 질문에 대해 진술을 거부할 수 있을 뿐만 아니라 신문 전체에 대해 아무 말을 하지 않아도 된다. 헌법은 형사상 자기에게 불리한 진술의 강요를 금지하고 있지만, 형사소송법은 유불리를 불문하고 어떠한 진술도 하지 않아도 되는 것으로 규정한다. 이 점에서 증인의 증언거부권이 자기에게 불리한 증언의 거부에 제한되어 있는 것과 구별된다. 그러므로 피고인으로 하여금 자기의 피고사건에 관하여 증인으로서 증언하게 하는 자체가 그의 진술거부권을 침해한다 [피고인에게는 증인적격 없음].

20 어떠한 질문에도 묵비할 수 있기 때문에 '인정신문人定訊問', 즉 피고인 또는 피의자의 인적 사항(성명, 생년월일, 주소, 직업 등)의 질문에 대해서도 답을 하지 않아도 된다. 규칙 제127조는 '인정신문을 하기 전에' 진술거부권을 고지하도록 규정하여 이 점을 분명히 하고 있다.

(3) 진술거부권의 침해

21 진술거부권을 침해하는 방법에는 피의자·피고인을 속여서, 또는 피의자·피고인의 부지를 이용하여 진술하도록 하는 것도 포함된다. 자신이 수사관이 아닌 척 하여 진술을 받아내는 함정수사나, 수사관이 잠시 자리를 비운 사이, 통역인과 피의자가 대화한 내용을 통역인을 통해 수사관이 알아내는 방법도 진술거부권을 침해한 것이다.

22 처벌을 면제해준다거나 가볍게 해줄 것을 약속하여 진술을 얻어내는 것도 허용될 수 없다. 공동피고인 중 한 명을 증인으로 세워 증언을 얻어내는 것은, 그의 죄책을 묻지 않는다는 조건에 따른 것이더라도 진술거부권을 침해한다. 또한 자신이 면책되기 위해 다른 피고인에게 죄를 뒤집어씌울 우려도 있기 때문에

1) 호흡식 음주측정의 강요가 진술거부권 침해에 해당하지 않는다는 판례는 대판 2009. 9. 24. 2009도7924; 2018. 12. 13. 2017도12949 참조. 그러나 이 판례가 이 경우를 자기부죄금지에도 반하지 않는 것으로 보는 것은 부정확하다. 자기부죄금지, 즉 nemo tenetur-원칙은 수사에 대한 자발적인 진술 뿐만 아니라 자발적인 협조 그 자체를 강요당하지 않아야 한다는 뜻이기 때문이다. 여기서도 nemo tenetur-원칙은 적용되며 따라서 피의자·피고인으로 하여금 자기에게 불이익한 정보를 스스로 내어놓으라고 할 수 없다(홍영기, 형사사법에서 nemo tenetur-원칙의 구체화, 고려법학 67, 250면 이하).

원칙적으로 **공동피고인의 증인적격**은 인정되지 않는다.

행정법규상 보고나 신고 등의 의무를 규정한 것이 진술거부권을 침해하는 방 23
법인지 문제된다. 도로교통법 제54조와 같이 교통사고 운전자에게 부과하는 신고 의무가 자신에게 형사처벌위험을 초래하게 되면 그 의무는 진술거부권과 모순될 우려가 있다. 그러므로 신고는 진술거부권을 침해하지 않는 전제에서만 적법한 의무가 된다. 즉 자신이 교통사고를 냈다고 하더라도 객관적인 사고 사실을 신고하는 것은 의무이지만, 자신이 사고와 관련되었다는 것을 말할 의무는 없다.[1]

(4) 진술거부권의 포기

진술거부권은 헌법상 보장되는 포기할 수 없는 기본권이라고 보아야 한다. 24
진술거부권을 고지하였지만 이를 납득하고도 진술하는 것은 진술거부권을 포기한 것이 아니라 진술거부권을 행사하지 않은 것일 뿐이다.

(5) 허위진술의 허용

진술을 거부하는 정도를 넘어 피의자 · 피고인이 허위사실을 진술할 수 있는 25
지도 중요한 문제이다. 실정법에는 피의자 · 피고인이 진실에 반하는 거짓진술이나 행위를 한 경우 이를 처벌하는 근거규정이 없다. 법적으로 금지되지 않는다면 결국 거짓을 말하지 않을 도덕적인 의무만 있다고 볼 것인데, 혐의를 받고 있는 자의 본성에 반하여 도덕적 의무를 강제할 수는 없다고 보아야 한다. 법원도 형사절차에서 피고인은 방어권에 기하여 어느 정도 거짓진술을 하는 상황도 용인되는 것으로 받아들이고 있다.[2] 그러나 피의자 · 피고인이 거짓을 말할 '권리'를 갖는다고 볼 수는 없다. 따라서 허위진술에 대해 형사사법기관이 경고나 제지를 할 수 있는 것은 물론이다.

4. 진술거부권의 고지

(1) 의 의

진술거부권은 가장 강력한 방어 방법이지만, 일반인으로서는 그러한 권리의 26
존재를 모르는 경우가 대부분이다. 어떤 말도 하지 않음으로써 절차 진행을 어렵게 만들 권리가 있음을 드물게 안다고 하더라도, 권력기관인 경찰, 검사, 법원 앞에서

1) 헌재결 1990. 8. 27. 89헌가118.
2) 대판 2001. 3. 9. 2001도192 판시이유; 홍영기, Nemo tenetur-원칙, 고려법학 66, 320면 이하 참조.

선뜻 이용하지 못하는 경우가 많다. 그렇기에 진술거부권을 실질적으로 보장하기 위한 가장 중요한 전제는 바로 진술거부권의 존재와 요건을 피의자 · 피고인에게 진지하게 알려주는 것이다. 이를 진술거부권의 고지라고 한다. 수사기관은 피의자 신문 전에 미리 진술거부권을 고지해야 하며(제244조의3), 공판절차에서 재판장은 인정신문을 하기 전에 피고인에게 진술거부권을 고지해야 한다(규칙 제127조).

(2) 방 법

27 이때 피의자 · 피고인에게 진술거부권이 있다는 것과 그 행사방법을 충분히 이해시킬 수 있도록 적극적 · 명시적으로 알려주어야 한다. 피의자에 대해서는 피의자를 신문하기 전에 고지한다. 동일한 수사기관의 일련의 수사절차에서는 매번 고지할 필요가 없지만, 신문을 중단한 시간적 간격이 길거나 조사자가 바뀐 때에는 다시 진술거부권을 고지해야 한다. 피고인에 대해서는 인정신문 전에 한 번 고지하면 되나 공판절차를 갱신하는 때에는 다시 고지해야 한다.

28 검사 또는 사법경찰관이 피의자에게 고지해야 할 내용은 1) 일체의 진술을 하지 아니하거나 개개의 질문에 대하여 진술을 하지 아니할 수 있다는 것, 2) 진술을 하지 않더라도 불이익을 받지 않는다는 것, 3) 진술을 거부할 권리가 있음에도 불구하고 행한 진술은 법정에서 유죄의 증거로 사용될 수 있다는 것, 4) 신문을 받을 때에는 변호인을 참여하게 하는 등 변호인의 조력을 받을 수 있다는 것이다(제244조의3 ①항). 진술거부권을 고지한 후 피의자에게 진술거부권을 행사할 것인지를 질문하고 이에 대한 피의자의 답변을 조서에 기재하여야 한다(같은 조 ②항). 공판과정에서 재판장은 피고인에게 진술을 하지 않거나 개개의 질문에 대해 진술을 거부할 수 있고 이익되는 사실을 진술할 수 있음을 알려주어야 한다.

5. 진술거부권의 효과

(1) 증거능력의 배제

29 진술을 강요하거나 진술거부권을 고지하지 않는 등 절차에 위반하여 얻어낸 진술은 증거능력이 없으므로 증거로 사용할 수 없다. 진술거부권을 고지하지 않고 얻은 자백의 증거능력이 배제되는 이유에 대해 위법수집증거배제법칙 때문이라는 견해와 자백배제법칙에 따른 것이라는 견해가 있다. 판례는 위법수집증거배

제법칙을 적용하고 있다.1) 어떤 원칙에 따르더라도 증거능력이 없다는 점에서는 마찬가지이므로 중요한 논점은 아니다.

(2) 불이익추정의 금지

진술거부권을 행사한 피의자 · 피고인이 현실적으로 불이익을 받는 상황이 있 30
어서는 안 된다. 일부 견해는 피의자가 진술을 거부하면 곧 증거를 인멸하고자 하는 의도가 있는 것으로 생각되기 때문에 구속사유가 된다고 보기도 하고,2) 피고인이 진술거부권을 행사한 경우 양형에서 이를 불리한 평가 이유로 볼 수 있다는 견해도 있다.3) 판례는 피고인이 범죄사실을 부인하는 것을 반성과 후회가 없다는 인격적 비난요소로서 가중적 양형조건으로 보는 것이 결과적으로 피고인에게 자백을 강요하게 된다는 점을 경계하면서도, 객관적이고 명백한 증거가 있음에도 진실 발견을 적극적으로 숨기거나 법원을 오도하려는 시도로 진술을 거부한 경우는 양형에서 참작될 수 있다고 한다.4)

진술거부권을 행사한 결과 양형에서 불이익을 당할 수 있다고 하면, 피고인 31
은 곧 딜레마에 빠진다. 자기에게 불리한 진술을 하면 유죄증거로 쓰일 수 있고, 이를 숨기면 양형에서 불리하게 고려될 수 있기 때문이다. 피고인 입장에서는 진술거부권의 존재와 진술거부권의 고지를 일종의 함정처럼 느낄 수도 있다. 진술거부권은 헌법에 명시된 기본권이다. 기본권을 행사하였다고 하여, 게다가 그것이 국가기관에 협조하지 않는 방식이었다면 국가기관이 당사자에게 불리한 처분을 해서는 안 된다. 수범자가 규범을 이용하였다고, 규범을 만들고 운영하는 국가기관이 그에 대해 불리한 조치를 해서는 안 된다[**규칙이용보장의 원칙**].5) 물론 현실적으로 절차에 소극적으로 임한 피고인의 태도를 감안하지 않는 것은 쉬운 일이 아니다. 그렇기 때문에 진술거부권 행사가 피고인에게 불리한 평가로 이어지지 않도록 노력하는 법관의 특별한 주의가 필요하다.

---

1) 대판 2015. 10. 29. 2014도5939.
2) 이재상/조균석 10/41.
3) 김재환 489; 노명선/이완규 173; 이재상/조균석 10/41; 이창현 116; 임동규 400; 정영석/이형국 81; 정웅석/최창호 116. 반대하는 견해는 손동권/신이철 86; 신양균 585; 차용석/최용성 110.
4) 대판 2001. 3. 9. 2001도192.
5) 이 원칙에 대해서는 홍영기, Nemo tenetur-원칙, 고려법학 66, 326면 이하.

IV. 당사자능력과 소송능력

1. 당사자능력

(1) 의 의

32 당사자능력은 소송법상 당사자가 될 수 있는 일반적 능력을 말한다. 이는 일반적·추상적으로 소송주체가 될 수 있는 자격을 의미하므로 구체적 특정사건에서 당사자가 될 수 있는 요건인 당사자적격과 구별된다. 형사소송에서 당사자적격 개념은 거의 쓰이지 않는다. 당사자능력은 실체형법상의 책임능력과 구별된다. 당사자능력의 부존재는 공소기각사유이지만 책임능력의 부존재로 면책되는 것은 무죄판결의 이유이다.

(2) 자연인과 법인의 당사자능력

33 자연인은 나이나 책임능력 유무를 불문하고 당사자능력을 갖는다. 태아나 사망자는 당사자능력이 없지만, 예외적으로 재심절차에서는 피고인의 사망이 영향을 미치지 않는다. 예컨대 피고인에게 유죄선고를 하여 사형이 집행된 이후에도 재심절차를 진행할 수 있다.

34 법인에 대한 처벌규정이 있는 한, 그 법인에게도 형사절차상 당사자능력이 있다. 법인 처벌규정이 없는 때에 법인의 당사자능력을 인정할 것인가에 대해, 1) 형사처벌대상이 되지 않으므로 범죄능력은 물론 당사자능력도 없다고 보는 부정설[1], 2) 당사자능력은 일반적·추상적 능력을 의미하므로 법인에게 당사자능력이 인정된다는 긍정설이 있다.[2] 실체법에 법인처벌규정이 없는데도 법인에 대해 공소가 제기되면 법원은 무죄판결을 해야 하는데, 이것은 법인을 대상으로 소송이 진행될 수 있음을 전제하므로 이 점에서는 긍정설이 타당하다.

(3) 당사자능력의 소멸

35 피고인이 사망하면 당사자능력이 소멸한다. 이 경우 법원은 공소기각결정을 해야 한다. 피고인인 법인이 존속하지 않게 되었을 때도 마찬가지이다(제328조 ①항 2호). 법인의 당사자능력 소멸시점은 법인이 합병되어 해산하는 경우의 예에서 합병시이다. 법인이 청산법인으로 존속하는 경우에 판례는 법인해산시에 당사자

1) 김기두 62; 정영석/이형국 82.
2) 신동운 798; 이재상/조균석 10/45.

능력이 소멸되는 것이 아니라 청산이 실질적으로 종결되었을 때 당사자능력이 소멸된다고 본다.[1)]

(4) 당사자능력 흠결의 법적 효과

당사자능력은 소송조건이다. 법원은 직권으로 조사하여 피고인에게 당사자능력이 없으면 공소기각재판을 해야 한다. 소송계속 중 당사자능력이 소멸하면 제328조 ①항 2호에 따라 공소기각결정을 해야 한다. 36

공소제기시에 이미 당사자능력이 존재하지 않았던 경우에 대해서는 1) 제328조 ①항 2호를 준용하는 **공소기각결정설**[2)], 2) 제327조 2호에 따른 **공소기각판결설**[3)]이 대립한다. 소송계속 중에 당사자능력이 소멸하면 공소기각결정을 해야 한다는 것으로부터 추론하여, 공소제기시부터 이미 당사자능력이 없었던 경우는 공소기각결정을 해야 한다는 견해가 더 합리적이다. 37

2. 소송능력

(1) 의 의

소송능력은 피의자·피고인이 절차참여자로서 유효하게 소송행위를 할 수 있는 능력을 말한다. 피의자·피고인 스스로 자신의 지위와 구체적인 절차상황을 이해하고 자신을 위해 적절한 방어행위를 할 수 있는 능력이다. 소송능력은 소송행위를 유효하게 할 수 있는 구체적 능력이라는 점에서, 형사절차에서 피고인이 될 수 있는 일반적 자격인 당사자능력과 다르다. 의사 및 표현능력을 내용으로 하는 점에서 실체형법상의 책임능력과 비슷한 면이 있다. 그러나 변론능력과는 다르다. 변론능력은 법원에 대해 사실문제나 법률문제에 관하여 공격과 방어를 행할 수 있는 능력이다. 예를 들어 상고심에서는 변호인에게만 변론능력이 있다. 38

(2) 소송능력 흠결의 법적 효과

책임감면이 되지 않은 사건에 관하여 피고인·피의자가 의사능력이 없는 때에는 그의 법정대리인이 소송행위를 대리한다(제26조). 법정대리인이 없는 때에는 법원이 특별대리인을 선임하여야 한다(제28조). 의사능력 없는 법인이나 단체는 39

---

1) 대판 1986. 10. 28. 84도693; 신동운 799; 이재상/조균석 10/46.
2) 김기두 62; 서일교 86; 신동운 800; 신양균 420; 신현주 123; 이재상/조균석 10/47; 임동규 63.
3) 강구진 111; 백형구(강의) 151.

소송능력이 없으므로 자연인인 그 대표자가 소송행위를 해야 한다(제27조 ①항).

40 소송능력은 소송조건이 아니다. 소송능력 없는 자에 대해 공소제기가 있어도 당사자능력이 없는 경우와 달리 공소기각재판을 할 수 없다. 소송능력은 소송행위의 유효요건으로서, 소송능력이 없는 피고인의 소송행위는 무효이다. 소송능력이 없는 상태에서 공판절차를 진행하면 피고인의 권리를 보호할 수 없으므로, 법원은 검사와 변호인의 의견을 들어서 결정으로 소송능력흠결 상태가 이어지는 기간동안 공판절차를 정지하여야 한다. 그러나 무죄 · 면소 · 형면제 · 공소기각 등의 재판을 할 경우에는 소송능력이 없는 경우에도 피고인의 출석 없이 재판할 수 있다(제306조 ④항).

[14] 변 호 인

I. 의 의

1. 변호인의 개념

1 변호인은 형사절차에서 피의자 · 피고인이 방어권을 충실히 행사할 수 있도록 돕는 보조자이다. 형식적으로는 소송주체가 아니나, 당사자와 사법기관을 도와 형사절차가 공평하게 진행되도록 협조한다는 의미에서 중요한 절차참여자이다. **변호사**는 이와 같은 직무를 담당할 수 있는 법조업무 종사자를 일컫는 직업인 명칭이다. **사선변호인**은 피의자 · 피고인 또는 그와 일정한 관계가 있는 사인私人이 선임한 변호인을 말한다. **국선변호인**은 피고인 또는 피의자가 경제적 빈곤 등의 사유로 사선변호인을 선임할 수 없는 때에 방어권을 실질적으로 보장하기 위해 국가가 선정한 변호인이다.

2. 변호인의 역할

2 피의자 · 피고인은 대부분 법을 알지 못하는 일반인이기 때문에, 그들이 고도의 전문적인 법교육을 받고 형사절차를 직업으로 하고 있는 경찰, 검사, 법관에게 대응하여 스스로를 방어하는 것은 사실상 불가능한 것으로 보아야 한다. 이미 형사절차에 들어선 피의자와 피고인은 설사 범죄를 저지르지 않은 사람이라고 하더

라도 심리적으로 위축되어 할 말을 하지 못하거나 하지 않아야 할 말과 행동을 하여 자신을 더 궁지에 밀어넣는 경우도 많다. 피고인과 검사가 '대립당사자'로 불린다고 해서 공격과 방어가 실제로도 균형있게 이루어진다고 볼 상황은 아니다.

이에 따라 피의자 · 피고인과 신뢰관계를 유지하면서 검사, 법관과 대등한 법 3
률지식을 갖춘 법률전문가로 하여금 그들을 보조하게 할 필요가 있다. 변호인은 이처럼 **무기대등원칙**을 유지하는 데 기여하여 실질적으로 **공평한 재판의 원리**가 실현되도록 하는 역할을 맡고 있다. 근대적 형사소송법이 성립한 이후 그 법목적의 실현과정은 곧 변호권확대의 역사라고 할 수 있다. 현재 형사절차에서 변호인의 업무영역은 피의자 · 피고인의 보조뿐만 아니라 피해자를 위한 보조자의 역할까지 확대되고 있다.

3. 형식적 차별금지의 원칙

변호인이 피의자 · 피고인의 권리를 '실질적'으로 보호한다는 말은, 뒤집어 말 4
하면 '형식적'으로는 변호인의 유무로 인해 피의자 · 피고인이 형사절차에서 다른 취급을 받아서는 안 된다는 뜻이기도 하다. 피의자 · 피고인의 실질적 방어권이 변호인이 있어야만 비로소 구현될 수 있는 것이어서는 안 된다. 이 원칙에 따라 예를 들어 법률전문가만 알 수 있는 소송절차상의 적법성은 법원이 직권으로 평가해야 하며, 이를 피의자 · 피고인의 방어권 행사 여부에 좌우되게 해서는 안 된다. 이를 방어해야 하는 관건으로 본다면 변호인 있는 피의자 · 피고인만 방어권을 행사할 수 있을 것이기 때문이다. 만약 절차형식상 피고인 방어권실현에 변호인의 유무가 영향을 받는 경우라면 변호인 없는 피의자 · 피고인에게 국선변호인의 조력을 받도록 해주어야 한다.

II. 사선변호인

1. 변호인선임의 의미

변호인선임은 변호인과 선임자가 연명 · 날인한 변호인선임서를 공소제기 전 5
에는 사건을 취급하는 검사 또는 사법경찰관에게, 공소제기 후에는 법원에 제출하는 것을 말한다. 형사절차에서 변호인을 선임하는 것은 특정한 변호사와 도움을 의뢰하는 계약을 맺는다는 사법私法상의 의미가 아니다. 따라서 변호사와 맺은 계약이 무효 또는 취소되더라도 형사상 변호인선임의 효력에는 영향이 없다.

2. 선임권자

6 피고인 · 피의자는 언제든지 변호인을 선임할 수 있다(제30조 ①항). 특히 피고인이나 피의자를 체포 · 구속할 때에는 변호인을 선임할 수 있음을 고지하여야 한다(제87, 88조, 제209조). 피고인 또는 피의자의 법정대리인, 배우자, 직계친족과 형제자매는 독립하여 변호인을 선임할 수 있다(제30조 ②항). 선임권 없는 자가 행한 변호인선임은 효력이 없다. '독립하여'란 본인의 명시 · 묵시의 의사에 반하여 변호인을 선임할 수 있다는 의미이다. 본인의 의사에 반한 변호인선임도 선임효과가 본인에게 발생하지만 본인은 변호인을 해임할 수 있다.

3. 피선임자

7 변호인은 변호사 중에서 선임하여야 한다. 다만 대법원 아닌 법원은 특별한 사정이 있으면 변호사 아닌 자를 변호인으로 선임하는 것을 허가할 수 있는데, 이를 **특별변호인**이라고 한다(제31조). 1인의 피고인 또는 피의자가 선임할 수 있는 변호인 수에는 제한이 없다. 다만 여러 명의 변호인이 있을 경우 재판장은 피고인 · 피의자 또는 변호인의 신청이나 직권으로 3인 이하의 대표변호인을 지정할 수 있고, 그 지정을 철회 또는 변경할 수도 있다(제32조의2).

4. 변호인선임의 효과

8 선임에 의해 변호인의 형사법상 권리와 의무가 발생한다. 변호인선임은 사건을 단위로 한다. 즉 그 효력은 소송법상 하나의 사건 즉 공소사실의 동일성이 인정되는 사건 전부에 미친다. 예외적으로 한 사건의 일부에 대한 변호인의 선임도 가능한데, 예를 들어 구속적부심사청구에만 변호인선임의 효력이 한정된다는 의사가 표시된 경우에 그러한 제한도 허용된다. 피고인 또는 변호인이 다른 의사표시를 하지 않는 한, 하나의 사건에 관한 변호인선임은 동일법원의 동일피고인에 대하여 병합된 다른 사건에 대해서도 효력이 있다.

9 변호인선임은 해당 심급에만 효력이 있으므로 심급마다 변호인을 선임하여야 한다(제32조 ①항). 그런데 한 심급이 끝나는 시점은 그 심급을 관할하는 법원

의 종국판결선고시가 아니라 상소에 의해 이심移審의 효력이 발생한 때로 보는 것이 타당하다. 원심변호인에게 상소권을 인정하고 있고, 종국판결시부터 이심의 효력이 발생할 때까지 변호인조력의 공백기간이 없도록 해야 하기 때문이다. 공소제기 전의 변호인선임은 제1심에도 그 효력이 있으므로 선임을 다시 할 필요는 없다(제32조 ②항). 그리고 원심의 변호인선임은 상소심의 파기환송 또는 파기이송 후에도 효력이 있다.

III. 국선변호인

1. 제도의 의의

법원에 의하여 선정된 변호인을 국선변호인이라고 한다. 국선변호인제도는 피의자·피고인이 실질적으로 변호인의 도움을 받아야 함에도 빈곤이나 그 밖의 사유로 변호인을 선임할 수 없는 때에 국가가 변호인의 도움을 받도록 부조해주는 역할을 한다. 이로부터 형사절차에서 시민에 대한 국가의 능동적인 권리보호, 즉 **사회국가원리**가 구체화된다.[1] 헌법은 "형사피고인이 스스로 변호인을 구할 수 없을 때에는 국가가 변호인을 붙인다"고 규정하고 있으며(헌법 제12조 ④항 단서), 이러한 취지에 따라 사선변호인의 선임이 있으면 원칙적으로 국선변호인을 선정할 수 없다. 법원이 국선변호인을 선정한 후 피의자 또는 피고인이 사선변호인을 선임한 경우에는 원칙적으로 국선변호인선정이 취소된다. 국선변호인의 선정은 법원이 직권으로 행하는 경우(제33조 ③항)와 피의자·피고인의 청구를 기다려 행하는 경우(같은 조 ②항)로 나뉜다. 후자를 **청구국선**이라고 한다. 10

2. 국선변호인의 선정사유

형사소송법은 제33조에 국선변호인의 선정사유를 열거하고 있다. **1)** 피고인이 구속된 때, 미성년자인 때, 70세 이상인 때, 듣거나 말하는 데 모두 장애가 있는 사람인 때, 심신장애가 있는 것으로 의심되는 때 등[**열악한 방어능력**][2], **2)** 그리고 11

1) 국선변호인 선임의 법적 성격에 대해서 '공법상 계약설'과 '일방적 의사표시설'이 있으나 국선변호인제도의 효율적 운영과 절차의 명확성을 고려할 때 법원이 행하는 명령으로 보는 '재판설'이 타당하다. 규칙 제20조에는 국선변호인 사임에 법원의 허가가 필요하다고 규정되어 있다.

2) 심신장애가 의심됨에도 국선변호인을 선정하지 아니한 채 공판절차를 진행한 조치는 위법하고, 이같은 공판절차에서 이루어진 소송행위는 무효이다(대판 2019. 9. 26. 2019도8531).

피고인이 사형 · 무기 또는 단기 3년 이상의 징역이나 금고에 해당하는 사건으로 기소된 때이다 [사건의 중대성]. 이러한 **필요적 변호사건**(제282조)에서 변호인이 출석하지 않은 때에는 법원이 직권으로 변호인을 선정해야 한다(제283조).

12 수사과정의 피의자에게 국선변호인이 필요한 사유도 있다. 구속영장을 청구받은 피의자에 대해 판사가 실질심사를 할 때에 피의자에게 변호인이 없는 경우이다(제201조의2 ⑧항). 이 경우 변호인의 선정은 피의자에 대한 구속영장청구가 기각된 때를 제외하면 제1심까지 효력이 있다. 이는 체포 또는 구속의 적부심사를 청구한 피의자에게 변호인이 없는 때에도 준용된다(제214조의2 ⑩항).

3. 국선변호인선정의 특칙

(1) 고지의무

13 수사과정에서 필요적 국선변호사유가 있는 때에는 법원 또는 지방법원 판사는 지체없이 국선변호인을 선정하고 피의자와 변호인에게 그 뜻을 고지하여야 한다(규칙 제16조 ①항). 공소제기 후 변호인 없는 피고인이 위 제33조 ①항 1호부터 6호까지 중 어느 하나에 해당하는 때에는 피고인이 변호인을 선임하지 아니할 경우 법원이 국선변호인을 선정하게 된다는 취지를 서면으로 고지해야 한다. '청구국선'에 해당하는 때에는 법원에 대하여 국선변호인의 선정을 청구할 수 있다는 취지를 같은 방법으로 고지한다(규칙 제17조 ① · ②항).

(2) 동시변호금지

14 국선변호인은 원칙적으로 피고인 또는 피의자마다 1인을 선정한다. 그러나 사건의 특수성에 비추어 필요하다고 인정되면 1인의 피고인 또는 피의자에게 수인의 국선변호인을 선정할 수도 있다(규칙 제15조 ①항). 그리고 복수의 피고인 · 피의자 사이에 이해가 상반되지 아니할 때에는 그 여러 피고인 · 피의자를 위하여 동일한 국선변호인을 선정할 수 있다(같은 조 ②항) [동시변호금지].[1] 피고인 중 한 편에게는 사선변호인인 때에도, 그 변호인이 이해관계가 상반된 다른 피고인의 국선변호인이 될 수 없다.[2]

---

1) 대판 2014. 12. 24. 2014도13797.
2) 대판 2015. 12. 23. 2015도9951.

4. 취소와 사임

법원은 피고인 또는 피의자에게 사선변호인이 선임된 때, 국선변호인이 자격을 상실한 때, 국선변호인의 사임을 허가한 때에는 국선변호인의 선정을 취소하여야 한다. 국선변호인이 그 직무를 성실히 수행하지 않거나, 피고인 또는 피의자의 국선변호인 변경 신청이 상당하다고 인정하는 때 등에는 국선변호인의 선정을 취소할 수 있다. 국선변호인도 법률에 정한 정당한 이유가 있는 때에는 법원의 허가를 전제로 사임할 수 있다(규칙 제18조). 필요적 변호사건에서 항소법원이 국선변호인을 선정하고 피고인과 국선변호인에게 소송기록접수통지를 한 다음, 피고인이 사선변호인을 선임함에 따라 국선변호인의 선정을 취소한 경우, 항소법원은 사선변호인에게 다시 소송기록접수통지를 할 의무가 없다.[1] 15

Ⅳ. 변호인의 지위

1. 변호인의 이중적 지위

변호인의 지위에 대한 오래된 논의는, 변호인이 의뢰인의 이익을 대변하는 대리인인가[보호자의 지위], 아니면 정의를 실현하기 위한 사법기관인가[공익적 지위] 하는 것이다. 전자라고 보면 피의자 · 피고인의 이해를 중요하게 생각하고 언제나 그들과 신뢰를 유지해야 하는 반면, 후자의 지위를 강조하면 실체적 진실발견에 조력하고 정의로운 재판에 기여하는 것이 변호인의 임무가 된다. 변호인에게 조력을 부탁하는 개인 입장에서는 이익대표자의 역할을, 외부 일반인의 시각에서는 공익적 지위를 더 기대하게 된다. 지금 형사소송법학에서는 예외 없이 변호인이 이 두 가지 지위를 모두 갖고 있다는 데 의견을 함께 하고 있다. 변호사법도 "변호인은 기본인권을 옹호하고 사회정의를 실현함을 사명으로 한다"는 내용을 제1조에 규정해 두었다. 그렇지만 구체적 사안에서 양자가 충돌할 때 어떤 지위를 우선할 것인가에 대해서는 다양한 시각이 있다. 16

2. 보호자의 지위

변호인은 피의자 · 피고인을 보호하고 그의 권리를 보장할 의무를 지고 있다. 17

1) 대결 2018. 11. 22. 2015도10651(전합).

변호인은 피의자·피고인에게 이익이 되는 증거를 수집하고 이를 토대로 피의자·피고인이 죄가 없다는 사실 또는 죄가 가볍다는 점을 적극적으로 주장함으로써 다른 절차참여자의 공격으로부터 보호하는 역할을 담당한다. 이것이 변호인의 존재의미이기도 하다. 형사절차에서 변호인은 민사절차와 달리 소송대리인에 그치지 않고 피의자·피고인을 적극적으로 보호하는 임무도 담당하므로 단순한 대리관계를 넘은 보호관계가 형성된다. 형사변호인이 피고인의 의사에 종속되지 않고 독립대리권과 고유권을 갖는 이유이기도 하다.

18 한 변호인이 여러 피고인을 동시에 돕게 되면, 어느 피고인에게 유리한 활동이 다른 피고인에게는 불이익을 미치는 이익충돌 상황이 발생할 수도 있다. '한 변호인이 하나의 형사절차에서 이해가 다른 피고인 다수를 동시에 변호할 수 없다'는 것을 **동시변호금지원칙**이라고 하는데, 앞서 본 것처럼 형사소송규칙에는 국선변호인을 선정할 때 이를 고려하도록 하고 있다(규칙 제15조 ②항). 보호자의 지위에 변호인의 가장 중요한 역할이 있다고 보면, 명문규정이 없더라도 동시변호의 상황은 무엇보다도 변호사의 직업윤리에 반하는 것으로 보아야 한다.

3. 공익적 지위

19 변호인의 중요한 역할은 법원, 검사와 더불어 형사사법에서 정의실현에 기여하는 데에도 놓여 있다. 변호인제도가 없으면 국가기관의 일방적인 주장에 밀려 실체적 진실에 가까운 사실구성이 힘들고 합당한 법률을 적용하는 것도 어렵다. 그러나 변호인 스스로 진실발견을 위해 적극적 역할을 담당할 필요는 없다. 변호인의 공익적 지위는 검사나 법원의 역할과 달리 피고인의 방어권보장을 보완하는 기능에 그치는 것이기 때문이다. 변호사법은 "변호사는 그 직무를 수행하면서 진실을 은폐하거나 허위진술을 하여서는 안 된다"고 하는데(제24조 ②항), 이러한 변호인의 의무를 **소극적 진실발견의무**라고 한다.

4. 두 지위의 갈등상황

(1) 적법한 활동

20 변호인은 피의자·피고인에게 실체법·소송법상 지식을 전달하고 이를 통해 그들의 권리를 보호해야 한다. 법률의 흠결을 이용하도록 하거나 피의자·피고인

이 변호인을 통해 알게 된 사실로 법제도를 악용하려 한다고 해도 변호인의 의무에 반하는 것은 아니다. 과거에는 변호인이 피의자 · 피고인에게 진술거부권을 행사하도록 조언해서는 안 된다는 견해도 있었다. 그러나 진술거부권은 헌법과 형사소송법에 보장된 피고인의 가장 중요한 법적 권리이므로, 이를 알려주고 행사하도록 하는 것은 변호인의 의무에 반하지 않는다.[1] 오히려 피의자 · 피고인에게 진술을 거부하도록 하고 그들 대신 변호인이 변론을 해주는 것이 변호활동의 본래모습 가운데 포함된다고도 볼 수 있다. 증언거부권이 있는 증인에게 그 권리행사를 권고하는 것도 물론 허용된다.

(2) 위법한 활동

21 변호인이 피의자 · 피고인에게 유리한 상황을 만들고자 하더라도, 스스로 증거를 인멸하거나 타인에게 위증 또는 증거인멸을 교사하는 것은 공익적 지위에도 위배되지만 그 자체로 범죄행위이므로 허용될 수 없다.[2] 피의자의 변호인이 피해자 등을 만나 고소취소를 권하는 대화를 하는 것은 허용되지만, 이를 강요하려 하거나 대가를 놓고 부당한 거래를 해서는 안 된다. 공식화된 통로를 거치지 않고 검사와 접촉하여 사실규명과 기소 및 구형 등을 대상으로 협상을 하는 것도 현행법상 허용되지 않는다.

(3) 비밀유지

22 변호인은 피고인에 대한 신뢰관계에 따라서 비밀을 유지해야 할 의무가 있다(변호사법 제26조). 변호업무로 알게 된 사실로서 타인의 비밀에 관한 것은 증언을 거부할 수 있다(제149조). 해당 소송에서 알게 된 사실뿐만 아니라 다른 소송에서 알게 된 사실도 비밀의 대상에 포함된다. 비밀유지의무를 위반하여 변호인이 업무처리 중에 알게 된 타인의 비밀을 누설하면 업무상비밀누설죄(형법 제317조)에 해당할 수 있으며, 변호사법 위반으로 징계의 대상도 될 수 있다.

23 특히 피의자 · 피고인에게 죄가 있음을 알았다고 하더라도 이를 드러내지 않고 변호활동을 해야 한다. 이를 변호인의 **침묵의무**라고 한다. 침묵의무를 통해 변호인과 피의자 · 피고인 사이에 신뢰관계가 형성되고 이로부터 권리보호가 효율적으로 이루어질 수 있다. 대리관계가 끝나 보호의무가 종결된 이후에도 이와 같은

1) 대결 2007. 1. 31. 2006모656.
2) 대판 2012. 8. 30. 2012도6027.

변호인의 의무는 지속된다.

24 파렴치한 범죄자의 변호인이 되거나 분명한 유죄의 근거에 대해 침묵하는 상황은 일반인들이 변호사의 도덕성을 의심하는 계기가 되기도 한다. 그러나 공익적 지위로부터 요구되는 진실의무가 중요하더라도, 보호자지위의 우위를 인정하지 않으면 실제로 죄가 있는 사람들은 아무도 변호인을 믿고 찾을 수 없게 된다. 즉 이러한 침묵의무를 위반하는 것은 개별 사안에서 구체적 정의실현에 기여하는 대가로 결국에는 변호인제도 자체의 의미를 약화시켜 공정한 형사사법시스템을 희생시킨다. 그렇기에 침묵의무는 일반도덕에는 반할 수 있으나, 전문영역에서 변호인의 직업윤리에는 반하지 않는다.

V. 변호인의 권한

1. 대 리 권

25 변호인은 피의자·피고인의 소송행위 가운데 성질상 대리가 허용되는 모든 행위에 대해 대리할 수 있다. 대리권은 보편적으로 본인 의사에 종속하는 **종속대리권**과 본인 의사에 반해서도 행사할 수 있는 **독립대리권**으로 나뉜다. 변호인의 권리를 본인의 권리에서 도출되는 대리권으로 파악함으로써 변호인의 권리를 본인의 권리에 종속시키되, 다른 한편 변호인의 권리행사가 본인의 명시의사 또는 묵시의사에 반할 수 있게 함으로써 그의 전문성을 존중할 필요도 있기 때문에 독립대리권 개념을 인정하고 있다.

26 1) 종속대리권으로는 관할이전신청, 증거동의, 상소취하, 정식재판청구 등이 있고, 2) 독립대리권으로 분류되는 것 중 본인의 명시적 의사에 반할 수 있는 독립대리권으로는 구속취소청구, 보석청구, 증거보전청구, 증거조사에 대한 이의신청 등이 있으며, 3) 묵시적 의사에 반할 수 있을 뿐인 독립대리권으로는 기피신청이나 상소제기 등이 있다.

2. 고 유 권

27 고유권은 변호인만이 갖는 권리로서 성질상 본인을 대리하는 것으로 볼 수 없는 권한이다. 법률이 권리행사의 주체로 피고인과 변호인을 함께 규정하거나

또는 변호인만을 규정하고 있는 경우 그리고 변호인의 고유한 판단이 피의자·피고인의 권리행사에 유리한 때에 인정된다. 1) 변호인이 피고인·피의자와 중복하여 가지는 고유권에는 서류·증거물의 열람·복사권, 압수·수색·감정 집행의 참여권, 증인신문의 참여권, 증거제출·증인신문신청권, 최종의견진술권 등이 있다. 2) 변호인만 갖는 고유권은 피고인·피의자에 대한 접견교통권, 피의자신문 참여권, 피고인에 대한 신문권, 상고심의 변론권 등이다.

[15] 증 인

I. 증인의 의의

증인은 자신이 경험한 범죄와 관련한 사실을 법원에서 진술하는 당사자 이 1
외의 제3자를 말한다. 경험한 사실에 대한 진술뿐만 아니라 그 경험사실로부터 추론된 사실을 진술하는 자도 증인에 속한다. 그러나 경험 없이 단순한 추측이나 사안에 대한 평가만을 이야기하는 사람은 증인이 아니다.

증인은 법원 또는 법관에 대해 진술하는 제3자라는 점에서 수사기관을 상대 2
로 진술하는 **참고인**과 다르다. 증인과 달리 참고인은 형사소송법상 어떠한 권리·의무의 주체도 아니다. **감정인**은 전문지식과 경험에 의한 판단내용을 진술하는 사람으로서, 다른 감정인에 의해 대체될 수 있다는 점에서 증인과 구별된다. 증인이 사실을 경험하고 특별한 전문지식으로 진술한다면 그러한 증인을 **감정증인**이라고 부른다. 감정증인은 증인신문절차에 따라 신문한다(제179조).

증인은 피고인, 검사, 법원과 달리 모든 형사소송에서 반드시 존재해야 하는 3
참여자는 아니다. 그러나 증인이 있는 형사절차라면, 그는 사안을 직접 체험한 사람으로서 비교적 객관적으로 사실관계를 인식·판단한 사람으로 기대될 뿐만 아니라, 공판과정에 직접 참여하여 선서하고 구두로 증언함으로써 직접증거를 제공하는 결정적인 역할을 한다. 또한 피해자가 증인이 되는 경우에 증인신문은 피해자 자신의 체험사실과 입장을 말할 수 있는 중요한 기회가 된다. 이처럼 중요한 의미를 갖는 절차참여자로서 증인은 **출석의무·선서의무·증언의무**를 지며, 자신의 기억과 다른 진술을 한 경우에 위증죄(형법 제152조)로 처벌될 수도 있다.

II. 증인적격

1. 증인적격과 증언능력

4 '증인적격'이란 공판과정에서 증인이 될 수 있는 자격을 말한다. 원칙적으로 누구나 증인적격이 있다(제146조). 어린아이 등 책임무능력자, 피고인의 가족, 피고인과 적대관계에 있는 자 등을 불문한다. 이에 대한 예외는 증인거부권이 인정되는 경우와, 뒤에서 설명하는 증인적격이 문제되는 경우이다.

5 '증언능력'은 증인으로서 자신이 경험한 바를 이해하고 타인에게 전달할 수 있는 능력을 뜻한다. 증인적격은 피고사건에 대해 증인이 될 수 있는 일반적인 자격이지만, 증언능력은 구체적인 경험내용의 개별적인 전달능력을 말한다. 증인적격이 없는 증인이 행한 증언은 증거능력이 인정되지 않으나, 증언능력이 부족한 증인의 증언은 증명력이 제한될 뿐이다. 미성년자나 유아도 증언능력이 있을 수 있다. 증언능력의 유무는 연령으로 정해지는 것이 아니라, 개별 증인의 이해력, 판단력 등을 고려하여 판단한다.[1]

2. 법관 · 검사 · 변호인의 증인적격

(1) 법관의 증인적격

6 법관은 자신이 담당하는 사건에서 증인적격이 없다. 법관이 그의 직무에서 벗어나 자기가 맡은 사건에 관해 증인이 된다면 제척사유에 해당한다(제17조 4호). 법원서기관 등도 마찬가지이다(제25조 ①항, 제17조 4호).

(2) 변호인의 증인적격

7 변호인의 증인적격에 대해서는 견해가 대립한다. 변호인의 증인적격을 부정하는 명문규정이 없고, 사안의 구성과 피고인의 이익보호를 위해 필요한 경우가 있다는 점에서 변호인의 증인적격을 인정하는 **긍정설**과[2] 변호인은 피고인의 이익보호자로서 피고인에 준하는 지위를 가지기 때문에 소송의 제3자로 보기 어렵다는 이유에서 변호인의 증인적격을 인정하지 않는 **부정설**이 있다.[3] 변호인은 검사

---

1) 만 3세 3개월 내지 만 3세 7개월 여아의 증언능력과 그 진술의 신빙성을 인정한 대판 2006. 4. 14. 2005도9561. 지적 장애인인 아동의 증언에 신빙성을 인정한 대판 2014. 7. 24. 2014도2918 참조.

2) 백형구(강의) 728; 송광섭 281; 신동운 939; 임동규 635.

3) 신양균 644; 이재상/조균석 34/10; 정영석/이형국 394.

와 달리 대립당사자 자신이 아니고 피고인의 이익을 보호하기 위해서 필요한 경우가 있을 것이므로 증인적격을 인정하는 것이 타당하다. 변호인이 실질적으로 예단이 없는 정확한 사실을 증언하지 못할 것이라는 염려는 형식적인 증인적격을 제한하는 근거가 될 수 없다.

(3) 검사의 증인적격

검사가 증인이 될 수 있는지에 대해서 실체적 진실발견을 위해 필요한 경우가 있고, 이후 공소유지절차에 지장을 주지 않는다면 이를 인정하는 견해와,[1] 소송당사자로서 제3자가 아니고 증인으로서 진술한 이후에 공소유지자로서 임무를 공정하게 수행하기 어려우므로 이를 부정하는 견해가 대립되어 있었다.[2] 8

그런데 현행법은 이른바 '조사자 증언제도'를 통해 공소제기 전에 피고인을 피의자로 조사하였거나 그 조사에 참여하였던 자가 공판절차에서 피고인의 진술을 전문증언하면 일정한 요건 아래 증거능력을 인정할 수 있도록 하여(제316조 ① 항), 검사 등 수사관의 증인적격을 전제하고 있다. 그럼에도 전문법칙 및 그 예외규정의 체계적인 이해에 따라 수사기관의 증인적격을 부정하거나, 최소한 그 진술의 증거능력을 제한하는 것이 타당하다. 이에 대해서는 해당부분(56/8)에서 자세히 설명한다. 9

3. 공동피고인의 증인적격

피고인 자신은 당사자이자 소송의 대상일 뿐만 아니라 **진술거부권**을 갖고 있기 때문에 증인이 될 수 없다. 문제는 피고인이 아닌 공동피고인에게 증인적격이 있는가 하는 점이다. 공동피고인은 피고인 사건에서는 제3자이지만, 자기와 관련된 사건부분을 진술하라고 한다면 그의 진술거부권을 침해할 수 있으므로 이는 민감한 문제이다. 10

(1) 학설과 판례

긍정설은 공동피고인은 피고인에 대한 관계에서 제3자이므로 병합심리 중에 있는 공동피고인도 증인으로 신문할 수 있다고 한다. 진술거부권을 침해할 것이라는 우려에 대해, 증인도 형사상 자기에게 불리한 진술을 거부할 권리(제148조) 11

1) 헌재결 2001. 11. 29. 2001헌바41; 백형구(강의) 729; 신동운 938; 신현주 528; 임동규 634.
2) 송광섭 281; 이재상/조균석 34/8; 정영석/이형국 394.

를 갖기 때문에 관련사건의 증인이 된다 해도 이 권리는 보호될 수 있다고 한다.[1]

12 **부정설**은 피고사건에 관계된 공동피고인을 증인으로 삼는 경우에 그의 진술거부권을 침해할 수 있기 때문에 공범관계 여부를 불문하고 변론을 분리하지 않는 한 공동피고인의 증인적격을 인정하지 않는다.[2] **판례**도 같은 취지에서 공범인 공동피고인이 공범으로서 같이 저지른 사안을 다루는 소송절차에서는 피고인의 지위에 있기 때문에 증인이 될 수 없다고 하면서, 소송절차가 분리되어 피고인의 지위에서 벗어나게 되어야 다른 공동피고인에 대한 공소사실에 관하여 증인이 될 수 있다고 한다.[3]

13 **제한적 긍정설**은 공범인 공동피고인에게는 원칙적으로 증인적격이 없으나, 자기의 피고사건과 실질적인 관계가 없어 그의 진술거부권을 침해하지 아니하는 경우에는 공동피고인도 증인이 될 수 있다는 입장이다.[4]

(2) 결론 : 제한적 긍정설

14 변론분리 여부를 언급한 판례를 '변론분리 후 허용설'로 생각하여 절충설 또는 제한적 긍정설처럼 분류하는 것[5]은 정확한 이해가 아니다. 공동피고인에 대한 변론이 종결되었거나 그것이 다른 소송절차에 속한다면 그는 더 이상 '공동'피고인이 아니고 해당 피고인의 증인이 될 수 있는 것은 당연하며 이에 대해서는 이견이 없다.

15 자기가 관련된 사안에 대해 증언을 하게 하면 진술거부권을 침해할 수 있으므로 원칙적으로 공동피고인의 증인적격은 부정되어야 한다. 즉 증인적격을 결정할 때 중요한 것은 진술거부권의 침해 및 침해 가능성이므로, 그러한 우려가 없을 때 증인이 될 수 있다고 보는 절충적인 견해가 타당하다.

16 같은 맥락에서, '공범 아닌 공동피고인에게는 증인적격이 있다'고 설명하는 이유 또한 공동피고인이 피고인과 공범이 아니어서 같이 체험한 사안이 없는 경우라면 그 공동피고인에게 증언하도록 하는 것이 그의 진술거부권을 침해할 우려가 없기 때문이다.

---

1) 김기두 162; 서일교 197.
2) 강구진 446; 정영석/이형국 396.
3) 대판 2012. 10. 11. 2012도6848; 2012. 3. 29. 2009도11249; 2008. 6. 26. 2008도3300 등.
4) 권오걸 528; 백형구(강의) 727; 송광섭 280; 신양균 646; 이은모 526; 이재상/조균석 34/13; 이창현 730; 임동규 636.
5) 신동운 942.

(3) 예 시

공동피고인이 증인이 되어 부담하게 되는 증언의무가 그의 진술거부권을 침해해서는 안 된다. 예를 들어 2인 이상이 합동하여 저지른 합동범의 참여자는 피고사실에 대한 진술이 곧 증인 자신의 행위에 대한 내용일 것이므로 증인으로서 증언하게 만들면 그의 진술거부권을 침해한다. 반면에 수뢰혐의자가 피고인일 때 증뢰혐의자인 공동피고인이 증인이 될 수는 없지만, 그가 실제로 공갈죄 또는 강요죄의 피해자에 그친다는 주장을 하려 할 때 증언을 하게 하는 것은 그의 진술거부권을 크게 제한하는 것이 아니므로 증인적격을 인정할 수 있다.[1] 마찬가지로 예컨대 공범이 아닌 절도범과 장물범에 대해 단순히 병합심리가 진행 중인 경우라면 공동피고인이 증인으로 진술하였을 때 진술의 증거능력을 인정할 수 있다.[2] 진술거부권을 침해할 우려가 적기 때문이다. 17

(4) 공동피고인의 법정진술

공범인 공동피고인이 선서 없이 법정에서 진술한 내용이 피고인에 대한 증거로 쓰일 수 있는지 문제된다. 공동피고인에게 진술거부권이 있으므로 변론을 분리하여 증인으로서 신문하지 않는 한 이를 피고인의 공소사실에 대한 증거로 사용할 수 없다는 견해가 있다[**부정설**]. 그러나 위에서 본 것처럼 공동피고인이지만 그가 법정에서 진술하는 것이 진술거부권을 침해하지 않는 경우도 있으며, 공동피고인이 증인 아닌 지위에서 진술하기도 한다. 이때에 공판정에 피고인이 출석한 상태에서 그 공동피고인에 대한 반대신문권이 실질적으로 보장되어 있으면 이를 증거로 사용하는 것을 금지할 근거는 없다[**적극설**].[3] 18

위에서 보았듯이 별개의 범죄사실이나 쌍방폭행 등에 가담하여 공범관계에 놓이지 않은 피고인들을 병합심리하고 있는 때에, 공동피고인을 피고인의 범죄사실에 관한 증인으로 신문할 수 있다. 그러나 이 경우에도 증인으로서 선서 없이 19

---

1) 이 경우 실질적인 '상호적인 책임비난의 가능성'이 있으나 형식적인 '증인적격'은 있다고 보아야 한다. 이견은 정승환 42/19. 판례가 '이해관계가 상반된 때에' 공동피고인의 진술에 증거능력이 있다고 본 것(대판 1992. 7. 28. 92도917; 1985. 6. 25. 85도691; 특히 2006. 5. 11. 2006도1944)은 상호비난의 가능성이 있지만 그것만으로 증인적격 또는 증거능력을 배제할 수 없기 때문이다.
2) 대판 2006. 1. 12. 2005도7601; 1982. 9. 14. 82도1000.
3) 대판 2006. 5. 11. 2006도1944; 1992. 7. 28. 92도917; 이은모 663; 이창현 1001; 임동규 588; 정웅석/최창호 589. 전문증거가 아니기 때문에 반대신문권 보장이 필요 없다는 반론이 있으나, 반대신문권 보장은 전문법칙보다 더 상위의 원리이다.

한 공동피고인의 법정진술은 위법수집증거로서 증거능력이 없다.[1] 그리고 피고인이 증거로 쓰는 데에 동의하지 않았고 전문법칙예외요건을 갖추지 않은 공동피고인에 대한 피의자신문조서는 전문법칙에 따라 증거능력이 부정된다(54/19 이하).

III. 증인의 의무와 권리

1. 증인의 의무

(1) 출석의무

20 법원이 소환하면 증인은 출석해야 할 의무가 있다. 공판기일에 증인소환을 받은 사람은 물론 공판기일 전의 증거보전절차(제184조)의 증인신문 또는 수사상 증인신문절차(제221조의2)에 소환받은 증인에게도 출석의무가 있다. 증인거부권자(제147조)는 출석의무가 없으나, 증언거부권자(제148, 149조)는 증언을 거부할 수 있을 뿐 출석을 거부할 수는 없다.

21 증인이 정당한 사유없이 출석하지 않은 경우에는 그 불출석으로 인한 소송비용을 증인이 부담하도록 명령한 후 과태료를 부과할 수 있고(제151조 ①항), 과태료 재판을 받고도 정당한 사유없이 다시 출석하지 않은 때에는 결정으로 증인을 7일 이내의 감치에 처할 수 있다(같은 조 ②항).

(2) 선서의무

22 출석한 증인은 신문에 앞서 선서를 해야 한다(제161조). 선서는 증인신문에 앞서 행하며 재판장은 선서 전에 위증의 죄를 경고하여야 한다(제158조). 선서는 "양심에 따라 숨김과 보탬이 없이 사실 그대로 말하고, 만일 거짓말이 있으면 위증의 벌을 받기로 맹세합니다"라는 선서서를 낭독하고 기명날인 또는 서명하는 것이다(제156, 157조). 선서 없이 증언을 하였다면 증언의 증거능력이 인정되지 않는다. 다만 16세 미만의 자와 선서취지를 이해하지 못하는 선서무능력자는 선서를 하게 하지 않고 신문하여야 한다(제159조). 선서무능력자가 한 선서는 효력이 없고, 거짓이 있다 하여도 위증죄가 성립하지 않는다. 그러나 증언 자체에 효력이 없는 것은 아니다.[2]

---

1) 대판 1982. 9. 14. 82도1000.

2) 대판 1987. 8. 18. 87도1268; 1984. 9. 25. 84도619.

선서는 모든 증인이 개별적으로 해야 하며 대표자의 선서는 허용되지 않는다. 동일심급에서 한 증인은 한 번만 선서하면 된다. 따라서 그 증인이 피고사건에 대해 선서를 한 후 신문이 중단되었다가 속개되더라도 다시 선서해야 할 필요는 없다. 그러나 새로운 증거결정으로 같은 증인을 재차 신문할 경우는 별개의 증인신문에 해당하므로 다시 선서해야 한다. 23

(3) 증언의무

증인은 신문받은 사항에 대해 양심에 따라 숨김과 보탬이 없이 증언할 의무가 있다(제157조 ②항). 법원 또는 법관의 신문뿐만 아니라 검사와 피고인 · 변호인의 신문에 대해서도 증언하여야 한다. 주신문과 반대신문에 모두 증언해야 한다. 주신문에 대한 증언만 하고 반대신문에 대한 증언을 거부한 경우에는 실질적으로 반대신문의 기회가 없었으므로 증거능력이 인정될 수 없다. 증인이 정당한 이유 없이 증언을 거부한 때에는 과태료를 부과할 수 있다(제161조 ①항). 이때의 정당한 이유는 증인거부권, 증언거부권 등 법률상 증언을 거부할 수 있는 경우이다. 24

2. 증인의 권리 : 증언거부권

(1) 증언거부권의 의의

증언거부권이란 증언의무가 인정되는 증인이 일정한 사유를 근거로 증언을 거부할 수 있는 권리이다. 증언거부권은 출석까지 거부할 수 있는 **증인거부권**과 구별된다. 즉 증언거부권이 있는 증인은 증언을 거부할 수 있을 뿐이고, 출석 자체를 거부할 수는 없다. 증언거부권자의 선서거부는 증언거부의 내용에 포함되는 것으로 보아야 한다. 증언거부권은 증인의 권리일 뿐 의무는 아니기 때문에 거부권을 포기하고 증언할 수 있음은 물론이다. 25

(2) 자기 또는 근친자의 형사책임과 관련한 증언거부

자기나 친족 또는 친족이었던 사람 또는 법정대리인 · 후견감독인 관계가 있는 자가 형사소추 또는 유죄판결을 받을 사실이 드러날 염려가 있는 경우에는 증언을 거부할 수 있다(제148조).[1] 이러한 증언거부권도 인간본성으로부터 근거지워지는 nemo tenetur-원칙이 구체화된 것이다.[2] 26

---

1) 대판 2012. 12. 13. 2010도10028.

2) 홍영기, 형사사법에서 nemo tenetur-원칙의 구체화, 고려법학 67, 254면 이하.

27 증언거부는 형사소추 또는 유죄판결을 받을 사실이 드러날 염려가 있는 증언을 거부할 수 있는 것이므로 공소제기 전후를 불문한다. 형사책임의 존부와 양형에서 불이익이 미칠 수 있는 모든 사실에 대한 진술도 거부할 수 있다. 이미 증인 자신에 대한 유·무죄 또는 면소판결이 확정되어 더 이상 공소제기나 유죄판결 가능성이 없는 경우에는 형식적인 증언거부권이 없다.

28 이와 관련하여, 이미 일정한 사안으로 확정판결을 받은 사람이 그 사안과 관련된 다른 피고사건의 증인이 되었을 때, 판례는 그가 사실과 다른 진술을 한 경우에 위증죄에 해당한다고 한다. 일사부재리원칙이 있기 때문에 확정판결을 받은 사람으로서 이제 진실을 말할 수 있는 기대가능성이 있다는 것이다.[1] 그러나 이러한 논증은 진술거부권 및 증언거부권이 형식적으로 처벌우려가 있는 때에만 의미 있는 것이 아니라, 자기에게 불리한 진술을 하지 않으려는 본성에 근거하는 권리라는 사실을 간과하고 있다.[2]

(3) 업무상 비밀과 증언거부권

29 변호사, 변리사, 공증인, 공인회계사, 세무사, 대서업자, 의사, 한의사, 치과의사, 약사, 약종상, 조산사, 간호사, 종교의 직에 있는 자 또는 이러한 직에 있었던 자가 그 업무상 위탁을 받은 관계로 알게 된 사실로서 타인의 비밀에 관한 것은 증언을 거부할 수 있다. 다만 본인의 승낙이 있거나 중대한 공익상 필요가 있는 때에는 예외로 한다(제149조). 이러한 업무종사자들의 비밀준수는 특별한 직업윤리에 속하는 것으로서, 비밀의 주체인 타인의 프라이버시권을 보장하는 기능을 한다. 법적으로 안정된 적용이 중요하므로, 이 규정은 예시규정이 아니라 증언거부권자를 제한적으로 열거한 것으로 보아야 한다.

(4) 증언거부권의 고지

30 증인이 증언거부권자에 해당하는 경우에는 재판장은 신문 전에 증언을 거부할 수 있음을 고지하여야 한다(제160, 148, 149조). 이러한 고지 없이 얻은 증언은 위법하게 수집된 증거로서 증거능력이 없다.[3] 증인이 증언거부권을 고지받지 못하여 증언거부권을 행사하는 데 장애가 초래된 때에 그가 위증을 하였더라도 위

---

1) 대판 2011. 11. 24. 2011도11994; 2008. 10. 23. 2005도10101.

2) 홍영기, 앞의 글, 272면 이하.

3) 증언거부권을 고지하지 않고서 신문을 하여 얻은 증언의 증거능력을 인정하는 예전 판례는 대판 1957. 3. 8. 4290형상23.

증죄가 성립하지 않는다.[1]

(5) 기타 권리

소환받은 증인은 법률이 규정한 바에 따라 여비, 일당과 숙박료를 청구할 수 있다. 그러나 이미 법원에 있던 증인, 즉 구내증인은 비용청구권이 없다. 증인은 자신에 대한 증인신문조서의 열람 또는 복사를 청구할 수 있다(규칙 제84조의2). 31

증인이 피고인 등으로부터 보호받을 권리가 간접적으로 규정되어 있는 것은 '특정범죄신고자 등 보호법'이다. 이에 따르면 증인도 이 법의 보호대상이 되며(제2조 2호), 형사사법기관에게 신변안전조치 등을 신청할 수 있도록 되어 있다(제13조). 증인에 대한 보복범죄를 가중처벌하는 것(특정범죄 가중처벌 등에 관한 법률 제5조의9 등)도 우회적인 보호장치가 된다. 32

증인이 되는 것 자체를 거부할 수 있는 것을 **증인거부권**이라 한다. 공무원이나 공무원이었던 자가 그 직무에 관해서 알게 된 사실에 관해, 본인 또는 당해 공무소가 직무상 비밀에 속한 사항임을 신고한 때에, 그 소속공무소 또는 감독관공서의 승낙 없이 증인으로 신문하지 못한다는 규정(제147조 ①항)에 근거하고 있다. 그러나 소속공무소 또는 그 감독관공소는 국가의 중대한 이익을 해하는 경우를 제외하고는 승낙을 거부하지 못한다(같은 조 ②항). 33

1) 대판 2013. 5. 23. 2013도3284; 2010. 1. 21. 2008도942(전합).

제2장 수 사

제1절 수사 일반론

[16] 수사의 의의

I. 수사의 개념

1 수사는 발생한 범죄사실을 실체적 진실에 가깝게 구성하기 위해서 수사기관이 범인을 확정하고 증거를 수집하는 과정을 뜻한다. 형사절차는 공식적으로 수사에 의해 시작된다. 수사의 본질을 공소제기를 위한 준비로 이해하는 입장과, 사실확인을 위한 활동 그 자체로 보는 시각이 있다. 수사가 형사사법기관의 정책에 따른 행위라고 한다면 맹목적인 작용이거나 개인의 취미활동일 수는 없다. 따라서 최종적으로는 공소제기 및 그 유지를 통해서 국가의 형벌권을 실현하기 위한 선행 과정으로 보아야 할 것이다.

2 그러나 반드시 지금의 수사대상자를 처벌하려 한다거나 수사중인 사안을 곧바로 기소할 수 있을 때에만 수사가 정당화되는 것은 아니다. 개별적으로 진행되는 수사활동이 현실적으로 어떠한 형벌권 행사로도 이어질 수 없는 것으로 확인된 때가 아닌 한, 사실규명을 위한 수사기관의 작용은 폭넓게 정당화되는 것으로 보아야 한다.

II. 수사구조론

3 소송구조론이 소송에 등장하는 참여자들 사이의 관계에 대한 설명인 것과 마찬가지로, 수사구조론은 수사에 직·간접으로 관여하는 피의자, 검사, 경찰, 법원 등의 관계에 대한 내용이다.

1. 규문적 수사관

규문적 수사관은 수사를 수사기관이 주도하여 정보를 수집하고 인식하는 과정 4
으로 이해한다. 여기서 수사대상자인 피의자는 수동적으로 수사를 받는 입장에 놓이며, 수사기관은 원칙적으로 증거를 확보하기 위해 필요한 강제처분을 능동적으로 할 수 있는 권한을 갖는다. 강제수사는 판사가 발부하는 영장에 의해 이루어지지만 영장의 필요성 여부에 대한 평가는 수사기관 스스로 판단하며, 이때 법원은 강제수사의 남용을 방지하기 위해 사법적 통제를 할 뿐이다. 이에 따라 법원이 발부하는 영장은 강제수사에 대한 **허가장**의 성질을 갖는다.

2. 탄핵적 수사관

탄핵적 수사관은 수사를 법원의 공소제기 및 공판절차를 위한 보조활동으로 5
이해한다. 즉 수사기관이 독자적 · 능동적으로 수사를 진행하는 것이 아니라 법원 재판의 전단계로서 도움을 주는 지위에 놓이게 된다. 피의자도 수사기관에게 일방적으로 조사당하는 입장이 아니라 재판을 같이 준비하는 당사자로 생각된다. 탄핵적 수사관에 따르면 강제수사 필요성도 수사기관이 아니라 법원이 판단한다. 장래의 재판을 위해 불가피한 경우에 강제수사를 허용하고 수사기관에게 수사하도록 하는 것이므로, 판사가 발부하는 영장은 **명령장**의 성격을 갖는다.

3. 결 론

수사기관의 전횡으로부터 피의자의 권리를 보호하는 데에 탄핵적 수사관이 6
이념적으로는 바람직하다. 공판중심주의 실현에 유리한 시각이기도 하다. 그렇지만 피의자가 대립 당사자 또는 준당사자로서 수사기관과 공조하여 재판을 준비한다거나, 판사가 발부하는 영장이 수사기관에 대한 명령장이라는 설명이 수사현실에 부합하는 내용이라고 보기는 어렵다. 수사구조론이 이상적인 관념을 말하는 것이 아니라 지금 우리 현실에서 참여자간의 관계를 서술하는 것이라면, 공판절차에 대비되는 수사과정은 규문적인 것이며 판사가 발부하는 영장도 허가장의 성격을 갖는다고 보아야 한다.[1] 피의자의 권리보장은 수사구조론을 통해 구현되는

1) 강제수사로서 감정을 할 수 있게 하는 판사의 영장은 감정처분'허가장'이고(제221조의4). 통신제한조치를 할 수 있게 하는 영장도 통신제한조치'허가서'이다(통비법 제6조 ⑤항).

것이 아니라 실무에서 피의자가 방어권을 적극적으로 행사할 수 있도록 실질적으로 보장함으로써 실현될 수 있다.

[17] 수사의 원칙

I. 비례성원칙

1 비례성원칙은 형사절차 전반을 지배하는 원리이다. 특히 수사절차는 전적으로 비례성원칙에 종속되어야 한다(제199조 참조). 비례성원칙은 범죄사실을 규명함으로써 형벌권을 행사해야 할 목적과, 그에 따른 수단이 피의자의 권리를 침해하는 정도 사이에 비례관계가 있어야 함을 말하고 있다. 이는 1) 수사에 활용되는 수단이 형벌권 행사라는 목적달성에 적합하고 [**적합성원칙**], 2) 적합한 수단들 중에서 반드시 필요한, 즉 수사대상에 대한 침해가 가장 적은 수단을 선택해야 하며 [**필요성원칙 또는 최소침해원칙**], 3) 수사목적을 달성하여 얻는 이익과 수사활동으로 침해되는 이익 사이에 균형성이 있어야 한다 [**균형성원칙 또는 상당성원칙**]는 세 가지 부분원칙으로 구성된다. 앞에서 뒤로 갈수록 더 섬세한 판단을 요구한다.

1. 수사의 적합성

2 적합성원칙은 비례성원칙의 제1단계 구성원칙이다. 각 수사절차는 형사절차의 목적인 형벌권의 실현에 적합한 것이어야 한다는 뜻이다. 즉 범죄사실을 규명하고 범인을 확정하는 데 효과가 있는 수단이어야 한다. 수사기관이 아무런 실효도 거둘 수 없는 수단을 동원하는 것은 적합성원칙에 맞지 않을 뿐만 아니라 한정된 인력과 자원을 낭비한다. 예를 들어 증거가치가 없어 사안을 재구성하는 데 전혀 도움이 되지 않는 물건을 압수하기 위해 수사력을 동원하는 것은 가장 '성긴 체'라고 할 수 있는 적합성원칙조차 통과할 수 없다.

2. 수사의 필요성

(1) 의 의

3 필요성원칙은 목적달성에 적합한 여러 수단 가운데 최소 침해를 수반하는

방법을 선택하라는 의미이다. 형사소송법에서는 이와 같은 의미의 '필요성'을 요구하는 경우가 적지 않은데, 그 해석이 단순히 '처벌을 위해 필요하다'는 수준에 그쳐서는 안 된다. 그 정도의 필요성은 이미 수사에 당연히 전제되어 있으므로 비례성원칙의 내용이 될 수 없다. 여기서 요청되는 필요성요건은 피수사자의 권리침해를 최소화하는 수단을 선택하라는 것이다. 그런 방법을 이용하지 않고 다른 수단을 사용할 경우에, 목적을 달성할 수 없거나 피의자·피고인의 권리가 더 크게 침해될 수 있다는 사실이 전제되어 있다. 예를 들어 '강제수사가 필요하다'는 말의 형사절차상 의미는 수사기관이 강제수사할 것을 막연히 원한다는 것이 아니라, 강제수사가 아니고서는 해당하는 목적을 달성할 수 없다는 뜻이다.

(2) 범죄의 혐의

모든 수사는 권리침해를 수반한다. 그 침해가 최소한에 그치기 위해서는 달성하고자 하는 목적이 분명해야 하는데, 이는 수사해야 하는 범죄의 혐의 정도에 따라 달라진다. 1) **추상적 혐의** 수준으로는 수사개시 여부를 가늠하기 위해 내사가 진행될 수는 있으나, 수사대상자의 권리를 침해하는 방식의 수사를 개시해서는 안 된다. 2) 내사와 수사의 실질적 구분은 어렵지만, 이러한 추상적 혐의가 **구체적 혐의**로 객관적으로 드러날 때 대체로 수사가 개시된다고 본다(제195조). 그리고 압수·수색 등 대물적 강제수사도 이러한 정도의 구체적 혐의로부터 허용될 수 있다. 3) **충분한 혐의**가 드러나면 공소를 제기할 수 있다. 4) 대인적 강제수사를 위해서는 기소가 가능한 수준을 넘어서 **현저한 혐의**가 있어야 한다. 5) 마지막으로 **혐의를 확인**함으로써 유죄판결이 가능하다. 4

이처럼 혐의 정도에 따라 수사방식에 필요성원칙이 갖추어져야 하는 것은, 예를 들어 구체적 범죄혐의가 있으면 수사를 개시해야 한다는 뜻인 동시에, 그 정도 혐의가 있다고 해서 바로 강제수사를 해서는 안 된다는 의미를 포함하고 있다[최소침해원칙]. 5

(3) 소송조건의 존재와 수사

소송조건이 결여되어 있는 때에도 수사필요성을 인정할 수 있는가 하는 문제제기는 수사의 본질과 관련된다. 수사를 해당 사안에 대한 공소제기, 공판, 처벌에 이르게 하기 위한 전제조건으로 보면, 소송조건이 흠결되어 있는 경우에 수사의 필요성은 인정될 수 없다. 반면에 수사 그 자체에도 독자적 의의가 있다고 6

하면 이 경우에도 수사가 허용된다.

7 가장 대표적인 테마는 친고죄에서 고소와 같은 소송조건이 구비되지 않거나, 면소판결요건 같은 소송장애사유가 있는 때에도 수사를 할 수 있는가 하는 물음이다. 재직 중에 형사소추되지 않는 직분에 있는 자라고 할 때, 그에 대한 수사가 가능한지도 중요한 문제이다. 이에 대해서는 견해가 나뉜다.

8 **허용설**은 친고죄의 고소가 없거나 반의사불벌죄의 처벌희망의사표시를 철회한 경우 등에도 수사가 허용된다는 견해이다. 수사기관은 범죄를 적발하고 사실을 규명하는 것을 고유한 직무로 하기 때문이라고 하며, 범죄혐의가 있으면 수사를 해야 한다는 내용의 규정(제196, 197조 ①항)도 이 맥락에서 이해한다.

9 **부정설**은 소송조건이 결여되면 수사가 허용되어서는 안 된다는 입장이다. 최종 목적을 달성할 수 없는 때에도 수사를 허용하는 것은 맹목적 권리침해를 야기할 우려가 있다고 본다.

10 **제한적 허용설**이 다수견해이다.[1] 원칙적으로 혐의가 확인되면 수사가 가능하지만, 소송조건이 결여되거나 소송장애가 해소되지 않을 것이 확실하면 수사를 진행해서는 안 된다는 주장이다. 판례도 같은 입장이다.[2]

11 예를 들어 수사기관이 행하는 '현행범체포'도 중요한 수사방법 가운데 하나이다. 지금 행위자가 범죄를 저지르고 있는 현장에서 소송조건의 유무를 가려서 체포 여부를 결정해야 한다는 주장은 불합리하다. 대상자를 처벌하기 위해서만 수사를 진행하는 것이 아니라, 참고인으로서 수사할 수도 있고 지금은 소송장애가 있으나 곧 그 장애가 해소될 것이 예상되는 때도 있다. 범죄에 대한 국가기관의 대응으로서 정보를 확보하는 작업은 언제나 허용되는 것으로 보아야 한다. 다만 소송조건이 결여될 것이 확실하거나 소송장애를 해소할 수 있는 가능성이 없는 경우에도 수사를 계속하는 것은 최소침해원칙에 어긋난다 [**제한적 허용설**].

3. 수사의 균형성

12 수사의 균형성 또는 상당성이란 수사필요성이 인정되더라도 그 방식이 수사대상자의 권리침해 정도에 비추어 반비례(불균형)가 아닌 수준으로만 허용될 수 있다는 내용이다. 이를 '좁은 의미의 비례성원칙'이라고도 말한다. 예를 들

1) 백형구(강의) 382; 신동운 172; 신양균 73; 이재상/조균석 16/23; 임동규 128; 정영석/이형국 148.

2) 대판 2011. 3. 10. 2008도7724; 1995. 2. 24. 94도252.

어 신체를 구금하는 것이 정보획득에 효율적이고 [**적합성원칙**], 그렇게 하지 않으면 목적을 달성할 수 없다는 사실이 인정되더라도 [**필요성원칙**], 구금 목적에 비추어 자유박탈과 권리침해 수준 사이에 엄격한 상당성이 요구된다 [**균형성원칙**]. 또한 이메일이나 전자정보가 수사에 효율적으로 이용될 수 있고, 다른 증거방법이 없더라도, 반드시 필요한 범위 내의 정보만 선별해서 취하도록 해야 한다.[1] 다른 예로, 수사의 필요성이 분명히 확인된 경우에도 수사대상자를 기망하거나 수사사실을 숨기는 방법을 이용하는 것은 수사의 상당성에 위배될 수 있다. **함정수사**에 대해서는 아래 수사의 임의성부분(19/10)에서 다시 설명한다.

II. 기타 일반원칙

1. 직권수사원칙

직권수사원칙은 피해자가 고소하는 등의 방법으로 사인이 개입하지 않더라 13
도 국가기관이 능동적으로 수사를 진행해야 하는 것을 말한다. 친고죄에서 사인의 고소는 소송조건이고 반의사불벌죄에서는 처벌을 원하지 않는다는 사인의 의사표시가 없어야 수사를 계속할 수 있으나, 이러한 유형은 범죄속성에 따른 예외일 뿐이다. 직권수사원칙은 국가가 형벌권을 독점하게 된 데에 근거를 두고 있다. 국가만이 형벌권을 행사할 수 있으므로, 그것은 곧 국가의 의무이기도 하다. 그렇기에 예컨대 범죄사실이 존재하는데도 수사하지 않거나, 수사에 장애가 있다거나 피의자와 협상을 하였다고 해서 수사를 중단하거나 축소하는 것은 바로 이 원칙에 반한다.

2. 임의수사원칙

임의수사는 강제수사에 대비되는 개념으로 **수사대상자의 자발적 동의** 또는 14
그 **추정**을 전제로 하는 수사를 말한다. 원칙적으로 수사는 이러한 임의수사방식에 따라야 한다. 강제수사는 임의수사와 비교할 수 없을 정도로 피수사자의 권리침해가 크기 때문에, 법률에 규정된 경우에 한하여 예외적으로만 허용될 수 있다. 이 점에서 임의수사원칙은 최소침해원칙을 구체화한 것이다. 예를 들어

1) 대판 2012. 3. 29. 2011도10508; 대결 2011. 5. 26. 2009모1190.

인신을 구속해야 할 불가피한 상황이 아니라면 불구속수사를 해야 하며(제198조 ①항), 물건을 압수·수색하는 것보다는 우선 수사대상자가 임의로 제출하도록 해야 한다. 그리고 피의자·피고인의 진술은 임의적인 방법 이외에는 얻어낼 수 없다 [진술거부권].

3. 강제수사법정주의

15 강제수사는 수사기관이 집행하는 강제처분으로서, 피수사자의 자발적인 동의가 없거나 동의가 추정되지 않는 상황에서도 법률 규정과 법원이 발부한 영장을 전제로 허용되는 수사방법이다. 강제수사가 수사목적을 달성하는 데 적합하다고 하여 바로 이를 이용할 수는 없다. 적합성을 넘어 필요성과 균형성원칙의 심사를 거쳐야 한다. 임의수사원칙을 구체화한 강제수사법정주의는 강제처분이 가능한 경우가 엄격한 요건과 절차를 통해 규정되어야 한다는 것이며, 수사기관은 그 법적 요건과 절차에 따라서 수사를 진행해야 한다는 뜻이다(제199조 ①항 단서).

16 강제수사를 규정한 법률내용이 늘어나는 데 따라, 곧 강제수사방식이 많아져서 피의자의 권리침해가능성이 언제나 커질 것으로 생각하는 것은 잘못이다. 예컨대 새롭게 등장하는 수사기법을 수사기관이 자의적으로 사용하는 것보다 법률에 강제수사로 규정함으로써 영장을 조건으로 하는 등 적법절차에 따르도록 하는 것이 법치국가원칙에 부합하기 때문이다. 강제수사의 목록이 확대되는 것 자체는 권리침해 가능성이 커지는 것이지만, 이미 활용되는 수사방식을 강제수사로 법전에 편입하는 것은 오히려 시민의 권리보장에 유리하다.

17 현행법상 수사상 강제처분으로는 대인적 강제수사인 체포와 구속, 대물적 강제수사인 압수, 수색, 검증이 규정되어 있다. 이외에 강제처분의 성격을 지니는 공판 전 증거보전과 증인신문에 대한 규정이 있다. 형사소송법은 법원의 강제처분을 먼저 규정하고(제68조 내지 제145조), 수사기관의 강제처분(제200조의2 내지 제218조)에 대해서는 대부분 법원의 강제처분 규정을 준용한다(제209, 219조).

4. 영장주의

영장주의는 법관이 발부한 적법한 영장에 의하지 않고서는 수사상 필요한 18
강제처분을 할 수 없다는 원칙을 말한다. 헌법은 체포, 구속, 압수 또는 수색을 할 때에 적법한 절차에 따라 검사가 신청하고 법관이 발부한 영장을 제시하여야 한다고 하여, 영장주의를 헌법원리로 규정해 두었다(헌법 제12조 ③항 본문, 제16조). 영장주의는 강제처분에 법관의 통제를 거치게 함으로써 수사기관이 자의적으로 강제처분을 할 수 없도록 하는 데 그 의미가 있다. 현실에서 수사기관을 가장 강하게 구속하는 결정적인 원칙이 바로 이 영장주의이다. '수사의 효율성'이라는 가치와 '피의자의 권리보장'의 첨예한 이해관계 충돌이 바로 법원의 영장발부 여부에서 특히 두드러진다.

[18] 수사의 단서

수사의 단서는 수사기관이 범죄혐의를 가지고 수사를 시작하게 만드는 계기 1
이다. 수사기관은 주관적 혐의만으로도 수사에 착수할 수 있는데(제196, 197조), 이와 같은 주관적 혐의를 갖게 만든 원인이 있어야 하며 이것이 곧 수사의 단서이다. 법이 규정하고 있는 수사단서로는 고소, 고발, 자수, 변사자의 검시, 현행범, 불심검문, 자동차검문 등이 있고 이외에도 피해자나 제3자의 범죄신고, 언론보도, 소문, 수사기관의 인지 등에 의해서도 주관적 혐의를 가질 수 있다.

I. 고 소

1. 고소의 개념

고소는 1) 범죄 피해자 또는 그와 일정한 관계에 있는 고소권자가, 2) 수사 2
기관에 대해, 3) 범죄사실을 신고함으로써, 4) 범인의 처벌을 구하는 의사표시이다.

고소는 법에 정해진 고소권자만이 할 수 있다는 점에서 그러한 제한이 없는 3
고발과 구별된다. 고소를 하기 위해서는 수사기관에 신고해야 한다. 수사기관이 아닌 법원에 신고하거나 피고인의 처벌을 바란다고 진술하는 것은 고소가 아니다. 범죄사실의 신고를 위해서는 대상을 특정해야 한다. 어떤 사람이 무슨 행위를 한 것으로 고소하는지 수사기관이 명확하게 알 수 있도록 해야 한다. 범인의 성명, 범행일시, 장소, 방법 등을 밝히는 것이지만 사실과 다소 다르거나 불명확한 내용이 있더라도 고소의 효력에는 영향이 없다.[1] 형사법의 보충성에 따라 자기 또는 배우자의 직계존속은 고소하지 못한다(제224조).

4 고소의 요체는 범인의 처벌을 구하는 의사표시이다. 단순히 범죄사실을 신고하는 데 그치는 것은 고소가 아니다.[2] 그리고 절차의 확실성이 중요하다는 점에서, 고소를 하기 위해서는 의사표시를 할 수 있는 소송능력, 즉 고소능력이 있어야 한다.[3]

2. 친고죄와 반의사불벌죄

(1) 친 고 죄

5 친고죄는 고소를 소송조건으로 하는 죄를 말한다. 즉 친고죄에서는 고소가 있어야 수사가 진행되고, 나아가 공소제기를 할 수 있다. 기소된 친고죄에 고소가 없었다면 공소기각판결의 대상이 된다(제327조 2·5호). 이처럼 친고죄에서 고소는 소송조건임에 반해, 비친고죄에서 고소는 수사의 단서에 불과하다. 범인의 신분과 상관없이 친고죄가 되는 것을 **절대적 친고죄**라 하고, 범인과 피해자 사이에 일정한 신분관계가 있는 경우에만 친고죄가 되는 것을 **상대적 친고죄**라고 한다. 후자의 대표적인 예로 **친족상도례**가 있다.[4]

6 친고죄로 분류되는 범죄는 크게 두 가지 유형이다. 1) 하나는 피해자의 프라이버시 등의 권리가 처벌필요성보다 더 중요한 경우, 2) 다른 하나는 범죄가 경미한 경우이다. 과거에는 전자에 큰 의미가 있었고 그에 따라 친고죄를 둘러싼 여러 법리 때문에 '고소'에 대한 설명이 길었다. 그러나 피해자의 개인적 명예를 존중하는 취지의 친고죄였던 성범죄가 근래의 법 개정으로 대부분 비친고죄가 되었고, 간통죄도 폐지되었기 때문에 고소의 이론적 의미는 많이 축소되었다. 비교

1) 대판 1988. 10. 25. 87도1114.
2) 대판 2012. 2. 23. 2010도9524: 경찰청 인터넷 홈페이지에 '범인을 철저히 조사해 달라'는 취지의 민원을 접수한 것은 고소가 아니다.
3) 대판 2007. 10. 11. 2007도4962.
4) 강도죄와 손괴죄를 제외한 재산죄에서 친족간의 범죄가 있은 때에 동거친족 등 가까운 친족끼리는 형을 면제하고, 먼 친족에게는 고소가 있어야 공소를 제기할 수 있는 특례이다(형법 제328, 344조).

적 경미한 범죄로 친고죄에 남아 있는 것은 모욕죄, 비밀침해죄, 업무상비밀누설죄, 사자死者에 대한 명예훼손죄 정도이다.

(2) 반의사불벌죄

반의사불벌죄는 피해자의 명시한 의사에 반하여 처벌할 수 없는 범죄를 뜻 7
한다. 여기서 피해자의 처벌을 원하지 않는다는 의사표시[**처벌불원의 의사표시**]는 소송장애 또는 소송정지사유이다. 피해자가 아무런 의사표시를 하지 않은 때에는 시작된 형사절차를 그대로 진행한다. 피해자의 의사를 절차에 반영하고, 피해자와 행위자간의 조속한 분쟁해소를 도모하는 데 반의사불벌죄의 주요한 의의가 있다. 친고죄와 마찬가지로 반의사불벌죄도 비교적 경미한 범죄에 규정되어 있다. 대표적인 예로는 폭행죄, 협박죄, 명예훼손죄, 출판물에 의한 명예훼손죄, 과실치상죄 등이다.

3. 고소권자

(1) 피 해 자

고소는 고소권 있는 사람만이 할 수 있다. 이 점이 고발 등 다른 수사 단서 8
와 구별된다. 고소권자는 범죄의 피해자, 피해자의 법정대리인 · 배우자 · 친족, 지정고소권자를 말한다. 이 가운데 피해자는 대표적인 고소권자이다(제223조). 자연인뿐만 아니라 법인, 법인격없는 사단 및 재단인 피해자도 고소권자가 될 수 있다. 이때 피해는 직접피해에 국한되고 간접적으로 피해를 입은 사람은 고소권자가 아니다. 개인적 법익이 침해된 경우 그 법익의 주체가 고소권자이며, 사회적 법익이나 국가적 법익의 침해에서는 법익주체가 아니라 직접적 행위객체도 고소권자가 될 수 있다.

(2) 법정대리인

피해자의 법정대리인도 독립하여 고소할 수 있다(제225조 ①항). 법정대리인 9
은 미성년자의 친권자, 후견인과 같이 무능력자의 행위를 일반적으로 대리할 수 있는 자를 말한다. 법정대리인의 지위는 고소할 때 있으면 된다. '독립하여 고소할 수 있다'는 의미를 둘러싸고 견해 대립이 있다.

독립대리권설은 법조문 표현에 더 가까운 견해이다. 친고죄에서 법률관계의 10
불안정을 피하기 위해 피해자의 고소권이 소멸하면 법정대리인의 고소권도 사라

지는 것으로 본다. 피해자인 본인이 법정대리인의 고소를 취소할 수도 있다.[1)]

11 **고유권설**은 법정대리인의 고소권을 무능력자를 보호하기 위해 대리인에게 특별히 주어진 고유권으로 파악한다. 피해자 본인의 명시·묵시적 의사에 반해 고소할 수 있고, 피해자 본인은 법정대리인의 고소를 취소할 수 없다. 고소기간도 피해자의 고소권 소멸 여부와 관계없이 법정대리인이 범인을 알게 된 날로부터 진행한다. 후자인 고유권설이 피해자보호의 취지에 더 충실한 견해로서 타당하다.[2)]

(3) 기 타

12 피해자의 배우자·친족 또는 형제자매도 예외적으로 고소권자가 될 수 있다. 피해자의 법정대리인이나 그 친족이 피의자인 때에는, 피해자의 친족이 독립하여 고소할 수 있다(제226조). 피해자가 사망한 경우에도 배우자·직계친족 또는 형제자매가 고소권을 행사할 수 있으나 이 경우는 사망하기 전 피해자의 명시적 의사에 반할 수 없다(제225조 ②항).

13 **지정고소권자**는 친고죄에서 고소할 사람이 없는 경우에 이해관계인이 신청하여 검사가 지정한 고소권자를 말한다(제228조). 이해관계인은 법률상 또는 사실상 이해관계를 가진 자를 의미하며, 단순히 정서적 관계가 있는 때는 여기에 해당하지 않는다.

4. 고소의 절차

(1) 고소의 방식

14 고소는 서면 또는 구술로 검사 또는 사법경찰관에게 한다. 구술로 고소를 받은 때에는 조서를 작성하여야 한다(제237조). 독립된 조서일 필요는 없고, 예를 들어 참고인진술조서 안에 고소의 뜻을 기재하더라도 유효한 고소이다.[3)]

15 고소는 대리에 의해서도 가능하다(제236조). 법이 명문으로 고소대리를 허용하고 있고, 피해자보호를 위해 고소의 의사 자체를 대신해야 할 필요가 있어 의사대리까지 포함한다고 보는 견해가 있으나 [의사대리설],[4)] 고소의 대리는 고소절

---

1) 백형구 93; 신양균 102; 이재상/조균석 17/24.
2) 대판 1999. 12. 24. 99도3784; 1984. 9. 11. 84도1579; 김재환 78; 신동운 196; 임동규 137; 차용석/최용성 175.
3) 대판 2011. 6. 24. 2011도4451,2011전도76.
4) 강구진 162; 이은모 192; 이재상/조균석 17/29.

차를 용이하게 하는 것일 뿐이며, 특히 친고죄에서 대리인이 형벌권 실현 여부까지 결정하는 것은 불합리하므로 표시대리만 가능하다고 볼 것이다 [**표시대리설**].[1] 고소의 대리를 위해서는 대리권이 정당한 고소권자에 의하여 수여되었음이 실질적으로 증명되면 충분하고, 고소할 때 반드시 위임장을 제출한다거나 '대리'라는 표시를 해야 하는 것은 아니다.[2]

고소에 조건을 붙이는 것은 형사절차의 확실성을 저해하고, 특히 친고죄의 경우 국가형벌권의 행사를 개인의 의사에 좌우하게 하기 때문에 허용되지 않는다. 16

(2) 고소의 기간

친고죄에서는 범인을 알게 된 날로부터 6월을 경과하면 고소하지 못한다(제230조 ①항). 이처럼 고소할 수 있는 기간을 제한한 이유는 친고죄에서 고소가 소송조건이기 때문에 절차 진행 여부를 개인의 의사에 계속 맡겨두면 국가형벌권의 정형적인 행사가 어려워지기 때문이다. 비친고죄에서 고소는 수사의 단서에 지나지 않으므로 기간의 제한이 없다. 17

범인을 알게 된 날은 일반인의 입장에서 보아 고소권자가 고소를 할 수 있을 정도로 '범죄사실'과 '범인'을 아는 것을 의미한다. 그리고 여기서 범죄사실을 안다는 것은 고소권자가 친고죄에 해당하는 범죄 피해가 있었다는 사실을 확정적으로 인식하는 것을 뜻한다.[3] 그러나 범인의 정확한 성명 등 구체적인 인적 사항까지 알아야 하는 것은 아니다. 고소대상이 누구인지 특정할 수 있을 정도면 된다. 대리에 의한 고소(제236조)에서 고소기간은 대리고소인이 아니라 고소권자 자신이 범인을 알게 된 날부터 기산한다.[4] 18

고소할 수 없는 불가항력적인 사유가 객관적으로 분명하면 고소기간은 진행되지 않는다(제230조 ①항 단서). 예를 들어 피해자가 범행당시 고소능력이 없었다가 그 후에 비로소 고소능력이 생겼다면, 고소기간은 고소능력이 생긴 때로부터 기산된다.[5] 19

1) 신동운 202; 신양균 105; 이창현 239; 임동규 139.
2) 대판 2001. 9. 4. 2001도3081.
3) 대판 2001. 10. 9. 2001도3106.
4) 대판 2001. 9. 4. 2001도3081.
5) 대판 1995. 5. 9. 95도696.

5. 고소의 취소와 포기

(1) 고소취소의 의의

20 고소의 취소는 '처벌을 원하지 않는다는 의사표시' [처벌불원의 의사표시] 이다. 역시 친고죄 및 반의사불벌죄에서만 중요한 조건이다. 고소취소의 방법은 고소와 같아서(제239조), 서면 또는 구술에 의한 고소취소가 가능하다. 구술에 의한 고소취소가 있으면 조서를 작성해야 한다. 고소취소나 처벌을 희망하는 의사표시의 철회는 수사기관 또는 법원에 대한 법률행위적 소송행위이므로 공소제기 전에는 고소사건을 담당하는 수사기관에게 그리고 공소제기 후에는 고소사건의 수소법원에 대하여 이루어져야 한다.[1] 처벌불원의 의사표시가 없는 합의서를 작성한 사실만으로는 고소취소 효력이 없고, 이 의사표시가 수사기관 또는 법원에 전달되지 않은 때에도 마찬가지이다.[2] '관대한 처분을 바란다'는 의사표시가 탄원서에 쓰여진 것은 고소의 취소라고 할 수 있지만,[3] '처벌은 하되 너그럽게 처리하라'는 정도로 말한 것은 고소취소가 아니다.

(2) 고소취소의 방법과 효과

21 친고죄와 반의사불벌죄에서 고소취소는 소송조건과 관련되므로 취소권자의 진정한 의사로서 명백하고 믿을 수 있는 방법으로 표시되어야 한다.[4] 고소취소가 있으면 검사는 불기소처분을 해야 하고, 기소된 이후라면 수소법원이 공소기각의 판결을 하여야 한다. 고소취소에 대해서도 고소불가분원칙이 적용된다. 반의사불벌죄의 경우 미성년자인 피해자에게 의사능력이 있는 이상, 친고죄의 경우와 달리 단독으로 처벌불원의 의사표시 또는 그 철회를 할 수 있으며 법정대리인의 동의가 있어야 하는 것은 아니다.[5]

(3) 고소취소의 기간, 재고소금지

22 친고죄 및 반의사불벌죄에서 고소는 제1심 판결선고 전까지만 취소할 수 있다(제232조 ①·③항). 국가의 형벌권 실현이 사인의 의사에 따라 좌우될 수 있는 상태가 길어지는 것을 방지하기 위해서이다. 판례는 항소심에서 비친고죄였던 것

1) 대판 2012. 2. 23. 2011도17264.
2) 대판 2012. 2. 23. 2011도17264; 2008. 11. 27. 2007도4977.
3) 대판 1981. 11. 10. 81도1171.
4) 대판 2001. 6. 15. 2001도1809.
5) 대판 2009. 11. 19. 2009도6058(전합). 이 판례는 법정대리인의 동의를 요구하면 '유추금지'에 위배하는 것으로 본다.

이 친고죄 또는 반의사불벌죄로 공소장이 변경된 경우에도, 형식적으로는 제1심 판결선고 이후이므로 고소취소가 불가능한 것으로 본다.[1] 반면에 상소심에서 파기환송한 후의 제1심에서는 그 전 제1심판결 선고가 없는 것과 같으므로 고소취소가 허용된다.[2]

고소를 취소한 자는 다시 고소할 수 없다(제232조 ②항) [**재고소금지**]. 반의사불벌죄에서 처벌을 원하는 의사표시를 철회한 경우에도 마찬가지이다(같은 조 ③항). 이 또한 친고죄 및 반의사불벌죄에서 사인의 의사에 국가형벌권의 행사가 크게 좌우되는 것을 방지하기 위한 것이다. 23

(4) 고소의 포기

고소 또는 고소권의 포기는 친고죄의 고소기간 안에 장차 고소권을 행사하지 않겠다는 의사표시를 수사기관이나 법원에 하는 것을 말한다. 반의사불벌죄의 경우에는 처벌을 희망하지 않는 의사표시를 미리 해두는 것이다. 이 개념을 인정할 것인가에 대해서는 의견이 나뉜다. 고소취소를 인정하는 이상 고소의 포기도 인정해야 한다는 긍정설이 있다. 그러나 고소의 포기를 인정하면 고소권을 미리 없애기 위해서 행위자가 피해자를 압박하는 등 폐해가 우려된다. 고소권은 일종의 공법상의 권리이므로 고소의 포기를 인정할 수 없는 것으로 보아야 한다 [부정설].[3] 24

6. 고소불가분의 원칙

(1) 고소의 주관적 불가분원칙

친고죄에서 두 명 이상의 공범 중 1인 또는 수인에 대한 고소 또는 그 취소는 다른 공범자에게도 효력을 미친다. 이를 고소불가분원칙 또는 고소의 주관적 불가분원칙이라 한다(제233조). 이에 따라 예를 들어 친고죄의 공범 중 일부에 대해 피해자가 고소를 취소한 이후, 다른 공범에 대해 공소가 제기되었다면 법원은 25

---

1) 대판 1999. 4. 15. 96도1922(전합). 마찬가지로 반의사불벌죄에서 피고인이 제1심 법원에 재심을 청구하여 재심개시결정이 내려졌을 때 피해자는 재심의 제1심 판결 선고 전까지 처벌을 희망하는 의사표시를 철회할 수 있지만, 피고인이 항소권회복청구를 함으로써 항소심 재판을 받게 되었다면 항소심이 제1심은 아니기 때문에 처벌을 희망하는 의사표시를 철회할 수 없다(대판 2016. 11. 25. 2016도9470).
2) 대판 2011. 8. 25. 2009도9112.
3) 대판 1967. 5. 23. 67도471. 고소취소처럼 법원이나 수사기관에 하는 경우에만 허용된다는 절충설이 있으나(백형구 417; 손동권/신이철 198; 신양균 117; 임동규 148), 사인에게 하는 고소포기는 무의미하다는 점에서 이 견해는 긍정설에 해당한다.

공소기각의 판결을 선고해야 한다.[1] 이러한 원칙을 인정하는 것은 사인인 고소권자가 처벌을 원하는 사람을 선별하여 고소하도록 하는 것이 국가형벌권의 공정한 행사에 방해가 될 우려가 있기 때문이다. 즉 고소불가분원칙은 고소권자의 자의적인 의사에 형벌권 행사가 좌우되지 않도록 하는 역할을 한다. 반면에 비친고죄에서 고소는 수사의 단서에 불과하므로 고소불가분원칙이 적용되지 않는다. 조세범칙사건 등 고발이 단순히 수사단서에 그치지 않고 소송조건인 경우라고 하더라도 고발에 주관적 불가분원칙은 적용되지 않는다.[2]

(2) 상대적 친고죄

26 범인의 신분과 상관없이 친고죄가 되는 절대적 친고죄에서는 고소의 주관적 불가분원칙이 예외 없이 적용된다. 반면에 범인과 피해자 사이에 일정한 신분관계가 있는 경우에만 친고죄가 되는 상대적 친고죄에서는 비신분자에 대한 고소가 신분자에게 효력을 미치지 않는다. 그리고 신분자에 대한 고소취소는 비신분자에게 효력이 없다.[3] 친족상도례의 예(18/5)에서, 공범자 중 1인만이 피해사와 동거하지 않는 친족[**친고죄 관계**]이라면, 그에 대한 고소가 그 동거친족[**형면제**]에게는 효력이 없으나, 공범 전원이 동거하지 않는 친족이라면 그 친족들 사이에서는 고소불가분원칙이 적용된다.

(3) 공범 중 일부의 판결선고

27 친고죄에서 만약 공범자 가운데 1인에 대해 제1심 판결이 선고되어 고소를 취소할 수 없게 되고(제232조 ①항), 그동안 도주 중이었다는 이유 등으로 다른 공범자에게는 아직 제1심 판결이 선고되지 않은 상태라고 할 때, 후자에 대해서만 고소취소가 가능한가 하는 문제가 있다. 친고죄의 의의로서 피해자의 의사를 존중하여 판결을 선고받지 않은 공범에게만 고소취소가 가능하다는 견해도 있으나, 고소불가분원칙의 취지에 따라 이 경우도 고소취소가 불가능하다고 보는 것이 통설·판례의 입장이다.[4]

---

1) 대판 2009. 1. 30. 2008도7562.
2) 대판 2014. 10. 15. 2013도5650.
3) 대판 1964. 12. 15. 64도481.
4) 대판 1985. 11. 12. 85도1940; 김재환 94; 신동운 211; 신양균 113; 이재상/조균석 17/42; 임동규 147.

(4) 반의사불벌죄와 고소불가분원칙

반의사불벌죄에도 고소불가분원칙이 준용되는지 문제된다. 사인의 의사를 존중한다는 측면에서 친고죄와 유사하고 친고죄와 반의사불벌죄를 동일하게 취급하는 다른 규정이 있을 뿐만 아니라, 친고죄에 비해 사인의 의사에 국가형벌권의 행사가 좌우되지 말아야 할 필요성이 더욱 크므로 이를 긍정하는 견해가 있다.[1] 그러나 이에 대한 명문규정이 없고 반의사불벌죄는 친고죄와 달리 분쟁해결을 촉진한다는 취지가 더 강하므로 이를 준용할 수 없다고 보는 것이 타당하다. 판례의 입장도 마찬가지이다.[2] 28

(5) 고소의 객관적 불가분원칙

고소의 객관적 불가분원칙은 친고죄에서 하나의 범죄사실 중 일부분에 대한 고소나 그 취소가 범죄사실 전부에 효력을 미치도록 하는 원칙을 말한다. 위 주관적 불가분원칙과 달리 형사소송법은 이에 대해 규정을 두고 있지 않다. 다수설은 고소의 객관적 불가분원칙의 존재를 인정하는 입장이다. 고소에서 범죄사실의 신고는 얼마든지 정확하지 않을 수도 있고, 고소권자의 신고가 하나의 범죄에 대한 처벌범위까지 정할 수는 없기 때문이라고 한다. '실체법적으로 하나인 사건은 나눌 수 없다'는 것이 형사소송을 관통하는 원칙이라고도 말한다.[3] 29

그러나 실정법에 규정하지 않은 객관적 불가분을 당연한 것으로 이해하면서, 그 기준으로서 실체법적 죄수론을 원용하는 것은 형사소송법 원리에 비추어 볼 때 정확한 이해는 아닌 것으로 보인다. 형사절차상 죄수가 실체법의 기준에 종속되지 않을 뿐만 아니라, 일부 사실에 대한 고소가 계기가 되어 수사와 공판과정에서 그 사실만 다루는 경우도 얼마든지 있을 수 있다. 이 원칙에 남은 의미가 있다면, 법률상 구성요건을 알지 못하는 고소권자는 일죄 그대로 범죄사실을 지적하기 어려우므로, 일부사실만 신고하였더라도 수사기관이 적극적으로 관련된 범죄사실을 모두 수사하는 것이 합리적이라는 의미의 정책적 요청으로 보아야 한다.[4] 대부분의 성범죄가 비친고죄가 된 지금은 이 원칙의 의미가 더욱 줄어들었다. 30

---

1) 신동운 215; 신양균 109; 이은모 198.
2) 대판 1999. 5. 14. 99도900; 1994. 4. 26. 93도1689; 이재상/조균석 17/41; 이창현 246; 임동규 140.
3) 이재상/조균석 17/35; 이창현 243. 반대견해는 손동권/신이철 205.
4) 홍영기, 소추재량권의 실현으로서 일죄일부의 기소, 안암법학 53, 385면 이하.

II. 고소 이외의 수사단서

1. 고 발

31 고발은 고소권자와 범인 이외의 제3자가 수사기관에 범죄사실을 신고하여 범인의 처벌을 구하는 의사표시이다. 이러한 의사표시가 없는 단순한 피해신고나 범죄사실의 신고는 고발이 아니다. 고소권자 아닌 자의 의사표시라는 점에서 고소와 구별되며, 범인 본인의 의사표시가 아니라는 점에서 자수와도 구별된다. 고발은 원칙적으로 수사단서에 불과하지만, 예외적으로 관세법(제284조)이나 조세범처벌법(제21조) 위반사건, 국회에서 위증죄에 대한 고발[1] 등의 경우에는 소송조건이 된다. 고발은 누구든지 할 수 있으나, 공무원은 그 직무를 행하면서 죄가 있다고 생각되면 고발해야 할 의무가 있다.

32 고소의 경우와 마찬가지로 자기 또는 배우자의 직계존속은 고발하지 못한다(제235조). 고발의 방식과 취소의 절차 등은 고소의 경우와 같지만, 대리인에 의한 고발은 인정되지 않는다.[2]

2. 변사자검시

33 변사자가 범죄의 단서가 되는 경우가 있으므로 형사소송법은 검시제도를 두고 있다. 변사자 또는 변사의 의심이 있는 시체가 있으면 그 소재지를 관할하는 지방검찰청검사가 검시하여야 한다(제222조). '변사자'는 통상의 병사 또는 자연사가 아니라 범죄로 인한 사망의 의심이 있는 사체를 말한다. '검시'는 변사자 또는 변사의 의심이 있는 사체를 조사하여 그 사망이 범죄에 의한 것인지 밝히는 조치이다.

3. 불심검문

(1) 의의와 성격

34 불심검문은 경찰관이 거동이 수상한 자를 정지시켜 질문하는 것을 말한다. 경찰관직무집행법 제3조 ①항은 "경찰관이 수상한 거동이나 기타 주위의 사정을 합리적으로 판단하여 어떤 죄를 범하였거나 범하려고 하고 있다고 의심할 만한

---

1) 대판 2018. 5. 17. 2017도14749(전합).
2) 대판 1989. 9. 26. 88도1533.

상당한 이유가 있는 자[**거동불심자**] 또는 이미 행해진 범죄나 행해지려고 하는 범죄행위에 관해 그 사실을 안다고 인정되는 자를 정지시켜 질문할 수 있다"고 규정하고 있다. 이것을 **직무질문**이라고 한다. 수사에 착수하기 이전 불심검문은 수사 단서를 발견할 수 있는 중요한 방식으로서 행정경찰작용의 일종이다.

(2) 불심검문의 방법

불심검문은 법에 규정된 거동불심자에 대해 정지하여 질문하는 것과 필요한 경우 질문을 위해 경찰관서에 동행을 요구하는 것을 내용으로 한다. 막연한 혐의만으로 실시할 수는 없으며 불심검문 여부와 대상을 구체적 상황에 비추어 합리적 기준에 따라 결정해야 한다. 그러나 체포·구속에 필요한 혐의가 요건이 되는 것은 아니다.[1)] **35**

질문하기에 앞서 경찰관은 자신의 신분을 표시하는 증표를 제시하면서 소속·성명을 밝히고 질문의 목적과 이유를 설명해야 한다.[2)] 질문내용으로서 성명·주소·연령, 행선지 또는 용건을 묻거나 신분증제시를 요구할 수 있다. 필요할 경우 소지품의 내용을 물어서 수상한 점을 밝힐 수도 있다. 이는 어디까지나 임의적인 절차이므로 답변을 명령·강요해서는 안 된다. **36**

거동불심자가 정지요구에 응하지 않거나 질문 도중에 떠나는 경우에 어느 정도의 실력행사를 할 수 있는가에 대해 견해가 나뉜다. 판례는 사태의 긴급성, 혐의정도에 따라 질문의 필요성과 수단의 상당성을 고려하여 임의처분의 성격에서 벗어나지 않는 수준으로 대상자를 정지시킬 수 있다고 본다. 이 경우에 대상자를 추적하거나 길을 막아서는 방법, 정지시키기 위해 손을 대는 정도의 행위는 가능하다.[3)] **37**

(3) 동행요구

동행은 상대방의 승낙이 있는 경우에만 가능하다(경직법 제3조 ②항). 이러한 경찰관직무집행법의 임의동행은 보안경찰작용으로서 형사소송법상 사법경찰작용인 임의수사로서의 임의동행과 다르다. 임의동행을 요구할 경우 경찰관은 대상자에게 자신의 신분을 표시하는 증표를 제시하면서 소속·성명을 밝히고 목적과 이 **38**

---

1) 대판 2014. 2. 27. 2011도13999.
2) 경찰이라는 사실과 심문의 이유를 상대방이 알고 있었을 때에는 이러한 고지를 하지 않았다고 하여 위법이 아니라는 판례는 대판 2014. 12. 11. 2014도7976.
3) 대판 2012. 9. 13. 2010도6203.

유를 설명해야 하며, 동행장소도 말해야 한다. 임의동행을 한 경우에 경찰관이 대상자를 6시간을 초과하여 경찰관서에 머물게 해서는 안 된다는 규정이 있는데(같은 조 ⑥항), 이를 6시간 동안의 구금을 허용하는 내용으로 이해해서는 안 된다.[1)]

(4) 소지품검사

39 소지품검사는 거동불심자에 대해 불심검문을 하면서 흉기 기타 물건을 소지하였는지 확인하기 위해 그의 휴대품을 조사하는 것이다. 이를 위해 외부에서 소지품을 관찰하고 소지품의 내용에 관해 질문하는 것은 물론, 입은 옷이나 휴대품을 외부에서 손으로 가볍게 만지면서 질문하거나 소지품의 내용제시를 요구할 수도 있다.

40 법적 근거인 경직법 제3조 ③항에서 목적을 '흉기의 소지 여부'로 규정하고 있으므로 흉기 이외의 다른 물건에 대한 조사를 허용할 것인지 문제된다. 안전을 확보하거나 불심검문의 실효성을 위해서 일반물건을 검사할 수 있다는 견해도 있으나,[2)] 법률규정에 따라 흉기의 소지 여부만 검사할 수 있다고 보는 것이 옳다.[3)] 그러나 명확하게 흉기소지 여부를 검사하는 경우라면, 그와 더불어 불가피하게 다른 소지품을 검사하였다고 해서 위법한 수사는 아니다.

(5) 자동차검문

41 자동차검문은 범죄의 예방과 인지를 위해 통행 중인 자동차를 정지시켜 운전자 또는 동승자에게 질문하는 것을 말한다. 1) 무면허운전, 음주운전 등 도로교통법위반을 단속하기 위한 **교통검문**과 2) 불특정한 일반범죄의 예방과 검거를 목적으로 자동차를 정지시켜 운전자나 동승자에게 질문을 하는 **경계검문**, 3) 특정범죄가 발생한 때 범인의 검거와 수사정보의 수집을 목적으로 자동차를 일시 정지시켜 운전자나 동승자에게 질문하는 **긴급수배검문**이 있다. 경계검문과 긴급수배검문은 중범죄에 한해 목적에 필요한 최소한도에 그쳐야 한다.

---

1) 대판 1997. 8. 22. 97도1240.

2) 노명선/이완규 147; 이재상/조균석 17/15; 임동규 156; 정웅석/최창호 74.

3) 신동운 187; 신양균 96; 이창현 264.

제 2 절 임의수사

[19] 임의수사와 강제수사

I. 임의수사와 강제수사의 구별

수사방법은 임의수사와 강제수사로 나뉜다. 형사소송법은 비례성원칙에 따라 임의수사를 원칙으로 하고, 강제수사는 법률에 특별한 규정이 있는 경우에 한하여 예외적으로 허용하고 있다. 양자를 구별하는 기준에 대해서는 학설이 나뉜다. 1

1. 학설대립

강제수사법정주의에 의해 강제수사의 내용은 법률에 규정되어 있다. 이에 따라 법률에 강제수사로서 규정되어 영장이 필요한 것은 강제수사, 그렇지 않은 것을 임의수사로 보는 것을 **형식설**이라고 한다.[1] 형식적으로는 체포(제200조의2), 긴급체포(제200조의3), 구속(제201조 이하), 수색 · 압수 · 검증(제215조 이하), 증거보전(제184조), 증인신문(제221조의2), 공무소조회(제199조 ②항) 등만 강제수사가 될 수 있다. 2

이에 반해 **실질설**은 강제수사와 임의수사를 실질적 기준으로 구별하려고 한다. 일반적으로 물리적 강제력의 행사유무 또는 상대방의 의사에 반하는가 여부가 기준이 된다고 한다.[2] 수사방법이 최저한도의 기본권을 침해할 위험성이 있으면 강제수사이고, 그렇지 않은 경우는 임의수사로 보는 적법절차기준설도 있다.[3] 3

2. 결론 : 동의 및 추정된 동의

중요한 것은 기술발달 등으로 새로운 수사방법이 등장했을 때 이를 강제수사로 볼 것인지, 아니면 임의수사라고 할 것인지의 문제이다. 강제수사라고 본다면 그 근거규정을 입법해야 하고 영장주의에 구속되도록 해야 한다. 따라서 임의 4

1) 차용석/최용성 183.
2) 백형구 424; 이은모 222; 이재상/조균석 18/2; 이창현 271; 임동규 163.
3) 신동운 224; 정영석/이형국 165.

수사와 강제수사를 법에 규정된 형식을 통해 구별하는 것은 동어반복이거나 순환론에 빠진다.[1] 강제수사뿐만 아니라 임의수사도 기본권을 제한하는 것이며, 정도 차이가 있을 뿐이다. 이 점에서 적법절차나 기본권 침해 여부를 기준으로 삼는 것도 확실한 방법은 아니라고 해야 한다.

5 강제수사와 임의수사의 구별을 '강제'와 '임의'의 단어 뜻 그대로 이해하는 보편적인 견해가 단순하면서도 소송법의 체계에 맞는 것으로 보인다. 즉 임의수사는 피수사자의 자발적인 동의가 있거나 있을 것으로 충분히 추정할 수 있는 때에만 적법한 수사방식이다. 그렇지 않은 경우는 모두 법에 규정되었는지 여부와 무관하게 강제수사로 보아야 한다. 예를 들어 피의자신문처럼 진술거부권을 통해 자발적인 동의가 법적으로 전제되고 있는 방식은 모두 임의수사이다. 또한 채혈과 같이 아직 근거규정이 없는 방법이더라도 피수사자가 사전에 동의를 하면 임의수사가 되며, 그렇지 않은 경우에는 강제수사이므로 영장을 비롯한 요건을 갖추어야 한다. 이처럼 강제수사에 대해서는 피의자가 임의적으로 동의하지 않은 것이므로 적법한 강제수사에 대해 피의자에게는 '수인受忍의무'가 생긴다.

3. 타인의 동의

6 '임의수사'에서 임의적으로 수사에 동의하는 주체가 피의자여야 하는 것은 물론이다. 제3자가 수사에 동의하거나 수사에 협조한다고 해서 임의수사가 되는 것은 아니다. 예를 들어 가족의 동의만 받고 미성년자인 피의자를 데려가는 것은 임의동행이 아니다.

7 이는 특히 대물적 강제수사인 압수·수색에서 중요한 문제이다. 원칙에 따라 판례는 가족의 동의를 전제로 강제채혈한 경우는 위법수사로 보고 있으며,[2] 피의자가 아닌 제3자로부터 임의제출받은 물건을 영장없이 압수한 경우 그 압수물이나 압수물을 찍은 사진의 증거능력을 부정하고 있다.[3] 피의자 아닌 피해자가 임의제출한 휴대폰의 증거능력 요건을 더 엄격하게 심사한 예도 있다.[4]

---

1) 이 수사를 위해서 영장이 필요한가? → 강제수사라면 영장이 필요하다 → 강제수사인가? → 영장이 필요하면 강제수사이다.

2) 대판 2011. 5. 13. 2009도10871.

3) 대판 2010. 1. 28. 2009도10092.

4) 대판 2021. 11. 18. 2016도348(전합). 이에 대한 평석으로는 홍영기, 2021년 형사법분야 대법원 주요판례와 평석, 안암법학 64, 169면 이하.

압수의 상대방이 소유자 · 소지자 · 보관자로 규정되어 있으나(제106조 ②항 등), 이는 피의자 · 피고인을 사실상의 지배상태를 기준으로 구별해 놓은 것으로 보아야 한다. 따라서 피의자의 사실상 소유 · 점유로부터 떠나 있는 물건에 대해 단순히 소지자나 보관자의 동의만으로는 영장 없이 압수할 수 없다고 해야 한다. 즉 이때에도 임의수사가 되기 위해서는 피의자 자신의 동의 또는 추정적 동의가 필요하다. 8

예를 들어 상담센터 직원의 동의만 받고 피의자의 신상 관련정보를 가져올 수 없으며, 서버관리자의 동의가 있다고 해서 인터넷 이용자의 사용내용을 영장 없이 확보할 수도 없다.[1] 금융회사의 동의만으로 카드사용자의 거래정보를 영장 없이 가져와도 안 된다.[2] 반면에 채혈된 혈액의 보관자인 간호사의 임의제출을 통해 수사기관이 피의자의 혈액을 확보하거나,[3] 검사가 교도관이 보관하고 있던 피고인의 비망록을 뇌물수수 등의 증거자료로 임의제출받아 압수한 방식[4]을 적법하다고 본 과거 판례가 있다. 9

II. 임의수사의 한계사례

1. 함정수사

(1) 의 의

함정수사는 수사기관이나 수사기관의 사주를 받은 정보원 등이 잠재적 범죄자에게 일부러 범죄를 저지르도록 유인하고, 그 기회를 이용해 범죄를 실행하는 것을 기다려 대상자를 체포하는 수사기법을 말한다. 예를 들어 수사관이 자신을 마약을 사려는 사람인 척 꾸미고 마약판매자를 약속된 장소로 나오게 한 뒤 그를 체포한다거나,[5] 유흥가 골목에 술취한 피해자를 일부러 방치해 두고 관찰하여 그에게 접근하는 소위 아리랑치기범을 체포하는 방식[6] 등이 이용되고 있다. 10

함정수사 자체가 임의수사인지 강제수사인지 구별되어야 하는 것은 아니다. 함정수사는 범인의 인지와 체포를 위한 앞단계에 놓인 것으로서, 예를 들어 '잠복 11

1) 대판 2015. 1. 22. 2014도10978(전합).
2) 대판 2013. 3. 28. 2012도13607.
3) 대판 1999. 9. 3. 98도968.
4) 대판 2008. 5. 15. 2008도1097.
5) 대판 2004. 5. 14. 2004도1066.
6) 대판 2007. 5. 31. 2007도1903.

근무' 등과 같은 종류의 체포기법에 불과하다. 그 함정수사에서 어어진 체포가 있다면 그 체포가 곧 강제수사이다.

12 함정수사는 임의수사의 한계사례이다. 임의수사가 피수사자의 자발적인 협조를 조건으로 한다고 정의했을 때, 수사기관이 일종의 기망적인 방법을 써서 그와 같은 동조를 얻어낸 때에는 원칙적으로 적법한 임의수사라고 볼 수가 없기 때문이다.[1] 이는 또한 법을 운영하는 국가기관으로서 신의칙 또는 사술詐術금지원칙을 위배한 경우라고도 볼 수 있다.

13 그러나 실제로 함정수사가 이용되는 까닭은, 숨어서 활동하는 중대한 범죄를 적발하기 위한 효율적인 방법이기 때문이다. 그에 따라 판례와 학설은 모든 함정수사를 위법한 것으로 취급하지는 않고 기망의 방법과 유형에 따라 **함정수사의 적법성** 평가를 달리하고 있다.

(2) 주 관 설

14 일반적으로 함정수사는 '기회제공형'과 '범의유발형'으로 나뉜다. **기회제공형 함정수사**는 이미 범죄행위를 할 마음을 먹은 잠재적 범죄자에게 범죄를 실행할 기회를 제공하는 등으로 방조하는 방법이다. 반면에 **범의유발형 함정수사**는 범죄를 저지를 의도가 없는 자를 부추겨 범죄행위를 하도록 교사하여 범죄실행 때에 체포하는 방식이다.

15 소수견해와 일부 판례의 태도는 여기서 범의유발형 함정수사를 위법한 수사의 방법으로 보면서도, 기회제공형 함정수사는 원칙적으로 허용되는 방식이라는 입장을 취하고 있다.[2] 이처럼 수사대상자의 범의라는 내심을 적법성의 기준으로 삼고 있다는 점에서 이 견해는 '주관설'이라고 할 수 있다.

(3) 객 관 설

16 이에 반해 객관설은 수사기관이 사용한 수사의 방법 자체로부터 적법성 여부를 평가하고자 한다. 특히 국가기관이 기망을 통해 수사에 협조하도록 해서는

1) 우회적으로 피고인으로부터 진술증거를 얻어낸 유사사례로서, 신문 당시 통역을 담당한 사람을 증인으로 신청하여 피의자와 나눈 대화를 알아내려 해서는 안 된다고 본 예는 대판 2011. 4. 14. 2010도13583.

2) 백형구 43; 차용석/최용성 168; 대판 2016. 7. 29. 2015도19075; 2008. 10. 23. 2008도7362; 2005. 10. 28. 2005도1247: 경찰관이 손님을 가장하고 노래방에 들어가 도우미를 불러낸 것은 범의를 유발한 위법한 함정수사이며 이에 기한 공소제기는 법률규정에 위반하여 무효이므로 공소기각판결을 하여야 한다.

안 된다는 점에 주목한다[**사술금지**]. 함정수사는 자신에게 불리한 행위를 할 것을 스스로 결정할 수 있어야 한다는 nemo tenetur-원칙에 위배되는 방법이라고 보는 예도 있다.[1] 수사기관이 취한 기망방식의 양상에 따라 적법성을 가리는 방식도 객관설에 해당한다.

(4) 결론: 종합설

17 수사활동의 위법성을 수사대상자가 범의를 이미 갖고 있었는가 하는 순수한 주관적 기준만으로 가리고자 하는 것은 모호한 방법이다. 피수사자의 내심과 함께 수사방법에 이용된 기망이나 사술이 객관적으로 국가기관의 수사활동으로서 허용될 수 있는 것인지 함께 평가하는 이른바 '종합설'이 타당하다.

18 판례는 기회제공형과 범의유발형을 나누면서도 '해당 범죄의 종류와 성질, 유인자의 지위와 역할, 유인의 경위와 방법, 유인에 따른 피유인자의 반응, 피유인자의 처벌 전력 및 유인행위 자체의 위법성 등을 종합하여 판단해야 한다'고 본다.[2] 이 또한 주관적 기준과 객관적 기준을 모두 고려하는 태도에 해당하나[**종합설**], 여기서 법원은 범의를 유발한 방식이지만 객관적 기준에 비추어 정당한 수사가 될 수 있다는 입장을 취하고 있어,[3] 주관설에 비해 적법절차의 취지와 더욱 거리가 멀어진 것으로 볼 수 있다.

19 범의유발형 함정수사는 언제나 위법한 것으로 보면서, 기회제공형 함정수사 가운데 피수사자의 임의성을 현저히 침해하는 사술을 이용한 때에 역시 위법한 수사로 보는 방식으로 두 기준을 종합하는 것이 바람직하다.[4]

(5) 위법한 함정수사의 효과

20 위법한 함정수사를 적극적으로 이용한 수사기관의 행위는 **실체형법적**으로 보면 **미수의 교사**에 해당한다. 범행기회를 소극적으로 이용한 경우라면 **미수의 방조**이다. 공범이 되기 위해서는 교사 또는 방조라는 방법에 대한 고의와 더불어 범

1) 이에 대해서는 홍영기, 형사사법에서 nemo tenetur-원칙의 구체화, 고려법학 67, 252면 이하 참조.

2) 대판 2020. 7. 9. 2020도4833; 2013. 3. 28. 2013도1473; 2008. 3. 13. 2007도10804.

3) 대판 2013. 3. 28. 2013도1473; 2007. 7. 12. 2006도2339: 유인자가 수사기관과 직접적인 관련을 맺지 아니한 상태에서 피유인자를 상대로 단순히 수차례 반복적으로 범행을 부탁하였을 뿐 수사기관이 사술이나 계략 등을 사용하였다고 볼 수 없는 경우는, 설령 그로 인하여 피유인자의 범의가 유발되었다 하더라도 위법한 함정수사에 해당하지 아니한다. 이 판례는 피수사자의 범의를 유발한 것과 더불어 유인자와 수사기관의 관계를 같이 고려하였으므로 종합설로 분류하였다. 함정수사 사안이 아니라고 보아도 무방하다.

4) 결론면에서 같은 예는 노명선/이완규 158; 신동운 176; 이재상/조균석 16/26; 임동규 130.

죄실현의 고의가 이중으로 갖추어져야 하므로, 이 경우는 실체법적으로 가벌성이 인정되지 않는다.[1] 그러나 실체법적으로 범죄가 아니라고 해서 절차법적으로 적법한 수사방식인 것은 아니다.

21 위법한 수사방식임이 확인되었을 경우에는 다음과 같은 과정에 의해 **절차법적**인 결론이 도출된다. 다른 위법한 수사방식에서도 공통되는 절차적 처리이기도 하다. 1) 수사기관은 함정수사를 통해 얻어진 범죄혐의를 근거로 수사를 개시하거나 진행해서는 안 된다. 2) 검사는 함정수사로부터 얻은 증거를 토대로 공소제기를 해서는 안 된다. 3) 함정수사를 토대로 공소제기가 이루어지면 수소법원은 공소제기가 법률규정에 위반하여 무효인 때에 해당하는 것으로 보아 공소기각판결을 해야 한다[판례].[2] 4) 수소법원이 실체심리를 할 때에도 위법한 함정수사로 수집한 증거는 위법수집증거로서 증거능력이 배제된다. 이를 근거로 유죄판결해서는 안 된다.

2. 임의동행

22 임의동행은 수사기관이 피의자의 동의를 얻어 피의자를 수사기관까지 데리고 가는 것을 말한다. 형사소송법(제199조 ①항)에 의한 것과, 경찰관직무집행법(제3조 ②항)에 의한 것 두 가지가 있다. 전자는 당사자의 동의를 전제한 임의수사의 일종이고, 후자는 행정경찰작용으로서 직무질문을 위한 것이다.

23 임의동행을 강제수사로 보는 견해가 있다. 임의동행 규정이 현행법에 없기 때문에 허용될 수 없는 방법이라고 하면서, 명칭이 임의동행이라고 할 지라도 체포영장을 전제해야 한다는 것이다.[3] 그러나 임의동행은 피의자가 자발적으로 수사기관에 가서 자신의 입장을 밝힐 수 있는 기회가 되기도 하므로, 강제수사인 체포 및 구속의 요건을 갖추지 않고서도 보충적으로 진행될 수 있는 것으로 보아야 한다. 현실적인 문제는 임의동행이 강제구인과 같은 방식으로 사용되지 않도록 주의하는 데에 있다.

24 수사기관이 수사대상자에게 동행요구를 할 수는 있다. 이러한 때에는 그 요

---

1) 배종대, 형법총론, 141/7.

2) 대판 2021. 7. 29. 2017도16810; 2006. 9. 28. 2006도3464; 2005. 10. 28. 2005도1247. 위법수집증거를 기초로 한 기소에 대한 일반적인 판례이지만, 엄밀히 말하면 수사가 위법할 뿐 공소제기 자체가 위법한 것이라고 볼 수는 없기 때문에 다른 견해가 있을 수 있다(이창현 225 참조).

3) 신동운 235.

구에 응하지 않아도 된다는 것을 알려야 한다. 이를 고지하지 않고 동행하게 하거나 수사대상자가 언제든 자유롭게 돌아갈 수 있는 상황이었음이 인정되지 않는 한 이는 불법체포에 해당한다.[1] 그리고 피수사자는 언제든 자발적으로 동행요구를 거절할 수 있어야 하며, 동행한 경우에도 원하면 언제든지 수사기관을 벗어날 자유를 보장받아야 한다.[2] 이러한 임의성은 객관적인 사정에 따라 명백하게 증명되어야 한다. 이에 위반되는 경찰관의 임의동행 강요행위는 위법수사일 뿐만 아니라 불법체포 · 감금죄에 해당한다.

3. 전기통신의 감청

(1) 통신비밀보호법

감청은 수사기관이 타인의 대화를 몰래 청취하는 것으로서 **통신제한조치**라고 도 한다. 이는 수사기관이 피수사자가 알지 못하는 방법으로 정보를 얻어내는 방식이기 때문에 임의수사가 될 수 없다. 통신비밀보호법도 이를 강제수사로 보아, 허용될 수 있는 요건을 명문화하고 있다. 이에 따르면 검사는 직접, 사법경찰관은 검사에게 신청하여 법원에 대해 통신제한조치를 허가해 줄 것을 청구할 수 있고(통비법 제6조 ① · ②항), 법원은 청구가 이유 있다고 인정되는 경우에 통신제한조치를 허가한다 [**통신제한조치허가서 또는 감청영장**]. 이러한 절차를 거칠 수 없는 긴급한 사유가 있어 허가 없이 통신제한조치를 한 경우에는 그 긴급통신제한조치를 한 때부터 36시간 이내에 법원의 허가를 받아야 하며, 이를 받지 못한 때에는 즉시 그 통신제한조치를 중지하여야 한다(같은 법 제8조 ① · ②항). 25

또한 통신비밀보호법은 위법수집증거배제법칙을 명문화하여 법원의 허가를 받지 않은 불법감청이나 감청영장의 내용대로 집행되지 않은 감청내용은 재판 또는 징계절차에서 증거로 사용할 수 없다고 규정하고 있다(같은 법 제4조). 사인이 불법으로 감청한 경우에도 마찬가지이다(같은 법 제3조). 26

(2) 감청 관련 판례

이 법의 해석과 관련하여 판례는 **1)** 대화 중 일방이 다른 사람 동의 없이 녹음하는 경우에는 위법이 아니라고 한다.[3] **2)** 대화를 나누는 사람이 2인 이상이어 27

1) 대판 2006. 7. 6. 2005도6810.
2) 대판 1997. 8. 22. 97도1240.
3) 대판 2008. 10. 23. 2008도1237.

도 마찬가지이다.[1] **3)** 반면에 제3자가 다른 사람의 대화를 감청하는 것은 불법이며,[2] **4)** 대화 당사자 중 1인의 동의만 받고 제3자가 통화내용을 녹음하는 것도 불법한 감청으로 보고 있다.[3]

(3) 통신사실확인자료

27–1 위에서 말하는 '감청'은 전기통신의 송 · 수신과 동시에 이루어지는 행위이기에, 수신이 완료된 전기통신(예: 수신된 이메일)의 내용을 알아내는 것은 여기에 포함되지 않는다.[4] 이미 종료된 통신내역이나 내용을 수집하는 방법은 **통신사실확인**이라 부른다. 수사기관은 다른 방법으로는 범죄실행을 저지하기 어렵거나 범인의 발견 · 확보 또는 증거수집 · 보전이 어려운 경우에 전기통신사업자에게 통신사실확인자료의 열람이나 제출을 요청할 수 있다. 이를 위해서 수사기관은 관할 지방법원 또는 지원의 법원의 허가를 받아야 하므로 이는 강제수사의 일종이다. 긴급한 사유가 있는 때에는 통신사실 확인자료제공을 요청한 후 지체 없이 법원에게 허가를 받아 전기통신사업자에게 송부하여야 한다(통비법 제13조). 통신사실확인자료는 제공요청의 목적이 된 범죄 및 그 관련범죄에 한정하여 사용할 수 있으며, 이를 위해서는 자료제공요청 허가서에 기재된 혐의사실과의 객관적 관련성과, 자료제공 요청대상자와 피의자 사이의 인적 관련성을 갖추어야 한다.[5]

4. 사진 및 영상의 촬영

28 수사기관이 사진이나 영상을 촬영하기 위해서는 원칙적으로 피수사자의 동의를 받아야 한다. 동의 또는 동의의 추정이 없는 경우로서 수사기관의 '검증'에 해당하면 판사에게 사전영장을 받아야 한다. 다만 범행이 행해지고 있거나 그 직후이고 [**현재성**], 증거보전 필요성 내지 긴급성이 있으며 [**필요성 · 긴급성**], 일반적으로 허용되는 상당한 방법인 때에는 [**상당성**] 영장 없이 촬영을 하고 사후영장으로 이를 보완할 수 있다.[6]

29 수사기관이 공공장소에서 피수사자의 사진을 촬영한다고 해서 언제나 임의수사가 되는 것은 아니다. 공공장소라고 하여 사람들이 수사기관이 촬영할 것을

---

1) 대판 2014. 5. 16. 2013도16404; 2006. 10. 12. 2006도4981.
2) 대판 2016. 5. 12. 2013도15616.
3) 대판 2019. 3. 14. 2015도1900; 2010. 10. 14. 2010도9016.
4) 대판 2012. 10. 25. 2012도4644.
5) 대판 2017. 1. 25. 2016도13489.
6) 대판 1999. 9. 3. 99도2317.

예견하고 통행하는 것으로 여길 수 없기 때문이다.[1] 자의적으로 촬영에 동의한 것으로 추정할 수 있는 경우인지는 구체적 상황에 따라 다르게 생각해야 한다. 예를 들어 도심의 주요도로가 CCTV에 의해서 촬영될 수 있다는 사실은 도로교통 참여자들에게 보편적으로 알려진 사실이다. 그럼에도 도로를 이용하는 것은 이와 같은 촬영에 대해 동의한 것으로 볼 수 있다. 그렇기에 수사기관이 설치한 CCTV 장면을 수사과정에서 활용하는 것은 영장 없이 허용된다. 자동차용 블랙박스에 대해서도 같은 기준을 적용할 수 있다. 자동차 과속 적발을 위한 사진 및 동영상 촬영의 경우에 이러한 동의 요건을 갖추기 위해 촬영사실을 안내하도록 되어 있다.[2]

5. 거짓말탐지기의 사용

(1) 의 의

거짓말탐지기는 피검사자에게 사실과 관계 있는 일정한 질문을 하고 피검사자가 그에 대한 대답을 할 때, 피검사자의 호흡 · 혈압 · 맥박 · 피부전기반사 등의 생리적 변화를 검사지에 기록하는 장치이다. 거짓말탐지기를 이용하는 것은 기계를 통해 거짓말 여부를 검사한다는 점에서 인간존엄을 침해할 우려가 있다. 그러나 이를 통해 피수사자가 자신이 진실을 말하고 있음을 보여주고 싶을 수도 있기 때문에 그가 동의한 경우에 한해서 거짓말탐지기 사용이 허용된다고 보아야 한다. 이 점에서 거짓말탐지기를 통한 수사는 임의수사 방법에 그친다. 30

(2) 증거능력 · 증명력

임의수사방식이라고 해서 언제나 그 결과의 증거능력이 인정되는 것은 아니다. 판례는 1) 거짓말탐지기 자체의 과학적 정확성과 2) 그 판독절차의 정확성이 갖추어져야 거짓말탐지기 검사결과에 증거능력을 인정할 수 있다고 한다.[3] 31

이에 따라 거짓말탐지기 검사결과에 증거능력이 인정되어도 공소사실의 존부를 인정하는 직접증거로 사용할 수는 없다. 진실의 신빙성 유무를 판단하는 정황증 32

---

1) 개인정보보호법 제25조 참조.

2) 개인정보보호법시행령 제24조 등 참조.

3) 대판 2005. 5. 26. 2005도130: 1) 거짓말을 하면 반드시 일정한 심리상태의 변동이 일어나고, 2) 그 심리상태의 변동은 반드시 일정한 생리적 반응을 일으키며, 3) 그 생리적 반응에 의하여 피검사자의 말이 거짓인지 아닌지가 정확히 판정될 수 있다는 세 가지 전제 하에, 1) 거짓말탐지기가 검사에 동의한 피검사자의 생리적 반응을 정확히 측정할 수 있는 장치여야 하고, 2) 질문사항의 작성과 검사의 방법이 합리적이어야 하며, 3) 검사자가 탐지기의 측정내용을 객관성 있고 정확하게 판독할 능력을 갖추어야 한다.

거로 사용할 수 있을 뿐이다.[1] 검사결과가 피고인에게 불리한 경우는 물론, 유리하게 나왔더라도 반드시 유력한 증거로 사용해야 하는 것도 아니다.[2]

6. 보호실유치

33 경찰서에서 사실상 설치·운영되고 있는 보호실은 현행법상 근거가 없다. 강제로 피의자를 보호실에 유치하는 것은 강제수사로서 실질적으로 구속에 해당된다. 피의자의 승낙을 받아 유치하는 승낙유치는 임의수사로 허용된다는 견해도 있으나, 수사실무에서 승낙유치가 실질적 불법구속으로 악용될 우려가 있기 때문에 이 또한 허용되지 않는 것으로 보아야 한다.[3]

[20] 임의수사의 유형

I. 피의자신문

1. 의 의

1 피의자신문은 검사 또는 사법경찰관이 피의자를 출석시켜 사실에 대해 묻고 진술을 듣는 것을 말한다(제200조). 진술거부권이 있기 때문에 피의자는 수사기관의 신문에 대응할 것인지 자발적으로 결정할 수 있다. 이러한 의미에서 피의자신문은 가장 대표적인 임의수사이다. 이 과정을 통해 수사기관은 피의자로부터 증거를 수집하여 진실을 밝힐 수 있으며, 피의자의 입장에서는 자기에게 유리한 사실을 주장할 수도 있다. 수사기관은 신문과정에서 피의자에게 이익이 되는 사실을 진술할 수 있는 기회를 주어야 하기 때문이다(제242조).

2. 절 차

(1) 피의자의 출석

2 수사기관이 피의자를 신문하기 위해서는 먼저 피의자에게 출석을 요구해야 한다. 출석요구 장소는 수사기관 이외 다른 장소일 수도 있고 수사기관이 피의자

1) 대판 2017. 1. 25. 2016도15526; 1987. 7. 21. 87도968.
2) 대판 2016. 6. 9. 2016도4618.
3) 대판 1999. 4. 23. 98다41377.

를 찾아가도 된다. 피의자신문은 어디까지나 임의수사이므로 피의자가 출석요구에 응해야 할 의무는 없다. 출석한 경우에도 피의자는 언제든지 임의로 수사기관에서 벗어날 수 있다.

만약 피의자가 영장에 의해 적법하게 구속된 상황에서 피의자신문을 위한 3
출석을 거부한다면, 그 구속영장의 효력에 의해 조사실로 구인까지 할 수 있는 것으로 보아야 한다. 구속영장에 허용된 것은 물리적으로 신체를 구금하는 것과 더불어 신문을 비롯한 수사절차를 통해 정보를 얻어낼 것까지 포함된 것이기 때문이다.[1)]

(2) 신문의 주체

피의자신문의 주체는 검사 또는 사법경찰관이다. 검사가 피의자를 신문할 때 4
에는 검찰청 수사관 또는 법원사무관 등을 참여하게 해야 하며, 사법경찰관이 피의자를 신문할 때에는 사법경찰관리를 참여하게 해야 한다(제243조). 이는 신문과정이 적법하게 진행되도록 하고, 있을 수 있는 위험을 방지하기 위한 조치이다. 사법경찰관만이 피의자신문의 주체로 규정되어 있으나 실무에서는 사법경찰리도 '사법경찰관사무취급'이라는 개념으로 피의자신문을 담당하고 있다.[2)]

(3) 진술거부권 고지

검사 또는 사법경찰관은 신문하기 전 피의자에게 진술거부권을 고지해야 한 5
다(제244조의3). 1) 일체의 진술을 하지 않거나 개개 질문에 대해 진술을 하지 않을 수 있다는 것, 2) 진술을 하지 않더라도 불이익을 받지 않는다는 것, 3) 진술을 거부할 권리를 포기하고 행한 진술은 법정에서 유죄의 증거로 사용될 수 있다는 것, 4) 신문을 받을 때에는 변호인을 참여하게 하는 등 변호인의 조력을 받을 수 있다는 것을 내용으로 한다. 진술거부권을 고지하지 않고 작성한 피의자신문조서는 위법하게 수집된 증거로서 위법수집증거배제법칙에 의해 증거능력이 인정되지 않는다.[3)]

(4) 피의자신문조서의 작성

피의자의 진술은 조서에 기재해야 한다. 작성된 피의자신문조서는 피의자에 6

---

1) 대결 2013. 7. 1. 2013모160.
2) 대판 1982. 12. 28. 82도1080 참조.
3) 대판 2009. 8. 20. 2008도8213.

게 열람하게 하거나 읽어 들려주어야 하며, 진술한 대로 기재되지 아니하였거나 사실과 다른 부분의 유무를 물어 피의자가 수정을 요구하는 등 이의를 제기하거나 의견을 진술한 때에는 그 내용을 조서에 추가로 기재하여야 한다. 이때 수정 전의 기재내용도 남겨두어야 한다. 최종적으로 피의자가 이견이 없음을 진술하면 그 취지를 자필로 기재하고 조서에 간인한 후 기명날인 또는 서명하게 한다. 피의자신문조서에는 조서작성의 연월, 일시, 장소를 기재하고 그 조사를 행한 자와 참여한 수사관 등이 기명날인 또는 서명하여야 한다(제244, 제48, 50조).

3. 변호인의 참여

(1) 의 의

7 피의자 등은 변호인의 피의자신문 참여를 신청할 수 있고, 이에 대해 수사기관은 정당한 사유가 없는 한 변호인을 피의자신문에 참여하게 하여야 한다(제243조의2). 변호인의 피의자신문참여에 대한 신청권자는 피의자, 변호인, 법정대리인, 배우자, 직계친족, 형제자매이다. 변호인은 신문참여 전에 변호인선임에 관한 서면을 제출하여야 한다. 신문에 참여한 변호인은 원칙적으로 수사기관의 신문이 끝난 후에 의견을 진술할 수 있지만, 신문 중이라도 부당한 신문방법에 대해 이의를 제기할 수 있고 신문자의 승인을 받아 의견을 진술할 수 있다(같은 조 ③항). 신문 중에 변호인이 조언과 상담을 하는 것은 언제든 가능하다. 변호인의 진술도 신문조서에 기재되며, 변호인의 의견이 기재된 피의자신문조서는 변호인에게 열람하게 한 후 변호인으로 하여금 그 조서에 기명날인 또는 서명하게 하여야 한다(같은 조 ④항).

(2) 제 한

8 변호인의 참여로 인해 수사방해, 수사기밀 누설 등 수사에 현저한 지장을 초래할 우려가 있다고 인정되는 경우에는 참여권을 제한할 수 있다. 제한사유는 부당하게 신문 · 조사를 지연시키거나 신문 · 조사에 개입하는 등 신문 · 조사를 방해한다고 볼 만한 사정 등을 뜻한다(검사규 제22조 ⑨항). 변호인이 피의자신문 중에 부당한 신문방법에 대한 이의제기를 하였다는 이유만으로 변호인을 조사실에서 퇴거시키는 조치는 피의자신문 참여권을 부당하게 제한하는 것이다.[1)]

9 변호인의 참여 및 조력을 제한당한 경우 그 처분에 대해 준항고(제417조)를

1) 대결 2020. 3. 17. 2015모2357.

제기할 수 있다. 변호인의 피의자신문참여권을 침해한 상태에서 작성한 피의자신문조서는 위법수집증거배제법칙에 의해 증거능력이 부정된다.[1)]

4. 신뢰관계자의 참석

수사기관이 특별히 보호가 필요한 피의자를 신문하는 경우에는 직권 또는 10
피의자, 법정대리인의 신청에 따라 피의자와 신뢰관계에 있는 자[**신뢰관계자**]를 동석하게 할 수 있다(제244조의5). 특별히 보호가 필요한 피의자란 신체적 또는 정신적 장애로 사물을 변별하거나 의사를 결정·전달할 능력이 미약한 피의자나, 연령·국적 등의 사정을 고려하여 의사소통이나 심리적 안정에 도움이 필요한 피의자를 말한다. 신뢰관계자란 직계친족, 형제자매, 배우자, 가족, 동거인, 보호시설 또는 교육시설의 담당자 등이다.

5. 피의자진술의 영상녹화

피의자의 진술은 영상녹화할 수 있다(제244조의2). 수사과정에서 있을 수 있 11
는 위법한 상황을 예방하기 위한 것이며, 녹화물은 진술자의 기억환기용으로 이용될 수도 있다(제318조의2 ②항). 피의자진술과정을 영상녹화할 때에는 미리 녹화사실을 피의자에게 알려주어야 하며, 조사의 개시부터 종료까지의 전 과정 및 객관적 정황을 편집 없이 녹화하여야 한다. 영상녹화가 완료된 때에는 피의자 또는 변호인 앞에서 지체없이 그 원본을 봉인하고 피의자로 하여금 기명날인 또는 서명하게 하여야 한다.[2)] 피의자 또는 변호인의 요구가 있는 때에는 영상녹화물을 재생하여 시청하게 하여야 한다(제244조의2 ③항).

6. 수사과정의 기록

검사 또는 사법경찰관은 피의자가 조사 장소에 도착한 시각, 조사를 시작하 12
고 마친 시각, 그 밖에 조사과정의 진행경과를 확인하기 위해 필요한 사항을 피의자신문조서에 기록하거나 별도의 서면에 기록한 후 수사기록에 편철하여야 한다. 수사과정의 기록내용에 대해 피의자에게 열람하게 하거나 읽어서 들려주고,

---

1) 대판 2013. 3. 28. 2010도3359.

2) 대판 2022. 7. 14. 2020도13957: 봉인을 안 하는 등의 사소한 절차상 흠결은 조서의 성립의 진정인정을 대체하는 방식으로 사용하지 못할 사유가 아니다.

이에 대하여 증감, 변경의 청구가 있는 때에는 이를 추가로 기재하여야 한다(제244조의4). 수사과정의 기록은 영상녹화와 달리 필수적인 것이므로 조사과정을 기록하지 않은 수사는 위법수사이며, 그 과정에서 작성된 조서 등은 증거능력이 없다.[1)]

II. 피의자 이외의 자에 대한 조사

1. 참고인조사

13 검사 또는 사법경찰관은 수사에 필요한 때 참고인을 출석시켜 진술을 들을 수 있다(제221조 ①항). 참고인은 수사기관에서 진술하는 사람이라는 점에서 법원에 출석하여 선서한 증인과 구별된다. 참고인조사도 임의수사이기 때문에 참고인은 증인과 달리 강제로 소환, 신문당하지 않는다. 다만 범죄수사에 없어서는 안될 사실을 알고 있는 자가 출석 또는 진술을 거부하면, 검사는 제1회 공판기일 전에 한하여 판사에게 그에 대한 증인신문을 청구할 수 있다(제221조의2).

14 참고인에 대한 조사와 조서작성 방법은 피의자신문에 준한다. 자신이 관련된 사안에 대해서는 진술거부권도 있으나 참고인에게 이를 고지할 필요는 없다. 그러나 나중에 그가 피고인이 되었을 때에는 진술거부권고지 없이 이루어진 참고인진술조서를 사안의 증거로 사용할 수 없다.[2)] 참고인조사에서도 참고인의 동의를 얻어 영상녹화를 할 수 있으며(제221조 ①항) 수사과정의 기록제도도 적용된다(제244조의4 ③항).

2. 감정 · 통역 · 번역의 위촉

15 검사 또는 사법경찰관은 수사에 필요한 경우 감정 또는 통역 · 번역을 위촉할 수 있다(제221조 ②항). 위촉받은 자의 수락 여부는 그가 결정하므로 이는 임의수사이다. 전문가의 감정을 위해 감정대상자를 일정한 장소에 가두는 '감정유치'가 필요하면 검사는 판사에게 이를 청구하고, 판사는 이 청구가 상당하다고 인정되면 유치처분을 하여야 한다(제221조의3). 감정위촉을 받은 자는 판사의 허가가 있으면 감정에 필요한 처분을 할 수 있다.

---

1) 대판 2015. 8. 20. 2013도11650(전합); 2015. 4. 23. 2013도3790.

2) 대판 2015. 10. 29. 2014도5939.

3. 사실조회

수사에 관해 공무소 기타 공사단체公私團體에 조회하여 필요한 사항의 보고를 요구할 수 있다(제199조 ②항). 대표적인 것으로 전과조회, 신원조회 등이 있다. 조회를 받은 상대방은 보고의무가 있다. 그러나 영장 등으로 이를 강제할 수단이 없기 때문에 이는 임의수사에 속한다. 16

III. 임의제출물 · 유류물의 영치

증거가 될 수 있는 물건 등을 임의수사의 방식으로 수사기관이 확보할 수 있다. 즉 소유자 · 소지자 또는 보관자가 임의로 제출한 물건 또는 유류한 물건인 경우에는 영장 없이 압수할 수 있다(제108, 218조). 이를 계속 압수하기 위하여 사후영장을 받을 필요도 없다(24/59-1).[1] 17

임의제출은 수사기관의 요구와 상관없이 피의자 등이 자발적으로 제출하는 것으로 한정해야 한다. 즉 수사기관이 소유자, 소지자 또는 보관자에게 임의제출을 명령하여 물건을 제출받는 때에는 실제로 임의제출이 아니므로 영장에 의하지 않으면 위법한 압수로서 그 물건의 증거능력은 배제된다.[2] **유류물**은 소유자 · 소지자 또는 보관자가 잊어버리고 간 물건이나 남겨 놓은 물건을 말한다. 사실상의 점유의사가 없는 경우여야 하며, 일시적으로 점유에서 벗어난 물건은 유류물이 아니다. 18

이러한 물건의 **영치**는 점유취득과정에 강제력이 행사되지 않기에 임의수사이며 영장을 필요로 하지 않는다. 그러나 일단 영치되면 임의로 점유를 회복하지 못한다는 점에서 강제처분으로서 압수의 일종으로 취급되므로 그 이후의 법적 효과는 압수와 같다. 19

---

1) 대판 2020. 4. 9. 2019도17142; 2019. 11. 14. 2019도13290.
2) 대판 2016. 3. 10. 2013도11233 참조.

제 3 절 대인적 강제수사

대인적 강제수사로서 **체포**는 수사초기단계에서 피의자를 단기간 동안 수사관서 등 일정한 장소에 인치하는 강제처분이다. **구속**은 수사와 재판을 위해 피의자 · 피고인의 신병을 확보하기 위한 강제처분으로서 체포에 비해 장기간에 걸쳐 구금된 자의 자유를 제한한다. 공판절차에서 법원이 행하는 구속인 **피고인구속**과(제70조), 수사기관에 의한 구속인 **피의자구속**(제201조)으로 나뉜다. 수사기관의 체포는 다시 영장에 의한 체포(제200조의2)와 영장 없이 행하는 **긴급체포**(제200조의3) 및 **현행범체포**(제212조)로 구별된다. 일반적으로 '구속'이라고 표현할 때 위의 대인적 강제수사를 모두 통칭하는 경우도 있다.

[21] 체 포

I. 영장에 의한 체포

1. 의 의

1 체포는 상당한 범죄혐의가 있고 법정된 사유가 있을 경우, 사전에 발부받은 영장에 의해 비교적 단기간 피의자를 구속하는 대인적 강제수사이다(제200조의2). 일반적으로 '체포'라고 말하면 영장에 의한 체포를 뜻한다. 1995년 입법 이전에는 이러한 체포제도가 없었다. 그 전에는 수사기관이 자의적으로 피의자에게 동행하도록 강제하곤 했는데, 이러한 탈법을 피하고 법에 정한 절차에 따라 인신을 확보하도록 체포제도를 규정하게 된 것이다.

2 체포는 대체로 구속의 전단계로서 임의수사에 응하지 않는 피의자를 짧은 시간 인치하는 방법으로 활용된다. 그러나 현실적으로는 체포영장을 발부받고 다시 구속영장을 청구하느니 곧바로 구속영장을 통해 구속하는 것이 더 선호되고 [사전구속영장], 체포를 하는 경우에도 사전영장 없이 가능한 긴급체포가 더 많이 활용된다.

2. 체포의 요건

피의자를 체포하기 위하여는 피의자가 죄를 범하였다고 의심할 만한 상당한 이유가 있어야 한다(제200조의2 ①항) [**상당성**]. 여기서 상당한 이유란 구속의 요건과 마찬가지로 피의자가 구체적인 범죄를 저질렀을 고도의 개연성을 가리킨다. 3

또한 정당한 이유 없이 피의자가 수사기관의 출석요구에 응하지 않거나 응하지 않을 우려가 있어야 한다 [**출석요구불응**]. 50만원 이하의 벌금, 구류 또는 과료에 해당하는 경미사건의 경우에는 피의자가 일정한 주거가 없는 경우 또는 수사기관의 출석요구에 불응한 경우에 한해 체포할 수 있다(제200조의2 ①항 단서). 4

명백히 체포의 필요성이 인정되지 않는 경우여서는 안 된다(제200조의2 ②항 단서) [**필요성**]. 여기서도 필요성은 단순히 체포가 요구된다는 뜻이 아니라, 체포가 아닌 다른 수단을 사용해서 목적을 달성할 수 없다는 의미이다. 즉 피의자가 도망할 염려가 없고 증거를 인멸할 염려가 없는 등 명백히 체포의 필요가 없다고 인정되는 때에는 체포영장 청구를 기각해야 한다(규칙 제96조의2). 5

3. 체포의 절차

(1) 체포영장의 청구 · 발부

체포영장은 검사가 청구하고 관할지방법원 판사가 발부한다. 사법경찰관은 검사에게 영장청구를 신청할 수 있다(제200조의2 ①항). 영장청구를 할 때에는 범죄사실과 체포사유 등 일정사항을 기재한 체포영장청구서와 체포사유 및 필요를 인정할 수 있는 자료를 함께 제출하여야 한다(규칙 제96조 ①항). 동일한 범죄사실과 피의자에 대하여 체포영장을 청구하였거나 발부받은 사실이 있는 때에는 검사는 다시 체포영장을 청구하는 취지 및 이유를 기재하여야 한다(제200조의2 ④항). 6

영장청구를 받은 지방법원판사는 상당하다고 인정하는 때에 체포영장을 발부한다(제200조의2 ②항 본문). 판사가 체포영장을 발부하지 아니할 때에는 청구서에 그 취지 및 이유를 기재하고 서명날인하여 청구한 검사에게 교부한다(같은 조 ③항). 7

(2) 체포영장의 집행

체포영장은 검사의 지휘로 사법경찰관리 또는 교도관이 집행한다(제81조 ① · 8

③항). 영장을 집행할 때는 체포영장을 피의자에게 제시하는 동시에 그 사본을 교부하여야 하고 피의사실의 요지, 체포의 이유와 변호인을 선임할 수 있음을 말하고 변명할 기회를 주어야 한다(제200조의5: 이러한 알림을 소위 Miranda **고지**라고 한다). 이와 같은 영장제시·교부와 고지는 체포를 위한 실력행사에 들어가기 이전에 미리 해야 하는 것이 원칙이다. 그러나 달아나는 피의자를 쫓아가 붙들거나 폭력으로 대항하는 피의자를 실력으로 제압하는 경우에는 붙들거나 제압하는 과정에서 하거나, 그것이 여의치 않은 경우에는 일단 붙들거나 제압한 후에 지체없이 하여야 한다.[1] 다만 영장을 소지하지 아니하고 급속을 요하는 때에는 피의자에 대하여 피의사실의 요지와 영장이 발부되었음을 고지하고 집행을 완료한 후 신속히 체포영장을 제시하고 사본을 교부해야 한다(제200조의6, 제85조 ③·④항).

(3) 집행 후의 절차

9 피의자를 체포한 후에 변호인이 있는 경우에는 변호인에게, 변호인이 없는 경우에는 변호인 선임권자 가운데 피의자가 지정한 자에게 피의사건명, 체포일시·장소, 범죄사실의 요지, 체포의 이유와 변호인을 선임할 수 있음을 알려야 한다(제87조, 제200조의6). 체포된 피의자는 수사기관, 교도소장 또는 구치소장이나 그 대리자에게 변호인을 지정하여 변호인의 선임을 의뢰할 수 있고, 의뢰를 받은 사람은 급속히 피의자가 지정한 변호사에게 그 취지를 통지하여야 한다(제90조, 제200조의6).

4. 체포 후의 조치

10 체포요건은 체포 후에도 계속 존재해야 하므로, 체포의 필요성이 없어지면 즉시 석방해야 한다. 피의자를 체포한 후 그를 다시 구속하고자 할 때에는 체포한 때로부터 48시간 이내에 구속영장(제201조)을 청구하여야 하고, 그 시간 내에 구속영장을 청구하지 아니하는 때에는 피의자를 즉시 석방하여야 한다(제200조의2 ⑤항). 구속영장을 집행하는 데에 필요이상의 시간을 지체해서도 안 된다. 판례는 현행범체포된 피의자에 대하여 특별한 이유 없이 구속영장 발부일로부터 만 3일이 경과하여 구속영장을 제시하고 이를 집행한 경우를 위법한 수사로 보았다.[2]

---

1) 대판 2017. 9. 21. 2017도10866.
2) 대판 2021. 4. 29. 2020도16438.

체포 후 피의자 등은 체포의 적부심사를 청구할 수 있다(제214조의2 ①항).

II. 긴급체포

1. 의의와 요건

긴급체포는 영장을 발부받기 위해 시간을 지체할 수 없는 긴급한 경우에 중 11
범죄의 피의자에 대해 영장 없는 구속을 일시적으로 허용하는 제도이다. 대인적 강제수사는 사전영장을 전제로 하는 것이 원칙이지만, 긴급한 상황에서 형사절차의 효율성을 위해 예외적으로 긴급체포를 인정한다.

긴급체포가 허용되는 대상은 중대한 범죄, 즉 사형, 무기 또는 장기 3년 이 12
상의 징역이나 금고에 해당하는 죄의 피의자이어야 한다. 이러한 중범죄 해당 여부가 확정된 시기가 아니므로, 그러한 죄에 해당할 고도의 개연성이 있는 때를 뜻한다 [**중대성**].[1] 그리고 체포영장이나 구속영장을 받기 위해 시간을 지체하면 체포·구속이 불가능하게 되거나 곤란해지는 긴박한 상황이 있어야 한다. 피의자를 우연히 발견한 경우 등이다 [**긴급성**].[2] 추가로 긴급체포를 위해서도 구속과 마찬가지로 증거를 인멸하거나 도망할 우려가 있어야 한다 [**구속사유**] (제200조의3 ①항). 판례는 위와 같은 요건을 갖춘 때라면 피의자가 자진출석하여 조사를 받던 중이라고 하더라도 긴급체포할 수 있다고 본다.[3]

2. 긴급체포의 절차

검사 또는 사법경찰관은 피의자에게 체포영장이나 구속영장을 받을 수 없는 13
사유를 알리고 긴급체포해야 한다. 사법경찰관이 긴급체포를 한 경우에는 즉시 검사의 승인을 얻어야 한다(제200조의3 ②항).[4] 긴급체포할 때에는 구속과 마찬가지로 범죄사실의 요지와 변호인을 선임할 수 있음을 말하고 변명의 기회를 주어야 한다(제200조의5: Miranda 고지). 그리고 긴급체포서를 작성해야 한다. 긴급체

1) 대판 2002. 6. 11. 2000도5701.
2) 대판 2016. 10. 13. 2016도5814.
3) 대판 2006. 9. 8. 2006도148.
4) 이때 검사는 긴급체포의 승인 및 구속영장의 청구를 위해 수사서류 검토 뿐만 아니라 피의자를 검찰청으로 출석시켜 직접 대면조사할 수 있는 권한을 갖는다. 이를 위해 사법경찰관리에게 피의자를 검찰청으로 인치할 것을 명할 수 있다. 이러한 대면조사는 긴급체포의 적법성을 의심할 만한 사유를 확인하기 위한 것이어야 하며, 긴급체포의 적법성의 근거를 찾기 위한 것이어서는 안 된다(대판 2010. 10. 28. 2008도11999).

포서에는 범죄사실의 요지, 긴급체포의 사유 등과 긴급체포한 일시 및 장소, 구금한 장소 및 체포자의 관직, 성명을 기재해야 한다(제200조의3 ③ · ④항).

3. 체포 후의 조치

14 피의자를 긴급체포하고 나서 피의자를 계속 구속하고자 할 때 검사는 지체 없이 관할지방법원판사에게, 사법경찰관은 검사에게 신청하여 검사의 청구로 관할지방법원판사에게 구속영장을 청구하여야 한다. 긴급체포한 후 48시간 이내에 구속영장을 청구하지 아니하거나 영장청구를 하였지만 발부받지 못한 때에는 피의자를 즉시 석방하여야 한다(제200조의4 ②항).[1)]

15 이때 구속영장의 청구를 받은 판사는 구속의 요건뿐만 아니라, 긴급체포의 적법성, 즉 체포 당시 긴급체포의 요건이 충족되었는지에 대해서도 판단하여야 한다. 어느 한 요건이라도 충족되지 않으면 구속영장청구를 기각하고 피의자를 즉시 석방해야 한다. 긴급체포한 후 구속영장을 청구하지 아니하거나 영장을 발부받지 못하여 석방된 자는 영장 없이는 동일한 범죄사실에 관하여 체포하지 못한다(같은 조 ③항).

III. 현행범체포

1. 의 의

16 현행범은 범죄를 실행하고 있거나 실행한 직후에 있는 자를 말한다. 현행범은 누구든지 영장 없이 체포할 수 있다(헌법 제12조 ③항 단서, 제212조). 현행범체포에 영장주의의 예외를 인정한 것은 범죄의 명백성이 인정되는 때에 사전영장을 요구하는 것이 수사의 효율성을 떨어뜨리기 때문이다. 계속 이어질 수 있는 범죄행위를 예방하고자 하는 목적도 있다.

2. 현행범체포의 요건

(1) 현행범인

17 현행범인은 범죄를 실행하고 있거나 실행하고 난 직후의 사람을 말한다(제

---

1) 이 48시간 요건이 영장에 의한 체포와 다를 바가 없기 때문에 현실적으로 영장에 의한 체포가 활발히 이용되지 않는다.

211조 ①항). 범죄의 '실행하고 있다'는 것은 범죄실행에 착수하여 종료하지 못한 상태이며, '실행하고 난 직후'의 사람은 범죄행위를 방금 종료한 사람을 말한다. 피의자가 범죄를 종료한 후 시간·장소적인 간극이 있는 때에는 이 대상에 포함될 수 없다. 판례는 '시간적으로나 장소적으로 보아 체포를 당하는 자가 방금 범죄를 실행한 범인이라는 점에 관한 죄증이 명백히 존재하는 것으로 인정되는 경우'일 것을 요구한다.[1]

1) 피의자행위가 형법구성요건에 해당하고 위법성조각사유와 책임조각사유가 없음이 명백한 경우여야 한다는 견해가 있다. 이에 따르면 형사미성년자는 현행범으로 체포할 수 없다.[2] 그러나 행위자의 책임능력 유무에 대한 구별이 어려운 경우도 있을 것이므로 이러한 현행범체포가 모두 위법한 수사는 아니다. 2) 예비·음모 행위에 가벌성이 있는 경우에만 현행범체포의 대상이 된다고 하는 시각도 있다.[3] 그렇지만 절차기준이 반드시 실체형법에 종속해야 하는 것은 아닐 뿐만 아니라, 현행범체포를 통해 범죄를 예방하는 목적도 있으므로 이러한 제한도 타당하지 않다. 3) 간접정범이 현행범인지 여부가 실체법상 '실행의 착수시기 기준'에 따라 다르다고 하는 견해[4]도 같은 이유에서 합리적이지 않다. 18

위의 각 경우에 가벌성이 명확하게 확인된 때에만 현행범체포가 가능하다고 볼 것이 아니라, 가벌성 없음을 수사기관이 알고도 현행범으로 체포해서는 안 된다는 소극적 기준을 적용하는 것이 타당하다. 19

(2) 준현행범인

준현행범인은 현행범인은 아니나 형사소송법에 의해 현행범인으로 간주되는 사람을 말한다. 제211조 ②항은 1) 범인으로 불리며 추적되고 있을 때, 2) 장물이나 범죄에 사용되었다고 인정하기에 충분한 흉기나 그 밖의 물건을 소지하고 있을 때, 3) 신체나 의복류에 증거가 될 만한 뚜렷한 흔적이 있을 때, 4) 누구냐고 묻자 도망하려고 할 때 현행범인으로 보고 있다. 여기서 특히 4)의 요건은 준현행범인의 범위를 비정형적으로 확대시킬 우려가 있기 때문에 제한적용되어야 한다. 20

---

1) 대판 2013. 8. 23. 2011도4763; 1991. 9. 24. 91도1314.
2) 노명선/이완규 187.
3) 노명선/이완규 187; 이재상/조균석 19/27.
4) 김재환 144; 이재상/조균석 19/27.

(3) 체포사유

21 도망이나 증거인멸의 우려가 없다고 하여 현행범을 체포할 수 없다고 보는 것은 불합리하기 때문에 구속사유가 요구되지 않는다는 견해도 있다.[1] 그러나 도망 및 증거인멸의 우려가 없는 때라면 사전영장에 의하여 체포하는 것이 타당하므로 현행범체포의 요건에도 이와 같은 구속사유가 필요하다.[2] 판례도 '현행범인으로 체포하기 위하여는 행위의 가벌성, 범죄의 현행성 · 시간적 접착성, 범인 · 범죄의 명백성 외에 체포의 필요성, 즉 도망 또는 증거인멸의 염려가 있어야 한다고 하면서, 이러한 요건을 갖추었는지는 체포 당시의 상황을 기초로 판단하여야 한다'고 하였다.[3]

22 50만원 이하의 벌금 구류 또는 과료에 해당하는 경미범죄에 대해서는 현행범인의 주거가 분명하지 않을 경우에만 체포가 허용된다(제214조).

3. 현행범체포의 절차

(1) 체포의 방법

23 수사기관은 피의자에게 범죄사실의 요지, 체포의 이유와 변호인을 선임할 수 있음을 말하고 변명할 기회를 준 후가 아니면 현행범으로 체포할 수 없다(제200조의5: Miranda 고지).[4] 수사기관은 현행범을 체포하기 위해 타인의 주거에 들어갈 수 있고 필요최소의 범위에서 무기를 사용할 수 있다(경직법 제10조의4).

24 현행범체포 후 피의자를 구속하고자 할 때에는 체포한 때부터 48시간 이내에 구속영장을 청구하여야 한다. 기간 이내에 구속영장을 청구하지 아니하는 때나 영장청구가 기각된 때에는 피의자를 즉시 석방하여야 한다(제213조의2, 제200조의2 ⑤항).

(2) 사인의 현행범체포

25 수사기관뿐만 아니라 사인私人도 현행범체포를 할 수 있다. 사인에게는 체포권한만 있고 체포의무가 있는 것은 아니다. 사인의 권한은 현행범을 수사관이 올 때까지만 붙들고 있거나 즉시 경찰에 인도하는 것이다. 이때도 도망을 막는 최소

1) 노명선/이완규 188; 손동권/신이철 251; 이재상/조균석 19/33.
2) 대판 2018. 3. 29. 2017도21537; 신동운 325; 신양균 169; 임동규 189.
3) 대판 2016. 2. 18. 2015도13726; 2011. 5. 26. 2011도3682.
4) 대판 2000. 7. 4. 99도4341.

한도의 물리력이 사용될 수 있지만, 사인이 타인의 주거에 들어가서 피의자를 체포하거나 물건을 압수·수색하는 것은 허용되지 않는다. 반면에 사인이 자발적으로 피의자로부터 도품, 무기 등의 물건을 확보하여 원소유자나 수사기관에 바로 전달하는 것은 위법한 행위가 아니다.

사인이 현행범을 체포한 때에는 즉시 수사기관에 그를 인도해야 한다. 반드시 체포시점과 시간적으로 밀착된 시점까지 인도해야 하는 것은 아니며, 정당한 이유 없이 인도를 지연하거나 체포를 계속하는 등 불필요한 지체를 하지 말아야 한다는 뜻이다. 그리고 위의 48시간 요건은 이 경우에 사인이 현행범을 체포한 때가 아니라 수사기관이 현행범인을 인도받은 때를 기산점으로 한다.[1] 수사기관은 현행범인을 인도받은 후에 제200조의5에 따른 고지를 해야 한다.[2] 또한 현행범체포에서도 마찬가지로 수사기관은 체포 후 통지의무를 이행하여야 한다(제87조, 제213조의2). 26

[22] 구 속

I. 구속의 의의

구속은 피의자 또는 피고인의 신체자유를 일정한 장소에 제한하는 강제처분으로서 구금과 구인을 포괄하는 개념이다(제69조). 좁은 의미의 구속은 형사소송법 제69조, 제201조에 의한 법률에 의한 강제처분을 말하며, 넓은 의미로는 형사절차에서 진행되는 모든 신체자유의 제한을 통칭하기도 한다. **피의자구속**은 수사절차에서 수사기관이 판사의 영장을 발부받아 하는 강제수사이고, **피고인구속**은 공소제기 후 법원이 피고인을 구속하는 강제처분이다. 1

구속의 목적은 형사절차를 진행하는 데 반드시 필요한 인신과 증거의 확보에 있다. 구속은 비례성원칙을 가장 유념해야 하는 수사방법이다. 목적달성에 적합하고 필요성이 인정되더라도, 신체자유의 제한은 매우 엄격한 기준에 따라서 허용되므로, 목적과 침해정도 사이의 균형성을 반드시 갖추어야 한다. 2

1) 대판 2011. 12. 22. 2011도12927.
2) 대판 2012. 2. 9. 2011도7193.

II. 구속의 요건

1. 범죄혐의의 상당한 이유

3 구속을 위해서는 피의자가 죄를 범하였다고 의심할 만한 상당한 이유가 있어야 한다. 수사개시의 단서가 될 수 있는 범죄혐의만으로는 불충분하고, 피의자가 유죄판결을 받을 만한 높은 개연성을 전제로 한 **현저한 범죄혐의**가 필요하다. 이는 압수·수색 등 대물적 강제수사의 요건인 구체적 혐의는 물론, 공소제기에서 요구되는 충분한 혐의보다도 엄격한 요건이다. 위법성조각사유 또는 책임조각사유가 있는 경우뿐만 아니라 소송조건의 결여가 분명한 때에도 여기서 요구되는 현저한 혐의는 인정될 수 없다. 이러한 혐의는 검사가 제출한 수사자료를 토대로 영장발부를 결정하는 판사가 자유심증으로 판단한다. 그러나 이때에도 증거능력이 없는 정보를 근거로 삼아서는 안 된다.

2. 구속사유

(1) 주거부정

4 제70조 ①항 1호의 '피의자가 일정한 주거가 없는 때'라는 요건은 도망우려가 있는지 따지기 위해 필요한 정보라고 할 수 있기 때문에, 3호 요건에 포함되는 것으로 보아야 한다. 따라서 도망과 증거인멸의 염려가 없는 경우에 주거부정 사유만으로 구속하는 것은 옳지 않다. 반면에 피의자의 주거가 분명한 것이 도망우려가 없는 근거가 될 수는 있다.

(2) 증거인멸의 염려

5 피의자가 증거를 인멸할 우려가 있어야 한다(2호). 증거인멸의 예로는 증거물이나 증거서류 등을 은닉, 위조·변조, 손괴하는 행위 또는 공범·증인·감정인 등에 대해 허위진술을 하도록 부탁하거나 공모하는 경우 등이다. 증거인멸의 염려는 구체적 사실을 기초로 피의자가 증거인멸을 할 수 있는 높은 개연성으로부터 추론되어야 한다.

(3) 도망 또는 도망할 염려

6 피의자가 도망 중이거나 장차 도망할 염려가 있는 것은 중요한 구속의 사유이다(3호). 여기서 도망은 숨거나 외국으로 도피하는 것은 물론 자해를 하거나 약

물을 복용하는 등 소송능력을 상실하게 하는 것도 포함한다. 그러나 피의자가 자살할 가능성은 이에 해당하지 않는다고 보아야 한다. 이러한 도망의 염려도 구체적인 사실로부터 높은 개연성을 통해 추론되어야 한다. 예를 들어 피고인이 법원의 공판기일소환에 단순히 응하지 않는다고 하여 곧바로 도망위험이 인정되는 것은 아니다.

(4) 평가의 기준

범죄혐의와 함께 위의 구속사유가 모두 갖추어져야만 피의자의 구속이 가능 7
하다. 즉 범죄가 중대하고 그에 대한 현저한 혐의가 있다는 이유만으로 도망이나 증거인멸의 우려가 없는 피의자를 구속해서는 안 된다. 또한 영장을 발부하는 판사는 재범위험성, 피해자 및 참고인 등에 대한 위해우려 등도 아울러 고려할 수 있다. 이와 같은 추가적인 조건들은 위의 구속사유가 없음에도 구속을 가능하게 하는 요건이 될 수는 없으며, 법에 정해진 형식요건이 갖추어졌을 때에 추가적으로 불구속을 위해서 고려해야 하는 사유로 보아야 한다. 그리고 엄격한 비례성원칙에 따라 위와 같은 모든 사유가 갖추어졌더라도, 피수사자의 법익과 균형성이 유지되는 범위 안에서 구속이 집행되어야 한다.

III. 구속영장

1. 구속영장의 청구

피의자를 구속하기 위해서는 판사가 발부한 영장이 있어야 한다. 피의자를 8
구속하기 위한 영장은 법원의 허가장으로 보는 것이 현실에 더 부합한다. 반면에 법원이 발부하는 피고인에 대한 구속영장은 명령장의 성격을 갖는다.

구속영장은 검사가 관할지방법원판사에게 청구한다. 사법경찰관은 검사를 경 9
유하여 영장을 청구할 수 있다(제201조 ①항). 영장청구는 서면으로 하며, 검사는 구속필요를 인정할 수 있는 자료를 함께 제출하여야 한다. 체포가 선행된 경우에는 이 밖에 체포영장 또는 긴급체포 내지 현행범인으로 체포되었다는 취지와 체포의 일시와 장소가 기재된 서류도 제출하여야 한다(규칙 제96조 ②항). 피의자도 구속영장청구를 받은 판사에게 유리한 자료를 제출할 수 있다(같은 조 ③항). 동일한 범죄사실과 피의자에 대해 이전에 구속영장을 청구하거나 발부받은 사실이 있는 경우에는, 검사가 다시 구속영장을 청구하는 취지와 이유를 기재하여야 한다(제201조 ⑤항). 법원이 기소된 피고인에게 구속영장을 발부할 경우는 검사의 청구가 필요하지 않다.[1)]

2. 구속영장실질심사

(1) 의의: 구속 전 피의자심문

10 구속영장실질심사란 구속영장이 청구된 피의자가 구속사유를 갖추고 있는지를 평가하기 위해 판사가 직접 피의자를 심문하는 제도를 말한다. '구속 전 피의자심문'이라고도 한다(제201조의2). 이는 구속영장청구가 있을 때에 반드시 거쳐야 하는 필요적 절차이다. 구속영장을 '실질심사'한다는 것은 서류만 가지고 형식심사하는 것과 대비되는 것으로서 피의자와 대면하여 심사한다는 뜻이다.

11 구속영장실질심사의 대상은 이미 체포된 자로서 구속영장이 청구된 피의자 또는 체포되지 않고 곧바로 구속영장이 청구된 피의자이다. 체포영장의 발부를 위해서는 실질심사를 하지 않는다. 실질심사의 방법은 '신문'이 아니라 '심문'이다. **신문**訊問은 형사절차에서 대상자에게 묻고 답을 들음으로써 사안과 관련된 정보를 알아내는 증거수집 · 조사의 일반적인 방법이다. **심문**審問은 대상자에게 물어 그의 사정을 경청한다는 뜻에 더 가깝다.

(2) 피의자 인치

12 판사가 구속 전의 피의자를 심문하려면 먼저 피의자를 법원에 강제로 데려오는 인치引致가 필요하다. 체포된 피의자는 체포의 효력을 이용하여 법원에 인치할 수 있으나, 체포되지 아니한 피의자는 도망 등의 사유로 인해 불가능한 때가 아닌 한 구인을 위한 구속영장을 발부하여 피의자를 구인해야 한다(제201조의2 ① · ②항).

(3) 심문기일과 장소의 지정 · 통지

13 구속영장을 청구받은 판사는 체포된 피의자에 대해서는 즉시, 체포되지 않은 피의자에 대해서는 피의자가 법원에 인치된 후 즉시 심문기일과 장소를 검사 · 피의자 및 변호인에게 통지하여야 한다(제201조의2 ③항). 체포된 피의자는 특별한 사정이 없는 한 구속영장이 청구된 날의 다음 날까지 심문한다(같은 조 ①항). 체

1) 대결 1996. 8. 12. 96모46.

포되지 아니한 피의자는 기일의 통지 및 그 출석에 소요되는 시간 등을 고려하여 피의자가 법원에 인치된 때로부터 가능한 한 빠른 일시로 심문기일을 지정하여야 한다(규칙 제96조의12 ②항).

(4) 심문기일의 절차와 방법

출석거부, 질병 등 출석이 현저하게 곤란한 때가 아닌 한 심문절차에 피의자 14
를 출석시켜야 한다(제201조의2 ③항). 피의자출석 없이 심문을 진행할 경우에는 출석한 검사 및 변호인의 의견을 듣고 구속 여부를 결정해야 한다. 구속영장의 실질심사는 필요적 변호 절차이기 때문에 반드시 변호인이 있어야 하며, 피의자에게 변호인이 없는 때에는 판사가 직권으로 변호인을 선정한다. 이 변호인선정은 영장청구가 기각된 때가 아닌 한 제1심까지 효력이 있다(제201조의2 ⑧ · ⑨항).

심문절차에서 피의자에게는 진술거부권이 있으므로 판사는 심문 전 이를 고 15
지해야 한다. 검사와 변호인도 실질심사에서 의견을 진술할 수 있다. 심문장소에 출석한 피해자 등 제3자를 심문할 수도 있으며, 피의자의 이해관계자도 판사의 허가를 얻어 의견을 진술할 수 있다. 그러나 영장실질심사에는 공개재판주의가 적용되지 않으므로 이러한 관계자들의 방청은 판사의 허가사항이다(규칙 제96조의14, 제96조의16).

영장을 심사하는 판사는 혐의의 상당성을 포함한 모든 구속사유에 대해 심 16
문할 수 있다. 이는 법원사무관 등을 통해 조서로 작성되며, 이 조서는 제315조 3호에 따라 당연히 증거능력이 있는 서류에 해당한다.[1)]

(5) 심문 후의 피의자 유치

피의자심문이 끝난 후에도 구속영장발부 여부의 재판이 있을 때까지 피의자 17
를 유치할 필요가 있을 수 있다. 이때는 피의자를 교도소 · 구치소 또는 경찰서 유치장에 유치할 수 있으나 피의자의 구인기간은 24시간이므로 이 시간 안에 영장이 발부되지 않으면 피의자를 석방해야 한다(제201조의2 ⑩항, 제71조).

3. 구속영장의 발부

영장청구를 받은 판사는 피의자를 심문한 후 피의자에게 구속요건이 충족되 18
었다고 인정하는 때에는 구속영장을 발부한다(제201조 ④항 1문). 구속영장청구서

1) 구속적부심사시 심문조서에 대한 같은 입장은 대판 2004. 1. 16. 2003도5693.

가 접수된 날로부터 피의자의 심문기간을 거쳐, 구속영장이 발부된 날까지는 검사와 사법경찰관의 구속기간에 포함되지 않는다(제201조의2 ⑦항). 그러나 장차 피고인이 자유형집행을 받는 때에 미결구금일수에 산입되는 것은 물론이다.

19 판사가 구속영장을 발부하지 않을 때에는 구속영장청구서에 그 취지와 이유를 기재하고 서명 · 날인하여 청구한 검사에게 교부한다(제201조 ④항 2문). 영장청구를 기각하는 결정에 대해서는 항고, 재항고가 허용되지 않는다.[1)]

4. 구속영장의 집행

(1) 영장의 집행과 의무

20 구속영장을 집행할 때에는 영장을 피고인 또는 피의자에게 제시하고 그 사본을 교부하여야 한다. 예외적으로 급속을 요하는 때에는 공소사실의 요지와 영장이 발부되었음을 알리고 집행할 수 있으며 이때에도 집행을 완료한 후 신속하게 구속영장을 제시하고 그 사본을 교부하여야 한다(제85, 209조).

21 피의자에 대한 구속영장은 검사의 지휘로 사법경찰관리가 집행한다. 구속집행 전 피고인 또는 피의자에게 범죄사실의 요지, 구속이유, 변호인을 선임할 수 있음을 말하고 변명할 기회를 주어야 한다(제200조의5: Miranda 고지). 구속한 이후에 이를 알리는 것으로는 절차의 흠결이 치유되지 않는다.[2)] 대상자를 구속한 뒤에도 즉시 공소사실 또는 피의사실의 요지와 변호인을 선임할 수 있음을 알려야 한다는 규정도 있는데(제88조), 이는 피고인 또는 피의자를 구치소나 교도소에 유치한 후 다시 한 번 권리를 알게 하는 데에 의의가 있는 것으로서 이러한 사후고지 위반은 구속의 효력에 영향을 미치지 않는다.[3)]

(2) 집행 후의 절차

22 피의자나 피고인을 구속한 때에는 지체없이 서면으로 변호인에게, 변호인이 없는 경우에는 법정대리인이나 배우자, 친족, 형제자매 중 피고인 또는 피의자가 지정한 자에게 피고사건명, 구속일시 · 장소 · 범죄사실의 요지, 구속의 이유와 변호인을 선임할 수 있는 취지를 알려야 한다(제87, 209조). 주변인 모르게 피의자

---

1) 대결 2006. 12. 18. 2006모646. 이에 대해 실정법상 '영장항고'가 허용된다는, 또는 입법론적으로 허용되어야 한다는 검사측의 반론이 계속되어왔다.

2) 대결 2016. 6. 14. 2015모1032.

3) 대결 2000. 11. 10. 2000모134.

가 사라지는 일이 없도록 하고, 피의자가 방어권을 행사할 수 있도록 도울 수 있게 하기 위해서이다.

변호인 또는 변호인으로 선임되려는 자는 구속당한 피고인 또는 피의자와 접견교통할 수 있으며, 구속된 피의자나 피고인은 법원, 교도소장이나 구치소장 또는 그 대리자에게 변호사를 지정하여 변호인의 선임을 의뢰할 수 있다. 법률이 정하는 범위 안에서 타인과 접견하고 서류 또는 물건을 수수하며 의사의 진료를 받을 수도 있다(제90, 209조). 23

Ⅳ. 구속영장의 효력

1. 구속영장의 기재와 효력

(1) 구속영장의 기재사항

구속영장에는 원칙적으로 피고인 또는 피의자의 성명, 주거, 죄명, 피의사실 또는 공소사실의 요지, 인치구금할 장소, 발부 연·월·일, 유효기간과 그 유효기간이 경과되면 집행에 착수하지 못하며 영장을 반환해야 한다는 취지를 기재하고 재판장 또는 수명법관이 서명날인해야 한다(제75조 ①항, 제209조). 영장을 청구한 검사의 성명도 기재한다(규칙 제94조). 24

(2) 영장의 효력범위: 사건단위설

위 사항 가운데 가장 중요한 것은 **피의사실**이다. 구속영장의 효력은 원칙적으로 구속영장에 기재한 피의사실 또는 공소사실에 대하여 미치는 것이기 때문이다. 이러한 설명을 **사건단위설**이라고 한다. 학설이름처럼 보이지만 견해대립이 있는 것이 아니라, 현행법상 영장의 효력범위에 대한 보편적인 이해이다.[1] 이에 따르면 구속영장의 효력은 피의사실 및 그것과 동일성이 있는 범위 내의 사실에만 미치게 된다.[2] 25

이와 구별되는 개념으로서 **인단위설**이 있다. 영장의 효력이 수사를 받는 사람인 '피의자'를 단위로 하여 형성된다는 생각이다. 한 사람의 피의자가 두 개의 별개의 죄를 저질렀을 때 이에 대해 구속수사를 하고 싶다면, 인단위설에 따르면 26

1) 대결 1996. 8. 12. 96모46.
2) 이러한 형사절차상 죄수(罪數)에 대해서는 이후 '공소장변경' 부분(36/25)을 참조할 것.

하나의 영장만 발부받는 것으로 가능하지만 사건단위설에 따를 때에는 구별되는 두 개의 영장을 발부받아야 한다.

2. 이중구속

(1) 부 정 설

27 이미 체포 또는 구속된 피의자·피고인을 다른 사건으로 다시 구속하는 것을 이중구속이라고 한다. 만약 구속영장의 효력에 대해 인단위설을 취하면 이중구속은 허용될 수 없다. 이미 구속되어 있는 사람을 다른 사건으로 다시 구속할 필요가 없기 때문이다. 또는 이미 체포 또는 구속되어 있는 자에 대한 구속영장의 집행은 '도망의 우려' 등 구속사유를 갖추지 못한 처분이므로 허용될 수 없다고 주장할 수도 있다. 이중구속이 피의자 또는 피고인이 석방되는 경우를 대비하기 위한 것이라면, 그들이 구속취소 또는 구속적부심 등으로 석방되기 전에 구속영장을 받아두었다가 석방될 때를 기다려 그때 가서 구속영장을 다시 집행하면 될 것이라고 하는 견해도 있다.1)

(2) 긍 정 설

28 그러나 현행법이 구속영장의 효력에 대해 사건단위설을 따르고 있기 때문에 원칙적으로 이중구속은 허용되는 것으로 보아야 한다. 중복된 영장의 집행으로써 피고인이 석방되어 도주가능한 상태가 될 것을 미리 대비할 수 있다는 점에서, '도망의 우려' 등 구속사유를 갖춘 것으로 보아야 한다. 이미 수사기관이 인신을 확보한 피의자에게 도망의 우려가 없다고 본다면, 체포상태인 자에 대한 구속영장청구·발부를 하는 일반적인 상황도 설명할 수가 없다.

29 구금되어 있는 대상자를 다시 구속한다는 표현이 과잉금지원칙에 반하는 것으로 여겨질 수도 있을 것이다. 그러나 이중구속은 구속영장의 효력이 중복되어 있다는 것일 뿐 피의자의 권리침해가 실제로 커지는 것은 아니기 때문에, 영장효력범위의 원칙인 사건단위설의 예외가 굳이 필요한 경우가 아니다. 구속기간이 종료되어 석방될 때를 기다려, 다시 새로운 영장을 집행하는 것이 오히려 필요 이상으로 구속기간을 늘리게 될 우려도 있다. 판례도 구속의 효력은 원칙적으로 구속영장에 기재된 범죄사실에만 미치는 것이므로, 구속기간이 만료될 무렵에 종

1) 신양균 184; 이영란 304; 이재상/조균석 19/75. 그러나 부정설의 논리대로라면 이미 구속영장의 청구가 기각되어야 한다.

전 구속영장에 기재된 범죄사실과 다른 범죄사실로 피고인을 구속하였다는 사정만으로 피고인구속이 위법하다고 할 수 없다는 입장이다.[1)]

3. 별건구속

(1) 의 의

영장의 효력범위와 관련해서 이른바 '별건수사'가 문제된다. 이는 모든 강제 30
수사에서 이용될 수 있는 방식이지만 그 가운데 별건구속과 별건압수가 대표적인 예이다. 수사기관이 본래 의도하고 있는 사건인 본건의 수사를 위해 피의자를 구속할 필요가 있지만, 수사상황에 미루어 구속영장을 발부받기 어렵다고 판단되는 경우에, 영장발부가 가능한 다른 사건인 별건으로 영장을 받아 그 구속기간을 이용하여 본건을 수사하는 것을 별건구속이라고 한다.

(2) 정 당 성

별건구속을 하는 목적은 물론 수사의 효율성을 도모하기 위해서이다. 영장발 31
부가 불가능한 본건에 대해서 실제로 구속수사를 진행할 수 있을 뿐만 아니라, 구속영장을 반복하여 발부받지 않아도 되므로 소송경제에도 기여할 수 있다. 이를 통해서 본건의 수사의도를 짐짓 감춘 채 별건으로 영장을 받아 수사를 진행하는 것으로 보일 수도 있어 소위 '수사의 밀행성'에 기여하는 경우도 있다. 별건의 영장을 이용하여 본건을 수사하고자 하는 수사기관의 내심이 문제될 뿐, 형식적으로 영장청구와 발부가 부적법한 것도 아니다. 영장의 효력범위로서 인단위설을 취하는 경우에 별건구속이 아무런 문제가 되지 않음은 물론이다[**적법설; 영장효력에 대한 '별건기준설'**].

그러나 구속영장은 어디까지나 영장에 기재된 사안인 별건에 대해 효력을 32
갖는 것이기 때문에, 이로써 본건을 수사하는 것은 영장주의를 무의미하게 만든다. 별건의 영장으로 사실상 본건을 수사하다가 다시금 본건의 영장을 발부받아 본건을 계속 수사하게 되면 본건 영장을 통한 구속기간의 제한을 넘어서게 될 수도 있다. 영장의 효력범위로서 사건단위설을 취하는 입법태도에 따를 때 별건구속은 정당화될 수 없다고 보아야 한다.[2)] 즉 별건구속은 위법한 수사이며, 이를

1) 대결 2000. 11. 10. 2000모134; 김재환 157; 이창현 360.

2) 김재환 158; 신동운 340; 이재상/조균석 19/76; 이창현 361; 임동규 194. 구속기간 중에 사실상 본건을 수사하였다면, 이후 본건으로 다시 구속하는 것은 동일한 범죄사실에 대한 재구속이므로 다른 중요한 증거가 발견되지 아니하는

이용하여 얻은 증거는 위법수집증거이다[위법설; 영장효력에 대한 '본건기준설'].[1] 이러한 통설에 따라 개정형사소송법은 제198조 ④항을 통해 "수사 중인 사건의 범죄혐의를 밝히기 위한 목적으로 합리적인 근거 없이 별개의 사건을 부당하게 수사하여서는 아니되고, 다른 사건의 수사를 통해 확보된 증거 또는 자료를 내세워 관련 없는 사건에 대한 자백이나 진술을 강요하여서도 아니 된다"고 하여 별건수사의 금지를 명문화하고 있다.

(3) 여죄수사와 구별

33 수사기관이 실제로 수사하려는 본건을 목적으로 영장을 받아 수사를 진행하던 중, 우연히 인지하게 된 다른 사안을 이어서 수사하는 이른바 '여죄餘罪수사'는 문제될 여지가 없다. 혐의를 인식하면 수사해야 한다는 제195조, 제196조 ②항의 취지에 따라 당연히 진행되어야 하는 방법이기 때문에 '여죄수사의 허용성'이라는 표현도 부적절하다.

34 문제는 영장주의를 의도적으로 침탈하는 별건수사와 자연스럽게 진행되는 여죄수사를 어떻게 구별하느냐 하는 것이다. 여죄의 성격으로부터 나눌 수 있는 것은 아니다. 영장을 청구하는 수사기관에게 청구 사안 이외에 다른 사안을 수사하려는 의도가 있었는지 하는 내심을 기준으로 삼을 수밖에 없다. 필요적 절차인 구속영장실질심사에서 수사기관과 피의자가 참석한 가운데 심문을 진행하여 판사가 이를 가려낼 수 있어야 한다. 이때 양자가 명확하게 구별되지 아니하는 경우라면 수사의 효율성보다는 영장주의의 의의를 분명히 하는 쪽으로 판단해야 할 것이다. 수사실무에서도 인지를 통해서 적극적으로 여죄를 발견해야 하는 것이지만, 여죄에 대한 강제수사가 필요하다면 즉시 여죄의 사건을 근거로 다시 영장을 발부받아야 한다.

한 허용될 수 없다고 해야 한다(제208조 ①항).

1) 판례는 신용카드업법 위반으로 구속되었다가 사기 범행으로 구속기소되었지만 구속기간이 사기 등 범행사실의 수사에 실질상 이용되었다하더라도 위 구금일수를 사기죄의 본형에 산입할 수는 없다고 판시하였는데(대판 1990. 12. 11. 90도2337), 이는 별건구속의 가능성을 적극적으로 인정한 사례가 아니라, 구속기간의 계산에서 영장의 효력범위인 사건단위설을 확인하고 있는 것이다. 이와 달리 여러 죄로 기소된 피고인이 그 중 일부 사실에만 구속영장이 집행되었던 때에, 일부사실에 대한 구금효과는 다른 범죄사실에도 미치는 것으로 보아 구금일수를 어느 죄의 형에 산입할지 여부가 법원의 재량사항이라고 본 판례는 대판 1986. 12. 9. 86도1875.

V. 구속기간

1. 수사기관의 구속기간

구속영장의 유효기간은 7일이다. 즉 영장을 발부받은 후 7일 안에 구속이 집 35 행되어야 한다. 법원 또는 법관이 상당하다고 인정하는 때에는 7일을 넘는 기간을 정할 수 있다(규칙 제178조). 경찰에서 피의자를 구속할 수 있는 기간은 10일이다(제202조). 검사가 피의자를 구속하거나 경찰로부터 피의자를 인치받은 경우에 10일 안에 공소를 제기하지 않으면 그를 석방하여야 한다(제203조). 검사는 지방법원판사의 허가를 얻어 10일을 초과하지 않는 한도에서 1회에 한해 구속기간을 연장할 수 있다(제205조 ①항). 따라서 검찰에서 피의자를 최대한 구속할 수 있는 기간은 20일이다. 이와 같이 수사단계의 피의자 구속기간은 최대 30일이다.

2. 법원의 구속기간

법원의 피고인에 대한 구속기간은 2개월이다(제92조 ①항). 특별히 구속을 계 36 속할 필요가 있는 경우에는 심급마다 2개월 단위로 2차에 한하여 갱신하는 결정을 할 수 있다. 상소심에서는 추가 심리가 필요한 부득이한 경우에 3차에 한하여 갱신할 수 있다(제92조 ②항). 공판절차가 정지된 기간 및 공소제기 전의 체포·구인·구금기간은 이 법원의 구속기간에 산입하지 않는다(제92조 ③항).

3. 재구속의 제한

수사기관은 다른 중요한 증거를 발견한 경우를 제외하고는 동일한 범죄사실 37 에 대해 구속되었다가 석방된 피의자를 다시 구속할 수 없다(제208조 ①항). 구속영장에 기재된 범죄사실과 다른 사건이라고 하더라도, 그것이 하나의 목적에 따른 것이거나 동시에, 또는 수단·결과의 관계에서 행해진 행위인 때에는 동일한 범죄사실로 간주한다(제208조 ②항). 법문에서 '구속되었다가 석방된 자'는 구속영장에 의하여 구속되었다가 석방된 경우이며, 긴급체포나 현행범으로 체포되었다가 사후영장발부 전에 석방된 경우는 포함하지 않는다.[1] '다른 중요한 증거'는 양형에 관한 증거도 포함한다고 해석된다. 예컨대 누범가중사유를 새로 발견한 데에 따른 재구속은 허용된다. 이러한 재구속 제한은 법원이 피고인을 구속한 때

1) 대판 2001. 9. 28. 선고, 2001도4291.

에는 적용되지 않는다. 상소를 통한 이심이 이루어졌다면 재구속이 허용되는 것으로 보아야 한다.[1]

VI. 구속의 집행정지와 실효

1. 구속의 집행정지

38 법원은 상당한 이유가 있을 경우에 결정으로 구속된 피의자 또는 피고인을 친족 · 보호단체 기타 적당한 자에게 부탁하거나 피고인의 거주를 제한하여 구속집행을 정지할 수 있다(제101조 ①항). 이러한 구속의 집행정지는 집행을 끝내는 구속의 실효와 다르다. 법원이 피고인 · 피의자에 대한 구속집행정지를 결정할 때에는 급속을 요하지 않는 한 검사의 의견을 물어야 한다(제101조 ②항). 그리고 법원은 직권 또는 검사의 청구에 의하여 결정으로 구속의 집행정지를 취소할 수 있다(제102조 ②항).

2. 구속의 실효

39 구속사유가 없거나 소멸된 때에는 법원이 직권으로 또는 검사 · 피고인 또는 피의자 · 변호인과 변호인 선임권자의 청구에 대한 결정으로 구속을 취소하여야 한다(제93, 209조). 구속사유가 없거나 소멸된 때란, 도망 또는 증거인멸의 염려가 없어진 경우, 죄를 범했다고 의심할 만한 사유가 없어진 경우, 미결구금일수의 합계만으로 본형의 형기를 초과한 경우[2] 등이다. 법원은 구속취소결정을 할 때 필요한 사실을 조사할 수 있고(제37조 ③항), 증인신문 또는 감정을 명할 수 있다(규칙 제24조). 법원이 피고인에 대한 구속취소를 결정할 때에는 검사의 청구에 의하거나, 급속을 요하는 경우 이외에는 검사의 의견을 물어야 한다(제97조 ②항). 검사는 구속취소결정에 대해 즉시항고를 할 수 있다(같은 조 ④항). 반면에 구속취소청구 기각결정에 대해 피고인은 즉시항고권이 없다.

40 구속기간이 만료되면 구속영장의 효력은 당연히 상실된다. 구속기간이 경과한 이후의 구속은 불법구속이다. 무죄, 면소, 형의 면제, 형의 선고유예, 집행유예, 공소기각 또는 사형, 자유형, 벌금이나 과료를 과하는 판결이 선고된 때에 구

1) 대결 1985. 7. 23. 85모12.
2) 대결 1991. 4. 11. 91모25.

속영장은 효력을 잃는다(제331조).

[23] 체포 · 구속된 사람의 권리

I. 접견교통권

1. 접견교통권의 의의

1 접견교통권은 피고인 또는 피의자가 변호인 · 가족 · 친지 등 타인과 만나 대화하고, 서류 또는 물건을 주고받거나, 의사에게 진료를 받을 수 있는 권리를 말한다. 헌법상 변호인의 조력을 받을 수 있는 권리(헌법 제12조 ④항)로서 규정된 기본권이며, 변호인 또는 변호인이 되려고 하는 자의 입장에서는 그의 고유권이다. 접견교통권은 구금된 자의 정신적 · 육체적 고통을 덜고 방어권 행사를 가능하게 하는 중요한 조건이다. 격리된 공간에서 수사하면서 있을 수 있는 적법절차 위반을 방지하는 기능도 담당한다. 접견교통권을 침해한 가운데 수집된 피고인 · 피의자의 자백이나 진술, 증거물은 위법수집증거로 증거능력이 인정되지 않는다.[1]

2. 변호인에 대한 접견교통권

(1) 주체와 변호인

2 변호인이나 변호인이 되려는 자와 접견교통할 권리를 갖는 주체는 구속된 자, 체포된 자 또는 감정유치에 의하여 구속된 자, 임의동행에 따라 수사기관에 있는 자 등 국가기관에 의해 자유를 제한받는 모든 사람이다. 헌법 제12조 ④항이 "누구든지 체포 · 구속을 당한 때"라고 규정하고 있기 때문이다. 접견교통권의 상대방은 변호인과 변호인이 되려는 자로 표현되고 있다(제34조). **변호인이 되려는 자**는 주로 선임의뢰를 받았으나 아직 변호인 선임신고가 되지 않은 사람을 말한다. 스스로 변호인으로 활동하려는 의사를 표시한 자로서 객관적으로 변호인이 될 수 있는 지위에 있는 자도 포함한다.[2] 변호인이 되려는 자에 대한 접견교통권도 헌법상 기본권임은 마찬가지이다.[3]

---

1) 대판 1990. 9. 25. 90도1586; 1990. 8. 24. 90도1285.
2) 대판 2017. 3. 9. 2013도16162.
3) 헌재결 2019. 2. 28. 2015헌마1204.

(2) 접견교통권의 내용

3 변호인이나 변호인이 되려는 자는 신체가 구속된 피고인 또는 피의자와 접견하고, 서류 또는 물건을 주고받으며, 의사로 하여금 피고인이나 피의자를 진료하게 할 수 있다(제34조). 주고받은 서류의 검열과 물건의 압수는 허용되지 않는다. 최소한의 범위 안에서 무기 또는 위험한 물건을 주고받는 것은 금지할 수 있다. 변호인 접견시에는 비밀이 보장되어야 한다.[1] 교도관, 경찰 등이 참여하거나 그 내용을 청취 · 녹취 또는 촬영해서는 안 된다.[2] 그러므로 접견내용이 기록되더라도 증거능력이 인정되지 않는다. 그러나 보이는 거리에서 대화상황을 감시하는 것은 허용된다.

4 구속된 자가 갖는 변호인에 대한 접견교통권은 불가침의 기본권이다. 수사기관의 처분, 법원의 결정은 물론 하위법규로도 제한할 수 없다. 접견의 일시, 장소를 지정하여 제한하는 것도 허용되지 않으며, 정당한 이유 없이 접견시작을 오랜 시간 지연시키는 것도 권리침해에 해당한다.[3] 다만 구속장소의 관리를 위해 업무시간 이외의 일반적 시간제한은 허용된다고 보아야 한다.

3. 변호인 이외 사람에 대한 접견교통권

(1) 주체와 상대방

5 체포 · 구속된 피고인 또는 피의자는 관련 법률이 정한 범위에서 타인을 접견하고 서류 또는 물건을 수수하며 의사의 진료를 받을 수 있다(제89조). 이때의 '타인'에는 변호인이 포함되지 않는다. 여기서는 '법률이 정한 범위에서' 접견교통이 제한될 수 있는데, 변호인과의 접견교통권에는 이러한 제한이 허용되지 않기 때문이다.

(2) 접견교통권의 제한

6 법원은 도망과 증거인멸의 상당한 염려가 있을 때에는 직권 또는 검사의 청구에 의해 결정으로 구속된 피고인 · 피의자와 비변호인의 접견을 금지하거나, 서류 기타 물건의 수수의 금지, 검열 또는 압수를 할 수 있다(제91, 209조). 여기서 도망과 증거인멸의 염려에는 구체적 개연성이 있어야 한다. 의류, 양식 또는

---

1) 헌재결 1992. 1. 28. 91헌마111(전원재판부).
2) 대판 2003. 1. 10. 2002다56628.
3) 대결 1991. 3. 28. 91모24; 1990. 2. 13. 89모37.

의료품의 수수를 금지하거나 압수하는 것은 허용되지 않는다(제91조 단서).

피의자에 대한 접견교통권의 제한을 수사기관이 독자적으로 결정할 수 있는 가에 대해서는 견해가 나뉜다. 제200조의6과 법원의 구속을 준용하도록 한 제209조의 해석을 근거로 하여 이를 긍정하는 견해가 있으나,[1] 제209조의 준용규정에 따라 제91조를 적용한다면 법원의 결정에 따라서만 접견교통권의 제한이 가능한 것으로 보아야 한다.[2] 7

4. 접견교통권의 침해에 대한 구제

검사 또는 사법경찰관에 의한 피의자의 접견교통권 제한은 구금에 대한 처분이므로 준항고에 의하여 그에 대한 취소 또는 변경을 요구할 수 있다(제417조). 피의자가 변호인의 조력을 구했으나 수사기관이 정당한 사유 없이 변호인의 참여를 배제한 때에 그 기회에 작성된 피의자신문조서는 위법수집증거로서 증거능력이 없다.[3] 법원의 접견교통권제한결정에 대한 불복이 있을 경우에는 항고를 할 수 있다(제402조). 8

II. 체포 · 구속의 적부심사

1. 의 의

체포 또는 구속의 적부심사제도는 수사기관에 의해 체포 · 구속된 피의자에 대하여 법원이 그 체포 · 구속의 적법성을 심사하여 부적법한 경우에 석방할 수 있도록 한 제도이다(제214의2 ①항). 체포 · 구속적부심사제도는 검사의 청구에 따라 영장을 발부한 법원을 상대로 피의자가 다시 적법성의 심사를 요구하는 것이므로 재심절차 또는 항고적 성격을 갖는다. 9

체포 · 구속적부심사제도는 구속에 앞서 영장발부를 결정하기 위해 피의자를 심문하는 구속영장실질심사와 다르다. 수사단계에서 구속된 피의자를 석방시킬 수 있는 제도라는 점에서, 보석금납입에 의해 구속필요성이 없어져 수소법원이 구속된 피고인을 석방시키는 보석제도(제94조 이하)와 구별된다. 또한 체포 · 구속 10

1) 이재상/조균석 19/89; 이창현 365; 임동규 211.
2) 신양균 201; 이은모 289.
3) 대판 2013. 3. 28. 2010도3359.

적부심제도에서는 피의자에게만 적부심 청구권이 있고 피의자심문절차를 진행한다는 점에서, 피의자뿐 아니라 피고인과 검사에게도 청구권이 있고 심리절차 없이 법원이 직권으로 결정하는 구속취소(제93, 209조)와 다르다.

2. 체포 · 구속적부심사의 청구

11 체포 · 구속적부심사의 청구권자는 체포되거나 구속된 피의자, 그의 변호인 · 법정대리인 · 배우자 · 직계친족 · 형제자매나 가족, 동거인 또는 고용주이다(제214조의2 ①항). 여기서 동거인은 주민등록부에 등재된 자에 국한되지 않고 사실상 동거하는 사람도 포함한다. 어느 정도 계속적인 고용관계에 있다면 일용직 노동자의 고용주도 청구권을 행사할 수 있다. 피의자를 체포 · 구속한 검사 또는 사법경찰관은 체포 · 구속된 피의자와 그 밖의 청구권자 중에서 피의자가 지정하는 자에게 구속적부심사를 청구할 수 있음을 알려야 한다(제214조의2 ②항).

12 체포 · 구속적부심사 청구권자는 피의사건의 관할법원에 적부심사를 청구하여야 한다. 청구서에는 1) 체포 또는 구속된 피의자의 성명, 주민등록번호 등과 주거, 2) 체포 또는 구속된 일자, 3) 청구의 취지 및 청구의 이유, 4) 청구인의 성명 및 체포 또는 구속된 피의자와의 관계를 기재해야 한다(규칙 제102조).

3. 체포 · 구속적부심사의 절차

(1) 심사의 내용과 주체

13 체포 · 구속적부심사는 1) 체포나 구속의 절차가 위법하게 이루어졌는지 평가하는 것이다. 예를 들어 피의자가 구속사유를 갖추지 않았는데 구속된 것은 아닌지, 적법한 영장에 의하지 않고 체포 · 구속되었는지 등을 심사한다. 2) 체포 · 구속 당시는 적법하였으나 이후의 사정으로 구속을 계속하는 것이 위법한 경우인지도 심사대상이 된다. 예를 들어 체포 · 구속기간이 경과하였는데도 구금이 계속되는 경우(제202조 이하)나, 합의나 고소취소 등의 상황변화로 예상되는 선고형이 가벼워져 구속을 계속할 필요성이 없는 경우인지 등이다.

14 체포 · 구속적부심사 청구사건은 지방법원 합의부 또는 단독판사가 심사한다. 합의부사건의 경우에 법원은 피의자심문을 합의부원에게 명할 수 있다. 체포영장이나 구속영장을 발부한 판사는 심사에 관여할 수 없다. 다만 영장을 발부한 판

사 외에 심사할 판사가 없는 경우에는 예외이다(제214조의2 ⑫항).

(2) 피의자심문

체포 · 구속적부심사청구를 받은 법원은 지체없이 청구인, 변호인, 검사 그리 15
고 피의자를 구금하고 있는 관서의 장에게 심문기일과 장소를 통지하여야 한다(규칙 제104조 ①항). 검사 또는 사법경찰관은 수사관계서류와 증거물을 심문기일까지 법원에 제출해야 하고, 피의자를 구금하고 있는 관서의 장은 피의자를 출석시켜야 한다. 이 경우 변호인이 없는 때에는 법원이 국선변호인을 선정해야 하며, 국선변호인이 선정된 경우에는 심문기일에 반드시 출석해야 한다. 피의자출석 및 변호인출석은 절차개시의 요건이다(규칙 제19조 ①항). 심문은 청구서가 접수된 때부터 48시간 이내에 이루어져야 하며, 체포 · 구속적부심사청구를 받은 법원은 심문기일에 피의자를 심문하고 수사 관계 서류와 증거물을 조사한다(제214조의2 ④항).

검사 · 변호인 · 청구인은 관할법원의 심문기일에 출석하여 법원의 심문이 끝 16
난 후 의견을 진술할 수 있고, 심문 도중에도 판사의 허가를 얻어 의견을 진술할 수 있다. 피의자는 판사의 심문 도중에도 변호인에게 조력을 구할 수 있다. 체포 · 구속된 피의자 · 변호인 · 청구인은 피의자에게 유리한 자료를 제출할 수 있다(제214조의2 ⑨항, 규칙 제105조). 피의자를 심문하는 경우 법원사무관 등은 심문의 요지 등을 조서로 작성하여야 한다(제214조의2 ⑭항, 제201조의2 ⑥항). 이 조서는 제315조 3호의 당연히 증거능력이 있는 서류에 해당하며, 제311조가 규정한 문서는 아니다.[1)]

4. 법원의 결정

법원은 체포 또는 구속된 피의자에 대한 심문이 종료된 때로부터 24시간 이 17
내에 체포 · 구속적부심사청구에 대한 결정을 해야 한다(규칙 제106조). 법원은 심사결과 청구가 이유 없다고 인정되면 결정으로 그 청구를 기각해야 한다. 다만 청구권자 아닌 사람이 청구하였거나 동일한 체포영장 또는 구속영장의 발부에 대해 재청구할 때, 공범 또는 공동피의자의 순차청구가 수사방해의 목적임이 명백한 때에는 심문 없이 결정으로 청구를 기각할 수 있다(제214조의2 ③항). 소송경제

1) 대판 2004. 1. 16. 2003도5693.

를 위해서 인정되는 이러한 방식을 **간이기각결정**이라고 한다.

18 법원이 심사청구가 이유 있다고 인정하면 결정으로 체포 · 구속된 피의자의 석방을 명령하여야 한다. 이는 심사청구 후 피의자에 대하여 공소제기가 있는 경우에도 마찬가지이다(제214조의2 ④항).[1] 석방결정은 그 결정서등본이 검찰청에 송달된 때에 효력을 발생한다(제42, 44조). 이러한 법원의 각 결정에 대해서는 항고할 수 없다(제214조의2 ⑧항).

5. 피의자보석

(1) 의 의

19 구속적부심사의 청구가 있는 경우 법원이 내릴 수 있는 결정에는 구속된 피의자의 출석을 보증할 만한 보증금납입을 조건으로 하여 석방하는 것도 포함된다(제214조의2 ⑤항). 피의자는 원래 보석청구권이 없지만 구속적부심사를 청구한 경우 법원의 직권에 의한 보석은 가능하다. 이를 피의자보석이라고 한다. 이 보석결정은 공소제기 이후에도 효력이 유지된다. 피의자보석은 피의자의 청구에 의한 것이 아니라는 점에서 **직권보석**이며, 법원의 재량사항이라는 점에서 **재량보석**이다.

(2) 요 건

20 피의자보석은 보석금납입을 조건으로 한다. 보석금은 피의자의 출석을 보증할 만한 금액이어야 하고, 액수를 정하는 데에는 범죄의 성질, 죄상, 증거의 증명력, 피의자의 전과, 성격, 환경과 자산을 고려하여야 한다(제214조의2 ⑤, ⑦항, 제99조). 법원은 보석을 결정하기 위해 주거제한, 법원 또는 검사가 지정하는 일시 · 장소에 출석할 의무 그 밖의 적당한 조건을 부가할 수 있다(제214조의2 ⑥항). 피의자가 범죄의 증거를 인멸할 염려, 또는 피해자나 재판에 필요한 사실을 알고 있다고 인정되는 사람 등에게 해를 가할 염려가 있다고 믿을 만한 충분한 이유가 있는 때에는 보석결정을 할 수 없다(제214조의2 ⑤항 단서).

(3) 절차와 불복

21 피의자보석의 집행에도 피고인보석의 절차가 준용된다. 따라서 보석의 허가

1) 이는 피고인에게 구속적부심의 청구권한을 인정하지 않는 당시 현행법을 악용하여 검찰이 이른바 석방 전에 급하게 기소하여[전격기소] 피의자가 절차로부터 벗어나지 못하게 하는 데 대해 헌법재판소가 헌법불합치적인 행위로 본 결정(헌재결 2004. 3. 25. 2002헌바104)에 의해 규정되었다.

결정은 보석금을 납입한 후가 아니면 집행하지 못한다(제214조의2 ⑦항, 제100조). 피의자보석결정에 대해서 검사가 항고할 수 있는지에 대해서, 피의자의 조속한 석방을 확정한다는 측면에서 부정하는 입장이 있다. 그러나 제214조의2 ⑧항에서 이를 금지하는 내용이 없고 피고인보석결정에서 항고가 인정되므로 여기서도 검사의 항고가 인정된다고 보는 판례가 타당하다.[1)]

(4) 보석금의 몰수

법원의 보석결정에 의해 피의자가 석방된 후, 재체포 및 재구속 사유로 피의 22
자를 다시 구속할 경우, 기소 후 법원이 피의자보석으로 석방된 사람을 동일한 범죄사실로 다시 구속할 경우 직권이나 검사의 청구에 의하여 결정으로 피의자보석결정으로 납입된 보증금의 전부 또는 일부를 몰수할 수 있다 [**임의적 몰수**]. 법원은 보석으로 석방된 피의자가 동일한 범죄사실에 관하여 형의 선고를 받고 판결이 확정된 후, 집행하기 위한 소환을 받고도 정당한 이유 없이 출석하지 않거나 도망한 때에는 직권이나 검사의 청구에 의하여 결정으로 보증금의 전부 또는 일부를 몰수하여야 한다 [**필요적 몰수**] (제214조의4).

6. 재체포 및 재구속의 제한

체포 · 구속적부심사결정에 의하여 석방된 피의자는 도망하거나 범죄의 증거 23
를 인멸하는 경우를 제외하고는 동일한 범죄사실로 다시 체포하거나 구속할 수 없다. 피의자보석으로 석방된 피의자는 도망한 때, 도망하거나 범죄의 증거를 인멸할 염려가 있다고 믿을 만한 충분한 이유가 있는 때, 출석요구를 받고 정당한 이유 없이 출석하지 아니한 때, 주거의 제한 기타 법원이 정한 조건을 위반한 때를 제외하고는 동일한 범죄사실에 관하여 다시 체포하거나 구속할 수 없다(제214조의3).

III. 보 석

1. 의 의

보석(保釋)은 일정한 조건을 전제로 피고인에 대한 구속집행을 정지하여 구속 24

1) 대결 1997. 8. 27. 97모21.

된 피고인을 석방하는 제도이다.[1] 보석은 영장 및 구속의 사유가 정당하나 그 집행만을 정지시킨다는 점에서 구속집행정지와 같지만, 일정한 조건이 부가되고 피고인측에 보석청구권이 있다는 점에서 구속집행정지와 다르다. 보석이 있어도 영장의 효력이 유지된다는 점에서 구속영장을 전면적으로 실효시키는 구속취소와 구별되며, 영장 및 구속사유가 부적법하다는 것을 이유로 석방하는 구속적부심과 본질적으로 다르다. 보석에는 필요적 보석과 임의적 보석이 있다. 현행법은 필요적 보석을 원칙으로 하고 임의적 보석은 보충적으로 인정한다.

25 보석은 피고인이 형사절차로부터 벗어나지 않도록 하면서도 그의 신체자유를 직접 박탈하지 않게끔 하는 제도이다. 비례성원칙의 적합성과 필요성을 실현하는 데 기여한다. 인신이 구속되어 있지 않으면 피고인이 더 자유롭게 방어준비를 할 수 있기 때문에 피고인의 방어권실현에도 도움이 된다. 보석을 활용하면, 형사정책적으로는 피고인이 구금됨으로써 범죄를 학습하는 것과 같은 부작용을 막고 구금비용도 절감하는 효과를 기대할 수 있다.

2. 필요적 보석

26 필요적 보석은 보석청구가 있으면 법이 정하는 제외사유가 없는 한 보석을 허가해야 하는 경우를 말한다. 보석청구를 기각할 수 있는 사유는 다음과 같다(제95조). **1)** 피고인이 중한 죄(사형·무기 또는 장기 10년이 넘는 징역이나 금고)를 범한 경우에는 장차 피고인의 자발적 출석을 기대하기가 그만큼 더 어렵기 때문에 보석을 인정하지 않는다. 여기서 법정형 정도는 공소장에 기재된 죄를 기준으로 한다. 공소장변경이 있는 경우에는 변경된 공소사실이 기준이 되며, 두 개 이상의 공소사실과 죄명이 예비적·택일적으로 기재된 경우에는 그 가운데 하나가 이에 해당하면 된다. **2)** 누범이나 상습범인 경우도 같은 취지에서 보석대상에서 제외된다.

27 **3)** 구속을 계속해야 하는 사정, 즉 구속사유가 분명한 때에는 보석이 허가될 수 없다. 즉 피고인이 죄증인멸, 도망, 피해자 등에 대한 위해를 하거나 이러한 행위에 대한 염려가 있다고 믿을 만한 충분한 이유가 있는 때에는 보석에서 제외된다. **4)** 피고인의 주거가 분명하지 않은 경우도 마찬가지이다. 이러한 내용은 범죄의 사정, 공판과정, 피고인의 지위와 활동 등을 고려하여 결정해야 한다.

---

1) 공소제기된 피고인을 대상으로 하는 것이므로 수사절차에서 설명하는 것이 어울리지 않으나, 널리 대인적 강제처분인 구속에 대한 조치이기 때문에 여기서 같이 서술한다.

3. 임의적 보석

(1) 의 의

임의적 보석은 피고인 등의 청구에 의해, 또는 직권으로 재량에 따라 보석을 허가하는 것을 말한다. 위의 구속적부심을 청구한 피의자에 대해 법원이 직권적 · 재량적 보석을 결정하는 보석도 임의적 보석이다. 필요적 보석을 제외해야 하는 제95조의 사유에 해당하는 경우에도 법원은 상당한 이유가 있으면 재량으로 피고인의 보석을 허가할 수 있다(제96조). 상당한 이유에는 중대한 질병도 포함된다 [병보석]. 28

(2) 보석의 청구

보석청구는 피고인, 피고인의 변호인, 법정대리인, 배우자, 직계친족, 형제자매, 가족, 동거인 또는 고용주가 할 수 있다(제94조), 구속집행정지중인 피고인도 포함된다. 여기서 피고인 이외의 자의 보석청구권은 독립대리권이다. 보석청구를 위해서는 보석청구서와 자금력에 대한 증명서면을 제출해야 하며 기타 소명자료를 제출할 수 있다. 29

(3) 심문절차

재판장은 보석에 관한 결정을 하기 전에 검사의 의견을 물어야 한다(제97조 ①항). 이에 검사는 보석에 관한 의견서와 소송서류 및 증거물을 지체없이 법원에 제출해야 하며, 보석허가가 상당하지 않다는 의견을 갖는 때에는 그 사유를 명시하여야 한다. 보석허가가 상당하다고 여길 때에도 보석조건에 대한 의견을 표시할 수 있다. 이러한 검사의 의견은 법원을 구속하지 않는다. 또한 검사의 의견을 듣지 아니하고 법원이 보석에 관한 결정을 했더라도 그러한 하자만으로는 결정을 취소할 수 없다.[1] 30

보석청구를 받은 법원은 지체없이 심문기일을 정하여 구속된 피고인을 심문해야 한다. 보석청구권자 이외의 사람이 보석을 청구하거나 중복하여 보석이 청구된 때, 공판준비 또는 공판기일에 피고인에게 그 이익되는 사실을 진술할 기회를 준 때, 또는 제출한 자료만으로 보석 여부가 명확히 드러난 때에는 심문하지 않는다(규칙 제54조의2 ①항). 31

---

1) 대결 1997. 11. 27. 97모88.

(4) 법원의 결정

32 법원은 특별한 사정이 없는 한 보석청구를 받은 날부터 7일 이내에 보석 여부에 대해 결정하여야 한다(규칙 제55조). 보석청구가 이유 없을 때에는 보석청구를 기각한다. 보석허가결정에 대하여 검사는 즉시항고할 수 없다(제97조 ④항). 그러나 이에 대해 검사가 보통항고의 방법으로 불복하는 것은 허용된다.[1]

(5) 보석의 조건

33 보석을 허가하는 경우에는 비례성이 갖추어진 범위 안에서 제98조의 보석조건 중 하나 이상의 조건을 정하여야 한다. 가장 대표적인 것은 8호의 **보증금의 납입** 또는 **담보의 제공**이다. 이외에도 장차 절차에 참여하고 증거인멸을 하지 않겠다거나, 보증금 상당액을 납입할 것이라는 서약, 법원이 지정하는 장소로 주거를 제한하는 것, 피해자 등에 대한 가해금지와 접근금지, 피고인 이외의 자가 작성한 출석보증서, 출국금지의 서약, 피해자의 권리회복에 필요한 금원을 공탁하거나 그에 상당한 담보를 제공하는 것 등 피고인의 출석을 보증하기 위하여 법원이 정하는 적당한 조건을 부가할 수 있다(제98조 1～9호).

34 법원은 보석의 조건을 정할 때 범죄의 성질과 죄상, 증거의 증명력, 피고인의 전과 · 성격 · 환경 및 자산, 피해자에 대한 배상 등 범행 후의 정황에 관련된 사항을 고려하여야 한다(제99조 ①항). 법원은 피고인의 자금능력 또는 자산 정도로 이행할 수 없는 조건을 부가할 수 없다(제99조 ②항). 피고인의 출석을 확보하는 데 필요한 그 이상의 보증금도 비례성원칙에 반한다. 여기서는 피고인 개인의 재산뿐만 아니라 피고인의 신용과 보호자의 자산도 고려한다. 보석의 집행기관은 검사이므로 보증금은 검사에게 납입해야 한다. 보증금은 현금납입이 원칙이지만 법원은 유가증권이나 피고인 외의 자가 제출한 보증서로서 보증금에 대신하도록 허가할 수 있다(제100조).

4. 보석 조건의 변경과 보석의 취소 · 실효

(1) 보석의 취소

35 피고인이 도망한 때, 도망하거나 죄증을 인멸할 염려가 있다고 믿을 만한 충분한 이유가 있을 경우, 소환을 받고 정당한 이유 없이 출석하지 아니한 때, 피

---

1) 대결 1997. 4. 18. 97모26.

해자 등에게 해를 가하거나 가할 염려가 있다고 믿을 만한 충분한 이유가 있는 때, 법원이 정한 조건을 위반한 때에 법원은 직권 또는 검사의 청구에 의하여 결정으로 보석을 취소할 수 있다(제102조 ②항). 이에 따라 재구금할 때에는 새로운 구속영장이 필요 없으며 보석취소결정을 송달하지 않아도 된다. 보석취소의 결정이나 검사의 보석취소청구에 대한 기각결정에 대해서는 피고인측과 검사 모두 항고할 수 있다(제403조 ②항). 보석취소결정에 대한 항고에 대해서는 1심이든 2심이든 집행정지효력이 인정되지 않는다.[1]

(2) 보석의 실효

36 구속영장의 효력이 소멸한 때에는 보석조건은 즉시 그 효력을 상실한다(제104조의2). 무죄나 면소판결 등이 선고되는 경우뿐만 아니라 자유형이나 사형의 확정판결이 있는 경우에도 구속영장이 실효되므로 보석은 효력을 잃는다. 보석이 취소된 경우나 보석이 실효된 때라고 하더라도 보증금은 몰취의 대상이 될 수 있기 때문에 보증금납입의 효력까지 상실되는 것은 아니다.

5. 보증금 등의 몰취 · 환부

(1) 보증금 등의 몰취

37 법원이 보석을 취소할 때에는 직권 또는 검사의 청구에 따라 결정으로 보증금 또는 담보의 전부나 일부를 몰취할 수 있다(제103조 ①항) [임의적 몰취]. 보증금몰취에도 엄격한 요건이 필요하므로 보증금몰취와 보석취소결정을 동시에 해야 한다는 의견이 있으나, 양자의 다른 성격을 고려할 때 보석취소결정 후에도 몰취결정을 할 수 있는 것으로 보아야 한다.[2]

38 보석된 자가 형의 선고를 받아 그 판결이 확정된 후 집행을 위한 소환을 받고 정당한 이유 없이 출석하지 않거나 도망하면, 법원은 직권 또는 검사의 청구에 의하여 결정으로 보증금 또는 담보의 전부 또는 일부를 몰취하여야 한다(제103조 ②항) [필요적 몰취].

(2) 보증금의 환부

39 법원은 구속 또는 보석을 취소하거나 구속영장의 효력이 소멸되면 몰취하지

---

1) 대결 2020. 10. 29. 2020모633, 2020모1845.
2) 대결 2001. 5. 29. 2000모22(전합); 백형구(강의) 305; 신동운 1062.

않은 보증금 등을 청구한 날로부터 7일 이내에 돌려주어야 한다(제104조). 보석을 취소한 경우에는 그와 동시에 보증금몰취의 결정 여부에 따라 남은 보증금을 환부한다. 구속을 취소하거나 구속영장이 실효된 경우에는 보증금을 전부 환부하여야 한다.

제 4 절 대물적 강제수사

현행법상 대물적 강제수사의 방법은 압수, 수색, 검증이다. 이들은 증거방법으로서 의미 있는 물건이나 몰수할 것으로 예상되는 물건 등을 수집 · 보전 · 조사하는 강제처분이다. 지금은 대물적 강제수사방식의 허용성 여부가 과거에 비해 더욱 중요한 문제가 되고 있다. 진술 위주의 증거방법에서 벗어나 과학수사의 발달과 함께 물증의 의미가 갈수록 커질 뿐만 아니라, 초기수사가 중요하다는 인식으로부터 수사시작과 더불어 압수 · 수색을 진행하는 경우가 많아지고 있기 때문이다.

[24] 압수와 수색

I. 압수 · 수색의 일반론

1. 개 념

1 **압수**는 증거방법으로 의미가 있는 물건이나 몰수가 예상되는 물건의 점유를 취득하는 강제처분이다. 압류, 영치 및 제출명령의 세 종류가 있다.[1] **압류**는 강제력을 사용하여 유체물의 점유를 점유자 또는 소유자의 의사에 반하여 수사기관 또는 법원에 이전하는 강제처분을 말한다. **영치**는 소유자 등이 임의로 제출한 물건이나 유류한 물건을 계속하여 점유하는 것이다. **제출명령**은 일정한 물건의 제

1) 압수의 사전적 의미는 널리 유체물인 물건의 점유를 취득하는 행위를 뜻하는데, 실무에서는 이러한 의미와 강제수사의 방법과 구별하지 않고 모두 압수라고 일컫고 있다. 영장 및 압수조서나 압수목록을 작성할 필요성이 없는 '확보', '취거', '보전' 등의 조치라면 이를 강제처분인 압수와 구별하여 쓰는 것이 바람직하다.

출을 명하는 강제처분이다.

수색은 특정인이나 압수할 물건을 발견하기 위한 목적으로 일정한 공간을 뒤 2
져 찾는 강제처분을 말한다. 수색은 주로 압수와 함께 행해지므로 실무상으로도 대부분 압수 · 수색영장이라는 단일한 영장을 사용한다.

2. 압수 · 수색의 대상

(1) 원 칙

압수 · 수색의 대상은 수사목적에 이용될 수 있는 것으로서 옮겨질 수 있는 3
물건이다. 대인적 강제수사로 침해되는 권리가 신체의 자유권인 데 반해 대물적 강제수사가 침해하는 권리는 **물건에 대한 소유권 및 점유권**이다. 이는 민법에 따르는 것이 아니라 형법적으로 이해된 사실적 의미의 권리이다.[1] 예를 들어 절도 피의자는 도품을 점유할 민법상 권리가 없으나, 형사절차에서 도품은 압수대상이 된다.

(2) 소유권 · 점유권 밖의 대상

소유권 · 점유권의 대상이 될 수 없거나 이 권리가 인정되지 않는 물건은 강 4
제수사 요건 없이도 수사기관이 적법하게 확보할 수 있다. 즉 유실된 물건이나 무주물은 영장 없이 취할 수 있다(제108, 218조). 예를 들어 범죄현장 및 근처에 떨어져 있는 머리카락이나 혈흔이 묻은 나뭇가지, 쓰레기봉투 안에 포함되어 있는 물건 등은 영장 없이 가져올 수 있다.[2]

피수사자가 장차 재산상 권리를 주장할 가능성이 현저히 낮은 물건도 비례 5
성원칙을 거쳐 영장 없이 확보할 수 있다. 현장에 떨어뜨리고 간 담배꽁초나 피의자의 사무실 휴지통에 버려진 폐지 등이 예가 된다. 그러나 일시적으로 피의자의 점유에서 벗어난 물건이지만 그의 잠재적으로 연장된 점유의사에 놓인 것으로 볼 경우에는 영장 없이 확보할 수 없다. 경찰과 마주쳐 도주하면서 놓고 간 가방이나, 은신처에 두고 간 지갑 등은 강제수사로써 압수해야 한다.

신체 내의 혈액, 대 · 소변, 입으로 삼켜진 것[**연하물**], 모발 등은 해당인의 6
소유 · 점유에 있다고 표현하기 어려우며 그의 권리를 배제하는 것도 불가능하다.

---

1) 이러한 점유 개념에 대해서는 배종대, 형법각론, 61/20 이하 참조. 제106조 ②항 등에서 압수의 피수사자는 소유자, 소지자, 보관자로 규정되어 있다.
2) 홍영기, 압수의 허용과 제한, 고려법학 72, 395면 이하.

이에 대한 압수는 신체에 대한 직접적 침해를 수반하기 때문에 강제수사요건 이외에도 엄격한 전제조건을 충족해야 한다(25/4).[1] 반면에 인체로부터 분리될 수 있는 의족·의수 또는 이미 분리된 사물, 예를 들어 채혈되어 보관중인 혈액, 배설된 소변 등은 압수대상이 된다. 그러나 이와 같은 객체들은 해당인의 신체에 대한 정보를 포함하고 있기 때문에 일반적인 압수에 비해 더 강한 비례성심사를 거쳐야 한다.[2]

(3) 유체성과 이전가능성

7 모든 종류의 유체물은 물론 동·식물 등도 압수대상이 된다. 대상이 되는 물건개념 또한 민법보다 외연이 넓어서, 시·공간을 물리적으로 점하는 대상에 국한되지 않는다. 특히 최근에는 기술발달에 따라 '디지털정보'도 이 개념에 속하게 되었다.

8 압수가능성을 고려할 때, 사실적으로 이전가능한 물건만 대상으로 한다. 경제적 가치 그 자체, 공·사법적 권리 등은 사실적으로 이전가능한 것이 아니라 법률적으로만 이전가능한 것이다. 따라서 문서나 유가증권 등으로 체화되지 않는 한 압수대상이 아니다. 부동산이나 일정한 장소 등은 압수대상이 될 수 없다. 토지나 건물, 도로 또는 그 일부도 접근과 이용을 막는 방법으로 압수할 수 있다고 보는 견해가 있지만, 이 방식은 영장의 효력범위를 지나치게 확대할 우려가 있다.[3]

(4) 정보, 정보자료, 매개체

9 **정보** 그 자체는 유체물이 아니지만 기술적으로 정보를 가져오는 것도 가능하기 때문에 특히 디지털정보 등은 압수대상이 된다. 그러나 디지털정보의 특징상 매우 광범위한 정보를 아주 간단히 가져올 수도 있으므로 이에 대해서는 유체물과 같은 수준의 엄격한 제한요건에 따라 압수해야 한다. 이 부분은 아래(24/33)에서 다시 설명한다.

10 **정보자료** 또는 **흔적증거**란 정보를 담고 있는 것으로서, 법적 또는 기술적 방식을 이용하여 확보될 수 있는 흔적이나 표식을 말한다. 지문, 족적, 혈흔과 같은

1) 대판 2018. 7. 12. 2018도6219.

2) 대판 2013. 10. 24. 2013도6285; 2013. 3. 14. 2012도13611; 2013. 3. 14. 2010도2094; 2012. 11. 15. 2011도15258; 2011. 5. 13. 2009도10871; 2011. 4. 28. 2009도2109 등 참조.

3) 홍영기, 앞의 글, 398면. 부동산을 압수대상에 포함하는 견해는 이창현 427.

것이 예가 된다. 이는 유체물이 아니므로 압수대상이 된다고 보기 어렵다. 압수조서나 목록을 만드는 것도 용이하지 않으며 그에 대한 소유·점유 관계가 확인되기 어려워서 환부하는 것도 불가능하다. 그리고 이러한 정보자료를 취하는 것은 수사에 쓰일 수 있는지 검토하기 위한 단서확보 작업이라는 의미가 강하므로, 이를 영장 없이 획득하는 것은 위법한 수사가 아니다. 예를 들어 전사판을 이용하여 지문을 뜨거나 족적을 사진기로 촬영한 후 이를 취하는 것은 강제처분이 아니다.[1)]

자료의 매개체로서 유체물은 압수대상물이 되는 데 문제가 없다. 예를 들어 지문이 묻어 있는 지갑이나 술잔, 디지털정보가 담긴 메모리카드 등이다. 11

3. 압수금지물

압수가 금지된 대상을 법에 개별적으로 규정하는 것은 불가능하다. 헌법과 형사소송법의 통일적 해석과 핵심적 적법절차원리에 따라 다음과 같은 내용의 압수금지물이 추론된다. 12

(1) 진술거부권·증언거부권

진술거부권의 취지에 비추어 피의자·피고인의 자백이 담겨 있는 매체에 대한 압수는 금지되어야 한다. 영장을 통해 이를 압수할 수 있다고 하면 진술거부권이 무의미해지기 때문이다.[2)] 증언거부권의 경우도 마찬가지이다. 자기 환자의 병력에 관하여 의사가 증언을 거부할 경우, 의사의 치료기록을 압수하여 수사목적을 달성하려고 하면 안 된다. 13

(2) 방 어 권

방어권 행사에 필수적인 물건을 압수하는 것은 허용되지 않는다. 방어활동을 통해 작성해둔 서류, 변호인과 교류한 서류나 이메일 등의 압수를 허용해서는 안 된다. 판례도 변호사와 상담한 법률자문서는 변호인의 조력을 받을 기본권과 관련되므로 의뢰인의 동의가 없는 한 압수할 수 없는 것으로 보고 있다.[3)] 피의자·피고인 및 변호인의 개인컴퓨터나 휴대폰은 수사에 결정적인 단서가 될 수 있으나 방어활동에 필수적 수단이므로 이에 대한 압수는 엄격한 비례성원칙의 심사가 14

1) 홍영기, 앞의 글, 400면 이하.
2) 독일형사소송법 제97조 참조.
3) 대판 2012. 5. 17. 2009도6788(전합)의 판시이유.

요구된다.

(3) 프라이버시권

15 수사대상자의 핵심적인 프라이버시를 담은 내용물은 압수대상이 될 수 없다(헌법 제17조). 개인의 일기장이나 병력기록 등이 이에 해당한다.[1] 현행법은 이러한 취지에서 특칙을 두어, 필요한 때에는 피의사건과 관계가 있다고 인정할 수 있는 것에 한정하여 우체물 또는 통신비밀보호법에 따른 전기통신에 관한 것을 압수할 수 있다고 규정한다(제107조 ①항, 제219조). 개인이 주고받은 편지나 이메일의 압수허용 여부에 대해서는 프라이버시와 수사필요성을 비교형량함으로써 해결하고 있다(헌법 제18조). 판례는 이와 같은 비교형량을 할 때에 사생활을 보호해야 할 필요성과 그 정도, 증거수집 과정에서 이를 침해하게 된 경위와 그 침해의 내용 및 정도는 물론 범죄의 경중과 성격, 피고인의 증거동의 여부 등을 전체적·종합적으로 고려해야 한다고 하였다.[2] 또한 판례는 전자정보가 저장된 저장매체는 대부분 대용량이어서 압수·수색영장 발부사유인 범죄혐의와 관련 없는 개인의 일상생활, 기업경영이나 단체활동에 관한 정보가 광범위하게 포함되어 있다고 하면서, 이러한 전자정보에 대한 압수·수색은 인격권, 사생활의 비밀과 자유, 정보에 대한 자기결정권, 재산권 등을 침해할 우려가 크므로 포괄적으로 이루어져서는 안 되고 비례의 원칙에 따라 필요한 최소한의 범위 내에서 이루어져야 한다는 점을 강조한다.[3]

(4) 기타 기본권

16 대상물을 압수함으로써 피수사자의 건강을 해치는 처분도 기본권 침해로서 금지된다(헌법 제10, 12조 ①항). 개인이나 단체의 사상·양심의 표현물을 수색·압수하는 것(헌법 제8, 19조), 교육·언론기관의 수색·압수도 엄격한 비례성심사를 갖추어야 한다(헌법 제21조 ①·②항). 의복, 가구, 침구, 식기 등 생계유지에 기본적으로 필요한 물건, 교육에 필수적인 물건 등을 압수하는 것도 마찬가지이다(제91조 단서 참조).[4]

---

1) 판례는 이에 대한 분명한 제한을 두고 있지 않다(대판 2008. 5. 15. 2008도1097 참조).

2) 대판 2013. 11. 28. 2010도12244: 이미 수신이 완료된 전기통신에 관하여 남아 있는 기록이나 내용을 수사기관이 열어보는 행위는 위법한 감청이 아니다.

3) 대판 2017. 11. 14. 2017도3449.

4) 홍영기, 압수의 허용과 제한, 409면 이하.

4. 범죄의 혐의

대물적 강제수사는 단순한 주관적 혐의만으로 정당화될 수 없으며 구체적인 객관적 사실에 의해 뒷받침되어야 한다. 그러나 압수·수색에 필요한 범죄혐의는 인신구속에서 요구되는 정도에 미치지 않아도 된다. 압수·수색은 대개 수사의 초기 단계에서 구속에 앞서 사안과 피의자를 특정하거나 구속의 요건을 확인하기 위한 수단으로 이용될 수 있기 때문이다. 현행법은 체포와 구속의 사유로 범죄혐의의 '상당한 이유'를 요구하고 있는 데 반해(제200조의2, 제201조), 압수·수색의 범죄혐의로는 '죄를 범하였다고 의심할 만한 정황'을 요구하고 있다(제215조). 17

5. 현행법상 압수제한

위와 같은 해석론 이외에 현행법상 압수제한 규정이 있다. 군사상 비밀을 요하는 장소에 있는 물건은 그 책임자의 승낙 없이 압수·수색할 수 없다. 다만 그 책임자는 국가의 중대한 이익을 해하는 경우를 제외하고는 승낙을 거부하지 못한다(제110조). 공무원 또는 공무원이었던 자가 소지 또는 보관하는 물건에 관해서는 본인이나 해당 공무소가 직무상 비밀에 관한 것임을 신고한 때에는 소속 공무소 또는 해당 감독관공서의 승낙 없이는 압수하지 못한다. 이때 소속 공무소 또는 감독관공서는 국가의 중대한 이익을 해하는 경우를 제외하고는 승낙을 거부하지 못한다(제111조). 18

변호사·변리사·공증인·공인회계사·세무사·대서업자·의사·한의사·치과의사·약사·약종상·조산사·간호사·종교의 직에 있는 자 또는 이러한 직에 있던 자가 그 업무상 위탁을 받아 소지 또는 보관하는 물건으로 타인의 비밀에 관한 것은 압수를 거부할 수 있다. 다만 그 타인의 승낙이 있거나 중대한 공익상 필요가 있는 경우는 예외로 한다(제112조). 19

II. 압수·수색의 절차

1. 압수·수색영장의 요건

(1) 압수·수색영장의 청구

검사는 지방법원판사에게 청구하여 발부받은 영장에 의해 압수·수색 또는 검 20

증을 할 수 있다. 사법경찰관은 검사에게 신청하여 검사가 영장을 청구한다(제215조 ①·②항). 영장을 청구할 때는 피의자에게 범죄혐의가 있다고 인정되는 자료와 압수의 필요성 및 해당 사건과의 관련성을 인정할 수 있는 자료를 제출해야 한다. 영장청구기한에 제한은 없으나, 공소가 제기된 후에는 검사가 수사를 위해 압수·수색을 할 수 없다. 이를 위배하여 수집된 증거는 위법수집증거로 보아야 한다.[1)]

(2) 영장의 기재사항

21 압수·수색영장에는 피의자 또는 피고인의 성명, 죄명, 압수할 물건, 수색할 장소·신체·물건, 발부년월일·유효기간과 그 기간을 경과하면 집행에 착수할 수 없으며 영장을 반환해야 한다는 취지, 그 밖에 대법원규칙으로 정하는 사항, 압수·수색의 사유를 기재하고 재판장 또는 수명법관이 서명·날인해야 한다. 이와 같은 요건이 특정되어 있지 아니한 소위 '일반영장'은 금지된다. 압수·수색할 물건이 전기통신에 관한 것인 경우에는 작성기간을 기재하여야 한다(제114조 ①항, 규칙 제58조).

(3) 영장의 효력범위: 별건압수 문제

22 대물적 강제처분에서도 영장의 효력범위는 구속영장과 마찬가지로 사람이 아니라 사건을 단위로 한다. 형사소송법도 "수사 중인 사건의 범죄혐의를 밝히기 위한 목적으로 합리적인 근거 없이 별개의 사건을 부당하게 수사해서는 아니 된다"고 하면서(제198조 ④항), "해당 사건과 관계가 있다고 인정할 수 있는 것에 한정하여" 압수·수색할 수 있도록(제106조 ①·②항, 제215조 ①·②항) 규정하고 있다[사건단위설].

23 그러므로 영장기재사실과 다른 피의사실의 수사를 위해 하나의 영장을 사용할 수 없다. 판례도 압수·수색은 영장발부의 사유로 된 범죄 혐의사실과 관련된 증거에 한하여 할 수 있는 것이므로, 영장발부의 사유로 된 범죄 혐의사실과 무관한 별개의 증거를 압수하였을 경우 이는 원칙적으로 유죄 인정의 증거로 사용할 수 없다고 한다.[2)] 수사기관이 내심 본건수사를 목적으로 하면서도 형식적으로는 별건을 이유로 발부받은 압수영장을 제시하여, 본건수사에 필요한 물건을 압수하는 **별건압수**는 위법한 수사이다. 그로부터 획득한 증거물은 증거능력이 없

---

1) 대판 2011. 4. 28. 2009도10412.
2) 대판 2016. 3. 10. 2013도11233.

다.[1] 반면에 사건단위설의 취지에 따를 때, 하나의 물건에 대해 복수의 사건수사를 위하여 중복하여 영장을 집행하는 **이중압수**는 허용된다.[2]

24 여기서 사건을 효력의 단위로 한다고 하여, 하나의 사건을 기초로 한 하나의 영장으로 여러 물건을 압수할 수 있는 것으로 이해해서는 안 된다. 압수 · 수색영장에는 '압수할 물건'을 특정해야 하며 효력은 바로 이 물건에 대해서만 발생한다. '사건과 관계된 압수장소에 있는 물건'으로 효력을 확대하여 집행해서는 안 된다(제106조 ②항 참조).[3] 그럼에도 '물건단위설'을 취하지 않는 이유는, 동일한 물건을 대상으로 한 별건의 압수는 위법한 수사방법이기 때문이다. 즉 압수 · 수색영장은 하나의 사건을 단위로 하는 동시에, 영장에 특정된 물건에만 효력이 미치는 것으로 보아야 한다. 이는 하나의 절차에 대체로 한 명의 피의자만 속해 있는 대인적 강제수사와 다른 점이다.

(4) 영장 기재 사건과 관련된 사건

24-1 별건압수는 위법한 수사방법이지만, 대물적 별건구속에 비할 때 강제수사의 특징에 따라 영장에 기재된 사건과 관련된 사건의 범위는 다소 확대될 수 있다. 판례는 영장에 기재한 혐의사실과 객관적 관련성이 있고 영장대상자와 피의자 사이에 인적 관련성이 있는 범죄에도 영장의 효력이 미칠 수 있는 것으로 본다. 이 가운데 1) 혐의사실과의 **객관적 관련성**은 영장에 기재된 혐의사실 자체 또는 그와 기본적 사실관계가 동일한 범행과 직접 관련되어 있는 경우, 범행 동기와 경위, 범행 수단과 방법, 범행 시간과 장소 등을 증명하기 위한 간접증거나 정황증거 등으로 사용될 수 있는 경우 등에 인정될 수 있다. 이러한 객관적 관련성은 압수 · 수색영장에 기재된 혐의사실, 수사의 대상, 수사 경위 등을 종합하여 구체적 · 개별적 연관관계가 있는 경우에만 인정되며, 혐의사실과 단순히 동종 또는 유사 범행이라는 사유만으로 인정해서는 안 된다. 2) 피의자와의 **인적 관련성**은 압수 · 수색영장에 기재된 대상자의 공동정범이나 교사범 등 공범이나 간접정범, 필요적 공범 등에 대한 피고사건에 대해서 인정된다.[4]

---

1) 대판 2018. 4. 26. 2018도2624; 2016. 3. 10. 2013도11233; 대결 2015. 7. 16. 2011모1839(전합).

2) 압수물에 대한 종전의 압수가 몰수선고가 없이 해제된 것으로 간주됨으로써 처음부터 압수되지 아니한 것과 같은 상태가 되었다면 다른 피의자로 하여금 다시 압수처분을 한 것은 이중압수가 아니다(대결 1997. 1. 9. 96모34).

3) 대결 2022. 5. 31. 2016모587; 대판 2022. 1. 27. 2021도11170; 2021. 11. 18. 2016도348(전합); 2021. 10. 28. 2020도15650.

4) 대판 2021. 12. 30. 2019도10309; 2021. 11. 25. 2021도10034; 2021. 11. 25. 2019도6730; 2021. 8. 26. 2021도

(5) 우연한 발견의 법리

25 압수 · 수색영장에 명시된 사건의 범위 안에 있는 물건만 압수할 수 있기 때문에, 수색장소에 영장을 가지고 정당하게 들어선 후 그 안에서 영장에 기재되지 않은, 피의사건 이외의 관련 물건을 우연히 발견하였더라도 그 기회에 이를 압수하는 것은 허용되지 않는다. 즉 '우연한 발견의 법리'[1]에 따른 영장주의의 예외는 인정할 수 없다. 판례도 혐의사실과 관련된 전자정보를 영장에 의해 수색하는 과정에서 범죄사실과 관련된 별도의 전자정보를 우연히 발견했을 때 이에 대한 압수 · 수색영장을 별도로 발부받지 않고 압수한 것을 위법한 수사로 보고 있다.[2]

26 영장에 의한 압수 · 수색뿐만 아니라 인신구속에 부수하는 '영장 없는 압수 · 수색'의 경우도 마찬가지이다. 이러한 압수 · 수색의 허용범위도 반드시 함께 진행된 적법한 인신구속 사건에 국한되어야 한다. 구속상황에서 우연히 발견한 다른 사건 관련물건을 영장 없이 압수 · 수색하는 것은 위법한 방법이다(24/45).[3]

(6) 영장의 유효기간

27 압수 · 수색영장의 유효기간은 7일이며, 법원 또는 법관이 상당하다고 인정하는 때에만 7일을 초과할 수 있다(규칙 제178조). 그러나 영장의 유효기간이 도과되지 않았더라도 동일한 영장으로 반복하여 같은 장소에서 압수 · 수색 · 검증을 할 수 없다. 압수 · 수색영장의 유효기간 안에 이미 집행한 것과 동일한 장소 또는 목적물에 대해 다시 압수 · 수색할 필요가 있는 경우라면, 법원으로부터 새로운 압수 · 수색영장을 발부받아야 한다.[4]

2. 압수 · 수색영장의 집행

(1) 집행의 방법

28 압수 · 수색영장은 검사의 지휘에 따라 사법경찰관리가 집행한다. 다만 필요한 경우에 재판장은 법원사무관 등에게 그 집행을 명할 수 있다. 영장을 집행하

2205; 2021. 7. 29. 2021도3756; 2020. 2. 13. 2019도14341,2019전도130; 2018. 4. 26. 2018도2624; 2017. 12. 5. 2017도13458.

1) 미국의 이른바 '플래인 뷰'(Plain View) 이론.

2) 대결 2015. 7. 16. 2011모1839(전합); 2014. 1. 16. 2013도7101. 위법수집 물증의 증거배제를 확인한 '제주지사실 압수 · 수색사건(대판 2007. 11. 15. 2007도3061(전합))도 이를 분명히 한 판례이다. 대판 2009. 3. 12. 2008도763: 영장에 압수대상물을 압수장소에 '보관중인 물건'으로 기재한 경우, 이를 '현존하는 물건'으로 해석할 수 없다.

3) 대판 2009. 5. 14. 2008도10914 참조.

4) 대결 1999. 12. 1. 99모161.

기 위해서는 압수·수색처분을 받는 자에게 반드시 영장을 제시해야 하고, 그가 피의자(기소 후에는 피고인)인 경우에는 영장의 사본을 교부해야 한다(제118, 219조). 현장에서 압수·수색을 당하는 사람이 여러 명일 경우에는 그 사람들 모두에게 개별적으로 영장을 제시해야 한다.[1] 피처분자가 현장에 없거나 현장에서 그를 발견할 수 없는 경우 등 영장제시가 현실적으로 불가능한 경우는 예외로 한다(제118조 단서, 제219조).[2] 영장 원본의 제시 없이 압수현장에 팩스로 영장 사본을 송신한 것은 적법절차에 어긋난다.[3]

(2) 관련자의 참여

검사·피고인·피의자·변호인은 압수·수색영장의 집행에 참여할 수 있다 29
(제121, 219조). 이를 위해 미리 집행일시와 장소를 참여권자에게 통지해야 한다. 다만 참여권자가 참여하지 않는다는 의사를 명시한 때 또는 급속을 요하는 때에는 예외로 한다(제122, 219조). 여기서 '급속을 요하는 때'란 미리 알려주면 증거물을 은닉할 염려 등이 있어 압수·수색의 실효를 거두기 어려울 때를 뜻한다.[4] 압수·수색영장의 집행에 참여하는 자는 압수·수색의 의미를 이해할 수 있는 정도의 인식능력이 있어야 한다. 이러한 참여권을 보장하지 않은 상태에서의 영장집행은 대표적인 위법수사방법이다.[5]

(3) 야간집행의 제한 등

일출 전 일몰 후에는 압수·수색영장에 야간집행을 할 수 있다는 기재가 없 30
는 한 영장집행을 위해 타인의 주거 등에 들어갈 수 없다. 다만 도박 기타 풍속을 해하는 행위에 쓰인 것으로 인정되는 장소나 여관·음식점 기타 야간에 공중이 출입할 수 있는 장소로서 공개된 시간 안에는 이러한 제한이 없다(제125, 126조). 여자의 신체에 대하여 수색할 때에는 성년의 여자를 참여하게 하여야 한다(제124, 219조). 압수·수색영장을 집행할 때에는 타인의 비밀을 지켜야 하며, 처분받는 자의 명예를 해치지 않도록 해야 한다(제116조).

1) 대판 2017. 9. 21. 2015도12400; 2009. 3. 12. 2008도763.
2) 대판 2015. 1. 22. 2014도10978(전합).
3) 대판 2017. 9. 7. 2015도10648.
4) 대판 2012. 10. 11. 2012도7455.
5) 대결 2022. 7. 14. 2019모2584.

(4) 집행 후 조치, 필요한 처분

31 압수한 경우에는 목록을 작성하여 소유자 · 소지자 · 보관자 그리고 기타 이에 준하는 자에게 교부하여야 한다(제129조). 수색한 결과, 증거물 또는 몰수할 물건이 없는 때에는 그 취지의 증명서를 교부하여야 한다(제128조). 증거물 또는 몰수할 물건을 압수하였을 때에는 압수의 경위, 물건의 명칭, 외형상 특징과 수량을 구체적으로 기재한 **압수조서** 및 **압수목록**을 작성해야 한다(제49조 ①항). 피의자신문조서, 진술조서, 검증조서 또는 실황조사서에 압수취지를 기재하여 압수조서를 대신할 수 있다. 압수조서에는 조사 또는 처분의 연월일시와 장소를 기재하고 그 조사 또는 처분을 행한 자와 참여한 법원사무관 등이 기명날인 또는 서명하여야 한다(제50조).

32 압수한 물건이 금고나 가방 등으로 봉해져 있거나 디지털증거의 매체가 비밀번호 등으로 잠겨 있을 때에는 수사대상자로 하여금 이를 열어달라고 요구할 수 있으며, 이에 응하지 않으면 강제로 여는 처분을 할 수 있다(제120, 219조). 영장을 통해 허용된 강제수사에는 수사기관이 그 대상을 접하여 정보를 얻어내는 조치까지 포함된 것으로 보아야 하기 때문이다(20/3).[1]

3. 디지털증거의 압수 · 수색

(1) 의 의

33 디지털정보 [전자정보; 전자기록; 전산자료] 는 유체물이 아니지만 수색 및 압수할 수 있는 대상이다. 현대사회의 많은 범죄사실 증거는 전자기록에 포함되어 있다. 그러나 그 정보의 저장매체에는 혐의사실과 무관하거나, 개인의 사적 영역에 속하는 광범위한 정보가 집적되어 있고, 매우 단순한 작업을 통해서도 쉽게 전부를 가져오거나 원본에 영향 없이 복사할 수 있기 때문에 법률[2]과 비례성원칙에 따른 특별한 주의가 필요하다.[3] 판례도 전자정보가 저장된 저장매체는 대부분 대용량이어서 압수 · 수색영장 발부사유인 범죄혐의와 관련 없는 개인의 일상생활, 기업경영이나 단체활동에 관한 정보가 광범위하게 포함되어 있다고 하면서, 이러한 전자정보에 대한 압수 · 수색은 인격권, 사생활의 비밀과 자유, 정보에 대한 자기결정권, 재산권 등을 침해할 우려가 크므로 포괄적으로 이루어져서는 안 되고

1) 대결 2013. 7. 1. 2013모160 참조.
2) 자세히는 대검찰청 예규인 디지털 증거의 수집 · 분석 및 관리 규정 참조.
3) 대판 2017. 11. 14. 2017도3449.

비례의 원칙에 따라 필요한 최소한의 범위 내에서 이루어져야 한다는 점을 강조해왔다.[1)]

그러나 이와 같은 주의는 디지털저장매체 안에 포함된 정보를 압수하기 위한 절차에 대한 것이지, 그 휴대폰, 노트북 등 매체 자체에 대한 재물죄수사를 위한 방식은 아니다. 예컨대 점유이탈물횡령사실의 대상물로서 휴대폰을 압수하는 것은 디지털증거에 대한 압수가 아니므로 보편적인 압수방식에 따라야 하는 것은 물론이다. 33-1

(2) 영장주의

전자기록의 수색과 압수도 법원이 발부한 영장에 따라 진행된다. 현행법에서는 특히 전기통신에 관한 압수 · 수색을 위해서 그 **정보기록의 작성기간**을 영장에 기재하도록 하고 있다(제114조 ①항 단서). 휴대폰이나 컴퓨터로 문자를 주고받은 내역 등을 압수할 때 이러한 기간의 제한을 두지 않으면 수사필요성을 넘어 압수 · 수색이 이루어질 수 있기 때문이다. 34

압수목적물이 컴퓨터용디스크 등 정보저장매체인 경우에는 **기억된 정보의 범위**를 정하여 출력하거나 복제하여 제출받아야 한다(제106조 ③항). 다만 범위를 정하여 출력 또는 복제하는 방법이 불가능하거나 압수목적을 달성하기에 현저히 곤란하다고 인정되는 때에는 정보저장매체 등을 압수할 수 있다(같은 항 단서). 여기서 중요한 '정보의 범위'는 특히 피의사실 및 공소사실과 관련된 특정범위를 뜻한다. 영장의 효력범위도 그에 국한될 뿐만 아니라, 인신을 구속하는 때에 병행되는 영장 없는 압수 · 수색을 하고자 할 때에도 그 인신구속의 건에 국한된 정보만을 취득할 수 있다 [**사건단위설**]. 판례도 문서출력 또는 파일복사의 대상 역시 혐의사실과 관련된 부분으로 한정되어야 하기에, 수사기관 사무실 등으로 옮긴 저장매체에서 범죄 혐의의 관련성에 대한 구분 없이 전자정보 중 임의로 문서출력 혹은 파일복사를 하는 행위는 특별한 사정이 없는 한 영장주의 등에 반하는 위법한 집행이 된다고 한다.[2)] 35

1) 대판 2021. 11. 18. 2016도348(전합); 2017. 11. 14. 2017도3449.

2) 대결 2015. 7. 16. 2011모1839(전합); 2011. 5. 26. 2009모1190; 대판 2017. 9. 21. 2015도12400; 2014. 1. 16. 2013도7101; 2012. 3. 29. 2011도10508. 비판적인 견해는 노명선/이완규 233.

(3) 참여권 보장

36 디지털정보를 압수·수색하는 때에도 피수사자의 참여권(제219, 121조)을 보장해야 하는 것은 물론이다. 뿐만 아니라 압수하는 장소에서 해당 정보만 출력·복제하여 채득하기 어려운 예외적인 사정에서, 정보가 담긴 저장매체 또는 하드카피나 이미징 등을 수사기관으로 옮겨 복제·탐색·출력하는 경우에도 피수사자나 변호인에게 그 복제과정에 참여할 기회를 보장해야 한다. 혐의사실과 무관한 정보의 임의복제 등을 방지할 필요가 있기 때문이다.[1]

36-1 한편 판례는 피압수자 측이 위와 같은 절차나 과정에 참여하지 않는다는 의사를 명시적으로 표시하였거나 절차 위반행위가 이루어진 과정의 성질과 내용 등에 비추어 피압수자에게 절차 참여를 보장한 취지가 실질적으로 침해되었다고 볼 수 없는 경우에는 압수·수색의 적법성을 부정할 수 없다고 하면서 이는 수사기관이 저장매체 또는 복제본에서 혐의사실과 관련된 전자정보만을 복제·출력한 경우에도 마찬가지라고 한다.[2] 또한 수사기관이 정보저장매체에 기억된 정보 중에서 키워드 또는 확장자 검색 등을 통해 범죄 혐의사실과 관련 있는 정보를 선별한 다음 정보저장매체와 동일하게 비트열 방식으로 복제하여 생성한 '이미지 파일'을 제출받아 압수하였다면 이로써 압수의 목적물에 대한 압수·수색 절차는 종료된 것이므로, 수사기관이 수사기관 사무실에서 위와 같이 압수된 이미지 파일을 탐색·복제·출력하는 과정에서도 피의자 등에게 참여의 기회를 보장해야 하는 것은 아니라고 본 예도 있다.[3]

(4) 원격지 서버에 대한 압수·수색

36-2 판례에 따르면 이메일과 같이 피의자의 전자정보가 원격지인 인터넷상 정보의 저장매체(소지·관리자, 서버)에 들어 있는 경우에, 피의자의 이메일 계정에 대한 접근권한에 갈음하여 발부받은 압수·수색영장에 따라 원격지의 저장매체에 대한 압수·수색이 가능하다고 한다. 그 원격지 서버에 적법하게 접속하여 내려받거나 현출된 전자정보를 대상으로 하여 혐의사실과 관련된 부분에 대하여 압수·수색하는 것이 허용된다는 것이다. 이는 인터넷서비스제공자가 허용한 피의자의 전자

1) 대결 2022. 5. 31. 2016모587; 2015. 7. 16. 2011모1839(전합); 대판 2021. 11. 18. 2016도348(전합); 2017. 11. 29. 2017도9747; 2015. 1. 22. 2014도10978(전합).
2) 대판 2019. 7. 11. 2018도20504.
3) 대판 2018. 2. 8. 2017도13263.

정보에 대한 접근 및 처분권한과 일반적 접속 절차에 기초한 것으로서, 특별한 사정이 없는 한 인터넷서비스제공자의 의사에 반하는 것이라고 볼 수 없다고 한다.[1]

(5) 위법성 판단, 증거의 사용

디지털정보의 채득·복제·출력 등의 전 과정이 모두 진행된 이후에 준항고인이 전체 과정 가운데 개별 단계에 대한 처분의 취소를 구하더라도 준항고법원은 특별한 사정이 없는 한 구분된 개별 처분의 위법이나 취소 여부를 판단할 것이 아니라 해당 압수·수색 과정 전체를 하나의 절차로 파악하여 위법의 중대성에 따라 압수·수색 처분을 취소할 것인지 가려야 한다.[2] 37

법원이 이러한 방식으로 전자정보를 제공받은 경우에는 개인정보보호법 제2조 3호의 정보주체에게 해당 사실을 지체없이 알려야 한다(같은 조 ④항). 디지털증거가 증거로 사용되기 위해서는 그것이 위법수집증거가 아닐 것과, 진술증거를 포함하는 때에 전문법칙의 예외요건을 갖추어야 한다. 그 이외에도 판례는 '정보저장매체 원본에 저장된 내용과 출력 문건의 동일성이 인정되어야 하고, 이를 위해서는 정보저장매체 원본이 압수 시부터 문건 출력 시까지 변경되지 않았다는 사정, 즉 무결성이 담보되어야 한다'는 입장이다 [**최량증거의 법칙**(58/5)].[3] 38

III. 압수·수색에서 영장주의의 예외

1. 영장 없는 압수·수색의 본질

제216조 ①항 2호 체포현장의 압수·수색·검증을 비롯하여 제216조 ②항, ③항 및 제217조에는 영장 없는 압수·수색이 가능한 경우가 규정되어 있다. 이 규정의 허용근거에 대해서 견해가 나뉜다. 39

(1) 견해대립

부수처분설은 합법적인 대인적 강제처분에 부수되는 것이기에 영장 없는 대물적 강제처분이 정당화되는 것으로 본다.[4] 인신의 구속은 가장 강력한 형태의 강제력 행사이므로 이것이 법적으로 허용되는 때에는 '대는 소를 포함한다'는 논 40

---

1) 대판 2017. 11. 29. 2017도9747.
2) 대결 2015. 7. 16. 2011모1839(전합).
3) 대판 2013. 7. 26. 2013도2511; 2007. 12. 13. 2007도7257 등 참조.
4) 노명선/이완규 264; 신동운 431; 이은모 316.

리에 따라 더 적은 권리 침해를 가져오는 압수·수색·검증을 별도의 영장 없이 집행할 수 있다는 것이다.

41 **긴급행위설**은 영장 없는 압수·수색을 긴급한 상황에서 예외적으로 허용되는 수사방식으로서 인정되는 것으로 본다.[1] 구속하는 자 또는 구속당하는 자의 안전을 위해 무기 등을 빼앗을 필요가 있거나, 증거가 파괴·은닉되는 것을 예방해야 하는 경우 등에 영장 없는 처분이 허용된다고 한다.

(2) 결론 : 부수처분설

42 긴급행위설은 긴급성 판단에 따라 영장 없는 압수·수색의 범위를 제한하는 반면, 부수처분설은 인신구속 대상이 되는 사건의 범위로 영장 없는 압수·수색을 제한하는 점에서 구별된다.

43 긴급행위설에 따르면 긴급성요건을 갖춘 것으로 주장되는 때에 언제든 영장 없는 압수·수색이 가능한 것으로 해석될 우려가 있다. '긴급성'은 불분명한 개념이므로 현실에서는 수사기관에 의해 자의적으로 이용되기 쉽다.[2] 부수처분설에 따르더라도 인신구속이 허용될 수준의 긴급성과 중대성은 이미 전제되어 있다. 인신이 구속되거나 구속될 수 있는 각 상황에 대응하여 영장 없는 압수·수색을 규정한 입법자의 의도에 따른다면 부수처분설이 타당하다.[3]

(3) 별건압수의 금지

44 그러므로 '영장 없는 압수·수색'을 긴급체포에 대응하는 '독자적인 긴급 압수·수색'으로 이해해서는 안 된다. 영장 없는 압수·수색은 이를 허용하는 계기가 된 체포·구속의 원인된 사안에 반드시 종속되어야 한다[**부수처분설**]. 수사의 필요성과 긴급성이 인정된다고 하여, 또는 적법한 수사과정에서 우연히 발견되었다고 해서 별건증거의 압수·수색이 허용될 수는 없다.

45 같은 취지에서 판례도 음란물 유포 혐의로 압수·수색영장을 발부받고 주거를 수색하는 과정에서 대마를 발견하자 피고인을 마약류관리에 관한 법률 위반죄의 현행범으로 체포하면서 대마 등을 압수하였으나, 그 다음날 피고인을 석방하

---

1) 백형구(강의) 241; 손동권/신이철 316; 신양균 252; 이재상/조균석 20/25; 이창현 474; 임동규 248; 정승환 16/35; 정영석/이형국 196.

2) 만약 무기를 빼앗거나 증거파괴를 막는 등 긴급성요건을 엄격히 제한한다면 이 요건의 의의는 크지 않다. 그같은 상황에서 물건의 압수는 정당방위, 긴급피난 등의 법리에 따라 언제나 영장 없이 허용되는 것이기 때문이다.

3) 홍영기, 영장 없는 압수·수색의 합법성 기준, 고려법학 63, 128면 이하.

고도 사후적인 압수·수색영장을 발부받지 않은 경우에 대마 등 압수물과 압수조서의 증거능력을 부정하고 있다.[1] '마약관련법 위반 현행범'으로 체포한 것에 부수된 영장 없는 압수였으므로, 압수를 계속하려면 음란물 유포가 아닌 마약류 관련법 위반에 대해 사후영장을 발부받아야 한다는 뜻이다. 음란물 유포와 관련한 처음의 압수·수색영장으로 대마를 계속 압수할 수는 없다.

2. 체포현장에서의 압수·수색·검증

(1) 의 의

검사 또는 사법경찰관이 피의자를 영장체포, 긴급체포 또는 구속하거나 현행범 46
인으로 체포할 때 필요하면 영장 없이 체포현장에서 압수·수색·검증을 할 수 있다(제216조 ①항 2호). 피의자의 인신을 구속할 때 필요하면 압수·수색영장을 발부받지 않더라도 구속과 더불어 압수·수색·검증을 함께 진행할 수 있다는 뜻이다.

(2) 체포·구속현장에 대한 견해대립

체포·구속에 부수하여 영장 없이 압수·수색·검증을 할 수 있다고 할 때, 47
'부수된다'는 의미에는 사건의 동일성 이외에도 체포·구속에 시간적·장소적으로 종속되어야 한다는 내용을 포함한다. 이때 영장 없는 압수·수색의 구체적인 허용범위에 대해서는 견해가 나뉘어 있다.

1) **시간적·장소적 접착설**은 체포행위에 시간적·장소적으로 근접해 있으면 48
영장 없는 압수·수색이 허용되고 체포 전후를 묻지 않는다.[2] 2) **현장설**은 시간적·장소적으로 체포행위와 근접해 있어야 할 뿐만 아니라 압수·수색 당시에 피의자가 현장에 있어야 한다고 본다.[3] 3) **체포착수설**은 피의자에 대한 체포가 현실적으로 착수되어야 영장 없는 압수·수색이 가능하다고 한다.[4] 4) **체포설**은 피의자가 현실적으로 체포될 것을 요구하므로, 영장 없는 압수·수색의 허용범위를 가장 좁게 해석하고 있다.[5]

---

1) 대판 2009. 5. 14. 2008도10914.
2) 임동규 248; 정영석/이형국 214.
3) 노명선/이완규 265; 정승환 16/38; 정웅석/최창호 215.
4) 김재환 208; 손동권/신이철 317; 신양균 254; 이재상/조균석 20/26; 이창현 475.
5) 이주원 181.

(3) 결론 : 체포상황설

49 시간적 · 장소적 접착설은 영장 없는 압수 · 수색의 범위를 지나치게 확대할 우려가 있다. 아직 피의자가 도착하지도 않은 장소에서 영장 없이 압수 · 수색을 할 수는 없다. 현장설과 체포설은 체포하려고 시도하는 중 피의자가 체포되지 않고 도망하였을 때 영장 없이 압수 · 수색을 할 수 없는 것으로 본다는 점에서 수사의 효율성을 지나치게 제한하고 있다.[1] 체포착수설처럼 형법상 실행의 착수의 법리에 따라 허용 여부를 판단하는 것도 효율적인 방식이라고 보기는 어렵다.

50 피의자가 수사기관에 인지되고 체포의 실행착수가 있었거나, 있을 수 있었던 체포의 상황에서는 피의자가 현장에 머물러 있는지 여부와 관계없이 영장 없는 압수 · 수색이 허용되는 것으로 보는 것이 타당하다 [**체포상황설**].[2]

(4) 압수 · 수색영장의 청구

51 검사 또는 사법경찰관은 체포현장에서 압수한 물건을 계속 압수할 필요가 있는 경우에는 지체없이, 늦어도 체포한 때로부터 48시간 이내에 압수 · 수색영장을 청구하여야 한다(제217조 ②항). 이 시간을 넘겼거나 압수 · 수색영장을 발부받지 못한 때에는 압수한 물건을 즉시 반환하여야 한다. 체포현장에서 확보한 것이지만 피수사자가 임의로 내어준 물건인 때에는 사후영장을 발부받을 필요가 없다.[3]

3. 범죄장소에서의 압수 · 수색 · 검증

52 범행 중 또는 범행 직후의 범죄장소에서 긴급을 요하여 판사의 영장을 받을 수 없는 때에는 영장 없이 압수 · 수색 · 검증을 할 수 있다. 그러나 이 경우에는 사후에 지체없이 영장을 발부받아야 한다(제216조 ③항). 범행 중 범행 직후의 장소가 아니거나 긴급성이 없는 때라면 사후영장으로도 위법성이 해소되지 않는 것은 물론이다.[4]

53 현행범체포시의 압수에 대해서는 별도 규정이 있다(제216조 ①항 2호). 범죄장소에서의 압수 · 수색 · 검증 규정을 통해서 현행범체포가 되지 않은 상황에서

1) 구법 제217조의 ①항에서 "긴급체포할 수 있는 자"라고 되어 있었던 것을 현행법에서 "긴급체포된 자"로 개정하면서 불거진 문제이다.
2) 홍영기, 앞의 글, 134면.
3) 대판 2019. 11. 14. 2019도13290; 2016. 2. 18. 2015도13726.
4) 대판 2017. 11. 29. 2014도16080.

발생하는 긴급한 사정에도 대처할 수 있게 한 것이다.[1] 이렇게 보면, 이 경우도 인신구속 상황에 부수되는 것이며 독립적 긴급 압수·수색으로 볼 수 없다. 그러므로 범행시각·장소와 동떨어진 곳에서는 긴급상황이라 하더라도 이 규정에 의해 영장 없이 압수·수색을 할 수 없다.

범행 중 또는 범행직후의 장소라고 해서 언제나 긴급성요건이 충족되는 것은 54
아니다. 예를 들어 마약소지죄(마약류 관리에 관한 법률 제3조), 통화위조죄(형법 제207조) 등과 같은 범죄는 일정한 장소에 마약이나 위조기계가 있다는 사실로 곧 '범행 중'인 것이 드러난다. 그 경우 언제든 영장 없이 압수·수색이 가능하다고 하면 영장주의가 무의미해질 것이기에, 긴급성요건을 통해서 예외적 상황에서만 영장 없이 범행장소의 물건을 수색하거나 압수할 수 있는 것으로 보아야 한다.

판례는 교통사고 발생 시각으로부터 사회통념상 범행 직후라고 볼 수 있는 55
시간 내라면, 피의자의 생명·신체를 구조하기 위해 곧바로 후송된 병원 응급실 등의 장소도 제216조 ③항의 범죄 장소에 준한다고 하여, 이 경우 의료인이 의학적 방법에 따라 필요 최소한의 한도 안에서 피의자의 혈액을 채취하게 한 후 그 혈액을 영장 없이 압수할 수 있는 것으로 본다.[2]

4. 긴급체포시의 압수·수색·검증

검사 또는 사법경찰관은 긴급체포규정에 의해 체포된 자가 소유·소지 또는 56
보관하는 물건에 대해 긴급히 압수할 필요가 있는 경우에는 체포한 때부터 24시간 이내에 한하여 영장 없이 압수·수색·검증을 할 수 있다(제217조 ①항). 이후 압수를 계속할 필요가 있는 때에는 지체없이 영장을 청구하여야 한다. 체포한 때부터 늦어도 48시간 이내에 영장을 청구하여야 하며, 청구한 압수·수색영장을 발부받지 못한 때에는 압수한 물건을 즉시 반환하여야 한다(같은 조 ②·③항). 이 규정은 수사기관이 피의자를 긴급체포한 상황에서 피의자가 체포되었다는 사실이 공범이나 관련자들에게 알려짐으로써 그들이 증거를 파괴하거나 은닉하는 것을 방지하고, 범죄사실과 관련된 증거물을 신속히 확보할 수 있도록 하기 위한 것이다.[3] 따라서 제216조 ①항 2호와 달리, 체포현장이 아닌 장소에서도 긴급체포된

---

1) 대판 1998. 5. 8. 97다54482.
2) 대판 2012. 11. 15. 2011도15258.
3) 대판 2008. 7. 10. 2008도2245 참조.

자가 소유 · 소지 · 보관하는 물건을 대상으로 할 수 있다.[1]

57 제216조와 다르게 제217조 ①항의 경우에는 제123조 ②항, 제125조의 예외인 요급처분(제220조)이 적용되지 않는다. 따라서 피의자를 긴급체포한 후에 영장 없이 압수 · 수색을 할 때에도 책임자나 간수자를 참여시켜야 하고 야간에 집행을 해서는 안 된다.

5. 체포 · 구속 목적의 피의자수색

58 검사 또는 사법경찰관은 영장에 의한 체포, 긴급체포, 구속 또는 현행범인 체포의 규정에 의하여 피의자를 체포 · 구속하는 경우로서, 미리 수색영장을 발부받기 어려운 긴급한 사정이 있는 때에 한하여 영장 없이 피의자가 숨어 있을 개연성이 있는 주거 · 건조물 등에 들어가 피의자수색을 할 수 있다(제216조 ①항 1호). 수색할 수 있는 주체는 검사 또는 사법경찰관에 한정된다. 사인은 현행범체포를 위하여 타인의 주거를 수색하지 못한다. 피의자의 수색은 체포 전에 행해져야 하며 체포한 후에는 이 규정에 의한 수색이 인정되지 않는다.

6. 피고인 구속현장에서의 압수 · 수색 · 검증

59 검사 또는 사법경찰관이 피고인에 대한 구속영장을 집행할 때, 필요한 경우 그 체포현장에서 영장 없이 압수 · 수색 · 검증을 할 수 있다(제216조 ②항). 피고인에 대한 구속영장의 집행은 재판의 집행기관으로서 행하는 것이므로 구속현장에서 압수 · 수색 · 검증을 하는 것도 독자적인 수사처분이 아니라 영장집행의 부수처분으로 보아야 한다. 피고인 구속의 주체는 법원, 대물적 강제처분의 주체는 수사기관으로 나뉘는 것이 아니다.

7. 피의자가 임의제출하는 물건

59-1 이처럼 피의자 등이 영장 없이 현행범체포되거나 또는 긴급체포된 때에 위의 규정들을 통해 영장 없이 물건에 대해 압수하는 경우에는 사후영장을 발부받아야 한다. 그러나 그러한 상황에서 피의자가 소지하던 물건을 임의로 수사기관에 제출하는 때에 제218조에 의해 영장 없이 이를 압수할 수 있는지, 그 경우에

1) 대판 2017. 9. 12. 2017도10309.

는 사후영장도 필요 없는지에 대해 견해가 일치하지 않는다.[1] 판례는 피고인이 휴대전화기의 카메라로 피해자를 몰래 촬영한 현장에서 현행범으로 체포되면서 휴대전화기를 수사기관에 임의제출한 사안에서 현행범체포현장이나 범죄장소에서 소지자 등이 임의로 제출하는 물건은 제218조에 의하여 영장 없이 압수할 수 있고, 이 경우에는 수사기관이 사후에 영장을 발부받을 필요도 없다고 한다.[2]

물론 피수사자가 자발적 · 임의적으로 물건을 제출하는 것은 임의수사이기에 59-2
사전영장은 물론 사후영장도 필요하지 않은 것은 분명하므로(20/17) 위 판례의 결론은 타당하다. 다만 물건제출의 임의성에 대해 평가는 반드시 필요하다. 수사기관이 달라고 말하지 않았는데도 임의로 물건을 내어주는 때는 드물 것이며, 인신이 구속되는 상황에서 수사기관이 요청하는 것이 아니라 부탁을 한다고 하더라도 피의자가 이에 응하지 않기는 어려울 것이다.[3] 증거물의 증거능력 확보를 위해서라도 수사기관이 피의자에게 물건의 제출의사를 물을 때에, 불응해도 된다는 점을 고지할 필요가 있다. 그리고 제출의 임의성에 대해 의심이 있다면, 임의성의 존재를 검사가 증명해야 한다(46/12).[4]

Ⅳ. 압수물의 처리

1. 압수물의 보관

(1) 자청보관의 원칙

압수물의 보관은 압수영장의 집행작용 가운데 하나이므로 압수한 법원 또 60
는 수사기관의 청사로 운반하여 보관한다[**자청보관의 원칙**]. 압수물을 보관할 때 그 상실 또는 파손을 방지하기 위한 필요한 조치를 취해야 한다(제131, 219조). 법원 또는 수사기관은 일반인 · 평균인에게 요구되는 정도의 주의의무인 선량한 관리자의 주의의무를 진다.

(2) 위탁보관

필요한 경우 압수물의 위탁보관도 가능하다. 운반 또는 보관이 불편한 압수 61

1) 이에 대해서는 홍영기, 형법 · 형사소송법 2019년 대법원 주요판례와 평석, 안암법학 60, 137면 이하.
2) 대판 2020. 4. 9. 2019도17142; 2019. 11. 14. 2019도13290; 2016. 2. 18. 2015도13726.
3) 이에 대한 주의로는 대판 2016. 3. 10. 2013도11233; 2016. 2. 18. 2015도13726; 2010. 7. 22. 2009도14376.
4) 대판 2016. 3. 10. 2013도11233.

물은 간수자를 두거나 소유자 또는 적당한 자의 승낙을 얻어 보관하게 할 수 있다(제130조 ①항, 제219조). 위탁보관처분은 압수와 달리 공법상 권력작용이 아니고 임치계약의 성질을 가진다.

(3) 대가보관

62 몰수해야 할 압수물이 멸실, 파손 또는 부패의 염려가 있거나 보관하기 불편한 경우에는 이를 판매한 대가를 보관할 수 있다(제132, 219조). 이를 **환가처분**이라고도 한다. 대가보관은 소유자의 재산권에 큰 영향을 미치므로, 몰수해야 할 물건이 아닌 이상 멸실 등의 염려가 있어도 허용되지 않는다.[1] 대가보관을 할 때는 검사 · 피해자 · 피의자 또는 변호인에게 미리 통지해야 한다(제135조). 압수물과 동일성이 인정되는 경우 법원은 대가를 추징하지 않고 압수물을 몰수할 수 있다.[2] 몰수하지 않을 때에는 대가를 소유자에게 인도해야 한다.

(4) 폐 기

63 위험발생의 염려가 있는 압수물은 폐기처분할 수 있다(제130, 219조). 폐기처분은 재산권의 침해를 야기하므로 폭발물이나 오염된 물건 등 위험발생 가능성이 매우 높은 압수물에 국한한다.

2. 압수물의 환부 · 가환부

(1) 압수물 환부의 의의

64 환부는 계속 물건을 압수할 필요성이 없는 경우에 수사기관이나 법원이 권한자 또는 제출인에게 종국적으로 돌려주는 것을 말한다(제133조 ①항). 압수물의 환부는 압수 당시의 소지인에게 국가기관이 이행해야 하는 형사소송법상 의무이다. 환부에 의해 압수의 효력은 없어지지만, 이는 형사소송법상 압수를 해제하는 의미일 뿐이며, 환부처분을 통해 환부받는 자에게 목적물에 대한 재산법적인 권리를 부여하거나 확인하는 것은 아니다.[3] 재산상 권리를 주장하려면 민사소송에 의해야 한다(제333조 ④항). 마찬가지로 대상자가 민법상 소유권포기의 의사표시를 한다고 해도, 국가기관의 형사절차상 의무로 인해 발생한 압수물환부청구권은

---

1) 대판 1965. 1. 19. 64다1150.
2) 대판 1966. 9. 20. 66도886.
3) 대판 1962. 8. 30. 62다311.

소멸되지 않는다. 압수물환부청구권을 포기하도록 하여 국가기관이 환부의무를 스스로 면할 수도 없다.1) 환부 또는 가환부 결정을 하기 전에 미리 검사, 피해자, 피고인 또는 변호인에게 통지를 해야 한다(제135조). 관계자들로 하여금 환부·가환부에 대한 의견을 진술할 기회를 주기 위한 조치이다. 이러한 기회를 주지 않은 것은 재판에 영향을 미치는 위법한 절차이다.2)

(2) 환부절차

물건의 소유자나 제출자는 환부를 청구할 수 있다. 환부 여부는 법원이나 수 65
사기관이 직권으로 결정한다. 검사 또는 사법경찰관이 위에 서술한 '영장 없는 압수·수색'으로 압수하였으나 기간 내 판사에게 구속영장을 발부받지 못한 경우 압수한 물건은 즉시 환부해야 한다. 압수한 물건이 장물이라면 절차 종결 전에라도 피해자에게 환부할 이유가 명백한 경우에 피해자에게 환부할 수 있다(제134조, 제219조). 이때에는 재산상 분쟁이 있을 수 있으므로 장물의 재산귀속이 명백한 경우에 한정된다.3) 절차 종결시 압수한 장물을 피해자에게 환부할 이유가 명백한 경우에는 피해자에게 환부하는 선고를 해야 한다(제333조). 장물을 가환부한 경우에는 별도의 선고가 없으면 환부선고가 있는 것으로 본다(제333조 ③항). 압수한 서류 또는 물품에 대하여 몰수선고가 없는 때에는 압수를 해제한 것으로 간주한다(제332조). 수사기관의 압수물의 환부에 관한 처분의 취소를 구하는 준항고는 항고소송으로서 항고의 이익이 있어야 한다.4)

(3) 가 환 부

가환부는 압수효력은 그대로 존속시키면서 소유자·소지자·보관자 또는 제 66
출인이 압수된 물건을 이용할 수 있도록 일시적·잠정적으로 돌려주는 것을 말한다. 가환부는 환부대상자의 청구에 따른다. 검사는 증거에 사용할 압수물에 대하여 가환부의 청구가 있는 경우 특별한 사정이 없는 한 가환부에 응해야 한다.5) 소유자 또는 소지자가 물건을 계속 사용해야 할 것으로 인정되는 때에는 사진촬영 기타 원형보존의 조치를 취하고 신속하게 가환부하여야 한다(제133조 ②항, 제

1) 대결 1996. 8. 16. 94모51(전합).
2) 대결 1980. 2. 5. 80모3.
3) 대결 1984. 7. 16. 84모38.
4) 대결 2015. 10. 15. 2013모1970.
5) 대결 2017. 9. 29. 2017모236.

219조). 증거에 사용될 압수물이라면 가환부를 할 수는 있지만 환부할 수는 없다(제133조 ①항).[1] 가환부를 받은 자는 압수물의 보관의무를 지며, 법원 또는 수사기관의 요구가 있으면 다시 이를 제출해야 한다. 검찰에 의해 압수된 후 피의자에게 환부된 물건에 대해서 수소법원은 그 피의자였던 피고인에게 몰수를 선고할 수 있는데,[2] 몰수할 대상은 환부 또는 가환부할 수 없으나, 판례는 임의적 몰수의 대상물에 한하여 임의적 가환부를 인정한다.[3]

(4) 공소제기 전 환부, 가환부

67 검사는 압수를 계속할 필요가 없다고 인정되는 압수물에 대해서는 공소제기 전이라도 소유자, 소지자, 보관자 또는 제출인의 청구에 의하여 환부 또는 가환부하여야 한다(제218조의2 ①항). 이를 거부하는 경우에 신청인은 법원에 압수물의 환부 또는 가환부 결정을 청구할 수 있다(같은 조 ②항). 기소중지상황이라면 수사상 필요가 계속되므로 환부가 불가능하다는 견해가 있으나, 기소를 못하고 있는 것은 수사기관의 책임이므로 압수를 계속할 정당한 근거가 없이 환부기 가능하다고 보아야 할 것이다.[4]

[25] 수사상 검증과 감정

I. 검 증

1. 검증의 의의와 절차

1 검증은 사람, 물건, 장소의 성질·형상을 보고 만지고 듣는 등의 방법으로 인식하는 강제처분이다. 수사기관의 검증은 증거를 수집·보전하기 위한 강제수사이며 검증영장을 요건으로 한다(제215조). 검증의 대상은 압수·수색과 달리 유체물에 국한되지 않는다. 무체물이나 흔적, 정보, 인체, 장소 등 어떤 것이라도 검증대상이 될 수 있다.

2 검증절차는 원칙적으로 압수·수색과 동일하다. 검증을 위해서는 지방법원판

1) 대결 1966. 9. 12. 66모58.
2) 대판 1977. 5. 24. 76도4001.
3) 대결 1998. 4. 16. 97모25.
4) 대결 1996. 8. 16. 94모51(전합).

사가 발부하는 검증영장이 있어야 한다. 마찬가지로 사전영장에 의한 검증(제215조), 사후영장에 의한 검증(제216조 ③항), 영장 없이 행할 수 있는 검증(제216조 ①항 2호, 제217조 ①항)이 있다. 검증을 위해서는 특별한 요건 하에서 신체검사, 사체해부, 분묘발굴, 물건의 파괴 기타 필요한 처분을 할 수 있다(제140, 219조).

검증을 할 때에는 검증결과를 기재하는 검증조서를 작성해야 한다(제49조 ①항). 검증조서에는 검증목적물의 상태를 명확하게 하기 위하여 도화나 사진을 첨부할 수 있다(같은 조 ②항). 검증조서에는 조사 또는 처분의 연월일시와 장소를 기재하고, 그 조사 또는 처분을 행한 자 등이 기명날인 또는 서명하여야 한다(제50조). 검증조서는 전문법칙의 예외요건을 갖추는 한에서 증거능력이 있다(제312조 ⑥항). 3

2. 신체검사

(1) 의 의

검증으로서 특별히 신체검사를 할 수 있다(제140, 219조). 이는 사람의 신체 자체를 인식의 대상으로 하는 것으로서 신체 외부로부터 증거물을 찾는 신체수색(제109, 209조)과 구별된다. 혈액분석이나 엑스선 촬영분석 같은 전문적 지식과 경험을 필요로 하는 것은 검증이 아니라 감정이다. 신체검사는 대물적 강제수사로 분류되지만 사람의 몸을 대상으로 한다는 점에서 대인적 강제수사와 유사한 측면이 있다. 그리고 피수사자의 건강과 정서를 침해할 우려도 있기 때문에 특별히 추가되는 요건이 있다. 4

(2) 절 차

신체검사로서 검증을 위한 영장청구서에는 검사를 필요로 하는 이유와 검사받을 자의 성별, 건강상태를 기재하여야 한다(규칙 제107조 ②항). 그리고 이를 집행할 때에는 검사를 받는 사람의 성별, 연령, 건강상태 등을 고려하여 그의 건강과 명예를 침해하지 않도록 주의해야 한다(제141조 ①항, 제219조). 신체에 일정정도의 실력을 가하는 직접강제도 허용되나 역시 엄격한 필요성과 침해의 균형성이 필요하다. 피고인이나 피의자가 아닌 자의 신체검사는 증거가 될 만한 흔적을 확인할 수 있는 현저한 사유가 있는 경우에만 허용된다(제141조 ②항, 제219조). 여자의 신체를 검사하는 경우에는 의사나 성년 여자를 참여하게 해야 한다(제141조 ③항, 제219조). 수사기관은 체포 또는 구속된 피의자에 대하여 체포현장에서 영장 5

없이 지문을 채취하거나 신장과 체중 등을 측정할 수 있다 [체포현장에서의 검증].

(3) 구강 내 압수 · 연하물 배출 등

6 신체 내부기관에 대한 검사를 **체내검사**라 한다. 이는 피검사자의 건강과 인간의 존엄을 침해할 위험도 있기 때문에 매우 엄격한 비례성원칙에 따라서만 허용된다. 피수사자가 삼키고 있는 물건을 입으로부터 꺼내거나 이미 삼킨 물건 [연하물] 을 강제로 배출하게 하는 것은 검증영장과 함께 압수 · 수색영장을 발부받아야 한다. 나아가 연하물의 기술적 분석이 요구되는 경우라면 이에 추가하여 감정처분허가장이 필요한 감정으로 보아야 한다.

7 체내검사는 피수사자의 기본권을 직접 침해하므로 압수대상물이 체내에 존재할 개연성이 분명해야 하고, 반드시 검증을 해야만 하는 필요성이 확정되어야 한다. 그리고 검사방법이 사회통념상 상당하다고 인정되어야 하며, 건강을 침해하지 않는 필요 최소한의 범위 안에서 행해져야 한다. 특히 연하물의 강제배출은 의사가 의학적 방법으로 시행해야 한다.

II. 감 정

1. 감정의 의의

8 감정鑑定은 특별한 전문지식이 있는, 수사기관 이외의 제3자가 그 전문지식을 이용하여 사물을 분석하거나 사실판단을 하는 것을 말한다. 예를 들어 지문분석, DNA분석, 정신감정 같은 것이다. 감정은 검증과 달리 피의자의 권리침해를 야기하지 않으므로 영장을 발부받아야 하는 수사방법이 아니다. 피의자의 동의가 필요한 것도 아니다.

9 수사기관이 전문가의 능력을 필요로 할 때 감정을 부탁할 수 있다(제221조 ②항). 수사상 감정위촉은 법원의 감정(제169, 184조)과 구별된다. 즉 수사기관으로부터 감정을 부탁받은 자는 선서의무가 없고, 허위감정을 해도 허위감정죄(형법 제154조)에 해당하지 않는다. 피의자에게 반대신문할 기회를 줄 필요도 없다. 법원이 위촉한 감정인과 구별하기 위해 수사상 감정위촉을 받은 자를 수탁감정인, 또는 감정수탁자라고 한다.

2. 감정의 특별한 요건

(1) 감정처분허가장

수탁감정인은 감정에 필요한 경우 판사의 허가를 얻어 타인의 주거 · 간수자 있는 가옥 · 건조물 · 항공기 · 선차 안에 들어갈 수 있고, 신체검사 · 사체해부 · 분묘발굴 · 물건파괴를 할 수 있다(제221조의4 ①항, 제173조 ①항). 만약 이러한 감정방식이 피의자의 권리침해에 관련되는 때라면 이는 법원의 통제를 받아야 한다. 즉 이를 허가해 달라는 청구를 검사가 감정처분허가장청구서로써 청구하면 판사는 상당한 이유가 있는 경우에 감정처분허가장을 발부한다(제221조의4 ③항). 10

감정을 위촉하는 것은 임의수사이므로 감정인이 이에 반드시 승낙해야 하는 것은 아니지만, 감정처분허가장에 따른 감정처분은 강제수사이므로 수사대상자는 감정에 응해야만 한다. 그러므로 감정처분허가장은 강제수사의 요건이 되는 영장의 일종이다. 수탁감정인은 감정에 필요한 처분을 받는 자에게 허가장을 제시해야 한다(제173조 ③항). 이 경우에는 신체검사에 관한 주의규정(제141조)과 야간집행제한 및 그 예외에 관한 규정(제173조 ⑤항, 제221조의4 ④항)이 준용된다. 11

(2) 감정유치

감정유치는 신체 또는 정신의 감정을 위하여 일정기간 동안 병원 기타 적당한 장소에 피의자를 유치하는 일종의 대인적 강제처분이다(제172조 ③항). 감정유치를 위해 구속사유가 전제되는 것은 아니지만, 피수사자의 신체자유를 제한하므로 범죄혐의가 있을 때에만 허용된다. 검사는 피의자의 감정유치처분이 필요하면 판사에게 감정유치를 청구하여야 한다(제221조의3 ①항). 그러나 참고인이나 피고인에 대한 감정유치청구를 할 수는 없다. 판사는 검사의 청구가 상당하다고 인정되면 유치처분을 하며, 이때 발부하는 감정유치장(제172조 ④항)은 강제수사의 요건인 영장의 일종이다. 감정유치장의 집행에는 구속영장집행에 관한 규정이 준용된다. 12

감정유치기간에는 제한이 없다. 유치기간을 연장할 필요가 있을 때에는 검사의 청구에 의하여 판사가 결정한다(제172조 ⑥항). 감정유치기간은 미결구금일수를 산입할 때 구속기간에 포함된다(제221조의3 ②항, 제172조 ⑧항). 구속 중인 피의자에 대해 감정유치장이 집행된 경우에는 피의자가 유치되어 있는 기간 동안 구속의 집행이 정지된다(제221조의3 ②항, 제172조의2 ①항). 13

3. 강제채혈 · 강제채뇨

(1) 원 칙

14 채혈 또는 채뇨는 체내검사에 해당하지만 전문가의 감정이 동반되는 수사방식이라는 특징이 있다. 음주운전 여부 등을 조사하기 위한 혈액채취는 채혈에 앞서 운전자의 동의를 받아야 한다.[1] 운전자 본인이 아닌 타인의 동의를 받아 혈액을 채취하는 것은 위법한 수사방법이다.[2] 운전자가 동의할 능력을 상실한 예외적인 경우에 강제수사 방식으로 혈액을 채취할 수 있다[**긴급채혈, 아래의 예외**].

15 이러한 강제채혈 또는 강제채뇨는 전문의료인에 의한 감정에 해당하지만 체내수색과 혈액 등에 대한 압수 성격을 함께 갖는 것이므로, 이를 위해서는 원칙적으로 압수 · 수색영장과 감정처분허가장 모두 판사로부터 발부받아야 한다[**전부필요설**]. 그리고 이의 집행을 위해서는 반드시 전문의료인이 채혈해야 한다. 그러나 강제채혈에 대해서 판례는 감정에 필요한 처분 '또는' 압수로 보기 때문에 감정처분허가장 '또는' 압수영장을 발부받으면 족한 것으로 보고 있다[**선택적 필요설**].[3] 이미 판사가 압수의 필요성을 인정하여 압수영장을 발부한 것은, 그로부터 압수된 물건에 대한 검증과 감정까지 허가한 것으로 볼 수도 있기에(20/3 참조), 이와 같은 판례의 태도가 불합리한 것은 아니다.

(2) 예 외

16 예외적으로 교통사고를 야기한 피의자가 **1)** 의식불명 상태에 빠지는 등 호흡조사에 의한 음주측정에 응할 수 없고, **2)** 그로부터 혈액 채취에 대한 동의를 받을 수도 없으며, **3)** 혈액 채취에 대한 감정처분허가장이나 압수영장을 발부받을 시간적 여유도 없는 긴급한 상황이 문제된다. 이때 판례는 **4)** 피의자에게 주취운전범죄의 준현행범인으로서의 요건이 갖추어져 있고, **5)** 범행 직후인 경우라면 피의자가 후송된 응급실도 제216조 ③항의 범죄 장소에 준하는 것으로 본다. 이 경우에 수사기관은 **1)** 의료인 자격이 있는 자로 하여금, **2)** 의료용 기구로 의학적인 방법에 따라, **3)** 필요최소한의 한도 내에서 피의자의 혈액을 채취하게 한 후 그 혈액을 영장 없이 압수할 수 있다. **4)** 물론 이 경우에도 제216조 ③항 단서,

---

1) 대판 2015. 7. 9. 2014도16051.

2) 대판 2014. 11. 13. 2013도1228; 2012. 11. 15. 2011도15258; 2011. 4. 28. 2009도2109.

3) 대판 2014. 11. 13. 2013도1228. 강제채뇨에 대한 같은 취지는 2018. 7. 12. 2018도6219.

규칙 제58조, 제107조 ①항 3호에 따라 지체 없이 사후영장을 받아야 한다.[1)]

반면에 이미 채혈되어 보관중인 혈액은 위와 다르다. 채혈된 혈액을 보관중 17
인 의료기관의 간호사가 임의로 제출한 혈액을 임의제출물로 본 판례가 있다.[2)] 그러나 피의자가 아닌 단순한 보관자가 동의한다고 해서 임의수사가 되는 것은 아니다.[3)] 타인이 아니라 채혈된 본인이 임의제출하거나 동의한 경우에만 영장이 필요 없는 임의수사로 보아야 한다.

4. 감정의 효과

원칙적으로 법원의 판단이 전문가의 감정에 구속되어야 하는 것은 아니다. 18
그러나 진실임이 입증되고 추론방법이 과학적으로 정당하여 오류가능성이 없거나 무시할 정도로 낮은 것이면 법관의 사실인정에 상당한 정도의 구속력을 갖는다. 합리적 근거 없이 이를 배척하면 자유심증주의의 한계를 벗어나는 것으로 보아야 한다.[4)] 판례는 과학적 증거방법이 사실인정에서 상당한 정도로 구속력을 갖기 위한 조건으로, 1) 감정인이 전문적인 지식·기술·경험을 가지고 공인된 표준 검사기법으로 분석한 후 법원에 제출한 것으로서, 2) 시료의 채취·보관·분석 등 모든 과정에서 시료의 동일성이 인정되고 인위적인 조작·훼손·첨가가 없었음이 담보되어야 하며, 3) 각 단계에서 시료에 대한 정확한 인수·인계 절차를 확인할 수 있는 기록이 유지되어야 하는 것으로 본다.[5)]

제 5 절 공판 전 증거보전과 증인신문

수사는 수사기관이 증거를 수집하는 과정이고, 이후 공소제기에 따라 형성된 수소법원이 증거를 조사하여 사실을 심리하는 것이 공판절차이다. 그러나 수소법

1) 대판 2016. 12. 27. 2014두46850; 2012. 11. 15. 2011도15258.
2) 대판 1999. 9. 3. 98도968.
3) 대판 2010. 1. 28. 2009도10092.
4) 대판 2007. 5. 10. 2007도1950.
5) 대판 2018. 2. 8. 2017도14222; 2010. 3. 25. 2009도14772.

원이 공판정에서 사실심리를 할 때까지 기다릴 경우에 증거사용이 불가능하거나 곤란하게 될 때도 있다. 이러한 예외적인 경우에는 공판절차가 시작되기 이전이라도 판사에게 증거조사를 하여 증거를 확보해줄 것을 요청할 수 있는데, 현행법은 이를 위해 공판 전 '증거보전'과 '증인신문' 제도를 규정하고 있다.

[26] 공판 전 증거보전

I. 의 의

1 공판 전 증거보전은 수소법원이 공판과정에서 정상적으로 증거조사를 할 때까지 기다릴 경우 그 증거의 사용이 불가능하거나 현저하게 곤란하게 될 염려가 있을 때, 공판절차 전이라도 판사로 하여금 미리 증거조사를 하고 그 결과를 보전하여 공판에 사용할 수 있게 하는 제도이다(제184조).

2 증거보전을 청구할 수 있는 주체는 검사 · 피고인 · 피의자 또는 변호인이다. 검사도 증거보전을 청구할 수 있는 것으로 규정되어 있지만, 이는 특별히 피의자에게 의미 있는 제도이다. 검사는 수사단계에서 유죄증명에 필요한 증거를 수집 · 보전할 수 있는 다양한 수단을 갖고 있고 강제수사도 할 수 있는 반면 피의자는 그러한 가능성이 제한되어 있기 때문이다. 피의자에게 유리한 증거를 공판전에 미리 조사하고 보전하기 위해 법원의 도움을 구하는 것은 공평한 재판의 원리와 무기대등원칙을 실현하는 데 기여한다.

II. 증거보전청구의 요건

3 증거보전은 미리 증거를 보전하지 않으면 그 증거를 사용하기 곤란한 사정이 있는 경우에 제1회 공판기일 전에 한하여 인정된다(제184조 ①항). '증거를 사용하기 곤란한 사정'은 증거물의 멸실 · 훼손의 우려가 있는 경우뿐만 아니라 증인이 사망 · 질병 등의 이유로 증언하지 못하게 될 우려가 있는 때도 포함한다. 증거의 증거가치에 변화가 생길 상황이 있는 때도 마찬가지이다. 이와 같은 사정은 객관적으로 드러난 정보를 통해서 추론할 수 있는 것이어야 하며, 막연한 주관적 염려만으로 증거보전절차가 개시될 수는 없다.

증거보전청구는 제1심 제1회 공판기일 전에 한하여 할 수 있으며, 공소제기 전후를 불문한다. 기소 후라고 할지라도 아직 공판기일 전이라면 피고인이 증거보전을 청구해야 할 근거가 있을 수 있다. 그러나 제1회 공판기일 후에는 수소법원이 직접 증거조사를 할 수 있으므로 증거보전의 필요가 없다. 제1회 공판기일 전에 증거보전청구가 있더라도 공판기일이 열리면 증거보전절차는 허용되지 않는다. 증거보전은 사실심리를 위한 예외적인 증거확보의 필요성 때문에 인정되는 것이므로 상소심이나 파기환송 후의 절차, 재심청구사건에서는 증거보전이 인정되지 않는다.[1] 4

III. 증거보전의 절차

1. 증거보전의 청구

(1) 청구권자

증거보전의 청구권자는 검사·피고인·피의자 또는 변호인이다. 공소제기 후 제1회 공판기일이 열리기 이전에도 증거보전청구를 할 수 있으므로 피고인이 포함된다. 여기서 피의자는 수사기관이 특정범죄사실에 대하여 객관적인 수사대상으로 삼고 있는 자로서, 단순한 내사대상자나 용의자는 증거보전청구를 할 수 없다.[2] 변호인의 증거보전청구권은 피의자·피고인의 청구권을 전제로 하는 독립대리권이다. 5

(2) 청구방식

증거보전청구는 관할지방법원판사에게 서면으로 한다. 증거보전청구서에는 사건의 개요, 증명할 사실, 증거 및 보전의 방법, 증거보전을 필요로 하는 사유를 기재하여야 하고(규칙 제92조 ①항), 증거보전 사유를 소명해야 한다(제184조 ③항). 증거보전을 통해서 증인의 신문 및 압수·수색·검증 또는 감정을 해줄 것을 청구할 수도 있다(제184조 ①항). 그러나 피의자신문이나 피고인신문을 청구할 수는 없다.[3] 증거보전절차를 이용하여 공동피고인 또는 공범자를 증인으로 신문하도록 청구하는 것은 가능하지만,[4] 그의 진술거부권을 침해할 우려가 있어서 증인적격을 인정 6

1) 대결 1984. 3. 29. 84모15.
2) 대판 1979. 6. 12. 79도792.
3) 대판 1972. 11. 28. 72도2104.
4) 대판 1988. 11. 8. 86도1646.

할 수 없는 때에는 증거보전의 심사도 가능하지 않은 것으로 보아야 한다.

2. 증거보전의 심사

7 증거보전청구를 받은 판사는 청구가 적법하고 필요하다고 인정할 경우에 증거보전심사를 해야 한다. 청구가 적법하지 않거나 불필요하다고 인정되면 청구기각의 결정을 내린다. 이 기각결정에 대해서는 3일 이내에 항고할 수 있다(제184조 ④항).

8 청구를 인용한 때에 관할지방법원판사에게는 공판절차의 법원 또는 재판장과 동일한 권한이 있다(제184조 ②항). 즉 증인신문을 위해 소환·구인을 할 수 있고, 증인신문, 압수·수색·검증, 감정 등을 할 수 있다. 증인신문을 할 때에는 검사 또는 피의자나 피고인의 참여권을 보장해야 한다(제163조).

3. 증거보전의 효과

9 증거보전에서 작성된 조서 또는 압수된 물건은 증거보전을 한 판사가 소속한 법원에 보관한다. 증거보전을 청구한 사람만이 아니라 증거보전청구권이 있는 상대방도 판사의 허가를 얻어 보전된 서류와 증거물을 열람하거나 복사할 수 있다(제185조). 공동피고인도 이러한 권리를 갖는다. 이후에 보전된 증거를 이용하려면 검사·피고인 또는 변호인이 그 서류나 증거물에 대한 증거신청을 해야 한다(제294조 참조). 이때 수소법원은 증거보전을 한 법원에서 기록과 증거물을 송부받아 증거조사를 한다.

10 증거보전에 의해 작성된 조서는 법원 또는 법관의 조서로서 절대적 증거능력이 인정된다(제311조). 그러나 증거보전절차에서 피의자와 변호인에게 참여기회를 주지 않은 때에는 위법수집증거이기 때문에 증인신문조서의 증거능력이 인정되지 않는다. 그러나 일부 판례는 증거보전절차인 증인신문에 피의자가 참여할 기회를 주지 않은 경우라도 피고인과 변호인이 증인신문조서를 증거로 할 수 있음에 동의하여 별다른 이의없이 적법하게 증거조사를 거친 경우에는 증인신문절차가 위법하였는지 여부에 관계없이 보전된 증언에 증거능력이 부여된다고 한다.[1] 증거보전절차에서 증인을 신문하여 작성된 조서에서 제311조가 적용되는 진술은 증인의 진술에 한하며(52/7), 그 증인에 대한 반대신문과정에서 피의자가 한

1) 대판 1992. 2. 28. 91도2337; 1988. 11. 8. 86도1646: 참여권 배제에 대해서 변호인이 '이의신청을 하였다면' 조사된 증거의 증거능력이 없다. 이에 대해 자세히는 아래 '증거동의' 부분(59/12)을 참조할 것.

진술기재부분은 이에 포함되지 않는다.[1]

[27] 공판 전 증인신문

I. 의 의

1 공판 전 증인신문은 사안 구성에 꼭 필요한 것으로 명백히 인정되는 참고인이 출석이나 진술을 거부하는 경우, 제1회 공판기일 전까지 검사의 청구에 의해 판사가 그를 증인으로 불러 신문하도록 하는 절차를 말한다(제221조의2). 검사에게만 청구권이 있다는 점에서 위 공판 전 증거보전과 다르며, 수소법원이 아니라 수임판사가 진행한다는 점에서 공판과정의 일반적인 증인신문과 구별된다.

2 수사과정에서 참고인에게는 출석의무가 없다. 그러나 출석·진술을 거부하는 참고인으로부터 반드시 진술을 확보해야 할 필요성이 있는 경우가 있다. 공판 전 증인신문은 이러한 때에 공판 전에도 대인적 강제처분을 통해 증인신문을 할 수 있게 하여 증거확보의 효율성을 도모하는 제도이다.

II. 증인신문청구의 요건

3 증인신문을 청구하기 위해서는 증인의 진술로써 증명될 피의사실이 분명히 존재해야 한다. 수사기관이 내심으로 혐의를 품고 있는 정도의 상태만으로는 부족하며, 적어도 수사개시요건이 객관적으로 존재해야 한다.[2] 범죄수사에 없어서는 안 될 사실을 안다고 명백히 인정되는 자가 수사기관의 출석요구에 응하지 않거나 진술을 거부하는 경우에만 증인신문을 청구할 수 있다(제221조의2 ①항). 진술번복의 우려가 있는 경우는 이 상황에 해당하지 않는다.[3] 범죄수사에 없어서는 안 될 사실이란 범죄의 유무, 경중뿐만 아니라 기소·불기소 및 양형에 관련되는 사실을 포함한다. 대상자에는 참고인뿐만 아니라 피고인이나 다른 참고인의 소재를 알고 있는 자도 해당되며, 진술거부권을 침해하지 않는 한에서 증인이 될 수 있는 공범이나 공동피고인도 여기에 포함될 수 있다. 참고인이 수사기관에 출석하

1) 대판 1984. 5. 15. 84도508.
2) 대판 1989. 6. 20. 89도648.
3) 헌재결 1996. 12. 26. 94헌바1.

여 진술은 하였지만, 진술조서에 서명을 거부한 경우도 진술거부에 준하여 증인신문이 허용된다.

III. 증인신문의 절차

1. 증인신문의 청구

4 증인신문청구는 제1심 제1회 공판기일 전에 한하여 허용되며 공소제기 전후를 불문한다. 여기서 제1회 공판기일 전이란 수소법원이 실질적인 증거조사를 개시하기 이전이다(제290조 참조). 증인신문은 검사만 청구할 수 있다. 증인신문을 청구할 때에는 서면으로 그 사유를 소명해야 한다(제221조의2 ③항). 이러한 증인신문청구서에는 증인의 성명 · 직업 · 주거, 피의자 또는 피고인의 성명, 죄명 및 범죄사실의 요지, 증명할 사실, 신문사항, 증인신문청구의 요건이 되는 사실, 피의자 또는 피고인에게 변호인이 있는 때에는 그 성명을 기재하여야 한다(규칙 제111조).

2. 증인의 신문

(1) 절 차

5 증인신문청구를 받은 판사가 청구가 적법하고 필요하다고 인정할 경우에는 증인신문을 해야 한다. 청구절차가 적법하지 않거나 불필요하다고 인정되면 청구기각의 결정을 하여 검사에게 통지한다. 이 청구기각결정에 대해서는 불복할 수 없다.

6 증인신문을 행하는 판사는 증인신문에 관하여 법원 또는 재판장과 동일한 권한이 있다(제221조의2 ④항). 따라서 법원 또는 재판장의 증인신문규정이 그대로 준용된다. 판사는 증인신문기일을 정한 때에 피고인 · 피의자 또는 변호인에게 이를 통지하여 증인신문에 참여할 수 있도록 하여야 한다(같은 조 ⑤항).

(2) 제 척

7 공판 전 증거보전 또는 증인신문심리를 한 판사가 향후 해당 사건 제1심의 직무집행에서 제척된다는 견해가 있다.[1] 물론 같은 판사가 제1심에 참여하였을 때 실질적으로 선입견을 갖고 있을 것으로 생각되기에 기피심사 대상이 될 수 있지

1) 이재상/조균석 21/28; 정웅석/최창호 230.

만, 법률의 형식적 제척요건에 포섭되지 않으므로 제척되지는 않는 것으로 보아야 한다. 반면에 제1심의 공판 전 증거보전 또는 증인신문절차를 담당한 판사가 제2심에서는 제척된다. 후자의 경우는 '전심재판의 기초되는 조사심리에 관여'한 때이기 때문이다(제17조 7호). 그러나 판례는 이 경우에도 제척되지 않는다고 한다.[1]

3. 증인신문의 효과

판사의 증인신문에 대해 법원사무관 등은 증인신문조서를 작성해야 한다(제48조). 그리고 판사는 지체없이 이 조서를 검사에게 송부해야 한다(제221조의2 ⑥항). 이 조서는 공판기일에 작성한 조서와 마찬가지로 절대적 증거능력이 인정된다(제311조). 그러나 증인신문절차에 대한 피의자 · 피고인 또는 변호인의 참여권을 보장하지 않은 때에는 이 증인신문조서의 증거능력이 부정된다.[2] 8

1) 대판 1971. 7. 6. 71도974.
2) 대판 1997. 12. 26. 97도2249. 제221조의2 ⑤항의 개정(2007년) 이전에는 참여권 보장이 강제되지 않았으므로 그 이전의 판례를 읽을 때는 주의가 필요하다.

제 3 장　공소의 제기

제 1 절　수사의 종결

검사가 공소제기 여부를 결정할 수 있을 정도로 범죄의 혐의유무가 가려지면 수사과정은 종결할 수 있는 상태가 되고, 공소를 제기하거나 제기하지 않음으로써 수사는 종결된다. 뿐만 아니라, 2020년 법개정을 통해 경찰이 검찰에 송치하지 않기로 결정하는 '불송치결정'을 통해서도 실질적으로 수사가 종결될 수 있는 것으로 바뀌었기 때문에, 이제 수사종결권은 검사와 경찰이 나누어 갖고 있는 권한이 되었다.

[28]　수사종결의 의의와 종류

I. 수사종결의 방식

1. 검사의 공소제기

1　검사는 수사결과 범죄혐의가 충분하고 소송조건을 구비하여 유죄판결을 받을 수 있다고 인정되면 공소를 제기한다(제246조). 공소제기는 검사가 법원에 대해 사안을 심리하여 피고인에 대한 유죄판결을 할 것을 구하는 의사표시이다. 벌금·과료 또는 몰수에 해당되는 사건에 대해서는 약식명령을 청구할 수 있다(제448조 ①항). 공소제기는 검사가 독점하는 권한이다. 일부 경미사건에 대해 경찰서장이 청구할 수 있는 즉결심판은 이에 대한 예외가 되나, 공수처검사가 기소하는 것은 이에 대한 예외로 보기 어렵다.

1-1　기존에는 검사가 공소를 제기할 수 있는 범위에 제한이 없었으나, 최근 검찰청법의 개정으로 검사가 직접 수사개시를 한 범죄에 대해서는 공소를 제기할 수 없도록 하고 있다(검찰청법 제4조 ②항). 여기서의 '검사'는 검찰조직이 아니라 수

사를 개시한 개별검사를 뜻한다. 기소여부를 미리 염두에 두고 수사를 개시 · 진행하는 것을 차단하려는 취지의 법개정이지만, 검사동일체원칙 하에서 그와 같은 법개정의 의도가 그대로 실현되는 데에는 한계가 있다.

2. 검사의 불기소처분

불기소처분은 검사가 피의자에 대해 공소를 제기하지 않기로 결정하는 처분 2
을 말한다. 불기소처분에는 협의의 불기소처분과 기소유예가 있다.

(1) 협의의 불기소처분

협의의 불기소처분은 피의사건이 범죄를 구성하지 않거나 공소를 제기할 만 3
한 충분한 혐의가 없는 경우, 기타 소송조건이 구비되지 않아서 공소를 제기할 수 없는 경우의 처분이다. 협의의 불기소처분에는 다음과 같은 것이 있다(검사규 제98조 2호). **혐의 없음**은 피의사실이 인정되지 않거나 피의사실을 인정할 만한 충분한 증거가 없는 경우 또는 피의사실이 범죄를 구성하지 않는 경우의 결정이다. **죄가 안 됨**은 피의사실이 구성요건에 해당하지만 위법성조각사유나 책임조각사유가 있어 가벌성이 없는 때이다. **공소권 없음**은 이미 확정판결이 있거나 공소시효가 완성된 경우, 동일사건에 대해 이미 공소가 제기된 경우, 친고죄에서 고소가 없거나 반의사불벌죄에서 처벌불원의 의사표시가 있는 경우 등 소송조건이 결여된 때이거나 형이 면제되는 경우에 해당한다. **각하**결정은 고소나 고발을 받아들이지 않는 처분이다. 고소 · 고발이 요건을 갖추지 않은 경우, 죄책이 경미하고 소추이익이 없는 경우, 모호한 의심만으로 고소 · 고발한 경우 등에 각하결정을 할 수 있다.

(2) 기소유예

기소유예는 범죄의 객관적 혐의가 있고 소송조건이 갖추어져 있음에도 검사 4
가 형사정책적 이유에서 재량으로 공소를 제기하지 않는 것을 말한다. 그 이유로서 형법 제51조 각호의 사항, 즉 범인의 연령, 성행, 지능과 환경, 범행동기, 수단과 결과, 범행 후의 정황 등을 참작할 수 있다(제247조). 위의 '혐의 없음', '죄가 안 됨', '공소권 없음'에 해당되는 사건은 협의의 불기소처분으로 수사를 종결해야 하고 기소유예를 해서는 안 된다.[1] 범죄가 성립하지 않는 것을 범죄로 볼

1) 대결 1985. 7. 29. 85모16.

수 있는 검사의 재량은 없기 때문이다. 또한 범죄혐의 및 소송조건이 존재하는 사실의 일부에 대해서만 기소하는 것은 허용되지만, 일부 사실만 기소유예하는 것은 소추재량의 범위를 넘어서는 것으로서 허용될 수 없다.

5 검사의 불기소처분에 확정력이 발생하는 것은 아니다. 따라서 검사가 기소유예처분을 하고 난 뒤에도 필요한 경우 얼마든지 수사를 재개할 수 있고 다시 공소를 제기하더라도 무방하다.[1] 법원이 이에 대해 유죄판결을 선고하더라도 일사부재리원칙에 어긋나는 것이 아니다.[2] 혐의의 불기소처분을 받은 피의자는 형사보상청구권이 있는 반면, 기소유예처분을 받은 자에게는 그러한 청구권이 인정되지 않는다(헌법 제28조, 형사보상법 제27조 ①항).

(3) 기타 처분

6 **기소중지**는 잠정적인 수사종결로서, 피의자의 소재불명 등의 사유로 수사를 종결할 수 없는 경우에 그 사유가 해소될 때까지 불기소·기소중지사건기록에 의하여 검사가 내리는 결정이다(검사규 제98조 3호). **타관송치**는 시건이 소속 검찰청에 대응하는 법원의 관할에 속하지 않는 경우에 이를 서류, 증거물과 함께 관할법원에 대응하는 검찰청 검사에게 송치하는 결정이다(제256조).

3. 경찰의 불송치결정

6-1 종전에 검사만 수사를 종결할 수 있었던 데에 반해, 2020년 개정 형사소송법은 제245조의5 이하를 신설하여 사법경찰관이 검찰에 불송치결정을 할 수 있는 권한을 명시하였다. 이를 통해 경찰에서 자체적으로 수사한 결과 범죄혐의가 없다고 판단하는 경우에는 검찰에 사건을 송치하지 않는 결정을 할 수 있게 되었다. 기존에 경찰이 검사에게 사건을 송치하지 않아 실질적으로 절차가 종결되는 경우가 많았는데, 법개정을 통해 이제는 경찰도 법률상 형식적인 수사종결권을 갖게 된 것이다.

6-2 사법경찰관은 범죄의 혐의가 인정되는 때에는 지체 없이 검사에게 사건을 송치하고 관계 서류와 증거물을 검사에게 송부하여야 한다. 그러나 그 밖의 경우, 즉 범죄의 혐의가 없거나(혐의 없음, 죄가 안 됨), 형사절차상 기소될 수 없는

---

1) 대판 1995. 3. 10. 94도2598.
2) 대판 1987. 11. 10. 87도2020; 1983. 12. 27. 83도2686; 1966. 11. 19. 66도1416.

사유가 있는 경우(공소권 없음, 각하)에는 사법경찰관 사건을 검사에게 송치하지 않고, 서류 및 증거물을 송부하는 형식으로 스스로 사건을 종결할 수 있다(제245조의5).

4. 통지의무

7 검사가 고소나 고발에 의해 범죄를 수사할 때에는 고소 · 고발을 받은 날로부터 3개월 이내에 수사를 완료하여 공소제기 여부를 결정하여야 한다(제257조). 이 경우 공소제기, 불기소, 공소취소 또는 타관송치를 한 날로부터 7일 이내에 서면으로 고소인 · 고발인에게 그 취지를 통지해야 한다(제258조 ①항). 이에 대해 고소인 · 고발인의 청구가 있으면 7일 이내에 불기소이유를 설명해야 한다(제259조). 피해자 또는 그 법정대리인이 신청하는 경우에는 공소제기 여부 등을 그들에게 통지하여야 한다(제259조의2). 불기소 또는 타관송치 처분을 한 때에는 피의자에게 즉시 그 취지를 통지해야 한다(제258조 ②항).

7-1 사법경찰관이 불송치결정을 통해 스스로 수사를 종결한 경우, 서류와 증거를 검사에게 송부한 날부터 7일 이내에 서면으로 고소인, 고발인, 피해자 또는 그 법정대리인(피해자 사망시 그 배우자 직계친족 형제자매 포함)에게 사건을 검사에게 송치하지 아니하는 취지와 그 이유를 통지하여야 한다(제245조의6).

II. 수사종결에 대한 불복방법

8 피의자가 공소제기되면 장차 공판과정에서 기소된 사실에 대해 다툴 수 있다. 그러나 불기소처분이 있으면 더이상 사건이 심리될 수 없으므로, 별도의 불복절차를 인정해야 할 필요가 있다. 이러한 방법으로는 검찰청법의 항고 · 재항고제도(검찰청법 제10조)와 형사소송법상의 재정신청(제260조 이하)이 있으며, 사법경찰관이 불송치결정을 한 경우에 대한 이의신청도 불복방법 가운데 하나이다.

1. 불기소처분에 대한 항고 · 재항고

9 항고와 재항고는 검사의 불기소처분에 대해 불복하려는 고소인 또는 고발인이 고등검찰청검사장 또는 검찰총장에게 불복하는 제도이다. 이를 **검찰항고**라고도 한다. 항고는 불기소처분 통지를 받은 날부터 30일 이내 고등검찰청검사장에

게, 그리고 재항고는 항고기각결정의 통지를 받은 날 또는 항고 후 이에 대한 처분 없이 3개월이 경과한 날부터 30일 이내에 검찰총장에게 한다. 항고가 이유있다고 인정되는 때에는 지방검찰청 또는 지청 검사가 불기소처분을 경정하여 다시 기소할 수 있고, 고등검찰청검사장이 소속 검사로 하여금 불기소처분을 직접 경정하게 할 수 있다. 고등검찰청의 검사가 재항고가 이유 있다고 인정하는 때에는 그 처분을 경정하여야 한다(이상 검찰청법 제10조 참조). 항고의 경우에는 재정신청과 달리 공소시효정지(제262조의4)의 효력이 없다.

2. 재정신청

10 위 검찰항고가 받아들여지지 않은 경우, 고등법원에 사안에 대한 재판이 형성되도록 청구할 수 있는데 이를 재정신청이라 한다. 재정신청을 하려면 원칙적으로 검찰항고를 거쳐야 한다[**검찰항고전치주의**]. 2007년 법개정으로 고소인의 재정신청 대상이 모든 범죄로 확대되었다. 그에 따라 헌법소원은 더 이상 검사의 불기소처분에 대한 고소인의 불복방법이 될 수 없다. 법원의 재정결정에 대해서는 헌법소원을 청구할 수 없기 때문이다. 다만 검사가 기소유예처분을 한 때에 피의자는 헌법소원을 제기할 수 있다. 피의자는 재정신청을 할 수 없기 때문이다.[1] 재정신청과 재정결정절차는 아래에서 자세히 설명한다.

3. 불송치결정에 대한 이의신청

11 사법경찰관이 불송치결정을 하고 고소인 등에게 검사에게 사건을 송치하지 않은 취지와 이유를 통지한 경우에, 그와 같은 통지를 받은 고소인과 피해자 등은 그 사법경찰관 소속 관서의 장에게 이의를 신청할 수 있다(제245조의7 ①항). 이와 같은 이의신청이 있다면 사법경찰관은 지체 없이 검사에게 사건을 송치하고 관계 서류와 증거물을 송부해야 하며, 처리결과와 그 이유를 신청인에게 통지해 주어야 한다(같은 조 ②항).

12 사법경찰관의 불송치결정에 따른 통지는 고소인, 고발인, 피해자 등에게 해 주어야 하지만, 그에 대한 이의신청의 신청인에서 고발인은 제외된다. 고발인은 수사를 담당한 사법경찰관이 불송치결정을 하더라도 이의신청을 할 수 없게 함으

1) 헌재결 2001. 4. 26. 2001헌마15; 1989. 10. 7. 89헌마56.

로써, 사건과 직접 관계가 없는 제3자가 무리하게 절차를 지연시키는 상황을 방지하고자 한 것이다.[1)]

[29] 재정신청과 재정결정

I. 의 의

1 재정신청은 검사의 불기소처분에 불복하는 고소인 또는 고발인이 공소제기 여부를 재판으로 결정해 줄 것을 법원에 신청하는 제도를 말한다(제260조 이하). 재정신청에 따라 법원의 공소제기 결정이 있으면 검사는 공소를 제기하여야 하고, 이렇게 제기된 공소에 대해서는 공소취소를 할 수 없다. 따라서 이를 **기소강제절차**라고 부른다.

2 기소독점주의, 기소편의주의에 따라 검사가 임의로 불기소처분을 하는 때에 피해자 등의 권리가 회복되지 못하는 경우가 있다. 이러한 검사의 불기소처분에 대한 불복으로 고소인 또는 고발인을 위하여 검찰청법은 항고·재항고제도를 두고 있으나, 검사동일체원칙 하에서 공소권 행사의 형평성을 보장하기에는 미흡하다. 재정신청과 기소강제절차는 이를 보완하여 소추재량권을 법원이 견제하는 것으로서 기소독점주의의 예외를 형성하며, 피해자 등의 권리를 보호하는 역할을 담당한다.

II. 절 차

1. 재정신청

(1) 주체와 대상

3 재정신청권자는 검사로부터 불기소처분 통지를 받은 고소인 또는 고발인이다(제260조 ①항). 고소·고발을 취소한 자는 재정신청을 할 수 없다. 고소인은 모든 범죄에 대해 재정신청이 가능하지만 고발인은 형법 제123조부터 제126조까지의 범죄[2)]와 특별법에서 재정신청 대상으로 규정한 죄에 대해서만 재정신청이 가

1) 그러나 경찰의 독자적인 수사종결권이 인정되는 상황에서, (공익적 목적의) 고발이 좌절된 데에 대해 어떠한 불복방법도 없는 것에 대한 비판도 있다.

2) 공무원의 직권남용(제123조), 불법체포·감금(제124조), 폭행·가혹행위(제125조), 피의사실공표죄(제126조)이다. 제126조의 죄에 대해서는 피공표자의 명시한 의사에 반하여 재정을 신청할 수 없다(제260조 ①항 단서).

능하다.

(2) 검찰항고전치주의

4 고소인 등이 재정신청을 하려면 검찰청법 제10조에 따른 항고를 거쳐야 한다(제260조 ②항). 다만 1) 항고 이후 재기수사再起搜查[1]가 이루어진 다음에 다시 공소를 제기하지 아니한다는 통지를 받은 경우, 2) 항고신청 후 항고에 대한 처분이 행하여지지 아니하고 3개월이 경과한 경우, 3) 검사가 공소시효 만료일 30일 전까지 공소를 제기하지 아니하는 경우에는 검찰항고를 거치지 않고 재정신청을 할 수 있다(같은 항 단서).

(3) 재정신청방식

5 재정신청을 하려는 자는 검찰의 항고기각결정을 통지받은 날로부터 10일 이내에 신청하여야 한다. 제260조 ②항 단서에 따라 검찰항고를 거치지 않는 경우에는 각 사유가 발생한 날부터 10일 이내에 재정을 신청하여야 한다. 다만 공소시효의 만료시점이 임박한 경우에는 만료인 전날까지 재정을 신청하여야 한다(제260조 ③항).

6 재정신청을 하려는 자는 재정신청 기간내에 지방검찰청검사장 또는 지청장에게 재정신청서를 제출하여야 한다. 재정신청서에는 재정신청의 대상이 되는 사건의 범죄사실 및 증거 등 재정신청을 이유 있게 하는 사유를 기재하여야 한다(제260조 ③·④항). 재정신청은 법원의 재정결정이 있을 때까지 취소할 수 있으며, 취소한 자는 다시 재정신청을 할 수 없다(제264조 ②항). 공동신청권자 중 1인의 취소는 다른 공동신청권자에게 효력을 미치지 아니한다(제264조 ③항).

2. 지방검찰청 검사장 또는 지청장의 처리

7 재정신청서를 제출받은 지방검찰청검사장 또는 지청장은 재정신청서를 제출받은 날부터 7일 이내에 재정신청서·의견서·수사 관계 서류 및 증거물을 관할 고등검찰청을 경유하여 관할 고등법원에 송부하여야 한다. 다만 제260조 ②항에 따라 검찰항고를 거치지 않은 재정신청에 대해서는 1) 신청이 이유 있는 것으로 인정하는 때에는 즉시 공소를 제기하고 그 취지를 관할 고등법원과 재정신청인에

1) 결정이 이루어진 사건을 다시 문제삼아 수사하는 것.

게 통지하며, 2) 신청이 이유 없는 것으로 인정하는 때에는 30일 이내에 관할 고등법원에 송부한다(제261조).

III. 고등법원의 재정결정

1. 의 의

재정신청을 받은 고등법원은 검사의 불기소처분의 불법·부당 여부를 심사하여 공소제기 여부를 결정한다. 이를 위한 심리절차를 **재정결정절차**라고 한다. 이 절차의 절차법적 성격에 대해서는 견해가 대립된다. 8

수사설은 재정결정절차를 공소제기 전의 수사절차로 본다. 이에 의하면 신청인의 참여가 절차의 요건이 아니다. **항고소송설**은 이를 검사의 불기소처분의 당부를 심판대상으로 하는 행정사건의 항고소송에 준하는 소송절차로 보아 신청인과 검사가 절차에 참여해야 한다고 한다. **중간설**은 재정결정절차가 수사와 항고소송의 성격을 모두 가진다는 견해이다.[1] **형사소송유사설**은 재정결정절차를 수사절차가 아닌 재판절차로서 특히 형사소송에 유사한 절차로 본다.[2] 9

재정신청의 심리는 법원이 진행하는 것으로서, 불기소의 당부당을 평가하는 과정이지 사실관계를 조사하는 것이 아니기 때문에 수사성격을 갖고 있지 않은 재판의 일종이다. 다만 고등법원은 비공개를 원칙으로 구두변론 없이 재정결정절차를 진행할 수 있으므로(제37조 ②항), 이는 형사소송과 유사한 형태의 특별한 절차의 성격을 갖는다고 볼 것이다 [형사소송유사설]. 10

2. 재정신청사건의 심리와 결정

(1) 절 차

재정신청사건은 불기소처분을 한 검사 소속의 지방검찰청 소재지를 관할하는 고등법원이 관할한다(제260조 ①항). 관할법원이 재정신청서를 송부받은 때에는 10일 이내에 피의자 및 재정신청인에게 그 사실을 통지하여야 한다(제262조 ①항, 규칙 제120조). 재소자의 경우에 기간 내에 상소장을 교도소장 등에게 제출한 때는 11

---

1) 강구진 254; 백형구(강의) 457.

2) 손동권/신이철 362; 신동운 513; 이영란 438; 이재상/조균석 25/45; 임동규 335; 정영석/이형국 249; 차용석/최용성 318.

상소한 것으로 간주하는 특칙(제344조 ①항)이 재정신청에서는 준용되지 않는다.[1)]

12 심리는 원칙적으로 비공개로 진행한다(제262조 ③항). 법원은 필요한 때 사실과 증거를 조사할 수 있으므로(제262조 ②항 2문, 제37조 ③항) 피의자신문이나 참고인조사, 검증 등을 할 수 있다. 고등법원이 피의자에게 강제처분을 행할 수 없다고 보는 견해가 있으나,[2)] 위 규정의 취지에 따라 수소법원의 증거조사권과 강제처분권에 준하여 고등법원에도 강제처분권한을 인정하는 것이 타당하다.[3)] 재정결정도 재판의 일종이므로 피의자는 법관을 상대로 기피신청을 할 수 있다.

(2) 재정결정

13 법원은 재정신청서를 송부받은 날부터 3개월 이내에 항고절차에 준하여 재정여부의 결정을 하여야 한다. 재정결정에는 기각결정과 공소제기결정이 있다.

14 재정신청이 법률상의 방식에 위배되거나, 이유 없는 때에는 신청을 기각한다(제262조 ②항 1호). 1) **법률의 방식에 위배된 때**란 신청권자 아닌 자가 신청한 경우나, 신청기간이 경과한 후의 재정신청, 검찰항고를 거치지 않은 재정신청 등이다.[4)] 다만 재정신청서를 직접 고등법원에 제출한 경우에는 그 신청을 기각할 것이 아니라 재정신청서를 관할지방검찰청 검사장 또는 지청장에게 송부하여야 한다. 2) **신청이 이유 없는 때**란 검사의 불기소처분이 정당하였을 때이다. 검사의 불기소처분이 위법하지만, 기록에 나타난 여러 사정을 고려하여 기소유예처분을 할 만한 사건이라고 인정되는 경우에도 재정신청을 기각할 수 있다.[5)]

15 재정신청이 이유 있는 때에는 사건에 대한 공소제기를 결정한다(같은 항 2호). 공소제기를 결정하는 때에는 공소사실이 특정될 수 있도록 이유를 명시하여야 한다(규칙 제122조). 법원의 공소제기결정은 검사에 의한 공소제기를 강제하는 의미를 지닌다.[6)]

(3) 재정결정의 효력

16 법원은 재정결정을 한 때에는 즉시 그 정본을 재정신청인 · 피의자와 관할

1) 대결 1998. 12. 14. 98모127.
2) 백형구(강의) 460.
3) 강구진 256; 신동운 515; 이재상/조균석 25/47; 정영석/이형국 251.
4) 대결 2012. 10. 29. 2012모1090.
5) 대결 1997. 4. 22. 97모30; 1996. 7. 16. 96모53; 1996. 3. 11. 96모1.
6) 개정법률 이전에는 공소제기의 결정이 아닌 법원의 심판에 회부하는 부심판결정을 하고, 부심판결정이 있는 때에는 그 사건에 대하여 공소가 제기된 것으로 의제되었다.

지방검찰청검사장 또는 지청장에게 송부하여야 한다. 공소제기결정을 한 때에는 관할지방검찰청 검사장 또는 지청장에게 사건기록을 함께 송부하여야 한다(제262조 ⑤항). 재정신청을 기각하는 결정이 확정된 사건에 대하여는 다른 중요한 증거를 발견한 경우를 제외하고는 다시 소추하지 못한다(제262조 ④항 2문).

(4) 결정에 대한 불복

공소제기결정에 잘못이 있는 경우에는 본안사건의 재판을 통하여 법원의 판 17
단을 받을 수 있으므로 공소제기결정에 대해서는 불복을 허용하지 않는다.[1] 또한 법원이 재정신청 대상 사건이 아닌데도 이를 간과하고 공소제기결정을 하였더라도, 그에 따른 공소가 제기되어 본안사건의 절차가 개시된 후에는 다른 특별한 사정이 없는 한 본안사건에서 이러한 잘못을 다툴 수 없다.[2] 반면에 법원의 기각결정에 대해서는 제415조에 따른 즉시항고를 할 수 있다(제262조 ④항 1문). 이 즉시항고로서 재항고에 대한 법정기간의 준수 여부는 즉시항고장이 법원에 도착한 시점이며 [도달주의], 여기에는 재소자 피고인 특칙이 준용되지 않는다.[3]

3. 사건의 공소제기

법원의 공소제기결정에 따른 재정결정서를 송부받은 관할 지방검찰청 검사 18
장 또는 지청장은 지체없이 담당 검사를 지정하고 지정받은 검사는 공소를 제기하여야 한다(제262조의 ⑥항). 이 경우 검사는 공소를 취소할 수 없다(제264조의2).

만약 재정신청 대상사건이 아니었던 경우처럼 부적법한 재정신청을 인용하 19
여 공소가 제기되었다면, 기소 후 본안사건에서 이를 다툴 수 있는지 문제된다. 공소제기 자체가 위법한 요건을 전제로 하였기 때문에 공소기각판결(제327조 2호)을 해야 한다는 견해가 있으나, 검사는 법원의 결정에 의해서 적법하게 기소한 것이므로 이를 다툴 수 없고 본안심리로 나아가야 하며, 특별한 사정이 없는 한 본안사건에서도 이러한 문제를 다툴 수 없다고 보는 것이 판례 입장이다.[4]

---

1) 대결 2012. 10. 29. 2012모1090.
2) 대판 2017. 11. 14. 2017도13465.
3) 대결 2015. 7. 16. 2013모2347(전합). "재소자 피고인 특칙"이란 도달주의 원칙에 대한 예외로서, 교도소 또는 구치소에 있는 피고인이 제출하는 상소장에 대하여 상소의 제기기간 내에 교도소장이나 구치소장 또는 그 직무를 대리하는 사람에게 이를 제출한 때에 상소의 제기기간 내에 상소한 것으로 간주하는 것이다(제344조 ①항).
4) 대판 2017. 11. 14. 2017도13465; 2017. 3. 9. 2013도16162; 2010. 11. 11. 2009도224.

IV. 재정신청절차의 특칙

20 재정신청이 있으면 법원의 재정결정이 확정될 때까지 공소시효의 진행이 정지된다(제262조의4 ①항). 법원의 심리결과 공소제기의 결정이 있는 때에는 공소시효에 관하여는 그 결정이 있는 날에 공소가 제기된 것으로 본다(같은 조 ②항).

21 재정신청사건의 심리 중에는 관련 서류 및 증거물에 대해서 열람·복사할 수 없다. 기소되지 않은 수사기록에 대하여 피의자나 고소인 등이 기록을 열람·복사하는 경우 수사 비밀을 침해할 우려가 있기 때문이다. 다만 법원은 재정신청사건의 증거조사 과정에서 작성된 서류의 전부 또는 일부의 열람·복사를 허가할 수 있다(제262조의2).

22 법원은 재정신청기각의 결정 또는 재정신청의 취소가 있는 경우에는 결정으로 재정신청인에게 신청절차에 의하여 생긴 비용의 전부 또는 일부를 부담하게 할 수 있다(제262조의3 ①항). 직권 또는 피의자의 신청에 따라 재정신청인에게 피의자가 절차에서 부담하였거나 부담할 변호인선임료 등 비용의 전부 또는 일부의 지급을 명할 수도 있다(같은 조 ②항). 이러한 법원의 결정에 대해서는 즉시항고를 할 수 있다(같은 조 ③항).

[30] 공소제기 후의 수사

I. 의 의

1 원칙적으로 수사는 공소제기 이전의 과정이다. 수사의 결과 공소제기 여부가 가려지기 때문이다. 그러나 공소제기 후에도 공소유지를 위해 또는 공소유지 여부를 결정하기 위해 수사를 해야 하는 예외적 상황이 있을 수 있다. 예를 들어 피고인의 혐의가 확대·축소된 때나, 공범이나 진범이 검거된 경우 등이다.

2 피고인의 권리에 미치는 영향이 없는 방식이라면 공소제기 이후에도 수사기관이 필요한 정보를 수집할 수 있는 것으로 보아야 한다. 그러나 이미 공소가 제기된 피고인을 다시 수사하면 법원심리에 지장을 줄 뿐만 아니라 피고인의 당사자지위에 위협을 초래할 수도 있으므로 공소제기 후의 수사는 매우 제한적으로 허용된다.

II. 공소제기 후의 임의수사

공소제기 후에도 수사기관이 공소유지 또는 그 여부를 결정하기 위하여 임의수사를 하는 것은 일반적으로 가능하다. 그러나 여기에도 일정한 제한이 있어야 한다. 3

1. 피고인신문

피고인신문은 공판정에서 법원이 진행하는 핵심적인 증거조사방법이다. 공소제기 후 수사기관이 피고인을 신문할 수 있는가에 대해서는 학설과 판례의 입장이 다르다. 4

(1) 긍 정 설

소수설은 임의수사 시기에 대한 실정법의 제한이 없기 때문에 공소제기 후에도 제1회 공판기일 전후를 불문하고 수사기관이 피고인을 신문할 수 있다고 한다.[1] 이렇게 본다면 공소제기 후 피고인신문을 통해 얻은 조서의 증거능력도 인정된다. 판례도 피고인을 상대로 한 진술조서가 공소제기 후에 작성된 것이라는 이유만으로 곧 증거능력을 부정할 수는 없다고 한다.[2] 기소 후 제1회 공판기일 전에 한하여 예외적으로 피고인신문이 가능한 것으로 보는 예외적 긍정설도 있다.[3] 5

(2) 부 정 설

다수설은 공소제기 후에는 수사기관이 피고인을 신문할 수 없다고 하며 이 견해가 타당하다.[4] 또한 아래 새로운 판례의 입장(30/11)에 비추어 보면 최근 대법원의 태도도 이에 가까울 것으로 추정된다. 제200조 '피의자'신문에 피고인이 포함된 것으로 유추할 수 없고, 피고인신문은 공판과정에서 법원이 행하는 증거조사로 보는 것이 공판중심주의에 부합하기 때문이다. 검사가 피고인진술을 통해 정보를 알아낼 것이 있으면 공판과정에 참석하여 피고인에 대해 묻고 답을 얻어내면 된다. 그리고 피고인에게는 사실상 공소제기 후 제1회 공판기일까지가 자신의 방어권 행사를 준비할 수 있는 유일한 시간이 될 것이므로 그 기간에도 검사 6

1) 이창현 531; 임동규 287.
2) 대판 1984. 9. 25. 84도1646; 1982. 6. 8. 82도754.
3) 백형구(강의) 336.
4) 강구진 245; 신동운 606; 신양균 298; 이은모 379; 이재상/조균석 23/16; 정영석/이형국 221.

의 피고인신문은 허용될 수 없다. 물론 피고인 스스로 검사에게 면접을 요구하거나, 진범이 발견된 때처럼 피고인에게 이익이 되는 경우에는 검사가 피고인에게 묻고 답을 듣는 것은 가능하다.

(3) 공소제기 후 피고인의 진술을 기재한 진술조서

7 공소제기 후 피고인을 법정 밖에서 신문하여 그의 진술을 기재한 조서의 증거능력이 문제된다. 피고인 자신의 진술을 내용으로 한 조서이지만, '피의자'신문조서는 아니므로 제312조 ①항과 ③항을 직접 적용할 수도 없다. 제313조 ①항을 적용한다면 피의자신문조서보다 공소제기 후의 피고인진술조서의 증거능력을 더 쉽게 인정하는 모순이 생긴다. 다음과 같은 의견이 있다.

8 **위법수집증거설**은 공소제기 후 수사기관이 피고인을 수사하는 것은 위법수사이므로, 이때의 피고인진술조서는 위법수집증거배제법칙에 의해 증거능력이 인정되지 않는다는 견해이다.[1] 위 부정설의 논증에 따라 이 견해가 타당하다.

9 **피의자신문조서 준용설**은 이 경우의 피고인진술조서는 수사기관 작성의 피의자신문조서와 동일한 요건하에 증거능력을 인정해야 한다는 견해이다.[2] 진술조서의 형식을 취하더라도 피의자신문조서에 관한 규정을 준용하여 증거능력을 인정할 수 있다는 것이다. 그러나 기소 후에 피고인의 진술이 필요한 경우라면 공판정의 증거조사에서 진술할 수 있도록 해야 하며, 만약 피고인이 스스로 요청하여 진술하는 예외적인 상황에서 얻어진 조서라면 이는 자신에게 유리한 진술을 내용으로 할 것이므로 굳이 이를 피의자신문조서로 보아 전문법칙의 적용을 받게 할 필요는 없다.

2. 참고인조사

10 참고인에 해당하는 사람을 공소제기 후 진술하게 하기 위해서는 수소법원에 증인으로서 신청하는 것이 원칙이다. 그러나 단순히 참고인 신분으로 조사하는 방식이 피고인의 방어권 실현에 지장을 초래하지 않는 한 공소제기 후에도 허용된다는 것이 일반적인 견해였다. 반면에 이미 증인으로서 진술한 바 있는 사람에 대한 참고인조사는 엄격히 제한된다. 판례는 피고인에게 유리한 증언을 한 증인

---

1) 이재상/조균석 23/16, 40/59.
2) 신동운 1159; 임동규 528.

을 수사기관이 다시 법정 밖에서 참고인으로 조사하여, 이미 법정에서 행한 진술을 번복하게 하는 것은 적법절차에 위배되는 수사로서 허용될 수 없다고 하였다. 이러한 방식으로 작성된 진술조서를 유죄의 증거로 삼을 수도 없다는 것이다.[1)]

더 나아가 최근 대법원은 '제1심에서 피고인에 대하여 무죄판결이 선고되어 검사가 항소한 후, 수사기관이 항소심 공판기일에 증인으로 신청하여 신문할 수 있는 사람을 특별한 사정없이 미리 수사기관에 소환하여 작성한 진술조서는 피고인이 증거로 할 수 있음에 동의하지 않는 한 제312조 ④항을 충족한다고 하더라도 증거능력이 없다'고 하였다. 이를 허용한다면 피고인과 대등한 당사자의 지위에 있는 검사가 수사기관으로서의 권한을 이용하여 일방적으로 법정 밖에서 유리한 증거를 만들 수 있게 하는 것이므로 당사자주의 · 공판중심주의 · 직접심리주의에 반하고 피고인의 공정한 재판을 받을 권리를 침해하기 때문이라는 것이다.[2)] 이러한 새로운 판례는 기존 판례에서 중시한, '진술번복을 받을 의사' 요건을 묻지 않는 것으로서 공판중심주의를 더 강화한 것으로 볼 수 있다.[3)] 11

III. 공소제기 후의 강제수사

1. 피고인구속

공소제기 후 피고인구속은 법원의 권한에 속하므로 수사기관이 피고인을 구속할 수는 없다. 이는 강제수사법정주의에 위배될 뿐만 아니라, 현실적으로 방어권을 행사할 수 없도록 봉쇄하는 것으로서 피고인과 검사 간 무기대등의 원칙을 침해한다. 만약 불구속으로 기소된 피고인이 증거를 인멸하거나 도망할 우려가 있어서 구속해야 할 필요성이 분명하다고 해도 검사는 수소법원의 직권에 의한 구속을 촉구할 수 있을 뿐이다. 12

2. 압수 · 수색 · 검증

공판기일이 시작되면 압수 · 수색 · 검증도 법원의 역할이다. 공소가 제기된 후 제1회 공판기일 전까지 수사기관이 이러한 대물적 강제수사를 할 수 있는지에 13

---

1) 대판 2013. 8. 14. 2012도13665; 2012. 6. 14. 2012도534; 2000. 6. 15. 99도1108(전합).
2) 대판 2021. 6. 10. 2020도15891; 2019. 11. 28. 2013도6825.
3) 이 판례에 대한 평석으로는 홍영기, 형법 · 형사소송법 2019년 대법원 주요판례와 평석, 안암법학 60, 141면 이하.

대해서는 의견이 나뉜다. 소수설은 제215조에 수사기관의 압수·수색·검증 영장 청구기간이 명시되어 있지 않고, 공소제기 후라도 공판기일 이전이라면 수사기관이 압수·수색·검증을 하는 것이 당사자주의와 공판중심주의에 위배되는 것은 아니라고 한다 [긍정설].[1]

14 그러나 통설과 판례는 공판중심주의에 따라 공소제기 이후 압수·수색·검증은 오로지 법원의 권한에 속해 있음을 분명히 한다. 공소제기 후 제1회 공판기일 전에 압수·수색·검증을 해야 하는 긴급한 사정이 있으면 증거보전절차(제184조)를 이용할 수 있다. 만약 기소된 상태에서 제1회 공판기일 이전에 영장을 청구하여 범죄혐의를 인정하는 자료를 함께 제출하면, 법관의 예단배제를 위한 공소장일본주의(규칙 제118조 ②항)의 취지에도 반하게 될 것이다 [부정설].[2]

15 검사 또는 사법경찰관이 피고인에 대한 구속영장을 집행하는 때에 그 현장에서 영장 없이 압수·수색·검증을 할 수 있다(제216조 ②항). 그러나 이는 법원의 구속영장을 집행하면서 부수되는 처분을 행하는 것일 뿐이므로 예외적인 상황이 아니다. 이 경우 압수·수색·검증도 수사에 해당하기 때문에 압수물을 법원에 제출하지 않고 수사기관에서 보관할 수 있다는 시각이 있으나,[3] 공판기일 중 법원의 명령장인 구속영장을 집행하는 기관이 수사기관으로서 독자적인 권한을 갖는 것으로 보기는 어렵다. 이때의 압수·수색·검증은 인신구속에 부수된 것인데, 구속의 주체와 대물적 강제처분의 주체가 달라질 수는 없다.

제 2 절 공소의 제기

공소제기에 의해 수사는 종결되고, 형사절차는 공판절차로 넘어간다. 공소제기는 국가기관인 검사의 고유한 권한으로서 [국가소추주의; 기소독점주의], 검사의 공소제기가 없는 한 법원은 그 사건에 대해 심리하지 못한다 [불고불리원칙]. 그리

1) 강구진 245.
2) 대판 2011. 4. 28. 2009도10412; 신동운 604; 신양균 296; 이재상/조균석 23/7; 임동규 285; 정영석/이형국 220.
3) 이재상/조균석 23/8.

고 공소제기의 여부 및 어떤 사안으로 기소할 것인가는 검사가 재량으로 결정한다 [기소편의주의].

[31] 공소권 일반론

I. 공소권의 본질

공소公訴는 **사소**私訴와 대립되는 개념으로서 국가기관이 소추를 담당한다는 의미이다. 공소를 제기하고 유지하는 검사의 권리 또는 의무를 **공소권** 또는 **소추권**이라고 말한다. 1

1. 주관적 형벌권과 객관적 형벌권

주관적 형벌권이론은 형벌권을 주관적 공권으로서 민사법적인 청구권과 유사한 형식으로 본다. 형벌권도 권리행사의 대상에 대해서 일정한 작위 또는 부작위를 하도록 명령하는 권리라는 것이다 [ius puniendi]. 이와 같은 추상적인 권능으로부터 국가는 피고인에게 형벌을 부과하며, 피고인은 그 형벌을 수인해야 하는 의무가 생긴다. 소위 **추상적 공소권설**은 이러한 주관적 형벌권이론과 같은 맥락에 놓인다. 현재 추상적 공소권이라는 관념을 유지하려는 입장은 찾아보기 어렵다. 2

이에 반해 객관적 형벌권이론은 형벌권의 본질을 특정된 형법규정을 토대로 하여 개별 사안에 따라 발생하는 권한으로 본다. 구체적인 법률내용에 의존하기 때문에 객관적인 권리에 해당한다 [ius poenale]. 주관적 형벌권이 민사상 청구권에 상응한다면, 객관적 형벌권개념은 **구체적 소권** 개념에 더 가깝다. 아래의 공소권이론은 이러한 객관적 형벌권이론을 전제하고 있는 하위개념이다.[1] 3

2. 공소권이론

(1) 유죄판결청구권설

유죄판결청구권설은 공소권의 본질을 실체재판의 형식인 유죄판결을 청구하는 권리로 본다. 공소권은 실체적 · 절차적 조건을 전제로 형성되는데, 특히 실체적 조건은 범죄혐의가 있을 것을 요구한다고 하면서, 공소제기는 그에 대해 유죄 4

1) 이 구별은 Hong, Zeitablauf als Grenze des staatlichen Strafanspruchs, 2005, 103면 이하.

판결을 요구하는 법률행위라는 것이다.[1] 이 견해에 대해서는, 범죄혐의가 없으면 공소권이 존재하지 않기에 무죄판결의 실체재판을 설명할 수 없다고 하거나, 소권은 소송법상 권리이기 때문에 형벌필요성이라는 실체법상 개념을 포함할 수 없다는 비판이 있다.

(2) 실체판결청구권설

5 실체판결청구권설은 민사소송의 본안판결청구권에 상응하는 이론이다. 공소권이란 검사가 구체적 사건에 대해 법원에 유·무죄의 실체판결을 청구하는 권리라고 본다. 공익적 지위를 갖는 검사로서 무죄증거도 찾아야 한다는 면에서도 공소제기가 단순히 유죄판결을 구하는 것만은 아니라는 것이다.[2] 이에 따를 때 유죄판결을 원하지 않으면서 단순히 유·무죄를 가리기 위해 기소하는 것은 공소권을 남용하게 할 것이라고 하거나, 유·무죄판결 이외에 면소판결이나 공소기각판결 등이 가능하다는 점을 설명하지 못한다는 비판이 있다.[3]

(3) 공소권이론 부인설

6 공소권이론을 부인하는 입장도 있다. 실체판결청구권설에 따르더라도 공소권은 소송조건과 표리일체의 관련성이 있으므로, 결국 공소권은 소송조건 가운데 하나로서 이를 검사 입장에서 바라본 것에 지나지 않는다고 한다.[4] 이 견해에 대해서는, 소송조건은 공소권 행사의 유효조건에 불과하다는 지적과, 검사의 공소권을 피고인의 방어권에 대립시킬 때에만 공소권행사를 제한할 수 있게 된다는 반대의견이 있다.[5]

(4) 결론: 유죄판결의 청구

7 형사소송을 시작하는 소추행위의 초기형태는 역사적으로 피해자를 비롯한 사인의 고소·고발이었다. 즉 공소제기의 원형은 고소와 같다고 할 것이므로, 이는 단순히 재판결과를 원하는 요청에 그치지 않는다. 검사에게 피고인의 무죄증거를 찾아야 하는 의무가 있는 이유는 공소제기가 유·무죄의 실체판결을 청구하

---

1) 손동권/신이철 349; 신동운 549; 신양균 304; 이은모 383; 임동규 291. 일반적으로 구체적 공소권설과 동의어라고 하나 정확한 구별은 아니다.
2) 백형구 강의 443; 이재상/조균석 24/8.
3) 신동운 547. 그러나 다른 재판의 가능성이 있다는 사실로 공소권 자체의 본질이 달라져야 하는 것은 아니다.
4) 김기두 81.
5) 강구진 59; 신양균 304; 이재상/조균석 24/10.

는 것이기 때문이 아니다. 검사가 수사권과 공소권을 독점하면서 야기되는 객관적 형벌의무에서 비롯되는 것이다. 유죄의 근거가 없을 때 검사는 불기소처분을 해야 하며 법원에 무죄임을 가려달라는 취지의 기소를 해야 하는 것은 아니다.

II. 공소제기의 원칙

1. 국가소추주의와 기소독점주의

국가소추주의란 공소제기의 주체가 개인이 아니라 국가라는 뜻이다. 형사소 8
송법 제246조는 "공소는 검사가 제기하여 수행한다"고 규정한다. 이처럼 국가기관 중에서도 검사만이 공소권을 갖는 것을 기소독점주의라고 부른다.[1] 기소독점주의는 공익을 대변하는 법률전문가인 검사에게 소추권을 부여하여 공정한 공소제기를 할 수 있다는 점과, 검사동일체원칙을 통해 통일된 공소권 행사를 가능하게 한다는 점에서 장점이 있다. 그러나 공소권 행사가 검사의 독단으로 이루어질 수 있고, 검찰의 정치적 이해관계에 따라 공소제기가 편향적으로 좌우될 수 있다는 우려의 배경이 된다.

2. 기소편의주의

(1) 의 의

공소제기 여부 및 공소제기의 대상을 검사의 재량에 따라 결정할 수 있도록 9
하는 권한을 **소추재량권**이라고 말한다.[2] 이러한 소추재량권은 현행법의 토대인 '기소편의주의'에 의해 정당화된다. 제247조 ①항은 "검사는 형법 제51조의 사항을 참작하여 공소를 제기하지 아니할 수 있다"고 규정하는데, 기소편의주의는 검사의 재량이 기소·불기소 여부에 개입하는 것만을 뜻하지 않는다. 이에 못지 않게 중요한 의의는 '하나의 사건' 안에 포함된, 여러 구성요건해당 사실 가운데에서 일부사실만 기소하거나, 실제로 발생한 범죄사실을 재량에 따라 임의로 구성하여 기소하는 것도 허용된다는 사실에 있다.

기소편의주의에 대비되는 **기소법정주의**는 이러한 재량을 허용하지 않는 관 10
념이다. 이는 검사의 공소제기에 자의를 제한하여 일정한 조건이 갖추어진 경우

1) 반대개념으로는 다른 나라의 공중소추주의나 사인소추주의 등이 있다.
2) 대판 2004. 4. 27. 2004도482.

에는 반드시 법에 의해 소추하도록 하고, 기소되는 사안도 검사의 재량으로 구성하는 것이 아니라 발생한 사실 그대로 기소할 수 있도록 강제하는 것을 말한다. 독일형사소송법은 원칙적으로 기소법정주의를 따르는 반면, 미국과 일본에서는 공소제기에서 광범위한 검사의 재량을 인정하여 기소편의주의를 채택하고 있다.

(2) 역 할

11 일반적으로 기소편의주의는 형사사법의 업무를 감경시킬 수 있고, 소추단계에서 개별 사안의 특성을 반영하는 데 유리한 장점이 있다고 말한다. 그러나 법원의 재판에 앞서서 미리 사안을 추려냄으로써 권력분립을 왜곡하고, 형사사법이 검사의 자의에 좌우되도록 하여 규범효력에 대한 시민의 신뢰를 떨어뜨리는 단점이 있다. 이에 반해 기소법정주의는 '저질러진 모든 범죄를 일관되게 처벌해야 한다'는 합리주의에 기초하고 있다. 기소편의주의에 비할 때 법치국가원리를 원뜻 그대로 실현하는 데 더 유리한 방식으로 여겨진다.

12 그러나 현실적으로 보면 기소법정주의를 취하는 법체계에서도 매우 높은 비율의 불기소처분이 이루어지는 것이 관찰되고 있다. 즉 기소법정주의 취지에 걸맞는 이상적인 합리주의가 실천되지 못하고 있다. 어떤 나라든 법치국가원칙을 이념에 맞게 실현하기에는 형사사법기관의 역량이 턱없이 못 미치기 때문이다. 실제 발생한 범죄의 많은 경우는 수사기관에 인식조차 되지 못하며,[1] 범죄가 인식되었더라도 그 가운데 일부를 선별하여 처리할 수밖에 없고, 기소된 공소사실도 실체적 진실과 거리가 멀다는 점에서 기소편의주의와 기소법정주의의 실제가 크게 다르지 않다. 기소편의주의는 이와 같은 형사사법기관의 한계를 솔직히 승인하고 있다는 데에서 차이가 있을 뿐이다.[2]

III. 공소권남용이론

1. 의 의

13 공소권남용이론은 형식적으로는 적법한 공소제기이지만 실질적으로는 검사가 갖는 소추재량 범위를 넘어선 것으로 평가되는 경우에, 공소기각재판 등 형식

1) 배종대/홍영기, 형사정책, 15/1 이하.
2) 이념적 배경에 대해서는 홍영기, 국가권력의 한계, 어디에서 비롯되는가, 법철학연구 8-1, 204면 이하 참조.

재판으로 소송을 미리 종결시킬 수 있는지에 대한 논의를 말한다.

피고인이 자신을 기소한 것에 대해 항변하고자 할 때는 이후 공판과정에서 방어권을 행사하면 된다. 이러한 단순한 구조에 따를 때 공소권남용이론이 필요하지 않다고 말할 수도 있다 [**공소권남용이론 부정설**]. 그러나 공판절차에서 피고인이 항변하는 것은 기소된 **공소사실의 진실성**에 대한 것으로서, 법원도 이를 대상으로 유·무죄의 실체심리에 집중하게 된다. 이와 달리 공소권남용이론이란 사실심리에 앞서, **공소제기 그 자체**가 정당하지 않다는 항변이 가능한지, 그리고 그에 따라 법원은 어떠한 재판을 해야 하는지의 문제를 다루는 것이다. 14

공소사실의 진실성을 따지기 앞서 검사의 소송행위로서 공소제기 자체가 정당하지 않다는 법원의 판단에 따라 형식재판으로 절차를 종결시킬 수 있다고 하면 피고인을 조속하게 절차로부터 해방시킬 수 있게 된다. 또한 이 개념을 인정함으로써 검사의 소추권이 지나치게 자의적으로 행사되는 것을 방지할 수도 있다. 이에 따라 현재 일반적인 학설과 실무는 공소권남용이론을 긍정하고, 이에 따라 소추재량권이 현저하게 일탈되었는지 여부를 평가해야 하는 것으로 보고 있다 [**공소권남용이론 긍정설**]. 15

2. 공소권남용에 해당하지 않는 경우

공소권남용이 문제되는 다음과 같은 사례가 있다. 그러나 아래의 경우는 공소제기 자체가 부당하지는 않은 경우로서 공소권남용 상황이 아니다.[1] 16

(1) 혐의 없는 사건의 기소

범죄의 객관적 혐의를 인정할 증거를 확보할 수 없음에도 공소를 제기한 경우가 문제된다. 검사는 일정한 수준 이상의 혐의가 확인된 것을 바탕으로 공소를 제기해야 한다는 점에서, 무혐의사건에 대한 공소제기는 제328조 ①항 4호의 "공소장에 기재된 사실이 범죄가 될 만한 사실이 아닌 것"으로 보아 공소기각결정을 해야 하는 것으로 보는 견해와 [**공소기각결정설**], 제327조 2호 "공소제기절차가 법률의 규정에 위반하여 무효인 때"에 해당하여 공소기각판결을 해야 한다는 견해도 있다 [**공소기각판결설**].[2] 17

---

1) 이하의 사안들이 공소권남용이 아니라고 보는 견해는 공소권남용이론 자체를 부정하는 견해와 결론면에서는 같아진다.
2) 김재환, 265; 손동권/신이철 350; 신동운 568.

18 그러나 범죄가 되지 않는 사실을 기소한 것이 아니라 혐의를 증명하지 못하고 있을 뿐이라면, 공소제기절차 자체가 무효인 것은 아니라고 해야 한다. 공판절차를 통해 혐의사실이 없다는 것이 판명되면 판결로써 무죄를 선고(제325조)해야 하는 경우이다 [무죄판결설].[1)]

(2) 경미한 사건의 기소

19 기소유예가 가능한 수준으로 범죄가 경미한 때인데도 굳이 기소한 경우, 그것이 공소권남용에 해당하는지 문제된다. 이에 대해 소추재량을 남용한 것으로 보아 공소기각판결을 해야 한다는 견해가 있으나 [공소기각판결설], 기소유예판단은 검사의 재량에 속할 뿐이고, 사안이 경미하다고 하여 공소제기가 위법한 것은 아니기 때문에 유·무죄의 실체심리로 나아가는 데 문제가 없다고 해야 한다. 경미한 범죄라고 하더라도 증거가 확인되면 유죄판결을 하는 것이 원칙이다 [유죄판결설].[2)]

(3) 선별기소

20 같거나 유사한 사건으로 입건된 피의자들 중 일부만 기소하고 다른 일부는 불기소처분을 하는 경우의 문제가 있으며 이를 **차별기소**라고도 한다. 이에 대해 헌법의 평등원칙에 위배되므로 공소제기가 법률의 규정에 위반하여 무효인 때에 해당하여 공소기각판결을 해야 한다는 견해가 있다 [공소기각판결설].[3)] 그러나 이러한 방법은 검사에게 인정된 소추재량권의 허용된 범주 안에 포함된다. '같은 범죄를 저지른 다른 피의자는 기소되지 않았다'는 사실은 기소가 잘못되었다는 데 대한 타당한 항변이 아니다. 해당 피고인의 죄에 대해 수소법원은 유·무죄의 실체판결을 해야 한다. 판례의 입장도 같다 [실체판결설].[4)]

(4) 위법수사에 따른 기소

21 판례는 위법한 함정수사로 인한 공소제기는 공소제기가 무효인 때에 해당하여 공소기각판결을 해야 하는 것으로 보고 있다.[5)] 엄밀하게 보면, '수사의 위법'

1) 백형구(강의) 472; 이재상/조균석 24/16; 임동규 293; 정영석/이형국 228.
2) 김재환, 266; 백형구(강의) 473; 신동운 570.
3) 신동운 571.
4) 대판 2014. 12. 24. 2014도10199; 2013. 1. 31. 2011도1701; 2012. 7. 12. 2010도9349; 김재환 267; 백형구(강의) 474; 이재상/조균석 24/24; 임동규 294.
5) 대판 2006. 9. 28. 2006도3464.

과 '기소의 위법'은 구별되기 때문에 이와 같은 판례의 태도를 비판하는 입장도 있다.[1] 그러나 수사는 공소제기를 위한 활동이고, 수사와 기소 모두 검사가 행하는 일련의 소송행위이기에 두 과정의 위법성을 명확히 구별하는 것은 합리적이지 않다. '경찰이 위법한 수사를 했을 뿐'이라는 검사의 반론은, 검사가 수사내용을 살펴 기소여부를 결정하는 법체계 안에서 할 수 있는 말이 아니다.

위법한 수사로부터 얻어낸 정보를 통해 혐의를 발견하여 이를 공소제기의 22
결정적인 단서로 삼은 때에는 그 공소제기를 무효로 보아야 한다. 형식재판으로 미리 종결함으로써, 장차 위법수집증거배제법칙을 가지고 무죄판결까지 이르지 않도록 한다는 점에서 적법절차원칙과 소송경제에도 부합한다.

다만 이 경우는 위법한 수사방식이 공소제기로 이어졌다는 점에 주목한 것 23
이지, 공소제기 방식 자체가 문제된 상황은 아니다. 즉 소추재량권을 일탈한 경우와 다르기 때문에, 판례는 이 경우를 공소권의 남용으로 평가하지는 않는다.

3. 공소권남용에 해당할 수 있는 경우

(1) 누락기소

피의자가 여러 개의 범행을 자백하였지만 검사가 일부 범죄사실을 제외하고 24
기소한 후, 기소된 범죄사실에 대한 확정판결이 있기 전에, 제외되었던 범죄사실을 다시 기소하는 경우가 있다 [**누락기소**]. 또는 가정폭력처벌법상 불처분결정이 확정된 후 검사가 동일한 사실에 대해서 다시 기소하는 예도 있다 [**반복기소**].[2] 이러한 방식이 금반언禁反言(한 입으로 두 말 하기 없기)의 법리에 위배된다거나, 일사부재리보다 폭넓은 '이중위험금지'를 위배한 것이므로 공소권남용에 해당한다고 볼 수도 있다 [**객관설**].[3]

판례도 이러한 공소제기방식은 공소권남용의 문제에 해당할 수 있는 것으로 25
본다. '검사의 자의적인 공소권 행사로 인한 소추재량권의 현저한 일탈'을 그 판단기준으로 삼고 있으며, 그 구체적인 판단에서는 '단순한 직무상 과실을 넘어서, 검사에게 적어도 미필적이나마 어떤 의도가 있는 상태'에서 검사의 태만 또는 부

1) 백형구(강의) 446; 신동운 567.
2) 대판 2017. 8. 23. 2016도5423. 보호처분이 결정된 경우에는 기판력이 있으나(같은 법 제16조) 불처분의 결정에는 기판력이 없다.
3) 정승환 22/23.

작위에 의한 공소제기가 행하여졌는지 그리고 피고인에게 귀책사유가 있는지 등을 고려해야 한다고 한다 [주관설: 권리남용설].[1]

(2) 결론 : 공소권남용의 기준

26 이중위험금지 또는 금반언의 원리는 일부사실을 누락시켰다가 추가기소한 객관적 상황이 있을 때 공소기각재판을 해야 하는 것으로 보는 점에서 피고인의 권리보장에 유리한 측면이 있다. 그러나 기소편의주의에 따를 때 이와 같은 기소형식 자체를 곧 위법한 것으로 볼 근거는 없다. 혐의 있는 사실 가운데 필요에 따라 증거가 확실한 일부만을 기소하고 추후 증거를 보강해서 나머지 사실을 공소사실에 포함시키는 것도 얼마든지 가능하기 때문이다. 공소장변경제도도 이러한 경우를 전제하고 있다.

27 따라서 공소권남용으로서 위법한 공소제기라고 보기 위해서는 검사가 공소제기라는 소송행위를 이용하여 피고인의 권리를 침해하고자 하는 의도가 있어야 한다는 판례기준이 타당하다. 물론 주관적 기준에 의한 판단이 부정확할 수 있다는 문제는 남아 있다.[2]

28 최근 대법원은 4년 전 기소유예처분했던 사안을 다른 사건과 함께 다시 기소한 사건에 대해, 검사가 공소권을 자의적으로 행사하여 피고인이 실질적인 불이익을 받았다고 하여 공소권남용으로 인한 공소기각판결을 처음으로 인정하였다.[3]

[32] 공소제기의 절차

I. 공소장의 작성

1. 공소제기의 형식

1 공소제기는 검사가 법원에 피고인에 대한 유죄판결을 구하는 소송행위로서, 서면주의에 따라 공소장을 관할법원에 제출하는 형식으로 이루어진다(제254조 ①

1) 대판 2019. 2. 14. 2018도14295; 2017. 8. 23. 2016도5423; 2007. 12. 27. 2007도5313; 2004. 4. 27. 2004도482; 2001. 9. 7. 2001도3026 등 참조.

2) 정치적인 고려로 인해 기소하였다고 하더라도 공소권남용은 아니다(대판 2004. 4. 27. 2004도482).

3) 대판 2021. 10. 14. 2016도14772. 그러나 공소권남용으로 본 구체적인 근거는 판시이유에 드러나 있지 않다. 이에 대한 평석으로는 홍영기, 2021년 형사법분야 대법원 주요판례와 평석, 안암법학 64, 2022, 175면 이하.

항). 공소장에 공소사실을 명확하게 기재하면 이것이 공판정에서 심리하는 심판대상이 된다. 법원은 그 사실만을 재판하며 [**불고불리원칙**], 피고인도 그 사실에 대해 방어활동을 하게 된다. 그러므로 공소장을 작성하여 수소법원에 제출할 때 피고인의 수에 상응하는 부본副本을 첨부하도록 하고 있고, 법원은 이 공소장부본을 늦어도 제1회 공판기일 5일 전까지 피고인 또는 변호인에게 송달하여 피고인이 방어준비를 할 수 있도록 해야 한다(제266조).[1)]

2. 공소장 기재사항

공소장에 반드시 기재해야 하는 내용은 1) 피고인의 성명 기타 피고인을 특정할 수 있는 사항, 2) 죄명, 3) 공소사실, 4) 적용법조, 5) 피고인의 구속여부 등이다(제254조 ③항, 규칙 제117조 ①항 2호). 이 요건 중 하나라도 누락되거나 또는 그 핵심부분이 기재되지 않은 때에는 제327조 2호에 따라 공소기각판결을 해야 한다 [**필요적 기재사항**]. 2

피고인을 특정하기 위한 사항의 예로는 피고인의 생년월일, 주민등록번호, 직업, 주소지 등이 있다. 이와 같은 사항이 명백하지 않을 때에는 그 사유를 공소장에 기재해야 한다. 그 밖에 피고인을 특정하는 방법으로 겉모습을 기재하거나 사진을 첨부하는 등의 방법을 사용할 수도 있다. 그러나 전과내역이나 과거의 행실 등 범죄를 예단하게 하는 정보를 기재해서는 안 된다. 3

죄명은 형법각칙과 특별형법에 규정되어 있는 범죄의 명칭을 말한다. 피고인의 방어권 행사에 실질적인 영향이 없는 한 죄명의 기재가 잘못된 경우에도 공소제기효력에는 영향이 없다. 4

공소사실은 법원에 심판을 청구한 범죄사실을 말한다. 공소사실은 범죄의 일시·장소와 방법, 결과 등을 명시하는 방법을 통해 구체적으로 특정된 사실을 말한다. 공판과정에서 심리되는, 공소장의 가장 핵심적인 기재사항이 바로 이 공소사실이다. 5

적용법조는 공소사실을 뒷받침하기 위한 자료로서 의미를 갖는다. 따라서 적용법조에는 공소사실에 적용할 형법각칙 또는 특별형법의 법조뿐만 아니라 형법 6

1) 공소장을 송달하지 않은 채 공판절차를 진행한 것은 절차상 법령위반이나, 피고인의 방어권이나 변호인의 변호권 등이 본질적으로 침해되었다고 볼 정도에 이르지 않는 한 그것만으로 판결에 영향을 미친 위법이라고 할 수 없다(대판 2018. 12. 13. 2018도16117; 2018. 12. 13. 2018도13562; 2009. 6. 11. 2009도1830).

총칙상의 미수·공범·부작위에 관한 법조도 기재해야 하며, '제 몇 조 몇 항'으로 명시적으로 써야 한다. 죄명과 마찬가지로 적용법조에 잘못된 표기가 있더라도, 피고인의 방어권 행사에 불이익이 없는 한 공소제기효력에는 영향이 없다.

3. 공소사실의 특정

(1) 의 의

7 '공소사실'은 법원의 심판대상과 피고인의 방어대상으로서 공소장의 핵심요소이다. 따라서 잘못된 기재가 있어서는 안 될 뿐만 아니라, 범죄의 시일, 장소와 방법을 명시하여 사실을 특정할 수 있도록 쓰여야 한다(제254조 ④항). 육하원칙을 전제로 한 구체적인 사실의 정보로서, 피고인이 충분히 이해할 수 있는 단어를 이용하여 공소사실을 기재하는 것이 원칙이다. 죄의 명칭 및 적용법조를 바르게 기재하는 것이나 법률용어를 정확히 사용하는 것보다 기소된 사실관계를 특정하여 쓰는 것이 훨씬 더 중요하다. 일반인인 대부분의 피고인은 죄명이나 적용법조에 익숙하지 않으며, 단지 사건 당시 있었던 구체적 사실에 대해서만 방어를 할 수 있기 때문이다[**사실방어의 원칙**]. 예컨대 자기 행위가 '오상방위'로서 '위법성조각사유의 전제사실에 관한 착오'로 불리는지 피고인은 관심이 없다. 오로지 그 당시 '피해자를 강도로 잘못 보게 된 정황'에 대해서만 말할 수 있을 뿐이다.

8 공소사실을 특정해야 하는 가장 중요한 이유는 피고인의 방어권을 보장하기 위해서이다. 피고인이 사건 발생 시각에 다른 장소에 있었다고 항변하려고 하는데, 범죄의 때가 '불상시' 등으로 공소사실에 기재되어 있으면 이에 대항할 방법이 없다. 마찬가지로 장소를 '모처', 범행도구를 '위험한 물건', 피해자를 '불특정 다수인'[1] 등으로 서술하는 것은 피고인의 방어를 어렵게 만드는 것으로서 잘못된 기재방식이다.

9 공소사실이 특정되어 기재되었는지는 서면인 공소장만을 대상으로 평가한다. 전자문서나 저장매체를 이용하여 공소를 제기하는 것은 유효한 공소제기가 아니기 때문에,[2] 공소사실의 특정 여부도 CD 등의 전자문서로써 보완된 것이 아니라 공소장기재 사실만으로 판단해야 한다.[3]

---

1) 대판 2011. 5. 13. 2008도10116.
2) 대판 2016. 12. 15. 2015도3682.
3) 대판 2017. 2. 15. 2016도19027; 2016. 12. 15. 2015도3682.

(2) 특정의 한계

10 공소사실을 구체적으로 기재할수록 피고인의 방어권 행사에 유리할 수 있으나, 제한 없이 최대한 자세히 써서 공소사실 부분이 수십 장을 넘기게 되면, 공소의 제기와 유지가 어려워지고 소송경제에도 반한다. 또한 법원에 피고인의 죄책에 대한 예단을 갖게 할 정도로 범죄의 배경 등을 자세하게 기재하는 것도 공소장일본주의에 위배된다.

11 검사가 구체적 사실을 특정하는 데 한계가 있는 범죄 종류도 있다. 마약류 범죄,[1] 성풍속을 해하는 범죄, 도박죄, 뇌물죄[2] 등이다. 대개 마약을 흡식한 사람 자신도 언제 어디서 한 지 모를 수 있는데, 검사가 이를 특정하는 것이 불가능한 경우도 얼마든지 있다. 판례도 공소범죄의 성격에 비추어 부득이한 경우에는 어느 정도 개괄적 기재가 허용된다고 한다. 이러한 경우에 '공소사실은 구성요건해당 사실을 다른 사실과 구별할 수 있을 정도로 기재하면 족하다'고 하면서, 공소장에 범죄의 일시, 장소, 방법 등이 구체적으로 지적되지 않았더라도 '피고인 방어권 행사를 가능하게끔 하는 공소사실특정의 취지에 반하지 아니하는 한 위법한 공소제기가 아니라'는 것이다.[3] 포괄일죄에 대해서도 판례는 개개의 행위가 특정되지 않더라도 전체범행의 대상·방법 등이 특정되면 충분하다고 한다.[4] 그러나 이 경우에도 포괄일죄를 구성하는 수개의 범죄행위가 모두 특정되지 않아, 피고인의 방어권 행사에 지장을 초래하는 수준이 되어서는 안 된다.

(3) 공소사실 불특정의 효과

12 1) 공소사실의 사소한 내용 일부분이 명확하지 않은 경우에 검사는 공소장을 보완·수정해야 한다. 2) 법원은 공소사실의 기재가 오해를 불러일으키거나 명확하지 못한 때에는 검사에게 석명권을 행사하여 공소사실을 특정하도록 요구하여야 한다.[5] 이렇게 보정된 공소장부본은 즉시 피고인에게 송달하여 방어권 행사에 불이익이 없도록 해야 한다. 3) 공소사실의 특정은 공소제기의 적법성 조건이므로 공소사실이 전혀 특정되지 않아 위와 같은 방식으로 보완될 여지가 없는 때는

---

1) 대판 2014. 10. 30. 2014도6107; 2012. 4. 26. 2011도11817; 2010. 8. 26. 2010도4671.
2) 제3자 뇌물수수에 대해서는 대판 2017. 3. 15. 2016도19659.
3) 대판 2017. 1. 25. 2016도14989; 2016. 4. 29. 2016도2696; 2013. 12. 12. 2013도12803; 2008. 3. 27. 2007도11000; 2006. 10. 12. 2004도4896; 2005. 1. 14. 2004도6646; 2002. 6. 20. 2002도807.
4) 대판 1997. 12. 26. 97도2609; 1992. 9. 25. 92도1671; 1990. 6. 26. 90도833.
5) 대판 2015. 12. 23. 2014도2727; 2006. 5. 11. 2004도5972; 1983. 6. 14. 83도293.

'공소제기절차가 법률의 규정에 위반하여 무효인 때'(제327조 2호)에 해당하여 공소기각판결로써 형사절차를 종결한다.[1] **4)** 공소사실의 불특정은 기소 후에 진행된 다른 소송행위를 통한 하자의 치유가 인정되지 않는다. 그리고 피고인측의 항변과 관계없이 법원이 공소장특정 여부를 스스로 판단해야 한다.

4. 범죄사실과 적용법조의 예비적 · 택일적 기재

(1) 의 의

13 공소장에는 수개의 범죄사실과 적용법조를 예비적 또는 택일적으로 기재할 수 있다(제254조 ⑤항). 이는 위의 필요적 기재사항과 구별하여 **임의적 기재방식**에 해당한다. **예비적 기재**란 수개의 범죄사실을 기재하면서 그에 관한 심판순서를 정하는 기재방법을 말한다. 예를 들면 먼저 A 사실에 대한 심판을 청구하고, 이것이 성립하지 않을 경우 B 사실을 심판해달라고 기재하는 것이다. 이때 A 사실을 **주위적 공소사실**(또는 **본위적 공소사실**)이라 하고, 후순위의 B 사실을 **예비적 공소사실**이라 한다. 법원은 예비적 공소사실을 주위적 공소사실보다 먼저 심판해서는 안 된다.[2] 주위적 공소사실을 인정하지 않을 경우에만 예비적 공소사실을 심판할 수 있을 뿐이다. **택일적 기재**는 심판순서를 정하지 않고 수개의 범죄사실에 대한 심판을 구하는 기재방법을 말한다. A 사실 또는 B 사실을 심판해달라고 기재하는 방식이다. 택일적 기재에서 법원은 어느 사실부터 먼저 심판하더라도 상관없다.

14 범죄사실과 적용법조의 예비적 · 택일적 기재를 허용하는 것은 공소제기단계에서 드러난 사실이 불분명하거나 검사의 심증형성이 충분하지 않을 수도 있기 때문이다. 이런 경우에 법원에게 선택의 여지를 주어 실체에 가까운 사안구성에 유리하도록 하고, 검사의 공소제기와 공소유지를 용이하게 하는 데 제도의 취지가 있다.

(2) 허용범위에 대한 학설대립

15 동일성이 인정되는 수개의 범죄사실을 예비적 · 택일적으로 기재하는 것이 가능하다는 데에는 반대의견이 없다. 문제는 수개의 범죄사실 사이에 동일성이 없는 경우에도 그들을 예비적 · 택일적 공소사실로 하는 공소제기를 허용할 것인가 하는 점이다.[3]

---

1) 대판 2017. 2. 15. 2016도19027; 2006. 5. 11. 2004도5972.
2) 대판 1975. 12. 23. 75도3238.
3) 사건의 '동일성' 개념에 대해서는 아래 공소장변경 부분(36/25 이하)을 볼 것.

한정설은 제254조 ⑤항 '수개의 범죄사실'은 입법의 잘못이라고 하면서, 예비적·택일적 기재제도는 소송경제를 도모하는 것이 아니라 무죄판결을 방지하려는 데 그 목적이 있다고 한다. 동일성이 인정되지 않는 수개의 범죄사실을 예비적·택일적으로 공소장에 기재하는 것은 일종의 조건부 공소제기를 허용하는 것이 되어 불확정적인 공소제기이기 때문에 허용될 수 없다는 것이다.[1] 16

비한정설은 제254조 ⑤항이 '수개의 범죄사실'을 예비적·택일적으로 기재할 수 있다고 할 뿐 공소사실의 동일성을 요구하는 규정이 없고, 예비적·택일적 기재는 소송경제를 도모할 목적으로 이루어지는 것이기 때문에 범죄사실의 동일성이 인정되지 않는 수개의 범죄사실 사이에서도 이와 같은 기재방식이 인정된다고 한다.[2] 판례도 이 경우 동일성을 요건으로 할 필요가 없다고 한다.[3] 17

(3) 결론 : 비한정설

공소사실은 피고인의 방어범주를 확정하는 기능을 담당한다. 공소장에 쓰여 있지 아니한 사실을 공판정에서 심리하는 것이 피고인에게 불리한 것이지, 예비적·택일적으로 기재된 범죄사실에 동일성이 있지 아니한 것 때문에 피고인이 방어활동에 불이익을 받는 것은 아니다. 형사소송법상 사건의 동일성 범위 안에는 실체법적으로 전혀 무관해 보이는 사실관계도 얼마든지 함께 포함될 수 있기 때문에, 동일성 범위를 넘어섰는지 여부가 중요한 관건이 아니다. 따라서 실정법의 해석에도 부합하는 비한정설이 타당하며, 동일성이 없는 별개의 사실이 예비적·택일적으로 기재되었다고 해서 공소기각판결을 해서는 안 된다. 18

(4) 법원의 재판방법

예비적·택일적으로 기재된 사실 가운데 어느 하나의 범죄사실에 대해서만 판결주문에서 유죄를 선고하면, 다른 범죄사실은 저절로 배척된 것이므로 이에 대해 특별히 무죄선고를 해야 할 필요는 없다. 예비적·택일적으로 기재된 모든 범죄사실은 법원의 심판대상이 된다. 그러므로 이 가운데 하나만 심리하더라도 기재된 모든 사실에 일사부재리의 효력이 미친다. 19

판결이유에서 예비적·택일적 사실에 대한 평가를 언급해야 할 필요성이 있 20

1) 강구진 272; 김기두 238; 백형구 479; 신양균 328; 이은모 405; 이재상/조균석 26/15; 정영석/이형국 241.
2) 김재환 282; 신동운 584; 이영란 458; 이창현 560; 임동규 308.
3) 대판 1969. 2. 18. 68도1722; 1966. 3. 24. 65도114(전합).

는가 여부는 경우에 따라 다르다. 1) 택일적 기재의 경우 판결이유에서 택일되지 않은 다른 사실에 대한 판단은 명시될 필요가 없다. 검사가 다른 범죄사실을 유죄로 인정하지 않았다는 이유로 상소할 수도 없다.[1] 2) 예비적 기재에서 주위적 공소사실을 유죄로 인정한 경우에도 마찬가지이다. 3) 예비적 기재에서 예비적 공소사실을 유죄로 인정한 경우에, 판결이유에서 주위적 공소사실에 대한 판단이 필요 없다고 해석하는 견해도 있다.[2] 그러나 예비적 기재는 판단순서를 정하여 공소제기한 것이기 때문에 주위적 공소사실을 받아들이지 않은 이유를 밝힐 필요가 있다. 그렇지 않으면 택일적 기재와 차이가 없어질 것이기 때문이다.[3] 4) 만일 예비적·택일적으로 기재된 모든 공소사실에 대해 무죄선고를 할 경우에는 판결이유에 이에 대한 설명이 있어야 한다.

II. 공소장일본주의

1. 의의와 근거

(1) 개 념

21 공소장일본주의는 검사가 공소를 제기할 때 공소장 하나만을 제출하여야 하고, 이외에 법원으로 하여금 예단을 생기게 할 수 있는 서류나 물건을 첨부하거나 그 내용을 인용해서는 안 된다는 원칙이다(규칙 제118조 ②항).[4]

22 공소제기는 검사가 법원에게 피고인에 대한 유죄판결을 구하는 의사표시이다. 즉 공소장은 검사의 주장을 담은 서류이며, 그렇기에 증거로 쓰일 수 없다. 공소장일본주의는 공소제기시에 공소장 하나만 제출하도록 하고 증거가 될 만한 정보를 함께 전달하는 것을 금지함으로써 이와 같은 공소제기 고유의 성격을 훼손하지 않도록 하는 데에 그 의의가 있다. 공소제기는 검사의 주장에 머물게 하고, 증거조사는 공판절차의 몫으로 넘겨야만 하는 것이다. 공소장일본주의의 이론적인 근거는 다음과 같다.[5]

1) 대판 1981. 6. 9. 81도1269.
2) 강구진 273; 김기두 238; 정영석/이형국 242.
3) 대판 2006. 12. 22. 2004도7232; 1976. 12. 23. 75도3228; 백형구(강의) 489; 신동운 585; 신양균 329; 이재상/조균석 26/18; 이창현 564; 임동규 308.
4) 1982년에 입법된 것이지만 2006년 4월 대법원 재판예규를 개정하여 증거분리제출제도가 시행된 이후에 원칙이 실현되고 있다.
5) 홍영기, 공소장일본주의, 형사법연구 33-3, 207면 이하.

(2) 공평한 재판의 원리 : 예단의 배제

공소장일본주의의 가장 중요한 근거는 법관에게 예단이 형성되지 않도록 함으로써 공평한 재판 원리를 실현하는 데 있다. 피고인은 공판기일 이전에 법원에 어떤 주장도 할 수 없다. 이에 반해 검사는 공소사실과 더불어 피고인을 처벌해 달라는 의사가 표시된 공소장을 법원에 미리 제출한다. 그런데 공소장이 검사의 주장에 그치지 않고, 증거가 될 수도 있는 일정한 사실이나 공소사실과 무관하지만 심증을 형성할 수는 있는 내용들을 포함하게 된다면 그것으로부터 이미 양 당사자 간의 균형은 깨어진다. 검사가 공소장일본주의에 위배된 공소장을 제출하는 상황은, 피고인이 공판과정 이전에 법관에게 무죄를 증명할만한 증거를 보여준 뒤에 재판을 시작하게 하는 것만큼이나 불공평하다. 23

(3) 공판중심주의 · 직접심리주의

만약 공판절차 이전에 양 당사자 모두가 각자에게 유리한 증거를 법원에 제출한다면 공평한 재판의 원리에 부합할 수도 있다. 그러나 이는 공개된 재판절차를 통해 법관의 면전에서 대화하는 가운데 조사된 증거를 기초로 재판이 이루어져야 한다는 공판중심주의 및 직접심리주의에 반한다. 이에 따라 수사과정에서 수집된 증거내용이나, 심판대상과 무관한 정보가 공판에 미리 영향을 미치지 않도록 차단해야 한다. 검사는 수사와 공소제기를 맡고 법원은 재판을 진행하도록 하는 탄핵주의와 권력분립원칙의 과제에도 공소장일본주의가 기여하고 있다. 24

(4) 증거능력 없는 증거의 배제

적법절차 위배로 인해 증거능력 없는 증거들이 수집될 가능성이 있는데, 공판이 개시되기 이전에 법원이 그러한 증거에 노출되어서는 안 된다. 공판에서 위법수집증거의 증거능력을 부정하는 것만으로는 심리가 오염될 가능성을 배제할 수 없으며, 공소장을 제출할 때부터 위법수집증거가 옮겨오는 것을 막아야 한다. 국민에 의한 형사재판 참여제도[배심제]가 실시되면서 이 측면이 더욱 강조되고 있다. 일반인인 배심원은 증거능력 없는 증거에 의해서도 심증을 쉽게 형성할 것이기 때문이다. 25

(5) 소송구조론과 관계

당사자주의에 속하는 영미나 일본의 형사절차는 공소장일본주의의 취지를 26

따르고 있는 반면, 직권주의적 소송구조를 갖고 있는 독일에서는 수사의 결과와 증거를 공소장과 함께 법원에 제출하도록 하고 있다. 이에 대해 직권주의는 실체적 진실발견을 중시하지만, 당사자주의는 적법절차를 추구하므로 공소장일본주의는 당사자주의적이라는 논증이 있으나[1] 이는 부정확한 것이다(4/16). 예단에 오염되지 않은 법관이 진실에 가까운 사안을 구성하는 데 더 유리할 것이므로, 공소장일본주의는 실체적 진실발견을 방해하는 제도가 아니다.

27 직권주의구조에서 공소장일본주의를 취하지 않는 직접적인 이유는 심판대상에 대한 개념이 당사자주의와 다르기 때문이다. 직권주의에서 법원은 공소장 기재사실에 국한되지 않고 전체 범죄사실을 심판할 의무를 진다. 그러므로 공소사실 이외의 정보들을 공소장과 같이 제출하도록 한다. 반면에 우리 현행법은 공소장에 기재된 공소사실만 공판과정에서 다투도록 한다. 그렇기에 공소사실은 그 자체로서 이미 완결된 의미를 지니게 되며, 이 범위를 넘어선 다른 사실은 공소장에 쓰여질 필요가 없고 쓰여서도 안 된다.[2]

28 나아가 당사자주의 소송구조가 배심제를 취하는 예가 더 많다는 사실도 중요하다. 일반인인 배심원들이 증거가 될 내용을 미리 접하게 되면 직업법관에 비해 더 쉽게 선입견을 갖게 될 것이기 때문이다.

2. 공소장일본주의 위배의 기준

29 공소장일본주의는 '공소장을 최대한 간략하게 작성하라'는 요청이 아니다. 공소사실의 대강만을 서술하면 공소사실특정의 원칙(제254조 ④항)에 반한다. '공소사실'은 특히 일시, 장소, 방법, 대상, 결과 등을 사실적이면서도 구체적으로 기재해야 한다. 반면에 '공소사실 이외의 사실[여사]'은, 기소된 것과 동일성이 인정되지 않는 사실, 피고인의 특성 및 행위의 배경 등에 대한 사실로서 공소장에 기재될 내용이 아니다. 공소장일본주의에 부합하는지는 다음의 두 가지 물음을 통해서 검토하게 된다.[3]

1) 기재(첨부 · 인용)된 내용이 공소사실인가?

2) 기재(첨부 · 인용)된 사실은 공소제기 이후 공판과정에서 확인되어야 하는

---

1) 대판 2009. 10. 22. 2009도7436(전합) 참조.
2) 이러한 내용은 이후 '소송물이론'(35/1)을 참조할 것.
3) 홍영기, 앞의 글, 212면.

것이 아닌가?

3. 공소사실과 무관한 내용의 기재 금지

(1) 전과의 기재

공소장에 피고인의 전과사실을 쓰는 것이 허용되어서는 안 된다. 전과가 있다는 점은 피고인이 범죄를 저지른 사람일 것이라는 강한 심증을 갖게 하기 때문이다. 과거에 범죄를 저질렀다는 사실은 공소사실이 아니면서, 해당 사안의 객관적 판단을 방해한다. 누범가중사유에 해당하는 전과도 마찬가지이다. 공소사실과 다른 종류의 전과를 기재한 경우에는 추후에 삭제하는 것으로 족하다는 견해도 있으나,[1] 이종異種의 전과라도 해당피고인이 범법자라는 예단을 형성하게 되므로 공소장에 기재해서는 안 된다. 마찬가지로 피고인의 나쁜 성격에 대한 표현이나 과거 악행 등을 기재하는 것도 허용되어서는 안 된다. 30

실무에서는 관행적으로 공소장에 피고인의 전과를 기재하는 경우가 많으며, 판례 또한 피고인을 특정하는 방법으로서 전과를 기재하는 것은 공소장일본주의의 위배가 아니라는 입장이다.[2] 그러나 전과기재 이외에도 피고인을 특정하는 다른 방법은 많이 있다. 굳이 전과를 기재함으로써 법원에 선입견을 갖게 할 필요는 없다. 31

(2) 공소사실 이외의 사실 기재

공소사실과 유사한 다른 사안이나 공소사실과 무관한 사실을 공소장에 쓰거나 그 내용을 첨부하는 것은 공소장일본주의에 반한다 [여사의 기재]. 공소사실 이외 범죄사실을 공소장에 기재하면 피고인이 유사한 불법을 저지르고 있다는 인상을 받게 된다. 심지어 공소 이외 사실이 허위 사실이라고 하더라도 그것에 대한 심리는 진행되지 않기 때문에, 예단만 형성할 뿐 진실 여부는 가려지지 않는다. 판례도 공소사실보다 더 무거운 범죄에 해당하는, 공소사실과 무관한 사실관계를 공소장에 함께 기재하는 방식은 법원에 예단을 생기게 하여 공소장일본주의에 위배되는 것으로 본다.[3] 32

1) 임동규 313. 반대견해는 노명선/이완규 303.
2) 대판 2008. 11. 27. 2008도9052; 2007. 4. 12. 2007도1188; 1990. 10. 16. 90도1813.
3) 대판 2015. 1. 29. 2012도2957. 이에 대한 평석으로는 홍영기, 공소장일본주의 위반으로서 여사의 기재, 법조 723 최신판례분석, 846면 이하.

(3) 동기의 기재

33 고의는 '객관적 구성요건을 실현하려는 인식 · 의욕'이고, 동기는 '그 행위로부터 무엇을 얻고자 함'이므로 양자는 구별된다. 실무에서는 범죄동기를 밝히는 것이 고의를 증명하는 데 도움이 되므로 이를 기재한다고 해서 공소장일본주의에 위배되지는 않는 것으로 본다.[1] '성욕을 충족하기 위해', '생활비를 마련할 목적으로'처럼 행위의 직접동기에 그칠 뿐 별도의 증명이 필요한 사실이 아닌 때에는 공소장에 기재해도 무방하다. 반면에 동기가 되는 사실로서 구체적인 원한관계를 서술하거나 생명보험에 가입되어 있다는 사정 등을 기재해서는 안 된다. 이러한 별개의 사실이 고의를 증명하는 데 중요한 정보임은 틀림 없다. 그러나 이는 공소장에 미리 기재될 것이 아니라, 이후 공판과정에서 조사되어 고의의 존재를 증명하는 데 쓰이는 사실로 남아 있어야 한다.

4. 공소사실에 대한 증거의 첨부 및 인용 금지

34 공소사실에 관련된 것일지라도 증거가 될 수 있는 사실을 첨부하거나 인용해서는 안 된다. 공소제기는 피고인에게 유죄판결을 해달라는 검사의 의사표시를 담은 법률행위에 그치며, 그 주장의 사실증명은 공판기일에 증거조사를 통해서 이루어져야 한다. 증거로 신청되지 않을 수도 있고, 증거능력이나 증명력이 부정될 수도 있는 증거들이 공소장에 미리 옮겨진다면, 공판과정에 앞서 이미 법관은 이로부터 불공평한 예단을 갖게 될 것이다.

5. 공소장일본주의의 적용범위

35 공소장일본주의는 정식재판절차에만 적용된다. 검사가 약식명령을 청구하는 때에는 공소제기와 동시에 수사기록과 증거물을 제출하여야 한다(제449조, 규칙 제170조). 약식절차는 서면심리에 의한 재판이라는 특징을 가지고 있기 때문이다. 즉결심판청구에서도 공소장일본주의가 적용되지 않는다(즉심법 제4조).

36 다만 약식명령청구가 있는 경우에 법원이 청구를 기각하고 공판절차에 의해 심판하거나(제450조), 정식재판의 청구(제453조)가 있는 때에는 다시 공소장일본주의가 적용된다. 반면에 즉결심판 결과에 대하여 정식재판청구가 있는 경우에는

1) 대판 2007. 5. 11. 2007도748.

사건기록과 증거물을 지체없이 관할법원에 송부하여야 한다(즉심법 제14조 ③항). 즉 이 경우는 여전히 공소장일본주의의 예외에 놓인다.

공소장일본주의는 공소제기에 한하여 인정되는 것이므로 공판절차갱신 후의 절차, 상소심의 절차, 파기환송 후의 절차에는 적용되지 않는다. 제273조 공판기일 전의 증거조사, 제274조 당사자의 공판기일 전의 증거제출이 공소장일본주의에 반하는 것이 아닌가 하는 의문이 있다. 증거보전절차(제184조)에 대한 관계에 비추어 제273, 274조의 공판기일 전은 제1회 공판기일 이후의 공판기일 전을 의미하는 것으로 보아야 한다.[1] 37

6. 공소장일본주의 위반의 효과

(1) 공소기각의 판결

공소제기가 공소장일본주의에 위배되는 것으로 판단한 때에는, 공판준비절차 또는 늦어도 제1회 공판기일 본안심리가 개시되기 전에 법원이 석명권을 통해 공소장에 기재된 위반내용을 삭제하거나 정정하도록 명령해야 한다. 그렇지 못한 경우에는, 본안심리가 개시된 이후에도 언제나 공소장일본주의의 위반을 이유로 공소제기가 법률 위반으로 무효인 때에 해당하는 것으로 보아 공소기각판결을 하여야 한다(제327조 2호).[2] 38

공판절차가 시작된 이후에는 기재를 바꾸거나 첨부된 내용을 빼는 등의 보정을 통해 공소장일본주의 위배가 치유될 수 없다. 이미 예단이 형성되어 재판이 불공평하게 진행될 우려가 생겼기 때문이다. 검사가 동일한 사안에 대해 기소할 의지가 있다면, 공소장일본주의에 맞게끔 공소장을 다시 작성하여 재기소하는 것만 가능하다. 그리고 공소장일본주의의 위반이 있음에도 그대로 유죄판결이 내려진다면 이는 제361조의5 1호에 따른 항소이유가 된다. 39

(2) 절차진행에 따른 치유가능성

판례는 법원이 공판준비절차(제266조의9 ①항)에서 공소장일본주의 위배의 문제를 해결해야 한다고 한다. 법원이 범죄사실의 실체를 파악하는 데 지장이 없다 40

---

1) 백형구(강의) 495; 이은모 412; 이재상/조균석 26/42; 임동규 311; 정영석/이형국 245. 다른 견해는 이창현 570. 이에 대해 자세히는 (38/8)을 참조.

2) 대판 2009. 10. 22. 2009도7436(전합).

고 판단하여 그대로 공판절차를 진행한 결과, 법관의 심증형성이 이루어진 단계에서는 소송절차의 동적 안정성 및 소송경제이념 등에 비추어 더 이상 공소장일본주의 위배를 주장할 수 없다는 것이다. 더욱이 공소장기재의 방식에 관하여 '피고인측으로부터 아무런 이의가 제기되지 아니하여' 그대로 공판절차를 진행한 결과 법관의 심증형성이 이루어진 단계에서는 더 이상 공소장일본주의 위배를 주장할 수 없다고 한다.[1]

41 이러한 판례의 시각은 찬성하기 어렵다. 공소장일본주의 위배 여부는 관할법원에 공소장이 제출된 때로부터 공판준비절차를 거쳐 공판기일의 본안심리까지 법원 스스로 자발적이면서도 적극적으로 검토해야 한다. 공소장일본주의 위배가 있는데도, 법원이 해당 공소제기를 기각하지 않고 진행한 것은 공평한 심리를 주재해야 하는 법원이 그 과제를 이행하지 않은 상황이다. 피고인이 이를 문제 삼지 않았다고 하여 법원 스스로 그 흠결이 없어졌다고 평가하는 것은, 자신의 의무해태 결과를 피고인의 탓으로 돌리면서 절차를 유지하려 하는 불합리한 태도이다. 공소장일본주의는 전문법조인들조차 최근에서야 주목하는 원칙인데, 이를 일반인인 피고인이 항변하지 않았다고 해서 절차의 흠결이 치유된다고 하는 것은 현실적으로 공소장일본주의의 규범효력을 기대할 수 없게 만든다.[2]

III. 공소의 취소

1. 의 의

42 공소취소는 검사가 공소제기를 무효로 하여 법원의 소송계속을 종결시키는 소송행위를 말한다. 검사는 제1심 판결선고 전까지 공소취소를 할 수 있는데(제255조 ①항), 이처럼 공소취소를 인정하는 입법태도를 **공소변경주의**라고 한다. 반대개념은 **공소불변경주의**이다. 공소변경주의는 공소제기 후 달라진 사정을 반영할 수 있도록 하기 위한 것으로서 역시 기소편의주의로부터 파생된 원리이다.

43 공소취소와 공소사실의 철회는 구별된다. 공소취소는 하나의 공소사실 전부, 또는 수 개의 공소사실 가운데 일부에 대한 법원의 소송계속을 종결시키는 소송

---

1) 대판 2009. 10. 22. 2009도7436(전합). 변호인이 이의를 제기하여 공소장일본주의위배가 인용된 판례는 대판 2015. 1. 29. 2012도2957.

2) 위 2009도7436 판례의 반대견해; 홍영기, 공소장일본주의 위반으로서 여사의 기재, 법조 723 최신판례분석, 870면; 이창현 571.

행위이다. 반면 공소사실의 철회(제298조 ①항)는 공소장변경의 한 형태로서 동일성이 인정되는 '하나의 범죄사실' 안에 포함된 일부사실에 대한 판단요구를 철회하는 의사표시이다. 공소취소는 검사가 공판정에서 구술로 할 수도 있으나(제255조 ②항 단서), 공소사실의 철회는 원칙적으로 서면에 의해야 한다(규칙 제142조 ①항).

2. 공소취소의 절차

공소취소사유에는 제한이 없다. 공소를 취소한 때에 검사는 7일 이내에 서면으로 고소인 또는 고발인에게 통지하여야 한다(제258조 ①항). 공소취소는 제1심 판결선고 전까지만 가능하다(제255조 ①항). 검사의 처분에 의해 재판효력이 좌우되어서는 안 되기 때문이다. 제1심 판결선고가 실체판결인가 형식판결인가는 중요하지 않다. 유·무죄의 판결뿐만 아니라 면소판결이나 공소기각판결이 선고된 경우에도 공소취소는 불가능하다. 제1심 판결에 대해 상소심의 파기환송이나 이송판결이 있는 경우, 이에 대한 재심소송절차 중인 때에도 공소취소를 할 수 없다.[1] 약식명령도 법원의 종국판단이므로 약식명령의 발부 후에는 공소취소가 허용되지 않는다. 다만 정식재판청구로 공판절차가 개시된 경우에는 공소취소가 가능하다. 44

3. 공소취소의 효과

공소가 취소되면 결정으로 공소를 기각하여야 한다(제328조 ①항 1호). 공소기각결정이 확정된 때에는 그 범죄사실에 대한 다른 중요한 증거가 발견된 경우가 아니면 다시 공소를 제기하지 못한다(제329조). '다른 중요한 증거'는 같은 사건에 대해 기존 증거에 추가하여 새롭게 유죄인정을 가능하게 하는 증거를 말한다. 종전의 범죄사실을 그대로 재기소하는 경우뿐만 아니라, 공소사실을 변경하여 재기소하기 위해서도 변경된 범죄사실에 대한 다른 중요한 증거가 발견되어야 한다.[2] 이에 위반하여 다시 공소가 제기된 때에는 법원이 공소기각판결을 하여야 한다(제327조 4호). 45

---

1) 대판 1976. 12. 28. 76도3203.
2) 대판 2009. 8. 20. 2008도9634; 1977. 12. 27. 77도1308.

IV. 공소시효

1. 의 의

46 공소시효는 공소를 제기하지 않고 일정 시간 이상이 지난 후에는 국가의 형벌권을 소멸시키는 제도이다. 공소시효가 도과된 이후에는 공소제기는 물론 수사기관의 수사도 허용되지 않는다. 공소시효는 확정판결 후에 형벌권의 효력을 소멸시키는 형법상의 제도인 형의 시효(형법 제77조 내지 제80조)와 구별된다. 공소시효의 완성은 면소판결사유(제326조 3호)이나, 형의 시효가 완성되면 형집행이 면제된다.

2. 공소시효의 본질

47 공소시효제도의 본질에 대한 이른바 **시효이론**은 서구에서 이백 여 년의 역사를 갖고 있다.[1] 근래에도 막대한 인권침해 범죄나 국가권력이 저지른 범죄를 뒤늦게 형법적으로 처리하고자 할 때 공소시효의 정당성 문제가 반복적으로 제기되고 있다. 그러나 '단순히 시간이 흘렀다고 해서 왜 범죄자를 처벌하면 안 되는가'라는 질문에 대해서는 답변하기 어렵다. 국가의 형사사법기관은 스스로 형벌의무를 지고 있기에, 민사상 소멸시효와 달리 오랜 시간이 지난 이후의 현상태를 그대로 유지해야 한다는 목적으로 형법상 시효를 근거지울 수는 없다. 형법상 시효제도의 정당성을 다루는 시효이론은 크게 실체법설과 절차법설 그리고 양자의 결합설로 나뉜다.[2]

(1) 실체법설

48 공소시효를 실체법적인 제도로 바라보는 시각은 사안발생으로부터 시간적으로 멀어짐으로써 **형벌필요성** 자체가 약화된다고 한다. 즉 시간의 흐름으로 인해 형벌이 이미 불필요한 것이 되었거나 또는 형벌과 같은 효과가 이미 이루어진 것으로 보고 있다.[3] 그 논거로서 1) 오랜 시간 동안 범죄자가 겪은 형벌에 대한 두려움과 심리적인 고통을 감안하는 입장, 2) 사회가 갖는 응보감정, 정의회복의 의지가 시간이 흘러 약화되었다는 설명, 그리고 3) 범죄자의 인격의 변화 또는 사

---

1) 공소시효제도 자체는 로마법에 이미 실정법으로 있었다. 이하 시효이론의 역사는 홍영기, 시효이론의 역사적 전개와 그 평가, 법사학연구 37, 240면 이하.

2) 이는 '어떻게 시효제도가 정당화되는가?'를 다룬다. 형사소송법에 규정되어 있다고 해서 소송법적인 성격으로 보거나, 판례가 시효연장 · 폐지에 소급효를 인정하지 아니한다고 해서 실체법적으로 바라보는 식의 규정해석 문제가 아니다.

3) 헌재결 1993. 9. 27. 92헌마284; 김기두 232; 정영석/이형국 239.

회와의 화해로 인해 뒤늦은 처벌이 형벌목적에 반하게 된다는 입장 등이 있다.

(2) 절차법설

공소시효가 소송법적인 본질을 갖는다는 견해는 시간이 흘러도 처벌필요성 자체가 달라질 수는 없으며 단지 소송절차가 어려워질 뿐이라고 한다. 여기서 공소시효는 소송과정을 중단하는 소송장애에 해당한다.[1] 이를 돕는 논거로는 1) 오랜 시간이 흐르면 증거가 멸실·변경되거나 증거의 증명력이 약화되기 때문에 뒤늦게 재판을 하려 한다면 **사법오류**에 빠질 우려가 있다는 생각, 2) 시간이 흐를수록 처리하지 못한 사안이 쌓여 사법의 부담이 커지기 때문에 범죄의 경중에 따라 공소시효기간을 두어 **소송경제**를 도모하는 것이라는 입장이 있다. 49

(3) 결 합 설

결합설은 공소시효를 형벌배제의 사유이자 소송장애라고 하는 견해이다. 공소시효의 본질도 형벌필요성 약화와 소송경제 또는 증거가치의 변화에 따른 사법오류방지 등에 겹쳐 있다고 한다.[2] 공소시효제도가 실체법과 절차법의 이중적 구역, 또는 구별이 의심스러운 구역 안에 놓여 있다고 하면서, 형벌권 개념이 실체법과 절차법적 성격을 모두 갖고 있으므로 그것의 시간적 배제 또한 이 양 법영역에 걸쳐 있다고 보는 견해도 있다.[3] 50

(4) 비 판

실체법설은 국가형벌권이 배제되어야 하는 이유를 시간의 흐름에 따른 사회적 응보감정의 약화 또는 행위자의 인격성 변화 등에 있다고 설명한다. 그러나 이러한 '존재'(Sein)의 변화가 곧 형벌권을 행사해서는 안 된다는 '당위'(Sollen)의 근거가 될 수는 없다[방법이원주의]. **절차법설**은 오랜 시간이 흐른 이후의 절차가 결국 사법오류를 낳게 될 것이라고 말한다. 그러나 국가기관이 제때에 사안을 처리해야 할 의무를 온전히 이행하지 못할 것을 감안하여 형벌의무를 덜어내는 제도를 스스로 만들어 이용한다는 설명은 합리적이지 않다[자기유익화금지의 원칙]. **결합설**은 두 견해의 단점을 모두 갖고 있다. 51

1) 노명선/이완규 342; 백형구(강의) 481; 정웅석/최창호 370.
2) 김재환 295; 신동운 552; 신양균 339; 이재상/조균석 28/7; 임동규 323.
3) 홍영기, 앞의 글, 260면 이하 참조.

(5) 결론 : 국가형벌권의 시간적 한계

52 그동안 모든 시효이론은 '오랜 시간이 흐른 이후에 왜 형벌권을 행사하면 안되는지'를 물었기 때문에 좌절을 겪어왔다. 이제 거꾸로 물어볼 필요가 있다. '그렇다면 국가형벌권은 영원히 지속될 수 있으며, 그래야 한단 말인가?'

53 발생된 모든 범죄가 실제로 처벌될 수 없다는 것은 상식에 속한다. 통계상 암수[숨은범죄]에서 보듯이 사법기관은 극히 일부의 범죄만 처리할 수 있을 뿐이다.[1] 역사적으로 보아도 국가기관이 처리한 범죄보다 그렇지 않은 중대범죄가 훨씬 더 많았다. 그렇기에 특정된 시·공간 안에서 형벌권이 극히 예외적으로만 실현될 수 있다는 것이 정확한 표현이다. 이는 국가기관이 재량에 따라 범죄를 적극적으로 선별하고 있기 때문이 아니라, 국가기관 스스로 극복할 수 없는 역량의 한계가 있기 때문이다. 시효에 따라 국가권력이 제한되고 있지만 그 한계가 곧 시민의 자유보장으로 연결되고 있지 않는 것도 그 이유에서이다.[2] 국가형벌권에 시간적 한계가 있는 것은 이처럼 당연한 것이기에, 그 이유를 낱낱이 나열하려는 시효이론의 시도는 완결될 수 없는 것이었다.[3]

54 '존재'적 한계만 있는 것이 아니다. 시간적으로 한계를 확정해두어야만 하는 '당위'도 있다. 형법상 공소시효제도는 형벌권의 행사가능성을 시간적으로 명확히 제한함으로써, 권한이 미치지 못하는 범주를 특정한다. 이와 같은 형벌권의 시간·공간적 제한은 반드시 필요하다. 시간적 제한이 없이 '국가형벌권은 영원히 존속한다'고 하거나, 공간적 제한 없이 '우리나라 형벌권이 전세계에 미친다'고 선언하는 것은 효력의 범위를 확대하려는 의욕처럼 보이지만 실제로는 형벌권을 실현가능한 권능이 아닌 하나의 허황된 관념에 그치게 만든다. 제한을 통해서 테두리를 짓는 것은 대상을 분명히 인식하고 사용할 수 있게 만드는 꼭 필요한 전제라는 뜻이다.[4] 요컨대 공소시효는 형벌권에 구체적인 시간적 한계를 설정함으로써 국가형벌권의 효력범주를 명확하게 하고, 비로소 형벌권을 국가가 운영할 수 있는 구체적인 도구로 생각될 수 있게 하는 필수적인 장치이다.[5]

---

1) 배종대/홍영기, 형사정책, 15/1 이하.

2) 이 사고는 국가권력과 시민자유의 대립을 바탕으로 하는 서구식 자유주의적 법치국가이념으로 설명될 수 없다. 이는 국가권력이 '비어 있는 곳'을 생각할 수 없었던 서양식 사고방식의 결과이기 때문이다(홍영기, 국가권력의 한계, 어디에서 비롯되는가, 법철학연구 8-1, 200면 이하).

3) 존재하는 것을 존재하지 않게 만드는 근거는 일일이 나열할 수도 없고 근거들 간의 우열도 큰 의미가 없다. 이러한 소극적 요건의 특징은 홍영기, 위법성조각사유의 경합, 고려법학 50, 297면 이하.

4) 이러한 부정의 원리(negatives Prinzip)에 대해서는 홍영기, 형벌을 통한 규범신뢰의 강화, 고려법학 77, 323면 이하.

5) 홍영기, 형사법상 시효의 정당화 근거, 형사법연구 23, 209면 이하. 이러한 저자의 견해를 분석·동조한 문헌은

3. 공소시효기간

(1) 시효기간과 시효배제

공소시효기간은 개별구성요건이 규정하고 있는 법정형을 기준으로 한다. 사형에 해당하는 범죄는 25년, 무기징역 또는 무기금고에 해당하는 범죄는 15년, 장기 10년 이상의 징역 또는 금고에 해당하는 범죄는 10년, 장기 10년 미만의 징역 또는 금고에 해당하는 범죄는 7년, 장기 5년 미만의 징역 또는 금고나 장기 10년 이상의 자격정지 또는 벌금에 해당하는 범죄는 5년, 장기 5년 이상의 자격정지에 해당하는 범죄는 3년, 장기 5년 미만의 자격정지, 구류, 과료 또는 몰수에 해당하는 범죄는 1년이다(제249조 ①항). 55

사람을 살해한 범죄로서 사형에 해당하는 경우는 공소시효가 배제된다(제253조의2).[1] '헌정질서파괴범죄에 관한 특례법'에 따라 형법상 내란죄와 외환죄, 군형법상 반란죄와 이적죄(동법 제2조), '집단살해죄의 방지와 처벌에 관한 협약'에 규정된 집단살해에 해당하는 범죄도 마찬가지이다(동법 제3조). '성폭력범죄의 처벌 등에 관한 특례법' 제21조 ③항과 ④항에 의해 13세 미만 또는 정신적 장애가 있는 사람에 대한 강간, 강제추행 등 성범죄에 대해서도 공소시효가 폐지되었다. 56

(2) 공소시효기간의 결정기준

공소시효기간은 소추될 가능성이 있는 죄명과 적용법조를 감안하여 그 법정형을 기준으로 결정한다. 두 개 이상의 주형主刑을 병과하거나, 과형상 일죄처럼 수개의 형에서 선택적으로 하나만을 부과하도록 규정되어 있는 경우에는 무거운 형을 기준으로 결정한다(제250조). 공소장에 수개의 범죄사실이 예비적·택일적으로 기재되는 경우에는 각 범죄사실을 단위로 개별적으로 정한다.[2] 형법에 의하여 형을 가중·감경할 경우에는 가중 또는 감경되지 않은 형을 기준으로 한다(제251조). 가중·감경은 필요적인 경우와 임의적인 경우를 모두 포함한다. 특별법에 의한 형의 가중·감경은 특별법상의 법정형을 기준으로 기간을 결정한다.[3] 교사범·종범은 정범의 법정형을 기준으로 한다. 공소제기 후 공소장변경이 있는 경 57

Asholt, Verjährung im Strafrecht, 2016, 158면 이하.

1) 이러한 시효배제는 제253조의2 신설 전에 범한 범죄로 아직 공소시효가 완성되지 아니한 범죄에 대하여도 적용한다 〈부칙 제13454호 제2조〉.

2) 대판 2001. 8. 24. 2001도2902.

3) 대판 1973. 3. 13. 72도2976.

우에 공소시효 완성 여부는 공소제기가 있었던 시점을 기준으로 판단해야 하고, 공소장이 변경된 시점을 기준으로 하는 것이 아니다.[1]

(3) 공소시효기간의 계산방법

58 공소시효는 범죄행위를 종료한 때로부터 진행한다(제252조 ①항). 이는 구성요건에 해당하는 행위를 한 때가 아니라, 구성요건에 해당하는 결과가 발생한 때를 뜻한다.[2] 계속범의 경우에는 기수시기가 아니라 불법행위의 종료시점을 기준으로 하고, 결과적 가중범의 경우에는 중한 결과가 발생한 시점이 시효의 기산점이다. 그러나 결과발생을 요하지 않는 거동범이나 위험범은 실행행위만으로 공소시효기간을 셈한다.[3] 미수범의 경우는 행위를 종료하지 못하였거나 결과가 발생하지 아니하여 더 이상 범죄가 진행될 수 없는 때부터 시효가 진행된다.[4] 공범의 경우에는 최종행위가 종료한 때로부터 공범 전체에 대한 시효기간이 진행된다(같은 조 ②항). 미성년자에 대한 성폭력범죄의 공소시효는 해당 성폭력범죄로 피해를 당한 미성년자가 성년에 달한 날부터 진행한다(성폭력특별법 제21조 ①항).

59 공소시효의 초일은 시간을 감안하지 않고 하루로 셈한다(제66조 ①항 단서). 시효기간의 말일이 공휴일 또는 토요일에 해당하더라도 그날은 공소시효기간에 산입된다(제66조 ③항 단서 참조). 공소가 이미 제기된 범죄는 판결이 확정되지 않고 공소를 제기한 때로부터 25년이 경과하면 공소시효가 완성된 것으로 간주한다(제249조 ②항).

4. 공소시효의 정지

(1) 공소시효정지의 사유

60 공소시효의 정지사유가 존재하면 시효가 정지되고 그 사유가 없어지면 나머지 기간 동안 다시 진행된다. 시효진행의 장애가 된 일정 사유가 소멸하면 시효가 처음부터 다시 진행되도록 하는 시효중단과 구별된다.

61 공소시효는 공소제기로 진행이 정지되고 공소기각 또는 관할위반의 재판이 확정된 때로부터 다시 진행한다(제253조 ①항). 공소제기가 소송조건을 구비하지

---

1) 대판 2018. 10. 12. 2018도6252. 2008. 12. 11. 2008도4376; 2001. 8. 24. 2001도2902; 1982. 5. 25. 82도535.
2) 대판 2003. 9. 26. 2002도3924.
3) 대판 2012. 2. 23. 2011도7282.
4) 대판 2017. 7. 11. 2016도14820.

않은 경우에도 공소시효는 정지된다. 그리고 공소기각·관할위반의 재판이 확정되는 경우에는 상소권회복의 결정(제347조)이 있으면 시효진행은 정지된다.

공소시효는 범인이 형사처분을 면할 목적으로 국외에 있는 동안 정지된다(제253조 ③항). 범인이 국내에서 범죄를 저지르고 형사처분을 면할 목적으로 해외로 도피한 경우뿐만 아니라 범인이 해외에서 범죄를 저지르고 같은 목적으로 그곳에 계속 체류하는 경우도 포함된다.[1] 범인이 오로지 형사처분을 면할 목적만을 가져야 하는 것은 아니며, 여러 체류 목적 중 형사처분을 면할 목적이 포함되어 있으면 충분하다.[2] 체류기간 동안 형사처분을 면할 목적이 있었는지 여부는 해당 범죄의 공소시효기간, 범인이 귀국할 수 없는 사정, 피고인의 생활근거지가 어느 곳인지 등 제반 사정을 참작하여 판단하여야 한다. 그러한 목적이 유지되고 있었다는 점은 검사가 증명해야 한다.[3] 62

검사의 불기소처분에 대해 재정신청(제260조)이 있으면 고등법원의 재정결정이 있을 때까지 공소시효진행은 정지된다(제262조의4). 그러나 검사의 불기소처분에 대한 항고(검찰청법 제10조)를 제기한 것으로는 시효가 정지되지 않는다. 소년부판사가 소년보호사건의 심리개시결정을 하면(소년법 제20조) 그 심리개시결정이 있은 때로부터 그 사건에 대한 보호처분결정이 확정될 때까지 공소시효진행은 정지된다(소년법 제54조). 63

(2) 공소시효정지의 효력범위

공소시효정지의 주관적 효력범위는 공소제기된 피고인에 대해서만 미친다. 따라서 타인에 대한 공소제기는 피고인의 시효진행을 정지시키지 못한다. 반면에 공범 중 1인에 대한 공소제기로 인한 시효정지는 다른 공범자에게도 효력이 미치고, 해당 사건의 재판이 확정된 때로부터 다시 시효가 진행한다(제253조 ②항). 이는 공범처벌의 일관성과 공평성을 위한 규정이다. 그러나 이 조항은 공소제기 효력의 인적 범위를 확장하는 예외를 마련하여 놓은 것이므로 엄격하게 해석하여야 한다. 판례는 여기서의 '공범'에는 뇌물공여죄와 뇌물수수죄 사이와 같은 대향범 관계에 있는 자는 포함되지 않는 것으로 보아, 한 사람에 대한 공소제기가 다른 사람의 시효진행을 정지시키지 않는다고 한다.[4] 64

1) 대판 2015. 6. 24. 2015도5916.
2) 대판 2003. 1. 24. 2002도4994.
3) 대판 2008. 12. 11. 2008도4101.
4) 대판 2015. 2. 12. 2012도4842.

5. 공소시효 완성의 효과

65 공소제기 없이 공소시효기간이 경과하거나(제249조 ①항), 공소가 제기된 경우에도 판결이 확정되지 않고 25년이 경과한 때(같은 조 ②항), 또는 공소제기 후 공소기각 또는 관할위반 재판이 확정된 때로부터 다시 공소시효가 진행하여 나머지 공소시효기간을 경과한 경우(제253조)에는 공소시효가 완성된다. 공소시효가 완성된 사건에 대해 공소가 제기되면 법원은 판결로써 면소의 선고를 하여야 한다(제326조 3호). 면소판결을 하지 않고 유·무죄의 실체판결을 하면 위법한 재판으로서 항소 또는 상고이유가 된다(제361조의5 1호, 제383조 1호).

[33] 공소제기의 효과

I. 소송계속

1. 의 의

1 공소제기에 의해 형사절차는 수사절차에서 공판절차로 넘어간다. 피의자는 공소가 제기된 것을 계기로 피고인이 된다. 이와 같이 검사의 공소제기에 의하여 피고사건이 수소법원의 심리와 재판의 대상이 된 상태를 가리켜 소송계속訴訟係屬이라 한다. 검사의 공소제기가 실체적·형식적 소송조건을 구비하여 수소법원이 유·무죄의 실체판결을 행할 수 있는 상태의 소송계속은 **실체적 소송계속**이다. 이에 반해 실체적 소송조건이 결여되어 수소법원이 면소판결을 해야 할 경우 또는 형식적 소송조건이 결여되어 관할위반판결 또는, 공소기각재판을 해야 하는 경우의 소송계속을 **형식적 소송계속**이라고 한다.

2. 소송계속의 효과

(1) 적극적 효과

2 소송계속 중에 법원은 기소된 사건을 심리하고 재판할 수 있는 권리·의무를 갖는다. 그리고 검사와 피고인은 당사자로서 심리에 관여하고 법원의 심판을 받아야 하는 권리·의무의 주체가 된다. 공소제기가 적법·유효한 경우는 물론 공소제기가 부적법·무효인 경우에도 형식적 소송계속이 발생하여, 법원에 면

소 · 공소기각 · 관할위반과 같은 형식재판을 할 권리 · 의무가 생긴다.

(2) 소극적 효과

3 공소제기가 있는 때에는 기소된 사건과 동일성이 인정되는 사안에 대해 다시 공소를 제기할 수 없다[**이중기소금지**]. 동일사건이 법원에 이중으로 기소되면 공소기각판결을 하여야 한다(제327조 3호). 또한 동일한 사건을 수개의 법원에 대해 기소할 수도 없다. 중복기소되어 경합이 발생한 때에는 **합의부우선의 원칙**, **선착수우선의 원칙**에 따른다. 이 원칙에 따라 후순위에 해당하게 되어 심판할 수 없는 법원은 공소기각의 결정을 하여야 한다(제328조 3호).

II. 공소제기의 효력이 미치는 범위

1. 공소제기의 인적 효력범위

4 공소의 효력은 검사가 피고인으로 지정한 자에게만 미친다(제248조). 따라서 공소제기 후에 진범이 발견되어도 공소제기효력은 진범에게 미치지 아니하고, 공범 중 1인에 대한 공소제기가 있어도 다른 공범에게는 효력이 미치지 않는다. 이것이 고소의 효력(제233조)(18/25)과 다른 점이다. 다만 공소제기로 인한 시효정지의 효력은 다른 공범에게도 미친다(제253조 ②항).

(1) 피고인의 특정

5 여기서 '검사가 지정한 피고인'의 의미에 대해서는 견해가 나뉜다. **의사설**은 검사의 의사를 기준으로 하여야 한다는 입장이며, **표시설**은 공소장에 피고인으로 표시된 자가 곧 피고인이라는 견해이다. **행위설**은 실제로 피고인으로 행위하거나 피고인으로 취급된 자를 피고인으로 본다. 이외에 **표시설과 행위설의 결합설**[1] 및 표시설을 중심으로 하고 행위설과 의사설을 고려하는 **실질적 표시설**이 있다.[2]

6 표시설은 실체관계에 비해 절차의 확실성만을 중시하는 견해로서 취하기 어렵다. 공소제기는 검사가 법원에게 처벌을 구하는 의사표시라는 점에서 검사의 의사도 중요한 요건이다. 다만 법원에 의해 피고인으로 취급되거나 본인 스스로

---

1) 강구진 108; 김기두 59; 백형구(강의) 56; 정영석/이형국 71.

2) 신동운 609; 신양균 415; 이은모 75; 이재상/조균석 10/3; 임동규 58; 차용석/최용성 110.

피고인으로 행동한 경우에 법원이 그를 형식재판으로 절차에서 배제할 수 있는지 심리해야 하므로 표시설과 행위설에도 의의가 있다. 이 점에서 세 가지 기준을 모두 고려하는 견해가 타당하다고 할 것이다 [**실질적 표시설**].

(2) 성명모용

7 성명모용은 피의자가 자신이 아닌 다른 사람의 이름을 대어서 공소장에 실제 피고인의 이름이 아닌 다른 이름이 쓰인 경우를 말한다. 수사절차에서 피의자(A)가 타인(B)의 성명을 모용(사칭)함으로써 피모용자(B)의 이름으로 기소된 경우, 의사설에 의하면 공소제기 효력은 명의를 사칭한 모용자(A)에게만 미치고 피모용자(B)에게는 미치지 않는다.[1] 표시설에 따르면 피모용자(B)에게 공소제기 효력이 미치게 될 것이다.

8 **1)** 성명모용이 있는 때에 검사는 공소장의 인적 사항 가운데 피고인의 표시를 피모용자(B)에서 모용자(A)로 정정하여 기재해야 한다. 이는 표기의 잘못을 바로잡는 것이므로 공소장변경이 아니며, 법원의 허가를 받을 필요도 없다.[2] 이러한 방법으로 검사가 피고인 표시를 정정한 경우에는, 처음부터 피모용자(B)가 아닌 모용자(A)에게 공소제기가 있었던 것으로 본다. 법원은 모용자(A)에 대해 심리하는 것이지, 피모용자(B)가 기소된 것이 아니기 때문에 피모용자를 공소기각판결로 처리해서는 안 된다. **2)** 그러나 만약 검사가 모용관계를 바로잡지 않고 피모용자(B)가 실제로 피고인으로서 소송행위를 하는 등 형식뿐만 아니라 외관상으로도 피고인지위를 갖춘 것으로 여겼을 때에는 예외적으로 피모용자(B)를 절차에서 배제하는 공소기각판결을 하여야 한다 [**제327조 2호 유추적용**].[3]

(3) 위장출석

9 공소장에 검사가 피고인(甲)으로 인적 사항을 기재했는데, 그가 아닌 타인(乙)이 출석하여 재판을 받은 경우에는 공소장에 표시된 피고인(甲)은 진정피고인이고, 위장출석하여 소송에 관여한 자(乙)는 부진정피고인이 된다. 이때 공소제기 효력은 진정피고인(甲)에 대해서만 발생한다.

10 **1)** 위장출석사실이 **인정신문단계**에서 밝혀진 경우 법원은 위장출석한 부진정피고인(乙)을 퇴정시켜 소송절차에서 배제하고 진정피고인(甲)을 소환하여 공판절

---

1) 대판 1997. 11. 28. 97도2215; 1984. 9. 25. 84도1610.
2) 대판 1993. 1. 19. 92도2554; 1985. 6. 11. 85도756; 1984. 9. 25. 84도1610.
3) 대판 1993. 1. 19. 92도2554.

차를 진행하여야 한다. **2)** 위장출석자(乙)에 대한 신문 등 **사실심리단계**에서 위장출석사실이 밝혀진 경우에는 위장출석자에 대해 사실상 소송계속이 발생하였으므로 제327조 2호를 유추적용하여 공소기각판결로서 절차를 종결시키고,[1] 진정피고인(甲)을 소환하여 공소제기 이후의 제1심 절차를 다시 진행하여야 한다. 위장출석이 상소심의 심리 중에 판명된 경우에도 마찬가지이다. **3) 유죄판결이 확정된 후**에 위장출석사실이 밝혀진 경우 위장출석자는 재심으로써 무죄판결을 선고받을 수 있다는 견해가 있으나,[2] 비상상고에 의해서 해결하는 것이 더 간단한 방법이다.[3]

2. 물적 효력범위의 원칙

공소제기의 효력은 공소장에 기재된 공소사실 및 그와 동일성이 인정되는 사안 전부에 미친다(제248조 ②항). 그러나 이 내용을 공소장에 기재된 것과 동일성이 인정되는 사실 전부가 기소된 것으로 보아, 이 모두를 법원에서 심리한다는 뜻으로 오해해서는 안 된다. 이와 같은 오해를 야기하는 **공소불가분원칙**이라는 과거 법의 표현도 더 이상 통용되지 않는다.[4] 11

법원이 심리하고 재판하는 사안은 오로지 공소장에 기재된 사실에 국한된다. 검사와 피고인의 공방대상도 특정된 공소사실에 그친다. 그러나 법원의 선고가 이루어지는 경우, 그 재판효력은 비록 현실적으로 다루어지지 않은 것이더라도 공소사실과 동일성이 인정되는 전체 사안에 미치게 된다. 이처럼 현실적 심판대상과 잠재적 심판대상을 나누는 것이 현행법의 태도이며, 제248조 ②항이 뜻하는 바이기도 하다. 자세한 것은 아래 '공판심리의 범위(35/1)'에서 설명한다. 12

3. 일죄일부의 공소제기

(1) 학 설

일죄일부의 기소는 대체로 '소송법상 일죄로 취급되는 단순일죄 또는 과형상의 일죄에 대해서 그 일부에 대한 공소제기가 허용되는가'하는 질문이다. 13

불허설은 일죄일부의 기소를 허용하는 경우에 검사의 자의가 확대되고, 실체 14

---

1) 대판 1993. 1. 19. 92도2554. 직접적용설은 신동운 612; 정영석/이형국 72.

2) 백형구 134; 신양균 417; 임동규 60.

3) 신동운 612; 이재상/조균석 10/5. 이때 진정피고인(甲)에 대해서는 당사자의 불출석에 따른 재심사유(제420조 5호)에 해당한다는 견해가 있지만, 역시 소송절차의 위법으로 인한 비상상고로 해결해야 하는 것이 타당하다.

4) 이에 대해서는 홍영기, 소추재량권의 실현으로서 일죄일부기소, 안암법학 53, 371면 이하.

적 진실로부터 멀어질 것이라는 경계를 근거로 한다. 그리하여 공판 중에 검사가 일부만 기소한 것으로 드러난 경우에는 **공소불가분원칙**에 따라 그와 하나된 사건 전부가 기소된 것이므로 법원은 일죄전부에 대해 심리해야 한다고 본다.[1] 법원이 먼저 전부를 기소하도록 검사에게 공소장변경을 요구하고 이에 응하지 않을 경우에 공소기각판결을 내리는 것이 타당하다는 견해도 있다.[2]

15 **허용설**은 기소된 일부에 대해서만 법원이 심판할 수 있다고 한다. 제248조의 ②항의 문리해석이 이미 일죄의 일부에 대한 공소제기를 전제하는 것이라고 하면서, 당사자주의적 속성 및 기소편의주의에 따를 때 검사에게 소송물에 대한 처분권이 있으므로 하나의 사실 가운데 일부를 선별하여 공소사실로 구성하는 것이 검사의 재량에 의해 허용된다는 것이다.[3]

16 일죄의 일부에 대한 공소제기는 허용하지 않는 것이 원칙이지만 검사가 범죄사실을 예비적·택일적으로 기재한 경우에는 예외적으로 허용된다는 절충적인 견해도 있다.[4]

(2) 결론 : 일죄일부기소의 원칙

17 실무에서 일죄일부의 기소는 언제나 가능한 것으로 생각되고 있다. 동일성이 인정되는 하나의 사실 가운데 일부만 특정하여 기소하는 것은 기소편의주의에 따라 당연히 허용되는 소추재량행위이기 때문이다.

18 불허설은 이론적으로도 일관성이 부족하다. 공소사실과 동일성이 인정되는 전체 범죄사실을 하나의 사건, 즉 '일죄'로 보는 것은 소송법을 관통하는 원리이다. 이러한 하나의 사안 가운데 일부 사실을 공소사실로 특정하는 것은 우리 현행법이 기초로 삼고 있는 기소편의주의의 뜻 자체에 이미 포함되어 있다. 오히려 방법론적으로 보면 하나의 사안에 포함된 사실 '전부'를 공소장에 기재하는 것이 더 어려운 일이라고 할 수 있다.[5] '일죄일부기소'에서 '일죄'를 소송법이 아닌 실체형법상의 일죄로 보기도 한다. 그러나 공소제기에서 중요한 것은 적용법조상

1) 김기두 240; 정영석/이형국 247.
2) 손동권/신이철 394.
3) 대판 2008. 2. 14. 2005도4202; 김재환 311; 노명선/이완규 329; 백형구(강의) 503; 이재상/조균석 27/17; 임동규 319; 정웅석/최창호 366.
4) 신동운 635. 그러나 이는 예비적·택일적으로 기재한 경우가 아닌 한 법원이 전부를 심리해야 한다는 견해로서 불허설에 해당한다.
5) 홍영기, 소추재량권의 실현으로서 일죄일부기소, 안암법학 53, 366면 이하.

구성요건이 아니라, '사실'을 특정하는 것이므로, 이 테마에서만 굳이 실체법적인 기준을 이용하여 실무와 동떨어진 논의를 할 필요는 없다.

현행법이 취하는 기소편의주의는 물론 소송물론의 이원설 및 동일성 범위에 대한 기본적 사실 동일설을 일관하는 한, 일죄일부의 기소는 지극히 당연한 기소방식이기에 일부기소의 허용성 논의는 뚜렷한 의의가 없다고 할 것이다. '강간의 일부인 폭행 · 협박행위로 기소하는 것'이 유일하게 언급되는 사례였다. 그러나 지금은 강간죄가 더 이상 친고죄가 아니므로 고소불가분원칙과 관련하여 이에 대해 논의했던 학설 · 판례의 의미도 크지 않다.[1] 19

1) 홍영기, 앞의 글, 368면 이하.

제4장 공 판

제1절 공판의 기초

공판절차란 넓은 의미로는 공소가 제기되어 사건이 법원에 계속된 후부터 소송절차가 종료할 때까지의 모든 과정을 말한다. 이 가운데 특히 공판기일의 절차만을 가리켜 좁은 의미의 공판절차라고 한다. 피고사건의 실체에 대한 법관의 심증은 공판기일에 공개된 공판정에서 진행되는 심리를 중심으로 형성되어야 한다 [**공판중심주의**]. 수사과정에서 수집된 증거가 공판절차의 심리를 대신해서는 안 되며, 공판절차 이전에 이미 수집된 증거로부터 법관이 피고사건에 대한 예단을 가져서도 안 된다. 공판중심주의는 하위원리인 공개주의, 구두변론주의, 직접주의, 집중심리주의 등 공판절차의 기본원칙을 통해 지탱된다.

[34] 공판절차의 기본원칙

I. 공개주의

1. 의 의

1 공개주의 또는 공개재판주의는 절차관계자는 물론 일반인 모두에게 법원의 재판을 공개해야 한다는 원칙이다(헌법 제109조, 법조법 제57조 ①항). 공개주의는 재판의 투명성을 보장하여 공평하고 인권침해가 없는 재판을 실현하고, 시민들이 직접 재판을 접하게 함으로써 재판에 대한 신뢰와 절차의 민주성을 보장하는 데 기여한다. 나아가 사법기관의 책임을 분명히 하고, 재판에 대한 우회적인 외부 영향을 차단하는 기능도 담당한다.

2 공개주의에 따라 누구나 방청인으로서 공판절차에 참여할 수 있어야 한다 [**일반공개주의**]. 누구든지 원하면 공판의 일시 · 장소를 알 수 있어야 하고, 공판과정

의 진행 전, 후, 도중을 불문하고 언제든 법정에 출입할 수 있어야 한다. 공판정의 크기에 따라서 방청인 수가 제한되는 경우에는 어쩔 수 없지만 극소수 사람만 방청할 수 있는 법정을 운영하거나 특정 집단에게만 방청을 허용하는 것은 공개주의에 위반된다. 공개주의에 위반한 공판절차는 절대적 항소이유(제361조의5 9호)이자 상고이유(제383조 1호)가 된다. 공개금지사유가 없거나 이를 알 수 없는데도 공개금지결정을 한 채 증인신문을 한 경우에 그 증언은 증거능력이 없다.[1)]

2. 예 외

재판의 심리가 사람들의 안전 또는 질서를 해치거나 풍속에 반할 염려가 있을 때에, 법원은 결정으로 재판을 공개하지 않을 수 있다(헌법 제109조 단서). 그러나 판결선고의 비공개는 어떤 경우에도 허용되지 않는다. 재판장은 법정의 질서를 해할 우려가 있는 자의 입정금지 또는 퇴정을 명할 수 있다(법조법 제58조 ②항, 법정 방청 및 촬영 등에 관한 규칙 제3조). 재판장은 법정질서를 유지할 필요가 인정되면 방청권 소지자에 한해 방청을 허용할 수 있고, 방청인의 의복 또는 소지품을 검사하게 하여 위험물 등 소지인의 방청을 금지할 수 있다. 재판장은 증인이 충분한 진술을 할 수 없다고 인정한 때에는 피고인 등을 퇴정시키고 진술하도록 할 수 있다(제297조). 3

3. 촬영금지 등

법정 안에서는 재판장의 허가 없이 녹화·촬영·중계방송 등의 행위를 하지 못한다(법조법 제59조). 이는 공개주의의 위배가 아니다. 참여자의 프라이버시를 침해하거나 법원이 여론에 영향을 받는 등 좋지 않은 영향이 있을 수 있기 때문이다. 녹화·촬영 등을 하기 위한 신청이 있는 특별한 경우에 재판장은 피고인의 동의가 있는 때에 한하여 이를 허가할 수 있다. 4

II. 구두변론주의

공판정에서 참여자들이 말로 주고받는 대화를 통해 심리가 이루어져야 한다는 것을 구두변론주의라고 한다(제37조 ①항, 제275조의3). 5

1) 대판 2013. 7. 26. 2013도2511.

1. 구두주의

6 구두주의 또는 구술주의는 말로 주고받는 대화에 의해 제공된 소송자료를 근거로 재판해야 한다는 원칙이다. 반대말은 서면주의 또는 서면심리주의이다. 구두주의는 수사과정으로부터 건네어진 조서 등의 서면보다는 참여한 사람들의 대화를 더 우월한 것으로 보고, 이를 기초로 사안을 평가하는 것을 원칙으로 삼아 공판중심주의와 공개주의의 의의를 실현하기 위한 것이다.

7 그러나 대화자들의 기억에 한계가 있어 보존이 어렵고 대화상황이 불분명해질 수도 있기 때문에, 공판과정에서는 엄격한 정확성을 요건으로 하는 공판조서를 작성하여(제51조) 이러한 결점을 보완하고 있다. 이외에도 관할이전의 신청, 기피신청, 증거조사신청, 변론의 분리·병합의 신청 등의 각종 신청도 서면에 의한다. 항소심에서는 예외적으로(제364조 ⑤항), 그리고 상고심에서는 원칙적으로(제390조) 서면심리에 의한 판결이 이루어진다. 약식절차는 서면심리주의에 따르는 것이 원칙이다.

2. 변론주의

8 변론주의는 당사자의 주장과 증명을 통한 공격·방어에 따라 형사절차를 진행하는 것을 말한다. 변론주의가 실현되기 위해서는 무엇보다도 당사자의 참여권을 보장해야 한다. 피고인의 진술권, 변호인의 조력을 받을 권리, 각종 불복을 할 수 있는 권리, 반대신문권 보장과 그의 파생원리인 전문법칙도 변론주의를 이루는 원칙들이다.

9 그러나 민사소송과 달리 당사자간 변론이 형사절차의 심리와 재판을 지배하지는 않는다. 형사소송에서 더 중요한 것은 법원이 직권으로 진실을 발견하기 위해 사실을 구성하고 증거를 수집·조사하는 것이기 때문이다 [**직권탐지주의**].

3. 반대신문권 보장

10 구두변론주의에서 파생된 반대신문권은 특별히 피고인이 공판정에서 증인에게 직접 묻고 답을 들을 권리를 뜻한다(제161조의2).[1] 피고인이 일방적인 조사대상에 머무는 것이 아니라 증인과 적극적으로 대화함으로써 진실을 함께 구성하는

1) 대판 2001. 9. 14. 2001도1550. '반대신문권'의 의의에서와 달리 '반대신문'은 양 당사자 모두가 할 수 있는 것이다.

주체의 지위를 갖도록 하는 것이다. 반대신문권은 진실에 근접한 사안을 구성하도록 하고, 당사자권한의 동등한 형식을 갖추게 하는 동시에, 참여자가 스스로 법원의 재판을 승인하도록 하는 중요한 전제조건이 된다.[1)]

반대신문권의 보장을 위해서는 우선 피고인이 절차에 참여해야 하므로 **참여권**(제163조, 제276조)은 반대신문권을 보장하기 위한 토대이다. 공판기일의 심리절차뿐만 아니라 공판준비절차, 강제처분절차, 증거보전절차 등 형사절차 전반에 참여권이 보장되어야 한다. 참여권과 유사한 뜻을 갖는 **대면권**은 피고인이 증인을 대면할 수 있는 권리뿐만 아니라, 피고인이 법관 등 다른 소송관계자의 면전에서 진술할 수 있는 것을 내용으로 하기 때문에 반대신문권과 같은 의미는 아니다.[2)] 11

반대신문권을 보장한다는 것은 피고인이 실제로 증인을 대상으로 하여 반대신문을 해야만 한다는 것이 아니라, 피고인이 증인을 상대로 신문을 할 수 있도록 그 **실질적 기회**를 보장한다는 뜻이다. 피의자 · 피고인이 그의 귀책사유로 이와 같은 권리를 행사하지 않은 경우는 반대신문권이 제한된 상황이 아니다. 12

III. 직접주의

직접주의 또는 직접심리주의는 법원이 공판기일에 공판정에서 직접 조사한 증거만을 재판의 기초로 삼는다는 원칙이다. 법원이 직접 피고인과 증인을 대해야만 진술내용을 넘어 구체적 상황까지 정확히 파악할 수 있다. 구두변론주의와 겹치는 내용이 있으나, 구두변론주의가 당사자주의적 성격을 갖는 것에 비해 직접주의는 직권주의의 요청이라고 할 수 있다. 특히 피고인 · 증인에 대해 법원이 직접 신문하는 것(제296조의2, 제161조의2)은 우리 형사절차의 직권주의적 특징을 보여준다. 13

이를 위해서도 절차관계자의 참여권이 반드시 보장되어야 한다. 즉 직접주의는 심증형성의 합리성 또는 진실발견이념에 봉사할 뿐만 아니라 당사자의 권리를 보장하는 데에도 기여한다. 피고사건에 관한 심증형성의 주체, 시간, 장소가 각각 법원, 공판기일, 공판정이어야 한다는 요청을 **형식적 직접주의**, 법원이 공판기일에 공판정에서 조사하는 증거는 증명대상이 되는 사실과 가장 근접한 원본증거를 14

1) 반대신문권 보장의 취지는 홍영기, 반대신문권 보장: 전문법칙의 근거, 고려법학 75, 1면 이하.

2) 대판 2010. 10. 28. 2008도11999: 체포된 피의자의 구금 장소가 임의적으로 변경되는 점, 법원에 의한 영장실질심사 제도를 도입하고 있는 현행 형사소송법 하에서 체포된 피의자의 신속한 법관 대면권 보장이 지연될 우려가 있는 점 등을 고려하면[…].

재판의 기초로 삼아야 한다는 것을 **실질적 직접주의**로 부르기도 한다.

IV. 집중심리주의

15 집중심리주의 또는 계속심리주의란 법원이 공판기일에 하나의 사건을 집중적으로 심리하고, 공판기일이 연장되는 경우에도 시간적 간격을 두지 않고 이어서 심리해야 한다는 원칙이다(제267조의2 ①항). 이에 따라 법원은 심리에 2일 이상이 필요한 경우에는 부득이한 사정이 없는 한 매일 계속 개정하여야 한다(같은 조 ②항). 재판장은 여러 공판기일을 일괄하여 지정할 수 있으며, 매일 계속 개정하지 못하는 경우에도 특별한 사정이 없는 한 전회의 공판기일부터 14일 이내로 다음 공판기일을 지정하여야 한다(같은 조 ③ · ④항).

16 집중심리주의는 **신속한 재판의 원칙**(헌법 제27조 ③항)에서 비롯된 것으로서 피고인의 상황이 조속히 확정될 수 있도록 하기 위한 것이다. 심리중단으로 인해 법관의 심증이 약화되는 것을 방지하여 심증형성의 합리성을 확보할 수 있게 하기도 한다. 그러나 피고인이 방어준비를 할 수 없을 정도로 공판을 서두르라는 의미는 아니다.

[35] 공판심리의 범위

I. 심판의 대상

1 검사가 공소를 제기함으로써 공판에서 그 진실 여부가 조사되어야 하는 심판의 대상을 가리켜 **소송물**이라고 한다. 탄핵주의를 취하는 모든 입법례는 불고불리원칙, 즉 검사가 공소제기한 사안에 대해서만 법원이 심리하고 재판할 수 있다는 원칙에 따른다. 그러나 소송물의 세부적인 성격에 대해서는 각국의 입법과 판례, 학설마다 관점이 다르다. 이를 다루는 **소송물이론**은 공소제기의 효력범위, 검사와 피고인의 공방의 대상, 법원의 심리와 판결의 대상을 결정하는 작업이며, 이에 따라 공소장변경의 가능범위 또는 확정판결의 효력범위, 일사부재리의 효력범위에 대한 관계도 확인할 수 있다.[1)]

---

1) 소송물의 의의에 대해서는 홍영기, 형사소송법상 사건의 동일성, 형사법연구 19-3, 704면 이하 참조.

II. 소송물이론

1. 이 원 설

(1) 의 의

우리 형사절차는 소송물이론 가운데 '이원설'을 바탕으로 하고 있다. 이는 공소장에 기재된 구체적 사실인 '공소사실'을 공판과정에서 다투어지는 **현실적 심판대상**으로 보는 데에 반해, 그 공소사실과 동일성이 인정되는 사실로서 실제로 심리가 이루어지지 않은 부분에도 재판의 최종적인 효과가 함께 미친다는 뜻에서 이를 **잠재적 심판대상**이라고 하여 양자를 구별하는 입법 태도를 말한다. 공판정에서 실제로 심리되는 소송물과, 재판의 결과가 미치는 소송물을 나눈다는 뜻에서 이원설로 부른다. 통설과 판례의 태도이기도 하지만 법률규정(제248조 ②항 등)의 당연한 해석이라고 할 수 있다. 2

(2) 예 시

행위자 A가 담을 넘어 피해자 집에 들어가 현관문을 따고 잠입하여 훔칠 도자기를 집어들다가 피해자에게 발각되었고, 이에 피해자를 밀쳐 넘어뜨리고 주의를 흐리게 한 뒤 현관문을 통해 도망나오다가 짖고 있던 마당의 개를 걷어차 다치게 한 사안이 있다. 밤 23시 7분에서 23시 32분 사이에 벌어진 일이라고 생각해보자. 3

검사에게는 이 전체 사안 중 핵심적인 불법내용만을 취하여, 그것만 공소장에 기재할 수 있는 재량이 있다[**기소편의주의**]. A가 밤에 타인의 집에 들어가 물건을 훔치려 했으나 실패했다는 데에 주목하여, 검사가 이 사실관계를 육하원칙을 토대로 공소장에 구체적으로 서술하였다면 이것이 곧 **공소사실**이다. 야간주거침입절도의 미수는 공소장에 기재하는 **죄명**이며, 형법 제330조가 **적용법조**이다. 검사가 이 내용을 공소사실로 기재한 이상 피고인도 이 사실만을 방어할 수 있을 뿐이고, 법원도 이 사실만 심리하고 재판한다[**불고불리원칙**]. 이처럼 공소장에 기재된 공소사실이 곧 **현실적 심판대상**이 된다. 4

반면에 이에 대해 확정판결이 이루어졌다면, 비록 공소장에 기재된 공소사실은 아니지만 당시에 저질러졌던 행위로서 피해자를 밀친 것이나, 개를 걷어차 다치게 한 것까지도 심판이 된 것처럼 취급하여 이 사실에도 **기판력**이 부여된다. 5

그렇기에 위 전부의 사실은 **잠재적 심판대상**이 된다. 이처럼 공소장에 쓰여있지 아니한 다른 사실에도 기판력이 미치므로 이를 이유로 다시 기소하는 경우에 법원은 **일사부재리원칙**에 따라서 면소판결을 해야 한다.

6 위 상황에서 25분간 있었던 소위 '전체범죄사실' 모두는 해석 · 적용하기에 따라 실체법적으로는 야간주거침입절도의 미수, 준강도, 재물손괴 등이 포함되고, 그 구성요건에 다시금 주거침입과 폭행 등이 드러나지만 절차법적으로는 **사건의 동일성**이 인정되는 **하나의 죄**에 해당한다[**기본적 사실 동일설**]. 위 검사가 기소한 방식은 **일죄일부의 기소**이지만 소추재량의 범위 안에서 허용되는 것이고, 다른 사실에 주목하여 **공소장변경**이 필요하다면, 동일성이 인정되는 위의 하나의 사건 범위 안에서만 가능하다. 그렇기에 이원설에 따를 때 공소장변경은 잠재적 심판대상에 해당하던 사실을 현실적 심판대상으로 바꾸거나 또는 그 반대로 바꾸는 작업이다.

(3) 평 가

7 이원설의 원리는 공판정에서 실제로 다루어지지 않은 사실에도 재판효과를 부여해야 하는 근거가 불분명하다는 단점을 갖고 있다. 실제 범죄사실에 비해 지나치게 좁은 범주의 사실만을 기소하는 때에(예시사안을 단순히 '주거침입'만으로 기소하는 것), 공소사실과 동일성이 인정되는 범위가 공소장에 특정된 공소사실에 비해 지나치게 넓어서 형벌권 행사를 불합리하게 제한할 수도 있다. 검사가 처분권을 자의적으로 활용하여 수사나 기소의 편의만을 도모함으로써 실제 범죄에 상응하는 형벌권 행사를 불가능하게 만들 우려도 있다.

8 그럼에도 형사절차에서 피고인의 방어활동에 의미가 있다고 보는 한, 이원적인 소송물구조를 취하는 것은 불가피하다. 피고인이 효과적으로 방어를 할 수 있으려면 공소사실을 공소장에 특정하여 심리범위를 정해주어야 한다. 예시에서 공소사실은 야간주거침입절도처럼 구성하고 막상 공판정에서는 사람을 밀친 데 주목하여 준강도로서 특수강도사안으로 다룬다면 공소장만 읽고 소송에 대비한 피고인은 제대로 방어활동을 할 수 없을 것이다. 비록 공소사실은 특정하여 기재했지만 '그날 저질러졌던 모든 사실관계에 대해 심리할 테니 알아서 방어하라'고 말하는 것도 피고인의 방어권 행사를 극히 어렵게 만든다.

9 그렇다고 해서 공소장에 쓰여지고 공판정에서 실제로 다루어진 사실에만 기

판력을 부여할 수도 없다. 야간주거침입절도미수 사실로 유죄판결을 받지 못하는 경우 검사가 다시금 준강도사실로, 그것도 좌절되면 개에 대한 손괴사실로 기소를 반복하는 것은 불합리하다. 이를 모두 인정하여 재판한다면 '한 번 저지른 행위로 재차 재판을 받지 않는다'는 일사부재리원칙이 무의미해진다. 그렇기에 절차법상 하나의 죄 안에서 비록 일부만 심리되었다고 하더라도, 전체의 사실에 재판효력을 부여하는 것은 불가피하다. 이원설은 바로 이와 같은 사고의 필연적 결과이다.

2. 범죄사실대상설

(1) 의 의

이원설에 대조되는 입장은 이른바 '범죄사실대상설'이다. 이는 공소장에 기재 10
된 범죄사실과 동일성이 인정되는 모든 전체범죄사실이 심판대상이 되어야 한다는 입장이다.[1] 여기서는 공소제기에 의해 법원이 심판하게 될 사건의 범위를 범죄사실 전체로 본다. 그 결과 검사의 **공소제기 효력범위, 법원의 심판범위** 그리고 **확정판결의 효력범위**가 일치하게 된다. 그렇다고 공소장에 전체범죄사실 전부를 기재해야 한다는 뜻은 아니다. 공소사실이 일부사실로만 기재되었다 하더라도 '그 기재사실로 대표되는 전체사실'이 기소된 것으로 본다는 의미이다. 이에 따르면 앞의 예시에서 주거침입과 절도미수의 사안만 공소장에 기재했더라도 법원이 25분간 일어난 모든 사건내용을 심리하고 재판해야 한다. 그렇기에 불고불리원칙이 이원설에 비해 약화된 형태를 띤다.

범죄사실대상설은 검사의 소추재량을 제한하는 **기소법정주의**와, 공소제기 이 11
후 실체발견의 권한과 책임을 법원에 일임하는 **직권주의적 소송구조**를 기초로 한다. 범죄사실의 일부에 대한 공소의 효력은 범죄사실 전부에 미친다는 제248조 ②항 및 기소의 물적 범위로서 이른바 '공소불가분원칙'을 엄격하게 받아들여 우리 현행법이 범죄사실대상설을 취하고 있다는 주장도 있다.[2]

(2) 평 가

범죄사실대상설은 법원에게 실체적 진실에 가까운 사실을 규명하도록 의무 12

---

1) 김기두 251; 신동운 625. '공소사실대상설'이라 쓰기도 하지만 이 표현은 학설의 의미를 잘 드러내지 못한다.
2) 신동운 622.

를 부여하고, 검사가 임의로 소송물을 처분할 수 없도록 하며, 일사부재리의 효력이 전체범죄사실에 미치는 영향을 논리적으로 설명할 수 있다는 점에서 이론적인 강점이 있다. 그에 따라 법치국가원리에 더 충실히 기여할 수도 있다.

13 그러나 이에 따르면 공소장에 기재된 사실만 심리되는 것이 아니므로 피고인이 방어대상을 미리 정확히 인식하여 대비하는 데 어려움이 있다. 검사가 공소사실을 특정하여 기재할 필요도 없다. 공소장변경이 소송물 자체에 영향을 미치지 않아 그 역할도 제한될 뿐만 아니라, 법원이 적극적으로 공소장에 기재되지 않은 사실까지 심리할 수 있기 때문에 공소장변경을 요구할 필요도 없다. 법원의 판단이 공소사실에 구속될 필요가 없기 때문에 공소장일본주의도 무의미하다. 이론적으로는 장점이 있지만 우리 법체계가 범죄사실대상설을 전제하는 것으로 볼 수는 없다.[1)]

3. 기타 소송물이론

(1) 의 의

14 **소인대상설**은 소인訴因(count)이 공소사실인 소송물이라고 보는 입장이다. 여기서 소인은 검사가 공소장에 구체적으로 특정한 범죄사실을 말하며 영미법에 개념의 연원을 두고 있다. 법원의 심리대상을 소인에 국한하지만, 재판효력은 전체범죄사실에 미친다고 보아 양자가 일치하지 않는다. 제298조 ①항에 '공소장에 기재한 공소사실'과 '공소장변경의 허용한계가 되는 공소사실'이 구별되어 있으므로, 전자의 공소사실은 소인을 의미하고 후자의 공소사실은 공소장변경의 한계개념인 공소사실을 말하는 것으로 본다.

15 **소인기준이원설**은 현실적 심판대상을 소인으로, 잠재적 심판대상을 공소사실로 보는 견해이다. 공소사실의 실체성을 긍정하는 점에서 소인대상설과 구별되지만, 소인개념을 인정하기 때문에 절충설로 일컬어지기도 한다. 법원은 현실적 심판대상인 소인 이외의 사실은 심판할 수 없고 판결에서도 소인 이외의 사실을 인정할 수 없지만, 잠재적 심판대상에 대해서도 일사부재리효과를 발생시키는 것으로 본다.

---

1) 범죄사실대상설이 소송대상을 분명하게 제시함으로써 형사소송 전과정의 법적 안정성 확보에 기여한다는 견해가 있다(신동운 626). 그러나 이 방식이 실체적 정의의 구현에 기여한다는 말은 이해되지만 법적 안정성에 도움이 되는 것은 아니다. 공판정에서 다루는 대상이 공소사실로 정확하게 명시될수록 안정된 법적 평가에 유리할 것이기 때문이다.

(2) 평 가

현행법은 **소인** 개념을 채택하고 있지 않다. 불문법체계인 영미법에서 유래된 이 단어는 수증기처럼 퍼져 있는 사안을, 일정한 개념을 핵으로 하여 묶어주기 위한 용어에 해당한다. 그러나 실체법상 구성요건표지를 확고하게 갖추고 있는 성문법체계에서는 유사한 사실관계를 묶어서 개념화한 언어가 이미 철저하게 구비되어 있다. 이 개념에 구체적인 사안을 빗대어 절차법상 소송물을 구성하면 된다. 즉 성문법체계에서 소인개념을 이용하는 것은 짜여진 구성요건과 범죄사실 중간에 또 다른 개념군을 형성해야 하는 번거로운 작업이다. 이원설에서는 현실적 심판대상을 '공소사실'로 일컫고 있는 것이며 따져보면 이는 소인의 역할과 다르지 않기 때문에 굳이 현행법에 낯선 단어를 추가할 필요도 없다. 16

[36] 공소장변경

I. 의 의

1. 공소장변경의 개념

(1) 공소사실의 추가 · 철회 · 변경

공소장변경은 검사가 공소사실의 동일성을 침해하지 않는 범위 안에서 법원의 허가를 얻어 공소장에 기재된 공소사실 또는 적용법조를 추가 · 철회 · 변경하는 것을 말한다(제298조 ①항). 여기서 '추가'는 공소장에 기재된 공소사실 이외에 새로운 공소사실과 그에 대한 적용법조를 부가하는 것이고, '철회'는 공소장에 기재된 공소사실이나 적용법조 가운데 전부 또는 일부를 제외하는 것이다. '변경'은 기존의 공소사실과 적용법조를 새로운 공소사실과 적용법조로 대체하는 것을 뜻한다. 1

위 예시사례(35/3)에서 처음의 공소사실이 밤에 주거에 들어가 물건을 훔치려다 좌절되었다는 사실관계였고 야간주거침입절도의 미수가 죄명, 형법 제330조가 적용법조로 공소장에 기재되어 있었는데, 이 공소사실에 피해자를 세게 밀친 공소사실을 추가하고 특수강도의 미수, 형법 제334, 335조로 변경하여 기재하는 것이 곧 공소장변경이다. 2

(2) 구별개념

3 공소장변경과 구별되는 **추가기소** 또는 **공소취소**는 동일성이 인정되지 않는 범주의 공소사실을 덧붙이거나 빼는 것이다. 위의 예(35/3)에서 25분간 진행된 동일성이 인정되는 공소사실 이외에, 며칠 후 행위자가 피해자에게 '고소를 취소하지 않으면 해코지를 하겠다'고 협박을 한 별도의 사실이 있어 이 사실을 추가하고자 한다면, 공소장변경으로 할 것이 아니라 추가기소를 해야 한다. 처음부터 동일성이 없는 이 두 개의 다른 사실이 하나의 공소장에 기재되어 있었으나, 협박에 해당하는 한 개의 사실을 제외하고자 한다면, 공소장변경의 방식에 의할 것이 아니라 그 사실에 대한 공소취소의 절차(제255조)에 따라야 한다.

4 그리고 공소장변경은 법원의 심판대상을 변경하는 것이라는 점에서 공소장에 기재된 일시나 피고인의 성명 등에 명백한 오기가 있을 경우에 이를 고치는 **공소장정정**과도 구별된다.[1]

2. 공소장변경제도의 취지

(1) 피고인의 방어권 보장

5 피고인은 공소장을 송달받아 그에 기재된 공소사실을 대상으로 방어준비와 방어활동을 한다. 만약 공소장에 기재된 공소사실 이외의 사실을 예기치 않게 공판과정에서 다루면, 피고인은 그의 방어권을 행사하기 어렵다. 그렇기에 공소장에 기재된 사실과 구별되는 다른 사실을 법원에서 취급할 필요가 있을 때 그 달라진 관점을 공소장에 바꾸어 기재하여 피고인에게 다시 알려주어야 한다. 이처럼 방어해야 할 대상을 미리 알게 하여 피고인의 방어권을 보장하려는 데 공소장변경제도의 취지가 있다.

6 공판정에서 취급할 내용의 변화가 피고인의 방어활동에 지장을 초래하지 않는 사소한 것일 경우에는 법정에서 구술로 확인하는 것으로 충분하다. 반면 피고인의 방어활동에 실질적 영향이 있는 사실이라면, 그것이 공소장 전체 맥락에서 비중이 크지 않더라도 공소장을 변경하여 새로운 공소사실을 피고인에게 신속히 고지해야 한다(제298조 ③항). 이처럼 공소장변경은 피고인의 방어활동을 위한 제도이므로, 공소장변경이 있는 경우 방어준비를 위해 법원의 직권이나 피고인 또

1) 대판 2015. 11. 12. 2015도12372.

는 변호인의 청구에 따라 결정으로 공판절차를 정지할 수 있도록 한다(같은 조 ④항).

(2) 국가형벌권의 적정한 실현

소송물론 가운데 이원설 구조에서는 검사가 전체범죄사실 가운데 극히 일부 7
사실만 기소하거나 상대적으로 의미가 적은 사실만을 기소하더라도 나머지 사실을 법원에서 심리할 수 없다. 그럼에도 전체범죄사실에 일사부재리효력이 미치므로 결국 실체적 정의의 실현이 어려워지는 상황이 있을 수 있다. 기소된 공소사실을 그대로 두면 사실증명이 어려워져서 검사가 다른 사실을 공소사실로 변경하여 처벌의 흠결을 피해야 하는 때도 있다. 이처럼 만약 법원 심리 중에 전체범죄사실과 공소사실 간에 중요한 차이가 있는 점이 드러나면 검사가 공소장을 변경하거나, 법원이 공소장을 변경하도록 검사에게 요구하여 동일성이 인정되는 범위 안의 다른 사실을 심리하고 재판할 수 있도록 해야 한다. 위 예시(35/3)에서 만약 피고인이 주거침입행위로만 기소되었다고 할 때, 법원의 심리과정에서 준강도에 해당하는 사실이 드러나면 그에 맞게 공소장변경을 해야 한다. 여기에서 공소장변경제도는 국가형벌권을 객관적으로 공정하게 실현하는 데 기여한다.

II. 공소장변경의 필요성

1. 피고인의 방어권 보장

어떠한 경우에 공소장을 변경해야 하는가? 즉 공소장변경의 필요성[요부]은 8
공소장변경제도와 관련하여 가장 중요한 물음이다. 이 질문은 위의 '공소장변경제도가 필요한 이유는 무엇인가'와 다르고, '공소장변경이 어디까지 허용되는가'라는 아래에 이어지는 내용과도 구별된다. 이는 어떤 경우에 반드시 공소장을 변경해야 하는지, 어떤 경우에는 공소장변경 없이 공소사실과 다른 범죄사실을 심판할 수 있는지를 다룬다.

피고인 입장에서 기존 공소사실과 차이 있는 사실이 법원에서 심리되고자 9
할 때 이를 공소장변경을 통해 미리 알 수 있게 해주는 것이 유리하다. 즉 공소장변경이 필요한 범위를 넓게 인정할수록 피고인의 방어권은 더욱 충실히 보장된다. 그러나 관점이 조금 달라질 때마다 항상 공소장을 변경해야 한다면 소송경제에 반하게 된다. 여기서 판례와 학설은 공통적으로 **피고인의 방어권 행사에 실질적 불이익을 초래할 염려**가 있다면 언제나 공소장을 변경해야 하는 것으로 본다.[1] 어떤 사정이 달라지는 경우에 피고인 방어권에 실질적인 불이익이 있을 수 있는지에 대해서는 아래와 같은 견해대립이 있었다.

2. 공소장변경 필요성 기준

(1) 과거 학설

10 **동일벌조설**은 구체적 사실관계가 다른 경우에도 그 벌조罰條 또는 구성요건에 변경이 없는 한 공소장을 변경할 필요가 없다는 견해이다. 범죄의 일시·장소가 달라지더라도 적용될 구성요건이 같으면 법원은 공소장변경 없이 공소장에 기재된 사실과 다른 사실을 심리할 수 있다.

11 **법률구성설**은 구체적 사실관계가 다른 경우에도 그 법률구성에 영향이 없을 때에는 공소장변경 없이 공소장에 기재된 사실과 다른 사실을 심리할 수 있다고 한다. 동일벌조설과 달리 범죄사실에 대한 법률적 구성전반을 판단기준으로 삼는다.

(2) 사실기재설 : 통설과 판례

12 **사실기재설**은 구체적인 '사실'에 차이가 있어 피고인 방어권에 영향이 있다면 언제나 공소장을 변경해야 한다는 입장이다. 바로 위의 과거 학설들은 더 이상 주장되지 않으며 지금은 오로지 사실기재설만 의미가 있다. 공소장기재에서 가장 중요한 것은 구성요건이나 벌조가 아니라 구체적인 '사실'로서 공소사실이며, 피고인도 이러한 성격의 '사실'을 인식하여 방어활동을 하는 것이다[**사실방어의 원칙**]. 이러한 '사실'의 예로는 공소장에 특정되어야 하는 '시일', '장소', '방법', '객체' 등이 있다(제254조 ④항). 이러한 사실의 관건이 달라졌을 때에는 적용법조나 구성요건면에서 달라진 것이 없더라도 공소장을 변경하여 피고인이 그에 따라 적정한 방어활동을 할 수 있도록 해야 한다.

13 위의 예시(35/3)에서 피고인이 밤 23시 7분에 주거에 침입했는지, 23시 50분에 침입했는지 여부는 적용법조나 구성요건면에서 차이가 없다. 그러나 이 사실

---

1) 대판 2019. 1. 31. 2018도17656; 2017. 6. 19. 2013도564; 2015. 10. 29. 2013도9481; 2003. 7. 25. 2003도2252; 2001. 2. 9. 2000도5358; 1998. 3. 27. 97도3079; 1994. 12. 27. 94도2527; 1990. 11. 13. 90도153; 1990. 3. 13. 90도94.

내용의 변화는 피고인의 방어권에 실질적으로 영향을 미칠 수 있다. 피고인이 그날 23시 30분까지 친구를 만나고 있었기에 이를 통해 알리바이를 증명하려는 방어준비를 했는데, 공소장변경 없이 23시 50분으로 범죄발생시각을 바꾸어 심리한다면 피고인의 방어준비는 수포로 돌아간다. 판례도 폭처법에서 '다중의 위력'과 '흉기휴대'가 같은 조항에 규정되어 있어 법적 평가는 같지만 행위 방법이 달라서 그에 대한 피고인의 방어행위가 달라질 수밖에 없으므로 이러한 '사실'에 대한 관점의 변화에는 공소장변경이 필요한 것으로 보았다.[1]

(3) 공소장변경이 필요 없는 법적 평가의 변경

같은 이유에서 공소장에 기재된 '사실'이 같으면, 법적 평가에 차이가 있더라 14
도 반드시 공소장변경을 해야 하는 것이 아님을 알 수 있다. 예를 들어 공소사실이 같은 경우에 법원이 포괄일죄로 볼 것을 실체적 경합관계에 있는 수죄로 인정하려 한다고 해도 공소장변경을 해야 하는 것은 아니다.[2] 단독정범으로 기소된 것을 공동정범으로 보려 한다고 해서 공소장변경이 필요한 것도 아니다.[3] 비친고죄로 기소된 것을 친고죄로 공소장변경을 하지 않아, 합의를 하여 고소취소를 받으려고 노력하지 못했다는 사정도 피고인 방어권에 미친 '실질적' 불이익은 아니다.[4]

(4) 공소장변경이 필요한 법적 평가의 변경

그러나 법적인 평가의 변경이 전혀 중요하지 않다는 뜻은 아니다. 사실변경 15
여부가 불분명하더라도 법적 평가가 유의미하게 달라질 때 공소장변경이 필요한 경우가 있다. 더욱이 법적 평가가 달라진 것이 피고인 방어권 행사에 영향을 미친다면 공소장변경이 반드시 필요한 것으로 보아야 한다.

이에 대해서 판례는 피고인의 방어권 행사에 실질적인 불이익을 초래하는지 16
여부는 공소사실의 기본적 동일성이라는 요소와 함께 법정형의 경중과 그러한 경중의 차이에 따라 피고인이 자신의 방어에 들일 노력 · 시간 · 비용에 관한 판단을 달리할 가능성이 뚜렷한지 여부 등 여러 요소를 종합하여 판단하여야 한다고 한다.[5] 특히 더 중대한 범죄로 심리대상이 바뀔 때에는 공소장변경이 필요하다. 판

1) 대판 2013. 6. 27. 2013도3983.
2) 대판 1982. 6. 22. 82도938.
3) 대판 2018. 7. 12. 2018도5909; 2013. 10. 24. 2013도5752; 1991. 5. 28. 90도1977.
4) 대판 1999. 4. 15. 96도1922(전합)의 취지. '현실적', '절차형식적' 불이익이라고 볼 수는 있다.
5) 대판 2019. 6. 13. 2019도4608.

례는 '공소사실에 변경이 없다고 하더라도 공소장변경 없이는 형이 더 무거운 특별법 위반의 죄로 처단할 수 없다'고 하고 있다.[1] 특수협박죄로 공소제기된 범죄사실을 공소장변경 없이 가중되는 상습특수협박죄로 유죄판결할 수 없다고 본 예도 있다.[2]

17 예시사안(35/3)에서 공소사실 자체를 바꾸어 기재할 필요가 크지 않다고 하더라도, 법적 평가가 법정형 '10년 이하의 징역'에 해당하는 '야간주거침입절도미수'에서 '무기 또는 5년 이상의 징역'의 준강도로서 '특수강도죄'로 변경된다면 죄의 경중을 비교할 때 공소장변경을 통해 이를 미리 피고인에게 알릴 필요가 있다고 해야 한다. 이를 통해, 예를 들어 피고인이 강도의 고의가 없었다는 항변을 준비할 수 있게 된다.

3. 축소사실의 인정

(1) 의 의

18 기존 공소장에 기재된 사실과 다른 사실이지만, 이미 기재된 범죄내용에 포함되는 축소사실인 경우에는 '대는 소를 포함한다'는 논리에 따라 공소장변경을 필요로 하지 않는 경우가 있다. 피고인에게 이미 그에 대한 방어준비가 되었다고 볼 수 있는 때이다. 강간치상의 공소사실을 강간으로,[3] 강간치사를 강간미수로,[4] 업무상과실치상을 과실치상으로,[5] 특수절도를 절도로[6] 인정하는 때에 공소장변경이 필요 없다고 본 판례가 있다.

(2) 주의할 점: 피고인 방어활동의 고려

19 그러나 구성요건적으로 축소사실인 때에 언제나 공소장변경이 필요 없다는 식으로 오해해서는 안 된다. 즉 구성요건상 유형을 비교하여 공소장변경 필요성을 결정하는 것이 아니라, 이 경우에도 여전히 **피고인의 방어권에 실질적인 불이익**이 없는 경우에만 공소장변경이 필요하지 않다고 해야 한다. 기재된 사실과 피고인의 방어활동을 바탕으로 하여 개별적으로 검토해야 한다는 점에서 일반적인

1) 대판 2015. 10. 29. 2013도9481; 2007. 12. 27. 2007도4749 참조.
2) 대판 2016. 10. 27. 2016도11880; 2006. 11. 24. 2006도6451.
3) 대판 2002. 7. 12. 2001도6777; 1980. 7. 8. 80도1227; 1976. 5. 11. 74도1898.
4) 대판 1969. 2. 18. 68도106.
5) 대판 2017. 12. 5. 2016도16738.
6) 대판 1973. 7. 24. 73도1256.

사안과 다르지 않다.

예로 든 사례(35/3)에서 특수강도인 야간주거침입강도의 건으로 기소된 피고 20
인이 그 시간에 다른 데 있었고 어떠한 범죄도 저지르지 않았다고 주장해왔다면 공소장변경을 하지 않고 야간주거침입절도의 건으로 심리해도 무방하다. 반면 피고인 자신이 피해자를 밀친 적이 없으며 그저 물건을 훔치려다 도망하여 나온 것 뿐이라고 주장하고 있었다면 공소장변경 없이 야간주거침입절도의 건으로 심리하는 것은 그의 방어활동을 무색하게 만든다. 이는 비록 심리사실이 축소되었지만 개별 절차 안에서 피고인의 방어내용에 비추어 보아 피고인 방어권에 실질적 영향을 미치므로 공소장을 변경해야 하는 경우이다.

(3) 판례의 태도

판례에서도 공소장변경 필요성을 판단하기 위해서는 **피고인의 실제 방어활동** 21
을 염두에 두어야 한다는 점이 드러난다. '피고인이 피해자를 간음하거나 추행하는 과정에 폭행·협박을 하지 않았고, 설령 유형력을 행사하였다고 하더라도 '위력'에 불과하다는 취지로 다투어 왔으므로 심리경과에 비추어 피고인의 방어권 행사에 실질적인 불이익을 초래할 염려가 없다'고 한 예가 있다.[1] 같은 맥락에서 구체적인 사실관계에 따라 판례는 폭행치사의 공소사실에 대해 폭행죄로 공소장변경이 필요하다고 한 경우가 있고,[2] 살인죄의 공소사실에 대하여 공소장변경 없이 폭행치사로 처단한 것이 위법하다고 보거나,[3] 주거침입강간미수에서 주거침입강제추행으로 공소장변경이 필요하다고 한 예도 있으며,[4] 성폭력특별법위반을 공소장변경 없이 미성년자 등 위계·위력 간음(형법 제302조)으로 본 것을 위법한 절차로 보기도 하였다.[5] 공동정범에서도 마찬가지이다. 기존 공동정범 형태로 구성된 공소사실을 방조범으로 보고자 하는 경우에 '대는 소를 포함하므로 공소장변경이 필요 없다'는 식으로 쉽게 말할 수는 없으며, 개별 사실관계와 절차상황을 따져보아 피고인의 방어권 행사에 영향이 없어야 공소장변경 없이 심리할 수 있다고 하는 것이 법원의 논증방법이다.[6]

1) 대판 2014. 10. 15. 2014도9315.
2) 대판 1990. 11. 27. 90도2189.
3) 대판 2001. 6. 29. 2001도1091.
4) 대판 2008. 9. 11. 2008도2409.
5) 대판 2014. 3. 27. 2013도13567.
6) 대판 2018. 9. 13. 2018도7658, 2018전도54, 55; 2012. 6. 28. 2012도2628.

22 즉 공소장변경이 필요 · 불필요한 예[요부]는 죄명 별로 정리될 수 없으며 구체적인 개별 사안에서 피고인의 방어활동을 고려하여 평가한다. 아래에서 볼 공소장변경이 허용 · 불허되는 예[허부許否]도 마찬가지이다. 개별 사안을 알지 못하고서는 동일성범위를 정할 수 없다. 공소장변경 논의에서 '○○○ 죄에서 △△죄로 공소장변경을 할 필요가 없다', '□□죄에서 ▽▽▽죄로 공소장변경을 할 수 있다' 등으로 판례의 결론만을 서술하는 일부 문헌이나, 특히 국가시험에서 이러한 단순한 지문으로 객관식문제를 출제하는 것이 공소장변경제도에 대한 심각한 오해를 야기하고 있다.

(4) 법원의 인정의무

23 공소장변경 없이 축소사실을 인정할 만한 증거조사가 이루어진 때, 법원이 어떤 재판을 해야 하는지 문제된다. 예컨대 강도치상의 건에서 강도사실만 증명될 때 강도사실로 공소장을 변경했다면 강도죄의 유죄판결을 하는 데 문제가 없다. 그러나 공소장이 변경되지 않은 경우라면 공소사실은 그대로 강도치상죄의 내용일 것이므로 이에 대해 유죄판결을 할 수는 없다. 그렇다고 해서 법원이 '강도치상의 무죄판결'을 하는 것이 타당한지 의문이고, 공소장변경을 하지 않았는데도 '강도죄의 유죄판결'을 한다면 공소장과 다른 소송물을 재판한 것으로서 불고불리원칙에 반한다는 비판이 가능하다.

24 판례는 이러한 때에 유죄판단은 법원의 의무가 아니라 재량이라고 본다.[1] 즉 원칙적으로 축소 이전 사실에 대해 무죄판결을 하더라도 잘못된 재판이 아니다. 그러나 축소된 사안이 중대하여 공소장이 변경되지 않았다는 이유로 이를 처벌하지 않으면 **현저히 정의와 형평에 반하는 것**으로 인정되는 경우에는 법원이 유죄판결을 할 의무가 있다고 한다. 즉 강간치상죄의 공소사실이 그대로 유지되는 때에도, 강간죄가 증명된다면 강간죄의 유죄판결을 할 의무가 있다.[2] 반면에 이 정도의 중대성이 없는 사안으로서, 예를 들어 허위사실적시 명예훼손으로 기소된 것을 공소장변경 없이 사실적시 명예훼손으로 처벌하지 않고 무죄를 선고하는 것은 허용된다.[3]

---

1) 대판 2009. 5. 14. 2007도616; 1991. 5. 28. 91도711; 1990. 11. 27. 90도1090; 1990. 11. 27. 90도2189.

2) 대판 2008. 10. 9. 2007도1220; 1996. 2. 23. 94도1684; 1994. 11. 11. 94도2349; 1990. 12. 7. 90도1283; 1988. 3. 8. 87도2673.

3) 대판 1997. 2. 14. 96도2234. 기소가 아닌 판결에서 소송물을 달리 구성하였다는 의미에서 '판결편의주의'라고 부르

III. 공소장변경의 한계

1. 사건의 동일성

(1) 소송법상 의의

공소장변경이 어디까지 허용되는가? 즉 공소장변경의 허용성[허부]에 대해 실정법은 **공소사실의 동일성을 해하지 않는 범위**로 규정하고 있다(제298조 ①항). 여기서 사건의 '동일성'은 형사소송법에서 중요한 의미를 갖는다. 동일성은 **1) 공소장변경이 허용되는 범위**이다. 공소사실과 동일성이 인정되지 않는 바깥의 대상으로는 공소장변경이 불가능하다. 그러한 사실을 추가하려 할 때에는 추가기소 방법을 이용해야 한다. 또한 **2) 잠재적 심판대상 범위**를 말한다. 공소제기의 효력으로서 현실적 심판대상은 공소장에 기재된 공소사실에 국한되지만, 그에 대한 재판 효력은 전체범죄사실 전부에 미친다. 이때 전체범죄사실이 미치는 영역이 곧 사건의 동일성 범위이다. 그러므로 이는 **3) 일사부재리의 효력범위**를 지시하는 것이기도 하다. 즉 **기판력의 객관적 범위**이다. 일부의 사실만으로 재판이 이루어진 경우 동일성 내의 그 밖의 사실로 다시 기소한 때에는 일사부재리에 따라 면소판결을 해야 한다. 이외에도 4) 형사절차 전반에서 **하나의 사건**을 의미하는 기준으로 이용된다. 예를 들어 영장의 효력범위가 사건에 미친다고 할 때나(제201조 ⑤항 참조), 경찰로부터 송치받은 사건의 동일성을 해하지 않는 범위 안에서 수사할 수 있다는 규정(제196조 ②항), 변호인선임은 사건을 단위로 한다고 할 때 '사건'이 바로 이 동일성 기준에 따른 하나의 사건을 말하는 것이다. 이처럼 동일성이 인정되는 범위가 **소송법상 일죄**가 되는 것이며, 그 판단기준은 곧 **절차법상의 죄수**를 가리는 유일한 기준이다. 25

(2) 단일성과 비교

형사소송법상 죄의 단위는 흔히 사건의 동일성과 단일성 개념으로 나뉘어 설명된다. 단일성은 실체형법상 죄수에 종속된다고 보는 입장이 있으나, 일반적으로는 단일성도 소송법적인 개념이라고 하면서 '특정 시점'을 기준으로 하여 사건 단위를 확인하는 것으로서 사건의 객관적인 하나됨을 뜻하는 것으로 본다. 공소사실의 동일성은 시간의 흐름을 전제로 여러 행위와 결과가 경과됨에도 절차 26

기도 한다.

상 이들을 모두 하나의 사건으로 묶을 것인가 하는 문제이다. 위의 예시(35/3)에서 그날 25분간 저질러진 전체범죄사실은 동일성 범주 안에 놓여 있는데, 그 중의 한 시점, 즉 피해자를 밀치고 있는 것만을 놓고 보면 이는 실체법적으로 준강도죄의 일부 또는 폭행죄의 일부로 여겨질 행위이며 이를 가리켜 단일성이라고 말한다. 그러나 이 또한 '준강도죄', '폭행죄' 자체가 아니기 때문에 실체법적인 죄수개념이 아님을 알 수 있다. 동일성 범주가 위와 같은 의의를 갖는 데 반해 현실적으로 단일성 개념은 형사소송법 영역에서 쓰임새가 거의 없다.

2. 동일성 판단기준

(1) 절차법적 죄수

27 실체법인 형법과 절차법인 형사소송법에서 죄의 개수, 즉 죄수는 서로 전혀 다른 방식에 따라 셈한다. 실체법적인 죄수는 원칙적으로 형법상 행위관념에 의존하여 판단되지만 이미 형법상 구성요건으로서 범죄를 나누는 단위가 확정되어 있기 때문에, **이미 구성된 사안**을 구성요건에 빗대어 죄수를 결정하는 것이 원칙이다. 그러나 형사절차는 그에 앞서 **사안을 구성하는 과정** 자체를 규율하는 것이므로 실체법적 죄수기준을 그대로 따를 수 없다.

28 처음 사안을 인식한 피해자, 행위자 또는 관찰자 등은 대부분 구성요건을 모르는 일반인이다. 처음부터 법적 기준에 따라 정보가 추려지는 것이 아니라 일상적 관점에 따라 정해진 '사건'이 형사절차로 옮겨진다. 수사에서 이 형태는 그대로 유지되며 검사가 공소제기를 할 때에는 이와 같이 한 단위로 묶인 사안 가운데 공소사실로 특정하여 소송물을 구성한다.[1] 그리고 이러한 사안의 단위는 피고인의 처벌가능성과 직접 관련을 맺는다. 일사부재리원칙에서 '일사一事'는 바로 이러한 과정에서 정해진 하나의 사건을 말한다. 피고인이 한 번 저질렀다고 생각하는 사안을 놓고, 실체법적 의미로 여러 개의 죄가 포함된다고 하여 각각에 대해 형사절차를 반복하는 것은 불합리하기 때문이다.[2]

(2) 기본적 사실 동일설

29 이와 같은 취지에서 형사소송법상 '하나의 사건'의 기준으로서 동일성 판단

1) 이러한 방법론적 고찰로는 홍영기, 소추재량권의 실현으로서 일죄일부기소, 안암법학 53, 363면 이하.
2) 홍영기, 일사부재리의 효력범위, 저스티스 123, 159면 이하.

은 일정한 시간과 공간 안에서 행위자가 저지른 전법률적 · 사회적 · 역사적 사실을 대상으로 정해야만 한다. 이러한 입장을 **기본적 사실 동일설**(또는 기본적 사실관계 동일설)이라고 하며, 대부분 판례와 학설도 같은 입장이다.[1] 위의 예시(35/3)에서 주거침입, 절도의 실행 착수, 준강도, 손괴 등의 여러 실체법적인 죄의 개수가 드러난다. 규범적으로 보면 하나의 사건으로 묶기가 어렵다. 그러나 이는 피고인의 시각에서 **그때 저지른 그 행위**로 하나이기 때문에 25분간 이루어진 전체 행위에 동일성을 인정하는 것이 바로 기본적 사실 동일설의 취지이다. 만약 며칠 후 행위자가 피해자에게 '고소를 취소하지 않으면 해코지를 하겠다'고 협박한 사실이 있어 이를 기소하고자 하면, 이 협박사실은 일상적 · 역사적 시각에서 보았을 때 앞의 사건과 하나의 사건이 아니므로 동일성이 인정되지 않는다. 이를 포함하도록 공소장을 변경하는 것은 허용될 수 없다. 공소장변경을 통해 이 사실을 예비적 · 택일적으로 기재하는 것도 허용되지 않는다.[2]

(3) 규범적 기준의 개입

위와 다소 구별되는 **사실적 · 규범적 사건개념설**은 근래 일부 판례에서 읽을 30
수 있는 입장이다. 사건의 동일성이 갖는 기능을 염두에 두고 **피고인 행위의 사회적 · 역사적인 사실관계를 기본으로 하되, 규범적 요소도 아울러 고려**하여야 한다는 수정된 태도를 말한다.[3] 대표적인 사안은 피고인이 장물취득죄로 유죄의 확정판결을 받았는데, 실제로 피고인은 그 일련의 과정에서 강도상해죄를 저지른 사실이 드러나 다시 강도상해로 기소되었을 때, 일사부재리에 의해 면소판결을 해야 하는지가 문제였다. 여기서 대법원은 '두 죄의 기본적 사실관계가 동일한가 여부는 그 규범적 요소를 전적으로 배제한 채 순수하게 사회적, 전법률적 관점에서만 파악할 수는 없고, 그 자연적 · 사회적 사실관계나 피고인의 행위가 동일한 것인가 외에 그 규범적 요소도 기본적 사실관계 동일성의 실질적 내용의 일부를 이루는 것이라고 보는 것이 상당하다'고 말하면서 장물취득죄의 기판력이 강도상해죄의 공소사실에 미치지 않는다고 보았다.[4]

---

1) 대판 2019. 3. 28. 2018도16031; 2011. 6. 24. 2011도5690; 1996. 8. 23. 96도88; 1996. 5. 31. 96도197; 1994. 3. 8. 93도2950; 1986. 7. 8. 85도554. 손동권/신이철 427; 신동운 653; 이재상/조균석 30/25. 홍영기, 형사소송법상 사건의 동일성, 형사법연구 19-3, 704면 이하.
2) 대판 2012. 4. 13. 2011도3469. 공소장변경의 허용범위로 인한 것일 뿐, 예비적 · 택일적 기재가 동일성 범위 내에서만 가능하다는 뜻이 아님에 주의해야 한다.
3) 이를 주장하는 소수견해는 이창현 614; 임동규 356.
4) 대판 1994. 3. 22. 93도2080(전합). 이 판례의 평석으로는 홍영기, 앞의 글, 705면 이하. 이 판례와 같은 취지에서

(4) 과거 학설

31 다음 학설들은 학설사적 의미가 있으며 지금은 주장되고 있지 않다.

죄질동일설은 자연적 사실이 아닌 일정한 죄명, 즉 구성요건의 유형적 본질에 의한 사실관계의 파악이므로 죄질의 동일성이 인정되어야 공소사실의 동일성을 인정할 수 있다는 견해이다.

32 **구성요건공통설**은 공소장변경 전후의 두 범죄사실에 대해 적용되는 구성요건을 비교하여 양자가 상당 정도 부합하는 때에 공소사실의 동일성을 인정하는 견해이다.

33 **소인주요부분공통설**은 공소사실의 동일성이 인정되려면 공소장에 기재된 소인과 변경을 구하는 새로운 소인이 그 주요부분에서 공통되어야 한다고 본다.

3. 결론 : 동일성 기준의 역할

(1) 규범적 기준의 제한적 기능

34 위의 소수 견해 가운데 규범적 기준에 따르거나 규범적 기준을 동원하여 기본적 사실 동일설을 교정하려는 태도는 학계의 전반적인 비판을 받고 있다. 일상적인 관점에서 파악된 하나의 사건이 형사절차에서 기본 단위가 되어야 하며, 그에 따를 때에만 일사부재리원칙이 의의를 유지하게 된다는 점에 대해 대다수 견해가 뜻을 같이 한다.

35 판례가 규범적 관점으로 이를 수정하고자 하는 상황은 특히 기판력을 축소하지 않으면 실체적 정의에 현저히 반하는 결과가 야기될 수 있는 경우이다(67/24). 만약 기판력범위에 대해 묻는 것이 아니라, 공소장변경의 허용범위에 대한 사례였다면 판례도 규범적 표지를 감안하는 무리한 이론구성을 하지 않았을 것이다. 즉 위 판례사안(36/30)에서 장물취득으로 기소되었으나 심리과정에서 강도상해사실임이 드러났다면, 이에 대해 공소장변경을 허가하지 않을 리가 없으며, 수사과정에서 같은 상황이었다면 '별개의 사안이므로 증거물을 가져오기 위해 압수영장을 두 개 받으라'고 했을 리도 없다.

36 요컨대 사건의 동일성 개념에서 규범적 기준을 활용하는 경우는 주로 일사

기판력을 부인한 예는 대판 2017. 1. 25. 2016도15526; 2011. 6. 30. 2011도1651; 2011. 4. 28. 2009도12249; 2010. 10. 14. 2009도4785; 2006. 3. 23. 2005도9678.

부재리원칙을 제한하기 위해서이고 그 또한 많지 않은 사례이다. 공소장변경 허용기준으로서 판례가 '규범적 요소를 고려하여 판단한다'는 표현을 관행적으로 추가하고 있지만, 바탕이 되는 관점이 기본적 사실 동일설에서 달라진 것은 아니다.

(2) 공소장변경의 허용성과 동일성 기준

37 공소장변경이 필요하다는 점이 인식되어 검사가 이를 신청한 경우에 [**공소장변경의 필요성**], 변경신청된 공소사실이 기존 공소사실과 동일성 범위 안에 있다면 법원이 이를 허가해야 한다 [**공소장변경의 허용성**]. 여기서 공소장변경의 필요성 평가는 오직 피고인의 방어권에 실질적인 불이익이 있는지를 기준으로 하는 것이며, 공소장변경의 허용성 여부를 따질 때에는 사건의 동일성 기준으로서 기본적 사실 동일설에 따른다.

38 기존 공소장의 공소사실과 실제 심리되어야 하는 사실 사이의 차이가 크면 클수록 공소장변경의 필요성은 더욱 뚜렷해진다. 피고인의 방어권에 더 큰 영향이 있을 뿐만 아니라, 실제 사실을 대상으로 재판이 진행되도록 반드시 교정해야 하기 때문이다. 이 경우에 법원은 사건의 동일성 범위를 최대한 넓게 인정하여 공소장변경을 허가해야 한다. 두 사실 간의 비교평가를 할 때 공소장변경의 필요성보다 사건의 동일성 범위를 먼저 염두에 두고, 특히 규범적 관점을 고려하여 공소장변경을 곧바로 불허하는 것은 공소장변경의 취지와 어울리지 않는다.[1] 예시사안(35/3)에서 개에 대한 손괴사실로부터 주거침입사실로의 공소장변경 필요성이 뚜렷하게 드러난 절차라면, 주거침입죄와 손괴죄가 상호 아무런 규범적 연관성이 없다는 등의 이유로 공소장변경을 불허해서는 안 된다.

39 규범적 기준을 이용하여 기존 사실과 변경된 공소사실간 동일성을 부정하고 그로부터 공소장변경허가를 위법한 것으로 보는 일부 판례[2]는 이 점에서 이례적이다. 그러한 논거에 따라 공소장변경절차를 거치지 않은 채 1) 기존 공소가 제

---

1) 범죄 시일이 그 간격이 길고 범죄의 성부에 중대한 관계가 있는 경우에는 피고인의 방어에 실질적 불이익을 가져다 줄 염려가 있으므로 이러한 경우에는 공소장변경의 절차를 밟아야 할 것인데 […] 원심이 이 사건 변경 전후의 공소사실이 범행의 일시가 상이하고 나아가 범행의 방법과 피해액수 등에도 일부 상이한 점이 있다는 사정만을 들어 공소사실의 동일성이 인정되지 아니한다고 판단하여 공소장변경이 허용될 수 없다고 본 것은 공소장변경에 있어서 공소사실의 동일성에 관한 법리를 오해하여 필요한 심리를 다하지 아니한 위법이 있다(대판 2009. 5. 14. 2008도10771). 대판 2021. 7. 21. 2020도1381; 2016. 1. 14. 2013도8118; 2013. 9. 12. 2012도14097; 2010. 6. 24. 2009도9593; 1998. 6. 26. 97도3297 등.

2) 대판 2020. 12. 24. 2020도10814; 2020. 5. 14. 2020도3593; 2012. 4. 13. 2010도16659.

기된 범죄사실 그대로 심리하도록 한다면[1] 소송이 사안의 실체로부터 멀어질 우려가 있으며, 2) 기존 공소장에 특정되지 않았던 새로운 사실을 심리하게 하는 경우에는 피고인의 방어권 행사를 불합리하게 제한하게 될 것이다. 3) 공소장변경 대신에 검사에게 새로운 사실로 다시 공소제기하게 하는 것도 소송경제에 어긋난다.[2] 법원이 기판력의 효력범위가 아니라 공소장변경여부를 평가할 때는 사건의 동일성 범위를 엄격하게 문제삼지 않고 폭넓게 공소장변경을 허가하는 것이 바람직하다.

Ⅳ. 공소장변경의 절차

1. 검사가 신청하는 공소장변경

(1) 절 차

40 공소장변경은 검사의 신청에 의한다(제298조 ①항). 공소장변경신청은 공소장변경허가신청서를 법원에 제출하는 것이다. 공소장변경허가신청서에는 피고인의 수에 맞게 부본을 첨부하여야 한다. 검사의 공소장변경허가신청이 있으면 법원은 신속히 그 사유를 피고인 또는 변호인에게 고지해야 한다(제298조 ③항). 그 고지는 검사가 제출한 공소장변경허가신청서 부본을 피고인에게 송달함으로써 이루어진다(규칙 제142조 ③항). 공판과정의 사실심리가 끝나기 전에 신청해야 하며, 공판심리가 종결되었거나 선고기일만 앞두고 있을 때 공소장변경을 신청하는 것은 제도 취지에 비추어 무의미하다. 즉 공판심리를 종결한 뒤의 신청에 대해 법원은 심리를 재개하여 공소장변경을 허가해야 할 필요가 없다.[3]

41 기간 내에 검사의 공소장변경신청이 있고 공소사실의 동일성을 해하지 않는 때에 법원은 결정으로 공소장변경을 허가하여야 한다. 이 경우 법원의 허가는 의무사항이다.[4] 검사의 서면에 의한 공소장변경허가신청이 있는데도 법원이 피고인

---

1) 원심으로서는 이 사건 공소장변경신청에 대하여 기각결정을 하거나 허가결정을 취소하고 피고인에 대하여 원래 공소가 제기된 당초의 범죄사실을 대상으로 심리하여 판결을 하였어야 함에도, 당초의 범죄사실과 동일성이 인정되지 않는 추가된 범죄사실에 대하여 심리하여 유죄를 선고하였으니, 원심판결에는 공소사실의 동일성 내지 공소장변경에 관한 법리를 오해하여 판결에 영향을 미친 위법이 있다(대판 2009. 2. 26. 2007도4784; 2008. 12. 11. 2008도3656; 2002. 3. 29. 2002도587).

2) 이러한 비판으로는 홍영기, 2020년 형사법분야 대법원 주요판례와 평석, 안암법학 62, 140면 이하.

3) 대판 2003. 12. 26. 2001도6484; 2000. 4. 11. 2000도565; 1994. 10. 28. 94도1756; 1986. 10. 14. 86도1691.

4) 대판 1999. 4. 13. 99도375; 1975. 10. 23. 75도2712.

또는 변호인에게 공소장변경허가신청서 부본을 송달교부하지 않은 채 공소장변경을 허가하고 변경된 공소사실에 대해 유죄판결을 하는 것은 판결에 영향을 미친 법령위반이다. 그러나 판례는 이러한 때라도 공소장변경내용이 피고인의 방어권과 변호인의 변호권 행사에 지장이 없는 것이거나 피고인과 변호인이 공판기일에 변경된 공소사실에 대해 변론할 기회를 충분히 부여받는 등 피고인의 방어권이나 변호인의 변호권이 본질적으로 침해되지 않았다고 볼 만한 특별한 사정이 있다면 판결에 영향을 미친 법령위반이 아니라고 한다.[1]

(2) 서면주의의 예외

예외적으로 법원은 피고인이 출석해 있는 공판정에서 피고인에게 이익이 되 42
거나 피고인이 동의하는 경우 구술에 의한 공소장변경신청을 허가할 수 있다(규칙 제142조 ⑤항). 소송경제를 위해 공소장변경허가신청서제출과 부본의 첨부, 피고인 또는 변호인에 대한 부본의 즉시송달, 공판기일에 공소장변경허가신청서에 의한 기소요지진술의 과정을 생략할 수 있게 한 것이다. 판례는 부본이 미리 송달되지 않고 공판정에서 바로 교부된 경우에도 피고인이 충분히 진술·변론한 때에는 판결에 영향을 미치지 않는다고 한다.[2] 그러나 구체적인 공소사실은 피고인의 방어권 행사의 전제가 되는 것이므로 이러한 예외는 피고인에게 유리한 경우에만 국한하여 허용되어야 한다.

구두로 공소장변경을 신청할 때에도 구체적으로 이를 명시한 부분에 한해 43
공소장변경이 신청된 것으로 보아야 한다. 공소사실의 일부만 구두로 진술하고 나머지는 전자적 형태의 문서로 저장한 저장매체를 제출하였다면 전자문서 부분은 공소장변경이 신청된 것으로 볼 수 없다.[3]

2. 법원의 공소장변경요구

(1) 의 의

법원은 심리경과에 비추어 상당하다고 인정할 경우 검사에 대해 공소사실 44
또는 적용법조의 추가, 철회 또는 변경을 요구하여야 한다(제298조 ②항). 법원이 보기에 피고인의 방어권 보장 및 실체에 부합한 재판을 위해서 공소장변경이 필

1) 대판 2021. 6. 30. 2019도7217; 2009. 6. 11. 2009도1830.
2) 대판 1995. 2. 17. 94도3297; 1986. 9. 23. 85도1041.
3) 대판 2016. 12. 29. 2016도11138.

요하나, 검사가 공소장변경신청을 하지 않는 경우 법원이 적극적으로 공소장을 변경하도록 요구하게 하고 있다. 검사의 소추재량권 행사에 대해 법원이 사후적으로 개입하여 교정할 수 있도록 하는 취지도 있다.

45 법원의 공소장변경요구는 소송지휘의 성격을 띠는 결정이다. 따라서 일반적으로 공판정에서 구두로 요구한다. 공판과정에서 심리가 진행된 이후에 하는 것이 보편적이다. 법원이 공소사실과 다른 범죄사실에 관해 어느 정도 심증을 갖게 되어야 하기 때문이다. 따라서 제1회 공판기일 전에 공소장변경요구를 하는 것은 불가능하다. 제1심뿐만 아니라 항소심에서도 공소장변경을 요구할 수 있고, 검사가 신청한 경우와 달리 공판심리를 종결한 후에도 심리를 재개하여 공소장변경을 요구할 수 있다.

(2) 공소장변경요구의 성격

46 법원의 공소장변경요구가 어떤 성격을 갖는지 견해대립이 있다. 1) **의무설**은 공소장변경요구를 법원의 의무로 해석한다. 제298조 ②항 '하여야 한다'는 표현이 그 근거이다. 이때 검사가 공소장변경신청을 하지 않는 경우에 법원에서 공소장변경요구를 하지 않고 무죄판결을 하면 심리미진의 위법이 있다고 한다. 2) **재량설**은 법원의 공소장변경요구는 법원의 권한이며 의무는 아니라고 한다.[1] 원칙적으로 공소사실변경은 검사의 권한에 속하는 것이며 법원이 이를 요구할 의무는 없다는 것이다. 판례도 같은 취지이다.[2] 3) **예외적 의무설**은 원칙적으로 공소장변경요구를 법원의 재량으로 보지만, 공소장변경요구를 하지 않고 무죄판결을 하는 것이 현저히 정의에 반하는 경우에는 예외적으로 법원의 의무가 된다고 한다.[3] 그 기준으로는 범죄의 중대성과 증거의 명백성을 들고 있다.

47 법원이 공소사실과 다른 일정한 심증형성을 해야 하는 것을 의무라고 단정할 수 없기 때문에 공소장변경을 요구하는 것 또한 법원의 의무가 될 수는 없다. 그러나 원론적으로 법원은 피고인의 방어대상을 분명히 확정하고, 실체적 진실에 가까운 사안을 구성해야 하는 의무를 지므로 **예외적 의무설**이 타당한 견해이다.

1) 강구진 310; 이재상/조균석 30/49.
2) 대판 2006. 9. 14. 2005도2518; 1997. 8. 22. 97도1516; 1985. 7. 23. 85도1092; 1984. 4. 24. 84도137; 1984. 2. 28. 83도3334.
3) 백형구 529; 신동운 667; 임동규 371; 정영석/이형국 271.

(3) 공소장변경요구의 구속력

법원의 공소장변경요구에 어떤 효력을 부여할 것인지에 대한 견해대립이 있다. 1) **형성력설**은 검사가 공소장변경요구에 불응하면 법원의 요구에 바로 공소장을 변경시키는 효력이 발생한다고 본다. 2) **권고효설**은 법원의 공소장변경요구는 권고적 의미를 갖는 데 그치며, 검사에게 복종의무가 있는 것은 아니라고 한다.[1] 3) **명령효설**은 법원의 공소장변경요구는 법원의 소송지휘권에 의한 결정이므로 공소장변경요구에 대해 검사가 복종해야 할 의무가 있다고 본다.[2] 48

형성력설은 검사의 공소장변경신청권한을 무의미하게 만드는 반면, 권고효설은 법원의 공소장변경요구제도의 의의를 약화시킨다. 공소장변경요구가 소송지휘의 결정이라면 검사는 그에 복종할 의무가 있다는 점에서 **명령효설**이 타당하다. 49

3. 항소심에서 공소장변경

(1) 허용 여부

예전에는 항소심을 사후심으로 보아 공소장변경이 허용되지 않는다고 하거나, 항소심에서 원심판결을 파기한 경우에만 허용된다는 견해가 있었으나,[3] 지금은 원칙적으로 속심구조인 항소심에서도 여전히 증거조사를 통한 독자적인 심증형성이 이루어지기 때문에 공소장변경이 인정된다는 데 학설과 판례가 일치하고 있다.[4] 50

예컨대 일죄의 일부 범죄사실에 대해 공소가 제기된 뒤 항소심에서 나머지 부분을 추가한 경우에 법원은 공소장변경을 허가하여야 한다.[5] 항소심의 변론이 종결된 후 다시 변론을 재개하여 공판심리를 하게 된 경우에도 공소장변경은 허용된다.[6] 상고심의 파기환송 후 환송받은 항소심에서도 마찬가지로 공소장변경이 허용된다.[7] 항소심에서 새로 공소사실이 추가되었다면, 이는 제1심에서 심리된 사실이 아닐 것이므로 피고인에게 심급의 이익 중 일부는 제한된다는 문제가 있으나, 불이익변경금지원칙이 있기 때문에 현실적인 불이익 상황은 많지 않다.[8] 51

---

1) 백형구 568.
2) 강구진 311; 신동운 670; 이재상/조균석 30/51; 임동규 372; 정영석/이형국 272.
3) 강구진 322; 김기두 254. 사후심 · 법률심인 상고심에서는 허용될 여지가 없다.
4) 백형구(강의) 543; 신동운 673; 신양균 524; 이재상/조균석 30/52; 임동규 373.
5) 대판 2016. 1. 14. 2013도8118; 1992. 12. 22. 92도2047.
6) 대판 1995. 12. 5. 94도1520.
7) 대판 2004. 7. 22. 2003도8153. 그 밖에 대판 2001. 3. 9. 2001도192 참조.
8) 파기환송 이후 원심에서 공소장변경을 하는 때에도 불이익변경금지원칙이 적용된다(대판 2014. 8. 20. 2014도6472).

(2) 사물관할의 변경

51–1 제1심에서 합의부 관할사건으로부터 공소장변경에 따라 단독판사 관할사건이 되었다고 하더라도 사건을 배당받은 합의부가 실체심리를 해야 하며 사건을 단독판사에게 재배당할 수는 없다.[1)]

52 제1심에서 단독판사 관할사건이었던 것이, 항소심에서 공소장을 변경한 결과 사물관할이 달라져 합의부 관할사건이 된 경우의 문제가 있다. 1) 지방법원항소부에서 계속 심판해야 한다는 견해, 2) 지방법원항소부가 제1심으로서 다시 심리해야 한다는 견해, 3) 관할위반의 판결을 선고해야 한다는 견해도 있으나, 4) 판례는 제8조 ②항을 적용하여 항소심의 관할권이 있는 고등법원에 사건을 이송해야 한다고 본다 [고등법원 항소심관할설].[2)]

4. 공소장변경의 효과

(1) 공소장변경 후의 절차

53 공소장변경신청에 대해 법원이 허가하면 공판기일에 검사는 이를 기소요지 진술에 반영하여 변경된 공소사실 · 죄명 및 적용법조를 낭독하여야 한다. 단 재판장은 필요하다고 인정하는 때에 공소장변경의 요지만을 진술하게 할 수 있다(규칙 제142조 ④항). 공소장변경이 피고인의 방어에 불이익을 증가시킬 염려가 있다고 인정될 때에는 법원은 직권 또는 피고인이나 변호인의 청구에 의하여 결정으로 피고인으로 하여금 방어준비를 할 수 있도록 필요한 기간 공판절차를 정지할 수 있다(제298조 ④항).

(2) 공소장변경과 소송조건

54 공소장변경을 통해 소송물을 다른 것으로 변경하였다면 새롭게 변경된 공소사실을 기준으로 소송조건을 평가해야 한다. 이에 따라 판례는 피해자의 고소가 취소되었음에도 친고죄로 기소되었다가, 그 후 비친고죄로 공소장변경이 허용된 경우에는 그 공소제기시 소송조건의 흠결이 치유된다고 한다.[3)] 반의사불벌죄인 폭행죄를 심리하던 중 피해자가 처벌불원의 의사표시를 하였지만 유죄판결이 있은 때에, 항소심에서 반의사불벌죄가 아닌 상해죄로 공소장을 변경하였다면 소송

1) 대판 2013. 4. 25. 2013도1658.
2) 대판 1997. 12. 12. 97도2463.
3) 대판 1996. 9. 24. 96도2151.

장애가 없는 것으로 보기도 한다.[1)]

그러나 그 반대의 경우, 즉 비친고죄로 기소되었으나 심리 중 공소장변경을 통해(또는 축소사실로서 공소장변경 없이) 친고죄로 공소사실이 변경된 사안에서, 공소장변경 이전에 고소의 취소가 있었던 때라면 그 고소취소의 효력으로 인해 공소기각판결을 해야 한다.[2)] 55

(3) 공소제기시점

공소장변경이 이루어졌다고 하더라도, 처음 공소제기한 시점에 공소가 제기된 것처럼 취급한다. 즉 공소시효의 완성 여부나 친고죄의 고소 여부 등도 공소장변경시가 아니라 최초의 기소시점이 기준이 된다. 반면에 공소시효의 기간 자체는 변경된 공소사실의 법정형을 기준으로 한다. 따라서 공소장변경 이전의 공소사실로는 아직 공소시효가 도과되지 않은 때지만, 공소장변경에 의해 공소시효기간이 단축되어 최초 공소제기시점부터 기산했을 때 이미 그 공소시효기간이 도과된 것으로 보아야 한다면 수소법원은 변경된 공소사실에 따라 면소판결을 해야 한다.[3)] 56

(4) 공소장변경 여부에 대한 항변

공소사실의 동일성이 없는 등 공소장변경허가결정에 위법사유가 있는 경우 법원은 스스로 결정을 취소할 수 있다.[4)] 피고인이 보기에 공소장변경이 있어야 하는 사안이지만 공소장변경 없이 심리가 진행되어 방어권 행사에 실질적인 불이익이 있는 경우라면 공판심리 모든 과정을 불문하고 이에 대해 항변할 수 있다. 그러나 공소장변경신청은 검사의 권한이고, 법원의 공소장변경요구는 소송지휘방법의 하나이기 때문에 이러한 피고인측 주장에 구속되지 않는다는 점에서 현실적인 한계가 있다. 57

법원의 공소장변경허가결정은 판결 전의 소송절차에 관한 결정이므로 그에 대해 독립하여 상소할 수 없다(제403조 ①항). 실체판결에 영향이 있는 경우 판결에 대해서 상소하는 방법 이외에 공소장변경 여부를 이유로는 상소를 할 수 없다.[5)] 법원이 공소장변경을 요구하였으나 검사가 이에 복종하지 않는 경우에, 58

1) 대판 2011. 5. 13. 2011도2233.
2) 대판 2002. 7. 12. 2001도6777; 1999. 4. 15. 96도1922(전합); 1988. 3. 8. 87도2673.
3) 대판 2001. 8. 24. 2001도2902.
4) 대판 1989. 1. 24. 87도1978.
5) 대결 1987. 3. 28. 87모17.

위의 '형성력설'에 따르지 않는 한, 기소독점주의의 취지에 의해 법원이 더 이상 이를 강제하는 방법은 없다. 이 경우 검사로서는 무죄판결의 불이익을 감수해야 할 뿐이다.

5. 공소장변경의 의제

59 형식적으로 공소장변경이 없었으나 법원이 공소장변경이 된 것으로 보아, 그대로 실체재판을 진행하는 것을 '공소장변경의제'라고 한다. 특히 죄수평가와 관련된 다음과 같은 사례가 있다.

(1) 포괄일죄의 추가기소

60 단순일죄로 기소된 후 심리 도중에 피고인의 유사한 범죄가 드러난다면, '상습성'만 추가된다고 해서 법원이 공소장변경 없이 곧바로 상습범으로 심리해서는 안 된다.[1] 이때 이를 상습범인 포괄일죄로 다시 기소하고자 하는 경우 문제가 된다. 여기서는 먼저 기소된 공소사실이 포괄일죄 가운데 일부 포함되어 이미 그 일죄가 현실적 심판대상으로 심리되고 있으므로, 나중에 기소된 포괄일죄를 잠재적 심판대상에 속하는 것으로 보는 것이 일반적이다.[2] 따라서 이러한 기소는 이중기소로 허용될 수 없다(제327조 3호). 검사는 먼저 기소된 것을 공소장변경신청을 통해 포괄일죄로 바꾸어야 한다. 만약 추가기소한 것이 있으면 이에 대해서는 공소취소를 해야 한다.

61 그러나 이러한 경우에 재판장이 석명권을 행사함으로써 먼저 기소된 공소장의 누락 부분을 추가·보완하고 죄명과 적용법조를 변경하는 취지로 추가기소된 내용을 이용하여 공소장변경이 이루어진 것으로 의제하는 예가 있다.[3] 나아가 석명을 거치지 않고서도 이를 공소사실의 추가와 같은 취지로 보아 공소장변경절차 없이도 포괄일죄로 심리할 수 있다고 본 판례도 있다.[4]

(2) 과형상 일죄의 추가기소

62 검사가 단순일죄로 공소제기하여 공판이 진행 중일 때, 그 죄와 상상적 경합[과형상 일죄] 관계에 있는 다른 범죄사실이 추가로 드러나면, 검사는 이 사실을

---

1) 대판 2000. 2. 11. 99도4797.
2) 이에 대한 다른 생각은 아래 '포괄일죄에서 일사부재리 효력범위(67/26)' 부분을 참조.
3) 대판 1999. 11. 26. 99도3929.
4) 대판 1993. 10. 22. 93도2178.

추가하는 방법으로 공소장변경허가신청을 해야 한다. 만약 검사가 공소장변경 대신 이를 추가기소하면 먼저 기소된 공소사실과 동일성 안에 있는 사실을 추가기소한 것이기 때문에 이중기소가 되어 법원은 공소기각판결을 해야 한다.

그러나 이때에도 석명권을 행사하여 취지를 명확하게 한 후 공소장변경이 63
이루어진 것으로 보아 상상적 경합에 있는 모든 사실에 대해 실체판단을 할 수 있다고 본 판례가 있다. 이 경우에 검사에게 추가기소 및 병합신청이 공소장변경의 취지인지 밝히도록 석명하지 않고, 이러한 추가기소가 이중기소라고 하여 공소기각판결을 하면 이를 심리미진에 해당한다고 봄으로써 석명의무를 인정하고 있다.[1)]

(3) 한 계

공소장변경제도는 법원이 현실적 심판대상을 실체적 진실에 가깝게 변경한 64
다는 것 이외에, 피고인이 방어해야 할 사실의 범위가 달라졌음을 미리 알려준다는 데 더욱 중요한 취지가 있다. 검사와 법원 간 석명이 오간 것과 법원이 다른 사안도 추가로 심리하겠다는 의도만으로 공소장변경이 의제되었다고 보는 것은 소송경제에 기여할 수는 있지만, 피고인의 방어권에 실질적 불이익이 있는 한 허용되어서는 안 된다.

제 2 절 공판의 준비

공판의 준비는 공판기일의 심리를 준비하기 위한 모든 절차를 일컫는다. 공판준비는 제1회 공판기일 전은 물론 제1회 공판기일 이후의 각 기일 중간에도 행할 수 있다. 일반적 공판준비는 공소장의 부본송달과 공판기일지정 등 공판준비를 위한 기본절차와 의견서제출, 증거개시절차 등을 포함한다. 반면에 좁은 의미의 '공판준비절차'는 2007년 법개정을 통해 신설된 것이다. 이는 공판기일, 공판

1) 대판 2012. 6. 28. 2012도2087.

정에서 행하는 법원의 심리가 신속하고 효율적으로 이루어질 수 있도록 준비하는 과정을 말한다.

[37] 일반적인 공판의 준비절차

I. 공소장부본의 송달

1. 공소장송달의 의의

1 법원은 공소제기가 있으면 즉시, 늦어도 제1회 공판기일 5일 전까지는 공소장부본을 피고인 또는 변호인에게 송달해야 한다(제266조). 이것은 피고인에게 방어할 사안을 알려주고 방어준비에 시간을 주는 중요한 과정이다. 송달이 어렵다거나 통화가 안 된다는 사정만으로 곧바로 공시송달(제63 내지 65조)로 처리하고 피고인 출석 없이 재판을 하는 것은 위법한 방법이다.[1] 피고인이 구치소나 교도소 등에 있는 경우는 제63조 ①항에 규정된 피고인의 주거, 사무소, 현재지를 알 수 없는 때나 피고인의 소재를 확인할 수 없는 경우(소촉법 제23조)에 해당하지 않으므로 공소장부본과 피고인소환장 등을 종전 주소지로 송달하거나 공시송달해서는 안 된다.[2]

2. 이의신청

2 공소장의 송달이 없거나 공판기일 5일 전까지 송달하지 않은 때에 피고인은 공판기일의 모두진술시점까지 심리개시에 대해 이의신청을 할 수 있다. 이 경우 법원은 다시 공소장부본을 송달하거나 공판기일의 지정을 취소, 또는 이를 변경해야 한다. 피고인이 이의를 제기하지 않고 사건의 실체에 대해 진술하면 하자가 치유되는 것으로 보는 견해가 있다.[3] 그러나 공소사실을 알리는 것은 방어권 행사의 전제이고, 일반인인 피고인이 공소장송달에 대한 항변가능성을 모르는 때가 많을 것이므로 이의제기가 없다고 하여 하자가 치유된다고 볼 수는 없다.[4] 법원

---

1) 대판 2015. 2. 12. 2014도16822; 2014. 4. 24. 2013도9498.
2) 대판 2013. 6. 27. 2013도2714.
3) 백형구 532; 신양균 542; 이재상/조균석 31/4; 임동규 376. 교도소 · 구치소 소장에게만 전달한 하자의 치유에 대해서는 대판 1992. 3. 10. 91도3272 참조.
4) 공소장미제출에 대해 하자치유를 인정하지 않은 판례는 대판 2009. 2. 26. 2008도11813.

이 이와 같은 흠결을 발견한 즉시 피고인의 의사를 물어 공소장부본 송달 및 방어준비를 위해 공판기일을 변경하여야 한다. 이러한 절차가 없어 방어권 침해가 야기된 때에는 소송절차가 법령에 위반한 것으로서 항소나 상고이유가 된다(제361조의5 1호, 제383조 1호).

II. 의견서의 제출

피고인 또는 변호인은 공소장을 송달받은 날부터 7일 이내에 공소사실에 대 3
한 인정 여부, 공판준비절차에 관한 의견 등을 기재한 의견서를 법원에 제출하여야 한다(제266조의2 ①항). 법원은 피고인의 의견서를 검사에게 송부하여야 한다(같은 조 ②항). 이는 공소사실에 대한 피고인의 입장을 미리 확인하여 심리를 준비하는 데 이용하기 위한 것이다. 피고인으로서도 공소장에 대해 미리 의사를 밝혀둠으로써 방어준비를 할 수 있다. 이를 통해 기소된 사건 가운데 피고인이 자백하는 사건을 미리 가려서 쟁점이 복잡한 사례와 구별하여 절차를 효율적으로 진행할 수 있다. 이는 피고인의 의견에 불과하고 피고인에게 유리한 '증거를 제출'하는 것은 아니기 때문에, 이 과정이 검사가 공소장일본주의에도 불구하고 이에 대응하여 증거를 첨부하거나 기재하는 것을 허용하는 근거로 이용될 수는 없다.[1] 피고인에게는 진술거부권이 있으므로 진술을 거부하면 그 취지의 의견서를 제출할 수 있다(제266조의2 ①항 단서).

III. 국선변호인선정에 관한 고지

필요적 변호사건의 공소제기가 있는 때 재판장은 변호인이 없는 피고인에게 4
국선변호인을 선정하게 한다는 취지, 국선변호인의 선정을 청구할 수 있다는 취지 또는 국선변호인의 선정을 희망하지 아니한다는 의사를 표시할 수 있다는 취지를 서면으로 고지하여야 한다(규칙 제17조 ①·②항). 법원은 국선변호인의 선정에 관한 고지를 받은 피고인이 변호인을 선임하지 아니한 때 및 빈곤 등의 사유(제33조 ②항)에 해당하는 피고인의 국선변호인 선정청구가 있거나 피고인의 연령·지능 및 교육 정도 등을 참작해 국선변호인을 선정해야 할 때(같은 조 ③항)에

1) 홍영기, 공소장일본주의 위반으로서 여사의 기재, 법조 723 최신판례분석, 855면 각주 3.

는 지체없이 국선변호인을 선정하고, 피고인 및 변호인에게 그 뜻을 고지하여야 한다(규칙 제17조 ③항).

IV. 공판기일의 지정과 변경

5 공소장부본이 송달되고 국선변호인선정절차가 완료되면 재판장은 공판기일을 정해야 한다(제267조 ①항). 공판기일에는 피고인·대표자 또는 대리인을 소환하여야 한다(제267조 ②항). 소환당한 사람은 출석의무를 지며 정당한 이유 없이 응하지 않으면 구속영장이 발부되는 등 불이익을 받을 수 있다(제74조). 제1회 공판기일은 소환장의 송달 후 5일 이상의 유예기간을 두어야 한다. 그러나 피고인의 이의가 없는 때에는 유예기간을 두지 않을 수 있다(제269조). 공판기일은 검사·변호인과 보조인에게 통지하여야 한다(제267조 ③항). 또한 법원의 직권 또는 검사·피고인이나 변호인의 신청에 의하여 공무소 또는 공사단체公私團體에 물어 필요한 사항을 보고하게 하거나 보관서류의 송부를 요구할 수 있다(제272조 ①항). 정당한 이유 없이 이를 거절하는 것은 중대한 방어권 침해이다.[1]

6 먼저 지정한 공판기일을 취소하고 새로운 공판기일을 지정하는 것을 공판기일의 변경이라 한다. 재판장은 직권 또는 검사·피고인이나 변호인의 신청에 의하여 공판기일을 변경할 수 있다(제270조 ①항). 기일이 되어 일단 공판을 개정한 후 실질적 심리에 들어가지 않고 다음 기일을 지정하는 것을 기일의 연기라고 한다.

V. 공판기일 전 증거조사

7 법원은 검사·피고인 또는 변호인의 신청이 있는 때에 한하여 공판준비에 필요하다고 인정되는 경우에는 공판기일 전에 피고인 또는 증인을 신문할 수 있다. 검증·감정 또는 번역을 명할 수도 있다(제273조 ①항). 신청을 기각할 때에는 결정으로 하여야 한다(같은 조 ③항). 검사·피고인 또는 변호인은 공판기일 전에 서류나 물건을 증거로 법원에 제출할 수 있다(제274조).[2]

1) 대판 2012. 5. 24. 2012도1284.

2) 공판기일 전 증거조사는 법정 외에서 이루어지는 경우가 많으므로 법정 외에서 행하는 증인신문(제165조), 감정(제165, 177조), 통역과 번역(제165, 183조) 등이 적용된다. 따라서 공판기일 전에 법원이 법정 밖에서 증인신문을 하면 제165조와 제273조가 동시에 적용되어야 한다.

그러나 이 내용이 공소장일본주의에 위배될 수 있다는 점에 조심해야 한다. 8
제1회 공판기일이 열리기도 전에 증거를 법원에 제출하게 되면 법원이 사안에 대한 예단을 가질 우려가 있기 때문이다. 증거조사를 해야 하는 필요성이 공평한 재판의 원리보다 중요한 것은 아니다. 따라서 여기서 공판기일 전이라고 규정하고 있으나, 이는 제1회 공판기일 이후의 공판기일 전을 의미한다고 보아야 한다. 수 차례의 공판기일이 시간적 간격을 두고 진행될 때 공판기일뿐만 아니라 공판기일 사이에도 증거조사를 할 수 있도록 하는 것으로 제한해석하는 것이 타당하다.[1] 또한 이러한 절차는 공판중심주의에도 위배될 수 있기 때문에 이때 피고인신문은 실체심리를 모두 이행하는 수준이어서는 안 되며 공판준비에 필요하다고 인정하는 한도 안에서 행해져야 한다. 즉 피고인신문은 증거결정에 대한 피고인 입장을 묻고 그의 이익사실의 진술기회를 부여하기 위한 절차에 그친다.

[38] 증거개시와 공판준비절차

I. 증거개시

1. 의 의

증거개시開示는 공판기일 전에 당사자가 각각 확보한 증거를 공개하는 것을 1
말한다(제266조의3). 공격과 방어수단을 알아 당사자가 미리 준비할 수 있도록 하고, 공판절차를 효율적으로 진행되도록 하는 제도이다. 특히 피고인 또는 변호인 및 검사가 공소제기 후에 서로 보관하고 있는 서류나 물건 등을 열람·복사할 수 있는 근거가 된다는 점에 증거개시의 의의가 있다.

2. 증거개시의 방법

(1) 검사의 증거개시 : 전면적 개시

증거개시의 방법은 자료를 열람, 복사 또는 교부하게 하는 것이다. 검사가 2
증거개시를 해야 하는 것은 검사가 신청할 예정인 증거 이외에 피고인에게 유리한 증거까지 포함한다. 검사는 공소제기된 사건에 관한 서류 또는 물건의 목록(제

---

1) 신양균 547; 이은모 482; 이재상/조균석 31/9. 다른 견해는 신동운 871; 임동규 381.

266조의3 ①항)을 필수적으로 개시해야 한다(같은 조 ⑤항). 공소사실의 인정 또는 양형에 영향을 미칠 수 있는 서류 등도 개시대상이다. 여기의 서류는 도면·사진·녹음테이프·컴퓨터용 저장장치 등을 포함한다(같은 조 ⑥항). 이때 검사는 국가안보, 증인보호의 필요성, 증거인멸의 염려, 관련 사건의 수사에 장애를 가져올 것으로 예상되는 구체적 사유가 있는 때에는 이를 제한할 수 있으나(같은 조 ②항), 지체없이 제한이유를 서면으로 통지해야 한다(같은 조 ③항). 증거목록에 대해서는 열람·복사를 거부할 수 없다(같은 조 ⑤항).

(2) 피고인의 증거개시 : 제한적 개시

3 피고인·변호인은 일정한 요건을 전제로 증거개시를 한다. 즉 검사는 피고인 또는 변호인이 공판기일 또는 공판준비절차에서 현장부재·심신상실 또는 심신미약 등 법률상·사실상의 주장을 한 때에 피고인 또는 변호인에게 서류 등의 열람·복사 또는 서면의 교부를 요구할 수 있다(제266조의11 ①항). 검사가 증거개시를 거부한 때에는 피고인측도 증거개시를 거부할 수 있다(제266조의11 ②항 1문).

3. 법원의 결정에 의한 증거개시

4 피고인측과 검사는 상대방이 증거개시를 거부하거나 그 범위를 제한한 때에는 법원에 증거개시를 하게 하도록 신청할 수 있다(제266조의4 ①항, 제266조의11 ③항). 이때 법원은 증거개시의 필요성 및 그에 따르는 부작용 등을 고려하여 증거개시를 명할 수 있다. 법원이 이러한 결정을 하려는 때에는 상대방에게 의견을 제시할 수 있는 기회를 주어야 한다. 법원이 필요하다고 인정하는 때에는 직접 서류 등의 제시를 요구할 수 있고, 증거개시 신청인 등을 심문할 수도 있다(제266조의4 ④항). 법원의 증거개시 허용결정은 고지됨으로써 즉시 집행력이 발생한다.[1] 증거개시에 관한 법원의 결정을 지체없이 이행하지 않은 당사자는 해당 증인 및 서류 등에 대한 증거신청을 할 수 없다(같은 조 ⑤항).

5 법원의 증거개시결정에 대해서 검사가 일반항고(제402조)의 방법으로 불복할 수 있다는 견해도 있으나, 이는 판결 전 소송절차에 관한 결정으로서 이에 대한 항고규정이 없어 항고의 방법으로 불복할 수 없다는 판례의 입장이 타당하다.[2]

---

1) 헌재결 2010. 6. 24. 2009헌마257.
2) 대결 2013. 1. 24. 2012모1393; 헌재결 2010. 6. 24. 2009헌마257.

II. 공판준비절차

1. 의 의

재판장은 공판기일의 효율적·집중적 심리를 위해 공판준비절차를 진행할 수 있다(제266조의5 ①항). 이는 2007년 입법된 **좁은 의미의 공판준비절차**로서 쟁점을 정리하고 당사자의 주장 및 입증계획 등을 공개하도록 하여 심리를 준비하는 제도이다. 공판준비절차를 위해 주장 및 입증계획 등을 서면으로 준비하게 할 수도 있고, 공판준비기일을 열어 진행하게 할 수도 있다(같은 조 ②항). 이러한 공판준비절차는 법원이 필요하다고 인정하는 경우에 진행되는 임의적 절차이지만, 국민참여재판에는 필수적 절차이다(국민참여재판법 제36조 ①항). 6

공판준비절차를 적극적으로 운영하는 것과 공판중심주의 사이에 원리의 충돌이 빚어질 우려가 있다. 준비절차가 공판기일의 심리절차를 유명무실하게 하거나, 준비절차에서 형성된 예단으로 인해 공평한 재판의 원리가 왜곡되어서는 안 된다. 양자의 충돌가능성이 있는 개별적인 경우에 공판중심주의가 훼손되지 않도록 하는 것이 중요하다. 7

2. 내 용

(1) 개 관

공판준비절차는 1) 법원이 검사에게 공소장을 보완·수정하거나 공소장변경을 하게 하는 것, 2) 양 당사자가 공격·방어할 내용을 명확히 하여 사건의 쟁점을 정리하는 것, 3) 증거신청을 하며 신청된 증거와 관련하여 입증 취지 및 내용 등을 명확하게 하게 하는 것, 4) 증거를 채택 또는 거부하거나 증거조사의 순서 및 방법 등을 정하는 것, 5) 증거개시 여부를 정하는 것, 6) 공판기일을 지정, 변경하는 등 공판절차에 필요한 사항을 정하는 것을 주요 내용으로 한다(제266조의9 ①항). 8

(2) 서면제출에 의한 공판준비

검사, 피고인 또는 변호인은 각자 주장의 요지 및 입증취지 등이 기재된 서면을 법원에 제출할 수 있다. 재판장이 이러한 자료를 제출하도록 명령할 수 있다. 법원은 당사자의 서면이 제출된 때에 그 부본을 상대방에게 송달하여야 하며, 재판장은 당사자에게 제출된 서면에 대한 설명을 요구하거나 그 밖에 공판준 9

비에 필요한 명령을 할 수 있다(제266조의6).

(3) 준비기일에 진행되는 공판준비

10 법원은 공판준비기일을 열어 공판준비를 진행할 수 있다. 법원은 검사, 피고인 또는 변호인의 준비기일지정에 대한 의견을 들어야 하며, 이들 당사자는 법원에 대해 공판준비기일의 지정을 신청할 수도 있다(제266조의7). 공판준비기일의 통지를 받은 검사 및 변호인은 반드시 출석해야 하며, 피고인은 임의로 출석할 수 있으며 법원이 직권으로 피고인을 소환할 수도 있다. 피고인과 달리 변호인은 반드시 출석해야 하므로 법원은 공판준비기일이 지정된 사건에 관하여 변호인이 없는 때에는 직권으로 변호인을 선정하여야 한다(제266조의8). 법원은 공판준비기일을 마칠 때에 검사, 피고인 또는 변호인에게 쟁점 및 증거에 관한 정리결과를 알리고, 이에 대한 이의가 없는지 확인하여야 한다(제266조의10).

3. 효 과

11 공판준비절차는 장차 공판기일에 조사될 증거를 정리하는 데 의의가 있다. 따라서 원칙적으로 준비기일에 신청하지 못한 증거를 공판기일에 추가로 신청할 수 없다. 다만 추가신청으로 인하여 소송을 현저히 지연시키지 아니하는 때, 중대한 과실 없이 공판준비기일에 제출하지 못하는 등 부득이한 사유를 소명한 때에는 공판기일에 증거를 신청할 수 있다(제266조의13 ①항). 법원은 필요하다고 인정할 경우 직권 또는 당사자의 신청에 의하여 종결한 공판준비기일을 재개할 수 있으며(제266조의14, 제305조), 제1회 공판기일 이후에도 공판준비절차를 진행할 수 있다(제266조의15). 공판준비절차에서 이루어지는 증거조사에 대해서 당사자는 이의신청을 할 수 있다(제266조의9 ②항, 제296조 ①항). 공판준비절차에서 재판장의 처분에 대해서도 마찬가지이다(제266조의9 ②항, 제304조).

제 3 절 공판절차의 진행

[39] 공판정의 구성

공판정의 구성은 무죄추정원칙 및 대립된 당사자의 무기대등원리를 유지하도록 주의하여야 한다. 검사의 좌석과 피고인 및 변호인의 좌석은 대등하며, 법대의 좌우측에 마주 보고 위치한다. 단 피고인신문을 할 때에 피고인은 증인석에 앉힌다(제275조 ③항). 증인의 좌석은 법대의 정면에 위치한다(제275조 ③항). 1

I. 피고인의 출석

1. 원 칙

피고인의 출석은 공판절차의 핵심요건이다. 피고인의 참여권은 재판을 공평하게 진행시키고, 피고인이 자발적으로 재판결과에 승복할 수 있게 하기 위한 필수요소이다. 피고인이 출석하지 않은 공판은 원칙적으로 효력이 없으므로 재판에 대한 참여는 피고인의 권리이자 의무이기도 하다(제276조, 제281조 ①항). 또한 피고인의 참여권을 실질적으로 보장해주기 위해 필요할 경우 법정대리인이나 신뢰관계에 있는 자 등 피고인에게 도움을 줄 수 있는 사람을 참여하도록 할 수 있다(제276조의2). 2

공판정에서는 피고인의 신체를 구속하지 못한다. 다만 재판장은 피고인이 폭력을 행사하거나 도망할 염려가 있다고 인정하는 때에는 피고인의 신체구속을 명하거나 기타 필요한 조치를 할 수 있다(제280조). 3

2. 예 외

(1) 의사무능력자와 법인

형법 제9조 내지 제11조의 책임능력 규정이 적용되지 않는 사건에서, 피고인이 의사무능력자인 경우 법정대리인 또는 특별대리인이 출석하면 피고인의 출석은 요구되지 않는다(제26, 28조). 법인은 소송행위를 할 수 없으므로 대표자, 대리 4

인 또는 특별대리인이 출석한다(제27조 ①항, 제28조, 제276조 단서).

(2) 경미한 사건

5 500만 원 이하의 벌금 또는 과료에 해당되는 경미사건 공판에는 피고인 대신 대리인이 출석할 수 있다(제277조 1호). 장기 3년 이하의 징역 또는 금고, 500만 원을 초과하는 벌금 및 구류에 해당할 수 있는 사건에서 피고인이 신청하는 경우 법원이 불출석을 허가하면 피고인의 출석 없이 개정할 수 있다. 그러나 이때에도 피고인은 인정신문(제284조)과 판결선고 공판기일에는 출석해야 한다(제277조 3호). 약식명령에 대해 피고인만 정식재판을 청구한 사건(제277조 4호),[1] 즉결심판사건에서 벌금이나 과료를 선고하는 경우에도 피고인 없이 진행할 수 있다(즉심법 제8조의2).

(3) 피고인에게 유리할 것이 확실한 경우

6 공소기각이나 면소의 재판을 할 것이 명백한 경우에는 피고인의 출석 없이 대리인을 출석하게 할 수 있다(제277조 2호). 피고인에게 사물의 변별능력 또는 의사결정능력이 없는 경우, 피고인이 질병으로 출정할 수 없는 경우에는 공판절차를 정지하여야 하지만(제306조), 피고인에게 무죄 · 면소 · 형의 면제 · 공소기각의 재판을 할 것이 명백한 때에는 피고인이 출석하지 않아도 된다(같은 조 ④항).

3. 피고인 퇴정

7 피고인이 재판장의 허가 없이 자발적으로 퇴정하거나 재판정의 질서유지를 위해 퇴정명령을 받아 퇴정한 때에는 피고인의 진술 없이 판결할 수 있다(제330조). 이 경우 공판의 효력, 특히 피고인 부재중에 조사된 증거를 사용할 수 있는지에 대해서는 견해가 나뉜다.

(1) 피고인 퇴정의 효과

8 **권한남용설**은 피고인이 자발적으로 퇴정하거나 재판장의 적법한 명령에 의하여 퇴정당한 경우는 피고인이 방어권을 남용한 상황이므로 법원은 피고인 출석 없이 심리와 판결을 할 수 있다고 한다. 그리고 조사된 증거에 대해서도 제318조 ①항의 증거동의가 있는 것으로 간주한다. 판례의 입장이다.[2]

1) 대판 2012. 6. 28. 2011도16166.
2) 대판 1991. 6. 28. 91도865; 김재환 472; 이재상/조균석 32/11; 임동규 386.

공정성설은 피고인 없이 공판절차를 진행할 수는 있지만 피고인의 퇴정을 반대신문권의 포기로 보아서는 안 된다고 한다. 이에 따르면 퇴정이 증거동의로 간주되지 않는다.[1] 자발적으로 또는 법원의 명령에 의하여 퇴정을 하였다고 해서 피고인이 재판참여권 및 반대신문권을 함께 포기한 것으로 여기는 것은 공평한 재판의 원리에 반한다. 공정성설이 타당하다. 9

(2) 일시퇴정

재판장은 증인 또는 감정인이 피고인 앞에서 솔직하거나 충분하게 진술할 수 없다고 판단되면 일시적으로 피고인의 퇴정을 명령할 수 있다. 증인 등의 진술이 끝난 후에는 피고인을 들어오게 하여 법원사무관 등으로 하여금 진술요지를 고지하도록 하여야 한다(제297조). 이는 피고인에 대한 두려움 등으로 증인이 제대로 진술을 하지 못하는 경우를 위한 조치이며, 피고인의 반대신문권을 배제하는 제도가 아니다.[2] 10

4. 궐석재판

피고인 출석 없이 진행하는 재판을 궐석재판闕席裁判이라고 한다. 다음 경우에 궐석재판이 가능하다. 11

(1) 소재불명

제1심 공판절차에서 피고인에 대한 송달불능보고서가 접수된 때로부터 6개월이 경과하도록 피고인의 소재를 확인할 수 없는 때에 사형, 무기 또는 장기 10년이 넘는 징역이나 금고에 해당하는 사건이 아니라면 피고인 진술 없이 재판할 수 있다(소촉법 제23조). 이러한 이유로 불출석하여 유죄판결이 확정된 경우, 피고인이 출석하지 않은 데에 그가 책임질 수 없는 사유가 있었다면 제1심 법원에 재심을 청구할 수 있다(같은 법 제23조의2). 이렇게 개시된 재심도 제1심이므로 그 판결선고 전까지는 고소취소가 가능하다. 이와 달리 재심 대신 만약 항소권회복청구를 하여 항소심 재판이 개시된 때라면, 이때 항소심은 제1심이 아니기 때문에 고소취소가 불가능하다.[3] 12

1) 백형구(강의) 572; 신양균 563; 이창현 699; 정웅석/최창호 451.
2) 대판 2010. 1. 14. 2009도9344.
3) 대판 2016. 11. 25. 2016도9470.

(2) 구속된 피고인의 출석거부

13 구속된 피고인이 정당한 사유 없이 출석을 거부하고, 교도관에 의한 인치가 불가능하거나 현저히 곤란하다고 인정되는 때에는 검사 및 변호인의 의견을 들어 피고인의 출석 없이 공판절차를 진행할 수 있다(제277조의2). 이처럼 구속된 피고인이 출석을 거부할 경우 교도소장은 그 취지를 즉시 법원에 통지해야 하고(규칙 제126조의4), 법원은 궐석재판의 사유를 조사해야 한다(규칙 제126조의5 ①항). 피고인의 출석거부로 인하여 피고인의 출석 없이 공판절차를 진행하는 경우 재판장은 공판정에서 소송관계인에게 그 취지를 고지해야 한다(규칙 제126조의6).

(3) 항소심 등의 특칙

14 항소심에서 피고인이 공판기일에 출석하지 않은 경우에는 다시 공판기일을 정해야 한다. 다시 정한 기일에도 피고인이 정당한 사유 없이 출석하지 않으면 피고인의 진술 없이 재판을 진행할 수 있다(제365조 ① · ②항). 피고인이 2회 이상 적법한 공판기일소환장을 받고도 정당한 사유 없이 출정하지 않으면 불출석 책임은 피고인에게 귀속된다.[1] 반면 상고심은 법률심이므로 서면심리가 이루어지고 변호사만 변론할 수 있기 때문에 피고인 출석은 절차요건이 아니다. 그러나 상고심에서도 사실오인에 대한 판단은 가능하므로 예외적으로 피고인의 출석을 명령할 수 있다.

15 약식명령에 불복하여 성립된 정식재판절차의 공판기일에 정식재판을 청구한 피고인이 출석하지 않으면 다시 기일을 정해야 하고, 그 피고인이 정당한 사유 없이 다시 정한 기일에도 출정하지 않으면 피고인 진술 없이 판결할 수 있다(제458조 ②항).

II. 검사와 변호인의 출석

1. 원 칙

16 검사의 출석은 공판개정의 요건이다(제275조 ②항). 검사의 출석 없이 개정한 때에는 법령에 위반한 소송절차가 되며, 이는 항소나 상고이유이다(제361조의5 1호, 제383조 1호). 그러나 검사가 공판기일 통지를 2회 이상 받고도 출석하지 아니

---

1) 대판 2016. 4. 29. 2016도2210; 2010. 1. 28. 2009도12430; 2008. 6. 26. 2008도2876.

한 때에는 검사의 출석 없이 개정할 수 있다(제278조 전단). 이때 재판장은 공판정에서 소송관계인에게 그 취지를 고지하여야 한다(규칙 제126조의6). 판결만 선고하는 때에도 검사의 출석 없이 개정할 수 있다(제278조 후단).

변호인 · 보조인 등은 소송주체가 아니므로 이들의 출석은 공판의 요건이 아 17
니지만, 필요적 변호사건(제33, 282조)의 경우에는 변호인의 출석이 공판개정의 요건이 된다.[1] 그러나 판결만 선고하는 경우에는 예외로 한다(제282조 단서). 필요적 변호사건에서 변호인이 출석하지 않은 때에는 법원은 직권으로 변호인을 선정하여야 한다(제283조).

2. 필요적 변호사건에서 변호인의 퇴정

필요적 변호사건에서 변호인이 재판장의 허가 없이 퇴정하거나, 재판장의 퇴 18
정명령을 받은 경우에도 제330조 [**피고인 진술 없는 판결**] 와 제318조 ②항 [**증거동의**] 을 유추적용할 수 있는지 견해가 나뉜다.

판례는 변호인이 자발적으로 퇴정한 것은 방어권의 남용 또는 변호권의 포 19
기로 본다. 이때 변호인의 재정 없이 심리할 수 있고, 증거동의의 의제도 가능하다고 한다 [**적극설**].[2] 반대견해는 피고인에게 불리한 방향으로 제330조를 유추적용해서는 안 되며, 필요적 변호사건을 변호인 없이 심리하는 것은 적법절차에 위배된다고 한다.[3] 필요적 변호사건에서 법원이 직권으로 변호인을 선정할 의무는 사안구성과 피고인보호를 위한 법원의 역할에서 비롯된 것이다. 변호인이 퇴정하였다는 이유로 피고인에게 불리한 규정을 유추적용할 수 없으며, 변호인 불출석을 증거동의의 의미로 볼 수도 없다 [**소극설**].

[40] 소송지휘권

I. 소송지휘권의 의의

법원은 형사소송을 질서 있게 유지하고 효율적으로 절차를 진행하기 위해 소송 1

1) 대판 2011. 9. 8. 2011도6325.
2) 대판 1991. 6. 28. 91도865; 1990. 6. 8. 90도646; 김재환 474; 이은모 502.
3) 백형구(연습) 390; 신양균 566; 이창현 701.

지휘권을 행사할 수 있다. 공판기일에는 재판장이 소송지휘권을 갖는다. 이는 법률에 의해 개별적으로 부여되는 것이 아니라 사법권에 포함되는 고유권한이다. 즉 공판기일에 재판장이 소송지휘권을 행사하는 것은 법원이 소송지휘권을 포괄적으로 위임한 것이라고 할 수 있다. 소송지휘의 내용에 포함되는 법정경찰권 행사는 공판정의 질서를 유지하고 심리와 재판을 방해하는 행위를 방지하기 위한 권력작용이다. 좁은 의미의 소송지휘는 실체심리와 관계 있는 재판작용이나, 법정경찰권 행사는 실체심리와 관계없는 법정의 질서유지를 위한 행정작용이라는 점에서 구별된다.

II. 소송지휘권의 내용

1. 재판장의 소송지휘권과 석명권

2 재판장의 소송지휘권은 공판기일의 지정 · 변경(제267, 270조), 인정신문(제284조), 증인신문순서의 변경(제161조의2 ③ · ④항), 불필요한 변론의 제한(제299조), 석명권(규칙 제141조) 등이다.

3 여기서 석명권은 소송지휘권자가 검사 · 피고인 또는 변호인에게 사실상 · 법률상의 사항에 관해 질문하고, 주장이나 진술을 보충 · 정정하게 하며, 필요한 사항에 대해 증명이나 소명을 하도록 하는 권한을 말한다. 소송과정의 관련내용을 확인하는 절차관련 사항뿐만 아니라, 사안을 진실에 가깝게 규명하기 위하여 실체관련 사항에 대해서도 석명권을 행사할 수 있다. 재판장뿐만 아니라 합의부원에게도 석명권이 인정된다(규칙 제141조 ②항). 검사 · 피고인 · 변호인은 재판장에 대해 석명을 해달라는 취지의 요구를 할 수 있다(같은 조 ③항).

2. 소송지휘권의 행사와 불복

4 소송지휘권은 원래 법원의 권한이다. 재판장은 법률의 명문규정을 근거로 법원(합의부)의 의사에 반하지 않는 범위 안에서 소송지휘권을 행사할 수 있다. 절차 안에서 중요한 사항은 재판장이 아닌 법원에 소송지휘권이 유보되어 있다. 예를 들면 국선변호인의 선임(제283조), 특별대리인의 선임(제28조), 증거신청에 대한 결정(제295조), 공소장변경의 요구와 허가(제298조 ① · ②항), 공소장변경시 공판절차의 정지신청에 대한 결정(제298조 ④항), 증거조사의 이의신청에 대한 결정

(제296조 ②항), 재판장 처분에 대한 이의신청에 대한 결정(제304조 ②항), 의사무능력 또는 질병을 이유로 한 공판절차의 정지(제306조 ①·②항), 변론의 분리, 병합, 재개(제300, 305조) 등은 법원의 권한이다. 법원의 소송지휘권은 결정의 형식, 재판장의 소송지휘권은 명령의 형식으로 이루어진다.

재판장의 소송지휘처분에 대하여 검사, 피고인 또는 변호인은, 예를 들어 증 5
거조사에 법령위반이 있거나 상당하지 아니함을 이유(제296조 ①항)로 이의신청을 할 수 있다(제304조 ①항, 규칙 제135조의2). 반면 법원의 증거결정(제295조)이나 재판장의 소송지휘에 대한 이의신청은 법령위반이 있을 때에만 가능하다(규칙 제135조의2 단서, 제136조). 소송지휘권의 본질상 일반적으로 부당한 소송지휘는 이의신청 대상이 되지 않는다. 이의신청은 개개의 행위, 처분 또는 결정이 있을 때마다 그 이유를 명시하여 즉시 해야 하며, 이의신청에 대한 법원의 결정도 이의신청 후 즉시 해야 한다(규칙 제137, 138조).

III. 법정경찰권

법정경찰권 행사는 법정질서를 유지하기 위해 공판심리의 방해를 예방·통제 6
하거나 법정질서를 흐트러뜨리는 자를 제재하는 권력작용이다. 이는 원래 법원에 속하는 권한이지만 질서유지의 효율성을 위하여 재판장의 권한으로 규정되어 있다(법조법 제58조 ①항). 법정경찰권은 법정 안에서 행사하는 것이 원칙이지만 법관이 법정 밖에서 직무를 행할 때에는 그 장소에서도 행사할 수 있다(법조법 제63조). 법정경찰권의 주된 내용은 재판장이 법정질서를 해할 우려가 있는 자의 입정금지 또는 퇴정을 명하거나 금지하는 것 기타 법정의 질서유지를 위해 필요한 명령을 내리는 것이다(법조법 제57, 58조). 피고인에 대한 신체구속 등의 조치도 가능하다(제280, 281조 ②항). 이를 위해서 검사의 공소제기 없이도 감치 또는 과태료를 강제할 수 있다.

[41] 공판기일의 절차

I. 모두절차

1. 진술거부권 고지와 인정신문

1 공판절차를 시작하면서 재판장은 피고인에게 개개 질문에 대해 진술을 거부할 수 있고, 이익 되는 사실을 진술할 수 있음을 알려주어야 한다(제283조의2, 규칙 제127조). 또한 재판장은 피고인의 성명 · 연령 · 등록기준지 · 주거와 직업을 물어서 피고인이 틀림없음을 확인해야 하는데, 이를 인정신문이라고 한다(제284조).

2. 모두진술

(1) 검사의 모두진술

2 검사의 모두진술은 사실심리에 들어가기 앞서 검사가 공소사실의 개요와 쟁점, 입증방침 등을 명확하게 하는 것이다. 인정신문이 끝난 후 검사가 공소장에 의하여 공소사실 · 죄명 및 적용법조를 낭독하는 방법으로 한다. 재판장은 필요하다고 인정하는 때에는 검사에게 공소요지를 진술하게 할 수 있다(제285조). 이 과정을 통해 법원은 소송물을 확인하고, 피고인은 그에 따른 방어준비를 할 수 있다. 방청인도 이로써 공판에서 문제가 되는 점을 이해할 수 있다.

(2) 피고인의 모두진술 : 이익사실진술

3 검사의 모두진술이 끝난 뒤 피고인은 진술거부권을 행사하지 않는 경우에 공소사실의 인정 여부를 진술할 수 있다. 이 단계에서 자백이 이루어지면 간이공판절차로 심판할 것을 결정할 수 있다(제286조의2).[1] 이외에도 피고인 및 변호인은 이익이 되는 사실 등을 진술할 수 있다(제286조). 이익이 되는 사실은 절차요건이나 실체적 사실관계에 대한 내용을 불문한다. 관할이전신청, 기피신청, 국선변호인선정의 청구, 공판기일변경신청 등 일부 절차요건에 대해서 모두진술을 통해 항변하지 않으면 하자가 치유될 수 있다.

4 이와 같은 피고인의 이익사실진술권의 법적 성격에 대해서는 견해가 나뉜다.

1) 이 점에서 유죄평결과 같은 효력이 발생하여 증거조사를 하지 않고 바로 양형절차로 넘어갈 수 있도록 하는 미국 형사소송법상의 기소인부절차(arraignment)와 다르다.

1) **권리보호규정설**은 피고인의 이익사실진술을 독자성이 있는 고정된 과정이 아니라, 피고인이 공판절차 전반에서 이익사실을 진술할 수 있는 일반적 권리로 바라본다. 이에 따르면 모두절차에서 이익사실진술의 기회가 생략되더라도 절차위법은 아니다. 2) **독립절차규정설**은 이익사실진술절차를 독자적인 공판의 한 단계로 이해한다. 이에 따르면 피고인은 자신에게 이익되는 사실을 진술할 기회를 현실적으로 가져야 하고, 이 절차가 끝난 다음에 비로소 사실심리절차를 진행할 수 있다.[1] 3) **결합설**은 이익사실진술의 독립된 절차성을 인정하면서도, 피고인에게 이익사실진술의 실질적 권한이 있다고 보는 견해이다.[2]

이 절차가 검사의 모두진술에 대응하여 바로 그 뒤에 행해진다는 점에서 독자적인 절차로 보아야 한다. 그러나 이에 국한되지 아니하고 절차의 전과정에서 피고인은 이익되는 사실을 진술할 기본권이 있다. 진술거부권이 피고인의 소극적 권리를 분명히 한다면 이익사실의 진술권은 그의 적극적 권리의 일반적 예가 된다[결합설]. 5

3. 재판장의 쟁점정리 등

모두진술이 끝난 다음 재판장은 피고인 또는 변호인에게 쟁점 정리를 위해 필요한 질문을 할 수 있으며, 증거조사를 하기에 앞서 검사 및 변호인으로 하여금 공소사실 등의 증명과 관련된 주장 및 입증계획 등을 진술하게 할 수 있다. 이때에도 증거로 할 수 없거나, 증거로 신청할 의사가 없는 자료에 기초하여 법원에 사건에 대한 예단 또는 편견을 발생하게 할 염려가 있는 사항은 진술할 수 없다(제287조). 6

II. 사실심리절차

1. 증거조사

증거조사란 법원이 여러 증거방법을 확인하여 피고인의 범죄사실 유무와 정도 및 양형에 관한 심증을 얻는 과정으로서 공판절차의 중심적 단계이다. 넓은 의미로는 이와 같은 목적을 이루기 위한 증거신청, 증거결정, 이의신청 등 모든 7

1) 백형구 593.
2) 신동운 891; 신양균 589.

관련절차 및 피고인신문도 포함한다. 사실심리절차에서는 좁은 의미의 증거조사 이후에 불충분한 부분만 피고인신문으로 확인한다. 증거조사는 법원이 공판기일에 공판정에서 하는 소송행위이기 때문에, 공개법정에서 정해진 절차에 따라 구술에 의하여 또는 증거능력이 있는 기타 증거를 통해 이루어지는 것이 원칙이다. 수소법원이 아닌 수명법관이나 수탁판사가 증거조사를 행하거나, 법정 외 또는 공판기일 전에 행하는 것은 예외적으로만 허용된다.

2. 피고인신문

8 피고인신문은 법원이 필요한 사항에 대해 피고인을 대상으로 묻고 답을 듣는 절차이다. 재판장은 필요하다고 인정하는 때에는 어느 때나 직접 피고인을 신문할 수 있다. 피고인은 소송당사자일 뿐만 아니라 사건을 직접 겪었을 것으로 여겨지는 증거방법이므로 피고인신문은 넓은 의미의 증거조사이다. 그러나 피고인의 당사자 지위가 증거방법의 지위보다 우선되어야 하므로 증인과 달리 진술거부권이 인정된다. 피고인이 선서하지 않는 것도 같은 이유에서이다.

9 피고인신문은 **직권주의적 소송구조**의 특징이다. 당사자주의, 특히 배심제를 채택한 입법례에서는 법원의 피고인신문제도가 없다. 당사자주의에 친화적인 시각에서는 피고인신문제도가 당사자를 심리대상으로 전락시킨다는 비판을 하기도 한다. 그러나 능력 차이가 현저한 검사와 피고인 사이의 공방만 법원이 관찰하여 사실관계를 확정하도록 하는 것이 피고인에게 더 유리하다고 볼 수는 없다. 배심원들을 상대로 양 당사자가 설득을 하게 하는 것도 마찬가지이다. 직업법관이 적극적으로 사안을 규명하고 객관적으로 그에 상응한 처벌을 한다는 법치국가적 이해에서 볼 때, 법원이 행하는 피고인신문은 우리 형사사법을 지탱하는 필수적인 제도에 속한다.

10 법원뿐만 아니라 검사 또는 변호인의 피고인신문도 같은 취지에서 정당화된다. 증거조사 종료 후 순차로 피고인에게 공소사실 및 정상에 관하여 필요한 사항을 신문할 수 있다. 다만 재판장은 필요하다고 인정하는 때에는 증거조사가 완료되기 전이라도 이를 허가할 수 있다(제296조의2 ①항).

3. 최종변론

증거조사와 피고인신문이 끝나면 당사자의 최종변론이 이어진다. 검사는 증거조사절차와 피고인신문이 종료되면 사실과 법률적용에 관해 의견을 진술해야 한다(제302조). 검사의 출석 없이 개정한 때에는 공소장의 기재사항에 의해 의견진술이 있는 것으로 간주한다(제302조 단서).[1] 이를 검사의 **논고**라고 하며, 유·무죄와 양형에 관한 검사의 의견을 **구형**이라고 한다. 무죄를 구형하는 경우는 극히 예외적인 것이므로 구형은 양형에 대한 요청에 해당한다. 이러한 의견진술은 권고적 의미를 가질 뿐이며 법원을 구속하는 것은 아니다. 그러므로 법원은 얼마든지 검사의 구형을 초과하는 형을 선고할 수 있다. 재판장은 검사의 의견을 들은 후 피고인과 변호인 모두에게 최종의견을 진술할 기회를 주어야 한다(제303조). 궐석재판이 허용되는 때를 제외하고 이 기회를 부여하지 않거나, 최종의견진술의 기회가 피고인이나 변호인 중 어느 한쪽에만 주어지는 것은 위법한 절차이다.[2] 11

III. 판결의 심의와 선고

검사와 피고인의 최종진술을 끝으로 변론은 종결되고 판결선고절차[결심]만 남는다. 그러나 법원은 필요하다고 인정하는 때 직권 또는 검사, 피고인이나 변호인의 신청에 의하여 종결한 변론을 결정으로 재개할 수도 있다(제305조). 변론의 재개여부 결정은 변론의 병합·분리에 대한 결정과 마찬가지로 법원의 재량사항이다.[3] 특히 피고인에게 불리한 새로운 양형조건에 관한 자료가 법원에 제출되었다면, 사실심 법원은 변론을 재개하여 그 양형자료에 대하여 피고인에게 의견진술 기회를 주는 등 필요한 양형심리절차를 진행해야 한다.[4] 12

심리가 종료되면서 법원은 판결을 한다. 법원이 합의부로 구성된 경우에는 판결내용을 결정하기 위한 심의가 필요하다. 합의는 공개하지 않으며(법조법 제65조), 헌법과 법률에 다른 규정이 없으면 과반수로 결정한다(같은 법 제66조 ①항). 13

판결을 선고함으로써 공판절차는 끝난다. 판결선고는 변론을 종결한 기일에 14

1) 대판 2001. 11. 30. 2001도5225.
2) 대판 2018. 3. 29. 2018도327.
3) 대판 2014. 4. 24. 2014도1414; 2005. 12. 8. 2004도5529.
4) 대판 2021. 9. 30. 2021도5777.

하여야 한다 [즉일선고의 원칙]. 다만 특별한 사정이 있는 때에는 변론종결 후 14일 이내의 기한 안에 따로 선고기일을 지정할 수 있다(제318조의4 ①·③항). 판결을 선고하는 공판기일에도 피고인이 출석하여야 한다. 다만 피고인이 진술하지 않거나 재판장의 허가 없이 퇴정하거나 재판정의 질서유지를 위한 퇴정명령을 받은 때에는 피고인의 출석 없이 판결할 수 있다(제330조). 피고인의 출석 없이 개정할 수 있는 경우에도 마찬가지이다.

15 판결은 공판정에서 재판서에 의하여 선고한다(제42조). 판결선고는 재판장이 하며 주문主文을 낭독하고 이유요지를 설명해야 한다(제43조). 형을 선고하는 경우에 재판장은 피고인에게 상소할 기간과 상소할 법원을 알려주어야 한다(제324조). 판결선고로써 공판절차는 그 심급에서 종료되며 그때부터 상소기간이 진행된다(제358, 374조). 그리고 판결을 선고한 사실은 공판조서에 기재하여야 한다(제51조 ②항 14호). 판결을 선고한 때에는 선고일로부터 7일 이내에 피고인에게 그 판결서등본을 송부하여야 한다(규칙 제148조).

제 4 절 증거조사절차

[42] 증거조사의 의의

1 법원은 1) 검사가 신청한 증거를 조사한 후, 2) 피고인 또는 변호인이 신청한 증거를 조사하고, 3) 그 후 법원이 직권으로 결정한 증거를 조사한다(제291조의2 ①·②항). 직권 또는 당사자신청에 따라 이 순서를 변경할 수 있다(같은 조 ③항).

I. 당사자 신청에 의한 증거조사

1. 증거조사의 신청

2 검사, 피고인 또는 변호인은 서류나 물건을 증거로 사용할 것을 신청할 수

있고, 증인 · 감정인 · 통역인 또는 번역인의 신문을 신청할 수 있다(제294조 ①항). 법원은 이러한 신청을 받아들일지 여부를 결정하여야 한다(제295조) [**증거결정**]. 당사자가 수집한 증거를 통해 실체적 진실에 더욱 근접한 사안을 구성할 수 있고 피고인의 방어권도 더욱 보장할 수 있을 것이므로 증거신청과 증거결정은 핵심적인 형사소송절차이다.

증거신청시기는 제한이 없다. 공판준비에서 증거조사를 신청하는 경우도 있 3
다(제273조). 공판기일에 증거신청은 검사가 먼저 하고 다음에 피고인 또는 변호인이 한다(규칙 제133조). 공판기일 외에 증거신청이 이루어지는 경우에는 이 순서에 따를 필요는 없다. 증거조사를 신청할 때에는 그 증거와 증명하려는 사실의 관계, 즉 입증취지를 구체적으로 명시하여야 한다. 자백을 보강하는 증거나 정상에 관한 증거, 탄핵증거라는 취지 등도 명시해야 한다(규칙 제132조의2). 법원이 단순히 공판의 지연을 의도한 것으로 판단한 때에는 직권 또는 상대방의 신청에 따라 결정으로 신청을 각하할 수 있다(제294조 ②항).

2. 증거결정의 성격

증거결정은 신청된 대상을 증거로 할 것인지를 법원이 결정하는 것이다(제 4
295조, 제266조의9 8호) [**증거채부결정**]. **채택(인용)결정**, **기각결정**, **직권결정**이 이에 속한다. **1)** 당사자의 신청에 따른 법원의 증거결정을 법원의 재량행위로 보는 **자유재량설**이 있다. 판례는 법원의 증거결정은 법원의 소송지휘권에 따른 것이고, 법에 증거결정에 대한 기준이 없기 때문에 당사자의 증거신청에 법원이 구속될 필요는 없다고 한다.[1] **2)** 반면에 법원의 증거결정을 제한된 재량으로 보는 **기속재량설**은 증거판단에서 법원의 자유심증과 같은 수준의 제한은 필요하다고 한다.[2] 제294조의2에서 범죄피해자의 진술신청에 대한 증거결정의 법률적 기준을 제시하는 것에 비추어, 법원의 결정은 일정한 기준에 의해 행사되어야 한다고 보기도 한다.[3] 당사자 증거신청의 제도취지를 고려할 때, 정당한 이유없이 당사자, 특히 피고인의 증거신청을 기각해서는 안 된다는 점에서 기속재량설이 타당하다. 최근 대법원은 재량설을 확인하면서도 특정범죄신고자 등 보호법에 따라 보호되

1) 대판 2011. 1. 27. 2010도7947; 1977. 4. 26. 77도814.
2) 노명선/이완규 502; 이은모 521; 이재상/조균석 33/13; 이창현 719.
3) 신동운 906; 신양균 630.

는 증인이 불출석하는 상황에서, 소재탐지촉탁 및 구인결정 등을 하지 않고 증인채택결정을 취소한 경우를 법원의 재량에서 벗어난 위법처분으로 보았다.[1]

3. 증거결정의 절차

5 법원은 증거결정을 내릴 때 필요하다고 인정되면 그 증거에 대한 검사·피고인·변호인의 의견을 들을 수 있다(규칙 제134조 ①항). 그러나 '서류 또는 물건'이 증거로 제출되어 이에 관한 증거결정을 할 때에는 제출자로 하여금 그 서류 또는 물건을 상대방에게 제시하게 하여 상대방이 그 서류 또는 물건의 증거능력 유무에 관한 의견을 진술하도록 하여야 한다(같은 조 ②항). 이와 같은 의견진술은 특히 증거능력 없는 증거에 대한 불필요한 증거조사를 예방하기 위해서 인정된다. 그러나 피고인은 반드시 증거능력 있는 증거를 제시해야 할 의무가 없으므로 피고인이 제출한 증거를 두고 검사가 그 증거능력에 관한 의견을 말하는 과정의 의미는 크지 않다.

4. 증거신청의 기각사유

6 법원은 당사자의 증거신청방식이 규정에 어긋나는 경우, 검사가 증거능력 없는 증거를 신청한 경우, 그 밖의 증거신청기각사유가 존재하는 경우에 신청을 기각할 수 있다. 기각사유의 예로는 1) **무관련성**: 소송물과 관련이 없는 증거, 2) **무의미성**: 소송물과 관련은 있지만 사실인정에 의미가 없는 증거, 3) **명백성**: 법원이나 일반인이 이미 그 존재를 알고 있는 자명한 사실에 대한 증거[불요증사실], 4) **증명완료**: 법원의 확신이 완료된 사실에 대한 증거, 5) **부적합성**: 요증사실의 증명에 적합하지 않은 증거, 6) **수집불가능성**: 법원이 수집·조사할 가능성이 없는 증거 등이 있다.

5. 증거결정에 대한 불복

7 증거결정은 판결 전의 소송절차에 관한 결정이므로 이의신청(제296조 ①항) 이외에는 달리 불복할 수 있는 방법이 없다. 이로부터 사실오인이 초래되어 판결에 영향을 미치게 된 경우에는 상소이유가 될 수 있을 뿐이다.[2] 증거결정에 대한

1) 대판 2020. 12. 10. 2020도2623.
2) 대판 1990. 6. 8. 90도646.

이의신청은 법령위반의 경우에만 할 수 있다고 규정되어 있으나(규칙 제135조의2 단서), 기속재량의 특징상 증거신청 기각사유가 없으면 기각결정에 대한 이의신청이 가능한 것으로 보아야 한다.

II. 직권에 의한 증거조사

증거조사는 법원의 직권에 의해서도 이루어질 수 있다(제295조 후단). 법원의 직권증거조사는 당사자의 신청에 의한 증거조사에 대해 보충적으로 행해진다. 직권에 의한 증거조사는 법원의 권한인 동시에 의무이다. 법원이 직권증거조사를 충분히 하지 않은 경우에 심리미진의 위법이 있는 것으로 보는 이유이다. 제295조에 대한 위반은 상대적 항소이유 또는 상고이유가 된다.[1] 8

[43] 증거조사의 방식

증거조사는 증거방법에 따라 서류와 물건 등(제291조 이하), 증인신문(제146조 이하), 감정(제169조 이하), 검증(제139조 이하), 통역과 번역(제180조 이하)으로 구성된다. 1

I. 서류와 물건

1. 증거서류

증거로 사용되는 서류는 검사, 피고인 또는 변호인이 공판정에서 개별적으로 지시설명하여 조사한다. 지시설명은 증거조사의 대상이 될 서류 또는 물건의 목록을 특정하여 확인하도록 하는 것을 말한다. 법원은 이와 같이 지시설명된 서류나 물건을 공판정에서 직권으로 조사할 수 있다(제291조). 당사자의 신청에 따라 조사하는 증거서류는 신청인, 법원이 직권으로 조사하는 증거서류는 소지인 또는 재판장이 낭독하여야 한다. 그러나 재판장이 필요하다고 인정하는 때에는 그 내용을 고지하는 방법으로 조사할 수 있으며, 법원사무관 등에게 증거서류를 낭독하게 하거나 내용을 고지하게 할 수 있다. 적절하다고 인정하는 때에는 증거서류 2

1) 대판 1990. 11. 27. 90도2205.

를 제시하여 열람하게 하는 방법으로 조사할 수 있다(제292조).

2. 증 거 물

3 당사자의 신청에 따라 조사하는 증거물은 신청인이, 법원이 직권으로 조사하는 증거물은 소지인 또는 재판장이 이를 제시하여야 한다(제292조의2 ① · ②항). 재판장은 법원사무관 등으로 하여금 증거물을 제시하게 할 수 있다(같은 조 ③항). 컴퓨터용 디스크와 그 밖에 이와 비슷한 정보저장매체에 기억된 '문자정보'를 증거자료로 하는 경우에는 읽을 수 있도록 출력하여 인증한 등본을 낼 수 있다(규칙 제134조의7 ①항). 녹음 · 녹화매체 등에 대한 증거조사는 이를 재생하여 청취 또는 시청하는 방법으로 한다(규칙 제134조의8 ③항). 이러한 증거조사를 신청한 당사자는 법원이 명하거나 상대방이 요구한 때에는 녹음 · 녹화매체 등의 녹취서나 그 밖에 그 내용을 설명하는 서면을 제출하여야 한다(같은 조 ②항).

II. 증인신문

1. 증인신문의 의의

4 증인신문은 요증사실에 관한 증인의 경험을 그의 진술을 통해 얻어내는 증거조사이다. 이는 형사소송에서 가장 중요한 증거조사방법이기 때문에 증인에게는 일정한 의무를 강제할 수 있고, 그 점에서 증인신문은 강제처분의 성격을 갖는다. 증인신문도 검사, 피고인, 변호인의 신청이나 법원의 직권에 의해 이루어진다. 피해자가 자기 스스로 증인이 될 것을 신청하는 것도 가능하다(제294조의2).

2. 증인신문의 요건

(1) 참여권의 보장

5 피고인 또는 변호인 그리고 검사는 증인신문에 대한 참여와 신문의 권리가 있다. 증인신문은 가장 중요한 증거조사이기 때문에 이와 같은 참여권은 엄격하게 보장되어야 한다. 참여권을 보장하는 최소한의 방법은 참여권자에게 증인신문의 일시와 장소를 미리 통지하는 것이다. 그러나 증인신문에 참여하지 아니한다는 의사가 명백할 때에는 예외로 한다(제163조). 피고인, 변호인, 검사가 예외적으

로 참여하지 않는 경우에는 법원에 대해 필요한 사항의 신문을 청구할 수 있고, 이 경우 법원은 피고인이 예상치 못한 불이익의 증언이 진술된 때에는 그 내용을 피고인 또는 변호인에게 알려주어야 한다(제164조).

증인신문의 일시와 장소를 당사자에게 통지하지 않고 증인신문이 이루어진 경우나, 피고인의 참여 없이 증인신문이 이루어진 경우, 변호인이 없는 피고인을 퇴정하게 하여 피고인에게 반대신문의 기회를 주지 않고서 증인신문이 이루어진 경우에 증인으로부터 얻어낸 증언은 증거능력이 없다.[1] 다만 일부 판례는 증인신문의 일시·장소를 피고인에게 통지하지 아니하는 등 참여권을 침해하였지만 공판기일에 피고인과 변호인이 그 증인신문 내용에 대해 '변경할 점과 이의할 점이 없다'고 진술하였다면, **책문권의 포기**로서 **하자가 치유**된다고 한다.[2] 침해된 당사자의 절차상의 권리가 단순히 책문권을 행사하지 않음으로써 회복된다고 볼 수는 없으므로 이러한 판례의 논증은 정확하지 않다. 반대신문권을 보장하지 않았으나 피고인이 증거동의를 한 것과 다름없으므로 전문증거의 증거능력을 인정하는 경우와 유사한 논증방식이라고 볼 수는 있지만, 이와 같은 예외가 법원이 보편적으로 위법수집증거에 증거동의의 효력을 부여하는 경향을 드러내는 사례는 아니다. 6

(2) 준비절차

증인의 소환은 증인 출석의무의 전제이다. 법원은 소환장송달, 전화, 전자우편, 그 밖의 상당한 방법으로 증인을 소환하고, 증인을 신청한 자는 증인이 출석하도록 합리적인 노력을 할 의무가 있다(제150조의2). 증인이 출석하면 재판장은 증인의 동일성을 확인한 후(규칙 제71조), 선서할 증인에 대해 위증의 벌을 경고하고(제158조), 증언거부권자에 해당하는 때에는 증언거부권을 고지한다(제160조). 7

3. 증인신문의 방법

(1) 원 칙

증인신문은 각 증인에게 개별적으로 하여야 하며, 그가 듣고 말하는 데 지장이 없는 한 구두로 이루어져야 한다(규칙 제73조). 증인을 신문할 때에는 가능한 한 증인으로 하여금 증명사항에 대해 개별적이고 구체적인 내용을 진술하게 하여 8

1) 대판 2000. 10. 13. 2000도3265; 1969. 7. 25. 68도1481.

2) 대판 2010. 1. 14. 2009도9344. 이의신청이 있어 증언의 증거능력이 없다는 판례는 대판 1992. 2. 28. 91도2337. 이러한 판례의 입장에 동의하는 견해로는 이재상/조균석 34/34.

야 한다(규칙 제74조 ①항). 여러 질문이 한꺼번에 담긴 포괄적인 물음이나 답하기에 막연한 질문, 단순히 의견을 묻는 식의 물음은 안 된다.

9 증인은 여러 가지 부담을 무릅쓰고 증언을 통해 사실규명에 도움을 주는 사람이다. 피고인신문에서도 금지되는 위법한 신문방법을 증인에게 이용해서는 안 된다. 강압적 또는 기망적 방법을 쓰거나 모욕을 주는 신문을 해서는 안 되며, 이전 신문과 중복되는 신문을 하지 않도록 해야 한다(규칙 제74조 ②항). 증인의 명예 또는 사생활영역을 침해할 수 있는 질문은 엄격한 비례성원칙에 따라서만 가능하다.

(2) 교호신문

10 사실에 대한 신문을 할 때 증인을 신청한 당사자가 먼저 신문하고 그 다음에 반대편 당사자가 신문하며 재판장은 당사자의 신문이 끝난 뒤에 신문할 수 있다(제161조의2 ① · ②항). 이를 교호신문이라고 한다. 교호신문에 의한 증인신문은 주신문, 반대신문, 재주신문, 추가신문의 순서로 이루어진다. 교호신분은 증인신청자의 주장을 뒷받침하는 증언에 대해 그 문제점을 바로 지적하게 함으로써 구술주의와 직접주의 및 피고인의 반대신문권을 현실적으로 보장한다.

11 **주신문**은 증인을 신청한 당사자가 그에게 유리한 증언을 얻기 위해 신문하는 것으로서 직접신문이라고도 한다. 주신문에서 신문자가 바라는 방향으로 진술하도록 유인하는 유도신문을 해서는 안 된다(규칙 제75조 ②항 본문).[1] 증인을 신청한 당사자가 신문하는 것이더라도, 이미 공판정 밖에서 짜맞추어놓은 대사를 그대로 번갈아가며 읊는 것은 공판중심주의를 무색하게 만드는 방법이다. 검사의 증인사전면담 제도가 실정법에 없는 우리나라에서 검사가 증인을 미리 만나 사전면담한 후 이루어진 증인의 법정진술의 증명력은 제한된다. 판례는 검사의 사전면담 과정에서 검사가 증인에 대한 회유나 압박 등으로 그 진술에 영향을 미치지 않았다는 점이 증명되지 않는 한 신빙성을 인정하기 어렵다고 하여, 공판중심주의를 유지하려는 입장이다.[2]

12 **반대신문**은 주신문 이후 반대편 당사자가 하는 신문으로서, 주로 주신문에서의 문제점을 지적하고 빠진 부분을 말하게 하는 데 목적이 있다. 반대신문에 의

1) 그러나 이에 대해 책문권을 포기하면 하자가 치유된다(대판 2012. 7. 26. 2012도2937).
2) 대판 2021. 6. 10. 2020도15891. 이 판례에 대한 평석으로는 홍영기, 2021년 형사법분야 대법원 주요판례와 평석, 안암법학 64, 182면 이하.

해 새로운 사항을 신문하는 것은 재판장의 허가가 있을 때에만 허용되며(규칙 제76조 ④항), 이때는 반대신문이 주신문이 된다(같은 조 ⑤항). 반대신문에서는 필요할 경우 유도신문이 허용된다(같은 조 ②항). 반대신문은 신문자와 증인 사이에 긴밀한 관계가 없을 뿐만 아니라 주신문의 모순을 드러내는 새로운 정보를 얻어내는 데 목적이 있기 때문이다.

재주신문은 반대신문 후 주신문자가 반대신문에서 드러난 사항에 관해 묻는 것을 말한다. 재주신문은 주신문과 같은 방법으로 하며, 이때에도 새로운 사항에 관한 신문은 재판장의 허가가 있을 때 허용된다(규칙 제78조). 당사자는 재주신문이 끝난 후에도 재판장의 허가를 얻어 **추가신문**할 수 있다(규칙 제79조). 13

(3) 법원의 증인신문

직권으로 법원이 증인을 신문하는 방식은 재판장이 정한다(제161조의2 ④항). 14
그리고 이에 이어지는 당사자의 신문은 반대신문의 예에 따른다(규칙 제81조). 당사자가 신청한 증인에 대해서도 재판장은 어느 때나 신문할 수 있고, 이때 증인신문의 순서도 변경할 수 있다(제161조의2 ③항). 합의부원도 재판장에게 알리고 당사자가 신청한 증인에 대해 신문할 수 있다(같은 조 ⑤항). 피해자의 신청에 의한 증인신문에서는 재판장이 증인의 신문방식을 정한다(제161조의2 ④항 후단). 이때에도 당사자의 신문은 반대신문의 예에 의한다(규칙 제81조).

4. 직접주의의 예외

증인신문은 직접주의, 구술주의에 따라 공판기일에 공판정에서 수소법원에 15
의해 이루어지는 것이 원칙이지만, 예외적으로 증인의 연령, 직업, 건강상태 기타 사정을 고려하여 검사, 피고인 또는 변호인의 의견을 물어 법정 밖에 소환하거나 현재지에서 신문할 수도 있고(제165조), 법원이 아닌 수명법관 또는 수탁판사가 증인신문을 할 수도 있다(제167조). 공판기일 전에 증인신문이나 증거보전 방식으로도 가능하다(제184조, 제221조의2 ①항). 이 경우 피고인의 방어권을 침해하지 않도록 주의해야 한다.

아동대상 범죄 등에서 범죄의 성질, 증인의 나이, 심신의 상태, 피고인과의 16
관계, 그 밖의 사정으로 인하여 피고인 등과 대면하여 진술할 경우 심리적인 부담으로 정신의 평온을 현저하게 잃을 우려가 있다고 인정되는 사람에 대해 상당하다고 인정할 때에는 검사와 피고인 또는 변호인의 의견을 들어 비디오 등 중계장치를 통해 신문하거나 가림 시설 등을 설치하고 신문할 수 있다(제165조의2, 규칙 제84조의9). 피고인뿐만 아니라 변호인과 증인 간에도 특별한 경우에는 가림 시설의 설치가 가능하다.[1] 중계신문 등의 방법으로 신문할 때 법원은 증인보호를 위해 필요하다고 인정하는 경우 결정으로 이를 공개하지 않을 수 있다(규칙 제84조의6 ①항).

5. 피해자 증인

(1) 피해자의 진술권

17 공형벌제도가 확립된 근대 이후 피해자는 형사절차에서 더 이상 중요한 역할을 하지 못하게 되었다[**피해자 중립화**]. 그러나 피해자가 형사절차에 전혀 영향을 미칠 수 없다면 이를 통해 갈등의 해결이 이루어지기는 어렵다.[2] 피해자는 사안을 체험한 사람으로서 중요한 증인이 될 수 있으며, 피해자 자신도 사건에 관하여 공판정에서 증언할 수 있는 권리가 있다(헌법 제27조 ⑤항, 제294조의2).

18 이러한 피해자의 진술권을 행사할 수 있도록, 피해자 등의 신청이 있을 때 검사는 사건의 공소제기 여부, 공판의 일시·장소, 재판결과, 피의자·피고인의 구속·석방 등 구금에 관한 사실 등을 신속하게 통지하여야 한다(제259조의2). 피해자 등은 소송기록의 열람 또는 복사를 재판장에게 신청할 수 있으며, 재판장은 일정한 요건 하에 이를 허가할 수 있다(제294조의4).

(2) 절 차

19 피해자의 진술권 행사는 증인신문절차에 의한다. 따라서 피해자가 진술권을 행사하려면 피해자의 진술신청과 이에 대한 법원의 결정이 필요하다(제295조). 피해자진술의 신청권자는 피해자 또는 법정대리인과 피해자가 사망한 경우 그 배우자, 직계친족, 형제자매이다(제294조의2 ①항). 법원은 제294조의2의 예외사유에 해당하지 않는 한 신청을 받아들여 피해자 등을 증인으로 신문하여야 한다(같은 조 ①항). 법원은 피해자 등을 증인으로 신문하는 경우 피해의 정도 및 결과, 피고인의 처벌에 관한 의견, 그 밖에 사건에 관한 의견을 진술할 기회를 주어야 한

1) 대판 2015. 5. 28, 2014도18006.
2) 형사절차에서 피해자의 의의와 그 한계에 대해서는 배종대/홍영기, 형사정책, 19/6 이하.

다(같은 조 ②항). 피해자의 신청에 의한 신문은 교호신문방식에 의하지 아니하고 재판장이 정한다. 피해자에 대한 신뢰관계인의 동석이 요건이 되는 경우와 허가 되는 경우가 있다(제163조의2).

III. 검증 · 감정, 통역 · 번역

1. 검증의 의의

검증은 법원 또는 법관이 감각기관의 작용에 의하여 신체나 물건의 존재, 상 20
태 등을 직접 인지하는 증거조사방법이다. 검증은 대상자나 물건의 소유자 또는 점유자의 의사에 반해 행해질 수 있어야 하므로 강제처분의 성질을 갖는다. 그러나 법원의 검증은 영장 없이도 필요할 경우 언제든지 허용되는 증거조사의 기초적 방법이다(제139조).

검증을 실시하기 위해서는 명시적 의사로 거부한 경우 및 급속을 요하는 때 21
를 제외하면 미리 검증의 일시 · 장소를 검증참여권자에게 통지하여야 한다(제122, 145조). 기타 신체의 검증인 신체검사 및 여자의 신체검사, 시간 · 공간에 따른 검증제한규정이 있다(제140, 141, 142, 143조, 제127, 145조).

2. 검증조서

검증을 할 때 결과를 기재한 검증조서를 작성하여야 하며(제49조 ①항), 목 22
적물의 현상을 명확하게 하기 위하여 도화나 사진을 첨부할 수 있다(같은 조 ②항). 공판정에서 행한 검증은 공판조서(제51조 ②항 10호)에 기재되고 수소법원이 그 검증에 의해 취득한 결과는 바로 증거가 된다. 그러나 공판기일 외에서 검증이 행해진 경우는 검증조서가 작성된다. 이 검증조서는 법원이나 법관의 검증결과를 기재한 검증조서이므로 검증절차에 대한 피고인의 참여권이 보장되었다면 제311조에 의해 절대적인 증거능력이 있다(52/10).

3. 감정의 의의

감정은 전문지식과 그에 따른 경험을 가진 제3자가 그 지식과 경험을 활용 23
하여 자료를 판단하고 법원에 보고하는 것을 말한다(제169조). 법원으로부터 감정

요청을 받은 전문가를 감정인이라 한다. 감정인의 신문은 증거조사의 성질을 가진다. 따라서 구인에 관한 규정을 제외하고 증인신문에 대한 규정이 감정에 준용된다(제177조). 감정인 및 관련된 개념은 수사절차상 감정의 내용과 같다.

4. 감정의 절차

(1) 감정인의 선정과 소환

24 감정인에 대해서는 증인에 관한 규정이 준용되므로, 감정인적격에 대한 내용은 증인적격과 같다. 감정거부권도 증언거부권(제148, 149조)의 규정이 준용된다. 소송당사자가 특정한 사람을 지명하여 감정인으로 신청할 수 있어야 한다는 견해가 있으나,[1] 당사자는 감정절차 자체의 신청을 하는 것일 뿐이고 감정의 역할은 법원의 판단을 돕는 데 있으므로 감정인 선정은 법원의 전권으로 보아야 한다. 감정인 신청과 선정을 당사자간 공방의 대상으로 삼는 것은 감정제도의 본래 의의에 부합하지 않는다.

25 감정인이 선정되면 감정인신문을 위하여 감정인을 출석시켜야 한다. 감정인의 소환은 증인소환방법에 의한다. 감정인은 증인과 달리 대체성이 있으므로 감정인의 구인은 허용되지 않는다. 법원은 필요한 때에는 감정인으로 하여금 법원 밖에서 감정하게 할 수 있다.

(2) 감정인신문절차

26 감정인도 감정 전에 선서서에 따라 선서한다(제170조). 선서하지 않은 감정인의 감정은 증거능력이 없다. 다만 법원이 필요하다고 인정하여 공무소·학교·병원 기타 상당한 설비가 있는 단체 또는 기관에 대해 감정을 촉탁하는 경우에는 선서규정이 적용되지 않는다(제179조의2 ①항).

27 감정인신문에는 감정인을 최초로 소환하여 선서를 시킨 후 서면에 의한 감정결과를 보고하도록 명하는 절차, 감정인이 감정서를 제출한 후 법원이 그 감정인으로부터 설명을 듣기 위하여 감정인을 신문하는 절차(제171조 ④항)의 두 가지가 있다. 앞의 경우는 필수적으로 감정인을 신문해야 하나, 뒤의 절차에서 감정인신문은 임의절차이다. 감정인신문도 증인신문에 관한 규정이 준용된다.

1) 신동운 994.

(3) 감정유치

피고인의 신체나 정신의 감정이 필요한 경우 법원이 감정유치장을 발부하여 병원 기타 적당한 장소에 피고인을 유치할 수 있다(제172조 ③·④항 참조). 특별한 규정이 없는 한 감정유치는 구속에 관한 규정을 준용한다. 다만 보석은 불가능하다. 감정유치는 미결구금일수의 산입에서는 구속으로 간주되지만(같은 조 ⑧항), 구속 중인 피고인에 대해 감정유치장이 집행되었을 때에는 유치기간 동안 구속집행은 정지된 것으로 간주한다(제172조의2 ①항). 28

(4) 감정보고

감정의 경과와 결과는 감정인이 서면[감정서]을 제출하여 보고한다(제171조 ①항). 법원은 필요한 때에 감정인에게 감정서를 설명하게 할 수 있다(같은 조 ④항). 감정서는 당사자의 증거동의(제318조)가 없는 한 감정인이 공판준비기일 또는 공판기일에 성립의 진정을 인정하여야 증거로 사용할 수 있다(제313조 ③항). 29

감정인신문이 공판기일에 진행된 경우 그 진술은 바로 증거가 되나, 공판기일 외에 이루어지면 그 진술은 감정인신문조서에 기재되고, 이는 다음 번 공판기일부터 서류증거로서 증거조사가 가능하다. 무선서감정을 촉탁할 경우 법원은 당해 공무소·학교·병원 기타 상당한 설비가 있는 단체 또는 기관이 지정한 자로 하여금 감정서의 설명을 하게 할 수 있다(제179조의2 ②항). 30

(5) 감정인의 권한

감정인은 감정에 필요한 때에는 법원의 허가를 얻어 타인의 주거, 건조물, 항공기, 선차 안에 들어갈 수 있고, 신체의 검사, 사체의 해부, 분묘의 발굴, 물건의 파괴를 할 수 있다(제173조 ①항). 이러한 처분에는 감정처분허가장이 필요하고, 처분을 받는 자에게 이를 제시하여야 한다. 다만 공판정에서 행할 때에는 그러하지 아니하다(같은 조 ②·③·④항). 감정인은 감정에 관하여 필요한 경우에 재판장의 허가를 얻어 서류와 증거물을 열람 또는 복사하고 피고인 또는 증인의 신문에 참여할 수 있다(제174조 ①항). 감정인은 피고인이나 증인의 신문을 요구하거나 재판장의 허가를 얻어 직접 질문할 수 있다(같은 조 ②항). 31

5. 통역과 번역

공판정에서는 국어를 사용하지만(법조법 제62조) 필요한 참여자에게는 통역· 32

번역을 보조해야 한다(제180조, 182조). 듣거나 말하는 데 장애가 있는 사람의 진술에도 통역인으로 하여금 통역하게 할 수 있다(제181조). 통역과 번역은 외국어, 수화 등 특별한 지식이 있는 자가 하는 것으로서 감정과 유사한 성격을 가지므로 감정에 관한 규정이 준용된다(제183조).

Ⅳ. 증거조사에 관한 청문과 이의신청

33 재판장은 피고인에게 각종 증거조사결과에 대한 의견을 물어야 하며, 권리를 보호하는 데 필요한 증거조사를 신청할 수 있음을 알려야 한다(제293조). 증거조사 과정에서 이러한 피고인의 의견진술권은 법적 청문권의 한 내용으로서 공평한 재판의 원리를 실현하는 중요한 수단이다.

34 검사 · 피고인 또는 변호인은 증거조사에 관하여 이의신청을 할 수 있고, 법원은 이에 대한 결정을 내려야 한다(제296조). 증거조사에 대한 당사자의 이의신청은 진실에 가까운 사안규명을 위한 필수적인 제도이다.[1] 그 대상과 방법에도 제한이 없어서, 증거신청, 증거결정, 증거조사의 순서와 방법, 증거능력의 유무 등을 불문하고, 증거조사의 적법성뿐만 아니라 이유유무, 상당성 여부도 따질 수 있다.

35 다만 절차유지원칙을 고려할 때 절차상 하자에 대한 이의신청은 개개의 행위 · 처분 또는 결정이 있을 때마다 즉시 하는 것이 원칙이다(규칙 제137조). 법원도 이의신청이 있을 때마다 즉시 결정하여야 한다(규칙 제138조). 이의신청이 이유 있는 경우에는 결정으로 이의신청에 상응하는 조치를 취해야 하고, 이의신청이 이유 없다고 인정되는 경우에도 결정으로 기각한다(규칙 제139조 ② · ③항). 이의신청이 시기에 늦거나 소송지연을 목적으로 한 때에 법원은 기각결정을 할 수 있지만, 중요한 사항에 대한 것일 때에는 시기가 늦었다는 이유만으로 기각할 수 없다(같은 조 ①항). 증거에 증거능력이 없다는 이유로 이의신청을 한 경우에는 법원이 이유 있다고 판단하면 증거조사 후라고 하더라도 증거의 일부나 전부를 배제하는 결정을 하여야 한다(같은 조 ④항). 이의신청에 대한 결정으로 판단된 사항에 대해서는 다시 이의신청할 수 없다(규칙 제140조).

---

1) 대판 2020. 12. 24. 2020도10778.

제5장 증 거

제1절 증거 일반론

범죄사실은 반드시 **증거능력** 있는 그리고 법률이 정한 **적법한 증거조사절차**를 거친 증거에 의하여 인정되어야 하며(제307조 ①항), 이는 **합리적인 의심이 없는 정도의 증명**에 이르러야 한다(제307조 ②항). 이를 **증거재판주의**라고 한다. 증거재판주의는 공평하고 객관적인 형사재판을 가능하게 하는 전제이다. 평가자의 개인적인 주관이나 참여자의 태도 및 언변 등에 의해 재판 결과가 좌우되지 않도록 하는 것으로서, 문명사회 재판의 기본적 덕목이자 당사자가 재판결과에 승복할 수 있게 하는 결정적 요건이기도 하다. 그렇기에 형사소송법과 형사소송법학의 가장 중요한 핵심도 바로 이 '증거' 부분에 놓여 있다.

[44] 증거와 증명

I. 주요개념

증거는 유·무죄, 죄의 정도, 양형 등과 관련하여 법원의 판단에서 근거로 사용될 수 있는 자료를 말한다. 형사절차에서 이와 같은 관건은 주관적 판단에 의존해서는 안 되고, 객관적으로 확인된 정보를 바탕으로 확정해야 한다. 증거는 그 도구에 해당하는 것으로서 형사사법 전체에서 가장 중요한 역할을 하는 대상이다. 1

증거방법은 사실인정의 자료가 되는 물건이나 사람 자체(예컨대 증인, 증거서류, 증거물)를 말한다. **증거자료**는 증거방법을 조사하여 알게 된 내용(예컨대 증언내용, 증거서류의 기재내용, 증거물의 성질)이다. 형사절차에서 넓은 의미로 **증거**는 증거방법, 증거자료, 증거조사결과의 뜻을 모두 포함한다. 2

증명은 입증되어야 할 사실을 증거에 의해 명백하게 확인하는 과정 또는 이 3

를 위한 절차참여자의 노력을 뜻한다. 이에 대비되는 개념인 **소명**은 요증사실에 대해 상대방을 확신에 이르게 하지는 못하더라도 일정 정도 이상의 심증을 형성하게 하는 소송행위이다. 소명을 통해서 법관은 요증사실의 존재나 부존재가 개연적이라는 판단을 내릴 수 있다.[1)]

II. 증거능력과 증명력

1. 증거능력

4 증거능력은 어떤 증거가 엄격한 증명의 자료로 사용될 수 있는 법률상의 자격을 말한다. 법률의 형식적 요건에 부합할 때는 증거능력이 있으며, 그렇지 않은 경우는 증거능력이 없다. 증거능력 있는 증거는 공판정에서 주요한 사실인정의 자료로 이용되어 이를 바탕으로 유죄판결을 할 수 있다. 반면 증거능력 없는 증거는 공판정에서 원칙적으로 사실인정의 자료로 쓰일 수 없다. 제307조[**증거재판주의**]는 사실인정이 증거능력 있는 증거에 의해야 한다는 사실을 분명히 하고 있다. 증거능력의 요건은 미리 법률에 의해 형식적으로 규정되어 있다. 대표적인 것은 위법수집증거배제법칙(제308조의2), 자백배제법칙(제309조), 전문법칙(제310조의2)의 세 가지이다.

2. 증 명 력

5 증명력은 증거자료가 요증사실의 판단에 기여할 수 있는 정도, 즉 증거의 실질적 가치로서 신빙성을 뜻한다. 증거능력이 법률에 의해 형식적으로 결정되는 반면, 증명력 평가는 법관의 자유심증에 맡겨져 있다(제308조) [**자유심증주의**]. 증거가치의 크고 작은 '정도의 차이'를 따지는 것이 증명력 평가의 핵심이다. 증거능력의 평가가 '유 · 무'만 가리는 것과 구별된다.

6 증거능력 있는 증거가 제출되면 증거의 실질적 가치에 대한 판단은 법관의 주관적 자유판단에 따르며, 제출자나 신청자의 증명의 취지에 반드시 영향을 받아야 하는 것은 아니다. 제출된 증거가 제출한 사람에게 불리하게 사용될 수도

1) 요증사실에 대해 신속한 처리가 요구되고 그 사실이 엄격한 증명의 대상처럼 비중도 높지 않은 경우는 '소명'의 대상으로 규정하고 있다. 기피사유의 소명(제19조 ②항), 증거보전청구사유의 소명(제184조 ③항), 증인신문청구사유의 소명(제221조의2 ③항) 등.

있다 [증거공통의 원칙]. 그러나 피고인이 무죄에 대한 자료로 제출한 증거를 유죄 인정의 자료로 쓰기 위해서는 그에 대한 피고인측의 의견과 변명의 기회를 주어야 한다.[1] 증명력에 관한 법관의 자유판단에도 내재적 한계가 있다. 범죄사실의 인정은 합리적 의심이 없는 정도의 증명을 갖추어야 한다(제307조 ②항).[2] 현행법의 자백의 보강법칙(제310조) 및 공판조서의 증명력(제56조)에 관한 규정도 이 한계에 해당한다.

3. 양자의 관계

증거능력과 증명력 개념은 형사증거법에서 중요한 의미가 있다. 우선 양자를 명확하게 구별하는 것이 필요하다. 1) 증명력이 있다고 해서 증거능력이 있는 것은 아니다. 예를 들어 고문으로 얻어낸 자백이 진실을 그대로 말한 것일 때, 이는 증명력은 있지만 증거능력이 없기 때문에 형사소송에서 이용할 수 없다. 2) 한편 증거능력이 있다고 해서 증명력이 있는 것도 아니다. 유효한 영장에 의해 적법하게 확보한 문서는 증거능력이 있지만, 거기에 사안과 관련된 아무런 정보도 들어 있지 않다면 증거로 쓸만한 가치라는 뜻의 증명력은 없는 물건이다. 이는 형사소송에서 사용될 수는 있으나 법관의 심증형성에 영향을 미치지는 못한다. 7

III. 증거의 종류

1. 직접증거와 간접증거

증거는 증명에 미치는 영향의 정도를 기준으로 직접증거와 간접증거로 나뉜다. **직접증거**는 주요사실 그 자체를 곧바로 증명하는 증거이다. 예를 들어 피고인의 자백이나 사건을 목격한 증인의 증언 등이 이에 해당한다. 반면 주요사실을 간접적으로 추측하게 하는 것을 **간접사실**이라고 하며, 이를 증명하는 자료가 **간접증거**이다. 현장에서 채득한 지문, 알리바이 등이 이에 속한다. 이 예들은 범죄현장에 피의자가 있었는지를 가리는 데 도움을 주지만 범죄사실 그 자체를 입증하는 것은 아니기에 간접증거이다. 범죄정황에 관한 사실을 증명하는 자료라는 의미에서 **정황증거**라고도 부른다. 8

---

1) 대판 1989. 10. 10. 87도966.
2) 대판 2018. 6. 19. 2015도3483; 2014. 2. 27. 2013도12155.

9 이 두 개념을 구별하는 실익이 뚜렷한 것은 아니다. 증거의 증명력은 법관의 자유판단에 따라 인정되기 때문에 직접증거와 간접증거(또는 '주요사실의 증거'와 '간접사실의 증거')라는 구별만으로 증명력의 차이가 있지는 않다. 즉 증명력이 갖추어진 간접증거만으로 유죄판결을 했다고 하여 잘못된 재판은 아니다.[1]

2. 진술증거와 비진술증거

10 **진술증거**는 사건을 인식하고 이를 판단·평가하여 언어로 옮긴 증거를 말한다. 구두에 의한 진술증거와 서면에 적힌 진술증거를 포함한다. 사건과 관련된 대화의 녹음, 진술장면이 녹화된 영상 등도 진술증거이다. 반면 **비진술증거**는 진술증거 이외의 단순한 증거물이나 사람의 신체상태 등이 증거로 되는 것이다. 범행에 쓰인 흉기나 피가 묻은 의복, 사건 현장이 녹화된 CCTV 영상 등이 이에 해당한다.

11 사람의 언어가 전달된 것도 비진술증거인 경우가 있다는 데 주의해야 한다. 사건에 대한 인식·평가의 내용이 아니라, 협박편지처럼 사건을 구성하는 언어, 사건 현장에서 녹음된 비명 등은 비진술증거이다. 진술증거와 비진술증거의 구별은 전문법칙과 관련하여 중요한 기준이므로 해당 부분(51/2 이하)에서 자세히 설명한다.

3. 증거서류와 증거물인 서면

(1) 개념과 구별기준

12 **증거서류**는 서면의 내용이 증거가 되는 것을 말한다. 예컨대 공판조서, 검증조서, 피의자신문조서, 참고인진술조서, 의사의 진단서 등이다. 반면에 **증거물인 서면**은 서면의 내용을 포함하여 서면의 존재 또는 상태가 증거가 되는 것이다. 예컨대 위조죄에서 위조된 문서, 명예훼손에 쓰인 인쇄물, 사기죄에 이용된 계약서 등이 이에 속한다. 양자를 합쳐서 **서증**이라고도 한다.

13 증거서류는 전문법칙과 그 예외규정들을 검토해야 하는 반면, 증거물인 서면은 최량증거법칙에 따라 동일성 증명을 통해 증거로 사용할 수 있다.[2] 증거서류는 원칙적으로 낭독(예외적으로 요지고지 또는 열람)의 방법으로 조사하지만, 증거물인 서면은 제시와 아울러 낭독(예외적으로 요지고지 또는 열람)의 방법으로 조사한다(제292조, 제292조의2).

---

1) 대판 2017. 5. 30. 2017도1549; 2013. 6. 27. 2013도4172; 1998. 11. 13. 96도1783.
2) 대판 2015. 4. 23. 2015도2275.

이 두 개념을 구별하는 기준에 대해서는 견해가 나뉜다. 1) **절차기준설**은 형사절차에서 작성된 서류는 모두 증거서류이고, 그 밖의 서류는 증거물인 서면이라고 한다. 2) **작성자기준설**은 법원 또는 법관의 면전에서 법령에 의해 작성된 서류는 증거서류이고, 그 밖의 서류는 증거물인 서면이라는 견해이다.[1] 3) **내용기준설**은 서류의 내용이 증거인 것은 증거서류이고, 서류의 내용과 동시에 그 존재 또는 상태가 증거로 되는 것은 증거물인 서면이라는 견해로서 다수설이다.[2] 14

(2) 결론 : 진술증거기준설

작성된 절차나 주체를 기준으로 형식적으로 나누는 것보다는 내용기준설이 타당하지만 이 또한 동어반복으로 생각될 수 있다. '증거가 되는 내용'이 무엇인지 불분명하고, 증거서류도 존재와 상태가 중요한 증거성을 갖는다는 점에서 마찬가지이기 때문이다. 15

증거서류와 증거물인 서면의 구별 역시 위 '진술증거와 비진술증거'의 경우와 마찬가지로 **사안에 대한 인식으로부터 비롯된 평가의 내용을 담고 있는가**를 기준으로 해야 한다. 증거서류는 진술증거로서 이러한 내용을 담고 있는 반면, 증거물인 서류는 사안 자체 안에 포함된 것으로서 사안에 대한 평가를 내용으로 하지 않는다. 증거서류와 증거물인 서면을 구별하는 목적은 전문법칙을 비롯한 증거법원칙에서 양자가 다르게 취급되기 때문이며, 그렇기에 진술증거인지 여부만 의미가 있다[진술증거기준설]. 16

4. 그 밖의 분류

(1) 원본증거와 전문증거

본래증거 또는 좁은 의미의 원본증거를 위 진술증거의 하위개념으로 쓰는 경우에는 피고인 또는 증인이 직접 경험한 사실을 진술하는 것을 뜻한다.[3] 이와 달리 타인의 진술로부터 전해진 사실을 진술하는 것은 **전문증거**이다. 전문증거는 원칙적으로 증거가 될 수 없다[전문법칙]. 17

(2) 인증과 물증

인적 증거는 사람의 진술내용이 증거가 되는 것으로서, 증인의 증언, 감정인 18

---

1) 김기두 121; 서일교 165; 정영석/이형국 304.
2) 김재환 597; 신동운 985; 이재상/조균석 36/8; 임동규 465; 차용석/최용성 478.
3) 사건으로부터 곧바로 존재하게 된 비진술증거를 (넓은 의미의) 원본증거로 부르는 경우도 흔하다.

의 감정, 피고인의 진술 등을 가리킨다. **인증**이라고도 한다.[1] 인적 증거에 대한 증거조사는 신문의 방법에 의한다(증인신문, 감정인신문, 피고인신문). **물적 증거**는 물건의 존재 또는 상태가 증거로 되는 것(예컨대, 사용된 흉기, 취득한 장물)을 말한다. **물증**이라고도 한다. 물적 증거에 대한 증거조사는 제시의 방법에 따른다(제292조의2 ①항).

(3) 실질증거와 보조증거

19 **실질증거**는 주요사실의 존부를 직·간접으로 증명하기 위해 사용되는 증거이다(예컨대 범행을 목격한 증인 A의 증언). **보조증거**는 실질증거의 증명력을 다투기 위해 사용되는 증거를 말한다(예컨대 증인 A의 약한 기억력에 관한 B의 증언). 보조증거에는 보강증거와 탄핵증거가 있다. **보강증거**는 실질증거의 증명력을 증강시키는 보조증거이고, **탄핵증거**는 그 증명력을 감쇄시키는 보조증거이다. 보조증거만으로는 주요사실을 증명할 수 없다.

(4) 본증과 반증

20 **본증**은 요증사실을 주장하는 당사자가 제출하는 증거 또는 증명활동을 말하고, **반증**은 본증에 의해 증명될 사실을 상대방이 부정하기 위한 그 반대개념이다. 형사소송에서 증명책임은 원칙적으로 검사에게 있으므로, 검사가 제출하는 증거가 본증이 되고, 피고인이 제출하는 증거는 반증이 된다는 해설이 있다.[2] 그러나 본증·반증 개념은 실질적 증명책임에 딸려 있는 고정된 것이 아니다. 요증사실을 주장하는 사람이 먼저 제시한 것이 본증, 그 상대방이 반론하는 것이 반증이기 때문에 주장하는 주체는 바뀔 수 있다. 예컨대 피고인의 정당방위 주장에 대해서 검사가 반증을 할 수 있다.

---

1) 다른 개념으로 보는 예는 신동운 1098.
2) 신양균 707; 이재상/조균석 36/9; 정영석/이형국 305.

[45] 증명책임

I. 증명책임의 의의

1. 증명책임 개념

증명책임은 특정한 사안에 대한 평가와 관련하여 일정 정도 이상의 믿음을 형성시켜야 하는, 절차참여자에게 놓인 부담 또는 책무를 말한다. **거증책임** 또는 **입증책임**이라고도 한다.[1] 순수한 당사자주의 형태의 형사소송에서는 민사소송과 마찬가지로 제시된 증거를 통해 법원이 확신에 이르지 못하는 경우, 결국 어느 한 당사자는 불이익을 받을 수밖에 없다. 이에 따라 증명책임을 '요증사실의 존부에 대해 증명이 불충분한 경우에 불이익을 받을 당사자의 법적 지위'라고 정의하는 경우도 있다.[2] 1

반면에 직권주의 소송구조에서는 사실의 증명을 해야 하는 궁극적 책무가 당사자로부터 독립된 법원에 있는 것으로 본다. 법원에게 자신의 평가에 따른 책임이 있어, 검사와 피고인이 제공한 정보에 종속되지 않고 소송절차의 진행 또한 법원이 주도해야 할 의무를 진다. 사실이 분명히 증명되지 않았을 때 양 당사자 가운데 어느 한 편이 불이익을 받는다는 표현은 여기에 어울리지 않는다. 직권주의 모델에서는 증명이 불완전하게 남은 경우 법원이 피고인에게 이익이 되는 방향으로 결론을 내린다는 in dubio pro reo-원칙이 당사자의 증명책임 관념을 대신하고 있다. 2

2. 증명책임 개념의 역할

우리나라의 형사소송은 법원이 주도하여 유·무죄와 양형의 최종적인 판단을 하는 과정이다. 종국적으로 분명한 증명이 이루어지지 않은 때에 당사자의 한편인 검사가 어떤 불리한 지위에 놓이게 되는지도 불분명하다. 절차를 통해서 있을 수 있는 불이익은 오로지 피고인에게만 귀속되는 것이기 때문이다. 이 점이 민사소송 및 순수한 당사자주의 소송구조와 다른 모습이다. 3

---

1) 거증책임이나 입증책임은 단어 뜻으로부터 증거를 제시해야 하는 책임으로 이해된다. 이에 반해 증명책임은 그와 같은 형식적인 책임을 전제로 하여 종국적으로 요증사실의 존재 또는 부존재를 증명해내는 데에까지 이르는 책임을 가리킨다는 점에서 상대적으로 실질적인 개념이다. 논의맥락상 증명책임이라는 용어가 더 정확하다. 대법원도 근래에는 증명책임이라는 용어를 더 자주 사용하고 있다(대판 2016. 10. 27. 2014도16271).

2) 노명선/이완규 437; 손동권/신이철 528; 이재상/조균석 37/26; 이창현 788; 임동규 474.

4 그러나 통용되고 있는 증명책임 또는 거증책임이라는 용어를 일부러 피해야 할 이유는 없다. 우리나라 소송구조에 맞게 이해하면 되는 문제이다. 국가의 형벌권을 실현하기 위한 공동작용으로 수사와 기소, 재판이 존재하는 것이므로 증명책임은 검사와 법원이 공동으로 부담한다. 흔히 **실질적 증명책임은 검사에게 있다**고 하는데, 이 또한 법원을 포함한 형사사법기관의 책임을 요약한 것으로서, 그 가운데 능동적으로 증거를 찾아 제시해야 하는 임무를 검사에게 더 강하게 부여하고 있다는 의미로 이해할 수 있다.

5 여기서 **실질적 증명책임**이라는 것은 절차과정 가운데 피고인에게 책임이 이전되는 경우가 없이 고정되어 있다는 뜻이다.[1] 즉 법원과 검사의 공동작용을 통해 사실이 정확하게 증명되지 못하면 in dubio pro reo-원칙에 따라 피고인에게 유리한 결론을 내려야 한다. 이 점이 민사소송과 다른 측면이다. 즉 형사소송에서는 증명이 덜 되었을 때 언제나 한편 당사자인 피고인에게 유리한 쪽으로 귀결된다. 이와 같은 편향성의 근거는 다음과 같다.[2]

II. 증명책임의 귀속

1. 증명책임 귀속의 상위원리

(1) 제1원리 : 주장하는 자가 증명하라

6 '주장하는 자가 주장의 근거를 대야 한다'는 것은 증명책임 귀속[3]의 첫 번째 원리이다. 아무 이유 없이 자신의 의견이 관철될 것을 내세우지 말아야 한다는 의사소통의 기초적 당위에 속한다. 다른 참여자는 주장의 근거를 검토함으로써 그의 의견을 받아들여야 할 것인지 결정할 수 있으며, 그에 반대하기 위한 근거도 분명히 확인할 수 있다.

7 검사는 공소제기를 통해서 피고인이 유죄임을 주장하며 그에 따라 상응한

1) 실질적 증명책임 개념에 비해, 형사절차의 각 상황에 따라 당사자 중 어느 한편이 설득을 위해 논거를 제시해야 하는 증명책임은 형식적 증명책임이라고 말한다. 이는 주장을 하는 때마다 그에 대한 근거제시의 의무로 이해된다. 형식적 증명책임은 상황에 따라 논거를 제시해야 하는 '입증의 부담'의 의미로 쓰이는 것이기에 증거법원리를 확정하는 데에서 크게 중요한 역할을 하지는 않는다.

2) 이하에 대해 자세히는 홍영기, 형사절차에서 증명책임귀속원리 - 피고인은 증거법원칙에 구속되지 않는다 -, 사법 50, 2019, 336면 이하.

3) 흔히 '증명책임의 분배'라고 말하지만, 이는 책임을 분배할 수 있는 상위의 주체가 전제된 표현이다. 민사소송이나 순수한 당사자주의가 아닌 우리 형사소송에서는 증명책임의 귀속이라는 표현이 더 적절하다.

형벌을 부과할 것을 법원에 요청한다. 그러므로 피고인의 죄에 대한 증명은 우선 검사의 몫으로 귀속되어야 한다. 공소제기에서 비롯된 형사소송이 궁극적으로 이 하나의 목표를 향해 진행되므로 검사에게 귀속된 증명책임은 결코 피고인에게 이전될 수 없다.

(2) 제 2 원리 : 증명을 통해 이득을 얻는 사람이 증명하라

네 명의 사람이 하나의 케이크를 사등분하여 나누려 할 때 누군가 사분의 8
일보다 더 취하고자 하면 바로 그가 그 이유를 대야 한다.[1] 대체로 증명을 통해 이득을 보는 자가 그것을 주장하게 될 것이므로 위 제1원리와 중복되는 요청이 될 수 있지만, 주장하는 자와 이득을 보는 자가 다른 경우도 있을 수 있다. 만약 후자가 무관심한 때에는 주장하는 자만 증명책임을 진다. 나아가 이 원리는 결과적으로 손해를 보는 참여자가 생긴다면 다른 참여자가 그를 설득해야 한다는 보편적인 당위로 이어진다.

'범죄사실이 증명됨으로써 피고인이 불이익에 처하게 된다'는 사실은 전체 9
형사절차에서 변하지 않는다. 그러므로 다른 참여자인 검사와 법원이 언제나 유죄에 대한 증명책임을 부담하는 것이다. 불리한 지위에 놓이지 않기 위해 피고인 스스로 죄 없음을 증명하라고 강요하는 것은 불합리하다.[2]

(3) 제 3 원리 : 효율적으로 증명할 수 있는 사람이 증명하라

증거가 효과적으로 수집되고 그것이 사실입증에 분명히 기여할수록 형사절 10
차의 목표를 달성하기 유리하다. 여기서 증명을 수월하게 할 수 있는 주체에게 귀속되는 증명책임의 지위가 확인된다.

사실을 증명하는 역할을 맡기기 위해 국가는 수사와 소송을 전문적으로 담당 11
하는 형사사법기관을 마련해두고 있다. 강력한 권한을 위임받은 이들 조직은 범죄사실의 증명에 모든 에너지를 투여한다. 범죄를 저지른 것으로 의심받는 대부분 피의자·피고인의 역량은 그에 비해 극히 보잘 것 없다. 그렇기에 국가기관은 결정적인 증거를 결코 피고인으로부터 얻어내려 해서는 안 된다. 그리고 검사가 유죄를 증명하는 결정적 근거를 확정하지 못한 이상, 피고인이 무죄라는 평가는 그대로 남아 있어야 한다.

---

1) Isaiah Berlin의 비유. Michel, Kein Vorrang für Gleichheit, ARSP 2009, S. 385에서 인용.
2) 홍영기, Nemo tenetur-원칙, 고려법학 66, 306면 이하.

2. 증명책임의 편향성

(1) 피고인에게는 증명책임이 없음

12 이러한 증명책임 귀속의 일반원리에서 공통적으로 도출되는 결론은 실질적인 증명책임이 언제나 형사사법기관에 있다는 사실이다. 이는 국가의 형벌권독점, 국가형벌의무, 무죄추정원칙, nemo tenetur-원칙, 국가소추주의, 직권탐지주의 등 핵심적 형사소송법원칙이 공통의 배경으로 하고 있는 전제이기도 하다. 소송구조에 따라 검사와 법원 사이에 책임비중의 차이는 있을 수 있으나, 분명한 것은 적어도 피고인이 증명책임을 질 수 없다는 사실이다. 피고인은 현실적으로 증명을 해야 하는 지위에 있지 않으며, 단지 자기에게 유리한 사실을 **주장**하고, 경우에 따라 그에 대한 근거를 들어 **증명** 또는 **소명**할 수 있을 뿐이다. 만약 피고인의 주장내용이 유죄 및 형의 경중과 관계된 것이라면 국가기관인 검사와 법원이 그 주장에 맞서는 사실을 '증명'해야 한다. 민사절차와 달리 형사절차는 시종 이와 같은 편향석 원리 위에서 진행된다.

(2) 피고인은 증거능력원칙의 구속을 받지 않음

13 피고인은 범죄사실을 증명해야 할 의무가 없고 자신에게 유리한 사실을 주장할 권한이 있을 뿐이므로, 피고인은 범죄사실의 증명에서 요구되는 적법절차원칙의 구속을 받지 않는다. 특히 중요한 것은 위법수집증거배제법칙, 자백배제법칙, 전문법칙의 세 가지이다. 이러한 증거능력의 형식적 원칙은 오로지 국가기관이 주의해야 하는 것이며 피고인을 구속하지는 않는다. 현실적으로 피고인은 증거능력 있는 증거를 제출할 수 있는 역량도 없다. 예컨대 피고인에게 전문법칙의 예외요건을 갖추어 서증을 제출하라고 하면 이를 감당해낼 수 있는 피고인은 거의 없다. 판례도 전문법칙과 관련하여 '유죄의 증거에 대한 반대증거로 제출된 서류는 진정성립이 증명되지 않거나 증거동의가 없더라도 증거판단자료로 할 수 있다'는 점을 분명히 하고 있다.[1)]

1) 대판 1994. 11. 11. 94도1159; 1981. 12. 22. 80도1547; 1972. 1. 31. 71도2060.

3. 증명책임의 전환

(1) 의 의

증명책임이 피고인에게 귀속되는 예외적 경우를 흔히 '증명책임의 전환'이라 14
고 부른다. 그러나 직권주의는 물론 당사자주의에 따를 때에도 증명책임의 전환이라는 표현은 적합하지 않다. 위에서 본 증명책임의 상위원리는 고정된 것이므로, 이는 피고인이 증명책임을 부담해야 하는 예외적인 경우를 말하는 것에 불과하다. 그때에는 '의심스러울 때에는 피고인의 이익으로'(in dubio pro reo)라는 원칙이 정책적 이유로 '의심스러울 때에는 피고인에게 불리하게'(in dubio contra reo)라는 원칙으로 바뀌는 상황이 된다. 증명책임을 전환하기 위해서는 헌법의 무죄추정원칙에 대한 예외를 인정할 수 있어야 한다. 다음과 같은 예가 주로 언급된다.

(2) 예 시

상해죄의 동시범특례는 형법 제263조 "독립행위가 경합하여 상해결과를 발생 15
하게 한 경우에 원인된 행위가 판명되지 아니한 때에는 공동정범의 예에 의한다"는 규정을 가리킨다. 동시범의 경우에 모든 행위자를 발생한 사실의 미수범으로 처벌하도록 하는 형법 제19조의 예외이다. 이를 형사정책적 이유에서 자신의 행위에 의해 상해결과가 발생하지 않았다는 것을 행위자가 증명하도록 책임을 전환한 것으로 보는 견해가 있다.[1] 그러나 이는 공동정범의 성립요건인 '의사의 공동'을 필요 없는 것으로 보아 책임원칙에 반하고, in dubio pro reo-원칙을 부정하는 잘못된 해석이다. 이 규정 자체의 법치국가적 정당성이 문제되는 상황에서,[2] 증명책임까지 피고인에게 부담시키는 예외를 허용하는 것으로 보아서는 안 된다.

명예훼손죄에서 위법성조각의 증명을 규정한 형법 제310조를, 적시한 사실의 진 16
실성과 공익성에 대해 피고인이 증명하도록 하는 규정이라고 보는 예가 있다.[3] 그러나 이 규정은 특히 언론자유를 보장하려는 목적에서 특별한 위법성조각사유를 각칙에 규정한 것이며, 증명책임을 피고인에게 귀속시키는 예외를 입법한 것은 아니다.[4]

양벌규정에서 사업주의 무과실 증명책임, **제조물 생산자** 스스로의 면책증명, 17

---

1) 김기두 130; 백형구(강의) 627; 신동운 1125; 이재상/조균석 37/37; 이창현 792; 임동규 480; 정영석/이형국 320.
2) 배종대, 형법각론, 15/44 이하.
3) 대판 2007. 5. 10. 2006도8544; 2004. 5. 28. 2004도1497; 1996. 10. 25. 95도1473; 신동운 1128; 이창현 793; 임동규 468; 정영석/이형국 320.
4) 강구진 430; 배종대, 형법각론, 51/29; 백형구(강의) 628; 송광섭 162; 이은모 617; 이재상/조균석 37/38.

의료사안에서 의사인 행위자의 면책증명 등도 논란이 된다. 대체로 수사 및 처벌의 효율성을 높이기 위한 정책적 목적을 배경으로 하고 있다. 효과적 증명에 대한 위 제3원리로부터 이러한 예외가 정당화된다고 볼 수도 있을 것이다. 그러나 정책적 이해와 증명의 효율성이 다른 모든 원리를 무의미하게 만들 수는 없다.

[46] 증명의 대상과 방식

I. 엄격한 증명과 자유로운 증명

1. 의 의

1 **엄격한 증명**은 1) **법률상 증거능력**이 있고, 2) **적법한 증거조사절차**를 거친 증거를 통해 확인하는 증명방식이다. 이에 대비되는 **자유로운 증명**은 법에 정해진 절차에 따르지 않거나 증거능력이 없는 증거를 통해서도 가능한 증명방식을 말한다. 양자는 넓은 의미의 '증명책임'을 책임정도에 따라 구별한 것이다.

2 실질적 증명책임이 국가기관인 검사 또는 법원에 있기 때문에 엄격한 증명과 자유로운 증명 모두 국가기관, 통상적으로 **검사가 담당하는 증명방식**에 해당한다. 법정된 증거조사와 증거능력 있는 증거를 요하는 것이 엄격한 증명의 방식이므로 이는 피고인이 감당할 수 있는 방법이 아니다. 피고인이 법률규정에 엄격하게 정해진 절차를 통해 증거를 수집할 것을 기대할 수 없을 뿐만 아니라, 전문법칙 예외근거 등을 갖춘 증거능력 있는 증거를 확보할 것을 바랄 수 없기 때문이다. 그렇다고 해서 피고인이 자유로운 증명을 해야 한다는 뜻도 아니다. 자유로운 증명은 엄격한 증명에 대비될 때 의미가 있는 것으로서 양자 모두 피고인의 절차참여방식과 관련이 없다.

3 피고인은 증명에 대한 책임을 부담하는 주체가 아니며, 자신에게 유리한 사실을 **주장**하고, 경우에 따라 그에 대해 근거를 대어 **소명**을 할 수 있을 뿐이다. 이러한 피고인의 주장을 반박하는 사실이 있다면 검사가 증거를 통해 증명해 내는 것이 형사절차의 사실증명이다.[1] 물론 피고인이 주장과 소명에 그치는 것이 아니라 엄격한 증명의 기준에 부합하는 증명을 해낼 가능성도 있다. 그러나 법원이 피고인의 후자의 증명활동만 의미 있는 것으로 평가해서는 안 된다.

---

1) 대판 2018. 9. 28. 2018도10447.

2. 엄격한 증명의 대상

원칙적으로 **피고인의 가벌성 유무** 및 **범죄의 경중**에 대한 사항은 엄격한 증명의 방식으로 평가해야 한다. 구성요건에 해당하는지 여부는 단연 엄격한 증명의 대상이다. 물론 고의를 비롯한 주관적 구성요건은 간접사실 및 정황증거를 통해 증명될 수밖에 없다는 한계가 있지만, 엄격한 증명 대상의 예외에 놓여 있는 것이 아니다.[1) 4

위법성조각사유 또는 **책임감면사유**의 존재는 피고인에게 유리한 사정이지만, 이에 대해 피고인이 엄격한 또는 자유로운 증명을 해야 하는 것은 아니다. 피고인은 이러한 상황이 있음을 주장할 수 있을 뿐이며, 위법성조각사유나 책임조각사유에 해당하는 사실이 없다면 이를 검사와 법원이 엄격한 증명의 방식으로 증명해야 한다. 미수나 공범관계 등도 엄격증명의 대상이다. 5

처벌조건 가운데 실체법상 범죄성립요소와 관련되는 사실은 엄격한 증명의 대상이 된다. 누범전과, 상습범의 상습성 등 법률상 형벌 가중의 근거가 되는 사실도 엄격한 증명의 대상이다. 6

3. 자유로운 증명의 대상

양형사유로서 선고유예·집행유예의 요건이 되는 사실이나 일반적 정상관계 사실로 피고인의 경력,[2) 성격, 환경, 범죄 후의 정황 등은 형의 양정이 법원의 재량에 속하므로 엄격한 증명을 요하지 않는다는 것이 일반적인 견해이다.[3) 그러나 양형의 기초가 '책임의 정도'에 놓여 있는 만큼[4) 가벌성의 정도에 대한 내용과 양형사유가 정확히 구별되는 것은 아니다. 따라서 형의 경중 가운데 피고인에게 뚜렷하게 불리한 관건이 되는 것은 엄격한 증명을 요하는 것으로 보아야 한다.[5) 7

순수한 소송법적 사실은 자유로운 증명으로 족하다. 예를 들어 친고죄에서 고소의 유무,[6) 피고인의 구속기간, 피고인신문의 형식적인 요건 등이다. 8

몰수·추징에 관한 사실로서 추징대상이 되는지 여부 그리고 추징액은 자유 9

---

1) 대판 2017. 1. 12. 2016도15470; 2015. 10. 29. 2015도5355; 2015. 5. 14. 2015도119; 2008. 9. 11. 2006도4806: 고의를 객관적으로 증명할 수는 없으므로 간접사실이나 정황사실을 통해 증명해야 하나 경험칙을 바탕으로 치밀한 관찰력이나 분석력으로 사실의 연결상태를 합리적으로 판단하는 방법에 의하여 판단하여야 한다.
2) 누범전과나 상습범가중에 해당하지 않는 전과도 이에 포함된다.
3) 백형구(강의) 622; 송광섭 157; 신동운 1108; 이재상/조균석 37/16; 정영석/이형국 315.
4) 배종대, 형법총론, 182/2.
5) 차용석/최용성 490.
6) 대판 1999. 2. 9. 98도2074.

로운 증명으로 족하다고 보는 판례가 있으나,[1] 이 또한 부가형으로서 형벌의 일종이므로 엄격한 증명의 대상으로 보아야 한다.[2]

4. 임의수사의 기초되는 사실

(1) 진술 임의성의 기초되는 사실

10 진술 임의성의 기초되는 사실은 피의자가 자백을 한 경우 영향을 미칠 수 있는 신체적·정신적 압박에 해당하는 사실을 말한다. 개별상황에서 피고인이 이 사정을 증명할 수 있을 것으로 기대하기는 어렵다. 그러므로 통설과 판례는 일치하여 자백에 임의성이 제한된 상황이었다고 피고인이 주장할 때, 검사가 신문과정에서 그러한 압박이 없었다는 사실을 증명해야 한다고 보고 있다.[3]

11 그러나 증명정도에 대해서는 의견이 나뉜다. 이를 단순히 소송법적 사실에 속하는 것으로 보아 자유로운 증명으로 족하다는 판례의 입장,[4] 피고인에게 중대한 불이익을 초래할 수 있고, 공판정에서 이 사정에 대한 변론의 기회를 주어야 한다는 점에서 엄격한 증명을 요한다는 견해가 대립된다.[5] 수사절차에서 이루어진 상황을 증거능력 있는 증거로, 법정된 절차를 통해 엄격하게 증명하라고 하는 것은 실현가능성이 떨어진다. 예컨대 판례는 수사기관의 신문과정에서 녹화된 영상녹화물의 증거능력을 부인하는데,[6] 이러한 상황에서 신문과정에 진술의 임의성을 의심케 하는 사정이 없었다는 점에 대해 증거능력 있는 증거를 검사가 제시하는 것은 거의 불가능하다. 즉 진술 임의성의 전제는 자유로운 증명으로 족하다고 할 것이지만, 신문당시 영상녹화물을 제공하는 등 충분한 증명은 이루어져야만 한다. 자세히는 관련부분(50/9)에서 논한다.

(2) 증거 임의제출의 기초되는 사실

12 증거물 등을 피수사자가 임의로 제출하는 경우에는 수사기관이 이를 확보하기 위해 판사가 발부하는 영장을 요건으로 갖출 필요가 없다(제218조). 그런데 개별사안에서 임의제출의 외관을 갖춘 것처럼 보이지만 실질적으로 수사기관이 강

---

1) 대판 2006. 4. 7. 2005도9858; 1993. 6. 22. 91도3346.
2) 신동운 1108; 정영석/이형국 315.
3) 대판 2013. 7. 11. 2011도14044; 2006. 11. 23. 2004도7900; 2006. 1. 26. 2004도517; 1970. 11. 24. 70도2109.
4) 대판 2012. 11. 29. 2010도3029; 2003. 5. 30. 2003도705; 권오걸 639; 백형구(강의) 623; 신양균 715; 이재상/조균석 37/18.
5) 신동운 1110; 정승환 49/12; 정웅석/최창호 532.
6) 대판 2014. 7. 10. 2012도5041.

제적 압수를 행한 것인지 의심되는 경우도 있다. 판례는 이때 '압수물 제출의 임의성'에 대해서는 검사가 합리적 의심을 배제할 수 있을 정도로 증명하여야 하는 것으로 본다. 여기서 임의로 제출된 것임이 검사에 의해 증명되지 않은 때에는 그 압수물의 증거능력을 인정할 수 없다.[1]

5. 간접사실 · 보조사실 · 경험칙 · 법규정

간접사실이나 **보조사실**이라 하여 언제나 자유로운 증명의 대상인 것은 아니 13
다. 그 가운데 피고인의 유무죄 및 형의 경중을 좌우하는 사실은 엄격한 증명을 해야 한다. 직접사실 및 주요사실이 자유로운 증명으로 족한 때에는 그에 대한 간접사실 및 보조사실도 자유로운 증명의 대상이다.

경험칙은 사실이 아니라 사실평가의 전제가 되는 판단기준이다. 일상적으로 14
통용되는 경험칙은 일종의 공지의 사실로서 증명이 필요 없으나, 특별한 경험칙이 주요사실 인정의 기초가 될 경우에는 엄격한 증명이 필요하다.[2]

법규정의 존재나 내용은 법원의 직권조사사항이다. 그러나 외국법이나 관습 15
법, 자치법규와 같이 증명이 필요하고, 형의 유무와 경중을 가리는 사실판단의 전제가 되는 때에는 엄격증명의 대상이 된다.[3]

6. 알리바이의 증명

(1) 의의와 학설

알리바이(Alibi)는 **현장부재증명**이라고 하며, 범죄사실이 발생한 시각에 사건현 16
장에 피고인이 있지 아니하였다는 주장 및 그 증명내용을 말한다. 주장하는 자 또는 입증으로 유리해지는 자가 증명해야 하는 것이라는 점에서 [**증명책임의 제1, 2원리**], 범죄현장에 존재하지 않았다는 주장에 대해서는 피고인 자신이 증명해야 한다는 의견이 있다 [**피고인 증명설**].[4] 검사에게 알리바이의 '부존재를 증명'하라고 하는 것은 논리성이 떨어지는 주장으로 여겨지기 때문이기도 하다. '없는 것'을 증명한다는 것은 생각하기 어려운 관념이다. 알리바이는 유무죄 평가에 관련되는 사실이기 때문에 자유로운 증명으로 족한 것도 아니다. 그렇지만 위와 같은 이유로 인

1) 대판 2016. 3. 10. 2013도11233.
2) 대판 2000. 11. 10. 99도5541.
3) 대판 2011. 8. 25. 2011도6507; 1973. 5. 1. 73도289.
4) 이재상/조균석 37/31.

해 피고인에게 알리바이를 엄격하게 증명하라고 한다면 이는 피고인이 감당할 수 없는 요청이 될 것이다.

17 in dubio pro reo-**원칙**에 따라, 주장된 알리바이의 부존재가 검사에 의해 명확하게 증명되지 아니한 때에는 피고인에게 유리하게, 즉 알리바이가 존재하는 것으로 보아야 한다는 견해도 있다[**검사 증명설**].[1] 다시 말해 알리바이 여부의 증명이 불분명한 경우에 피고인은 언제나 범죄현장에 있지 않았다는 결론을 내려야 한다는 것이다. 그러나 이렇게 본다면 피고인이 증명될 가능성이 없는 알리바이를 무분별하게 주장하는 것에 대응하기가 어렵다.

(2) 결론 : 현장존재의 증명

18 알리바이는 **간접사실**에 불과하다. 수사기관과 피고인의 관심의 핵심은 알리바이 자체가 아니라, **주요사실**로서 '범죄현장에 피고인이 있었는가' 하는 것이다. 그렇기에 엄격하게 증명되어야 하는 것은 알리바이의 존재, 즉 현장에 부존재하였다는 사실이 아니라 현장에 피고인이 존재하였다는 사실이다. 피고인은 알리바이를 주장할 수 있을 뿐이며, 이에 대응하여 검사는 **피고인이 현장에 존재하였음**을 엄격하게 증명하여야 한다. 그러므로 알리바이의 증명 문제는 범죄의 주요사실을 검사가 엄격하게 증명해야 한다는 원리에서 벗어나 있는 테마가 아니다.

II. 불요증사실

1. 의 의

19 불요증사실은 사실 자체의 성질에 비추어 별도의 증명이 필요 없는 사실을 말한다. 예를 들어 공지의 사실과 추정된 사실이 이에 해당하며, 절차의 진행경과에 따라 합리적 의심이 없을 정도로 이미 확인된 사실도 넓은 의미에서 불요증사실이다. 불요증사실에 대해서는 굳이 법원의 증거조사가 필요 없으며, 당사자가 이를 증명하기 위해 증거신청을 하는 경우에 법원은 이를 기각할 수 있다.

20 법원은 실체적 진실에 가까운 사실을 구성할 의무를 지지만 이를 확인하는데 필요한 모든 사정을 낱낱이 증명해야 한다면 절차의 효율성을 유지할 수 없을 것이다. 불요증사실 개념을 통해서 굳이 증명이 필요하지 않은 사항을 가려내고

1) 신동운 1399; 임동규 476; 정승환 48/9.

이에 대한 증명활동을 생략하여 소송경제를 도모할 필요가 있다. 그러나 이 개념이 합당한 증명과정을 건너뛰거나 법원 스스로 진실규명의 의무를 덜어내는 방편이 되어서는 안 된다. 일반적으로 불요증사실로 구별되어 있더라도 개별적 사항에 대한 합리적 의심이 발생하면 법원은 증거를 조사해야 한다.

2. 불요증사실의 예

(1) 공지의 사실

공지의 사실은 평균의 지식과 경험이 있는 사람이면 누구나 의심하지 않고 알 21
고 있는 내용을 말한다. 사실뿐만 아니라 경험칙도 공지의 사실이 될 수 있다. 역사상 명백한 사실이나 신뢰할 수 있는 정보원으로부터 널리 드러난 사실, 일상적으로 추론할 수 있는 내용 등이 여기에 속한다. 반드시 모든 사람들이 알고 있어야 한다는 뜻은 아니며, 불특정 다수의 사람들에게 보편적으로 알려져 있는 것이면 된다.

(2) 추정된 사실

추정된 사실은 어떤 사실로부터 일반적으로 추론될 수 있어 굳이 증명이 필 22
요 없는 것을 말한다. 물론 추정된 사실이라 할지라도 얼마든지 반증 또는 반대주장을 통해 반박될 수 있다. **법률상 추정**은 법률상 일정한 사실이 증명되면 다른 사실의 존재가 추론되는 경우이다.[1] **사실상 추정**은 일반적 경험법칙에 따른 추정을 말한다. 구성요건해당사실로부터 위법성과 책임의 존재가 추정되는 경우는 법률규정에 따른 추론이 아니므로 후자에 해당한다.

(3) 증명금지사실

진실규명의 목적보다 더 큰 헌법적 가치가 침해될 우려가 있어 증명이 금지 23
되는 사실도 넓은 의미의 불요증사실이라고 볼 수 있다. 예컨대 공무원의 중대한 직무상 비밀에 속하는 사실(제147조), 증명활동이 대상자의 핵심적 기본권을 침해하는 사실 등이다.

(4) 절차참여자에 대한 신뢰가 전제된 사실

소송경제의 관점에서 형사절차에 참여한 사람의 전문성·윤리성·신뢰성 등 24

---

1) 예로는 상해죄의 동시범특례(형법 제263조), 환경범죄 등의 단속 및 가중처벌에 관한 법률상의 인과관계의 추정(제11조), 공무원범죄에 관한 몰수특례법상의 불법재산의 증명(제7조) 등이 언급되나 이와 같이 피고인의 가벌성을 확대시키는 방향으로의 추정은 법이론적으로 정당화되기 어렵다.

에 기초하여 굳이 증명대상으로 문제삼지 않아야 할 대상이 있다. 이 맥락에서 현행법은 법원 또는 법관이 작성한 공판조서를 다른 증명 없이도 이미 신빙성이 증명된 것으로 보고 있다(제311조) [**공판조서의 절대적 증명력**]. 이외에도 다음과 같은 내용이 거론된다.

25 **법원에 현저한 사실**은 법관이 그 직무영역에서 명백히 알고 있는 사실을 말한다. 다른 법관이 경험한 내용일지라도 '다수 사건에서 같은 방식으로 재판의 기초가 되었던 사실'이라면 증명을 필요로 하지 않는다고 한다.

26 **법률가 신뢰에 따른 사실**은 판사, 변호사, 검사 등 법조인에게 일반적으로 기대되는 신뢰(anwaltliche Versicherung)가 있기 때문에 그 활동내용의 진실성에 대해서 일일이 증명하지 않아도 된다는 내용이다.

27 **피고인이 법정에서 한 자백 내용**은 자신에게 불리한 내용일 것이므로 불요증사실이라고 하는 경우도 있다.

28 그러나 위와 같은 사실들이 간단히 불요증사실에 포함되는 것으로 보는 것은 바람직하지 않다. 참여자에 대한 신뢰가 형사절차를 진행하는 최소한의 전제이기는 하지만, 그들의 활동내용에 대해 전혀 의심을 갖지 않는다면 심지어 대부분의 형사소송은 생략될 것이다. 법조인의 지식이나 윤리성에 대한 신뢰는 선서 또는 명예에 의존하던 전근대적 소송과 달리, 현재 널리 인정될 만한 것은 되지 못한다.

제 2 절 위법수집증거배제법칙

이하 [제 2, 3, 4 절] 에서는 증거능력의 형식적 요건을 설명한다. 형사소송법에서는 증거능력을 인정하기 위한 적극적 요건을 규정하지 않고 증거능력을 배제해야 하는 조건을 세 가지 원칙으로 나누어 명문화하고 있다. 위법수집증거배제법칙(제308조의2), 자백배제법칙(제309조), 전문법칙(제310조의2)이 그것이다.

[47] 위법수집증거배제법칙의 의의와 요건

I. 위법수집증거배제법칙의 의의

1. 개 념

위법수집증거배제법칙은 적법한 절차에 따르지 않고 수집한 증거인 위법수집증거와, 그 증거를 원인으로 얻은 2차 증거의 증거능력을 부정하는 원칙이다. 제308조의2는 "적법한 절차에 따르지 않고 수집한 증거는 증거로 할 수 없다"고 하여 위법수집증거배제법칙을 규정하고 있다. 1

2. 근거: 위법수사의 억제

위법수집증거배제법칙, 자백배제법칙, 전문법칙의 공통적인 상위목적은 공평한 재판의 원리를 실현하고 피의자·피고인의 권리를 보장하는 데 있다. 형사소송법의 근본목적을 지탱하는 이 법칙들은 실체적 진실발견에 기여하려는 것이 아니라 오히려 절차가 진실발견에만 매진하지 못하도록 제한하는 기능을 담당한다(2/17). 2

특별히 위법수집증거배제법칙은 **형사사법기관의 위법한 증거수집을 억제**하는 데 고유한 역할을 한다. 수사기관이 진실규명에만 몰두할 경우 위법한 방법을 써서라도 중요한 증거를 수집하려 할 것이다. 이때 수사관을 개별적으로 제재하더라도 수집한 증거를 형사소송에서 이용할 수 있게 하면 결코 위법수사를 근절할 수 없다. 수사기관의 위법수사를 억제하고 재발을 방지하는 가장 효과적이고 확실한 방법은 이를 통해 수집한 증거는 물론 이를 기초로 하여 획득한 2차 증거를 유죄인정의 증거로 삼을 수 없도록 하는 것이다.[1] 이와 같은 목적에 기초하고 있기에 위법하게 수집한 증거를 증거로 사용하는 것에 피고인이 동의하더라도 증거능력이 회복되지 않는다. 3

1) 대판 2007. 11. 15. 2007도3061(전합).

II. 증거수집의 위법성

(1) 원 칙

4 증거수집의 위법성 여부는 헌법과 형사소송법, 형법을 비롯한 법질서에 상응하는지를 기준으로 하지만, 이외에 형사절차상 요구되는 근본적인 공정성과 신뢰성이 갖추어졌는지도 중요한 근거가 된다.[1] 예를 들어 함정수사의 방식은 실체형법에 따를 때 '미수의 교사 또는 방조'에 해당하여 가벌성이 없다고 볼 것이지만,[2] 그렇다고 해서 언제나 적법한 수사방법은 아니다.

5 수사기관이 증거를 위법하게 수집하겠다는 의도를 가져야 하는 것도 아니다. 단순한 절차형식에 대한 규정위반이 있는 경우도 위법한 증거수집방식에 포함될 수 있다.

(2) 제 한

6 이처럼 위반된 법률의 종류가 중요한 것은 아니지만, 위반정도를 평가하는 것은 중요하다. 예를 들어 영장에 발부일자를 기재하지 않은 경우나 압수목록을 일부 잘못 기재·교부한 경우 또는 증인에 대한 교호신문의 순서를 위반한 경우처럼 하자가 사소한 경우에는 증거능력에 영향이 없다고 보아야 한다. 판례도 '위반된 조항의 취지와 그 위반내용 및 정도, 구체적인 위반 경위와 회피가능성, 절차 조항이 보호하고자 하는 권리의 성질과 침해 정도 및 피고인과 관련성, 절차 위반행위와 증거수집 사이의 인과관계 등 관련성의 정도, 수사기관의 인식과 의도 등을 전체적·종합적으로 고려해야 한다'고 본다. 이에 따라 '증거능력을 배제하는 것이 적법절차의 원칙과 실체적 진실 규명의 조화를 도모하고자 하는 취지에 반하는 결과를 초래하는 경우라면 예외적으로 유죄 인정의 증거로 사용할 수 있다'고 한다.[3]

---

1) 헌재결 1996. 12. 26. 94헌바1.
2) 배종대, 형법총론, 141/7, 146/10.
3) 대판 2020. 11. 26. 2020도10729; 2017. 9. 21. 2015도12400; 2007. 11. 15. 2007도3061(전합).

III. 대상이 되는 증거

1. 진술증거와 비진술증거

7 위법수집증거배제법칙의 대상이 되는 증거는 형사절차에서 이용될 수 있는 모든 증거방법이다. 진술증거로서 증인의 증언은 물론 증거서류인 피의자신문조서, 참고인진술조서, 검증조서 등이 모두 포함되고 진술이 들어 있는 녹음·녹화물도 이에 속한다.

8 비진술증거인 **물증**에 대해서 위법수집증거배제법칙을 적용하지 않았던 예전 판례가 있다. '수집절차가 위법하더라도 물건 자체의 성질·형상에 변경을 가져오는 것은 아니므로 그 증거가치에는 변함이 없어 증거능력이 인정된다'고 하였다 [**성질·형상론**].[1] 이러한 견해는 1) 증명력이 곧 증거능력 인정의 근거가 될 수 없다는 점과, 2) 위법수사의 억제 목적에 부합하지 않는다는 이유로 거듭 비판을 받았다. 이제 법원은 입장을 바꾸어 비진술증거인 물증에 대해서도 일관되게 위법수집증거배제법칙이 적용되는 것으로 판시하고 있다.[2]

2. 2차 증거

(1) 독수과실이론

9 위법하게 수집한 증거 [**1차 증거**] 를 통해 알게 된 사실을 바탕으로 수집한 파생증거 [**2차 증거**] 의 증거능력도 배제된다. 예를 들어 고문을 통해 자백을 얻어냈다면 그 자백의 증거능력이 부정되는 것은 물론, 그 자백의 도움으로 찾아낸 물증의 증거능력도 인정되지 않는다. 1차 증거가 증거능력을 인정받을 수 없게 되더라도 그 증거를 계기로 더 많은 증거를 찾아 유죄인정의 자료로 삼는다면, 증거를 위법하게 확보하려는 수사기관의 활동을 막을 수 없다. 학설은 이를 미국실무의 영향을 받은 '독수과실이론(Fruit of the poisonous tree)'으로 설명한다. 위법하게 수집된 1차 증거가 독에 오염된 나무라면 그로부터 발견된 2차 증거는 그 나무에 달린 독열매에 해당한다는 것이다.

10 판례도 '절차조항에 따르지 않는 수사기관의 압수·수색을 억제하고 재발을

1) 대판 1994. 2. 8. 93도3318; 1987. 6. 23. 87도705.

2) 대판 2009. 12. 24. 2009도11401; 2009. 5. 14. 2008도10914; 2009. 3. 12. 2008도11437; 2007. 11. 15. 2007도3061(전합);

방지하는 가장 효과적이고 확실한 대응책은 이를 통해 수집한 증거는 물론 이를 기초로 획득한 2차 증거를 유죄인정의 증거로 삼을 수 없도록 하는 것'이라고 하여 이 원칙을 인정하고 있다.[1)]

(2) 원칙의 제한

11 독수과실이론을 어떤 상황에서도 예외 없이, 그리고 2차 증거는 물론 3차, 4차 증거 등 이후의 모든 증거방법에 적용한다면 위법수사의 가능성이 더욱 억제될 것이지만 한편으로 형사절차의 기능적 효율성은 매우 떨어지게 된다. 이에 따라 학설과 실무는 비례성원칙의 취지에 맞게 이 원칙을 제한하고 있다. 판례는 1차적 증거를 기초로 하여 다시 2차적 증거를 수집하는 과정에서 추가로 발생한 모든 사정들까지 구체적인 사안에 따라 주로 인과관계 **희석** 또는 **단절** 여부를 중심으로 전체적·종합적으로 고려하려 한다.[2)]

12 **1) 희석이론**은 위법수집증거배제법칙을 2차 증거에 확대하는 것을 제한하는 대표적 논증방법이다. 위법하게 수집된 1차 증거와 파생증거 사이에 인과관계가 불분명하여 1차 증거로부터 오염성이 희석되었기 때문에, 파생증거의 증거능력을 인정할 수 있다는 설명이다. 판례는 제1심 법정에서 진술거부권을 고지받지 않은 상태에서 이루어진 최초 자백으로부터 40여 일이 지난 후, 변호인의 조력을 받으면서 공개된 법정에서 임의로 이루어진 자백의 경우에는 그 증거능력을 인정하고 있다.[3)]

13 **2) 단절이론**도 마찬가지로 1차증거 수집의 위법성과 2차 증거 획득 사이에 인과관계가 단절되어 독수과실이론이 적용되지 아니하는 경우에 대한 것이다. 판례도 이 개념을 이용하여, 위법한 강제연행 상태로부터 피의자의 요청에 의해 혈액채취가 이루어진 때, 위법한 체포 상태에 의한 영향이 완전하게 배제되고 피의자의 의사결정자유가 확실하게 보장되었다고 볼 만한 다른 사정이 개입되지 않은 이상 불법체포와 증거수집 사이의 인과관계가 단절된 것으로 볼 수는 없다고 한다.[4)]

14 이외에도 **3)** 수사기관이 수색영장을 적법한 것으로 신뢰하여 수색하였으나

---

1) 대판 2020. 1. 30. 2018도2236(전합); 2009. 12. 24. 2009도11401; 2009. 4. 23. 2009도526; 2007. 11. 15. 2007도3061(전합) 등.

2) 대판 2018. 5. 11. 2018도4075; 2018. 4. 26. 2018도2624; 2017. 9. 21. 2015도12400.

3) 대판 2017. 9. 21. 2015도12400; 2013. 3. 14. 2012도13611; 2009. 3. 12. 2008도11437 참조.

4) 대판 2018. 5. 11. 2018도4075; 2018. 4. 26. 2018도2624; 2013. 3. 14. 2010도2094; 2009. 4. 23. 2009도526 참조.

그 후 영장이 무효임이 밝혀지더라도 그 수색으로 수집한 증거는 증거능력을 인정할 수 있다는 **선의이론**, 4) 오염된 1차 증거가 없었더라도 파생증거가 다른 경로를 통해 불가피하게 발견되었을 것임을 증명하는 때에 독수과실이론을 배제하는 **불가피한 발견이론**, 5) 위법수사가 있었더라도 이와 관계없는 독립된 수사에 의하여 수집될 수 있었던 증거임이 증명될 수 있는 때에는 파생증거에 위법수집증거배제법칙을 적용하지 않는 **독립된 증거원**證據源**이론** 등이 있다.[1] 그러나 3), 4), 5)와 같은 이론은 가설적인 내용에 의존하는 방법이거나 위의 희석 및 단절 개념과 중복되는 것으로서 독자적인 의미가 크지 않다.

3. 보조증거 · 간접증거 · 탄핵증거 등

15 위법수집증거배제법칙은 위법한 수사를 억제하는 데 가장 중요한 근거가 된다. 이 점에서 직접증거나 주요사실에 대한 증거뿐만 아니라 간접증거, 보조사실에 대한 증거도 위법하게 수집된 때에는 증거능력을 부정해야 한다. 진술증거의 신빙성을 떨어뜨리는 데에만 역할이 있는 탄핵증거로도 사용할 수 없다. 어떠한 형식으로든 증거의 효용을 인정한다면 이를 수집하기 위한 위법수사를 억제하기 어렵기 때문이다. 같은 이유에서 위법하게 수집한 증거는 자백의 보강증거로도 사용할 수 없다.

IV. 증거수집의 주체

1. 국가기관

16 위법수집증거배제법칙은 적법절차원칙으로서 국가형벌권의 정형적 실현에 기여한다. 이 점에서 원칙이 전제하는 위법한 수집의 주체는 경찰, 검사, 국가정보원, 공수처 등 수사기관일 것을 원칙으로 한다. 법원이 증거를 수집 · 조사하는 경우, 행정공무원 등 국가기관의 구성원이 수집한 때에도 마찬가지이다. 형식적으로 공무원이 아닐 경우라도 국가기관이 고용한 사람이거나 실질적으로 도움을 받는 사람일 때에는 이 원칙의 구속을 받는다.

---

1) 유사한 논증을 발견할 수 있는 예는 대판 2020. 11. 26. 2020도10729. 이 판례에 대한 평석으로는 홍영기, 2020년 형사법분야 대법원 주요판례와 평석, 안암법학 62, 145면 이하.

2. 사인이 위법하게 수집한 증거의 증거능력

17 국가기관 아닌 사인私人이 법률을 위반하여 수집한 증거의 경우에도 위법수집증거배제법칙이 적용되어야 하는지 문제된다.

(1) 부 정 설

18 사인의 위법수집증거에 대해 법칙의 적용을 부정하는 견해는, 위법수집증거배제법칙은 원래 수사기관의 위법수집증거에 적용되는 법칙이기 때문에 사인의 증거수집행위에 대해서는 이 법칙이 적용될 여지가 없다고 한다.[1] 형사소송법은 국가의 형사사법기관을 대상으로 하므로 사인은 법의 수명자가 아니며, 미국의 위법수집증거배제법칙이나 독일의 증거금지도 원칙적으로 사인의 행위를 대상으로 하지 않는다는 점을 근거로 든다.

(2) 긍 정 설

19 기본권 침해를 이유로 한 증거능력의 배제는 수사기관뿐만 아니라 사인에 의해 위법하게 수집된 증거에 대해서도 적용되어야 한다는 입장이다. 위법한 증거의 수집방식을 국가기관뿐만 아니라 사인에게도 허용할 수 없다고 해야 시민간의 권리침해 확대를 막을 수 있다는 것이다.[2]

(3) 절충설 · 판례

20 증거능력을 일률적으로 긍정하거나 부정하는 것이 아니라 일정한 조건을 전제로 증거능력의 인정 여부를 결정하는 절충적 견해가 있다. 침해되는 권리의 중요성을 기준으로 기본권의 핵심적 영역을 침해하는 경우에는 사인의 위법수집증거에 대해서도 증거능력을 부정해야 한다는 견해와 [권리범위설],[3] 효과적인 형사소추 및 형사소송의 진실발견이라는 공익과 위법행위로부터 침해되는 개인적 이익을 비교형량하여 증거능력의 여부를 결정하여야 한다는 견해로 나뉜다 [이익형량설].[4] 그렇지만 두 입장이 뚜렷이 다른 견해인 것은 아니다.

21 판례도 '시민의 사생활 영역에 관계된 모든 증거의 제출이 곧바로 금지되는 것으로 볼 수는 없고, 효과적인 형사소추 및 형사소송의 진실발견이라는 공익과

1) 이재상/조균석 39/16 이하.

2) 통신비밀보호법 제3조 ①항은 '누구든지' 불법감청을 할 수 없도록 하면서 같은 법 제4조는 제3조에 의해 채록된 내용은 '증거로 사용할 수 없다'고 규정하고 있다.

3) 노명선/이완규 452; 신양균 744.

4) 신동운 1234; 이창현 828.

개인의 인격적 이익 등의 보호이익을 비교형량해야 한다'고 한다.[1] 이에 따라 1) 간통을 고소한 남편이 피고인 주거에 침입하여 수집한 증거에 대해 증거로 제출하는 것을 허용하기도 하고,[2] 2) 피해자가 절취한 증거를 제출한 때에 증거제출을 허락한 예도 있으며,[3] 3) 시청공무원이 해킹을 통해 얻어낸 전자우편의 증거능력을 인정하는 한편,[4] 4) 사인이 유인하여 범죄를 유발하게 한 결과를 수사기관이 인지하게 된 때 위법한 함정수사가 아니라고 보기도 하였다.[5]

(4) 결론 : 이익형량설

사인이 위법하게 수집한 증거를 수사기관이 이용하여 **피고인에게 불리하게 이용**하려 한다면 위법수집증거배제법칙이 적용된다. 좁은 의미에서 '사인이 위법하게 수집한 증거의 증거능력' 문제는 이 경우를 다루는 것이다. 22

즉 위법한 방법을 통해 유죄 증거를 확보하는 사인의 행위를 국가기관이 용인하거나 권장하는 것처럼 되어서는 안 되기 때문에 원칙적으로 이 경우에도 위법수집증거배제법칙이 적용되어야 한다. 다만 수집된 증거가 실체진실발견에 기여할 수 있는 정도와 침해된 법익 간에 비교형량을 해야 할 필요는 있다. 즉 수사의 목적과 침해되는 권리 사이의 비례성을 고려하는 **이익형량설**이 타당하다. 23

(5) 피고인에게 유리한 증거인 경우

증명책임의 귀속원리에서 보았듯이 증거능력의 원칙은 양 당사자를 동시에 구속하는 것이 아니라 형사사법기관만을 통제하는 편향적인 규범이다(45/13). 그렇기에 **피고인이 자기에게 유리한 증거**를 수집하고 이용하려 할 때에는 위법수집증거배제법칙이 적용되지 않는다.[6] 예를 들어 제3자가 사건당시에 자신의 업소에 들른 피고인의 모습을 권한 없이 녹화하여 개인정보보호법을 침해한 때에, 그 녹화장면이 피고인의 알리바이를 증명할 수 있다면 이를 증거로 채택해야 한다. 피고인이 고용한 사립탐정이 수사공무원인 것처럼 행세하여 피고인에게 유리한 증거를 찾은 때에도, 공무원자격사칭죄(형법 제118조) 및 그 공범이 성립할 수는 있 24

1) 대판 2013. 11. 28. 2010도12244.
2) 대판 2010. 9. 9. 2008도3990; 1997. 9. 30. 97도1230.
3) 대판 2008. 6. 26. 2008도1584.
4) 대판 2013. 11. 28. 2010도12244.
5) 대판 2007. 7. 12. 2006도2339.
6) 홍영기, 형사절차에서 증명책임귀속원리 – 피고인은 증거법원칙에 구속되지 않는다 –, 사법 50, 2019, 348면 이하. 위 부정설의 논거는 바로 이 면에서 타당하나 결론은 정반대이다.

지만 형사절차에서 그 증거의 증거능력을 부정해야 하는 것은 아니다.

V. 위법수집증거배제법칙의 효과

25 위법하게 수집한 증거는 제308조의2에 따라 증거로 사용할 수 없다. 이 증거능력배제에는 예외가 없다. 만약 그 증거를 이유로 유죄판결을 내리면 이는 법령위반으로서 상대적 항소이유(제361조의5 1호) 및 상고이유(제383조 1호)에 해당한다. 위법하게 수집된 증거를 사용하는 데 피고인이 동의하더라도 증거능력이 회복될 수는 없다. 이는 전문법칙에 의한 증거능력제한과 구별되는 점이다. 판례도 적법절차에 따르지 않고 수집한 증거로서 증거능력이 없는 경우에는 피고인이나 변호인이 이를 증거로 함에 동의하였더라도 달리 볼 것은 아니라고 한다.[1)]

[48] 위법수집증거배제법칙의 적용

I. 진술증거

1. 증거능력을 부정한 경우

1 판례는 1) 진술거부권고지 없이 진행된 신문과정에서 작성된 피의자신문조서,[2)] 2) 진술거부권이 고지되지 않은 채 대화한 내용이 녹화된 비디오테이프의 녹화내용 및 그 비디오테이프에 대한 법원의 검증조서,[3)] 3) 위법한 긴급체포 중에 작성된 피의자신문조서,[4)] 4) 위법한 긴급체포 또는 강제연행 중에 제3자로부터 얻어낸 진술조서,[5)] 5) 변호인과 접견교통권이 제한된 상태에서 얻은 진술증거,[6)] 6) 피고인의 참여권 내지 반대신문권을 보장하지 않은 공판과정에서 확보한 증언,[7)] 7) 증거보전절차에서 참여권을 배제하여 얻어낸 증인신문조서[공판 전 증거보전],[8)] 8) 이미 증언을 마친 증인을 검사가 소환하여 피고인에게 유리한 증언

---

1) 대판 2019. 3. 14. 2015도1900; 2010. 1. 28. 2009도10092; 2009. 12. 24. 2009도11401.
2) 대판 2014. 4. 10. 2014도1779; 2010. 5. 27. 2010도1755; 2009. 8. 20. 2008도8213.
3) 대판 1992. 6. 23. 92도682.
4) 대판 2008. 3. 27. 2007도11400; 2002. 6. 11. 2000도5701.
5) 대판 2011. 6. 30. 2009도6717; 2007. 1. 12. 2004도8071.
6) 대판 2013. 3. 28. 2010도3359; 1990. 9. 25. 90도1586; 1990. 8. 24. 90도1285.
7) 대판 2005. 10. 28. 2005도5854.
8) 대판 1992. 2. 28. 91도2337.

을 번복시키는 방식으로 작성된 진술조서,[1] 9) 공소제기 후 증인이 되어야 할 사람을 수사기관에서 참고인으로 진술하게 하여 작성된 참고인진술조서[공소제기 후 수사],[2] 10) 검사의 서명날인이 누락된 검사작성 피의자신문조서,[3] 11) 선서 없는 증인신문·감정·통역·번역의 결과,[4] 12) 경찰이 범행장소에서 긴급을 요하여 검증한 이후 사후영장을 받지 않은 경우의 검증조서,[5] 13) 제3자에게 휴대전화를 제공하여 피고인과 통화하여 녹음하게 함으로써 얻어낸 녹취록을 첨부한 수사보고,[6] 14) 교통사고를 내고 의식을 잃은 피고인에게 경찰관이 영장 없이 의사로 하여금 채혈을 하도록 하여 획득한 혈중알콜농도에 관한 감정서[7] 등의 증거능력을 부정하였다.

2. 증거능력이 인정되는 한계사례

판례는 1) 피의자 아닌 자에게 진술거부권을 고지하지 않은 경우에 획득한 2
진술증거,[8] 2) 진술거부권고지가 요건이 아닌 행정조사절차에서 진술거부권고지 없이 작성된 문답서,[9] 3) 피고인의 퇴정 이후의 법정 진술,[10] 4) 공소제기 후 피고인신문,[11] 5) 증거조사 일시와 장소를 변호인에게 통지하지 아니하여 참여권이 제한되었으나 피고인과 변호인이 증거동의를 하여 증거로 할 수 있다고 한 증인신문조서[공소제기 전 증인신문][12] 등의 증거능력을 인정하였다.

II. 비진술증거

1. 영장주의 위반

판례는 1) 영장 없이 압수·수색·검증한 물건,[13] 2) 별건수사를 의도한 경우 3

1) 대판 2000. 6. 15. 99도1108(전합).
2) 대판 2019. 11. 28. 2013도6825.
3) 대판 2001. 9. 28. 2001도4091.
4) 대판 2006. 5. 25. 2005다77848.
5) 대판 1990. 9. 14. 90도1263; 1984. 3. 13. 83도3006.
6) 대판 2010. 10. 14. 2010도9016.
7) 대판 2012. 11. 15. 2011도15258.
8) 대판 2011. 11. 10. 2011도8125. 실질적으로 피의자에 해당한다면 진술거부권을 고지해야 한다는 다른 판례는 대판 2011. 11. 10. 2010도8294.
9) 대판 2014. 1. 16. 2013도5441.
10) 대판 2010. 1. 14. 2009도9344.
11) 대판 1984. 9. 25. 84도1646.
12) 대판 1992. 2. 28. 91도2337; 1988. 11. 8. 86도1646.
13) 대판 2010. 7. 22. 2009도14376.

이거나 압수대상물이 특정되지 아니하여 영장 자체에 중대한 하자가 있는 경우의 압수물 [압수대상물의 불특정],[1] 3) 영장기재 물건에 포함되지 않은 채 압수된 물건 [압수대상물의 미기재],[2] 4) 체포현장요건 또는 긴급체포요건 등을 갖추지 않은 상황에서 압수·수색된 물건,[3] 5) 긴급체포시 압수한 물건에 관하여 사후영장을 발부받지 않고도 즉시 반환하지 않은 경우,[4] 6) 경찰이 소유자, 소지자 또는 보관자가 아닌 자에게 임의제출받은 압수물 및 압수물을 찍은 사진,[5] 7) 영장 없이 매출전표의 거래명의자에 관한 정보를 획득한 경우,[6] 8) 우연히 발견한 것을 임의제출물로 처리하여 영장 없이 확보한 경우,[7] 9) 피해자가 임의제출한 증거를 임의제출물로 처리하여 영장집행의 절차를 위배한 경우[8] 등의 증거능력을 부정하였다.

2. 물증취득의 위법

4 판례는 1) 범의유발형 함정수사로서 위법한 방식으로 취득한 증거,[9] 2) 위법한 체포상태에서 이루어진 강제채뇨, 강제채혈, 음주측정의 결과,[10] 3) 제3자가 타인의 대화를 몰래 녹음한 내용,[11] 4) 공소제기 후의 압수·수색으로 얻어진 증거,[12] 5) 영장집행 과정에 피의자의 참여권이 보장되지 않은 경우,[13] 6) 정보복제 절차에 참여권을 배제하는 등 전자정보의 압수방식이 법에 위배된 경우,[14] 7) 피의자 아닌 타인의 동의를 받은 후의 채혈 결과[15] 등의 증거능력을 부정하였다.

3. 증거능력이 인정되는 한계사례

5 판례는 1) 압수목록의 작성·교부 등 집행방식에 사소한 위법이 있는 경우의

---

1) 대판 2018. 4. 26. 2018도2624; 2014. 1. 16. 2013도7101; 2009. 3. 12. 2008도763; 2009. 5. 14. 2008도10914; 2007. 11. 15. 2007도3061(전합).
2) 대판 2022. 6. 30. 2022도1452; 2012. 3. 29. 2011도10508; 2007. 11. 15. 2007도3061(전합).
3) 대판 1990. 9. 14. 90도1263; 1984. 3. 13. 83도3006.
4) 대판 2009. 12. 24. 2009도11401.
5) 대판 2011. 4. 28. 2009도2109; 2010. 1. 28. 2009도10092.
6) 대판 2013. 3. 28. 2012도13607
7) 대판 2010. 1. 28. 2009도10092.
8) 대판 2021. 11. 18. 2016도348(전합).
9) 대판 2008. 10. 23. 2008도7362; 2007. 7. 12. 2006도2339; 2005. 10. 28. 2005도1247.
10) 대판 2013. 3. 14. 2012도13611; 2013. 3. 14. 2010도2094; 2006. 11. 9. 2004도8404.
11) 대판 2014. 10. 15. 2011도3509; 2011. 9. 8. 2010도7497.
12) 대판 2011. 4. 28. 2009도10412.
13) 대판 2021. 12. 30. 2019도10309.
14) 대결 2015. 7. 16. 2011모1839(전합); 대판 2021. 11. 25. 2016도82; 2012. 3. 29. 2011도10508.
15) 대판 2011. 5. 13. 2009도10871.

압수물,[1] 2) 기회제공형 함정수사로 얻은 증거,[2] 3) 위법한 수사로 얻은 진술증거로부터 정보를 얻어 찾아낸 물증이지만, 위법성이 희석 · 단절된 경우,[3] 4) 대화당사자인 피해자가 몰래 녹음한 대화내용,[4] 5) 지문채취 후 위법한 압수가 있었던 경우에 그 채득된 지문[5] 6) 사생활이 포함된 전자우편이 압수된 경우,[6] 7) 긴급체포의 위법성을 치유하려 노력한 이후에 재차 획득한 2차 채뇨,[7] 8) 피압수자가 불참의사를 표시한 경우의 압수절차를 얻은 전자정보,[8] 9) 영장기재사실과 관련성이 있는 사실에 포함된 물건으로 압수된 휴대전화,[9] 10) 참여권을 보장하지 않고 얻어낸 물증이지만, 위법성이 희석 · 단절된 경우[10] 등의 증거능력을 인정하였다.

제 3 절 자백배제법칙

[49] 자백배제법칙의 의의

I. 자백배제법칙의 개념과 역할

자백배제법칙은 수사기관이나 법원이 임의성을 제한하는 방식으로 진술자의 자백을 얻어낸 경우에 그 증거능력을 부정하는 원칙이다. 여기서 **자백**은 피의자 또는 피고인이 혐의사실의 전부 또는 일부를 인정하는 진술을 말한다. 제309조는 "피고인의 자백이 고문, 폭행, 협박, 신체구속의 부당한 장기화 또는 기망 기타의 방법으로 임의로 진술한 것이 아니라고 의심할 만한 이유가 있는 때에는 이를 유죄의 증거로 할 수 없다"고 하여 이 원칙을 명문화하고 있다. 헌법 제12조 ⑦항 1

1) 대판 2011. 5. 26. 2011도1902.
2) 대판 2007. 5. 31. 2007도1903.
3) 대판 2009. 3. 12. 2008도11437.
4) 대판 2019. 3. 14. 2015도1900; 1997. 3. 28. 97도240.
5) 대판 2008. 10. 23. 2008도7471.
6) 대판 2013. 11. 28. 2010도12244.
7) 대판 2013. 3. 14. 2012도13611.
8) 대판 2019. 7. 11. 2018도20504.
9) 대판 2020. 2. 13. 2019도14341, 2019전도130.
10) 대판 2020. 11. 26. 2020도10729.

도 같은 내용이다.

2 자백은 유죄인정의 가장 중요한 증거이며, 증거수집과 조사도 자백을 전제로 할 때 훨씬 효율적으로 진행된다. 형사사법기관이 피의자·피고인에게 자백을 받아내는 것을 중요한 목표로 삼고 있는 이유이다. 그러나 수사방법이 자백획득에 의존할수록 인권침해 수사의 우려가 커지며, 때로는 진실을 구현하기 어려워질 수도 있다. 이러한 인식에 따라 이제는 전근대적 수사방식의 전형처럼 여겨지는 **자백편중수사**를 극복하고, 객관적 정보를 과학적으로 수집하는 데 형사사법기관의 관심이 옮아가고 있다.

3 자백배제법칙은 오로지 자백의 주체가 신체·정신적 압박 없이 임의적으로 자백한 것만 증거능력을 인정하게 함으로써, 자백을 통해 수사에 협조하도록 강요하는 것을 직접 금지한다. 이 면에서 자백배제법칙과 위법수집증거배제법칙은 **특별-일반** 관계에 놓여 있다. 임의성을 제한하여 자백을 얻어내는 방식은 대표적인 위법한 증거수집방법이기 때문이다. 이와 같은 내용의 자백배제법칙의 '법적 근거'에 대해서는 전통적으로 아래와 같은 견해대립이 있다.

II. 자백배제법칙의 근거

1. 학설과 판례

(1) 허위배제설

4 허위배제설은 고문 등의 방법으로 자백을 받으려 하는 경우에, 피의자가 고통을 피하기 위해 허위사실을 자백할 수 있다는 데서 자백배제법칙이 비롯되었다고 본다.

5 이에 대한 비판으로, 허위배제설은 자백의 증거능력과 증명력을 혼동한 것이고, 이에 따르면 자백배제법칙의 적용 여부가 자백의 진실성 또는 신뢰성에 따라 좌우되는 문제가 있다고 한다. 자백이 강제나 고문에 의한 것이라도 그 자백에 근거한 다른 증거에 의해 자백내용의 진실성이 입증되면 이러한 자백의 증거능력을 인정할 수밖에 없다는 것이다.[1]

6 그러나 자백배제법칙의 근거, 즉 '왜 자백배제법칙이 중요한 적법절차원리가

1) 신동운 1362; 이재상/조균석 38/7.

되었는가'라는 더 근본적인 질문에 대한 답으로서 허위배제설은 의미있는 논거를 제공하고 있다. 이에 대해 '자백이 허위가 아니라면 증거능력이 있단 말인가'라는 식의 비판은 비논리적이다.

(2) 인권옹호설

인권옹호설은 피의자 · 피고인의 내심의 의사결정이 자의에 의해 이루어져야 한다는 자기결정권 등 권리보장의 취지로부터 자백배제법칙의 법적 근거를 찾는다. 7

이 견해에 대해, 자백배제법칙과 진술거부권의 보장을 동일시하는 것은 부당하고, 피고인의 진술자유 침해 여부는 자백한 사람의 내면적 상태에 관한 사항으로 그 판단기준이 주관적일 수밖에 없으며, 진술에 관한 피고인의 자기결정권이 침해되는 이외의 사유로 자백의 증거능력을 제한해야 할 필요가 있는 경우를 설명하기 어렵다는 비판이 있다.[1] 8

그러나 피의자 · 피고인으로 하여금 국가기관에 자발적으로 협조할 것을 강요하는 경우 그의 내면의 자유가 침해되며, 결국 그의 본성에 반하는 행동을 하게 함으로써 인간의 존엄을 훼손하게 될 것이라는 경계는 자백배제법칙의 중요한 근거라고 해야 한다[nemo tenetur-**원칙**]. 9

(3) 위법배제설

현재 다수설은 자백배제법칙이 자백취득과정에서 적법절차를 보장하기 위한 증거법원칙이라고 한다.[2] 이를 **적법절차설**로 부르기도 한다. 이렇게 이해하여야 자백의 진실성이나 임의성과 상관없이 위법하게 취득한 자백은 곧 제309조에 의해 증거능력이 부정된다는 것이다. 10

이 견해에 대해서는 자백의 임의성이 배제되는 경우와 다른 적법절차위배의 질적 차이를 설명하기 어렵다는 비판이 있으며, 자백배제법칙이 갖는 헌법상의 의의를 간과하고 증거법상 보조수단으로 만든다는 지적도 있다.[3] 11

그러나 이에 앞서 '자백배제법칙은 위법을 배제하려는 데 또는 적법절차를 유지하려는 데 목적이 있다'라고 말하는 것이 **동어반복**이자 **순환론**(Tautologie)에 그친다는 사실이 더 중요하다. 제309조는 자백의 증거능력을 부정해야 하는 위법 12

1) 신동운 1364; 이재상/조균석 38/8.
2) 노명선/이완규 459; 손동권/신이철 545; 송광섭 167; 이은모 652; 이재상/조균석 38/15; 이창현 840; 임동규 500; 정영석/이형국 336; 차용석/최용성 535.
3) 신동운 1363.

한 상황을 예시하고 있는데, 그 규정의 목적이 위법을 배제하려는 것이라고 설명하고 있기 때문이다. 즉 위법배제설은 제도의 본질론임에도 '이 내용이 왜 규정되어 있는지'에 대해 답하지 않는다.

(4) 종합설 · 판례

13 위의 여러 관념을 종합하여 자백배제법칙의 근거를 찾으려는 견해가 있다. 제309조 전단 "고문, 폭행, 협박, 신체구속의 부당한 장기화에 의한 자백"은 인권침해에 의한 자백을 규정한 것이며, 후단 "기망 기타의 방법에 의한 자백"은 허위배제설에 근거한 것으로 보는 시각이 있고,[1] 허위배제설과 인권옹호설뿐만 아니라 위법배제설도 자백배제법칙의 근거로서 포괄하기도 한다.[2]

14 판례의 시각은 일치되어 있지 않아, 허위배제[3] 또는 위법배제[4] 등으로 읽을 수 있으며, 근래에는 인권옹호의 시각도 표현되어 있다. 즉 임의성 없는 자백의 증거능력을 부정하는 취지는, 허위진술을 유발 또는 강요할 위험성이 있다는 점 그리고 피의자의 기본적 인권을 침해하는 위법 · 부당한 압박이 가하여지는 것을 사전에 막기 위한 것이라고 한다.[5]

2. 결론 : 자백배제법칙의 근거와 역할

(1) 소극적 요건의 특유성

15 위의 논의는 자백배제법칙의 근본적인 취지에 대한 것이므로, 허위를 배제하려는 측면이나 [허위배제설], 피의자 · 피고인이 사안해명에 협조할 것인지를 스스로 결정하도록 해야 한다는 원리 [인권옹호설]는 부분적으로 타당한 근거를 제공한다. 자백배제법칙은 위법수집증거배제법칙의 특별형태이기 때문에, 위법한 자백획득방식을 억제함으로써 국가기관의 도덕성을 유지하도록 한다는 취지도 당연히 포함되어야 한다 [위법수사억제]. 이외에 다른 근거도 추가하여 열거할 수 있다.

16 자백배제법칙은 증거능력을 근거짓는 요건이 아니라 그것을 배제하는 당위이다. 이러한 **소극적 조건의 특유성**으로 인해 마치 위법성조각사유가 경합하여 불

---

1) 김기두 134; 백형구(강의) 645; 서일교 176; 신양균 755; 정영석/이형국 335.
2) 권오걸 631; 김재환 638; 신동운 1365.
3) 대판 2000. 1. 21. 99도4940.
4) 대판 1983. 3. 8. 82도3248.
5) 대판 2015. 9. 10. 2012도9879; 2012. 11. 29. 2010도3029; 2006. 1. 26. 2004도517; 2000. 1. 21. 99도4940.

법을 배제하는 상황처럼,[1] 얼마든지 많은 근거가 겹쳐 있을 수 있는 것이다. 자백의 증거능력을 배제하는 구체적인 사유가 제309조에 나열된 데 그치지 않는[2] 이유도 이러한 소극적 요건의 특유성 때문이다.

(2) 고문 등과 자백 사이의 인과관계

흔히 허위배제설과 인권옹호설을 취하면 위법한 방법과 자백의 증거능력배 17
제 사이에 인과관계가 필요하고 위법배제설에 따르면 양자 간 인과관계가 필요하지 않다고 말한다. 이 점에서 위법배제설을 더 적법절차에 유리한 입장으로 보기도 한다.[3] 그러나 위 본질론 가운데 무엇을 취하느냐에 따라 고문 등의 방법과 증거능력배제 간에 인과관계의 필요성이 달라지는 것은 아니다.

제309조의 적용을 받기 위해서는 법에 나열된 방법이 있었는지 그리고 임의 18
성이 의심되는 자백인지 평가해야 한다. 그러나 양자 사이에 인과관계를 따져야 하는 것은 아니다. 진술의 임의성에 의심이 있다는 사실 자체만으로 그 원인을 묻지 않고 증거능력을 배제하는 것이 현행법의 태도이기 때문이다(제317조 참조).[4]

[50] 자백배제법칙의 요건 · 효과

1. 자 백

자백은 피의자 또는 피고인이 혐의사실의 전부 또는 일부를 인정하는 진술 1
을 말한다. 여기서 자백개념의 범위를 넓게 볼수록 자백배제법칙을 검토해야 하는 경우가 늘어나므로 피의자 · 피고인의 권리보장에 유리하다. 범죄사실을 그대로 인정하는 것뿐만 아니라, 구성요건에 해당하는 사실은 긍정하면서 위법성조각사유나 책임조각사유의 존재를 주장하는 경우도 자백에 해당한다. 진술주체의 형식적 지위도 중요하지 않다. 피고인이 피의자나 증인, 참고인, 일반인의 지위에서 행한 진술도 여기의 자백에 해당할 수 있다. 자백의 형식이나 상대방도 중요한 문제가 아니다. 즉 서면과 구술에 의한 자백 모두 가능하며, 법원 또는 법관, 수사기관에 대해 하는 자백은 물론 제3자에게 한 자백도 이에 포함된다.

---

1) 이러한 소극적 요건의 특유성은 홍영기, 위법성조각사유의 경합, 고려법학 50, 303면 이하.
2) 대판 1985. 2. 26. 82도2413.
3) 신동운 1373; 신양균 759; 이재상/조균석 38/27.
4) 판례는 이때의 인과관계는 추정되는 것으로 본다(대판 1984. 11. 27. 84도2252).

2. 고문 · 폭행 · 협박 · 신체구속의 부당한 장기화

2 **고문**은 진술을 얻어내기 위해 사람의 정신이나 신체에 극심한 고통을 가하는 것을 말한다. **폭행**은 신체, **협박**은 내심을 압박하는 방법이다. 고문은 폭행 · 협박의 극단적 형태이다. 이 요건들은 자의적인 진술을 방해하는 모든 방법을 포함한다. 오랜 시간 잠을 재우지 않거나 음식을 제공하지 않는 것, 다른 사람이 고문당하는 것을 인식하게 하는 것 등이다. **신체구속의 부당한 장기화**는 구속기간이 경과되었다는 것 이외에 구속시의 부당성도 포함한다. 영장주의에 반하거나 구속사유를 고지하지 않는 등 구속의 불법이 있다면 그로부터 획득된 자백은 증거능력이 배제된다. 적법한 기간 안에 이루어진 자백이라도, 개별적 구속필요성과 피의자 · 피고인의 심리상태에 비추어 임의성이 제한되는 경우는 자백의 증거능력을 배제해야 한다. 위법 수단과 자백의 시점이 겹치지 않아도 무방하다. 판례는 경찰의 고문에 의해 임의성이 없는 심리상태가 검사의 조사단계까지 계속된 경우, 검사 앞에서 행한 자백의 증거능력을 배세하였다.[1)]

3. 기 망

3 기망은 대상자를 속여서 착오에 빠지게 함으로써 자백을 얻어내는 방법을 말한다. 기망의 내용은 사실에 대한 것이나 법적 평가에 대한 것을 불문한다. 공범자가 이미 자백하였다고 거짓말하거나, 이미 물증이 발견되었다고 속여서 자백하게 하는 경우, 자백하더라도 그 내용이 공판절차에서 증거로 사용될 수 없다고 거짓말하는 것, 구속하지 않는다고 하거나 보호감호 청구를 하지 않는 등 가볍게 처리해주겠다고 속인 경우,[2)] 거짓말탐지기의 검사결과를 허위로 말함으로써 자백을 얻어낸 경우 등이 이에 해당한다.[3)] 기망의 영향만으로 자백한 때에 국한되지 않고, 기망이 자백을 하게 된 동기 가운데 하나여도 무방하다. 그러나 상황에 대해 단순히 침묵하는 묵시적 기망은 여기에 포함되지 않는다. 수사기관이 진술자에게 상황을 진실대로 모두 설명해주어야 하는 법적 작위의무를 지는 것은 아니기 때문이다.

---

1) 대판 2012. 11. 29. 2010도3029; 2011. 10. 27. 2009도1603; 2004. 7. 8. 2002도4469; 1992. 11. 24. 92도2409.
2) 대판 1985. 12. 10. 85도2182.
3) 대판 1985. 9. 24. 85도306; 1983. 9. 13. 83도712.

4. 기타 방법

제309조 후단은 "기타 방법으로 임의로 진술한 것이 아니라고 의심할 만한 이유가 있는 때"에도 자백의 증거능력을 부정하도록 하고 있다. 이러한 보충적, 비정형적 사유가 있는 이유는 소극적 요건의 특징상 자백에 임의성이 없다고 볼 수 있는 여러 사정을 모두 나열하는 것이 불가능하기 때문이다. 여기에 속할 수 있는 대표적인 유형은 다음과 같다. 4

(1) 약속에 의한 자백

약속에 의한 자백은 피고인이 자백하는 대가로 일정한 이익을 제공할 것을 약속하여 얻은 자백을 말한다. 대가를 바라고 자백한 상황에서 진술자의 임의성이 제한된 것으로 보아야 하는 때에는 그 자백에 증거능력이 없다. 제시된 이익이 자백에 이어 실제로 제공된 경우 또는 불가피하게 제공할 수 없게 된 때가 여기에 해당하고, 처음부터 이익을 제공하지 않으려는 의도로 약속한 경우는 기망에 의한 자백에 속한다. 5

대표적인 방법은 형사절차상 이익을 대가로 제시하는 것이다. 수사에 협조하는 대가로 일정한 사법상 이익을 제공하는 형사절차의 협상[1]은 실정법으로 허용된 방법이 아니다. 불기소하거나 가벼운 죄로 기소,[2] 또는 낮은 형으로 구형한다고 하거나 집행유예처분을 받도록 해준다는 등의 약속을 하고 자백을 얻는 것은 피의자 · 피고인의 임의적 진술을 방해하는 방법이다. 이익제공이 법률상 허용되지 않은 것일 필요도 없다. 약속을 대가로 자백을 얻는 것은 이익제공의 성격 때문이 아니라 진술자의 자의성을 침해한 데 위법성이 있기 때문이다. 예를 들어 수사관이 가족을 보호해준다고 하거나 일자리를 알아봐준다고 약속한 경우라 하더라도, 이를 자백을 얻어내는 대가로 삼는 것은 개별상황에 비추어 진술자의 임의성을 제한하는 방식이 될 수 있다. 다만 식사를 제공한다는 약속 등 이익이 사소한 내용이거나 통상적 편의제공에 불과한 경우, '앞으로 편하게 만들어준다'는 식의 모호한 약속은 이에 해당하지 않는다. 6

(2) 건강하지 않은 상태에서의 자백

장시간 잠을 재우지 않고 자백을 얻어내는 방식 등 판단능력을 떨어뜨릴 정 7

1) 미국의 Plea Bargaining 등.
2) 대판 1987. 4. 14. 87도317; 1984. 5. 9. 83도2782.

도의 수면부족이나 피로한 상황을 이용하는 것은 위법한 신문이다. 야간에 신문이 이루어진 것 자체는 위법한 수사가 아니지만, 지나치게 긴 시간 수면을 방해하여 얻은 자백은 임의성을 갖추고 있다고 보기 어렵다.[1] 약물이나 술 등을 이용하여 의사지배능력을 떨어뜨리고 진술하게 하는 것도 마찬가지이다. 거짓말탐지기를 이용하는 경우에도 진술자가 자발적으로 이를 희망해야 하며, 정신과 신체에 대한 압박으로 인해 심리적으로 부자유한 상태로 신문이 진행되어서는 안 된다.

(3) 진술거부권 침해에 의한 자백

8 진술거부권을 고지하지 않은 채 자백을 얻어내는 방법은 작위의무를 위반한 묵시적 기망에 해당한다고 볼 수 있으며, 기본권을 침해하는 중대한 위법이기 때문에 그로부터 얻어낸 진술의 증거능력은 부정된다.[2] 변호인과 접견교통권을 침해하여 얻은 자백도 마찬가지이다.[3] 과거에 이러한 상황은 제309조 자백배제법칙에 위배되는 것으로 보았으나 이제 제308조의2에 따라 위법수집증거배제법칙에 해당하는 것으로 보아도 무방하다.

5. 요건에 대한 증명

(1) 증명의 주체

9 자백이 임의적으로 이루어진 것이 아님을 피고인이 주장하는 경우 그 증명책임이 누구에게 있는지 문제된다. 진술에 임의성이 있다는 사실은 추정되는 것으로서, 임의성에 의심이 생길 만한 사정을 피고인이 구체적 사실을 통해 증명하는 때에만 검사에게 그에 반박하는 증명책임이 돌아간다는 과거 판례도 있었다.[4] 그러나 임의성이 제한된 상황이었음을 피고인이 증명하는 것은 사실상 불가능하다. 따라서 피고인이 자백배제법칙이 적용될 만한 경우였음을 주장하면 이에 대응하여 검사가 자백이 임의적으로 취득된 것임을 증명해야 한다는 데 현재 학설과 판례의 입장은 일치하고 있다.[5]

---

1) 대판 2006. 1. 26. 2004도517; 1998. 4. 10. 97도3234. 30시간을 재우지 않은 신문방법을 위법한 것으로 본 예는 대판 1997. 6. 27. 95도1964.

2) 대판 1992. 6. 23. 92도682.

3) 대판 1990. 8. 24. 90도1285; 1984. 8. 14. 84도1139.

4) 대판 1984. 6. 26. 84도748.

5) 대판 2015. 9. 10. 2012도9879; 2012. 11. 29. 2010도3029; 2006. 1. 26. 2004도517; 2000. 1. 21. 99도4940.

(2) 증명의 정도

진술의 임의성을 **엄격한 증명**으로 입증해야 한다는 견해가 있다.[1] 그러나 자백에 증거능력이 있는지 가리는 요건을 증거능력 있는 증거로 증명해야 한다는 것은 논리적이지 않다. 임의성의 기초되는 사실을 검사가 증거능력 있는 증거로, 정해진 증거조사방식에 따라 증명하는 것은 거의 불가능하며, 피고인이 자백의 임의성을 문제삼을 때마다 엄격한 증명으로 반증하도록 하는 것은 절차의 효율성을 떨어뜨린다. 10

자백의 임의성은 소송법적 사실이므로 **자유로운 증명**으로 충분하다는 판례입장이 타당하다.[2] 그렇지만 판례가 말하는 것처럼 '피고인의 학력, 경력, 직업, 사회적 지위, 지능 정도, 진술내용, 조서 형식 등 제반사정을 참작하여 자유로운 심증으로'[3] 평가하는 데에 그쳐서는 안 될 것이다. 문제되는 자백이 수사절차 또는 공판절차에서 획득된 것이고, 그 증명력의 정도가 사안평가에서 중요한 경우라면 공판과정에서 임의성이 분명히 증명되어야 한다. 예를 들어 피의자신문 상황이 녹화된 영상을 통해서 자백이 임의적으로 이루어졌음을 증명할 수 있다. 이러한 영상녹화물이 독자적 증거능력이 있는 것은 아니므로 이를 통한 엄격한 증명은 불가능하지만, 진술의 임의성을 증명하는 보조수단으로 사용할 수 있게 한 실정법의 태도에 비추어 자백의 임의성을 증명하는 자료로는 이용할 수 있다. 11

6. 자백배제법칙의 효과

자백의 임의성을 의심할 만한 요건이 증명된 때 그 자백은 증거능력이 없다. 이러한 증거능력제한의 효과는 절대적이다. 자백에 대해 피고인이 증거로 할 것을 동의하더라도 위법수집증거배제법칙의 경우와 마찬가지로 증거능력이 인정되지 않는다. 이로부터 얻어낸 자백은 탄핵증거로도 사용할 수 없다. 이러한 자백을 근거로 유죄판결을 내리면 이는 법령위반으로서 상대적 항소이유(제361조의5 1호) 및 상고이유(제383조 1호)에 해당한다. 자백배제법칙은 위법수집증거배제법칙의 특수한 경우라고 할 것이므로, 증거능력이 인정되지 않는 자백에 의해 수집된 파생증거의 증거능력도 인정될 수 없다 [**독수과실이론**]. 12

1) 강구진 496; 김기두 126; 송광섭 172; 이은모 650.
2) 대판 2003. 5. 30. 2003도705; 1998. 3. 13. 98도159; 1993. 7. 27. 93도1435.
3) 대판 2011. 10. 27. 2009도1603.

제 4 절 전문법칙

[51] 전문법칙 일반론

I. 전문증거의 의의

1 전문증거는 피고인, 증인 등 사안을 체험한 자[**원진술자**]가 구두로 사안에 대해 진술하는 것 이외에 다른 경로로 제출된 **진술증거**를 말한다. 전문증거가 사람의 구두진술인 경우를 **전문진술**, 서류인 경우는 **전문서류**라고 한다. 전문증거는 세 가지 요건을 통해 정의된다.

(1) 진 술 성

2 전문증거는 증거가 되는 **진술**에 국한된다. 진술은 사안 관련내용을 인지, 기억하는 한편 이성의 작용을 통해 분석 및 종합하여 언어로 바꾸어 전달된 것이다. 말로 하거나 글로 쓰는 것을 불문하며, **언어적 행동**도 포함된다. 예를 들어 묻는 말에 고개를 끄덕이거나 피의자가 현장에서 범행을 재연하는 것, 사건을 목격한 사람이 혐의자를 손가락으로 지적하는 행위 등이다.

(2) 증 거 성

3 증거는 일정한 사실이 참 또는 거짓이라는 판단 또는 그와 같은 평가를 돕는 정보이다. 다음에 주의해야 한다.

4 첫째, **진술이 일정한 사실 자체를 이룰 때**에는 증거가 아니다. 예컨대 명예훼손 사안에서 타인의 명예를 훼손한 진술은 범죄사실 자체를 이루는 내용일 뿐, 범죄에 대한 증거가 아니다. 따라서 자신의 명예를 훼손한 내용의 말을 공판정에서 진술하는 피해자의 증언은 전문증거가 아니라 원본증거이다.[1] 공소사실 이외의 사실이라 하더라도, 피고인이 피해자에게 고소를 하지 못하도록 협박한 내용, 피의자가 범죄사실을 숨기기 위해 참고인이 된 친구에게 부탁하는 내용의 문자 등도 진술증거가 아니다. 같은 논리에서, 사실에 대한 원진술자의 진술이 포함된

---

1) 대판 2021. 2. 25. 2020도17109; 2019. 8. 29. 2018도2738(전합); 2018. 5. 15. 2017도19499; 2015. 4. 23. 2015도2275; 2012. 7. 26. 2012도2937; 2008. 11. 13. 2008도8007; 2000. 2. 25. 99도1252.

서류가 전문증거로 증거능력이 없더라도, 원진술자가 그러한 진술을 했다는 사실 자체에 대한 증거로 쓰일 수는 있다.[1]

둘째, **사안에 대한 인식과 판단을 포함**해야 한다. 대체로 '…인 사실이 참/거 5
짓이다'라는 내용 또는 그러한 내용을 돕는 것을 뜻한다. 그러므로 진술자의 음성이나 언어적 행위라 하더라도 단순한 외침이나 감정표현 등은 증거가 될 수 없다.[2] 이때 '사안에 대한 인식 · 판단' 여부는 증거가 공판정에 전달되는 시기를 기준으로 한다. 예를 들어 의사의 진단서는 의사가 범죄사안을 인식하여 작성한 것은 아니지만, 그것이 사법기관에 전달되는 때는 사안의 인식과 판단 또는 이를 돕는 것이 내용이 되므로 이 요건을 충족한다.

셋째, **평가자의 단순한 주장**은 증거가 아니다. 사안에 대한 평가라 하더라도 6
단순한 주장은 '어떤 사실이 참 또는 거짓이라고 보아야 하는 근거'가 될 수 있는 증거가 아니다. 예를 들어 고소장, 공소장 등은 처벌에 대한 주장으로서 의사표시를 적은 서류이기에 전문법칙의 적용을 받기에 앞서 증거로 쓰일 수 없다.

(3) 전 문 성

증거인 진술 가운데 간접으로 전해진 것이 전문(傳聞)증거이다. 이러한 속성으 7
로 인해 전문증거에 대해서는 **반대신문권**을 행사할 수 없는 것이며 **신용성**도 그만큼 약화된다. 이를 놓고 일반적으로 **편집 · 조작의 우려**가 있다고도 말한다. 그러나 그러한 왜곡 의도가 개입되지 않더라도 간접적인 전달 자체로 전문성은 충족된다.

(4) 요 약[3]

1) **진술성**: 진술의 개념에는 언어적 행동도 포함된다. 8
2) **증거성**: 사안에 대한 인식 · 판단을 담고 있어야 한다. 사안을 이루는 진술, 감정의 표현 또는 단순한 주장은 증거가 아니다.
3) **전문성**: 편집 · 조작의 우려가 있는 것이다. 진술이 그대로 전달된 때에는 전문성이 없다.

---

1) 대판 2014. 12. 24. 2014도10199; 2013. 6. 13. 2012도16001.
2) 이 차이에 주목하는 예로는 대판 2017. 3. 15. 2016도19843.
3) 세 가지 요건을 면밀히 심사한 판례로는 대판 2015. 7. 16. 2015도2625(전합).

II. 전문법칙의 개념과 의의

1. 개 념

9 전문법칙은 '전문증거는 증거능력이 없다'는 것으로서, 위법수집증거배제법칙, 자백배제법칙과 더불어 증거능력을 판단하는 가장 중요한 증거법원칙이다. 이는 법관의 면전에서 진술되지 아니하고 피고인이 반대신문권을 행사할 수 없는 진술에 대해 원칙적으로 증거능력을 인정하지 않는 것을 내용으로 한다(제310조의2).

2. 근 거

10 전문증거의 증거능력을 부정하는 것은 형사사법의 효율성 측면에서는 매우 중대한 장애에 해당한다. 왜 이와 같은 엄격한 원칙을 인정하는지에 대해서는 견해가 통일되어 있지 않다. 대별해 보자면 반대신문권을 보장하기 위한 원칙이라고 보는 입장[1]과 직접주의 요청에서 등장한 원칙이라고 보는 시각[2]으로 나눌 수 있으며, 그에 추가하여 증거의 신용성 확보에도 이유가 있는 것으로 설명하는 입장도 있다.[3]

(1) 반대신문권 보장

11 반대신문권의 연혁과 실제 역할을 감안할 때, 이는 검사나 법원이 행사하는 것이 아니라 국가기관이 증인을 신문하는 것에 대응하여 **피고인이 증인을 신문할 수 있도록 하는 권리**로 이해된다.[4] 이러한 권한을 행사하기 위해서는 공판정에 있는 증인을 비롯한 대상자에 대해 피고인이 직접 말로 묻고 답을 들을 수 있어야 한다. 진술이 전해진 매개체, 누군가에게서 들은 내용을 말하는 자에 대해서는 반대신문권을 온전히 행사할 수 없다. 단순한 예를 들자면 사건을 목격한 증인이 증언을 할 때라면 '당시에 그 자리에 있었던 것은 맞는지', '다른 사람을 잘못 본 것은 아닌지'를 피고인이 물을 수 있다. 반면에 목격한 사람으로부터 들은 이야기를 전하는 사람에게는 딱히 물을 말이 없다. 이에 따라 상위의 적법절차원칙인 반대신문권을 보장하기 위해서 전문증거를 증거능력 있는 자료로 쓸 수 없도록 하고 있는 것이다.

---

1) 대판 2001. 9. 14. 2001도1550; 2000. 6. 15. 99도1108; 헌재결 1996. 12. 26. 94헌바1 참조. 이재상/조균석 40/10; 임동규 510; 차용석/최용성 547.
2) 대판 2006. 12. 8. 2005도9730; 2000. 6. 15. 99도1108(전합); 신동운 1142.
3) 대판 2000. 6. 15. 99도1108; 권오걸 674; 이은모 620.
4) 대판 2000. 6. 15. 99도1108; 홍영기, 반대신문권 보장: 전문법칙의 근거, 고려법학 75, 3면.

(2) 직접주의

반대신문권은 일반적으로 당사자주의 전통에서 발전해온 개념인 반면, 직접 12
주의는 흔히 직권주의 모델에서 간접적 증거를 배척하기 위한 근거로 언급된다. 직접주의는 공판정에 참석한 진술자의 구두진술을 매개로 해야만 그로부터 정확한 언어적 정보를 획득할 수 있으며, 나아가 진술자의 태도나 표정, 진술되는 분위기 등 언어 외적인 사정까지도 법원이 직접 체험할 수 있어 정확한 판단이 가능하다는 생각을 반영하고 있다.

(3) 신용성의 보장

진술증거가 직접 전해지지 않고 매개하는 주체가 늘어날수록 진실로부터 멀 13
어지는 것은 당연하다. 사안을 인식하는 능력, 기억력에 의존하는 속성상 정확성이 약화될 뿐만 아니라, 전달자의 주관적 평가도 사안을 왜곡할 수 있다. 이에 전문법칙은 될 수 있는대로 원본증거 또는 원본에 가까운 형태 그대로 전달되어야 한다는 요청[**최량증거법칙**]을 담고 있다.

(4) 정리 : 전문법칙의 본질

현행법의 전문법칙은 영미식 제도로부터 많은 영향을 받았다. 그리고 증명책 14
임의 귀속(45/13)에서 보듯이 증거능력의 형식적 강제원리는 피고인이 아니라 국가기관에게 부담을 주는 것이다. 이 면에서 전문법칙은 법원이 진술자를 직접 대면해야 한다는 원리보다 피고인의 반대신문권에 근거를 두고 있다고 보는 것이 더 합리적이다[**반대신문권 보장**].

그런데 우리나라 소송법과 실무에서는 참고인진술조서 및 제3자로부터 전해진 15
진술증거보다 수사기관이 작성한 피의자신문조서의 의미가 더 크다. 피고인이 직접 법정에 나와 진술한 바에 비할 때 피의자신문조서의 증거로서 자격을 제한해야만 하는 근거가 피고인의 반대신문권 보장에 있다고 말하는 것은 논리적이지 않다. 현행법체계에서는 법원 스스로 직접 묻고 답을 듣는 과정을 통해서 요증사실의 증거를 확보할 수 있다는 생각, 즉 직접주의 원리를 간과할 수 없다[**직접주의**].[1)]

사안에 관련된 주체가 참여하여 해당 사안을 둘러싼 정보를 직접 주고받는 16
때 실체적 진실에 더 가까운 결과를 얻을 것이므로, 신용성의 요청은 전문법칙의 당연한 근거가 된다. 이 점에서 전문법칙은 적법절차의 내용이지만, 동시에 실체

1) 홍영기, 앞의 글, 12면 이하.

적 진실에 가깝게 사안을 구성하게 하는 중요한 조건을 이룬다 [신용성].

III. 전문법칙의 예외

1. 의 의

17 공판중심주의를 원칙대로 실현하기 위해 조서를 비롯한 서증을 형사재판에서 완전히 배제한다면 조서 작성을 중요한 과제로 삼고 있는 수사절차의 독자적 의의가 상실될 우려가 있다. 모든 경우에 법원이 증인·감정인 등을 계속 소환하여 직접 증거조사를 하려 하면 소송경제에도 반하게 된다. 이에 우리 형사소송법은 제311조 내지 제316조에서 전문법칙의 예외를 입법해두었다. 전문증거를 사용하고자 하는 상황은 이미 반대신문권보장과 직접주의요청을 충족할 수 없는 때임이 전제되어 있다. 그렇기에 전문법칙의 예외가 형성되기 위해서는, 나머지 한 가지 근거인 신용성을 충분히 인정할 수 있는 사정 및 전문법칙을 이용할 수밖에 없는 상황임이 확인되어야 한다. '신용성의 정황석 보장'과 '필요성' 요건이 전문법칙예외의 근거로 거론되는 이유이다.[1)]

2. 신용성의 정황적 보장

18 여기서 말하는 신용성의 정황적 보장이란, 간접적으로 전해진 원진술자의 진술이 진술 당시 및 그 이후의 정황에 비추어 고스란히 공판정에 전달되었을 것으로 믿을 수 있다는 뜻이다. 이에 대한 신뢰가 있으면 그 전문증거의 증거능력은 일단 인정하고, 공판정에서는 이제 그 내용의 신빙성인 증명력만 문제되는 것으로 볼 수도 있기 때문이다. 그러므로 전문법칙의 예외요건에서 언급되는 증거능력과 관련된 신용성은 진술내용 자체의 진실성을 의미하는 것이 아니다. 단지 원진술자의 진술이 그대로 옮겨졌을 것이라는 것을 뒷받침하는 정황을 전제로 한다.[2)]

3. 필 요 성

19 여기서 필요성은 원진술 및 그와 동일한 수준의 증거를 확보할 수 없기 때

---

1) 통설은 예외의 근거 중 어느 하나가 강하게 충족되면 다른 하나는 좀 덜 요구되어도 된다고 본다(신동운 1149; 신양균 772; 이재상/조균석 40/23; 임동규 512; 정영석/이형국 349).

2) 신용성의 의미가 이와 같기에 이 경우의 예로 흔히 언급되는 사건 직후의 정신적·신체적 고통에 사로잡혀 행한 진술, 죽기 직전의 진술 등(권오걸 677; 이재상/조균석 40/25)은 전문법칙의 예외가 되는 것으로 볼 규범적인 근거가 없다.

문에 불가피하게 전문증거라도 사용할 필요가 있다는 뜻이다. 막연히 공판에 필요하다는 요구로는 필요성요건을 충족할 수 없다. 예컨대 진술을 필요로 하는 자가 사망·질병 또는 행방불명 등으로 공판정에서 진술할 수 없는 경우를 규정한 내용(제314조, 제316조 ②항)이 이 필요성 요건을 통해 설명된다.

종류 법조문	요 건	주 요 설 명
법원(법관)조서 311	절대적 증거능력	참여권(반대신문권)보장
검사작성 피의자신문조서 312①	절적, 내용인정	2020년 법개정내용
검사 외 작성 피의자신문조서 312③	절적, 내용인정	이외에도 수사기관 작성 피의자 전문진술에는 언제나 내용인정
참고인진술조서 312④	절적, 원진술자 실진, 반대신문가능, 특상	수사기관작성 공동피고인 신문조서 경우 피고인의 내용인정 필요
수사 시 진술서 312⑤	작성상황에 따라 ①③④항이 준용됨	진술자 스스로 작성한 서류 수사기관 내 진술서 내용인정 필요
수사기관 검증조서 312⑥	절적, 작성자의 성진	진술 내용이 아니므로 특상 불필요
기관 밖 진술서와 진술기재서 등 313①	형식적 진정성립, 원진술자 성진	형사절차외부에서 작성된 것
피고인진술 기재 313① 단서	작성자의 성진, 특상	피고인이 성진 부정하는 경우
과학적 증명방법 313②	313①의 작성자 성진부인시 과학적 증명	자신이 작성한 것이 아니라고 하는 경우 피고인 진술서 포함
피고인 이외 진술서 313② 단서	과학적 증명, 작성자에 대한 신문권	피고인 이외자 진술서에 대해서 피고인의 반대신문권
감정서 313③	감정인 성진	법원(법관), 수사기관 감정의뢰
필요성 314	사망, 질병, 외국거주, 소재불명 기타 + 특상	피의자신문조서는 대상이 아님 증언거부권행사는 진술불능사유 아님
신용성 315	증명서, 상업장부 등	높은 신용성, 소송경제
피고인 진술 내용에 대한 전문진술 316①	(조사자 포함) 특상	312①·③의 취지를 살려 상충될 때에는 특상 부정
피고인 진술 내용 이외 전문진술 316②	사망, 질병, 외국거주, 소재불명 기타 + 특상	피고인이 전문진술하는 경우에는 적용되지 않음

* 절적: 절차의 적법성 / 실진: 실질적 진정성립 인정 / 성진: 성립의 진정 인정 / 특상: 특신상태.

[52] 법원 · 법관의 조서

I. 제311조의 의의

1 법원 또는 법관이 공판준비 또는 공판기일에 피고인이나 피고인 아닌 자의 진술을 기재한 조서 및 검증조서는 전문서류이지만 증거로 할 수 있다(제311조). 공판 전 증거보전(제184조) 및 증인신문(제221조의2)에 의해 작성한 조서도 마찬가지이다. 이 서증들은 특히 **피의자 · 피고인의 참여권이 보장**된 상황을 전제로 법원 또는 법관의 면전에서 행한 진술을 기재한 조서이기 때문에 추가적 반대신문권의 의의가 축소되고 신용성이 정황적으로 보장된 것이므로 다른 조건 없이 증거능력을 인정한다. 즉 당사자가 참여권과 반대신문권을 행사할 수 있는 상황에 작성된 것이므로 전문법칙의 적용 밖의 문제라고 볼 수도 있고, 직접주의에 따라 신용성이 정황적으로 보장되어 전문증거의 증거능력을 인정하는 것으로 생각할 수도 있다.

2 제311조는 통상의 공판조서 등 가운데 **피고인 또는 피고인 아닌 자의 진술이 기재된 부분**에 대해서 증거능력을 인정한다는 내용을 규정하고 있다. 즉 전체 공판조서 자체에 대해서 그것이 어떤 형태로 전달되었는지 불문하고 언제나 증거능력을 인정한다는 뜻은 아니다.

II. 피고인의 진술을 기재한 조서

1. 공판준비 또는 공판기일에 피고인의 진술을 기재한 조서

3 공판준비 또는 공판기일에 피고인 자신의 진술이 기재된 조서에 대해서는 증거능력이 인정된다. 이 경우 증거능력을 인정하는 이유에 대해 진술당시 피고인의 반대신문권이 보장되어 있었다는 것으로 답할 수는 없다. 직접주의가 관철되는 경우로 보거나 신용성이 정황적으로 보장되는 증거라고 설명하는 것이 더 논리적이다. 피고인의 공판조서의 열람 또는 등사청구권(제55조 ①항)을 침해한 경우는 공판조서를 증거로 할 수 없다(같은 조 ③항).[1]

1) 대판 2012. 12. 27. 2011도15869.

2. 다른 사건의 공판조서

4 제311조의 대상에 속할 수 있는 증거에는 공판절차갱신 전의 공판조서, 상소심에 의한 파기환송 전의 공판조서, 이송된 사건의 이송 전의 공판조서, 관할위반의 재판이 확정된 후 재기소된 경우의 공판조서 등이 포함된다.

5 이에 추가하여 다른 사건의 공판준비 또는 공판절차에서 작성된 조서도 포함되는지에 대해서는 견해대립이 있다. 1) 제311조의 적용을 받는 피고인진술을 기재한 조서는 해당 사건의 조서에 제한된다는 견해,[1] 2) 다른 사건의 조서라도 그 해당 피고인의 진술을 기재한 것이면 제311조가 적용된다는 견해[2]가 있다.

6 여기의 대상에는 피고인이 기소된 그 사건에 대한 조서만 해당된다고 보는 것이 타당하다. 직접주의의 의미는 법관이라는 신분자가 직접 체험한 것에 의의를 두는 것이 아니라, 기소된 사안에 대한 진술이 당사자가 참여한 가운데 해당 수소법원 법관의 면전에서 이루어질 것을 요청하는 것이기 때문이다. 그러나 만약 법원이나 법관이 작성한 다른 사건의 조서라면 신용성의 정황적 보장에 의해 증거능력을 인정하는 제315조 3호에 따라 전문법칙의 예외가 인정될 수 있다. 공판조서의 예는 아니지만 판례는 구속적부심에서 피의자의 진술을 기재한 구속적부심문조서가 제311조가 규정한 조서에 해당하지 않고, 제315조 3호에 의해 증거능력이 인정된다고 한다.[3]

III. 피고인 아닌 자의 진술을 기재한 조서

7 **피고인 아닌 자**는 증인 · 감정인 · 통역인 등을 말한다. 공동피고인의 진술거부권이 침해되지 않는 상황으로서 그의 증인적격이 인정되면(15/10), 증인으로서 공동피고인이 행한 진술을 기재한 조서도 이에 속한다. 피고인의 반대신문권 및 직접주의가 보장된 상황에서 작성되었을 뿐만 아니라 신용성이 정황적으로 보장된 서류이기에 규정된 전문법칙의 예외이다.

8 여기서 '공판준비 또는 공판기일에 작성된 조서'가 해당 사건의 조서를 의미한다는 데 견해가 일치한다. 피고인 아닌 자의 진술을 기재한 다른 사건의 공판

---

1) 대판 1966. 7. 12. 66도617; 김재환 663; 신동운 1151; 이은모 678; 이창현, 857; 임동규 489; 정영석/이형국 350.
2) 이재상/조균석 40/34; 정웅석/최창호 557.
3) 대판 2004. 1. 16. 2003도5693.

준비조서 또는 공판조서는 제311조가 적용되지 않고 제315조 3호가 적용될 수 있다.[1)]

9 공판 전 증거보전절차(제184조)와 증인신문절차(제221조의2)에서 작성한 조서도 제311조에 의해 당연히 증거능력이 인정된다.[2)] 공동피고인이 증거보전절차에서 증언한 증인신문조서도 마찬가지이다.[3)] 이 경우도 제311조에 해당하기 위해서는 해당 소송절차의 전제가 된 증거보전 또는 증인신문절차를 의미한다고 보아야 하며, 다른 절차에서 작성된 것은 제315조 3호에 의해 증거능력을 인정하는 것이 타당하다.

Ⅳ. 법원 · 법관의 검증조서

1. 의 의

10 검증조서는 법원 또는 법관이 검증을 행한 결과를 기재한 조서이다. 검증조서 또한 사안의 규명을 위한 자료를 법원 또는 법관이 인식하고 평가한 내용이므로 진술증거이며, 서면을 통해 전달되기 때문에 전문증거이다. 여기에는 수소법원 또는 수명법관 · 수탁판사가 검증을 행한 경우의 검증조서는 물론, 증거보전을 위해 판사가 검증을 행한 제184조의 검증조서도 포함된다(제311조 2문).

11 공판준비 또는 공판기일에 법원 또는 법관의 검증결과를 기재한 조서의 증거능력을 당연히 인정하는 이유는 법원 또는 법관이 직접 검증을 행하고 검증에 당사자의 참여권이 보장될 뿐만 아니라(제145, 121조), 법원의 검증은 합리적인 재판으로 나아가는 과정 자체에 해당하는 것이므로 이를 놓고 전문법칙을 적용하는 것은 소송경제에 반할 것이기 때문이다. 그러나 법원 또는 법관의 검증조서라 하더라도 검증조서에 서명 · 날인이 없는 경우처럼 검증조서 자체가 무효인 경우에는 제311조가 적용될 수 없다. 그리고 검증절차에 위법이 있는 경우에는 위법수집증거로서 그 증거능력이 인정되지 않는다.

---

1) 대판 2005. 4. 28. 2004도4428; 1966. 7. 12. 66도617; 백형구 293; 이재상/조균석 40/31; 임동규 514.
2) 대판 1976. 9. 28. 76도2143.
3) 대판 1988. 11. 8. 86도1646; 1966. 5. 17. 66도276.

2. 다른 사건에서의 검증조서

제311조의 검증조서에 해당 사건의 검증조서뿐만 아니라 **다른 사건의 검증조서**도 포함하는가에 관하여 적극설[1]과 소극설[2]이 대립한다. 제311조가 조건 없이 증거능력을 인정하는 것은 법관의 검증에 당사자가 참여한다는 점에 그 근거가 있는데, 다른 사건의 검증에는 재판 중인 피고사건의 당사자가 참여하지 않았을 것이므로 소극설이 타당하다. 그러나 이 조서 역시 제315조 3호에 의한 전문법칙 예외요건에 해당할 수 있다. 12

3. 검증조서에 기재된 진술부분의 증거능력

(1) 학설대립

검증을 진행할 때 검증대상자 등으로부터 진술을 듣는 경우가 있다. 그 내용이 조서에 기재되었다면 이를 단순한 검증조서와 달리 취급해야 한다. 일반적으로 진술내용에 따라 검증의 목적물이나 장소를 확정하기 위한 진술인 **현장지시**와, 검증현장을 이용하여 행해지는 현장지시 아닌 진술인 **현장진술**로 나눈다. 이에 이어 1) 현장지시는 검증조서와 일체를 이루기 때문에 검증조서로서 증거능력을 인정하지만, 현장진술은 진술조서로 취급해야 한다고 하면서, 현장진술이 법원이나 법관의 면전에서 이루어진 경우에는 제311조 1문에 의해 증거능력이 인정된다고 하는 **구분설**, 2) 현장지시와 현장진술을 구별하지 않고, 검증조서에 기재된 진술은 당연히 증거능력이 인정되지 않으며 진술자의 서명 · 날인이 있는 경우에 한하여 제313조 ①항에 준해 증거능력의 유무를 판단해야 한다는 **검증조서부정설**,[3] 3) 현장지시가 법원의 검증활동의 동기를 설명하는 비진술증거로 사용되는 경우에는 검증조서와 일체를 이루지만, 현장지시 자체가 범죄사실을 인정하기 위한 진술증거로 사용되는 경우에는 현장진술과 같이 취급되고, 현장진술은 법원이나 법관의 면전에서 이루어진 것이므로 제311조 전단에 의해 증거능력이 인정된다는 견해로서 구분설을 수정한 **수정설**[4] 등이 있다. 13

---

1) 정영석/이형국 351.
2) 김재환 665; 신동운 1155; 신양균 777; 이재상/조균석 40/72.
3) 백형구(강의) 696.
4) 권오걸 680; 신양균 803; 이재상/조균석 40/73; 임동규 534.

(2) 결론 : 진술증거성

14 여기서 중요한 것은 포함된 진술의 성격이 형식적으로 현장진술인지 현장지시인지가 아니라, 오로지 '진술증거'인가 하는 것뿐이다. 즉 법관이나 수사기관, 피고인, 참고인 등 진술한 주체를 불문하고 그가 '사안을 인식 · 판단한 내용'이 진술을 통해 검증조서에 담겨 있는지 그렇지 않은지를 따져야 한다. 전문증거의 개념 및 전문법칙의 원리로부터 연역하는 방법이다.

15 비록 특정 주체의 언어가 포함되어 있더라도, 그것이 검증활동을 하는 검증주체의 진술이거나, 사안의 일부인 때 또는 감정적 외침 등으로서 진술'증거'가 아니라면 이는 검증조서에 그대로 포함되어 검증조서와 일체가 된다. 그러나 조서에 포함된 진술내용이 진술자가 사안을 인식 · 판단한 진술의 내용에 해당하는 진술'증거'라면 그 부분은 검증조서와 일체를 이루는 것이 아니므로 별도로 판단해야 한다. 예를 들어 진술자가 사안을 직접 체험한 피고인이나 제3자라면, 그 부분은 검증조서가 아니라 법원이 작성한 진술조서처럼 취급하여 증거능력을 평가한다. 이와 달리 진술자가 사안을 간접으로 접한 자(예컨대 수사기관)로서 그의 의견이 다시 법원의 검증조서 안에 포함된 것이면, 그 부분은 일종의 '재전문서류'에 해당하게 된다. 이때는 재전문증거의 전문법칙 예외요건에 따라 전문진술의 증거능력(제316조)이 인정되면 제311조에 의해 증거능력을 인정받을 수 있다(56/22 참조).

[53] 수사기관작성 피의자신문조서

I. 수사기관작성 조서와 전문법칙

1. 수사기관작성 조서의 의의

1 수사기관이 수사과정에서 작성한 서류, 특히 피의자신문조서를 증거능력 있는 증거로 인정할 것인가 하는 것은 형사증거법의 핵심적인 문제에 속한다. 공판중심주의와 구두변론주의, 직접주의를 원칙대로 구현하는 방법은 수사과정에서 작성된 조서의 증거능력을 부정하고, 공판정에 나와 있는 진술자에게 직접 묻고 답을 듣는 것이다. 이 방법이 실체적 진실을 규명하는 데에도 더 유리한 것은 물론이다. 그렇지만 만약 수사과정에서 작성된 조서의 증거능력을 전면적으로 배제

한다면, 공판과정에 이르러 법원이 진술증거를 처음부터 다시 수집해야만 한다. 수사과정에서 어떠한 진술이 있었는지가 중요한 상황이라면, 이를 확인하는 절차의 효율성도 떨어지게 된다. 이러한 점을 고려하여 현행법은 엄격한 요건 하에 수사과정에서 작성된 조서의 증거능력을 예외적으로 인정하고 있다. 이로써 절차를 효율적으로 진행되도록 하고, 자칫 법원이 예단과 독선에 빠지지 않도록 견제하는 역할을 한다. 공판정에서 구두로 진술된 '직접적인 증거'가 우월한 것은 당연하지만, 다른 한편에서 수사과정에서 수집된 증거를 포함한 '여러 증거'가 자유심증주의의 장점을 살린 정확한 판단에 도움이 될 것이다.[1)]

수사기관작성 피의자신문조서의 경우에, 전문법칙의 근거로서 반대신문권의 보장은 의미가 크지 않다. 직접주의에 따라 이를 전문증거로 보되, 신용성의 정황적 보장 및 필요성의 요청에서 일정한 요건 하에 인정되는 전문법칙의 예외라고 보면 된다. 2

2. 작성주체를 구별하지 아니함

기존 형사소송법은 제312조 ①항과 ②항을 통해 검사작성 피의자신문조서의 경우에 공판정에서 피고인이 그 조서의 실질적 진정성립을 인정하면 특신상태라는 추가요건을 거쳐 증거능력을 인정하도록 하고 있었기에, 사법경찰관작성 피의자신문조서가 조서의 내용인정을 요건으로 하는 것과 대비되었다. 조서의 내용인정은 실질적 진정성립을 인정하는 것보다 강화된 요건이다. 실질적 진정성립이 '자신이 과거에 수사받을 때에 진술한 것과 동일한 내용이 쓰인 조서임'을 인정하는 것임에 반해, 조서의 내용을 공판정에서 구두로 인정한다는 것은, 피의사실을 자백하는 발언과 거의 다름 없는 것이기 때문이다. 이처럼 검사와 사법경찰관이 작성한 조서 간 증거능력요건을 달리 규정한 것은 작성주체의 사법적 지위의 차이에 근거가 있다고 보아왔다.[2)] 3

그러나 2020년 형사소송법개정을 통해서 검사작성 피의자신문조서의 경우에도 조서의 내용인정을 증거능력인정에 필요한 요건으로 새롭게 규정하였기 때문에, 두 주체가 작성한 피의자신문조서의 전문법칙예외요건 사이에 차이가 없어졌 4

---

1) 홍영기, 검사작성 피의자신문조서의 실질적 진정성립 인정방식, 형사법연구 21-2, 229면 이하; 헌재결 2005. 5. 26. 2003헌가7 참조.

2) 헌재결 2005. 5. 26. 2003헌가7.

다. 검사작성 피의자신문조서의 증거능력을 인정받기 위한 요건이 더 까다로워졌다는 점에서 공판중심주의에 좀 더 다가선 법개정이라는 평가를 받고 있다.

II. 제312조 ①·③항 : 수사기관작성 피의자신문조서

5 **검사**가 피고인이 된 피의자의 진술을 기재한 조서, 즉 검사작성 피의자신문조서는, 1) 적법한 절차와 방식에 따라 작성된 것으로서, 2) 공판준비 또는 공판기일에 그 피의자였던 피고인 또는 변호인이 그 내용을 인정한 때에 한정하여 증거로 할 수 있다(제312조 ①항).

6 **검사 이외 수사기관**, 즉 사법경찰관이나 검찰수사관 또는 외국의 수사기관[1] 등이 작성한 피의자신문조서 또한 1) 적법한 절차와 방식에 따라 작성된 것으로서, 2) 공판준비 또는 공판기일에 그 피의자였던 피고인 또는 변호인이 그 내용을 인정한 때에 한하여 증거로 할 수 있다(제312조 ③항).

1. 작성주체와 대상

7 2020년 법개정으로 검사가 작성한 피의자신문조서와 검사 이외의 수사기관이 작성한 피의자신문조서 사이에 전문법칙예외의 요건 차이가 없어지기 이전에는 검사와 그 이외의 수사기관을 구별하는 문제가 중요했고, 관련된 판례도 적지 않았으나[2] 이제는 이를 논할 이유가 없어졌다.

8 규정에서 피고인이 된 '피의자'는 해당 공판절차의 피고인이 과거 아직 기소되지 않았을 때를 의미한다. 검사가 그 피의자의 진술을 기재한 서류라면, 그 명칭이 진술조서·진술서·자술서라는 형식을 취하는 경우에도 피의자신문조서로 본다(제312조 ⑤항). 검사가 피의자를 신문하면서 나눈 대화를 녹음하거나 녹화한 경우, 녹음내용 및 영상녹화물도 과거에는 피의자신문조서와 같이 취급하였다.[3] 그러나 영상녹화물의 증거능력을 제한하는 현행법 취지에 따라, 더 이상 이러한 매체는 조서와 같은 것으로 볼 수 없다(58/20 참조).[4]

---

1) 대판 2006. 1. 13. 2003도6548.
2) 대판 2010. 4. 15. 2010도1107; 2003. 10. 9. 2002도4372; 1994. 8. 9. 94도1228; 1990. 9. 28. 90도1483.
3) 대판 2003. 10. 9. 2002도4372; 1992. 6. 23. 92도682.
4) 진술을 담은 영상녹화물의 증거능력을 부인한 예는 대판 2014. 7. 10. 2012도5041 참조.

2. 적법한 절차와 방식

수사기관작성 피의자신문조서가 증거능력을 인정받기 위해서는 조서작성의 절차와 방식, 즉 신문방식(제243조), 피의자신문조서의 작성방법(제244조), 변호인의 신문참여(제243조의2), 진술거부권고지(제244조의3),[1] 수사과정의 기록(제244조의4)[2] 등에 따라 적법하게 작성되어야 한다 [**절차의 적법성**]. 또한 조서에 기재된 진술은 진술자가 압박 없이 임의적으로 진술한 것이어야 한다(제317조) [**진술의 임의성**].[3] 적법한 절차와 방식에 따르지 않았거나 진술의 임의성이 부정된다면 피의자신문조서는 전문법칙뿐만 아니라 위법수집증거배제법칙 및 자백배제법칙에도 위배된다. 이 경우 증거능력을 배제하는 원칙은 경합하며, 어느 원리에 따라 증거능력을 배제하더라도 무방하다. 9

3. 내용의 인정

(1) 개 념

조서의 '내용의 인정'은 조서의 '실질적 진정성립의 인정'(=성립의 진정 인정)과 대비되는 개념이다. 후자는 원진술자가 과거 신문과정에서 진술한 것과 동일한 내용이 조서에 쓰여 있다는 점에 대한 인정 또는 증명을 말한다. 반면에 내용의 인정은 이러한 진정성립 뿐만 아니라 **조서의 기재내용이 객관적으로 실제 사실에 부합한다는 것에 대한 인정**을 뜻한다.[4] 예컨대 피고인이 '내가 피의자였던 때에 수사기관에서 그 조서에 나온 것처럼 진술한 것은 맞지만, 사실 내가 거기에 쓰여 있는 것과 같은 범행을 하지는 않았다'라고 말하는 것은 조서의 실질적 진정성립은 인정하지만 조서의 내용은 부정하는 상황이다. 10

피고인이 피의자신문조서의 내용을 공판정에서 구두로 인정한다는 것은 피의사실을 자백하는 발언과 다름 없는 때가 많을 것이기에, 이를 요구하게 함으로써 피의자신문조서 자체의 독자적인 역할이 무의미해진다는 비평도 있을 수 있 11

---

1) 진술거부권고지가 명시적으로 기재, 서명·날인되지 아니한 피의자신문조서의 경우 증거능력을 부정한 예는 대판 2013. 3. 28. 2010도3359.

2) 대판 2015. 4. 23. 2013도3790: 수사의 시각, 경과 등 제244조의4에 따라 필요한 수사과정을 기록하지 않은 상태에서 작성된 진술서는 적법한 절차와 방식에 따라 작성된 것이 아니므로 증거능력이 없다.

3) 대판 1987. 9. 22. 87도929; 1986. 2. 11. 85도2685.

4) 대판 1995. 5. 23. 94도1735. 형법상 명의 없는 사람이 위조·변조한 것을 '부진정不眞正문서'라고 하는 것과 같은 개념이다. 진실하지 않은 내용을 담은 '허위문서'와 구별된다. 이와 대비하여, 서명·날인·간인 등이 피의자의 것임에 틀림없다는 형식적 진정성립은 '적법한 절차와 방식에 따른 작성'이라는 요건에 포함되었다고 볼 수 있다.

다. 그러나 자백을 받아내는 데에 편중된 수사관행을 억제하고, 진정성립만 확인된 조서와 공판정에 참석한 피고인의 진술 가운데 어떤 증거의 증명력이 우월한지 가려온 과거의 분위기에서 벗어나, 수사결과물보다는 공판정에 출석하여 대면하고 있는 피고인과 직접 대화를 하여 구성한 사실을 토대로 재판이 이루어지도록 하는 것이 2020년 법개정의 목표이다.

(2) 내용인정의 방식

12 조서의 내용인정은 피의자였던 피고인이나 변호인의 진술에 의하여 이루어져야 한다. 다른 사람이 내용인정을 대신할 수 없으며, 이를 대체하여 충족하는 객관적 수단도 없다. 공판조서에 피고인이 경찰작성 피의자신문조서의 내용을 인정하였다고 기재되어 있더라도, 피고인이 공소사실을 일관되게 부인하면 그 기재는 착오 등에 의한 것으로 보아 피의자신문조서의 증거능력은 부정된다.[1)]

4. 내용인정 요건의 확대적용

13 '내용의 인정' 요건은 수사과정에서 행한 피의자진술이 수사기관에 의해 조서로 쓰여 공판정에 현출되는 경우 이외에, 어떤 다른 매체, 어떤 다른 경로를 통해 전달되더라도 동일하게 적용되어야 한다.

14 예를 들어 1) 형식적으로 '참고인진술조서'이지만 그 참고인이 장차 피고인이 되었다면 공판과정에서 그 피고인이 조서의 내용을 부인하는 한 증거능력이 없다. 2) 수사기관이 작성한 피의자신문조서에 기재된 피의자진술과 동일한 내용을 수사 당시에 직접 보고 들었다는 다른 증인의 진술증거도 피고인이 공판정에서 그 내용을 부인하는 이상 증거능력이 없다.[2)] 3) 피고인과 공범관계에 있는 공동피고인에 대하여 수사과정에서 작성된 피의자신문조서는 그 공동피고인에 의하여 성립의 진정이 인정되더라도 해당 피고인이 공판기일에서 그 조서의 내용을 부인하면 증거능력이 없다.[3)] 4) 반대로, 소송의 당사자인 피고인이 내용을 인정하는 것이 필요한 것이기 때문에, 공동피고인이 그 자신을 상대로 작성된 피의자신문조서의 내용을 부인하더라도 피고인이 그 내용을 인정하면 그 조서는 피고인에 대한 증거로 사용할 수 있다. 5) 다른 사건의 수사과정에서 작성된 피의자신

1) 대판 2001. 9. 28. 2001도3997.
2) 대판 1994. 9. 27. 94도1905; 1983. 7. 26. 82도385.
3) 대판 2009. 7. 9. 2009도2865; 2008. 2. 14. 2005도4202.

문조서도 적용대상에 포함된다. 예컨대 피고인이 A 사건으로 기소되었는데, 그 이전 B 사건에서 자신의 진술로부터 작성된 피의자신문조서가 A 사건에 대한 증거로 제출된 경우, 피고인이 그 조서의 내용을 부인하면 그 조서의 증거능력은 부정된다.[1] 이는 B 사건 공판에서 그 조서의 내용을 인정했던 경우에도 마찬가지이다. **6)** 피의자신문과정에서 피의자와 신뢰관계에 있는 자가 동석한 경우, 그가 피의자를 대신하여 진술한 부분이 조서에 기재되어 있다면 그 부분은 피의자의 진술이 아니라 동석한 사람의 진술을 기재한 것이므로 이하에서 논할 진술조서이다.[2]

[54] 진술조서 · 진술서 등

I. 제312조 ④항 : 피고인 아닌 자에 대한 진술조서

1. 의 의

참고인진술조서를 비롯하여 검사 또는 사법경찰관이 피고인 아닌 자의 진술을 기재한 조서는, **1)** 적법한 절차와 방식에 따라 작성된 것으로서 **2)** 그 조서가 수사과정에서 진술한 내용과 동일하게 기재되어 있음이 원진술자의 공판준비 또는 공판기일에서의 진술에 의해 증명되거나, **3)** 영상녹화물 또는 그 밖의 객관적인 방법에 의하여 증명되고, **4)** 피고인 또는 변호인이 공판준비 또는 공판기일에 그 기재 내용에 관하여 원진술자를 신문할 수 있었던 때에, **5)** 그리고 그 조서에 기재된 진술이 특히 신빙할 수 있는 상태 하에서 행하여졌음이 증명된 때에 증거능력이 있다(제312조 ④항). 1

이 조서는 많은 경우 참고인진술조서이다. 피고인이 아닌 다른 공동피고인에 대한 피의자신문조서 등도 여기에 포함된다. 작성주체가 검사 또는 사법경찰관이라고 규정되어 있으나 이 이외의 수사기관도 모두 포함될 수 있다. 2

이 규정은 공판중심주의의 예외로서 수사과정에서 참고인 등[**원진술자**]이 진술했던 내용을 공판정에서 증거로 사용할 수 있게 하는 요건을 마련함으로써 증거방식의 다양성을 확보하려는 데에 목적을 두고 있다. 이를 위해서는 원진술자 3

1) 대판 1995. 3. 24. 94도2287.
2) 대판 2009. 6. 23. 2009도1322.

가 조서의 진정성립을 인정하고 그를 피고인이 공판정에서 신문할 수 있어야 하는 것으로 하여 **반대신문권이 보장**되는 경우의 전문법칙 예외를 인정한다.

2. 적법한 절차와 방식

4 대상은 적법한 절차와 방식에 따라 작성된 조서여야 한다. 예컨대 원진술자의 서명 · 날인이 없는 것은 증거능력이 없다.[1] 그러나 조서에 원진술자의 실명 등 인적 사항을 기재해야 한다는 규정은 없으므로, 수사기관이 진술자의 성명을 가명 · 예명 등으로 기재하여 진술조서를 작성하였더라도 위법한 방식은 아니다.[2]

3. 실질적 진정성립

(1) 의 의

5 실질적 진정성립이란 조서의 기재내용이 원진술자의 진술내용과 동일하다는 점에 대한 원진술자 자신의 인정 또는 증명을 말한다. 예를 들어 공판정에 출석하여 선서한 증인이 과거 수사과정에서 자신이 참고인으로서 진술한 것과 동일한 내용이 해당 참고인진술조서에 쓰여 있음을 인정하는 것이다.

6 실질적 진정성립의 인정은 명시적인 진술에 의하여야 한다. 원진술자가 실질적 진정성립에 대하여 이의를 제기하지 않았다거나 조서작성 절차와 방식의 적법성을 인정하였다는 것으로는 실질적 진정성립을 인정한 것으로 볼 수 없다.[3] '입증취지 부인', 즉 조서의 내용을 인정하지 않는다는 진술을 한 것을 놓고 조서의 진정성립은 인정한 것으로 전제해서도 안 된다.[4]

(2) 번복가능성

7 원진술자가 참고인진술조서의 실질적 진정성립을 인정하는 진술을 하였더라도, 그에 대한 증거조사가 완료되기 전에는 이를 번복할 수 있다. 그리고 최초의 인정에 중대한 하자가 있고, 그에 관하여 성립의 진정을 인정한 진술인에게 귀책사유가 없는 때에는 예외적으로 증거조사절차가 완료된 후에도 번복에 의해 조서를 유죄인정의 자료에서 제외할 수 있다.[5] 그러나 원진술자가 조서의 실질적 진

1) 대판 1997. 4. 11. 96도2865; 1993. 4. 23. 92도2908.
2) 대판 2012. 5. 24. 2011도7757.
3) 대판 1994. 11. 11. 94도343.
4) 대판 2013. 3. 14. 2011도8325 참고.
5) 대판 2008. 7. 10. 2007도7760.

정성립을 부인한 경우, 이후에 공판진행 중 그 조서의 진정성립을 인정하는 취지의 진술을 하였더라도, 그것이 종전의 진술을 분명하게 번복하는 것이 아니라면 진정성립이 인정될 수 없다.[1)]

4. 진정성립 인정의 대체수단

(1) 의 의

영상녹화물 또는 그 밖의 객관적 방법으로 원진술자의 실질적 진정성립을 대신 증명할 수 있다(제312조 ④항). 원진술자가 소송진행을 방해하기 위해 진정성립을 인정하지 않거나, 수사과정에서의 진술에 대한 기억이 불확실한 경우도 있을 것이므로, 보충적으로 객관적 수단을 이용하여 조서의 진정성립을 대신 인정할 수 있는 길을 열어둔 것이다. 8

(2) 영상녹화물

영상녹화물은 원진술자가 진술조서의 실질적 진정성립을 부인하는 경우, 이를 대신 인정하기 위한 수단으로 법에 예시된 유일한 방법이다. 이러한 기능을 담당하기 위해서는 영상녹화물이 적법한 절차에 따라 만들어져야 한다.[2)] 9

영상녹화물은 신문조서의 진정성립 인정 요건의 대체수단으로만 쓰도록 규정되어 있다. 그러므로 예컨대 수사상 참고인이었던 원진술자가 공판정에서 참고인진술조서의 실질적 진정성립을 부인할 때에만 이를 재생하여 확인해야 한다. 그가 수사과정에서 진술한 것과 다른 말을 하고 있다고 해서 참고인조사과정의 영상녹화물을 곧바로 이용해서는 안 된다. 10

(3) 기타 객관적 방법

녹음은 이 대체수단요건에 포함되지 않는다. 법에 예시된 영상녹화물은 녹음이 병행되는 가운데 실제 상황의 모습까지도 저장되는 수단이므로, 이 가운데 영상부분이 제외된 녹음도 객관적 방법에 포함된다고 본다면 요건을 법규정보다 완화하는 것이기 때문이다. 11

제3자의 진술로도 실질적 진정성립을 대신 인정할 수 없다. 예컨대 참고인진술과정에 참여한 다른 수사관이 수사과정에서 참고인이 진술한 대로 조서에 쓰여 12

1) 대판 2008. 10. 23. 2008도2826 참고.
2) 대판 2022. 6. 16. 2022도364. 대판 2022. 7. 14. 2020도13957 참고.

있다고 말한다고 해서 이 요건이 충족되는 것은 아니다.[1]

5. 신문의 기회보장

13 참고인진술조서는 피고인 또는 변호인이 공판준비 또는 공판기일에 그 기재내용에 관해 원진술자를 신문할 수 있어야 증거능력이 인정된다. 즉 피고인이 원진술자에게 반대신문권을 행사할 수 있어야 한다. 원진술자에 대한 신문이 실제로 이루어져야 하는 것은 아니고 신문의 가능성, 즉 신문의 기회가 실질적으로 보장되는 것으로도 이 요건은 충족된다.[2] 참고인이었던 사람이 공판정에 증인으로 참석하여 그가 참고인진술조서의 실질적 진정성립을 인정할 수 있는 상황이라면, 일반적으로 피고인의 신문권은 보장되어 있다고 할 수 있다.

14 이 점에서 피고인 아닌 원진술자가 성립의 진정을 인정한 상황에서 단순히 신문의 기회만 주어졌을 뿐이거나, 반대신문과정에서 피고인이 그 제3자의 진술에 대해 전혀 수긍하지 않는 때에도 조서의 증거능력을 인정하는 점이 문제될 수 있다. 그러나 원진술자에 대한 피고인의 반대신문권이 보장된 상황을 전제로 조서의 증거능력을 인정할 뿐이며, 그 조서와 피고인 법정진술 간에 법관의 자유심증주의에 따른 증명력 판단은 여전히 남아 있기 때문에 이러한 예외요건이 공판중심주의에 반하는 것은 아니다. 다만 합리적 근거 없이 참고인진술조서를 피고인의 법정진술보다 더 신뢰하는 경우는 개별적으로 문제될 수 있을 뿐이다.

6. 특신상태

(1) 개 념

15 조서에 기재된 진술이 '특히 신빙할 수 있는 상태 하에서 행하여졌음이 증명된 때'에는 그 진술조서의 증거능력을 인정할 수 있다. 이를 '특신상태'라고 줄여서 부른다. 특신상태의 의의에 대해서는, 1) '조서의 신용성을 확인할 수 있는 외부적 부수사정'이라고 보는 다수설 및 판례의 태도와,[3] 2) '적법절차가 준수되었는지 여부'로 해석해야 한다는 소수견해[4]가 대립되었다. 그러나 현행법에서 적법

---

1) 과거 피의자신문조서의 실질적 진정성립 문제에 대한 같은 입장은 대판 2016. 2. 18. 2015도16586; 2004. 12. 16. 2002도537(전합).

2) 자세히는 홍영기, 반대신문권 보장: 전문법칙의 근거, 고려법학 75, 27면 이하.

3) 대판 2007. 6. 14. 2004도5561; 손동권/신이철 604; 이은모 697; 이재상/조균석 40/43; 임동규 505; 이창현 871 정승환 52/53.

4) 신동운 1177; 이영란 784.

절차의 요건은 이미 같은 조문에서 명문으로 요구하고 있기 때문에 특신상태를 다시금 적법절차의 의미로 이해한다면 그 독자성이 퇴색한다.

(2) 판단기준

16 특신상태는 조서의 신용성을 확인할 수 있는 외부적 부수사정으로 평가하는 것이지만, 이를 진술 '내용'의 신빙성을 담보하는 정황이라는 의미로 해석해서는 안 된다. 특신상태는 증명력이 아니라 증거능력을 부여하는 요건으로서, **수사 당시 원진술자의 진술대로 조서가 작성되고 전달되었을 것에 대한 신용성**으로 보아야 한다. 법문의 '조서에 기재된 진술이 특히 신빙할 수 있는 상태 하에서 행하여졌음이 증명된 때'라는 표현도 이 점을 분명히 드러내고 있다. 이후 다른 법조문에서도 특신상태의 의미는 동일하다.

17 이와 달리 조서'내용'의 신용성, 즉 조서내용을 믿을 수 있다는 것은 증거의 증명력에 해당한다. 그 판단은 법관의 자유심증주의에 따르는 것이므로 형식적인 증거능력 요건과 무관하다. 일부 판례는 '특히 신빙할 수 있는 상태'를 진술내용이나 조서작성에 허위개입의 여지가 거의 없고, 진술내용의 신빙성이나 임의성을 담보할 구체적이고 외부적인 정황이 있는 것으로 보아, 조서의 진정성과 진실성을 같이 염두에 두고 있는 것처럼 보인다.[1)]

(3) 한 계

18 이때 특신상태 요건이 독자적인 기능을 담당하는 데에는 한계가 있다. 증명력이 아니라 증거능력을 부여하는 특신상태는 원진술자가 실질적 진정성립을 인정함으로써 이미 확인되는 것으로 볼 수 있기 때문이다. 적법절차에 따라 만들어진 참고인진술조서에 대해 그가 '내가 수사당시 말한 대로 쓰여 있다'고 실질적 진정성립을 인정하는 때에도 특신상태가 부정되는 경우는 생각하기 어렵다. 특신상태는 증거능력의 요건에 해당하므로 검사가 그 존재에 대해 구체적으로 주장·증명해야 하지만, 소송상의 사실에 관한 것이므로 엄격한 증명을 요하지 않고 자유로운 증명으로 족한 것이기도 하다.[2)]

---

1) 대판 2017. 7. 18. 2015도12981; 2012. 7. 26. 2012도2937; 2006. 9. 28. 2006도3992; 2006. 5. 25. 2004도3619 등.
2) 대판 2012. 7. 26. 2012도2937; 2001. 9. 4. 2000도1743 등.

7. 공범 또는 공동피고인에 대한 수사기관작성 피의자신문조서

(1) 제312조 ④항의 적용

19 피고인과 공범관계에 있는 자 또는 공동피고인에 대한 수사기관(검사 또는 사법경찰관 등)작성의 피의자신문조서도 피고인의 입장에서 보면 제3자의 진술조서이다. 따라서 제312조 ④항의 대상 안에 포함된다. 즉 적법절차, 원진술자의 성립의 진정 인정이나 그 대체인정, 반대신문권보장, 특신상태 등이 갖추어질 때에 증거로 쓸 수 있다.

20 원진술자가 진정성립을 인정한 예로는, 공범인 공동피고인으로서 증인적격이 없으나 법정에서 공동피고인의 진술로서 인정한 경우,[1] 공범 아닌 공동피고인이 증인적격을 인정받아 법정에서 증인으로서 증언한 경우,[2] 피고인 아닌 공범이 피고인 사건에 대한 증인으로서 증언을 통해 인정한 경우[3] 등이 있다.

(2) 제312조 ①·③항의 적용

21 뿐만 아니라 피고인과 공범관계에 있는 자 또는 공동피고인에 대한 수사기관(검사 또는 사법경찰관 등)작성의 피의자신문조서가 피고인에 대한 증거로 이용되기 위해서 제312조 ①항 또는 ③항의 **내용인정** 요건을 갖추어야 하는지도 문제된다. 공범인 공동피고인과 공범 아닌 공동피고인을 나누어, 공범에 대한 수사기관작성의 피의자신문조서는 제312조 ①항 또는 ③항이 적용되고, 공범 아닌 공동피고인에 대한 수사기관작성 피의자신문조서에는 제312조 ④항이 적용되는 것으로 요약하는 경우가 있다.[4] 그러나 공범여부가 심리도중에 가려질 수도 있는데, 공범이었는지 여부에 따라 다른 규정이 적용되는 근거가 분명하지 않다.

22 해당 피고인 입장에서 보면 공동피고인도 제3자이므로, 공범 여부와 관계없이 공동피고인을 대상으로 한 피의자신문조서는 제3자를 대상으로 작성된 진술조서이므로 제312조 ④항은 문리해석상 당연히 적용된다. 여기서 중요한 것은 추가요건이다. 자기 자신(A)이 피의자로서 수사받을 때 작성된 피의자신문조서에도 피고인이 된 자신(A)의 내용인정이 필요한데, 다른 사람인 공동피고인(B)의 진술을 내용으로 하는 피의자신문조서의 경우, 그 내용을 피고인 자신(A)이 부정하고

1) 대판 1996. 3. 8. 95도2930; 1993. 6. 22. 91도3346 등.
2) 대판 2006. 1. 12. 2005도7601; 1982. 9. 14. 82도1000; 1982. 6. 22. 82도898; 1979. 3. 27. 78도1031 등.
3) 대판 1999. 10. 8. 99도3063.
4) 정승환 52/68.

있음에도 증거능력을 인정하는 것은 모순이다. 그러므로 피고인(A)의 심리과정에서 증거능력을 인정받기 위해서는, 피의자신문조서 작성 당시 진술했던 공동피고인(B)이 아니라, 피고인 자신(A)의 내용의 인정이 필요하다고 보아야 한다(제312조 ①항 또는 ③항).

판례도 '당해 피고인과 공범관계가 있는 다른 피의자에 대해 사법경찰관이 작성한 피의자신문조서는 그 피의자의 법정진술에 의하여 그 성립의 진정이 인정되는 등 제312조 ④항의 요건을 갖춘 경우라고 하더라도, 당해 피고인이 공판기일에서 그 조서의 내용을 부인한 이상 이를 유죄 인정의 증거로 사용할 수 없다'고 하여 같은 입장이다.[1] 23

(3) 공범관계 여부에 따른 차이

즉 규정해석과 판례에 따르면 제312조 ①·③항과 ④항 요건을 동시에 요구하는 것으로 보는 것이 타당하다. 그렇지만 실제로 해당 피고인이 조서 내용까지 인정한 이상 그 증거능력을 부여하는 데에 장애가 없다. 따라서 출석한 공동피고인에 대해 신문권을 보장해야 할 의의는 크지 않아 제312조 ①·③항 요건만 적용한다는 견해와 결론면에서 차이가 없다. 이 점에서 증인적격이 없어 증인으로 출석하여 반대신문을 겪지 않아도 되는 공범인 공동피고인의 경우도 마찬가지이다. 그의 진술을 담은 수사기관작성 피의자신문조서에 대해 제312조 ①·③항에 따라 해당 피고인이 내용을 인정하는 것만으로 증거능력을 부여할 수 있게 된다. 24

반면에 공동피고인이 공범관계 등이 없어 사안을 공통으로 체험하지 않은 자라면, 그를 상대로 작성된 피의자신문조서에 대해 해당 피고인이 내용을 인정하는 데에는 사실적인 한계가 있다. 그럴 때에는 제312조 ④항 요건만으로 증거능력을 인정할 수가 있다. 25

8. 공소제기 후 수사기관이 작성한 조서

(1) 공소제기 후 증인 또는 참고인에 대한 진술조서

1) 이미 법정에서 증언을 마친 증인을 검사가 다시 소환하고 피고인에게 유 26

---

1) 대판 2019. 11. 14. 2019도11552; 2010. 1. 28. 2009도10139; 2009. 7. 9. 2009도2865. 그리고 이와 같은 법리는 행위자의 위반행위에 대하여 행위자가 아닌 법인 또는 개인이 양벌규정에 따라 기소된 경우, 이러한 법인 또는 개인과 행위자 사이의 관계에서도 마찬가지로 적용된다(대판 2020. 6. 11. 2016도9367 이 판례에 대한 평석으로는 홍영기, 2020년 형사법분야 대법원 주요판례와 평석, 안암법학 62, 150면 이하).

리한 진술을 번복하게 하여 진술조서를 작성하는 방식은 위법한 수사이다. 판례는 위법수집증거배제법칙에 의해 이것의 증거능력을 부정한다.[1] 2) 검사가 공판준비 또는 공판기일에서 이미 증언을 마친 증인을 소환하여 본인의 증언 내용을 번복하는 내용의 '진술서'를 작성하도록 하여 법원에 제출한 경우도 마찬가지이다.[2] 3) 최근 판례는 수사기관이 공판기일에 증인으로 신청하여 신문할 수 있는 사람을 특별한 사정없이 미리 수사기관에 소환하여 작성한 진술조서는 피고인이 증거로 할 수 있음에 동의하지 않는 한 증거능력이 없다고 한다. 그가 나중에 법정에 증인으로 출석하여 이 진술조서의 성립의 진정을 인정하고, 피고인 측에 반대신문의 기회가 부여되는 등 제312조 ④항 요건을 충족하더라도, 이 진술조서의 증거능력을 인정할 수 없음은 마찬가지이다(30/11 참고).[3]

(2) 공소제기 후 피고인에 대한 진술조서

27 공소제기 후 수사기관이 피고인을 법정 밖에서 신문하여 그의 진술을 기재한 조서의 증거능력도 문제된다. 이는 제312조 ④항 '피고인 아닌 자'의 진술을 기재한 조서로 볼 수 없기 때문에 이 규정을 적용할 수 없다. 공소제기 후 수사기관이 피고인을 수사하는 것은 위법수사이므로, 이때의 피고인진술조서는 위법수집증거배제법칙에 의해 증거능력을 부정하는 것이 타당하다. 과거 판례는 검사작성의 피고인진술조서가 기소 후에 작성된 것이라는 이유만으로 곧 증거능력이 없는 것은 아니라고 하였으나,[4] 바로 위에서 본 최근 판례[5]의 경향에 비추어보면 앞으로도 법원이 기소 후 수사기관이 작성한 피고인진술조서의 증거능력을 인정할 것으로 보기는 어렵다. 만약 피고인이 스스로 수사기관에 요청하여 진술하는 등 피고인에게 유리한 내용의 진술조서를 받은 경우라면 굳이 이를 전문법칙에 구속되도록 할 필요는 없기에(45/13), 그 예외요건을 따지는 실익이 없다.

1) 대판 2013. 8. 14. 2012도13665; 2000. 6. 15. 99도1108(전합).
2) 대판 2012. 6. 14. 2012도534.
3) 대판 2019. 11. 28. 2013도6825. 이 판례에 대한 평석으로는 홍영기, 형법 · 형사소송법 2019년 대법원 주요판례와 평석, 안암법학 60, 141면 이하.
4) 대판 1984. 9. 25. 84도1646; 1982. 6. 8. 82도754.
5) 대판 2019. 11. 28. 2013도6825.

II. 제312조 ⑤항 : 수사과정에서 작성한 진술서

1. 의 의

진술서는 사안에 대한 자신의 인식과 판단내용 등을 진술자 스스로 기재한 서면을 말한다. **자술서**로 부르는 경우도 있다. 작성주체에 따라 피고인진술서, 피의자진술서, 참고인진술서 등으로 나눌 수 있고, 작성과정에 따라 공판심리중 작성된 진술서, 경찰 또는 검사의 수사단계에서 작성된 진술서로 구분한다. 수사기관의 요청과 상관없이 작성한 자진형 진술서, 수사기관의 요구에 따라 작성한 요구형 진술서로 나누기도 한다. 그러나 이러한 명칭 차이에서 비롯되는 요건의 구별은 없다. 제312조 ⑤항은 '피고인 또는 피고인이 아닌 자가 수사과정에서 작성한 진술서'로 규정하여 형식을 구별하지 않고 일체의 진술서를 대상으로 하고 있다. 28

2. 전문법칙 예외 요건

이러한 진술서의 증거능력은 작성주체와 절차에 따라 제312조 ①항부터 ④항까지의 규정에 의해 증거능력이 인정된다(같은 조 ⑤항). 즉 피고인이 검사의 수사과정에서 작성한 진술서에는 제312조 ①항이, 검사 이외의 수사과정에서 작성한 진술서에는 제312조 ③항이 각각 적용되며, 피고인 아닌 자가 수사과정에서 작성한 진술서에는 제312조 ④항이 적용된다. 29

III. 제312조 ⑥항 : 수사기관의 검증조서

1. 의 의

수사기관의 검증결과를 기재한 조서는 1) 적법한 절차와 방식에 따라 작성된 것으로서 2) 공판준비 또는 공판기일에서 작성자의 진술에 따라 그 성립의 진정함이 증명된 때에 증거로 할 수 있다(제312조 ⑥항). 검증조서는 수사기관이 인식하고 판단한 사안관련 정보를 문서를 통해서 전달하는 것이므로 전문증거이다. 증거능력의 요건을 법원의 검증조서(제311조)에 비해 강화한 것은, 수사기관의 검증에 당사자의 참여권이 보장되지 않기 때문이다. 이 면에서 차이가 없기 때문에 해당 사건에 관해 작성된 검증조서뿐만 아니라 다른 사건의 검증조서도 제312조 ⑥항의 적용을 받는 것으로 보아야 한다. 30

2. 전문법칙 예외 요건

31 조서의 작성자는 그 검증조서를 작성한 검사 및 사법경찰관 등 검사 이외의 수사기관을 말한다. 검증에 단순히 참여하기만 한 경찰관은 포함되지 않는다.[1] 수사기관의 검증에는 영장에 의한 검증(제215, 216조 ③항)과 영장에 의하지 아니한 검증(제216조 ① · ②항, 제217조 ①항)이 있고, 영장 없이 대상자의 승낙에 의하여 검증한 결과를 기재한 서면도 여기에 포함된다. 검증조서에 첨부된 도화나 사진은 원칙적으로 검증조서와 일체를 이룬다. 이 규정 뿐만 아니라 다른 규정에서도 **성립의 진정**은 제312조 ④항에서의 **실질적 진정성립**과 같은 뜻이다.

3. 검증조서에 진술증거가 포함된 경우

(1) 견해대립

32 수사기관의 검증조서에 진술내용이 포함된 때에는 법원의 검증조서와 마찬가지로 견해대립이 있다. **구분설**은 현장지시는 검증조서와 일체를 이루어 제312조 ⑥항에 따라 증거능력을 판단한다. 현장진술은 실질적으로 참고인진술조서 또는 피의자신문조서이므로 조서의 작성주체와 진술자에 따라 제312조 내지 제313조를 적용하여 증거능력을 판단한다.[2] **검증조서부정설**은 현장지시와 현장진술을 구별하지 않고, 검증조서에 기재된 진술은 검증조서가 아니라고 보아 그 작성주체만을 기준으로 증거능력을 판단하는 견해이다. **수정설**은 현장지시가 검증활동의 동기를 설명하는 진술일 때는 검증조서와 일체를 이루므로 제312조 ⑥항을 적용한다. 현장지시 자체가 범죄사실을 인정하기 위한 진술일 때에는 현장진술과 같이 취급한다.[3]

(2) 결론 : 진술증거성

33 '현장지시'나 '현장진술'을 형식적으로 구별할 것이 아니라 오로지 '진술증거성'의 판단이 중요하다. 언어내용이 들어있다고 하더라도 진술증거로 볼 수 없는 것은 검증조서에 그대로 포함되므로 제312조 ⑥항에 따른다. 반면에 주체가 사안에 대하여 인식 · 판단한 진술증거가 검증조서안에 포함된 경우에는 진술주체와 과정에 따라 각각 제312조 ①, ③, ④항에 의해 증거능력을 판단하면 된다. 판례

1) 대판 1990. 2. 13. 89도2567; 1976. 4. 13. 76도500.
2) 노명선/이완규 512.
3) 이재상/조균석 40/73; 임동규 536.

도 사법경찰관이 작성한 검증조서에 피의자의 '진술내용' 및 '범행을 재연한 부분(언어적 행동)'이 있다면, 이는 검사 이외의 자가 작성한 피의자신문조서에 해당하는 것으로 보아 제312조 ③항을 적용하였다.[1]

4. 실황조사서

(1) 의의와 학설

34 실황조사서는 범죄사건이나 교통사고 · 화재사고 등 사건사고 직후에 수사기관이 현장상황을 조사하여 그 결과를 기재한 서류를 말한다. 실황조사서를 수사기관의 검증조서로 보아 제312조 ⑥항을 적용할 것인가에 관해 견해대립이 있다.

35 **부정설**은 실황조사서를 검증조서로 보기 위해서는 강제수사법정주의에 따라 근거규정이 있어야 하나, 실황조사서에 관한 명문규정이 없고 조서의 요건을 갖추지 못한 경우가 많으므로 제312조 ⑥항의 적용대상이 되지 않는다고 한다.[2]

36 **긍정설**은 실황조사서도 법령(경찰수사규칙 제41조, 검사규 별지 59호)에 의해 일정형식으로 작성하는 서류이며, 임의수사의 형태로 작성될 수 있는 것이라고 한다. 이때 실황조사서는 실질적으로 검증의 결과라고 할 수 있으므로 제312조 ⑥항의 적용을 받는다.[3]

(2) 결론 : 실질적 검토

37 실황조사서의 작성을 일괄하여 임의수사인지 강제수사인지 결정할 수는 없다. 근거규정 유무에 따라 임의수사와 강제수사를 나누는 이른바 형식설은 순환론으로서 취할 수 없는 방법이다. 개별적인 사안에 따라 피수사자의 권리를 침해하지 아니하거나 동의 또는 추정된 동의가 있다면 임의수사이며, 강제수사로서의 검증과 다를 바 없는 형태로 진행된다면 명칭과 상관 없이 영장을 요건으로 해야 한다(19/5). 만약 범죄현장에서 영장 없는 검증(제216조 ③항)에 해당하는 실황조사를 한 때에 사후영장을 받지 않으면 그 실황조사서는 유죄의 증거로 쓸 수 없다.[4] 이와 같이 실질이 검증조서와 같다면 검증의 방식 및 **검증조서**에 대한 규정이 적용되어야 한다는 점에서 위의 긍정설이 타당하다.

38 실황조사서에 검증내용만 들어 있는 때에는 제312조 ⑥항을 적용할 수 있다.

1) 대판 1998. 3. 13. 98도159.
2) 신동운 1205; 정영석/이형국 353.
3) 백형구(강의) 695; 신양균 807; 이재상/조균석 40/79; 임동규 537.
4) 대판 1989. 3. 14. 88도1399.

그러나 진술증거가 포함되었다면 달리 보아야 한다. 예를 들어 피의자의 진술이 옮겨진 것이면 피의자신문조서와 같이 보아야 한다. 같은 취지에서 판례도 피고인의 진술, 재연한 상황을 사법경찰관이 기재한 실황조사서에 대해 피고인이 공판정에서 내용을 부인하면 증거능력이 없다고 하여 실제로 피의자신문조서와 같이 취급하고 있다.[1]

(3) 수사보고서

39 수사보고서에 검증의 결과에 해당하는 내용이 기재되어 있는 경우에도, 문서의 성격이 수사의 경위 · 결과를 내부적으로 보고하기 위하여 작성된 서류에 불과하다면 제312조 ⑥항의 검증조서로 볼 수 없으므로 증거능력이 인정되지 않는다.[2] 그러나 형식상으로 수사보고서로 되어 있으나 작성절차와 효과면에서 실질이 검증조서에 해당하는 경우에는 제312조 ⑥항의 적용대상이 될 수 있다.[3] 전문법칙 및 예외의 판단에서 문서의 명칭이 중요한 것은 아니다.

Ⅳ. 제313조 : 형사절차 밖에서 작성된 진술서 등

1. 제313조 ①항 본문 : 진술서, 진술기재서

(1) 의 의

40 제313조는 법원 · 법관, 수사기관이 작성한 것 이외의 전문증거에 대한 규정이다. 피고인 또는 피고인 아닌 자가 직접 작성한 것[**진술서**]이나 그의 진술을 타인이 기재한 서류 및 매체[**진술기재서**]를 대상으로 한다. 이러한 전문증거로서 **1)** 작성자 또는 진술자의 자필이거나 서명 또는 날인이 있는 것[**형식적 진정성립**]은 공판준비나 공판기일에서 **2) 진술서**의 경우에 직접 이를 작성한 작성자에 의한 성립의 진정이 증명되고, **3) 진술기재서**의 경우에 원진술자에 의한 성립의 진정이 증명된 때에 증거로 할 수 있다(제313조 ①항 본문).

41 형식적 진정성립이 있는 증거에 대해 작성자 또는 원진술자가 공판정에 출석하여 실질적 진정성립도 인정한다면, 증거능력을 인정해야 할 신용성이 담보되고 많은 경우에 반대신문권도 보장될 것이기에, 그에 따라 증거능력을 인정하려

1) 대판 1989. 12. 26. 89도1557; 1984. 5. 29. 84도378.
2) 대판 2001. 5. 29. 2000도2933.
3) 대판 2016. 8. 30. 2013도658; 2011. 9. 29. 2011도8015; 2010. 10. 14. 2010도5610.

는 데에 규정의 취지가 있다. 물론 여기서도 우선 그 대상이 진술증거로서 전문증거여야 한다. 형사절차 밖에서 사인이 작성한 것이지만, 사안에 대한 인식 및 판단과 관련 없는 것은 전문증거가 아니므로 이 예외의 대상이 아니다.

(2) 대 상

1) **진술서**는 사안에 대한 자신의 인식과 판단내용 등을 진술자 스스로 적은 42
서면을 말한다. 형사사법기관이 작성하였거나 형사절차 안에서 만들어진 것이 아니어야 한다. 피고인이 사적으로 쓴 문서나 제3자가 개인적으로 만들어둔 장부, 고소장에 포함된 진술증거 부분[1] 등이 예가 된다. 2) **진술기재서**는 원진술자의 진술을 제3자가 기재한 서류이다. 학교나 회사 등의 회의록, 의사가 환자와의 대화를 기록한 서류 등의 예가 있다. 3) 피고인 또는 피고인 아닌 자가 작성하였거나, 그가 진술한 내용이 포함된 **문자 · 사진 · 영상 등의 정보가 컴퓨터용 디스크 등 매체에 저장된 것**도 대상이 된다(제313조 ①항 본문). 근래에는 이러한 저장매체에 들어있는 진술증거가 더 중요해졌다. 자신이 컴퓨터에 써둔 진술, 대화 상대방의 진술을 녹음한 파일, 사인 간 주고받은 휴대폰 문자 등이 예가 된다.

위의 모든 대상 가운데 범죄혐의에 대한 피고인의 항변 등 그에게 유리한 43
내용이 담겨 있는 진술증거는 전문법칙의 제한을 받지 않는다(45/13). 예를 들어 무죄를 입증하는 데에 기여할 수 있는 대화내용이 담긴 문자메시지를 증거로 사용하기 위해서 피고인이 이하의 전문법칙예외요건을 충족해야 하는 것은 아니다.

(3) 형식적 진정성립

서면의 경우 '작성자 또는 진술자의 자필이거나 그 서명 또는 날인이 있는 44
것'이어야 한다. 이를 실질적 진정성립과 대비하여 '형식적 진정성립'이라고 말한다. 진술서의 경우에는 진술자 자신, 진술기재서인 경우에는 원진술자가 아닌 그 작성자의 형식적 진정성립을 뜻한다. 자필로 작성되었다면 서명 또는 날인이 없더라도 형식적 진정성립을 인정할 수 있다.

문자 · 사진 · 영상 등의 정보로서 컴퓨터용 디스크, 그 밖에 이와 비슷한 정 45
보저장매체에 저장된 진술증거는 규정상 서명 · 날인 요건 다음 부분 괄호에 추가된 것이므로 서명 · 날인 요건이 필요하지 않다. 기술적으로도 가능하지 않은 경

1) 진술증거를 포함한 '고소장'이 제313조 ①항의 서류에 해당한다고 본 예는 대판 2012. 7. 26. 2012도2937 등.

우가 대부분이다. 작성자 로그인 기록 등 다른 형식적 진정성립 증명이 필요한 것도 아니다.

(4) 실질적 진정성립

46 이러한 증거방법이 공판준비나 공판기일에서의 그 작성자 또는 진술자의 진술에 의하여 그 **성립의 진정함이 증명**된 때에 증거로 할 수 있다. 여기서 '성립의 진정'은 형식적 진정성립 문언과 대비되어 실질적 진정성립을 뜻한다. 성립의 진정증명은 공판정에 참석한 자가 그 매체에 담긴 내용이 자신이 과거에 진술한 것과 같음을 인정하는 것이다.

47 법문에서 **진술서**에는 **작성자**의 성립의 진정, **진술기재서**에는 **원진술자**의 성립의 진정이 각각 대응하는 것으로 해석한다. 위 형식적 진정성립 인정과 다른 점이다. 따라서 진술서든 진술기재서든 언제나 '원진술자'가 자신이 작성 또는 진술한 대로 기재되어 있다는 진술을 함으로써 성립의 진정이 증명되어야 한다.[1] 정보저장매체에 진술자의 진술이 담겨 있는 경우도 마찬가지이다. 진술기재서의 작성자나 원진술자의 진술을 매체에 담은 사람의 성립의 진정 인정만으로는 이 요건을 충족하지 못한다.

48 형식적 진정성립 요건에서 '작성자 또는 진술자'라는 동일한 법문은 진술서와 진술기재서 각각에 대응하는 주체에 해당한다. 그런데 이처럼 실질적 진정성립은 진술서와 진술기재서를 불문하고 원진술자가 인정해야 한다고 보면, '작성자 또는 진술자'라는 같은 형식의 요건을 규정하고 있음에도 달리 해석하게 되는 문제가 생긴다. 이에 형식적 진정성립과 마찬가지로 진술기재서의 경우에는 원진술자가 아닌 작성자가 성립의 진정을 인정하면 족하다는 해석도 있을 수 있다. 하지만 이렇게 보면 본문 아래 단서조항 및 ②항 본문과의 통일된 해석이 어려워질 뿐만 아니라 직접주의를 지나치게 위축시키게 될 우려가 있다. 이미 타인의 진술을 담은 진술기재서의 작성자가 자기 스스로 옮겨 쓴 것으로 형식적 진정성립을 인정한 상황에서, 다시금 그 작성자가 실질적 진정성립을 인정하는 것에 대한 추가적 의미를 찾을 수도 없다.

---

1) 이은모/김정환, 671; 이주원 451; 이창현 919; 임동규 532; 정승환 52/96 정웅석/최창호 603; 대판 2004. 12. 16. 2002도537 전합 참조.

2. 제313조 ①항 단서 : 피고인진술에 대한 진술기재서

다만 피고인의 진술을 기재한 서류의 경우에 1) 진술기재서의 '작성자'가 성립의 진정을 인정하고 2) 특신상태가 증명된 때에는 3) 원진술자인 피고인이 성립의 진정을 부인하는 진술을 한 때에도 증거능력을 인정할 수 있다(제313조 ①항 단서). 판례사안을 보면 피고인의 진술이 녹음된 녹음테이프의 경우에 녹음된 내용이 그 '작성자'인 피해자 [녹음한 사람] 의 진술에 의해서 피고인이 진술한 대로 녹음된 것이라는 점이 증명되고 특신상태가 인정된 경우라면 피고인이 성립의 진정을 인정하지 않는다고 하더라도 녹음의 증거능력을 인정한다.[1] 49

법문의 **피고인의 진술에도 불구하고**의 의미를 피고인이 진술기재서의 '내용을 부인'하는 진술을 할 때로 새기는 다른 견해가 있다. 단순히 성립의 진정을 부인하는 때라고 본다면 구두변론주의와 직접주의가 위축될 것이기 때문이라고 한다 [가중요건설].[2] 그러나 원진술자의 성립의 진정을 요구하는 본문에 이어지는 단서조항이기 때문에, 피고인이 **성립의 진정을 부인**하는 진술을 함에도 불구하고라고 해석하는 것이 문리해석상 타당하다 [완화요건설].[3] 피고인의 진술을 기재한 것이 제3자의 진술을 기재한 것에 비해 증거능력을 더 쉽게 인정받는 문제가 있을 수 있다. 그러나 전자의 경우에는 법정에 출석한 피고인의 구두진술과 대비하여 증명력을 음미할 기회가 남아 있다는 점에서 잘못된 입법이라고 보기는 어렵다. 50

이 단서에는 본문과 달리 특신상태 요건이 추가되어 있다. 원진술자인 피고인이 진정성립을 부인하는데 작성자는 인정하고 있기 때문에, 이때의 특신상태요건은 엄격하게 해석해야 한다. 그렇지 않으면 원진술자보다 작성자의 성립의 진정 인정이 더 우월한 요건이 되기 때문이다. 즉 추가적인 객관적인 증명 없이 작성자의 성립의 진정 인정만으로 피고인진술에 대한 진술기재서의 증거능력을 인정해서는 안 된다. 51

3. 제313조 ②항 본문 : 진정성립의 대체 증명

①항의 본문에도 불구하고, 피고인을 비롯하여 진술서의 작성자가 공판준비 52

---

1) 대판 2005. 12. 23. 2005도2945; 2001. 10. 9. 2001도3106.
2) 임동규 532; 정승환 52/99; 정웅석/최창호 608.
3) 노명선/이완규 501; 신동운 1221; 이재상/조균석 40/66; 이창현 910. 대판 2022. 4. 28. 2018도3914; 2012. 9. 13. 2012도7461 참조.

나 공판기일에 성립의 진정을 부인하는 때 또는 자신의 진술이 담긴 저장매체에 대해 성립의 진정을 부인하는 때에는, 과학적 분석결과에 기초한 **디지털포렌식**[1] 자료, 감정 등 객관적 방법으로 성립의 진정함을 대신 증명하여 증거능력을 인정할 수 있다(제313조 ②항 본문).

53 이 규정의 대상에는 **진술서**만 해당하고 진술기재서는 포함되지 않는다. 그리고 ①항의 '본문'의 예외규정이므로 제313조 ①항 '단서'에 피고인의 진술을 기재한 서류도 물론 제외된다. 이 규정에 해당하는 예는 컴퓨터나 휴대폰, 태블릿 PC 등의 소유자로 의심되는 피고인 또는 제3자가 자신의 것이 아니라고 하거나 그 안에 들어있는 내용도 자신이 작성한 것이 아니라는 식으로 주장할 때에 과학적 · 기술적 감정을 통한 반증을 거쳐 증거로 사용하는 경우이다.

54 진술기재서는 여기에 포함되지 않으므로 예를 들어 피고인이나 피고인 아닌 자의 진술을 다른 사람이 듣고서 작성한 매체에 대해, 원진술자와 작성자 모두 성립의 진정을 인정하지 않는다면 어떠한 경우에도 증거능력을 인정받을 여지가 없다.

4. 제313조 ②항 단서 : 피고인 아닌 작성자에 대한 신문권 보장

55 특히 피고인 아닌 자가 작성한 진술서의 경우에는 위 기술적 방법에 추가하여 피고인 또는 변호인이 공판준비 또는 공판기일에 그 기재 내용에 관하여 작성자를 신문할 수 있었을 것을 증거능력의 요건으로 한다(제313조 ②항 단서). 기술적인 방법만으로 진정성립을 대신 인정할 수 있게 하는 것 이외에도 피고인에게 작성자에 대한 신문권을 보장함으로써, 피고인 아닌 자에 의해서 작성된 진술서가 증거능력을 인정받을 수 있는 예외요건을 강화한 것이다.[2]

5. 제313조 ③항 : 감정서

56 감정서는 감정의 경과와 결과를 기재한 서류를 말한다. 감정은 형사사법기관 스스로 하는 것이 아니기 때문에 제313조에 포함되어 있다. 감정에는 법원의 명령에 의한 경우(제169조)와 수사기관의 촉탁에 의한 경우(제221조)가 있다. 법원의 감정명령을 받은 감정인은 감정보고서를 제출하여야 하고(제171조), 수사기관의 촉

---

1) 디지털 증거를 수집하고 분석하는 데에 필요한 기술 또는 절차이다.

2) 작성자인 제3자가 성립의 진정을 부정하였음에도 기술적 방식으로 진정성립이 대신 인정된 매체를 놓고 피고인과 그 제3자가 묻고 답하는 것의 현실적인 의의에 대해서는 비평이 있을 수 있다.

탁을 받은 감정수탁자도 감정결과를 감정서로 보고한다.

제313조 ③항은 "감정의 경과와 결과를 기재한 서류도 ① · ②항과 같다"고 규정하여 감정서를 진술서에 준하여 증거능력을 평가하도록 하고 있다. 즉 감정서는 1) 감정인의 자필이거나 서명 또는 날인이 있어야 하고 2) 공판준비 또는 공판기일에서의 감정인의 진술에 의하여 그 성립의 진정함이 증명되어야만 증거로 할 수 있다.[1] 3) 감정인 스스로 진정성립을 부인하면 과학적 수단 등으로 이를 대신 증명할 수 있다. 57

[55] 필요성 · 신용성에 따른 전문법칙의 예외

I. 제314조 : 필요성에 따른 전문법칙의 예외

1. 의 의

1 1) 제312조 또는 제313조의 대상이 된 전문증거의 예외요건을 충족하기 위해서 진술을 해야만 하는 자가 사망 · 질병 · 외국거주 · 소재불명, 그 밖에 이에 준하는 사유로 진술할 수 없는 때에는 2) 그 진술 또는 작성이 특히 신빙할 수 있는 상태하에서 행하여졌음이 증명될 때에 그 조서 · 서류 및 정보저장매체를 증거로 할 수 있다(제314조).

2 위에서 본 여러 증거방법의 증거능력을 인정받기 위해서는 원진술자 또는 작성자가 실질적 진정성립을 인정하는 등의 진술을 하도록 되어 있다. 그러나 이러한 사람들이 진술할 수 없는 불가피한 사정이 있는 경우임에도 사안을 구성하는 데에 반드시 필요한 전문증거가 있다면 예외적으로 증거능력을 인정할 수 있도록 한 특칙이 제314조이다. 전문법칙의 예외를 인정하는 요건인 **필요성**에 주된 근거를 두고 있는 규정이다.

2. 전문법칙 예외의 요건

(1) 예시된 진술불가사유

3 원본증거가 아닌 전문증거를 사용해야 하는 불가피성과 함께, 전문법칙 예외

---

1) 대판 1994. 12. 9. 94도1680.

요건을 위해 필요한 진술마저 확보할 수 없는 사정이 분명해야 하기 때문에 제314조의 진술불가사유는 엄격하게 해석해야 한다.[1)]

4 1) **사망**이 대표적인 사유이며, **질병**은 공판이 계속되는동안 출장신문도 불가능할 정도의 중병이어야 한다.[2)] 2) **외국거주**는 단순히 외국에 있다는 점만으로는 부족하다. 소환 및 외국과의 사법공조로 증인신문을 실시하도록 요청하는 등의 모든 조치를 취하더라도 진술을 얻을 수 없는 경우를 말한다.[3)] 3) **소재불명**도 단순한 소환장의 송달불능만으로는 불충분하다. 무단전출, 주민등록직권말소 등으로 소재확인이 불가능한 수준이어야 한다.[4)] 소환장의 송달불능시 소재탐지촉탁을 충분히 하지 않았거나,[5)] 주거지 아닌 곳에서 소재탐지를 한 경우[6)] 등은 여기에 해당하지 않는다. 구인장이 집행되지 못한 경우도 이에 해당할 수 있지만, 구인장집행이 불가능하다는 취지의 서면제출만으로는 부족하다. 이 경우에는 구인장의 강제력에 기하여 증인의 법정 출석을 위한 가능하고도 충분한 노력을 다하였지만 증인의 법정 출석이 불가능하게 된 사정을 검사가 증명하여야 한다.[7)]

(2) 그 밖에 이에 준하는 사유

5 "그 밖에 이에 준하는 사유"는 엄격하게 해석해야 한다. 판례는 성추행 피해자인 유아가 증인신문과정에서 일정한 사항에 관하여 기억이 나지 않는다는 취지로 진술하여 그 진술의 일부가 재현 불가능하게 된 예외적인 경우에 이 요건에 해당한다고 하였다.[8)] 반면에 약 10세의 피해자가 만 5세 무렵에 당한 성추행으로 인하여 외상 후 스트레스 증후군이 있어 공판정에 출석하지 못한 사유가 이에 해당하지 않는다고 한 예도 있다.[9)]

6 증인이 법정에 출석하여 **증언거부권**을 행사한 때도 '그 밖의 이에 준하는 사유'에 해당하는지 문제된다. 특히 공범이 증언을 거부할 때 그 공범을 상대로 작성된 피의자신문조서가 제314조의 적용을 받아 다른 공범에 대한 증거가 될 수

---

1) 대판 2012. 5. 17. 2009도6788(전합).
2) 대판 2006. 5. 25. 2004도3619.
3) 대판 2016. 2. 18. 2015도17115.
4) 대판 2004. 3. 11. 2003도171; 1999. 4. 23. 98도1923; 1997. 7. 11. 97도1097; 1996. 5. 14. 96도575; 1990. 4. 10. 90도246; 1985. 2. 26. 84도1679.
5) 대판 2013. 4. 11. 2013도1435; 2007. 1. 11. 2006도7228.
6) 대판 2010. 9. 9. 2010도2602; 1996. 5. 14. 96도575; 1973. 10. 31. 73도2124.
7) 대판 2007. 1. 11. 2006도7228; 1995. 6. 13. 95도523; 1989. 6. 27. 89도351.
8) 대판 2006. 4. 14. 2005도9561.
9) 대판 2006. 5. 25. 2004도3619.

있는지의 문제이다. 공범으로서 진술하는 것이 사실상 어려운 때에 증거의 필요성은 인정되지만, 공판중심주의를 유지하고 증언거부권을 무력화해서는 안 된다는 취지에서 이 조서를 제314조에 따라 증거로 사용할 수는 없다고 해야 할 것이다.

과거 판례 가운데 법정에 출석한 증인이 '정당하게' 증언거부권을 행사하여 증언을 거부한 경우에 이 요건에 해당하지 않는다고 한 예가 있으나,[1) 근래 대법원 전원합의체는 증인이 행사한 증언거부권의 정당성여부는 증인의 영역에서만 문제되는 것이기에, 이와 상관없이 증인의 증언거부권 행사는 제314조 '그 밖에 이에 준하는 사유'에 해당할 수 없다고 하여 공판중심주의를 더욱 강화하는 해석을 하고 있다.[2) 7

(3) 특신상태

이때 조서, 서류, 정보저장매체는 그 진술 또는 작성이 특히 신빙할 수 있는 상태하에서 행해진 경우에 증거능력이 인정된다. 여기서의 특신상태도 **신용성의 정황적 보장**이라는 의미이며, 진술증거의 내용에 대해서가 아니라 그 작성과 전달과정에 대한 신용성을 의미한다. 원진술자의 진정성립 인정에 추가되는 경우가 아닌, 원진술자의 진술이 불가능한 이 상황에서는 특신상태요건이 엄격한 평가기준의 역할을 담당해야 한다.[3) 판례는 이 경우 '절차적 위법이 보이지 않는다거나 진술의 임의성을 의심할 만한 구체적 사정이 없다는 것만으로는 부족하고, 반대신문 등을 통한 검증을 거치지 않더라도 진술의 신빙성과 임의성을 충분히 담보할 수 있는 구체적이고 외부적인 정황이 있어 합리적인 의심의 여지를 배제할 정도에 이르러야 한다'고 한다.[4) 8

3. 적용범위

제314조는 '제312조 또는 제313조의 경우'에 대한 규정이지만, 두 조문의 각 전문증거에 대해 제314조가 적용되는지 여부는 경우에 따라 다르게 판단해야 한다. 9

1) 대판 2013. 6. 13. 2012도16001; 2012. 5. 17. 2009도6788(전합): 변호인이 증언거부권을 행사한 경우(제149조)에 여기서의 '그 밖의 이에 준하는 사유'에 해당하지 않으므로 그가 작성한 검토의견서는 증거능력이 없다.

2) 대판 2019. 11. 21. 2018도13945(전합). 이 판례에 대해서는 홍영기, 형법 · 형사소송법 2019년 대법원 주요판례와 평석, 안암법학 60, 145면 이하.

3) 같은 시각은 대판 2014. 8. 26. 2011도6035; 정웅석/최창호 573.

4) 대판 2017. 7. 18. 2015도12981; 2014. 8. 26. 2011도6035; 2014. 4. 30. 2012도725; 2014. 2. 21. 2013도12652.

(1) 피의자신문조서

10 피고인이 진술불능 사정으로 공판과정에 출석하지 못하는 경우는 드물다. 피고인출석 없이는 원칙적으로 개정할 수 없고, 피고인 없이 재판할 수 있는 경우라고 하더라도 참여권이 보장되지 않은 상황에서 제314조를 근거로 피의자신문조서의 증거능력을 인정하는 것은 공판중심주의에 반한다. 그러므로 제312조 ①항 및 ③항의 대상으로서 피고인이 된 피의자에 대한 신문조서에 대해서는 제314조가 적용될 수 없다고 해야 한다.[1)]

11 피고인이 진술거부권을 행사한 사실이 제314조의 진술불가사유에 해당할 수 없음은 물론이다. 판례도 피고인이 증거서류의 진정성립을 묻는 검사의 질문에 대하여 진술거부권을 행사하여 진술을 거부한 경우는 형사소송법 제314조의 '그 밖에 이에 준하는 사유로 인하여 진술할 수 없는 때'에 해당하지 아니하는 것으로 보았다.[2)]

(2) 참고인진술조서

12 제314조는 많은 경우 제312조 ④항의 참고인진술조서를 대상으로 한다. 즉 제3자가 수사과정에서 참고인으로 진술하여 조서가 작성되었는데, 그에게 조서의 진정성립 인정을 위해 공판정에 출석할 수 없는 제314조의 사유가 있다면 특신상태 하에서 조서의 증거능력이 인정된다.[3)]

13 그러나 수사기관이 해당공소사실과 관련되는 다른 피의자를 대상으로 작성한 피의자신문조서는 제314조의 요건을 충족하는 것만으로 증거능력이 인정되지 않는 경우가 있다. 이미 보았듯이 그 다른 피의자가 공범인 공동피고인이 되어 법정진술을 통해 그 성립의 진정을 인정하더라도 해당 피고인이 그 조서의 내용을 부인하면 증거능력이 부정된다(54/21). 그러므로 공범인 공동피고인의 법정진술이 불가능한 때에 특신상태에 따라 증거능력을 인정하는 제314조만으로는 증거능력을 인정하는 데에 부족하며, 그에 추가하여 해당 피고인이 조서의 내용까지 인정해야만 한다.[4)]

---

1) 대판 2004. 7. 15. 2003도7185(전합); 손동권/신이철 610; 신동운 1090; 이은모 697; 이재상/조균석 40/50, 40/59; 이창현 872. 다른 견해는 노명선/이완규 627.
2) 대판 2013. 6. 13. 2012도16001.
3) 대판 1983. 6. 28. 83도931.
4) 대판 2008. 2. 14. 2005도4202; 2006. 12. 8. 2005도9730; 2004. 7. 15. 2003도7185(전합). 대판 2009. 11. 26. 2009도6602 참조.

(3) 검증조서 등

수사기관이 작성한 검증조서(제312조 ⑥항), 진술서와 감정서도 그 작성자가 법정에서 진술할 수 없는 불가피한 사유가 있을 때에는 제314가 적용된다. 다만 피고인이 수사과정에서 스스로 작성한 진술서(같은 조 ⑤항)는 피고인에 대한 피의자신문조서와 마찬가지로 제314조를 적용할 수 없다. 14

(4) 진술서 · 진술기재서

제313조의 진술서나 진술기재서의 전문법칙 예외요건을 충족하기 위해 진술을 필요로 하는 사람이 제314조에 해당하는 사유로 진술할 수 없을 때에도 예외적으로 그 증거능력을 인정할 수 있다. 예를 들어 피고인 이외의 작성자가 자필로 쓴 진술서에 대해 그가 사망, 질병 등의 이유로 공판정에 출석하여 실질적 진정성립을 인정할 수 없는 때에, 특신상태가 갖추어졌다면 이를 증거로 할 수 있다. 그러나 피고인의 진술을 기재한 진술기재서의 경우에 제313조 단서에 따라 작성자의 진정성립 인정이 필요한데, 제314조 사유로 이를 갖추지 못한 때라면 그 진술기재서의 증거능력을 인정하기 위한 특신상태를 특별히 엄격하게 해석하여 증거능력이 없는 것으로 보아야 한다. 진정성립을 인정해야 할 작성자가 출석하지 못할 사정이 있다고 하더라도, 출석한 피고인 자신이 성립의 진정을 부정하는 경우가 있다. 이는 원진술자인 피고인과 작성자 모두 진정성립을 인정하지 않는 것이므로 오로지 특신상태요건만을 거쳐 피고인 진술기재서의 증거능력을 인정하는 것은 공판중심주의에 반한다. 15

(5) 기타 저장매체

서면 이외에도 "피고인 또는 피고인 아닌 자가 작성하였거나 진술한 내용이 포함된 문자 · 사진 · 영상 등의 정보로서 컴퓨터용디스크, 그 밖에 이와 비슷한 정보저장매체에 저장된 것을 포함한다"는 문언이 제314조에 추가되어 있다. 그러나 여기서 피고인이 작성하였거나 피고인의 진술을 작성자가 기록한 매체의 경우에는 위와 마찬가지로 진술불가사유가 제한적으로 적용되어야 한다. 즉 피고인이 작성한 것 또는 피고인진술이 기재된 것으로 여겨지는 저장매체가 있을 때, 그것이 피고인에게 불리한 내용을 포함한 것이라면, 위 사정에 따라서 피고인이 출석하지 못한 상태에서 진정성립 인정 없이 증거능력을 인정할 수 없다. 예를 들어 피고인이 참석할 사정이 아닐 때, 피의자신문 장면이 담긴 영상녹화물의 증거능 16

력을 제314조에 따라 인정하는 것은 공판중심주의에 위반된다.

II. 제315조 : 신용성에 따른 전문법칙 예외

1. 의 의

17 진술로서의 서면 가운데 공무원이 직무상 작성하는 문서 또는 업무자가 업무상 작성하는 문서이면서 성립의 진정을 충분히 추정할 수 있는 때에는 증거로 할 수 있다. 이러한 증거방법은 대개 작성자의 인식 · 판단을 왜곡 없이 그대로 반영하는 것으로서 **신용성이 정황적으로 보장**되는 것으로 생각되기 때문이다. 작성주체인 공무원 · 업무자를 굳이 증인으로 소환하여 신문하는 것이 소송경제에 반한다는 이유도 있다. 또한 이 규정은 해당 증거가 진술증거인지가 불확실한 때에, 사실에 대한 인식 · 판단이 아닌 것을 전문법칙의 적용에서 배제하는 기능도 담당하고 있다.

2. 전문법칙 예외의 요건

(1) 제315조 1호 : 공무원 직무상 증명사항에 관한 문서

18 가족관계기록사항에 관한 증명서, 공정증서등본 기타 공무원 또는 외국공무원이 직무상 증명할 수 있는 사항에 관하여 작성한 문서는 당연히 증거능력이 있다(제315조 1호). 이러한 서류는 공권적 증명문서로 신용성이 보장되며, 원본제출이나 공무원에 대한 증인신문이 어렵다는 필요성 때문에 증거능력을 인정한다. 예를 들면 등기부등본, 인감증명, 가족관계증명, 전과조회회보, 신원증명서, 출입국증명, 세관공무원의 시가감정서,[1] 외국공무원의 감정서 및 분석회답서[2] 등이 있다. 법원의 판결문사본이나,[3] 기타 법원 또는 법관이 작성한 문서, 다른 피고사건의 공판조서 등도[4] 여기에 속한다고 볼 수 있으나 3호를 적용해도 무방하다. 그러나 수사기관이 작성한 문서, 즉 공소장 또는 외국수사기관의 수사결과는 이에 해당하지 않는다.[5] 또한 판례는 입원진료의 적정성에 대한 내용의 '건강보험

1) 대판 1985. 4. 9. 85도225.
2) 대판 1984. 2. 28. 83도3145.
3) 대판 1981. 11. 24. 81도2591.
4) 헌재결 2013. 10. 24. 2011헌바79; 대판 1968. 8. 13. 68도824; 1966. 7. 12. 65도617; 1964. 4. 28. 64도135.
5) 대판 1979. 9. 25. 79도1852; 1978. 5. 23. 78도575. 다만 판례는 피고인이 소지탐독사실을 인정하고 있는 유인물

심사평가원의 입원진료 적정성 여부 등 검토의뢰에 대한 회신'도 이에 해당하지 않는다고 한다.[1)]

(2) 제315조 2호 : 업무상 필요로 작성한 통상문서

상업장부, 항해일지 기타 업무상 필요로 작성한 통상문서도 당연히 증거능력 19
이 있다(제315조 2호). 이러한 서류는 범죄사실의 인정 여부와는 관계없이 자기에게 맡겨진 사무를 처리한 내역을 그때그때 계속적 · 기계적으로 기재한 것으로서 사무처리 내역을 증명하기 위하여 존재하는 문서라는 점에 특징이 있다. 이에 대한 예로는 금전출납부, 의사의 진료부, 지출내역을 기재한 장부,[2)] 성매매업소에서 작성한 영업용 메모리카드의 내용[3)] 등이 있다. 의사작성의 진단서는 이에 해당하지 않는다.

(3) 제315조 3호 : 기타 특히 신용할 만한 정황에 의하여 작성된 문서

제315조 1호나 2호에 해당하지 않더라도 그에 준할 정도로 신용할 만한 정황 20
에 의하여 작성된 문서는 3호에 의하여 당연히 증거능력이 있다. 예컨대 형사사법기관이 기술적 업무와 관련하여 작성한 서면으로 신용성이 보장되는 경우, 공공기록, 공공기관의 보고서, 공무소작성의 통계 · 연감 등이 이에 해당할 수 있다. 판례는 국정원 심리전단 직원이 작성한 트윗글과 리트윗글의 존재가 기재된 시큐리티 파일은 요증사실의 존부를 가리는 진술증거로서 전문증거이지만 제315조 2호나 3호의 대상에 해당하지 않아 증거능력이 없는 것으로 보았다.[4)]

[56] 전문진술

피고인 아닌 자의 **구두진술**이 피고인의 진술 또는 피고인 아닌 타인의 진술 1

의 내용을 분석한 후, 유인물을 기계적으로 복사하여 첨부한 사법경찰관 작성의 수사보고서를 제315조 3호의 규정된 문서로 보아 증거능력을 인정한 바 있다(대판 1992. 8. 14. 92도1211).

1) 대판 2017. 12. 5. 2017도12671.

2) 대판 1996. 10. 17. 94도2865(전합).

3) 대판 2007. 7. 26. 2007도3219.

4) 대판 2015. 7. 16. 2015도2625(전합): 제315조 요건에 해당하기 위해서는 1) 문서가 정규적 · 규칙적으로 이루어지는 업무활동으로부터 나온 것인지, 2) 일상적인 업무 관행 또는 직무상 강제되는 것인지, 3) 기재된 정보가 취득된 즉시 또는 그 직후에 이루어져 정확성이 보장될 수 있는 것인지, 4) 기록이 기계적으로 행하여지는 것이어서 기록자의 주관적 개입의 여지가 거의 없다고 볼 수 있는지, 5) 문서가 공시성이 있는 등으로 사후적으로 내용의 정확성을 확인 · 검증할 기회가 있어 신용성이 담보되어 있는지 여부 등을 종합적으로 고려해야 한다.

을 내용으로 하는 경우에 예외적으로 전문진술의 증거능력을 인정한다(제316조). 입과 귀를 통해 전해지는 증거방법이라는 점에서 제311조에서 제315조까지 규정된 서면의 형식에 의한 전문증거의 예외규정과 구별된다.

I. 제316조 ①항 : 피고인의 진술을 내용으로 하는 경우

1. 의 의

2 **피고인 아닌 자**의 공판준비 또는 공판기일의 진술이 **피고인의 진술**을 내용으로 하는 것인 때에는 그 진술이 특히 신빙할 수 있는 상태에서 행하여진 때에 한하여 이를 증거로 할 수 있다. 이때 '피고인이 아닌 자'에는 공소제기 전에 피고인을 피의자로 조사하였거나 그 조사에 참여하였던 자를 포함한다(제316조 ①항).

3 이는 신용성이 정황적으로 보장된 경우에 전문진술의 증거능력을 인정하는 예외규정으로서 증인이 공판과정에서 구두로 진술하는 경우에 피고인이 그에 대해서 반대신문권을 행사할 수 있으므로 증거능력을 인정하여 사안구성에 기여할 수 있도록 한 것이다.

2. 전문법칙 예외의 요건

(1) 피 고 인

4 대상이 되는 '피고인진술'에서 피고인은 피고사건의 해당 피고인을 의미한다.[1] 공동피고인은 이때의 피고인이 아닌 제3자이다. 피고인의 진술은 피고인의 지위에서 나온 것에 국한하지 않고 피의자, 참고인 등 기타 다른 지위와 상황에서 이루어진 것도 포함한다.

(2) 특신상태

5 제316조 ①항은 피고인 아닌 자의 구두진술이 피고인의 진술을 내용으로 하는 경우 '특히 신빙할 수 있는 상태 하에서 행하여졌음이 증명된 때에 한하여' 증거능력이 있다고 규정하고 있다. 다른 요건 없이 특신상태만 문제된다. 판례는 이때의 특신상태를 신용성의 정황적 보장, 즉 '그 진술을 하였다는 것에 허위개입의 여지가 거의 없고, 그 진술내용이 신빙성이나 임의성을 담보할 구체적이고 외

1) 대판 2008. 9. 25. 2008도6985.

부적인 정황이 있는 경우'라고 한다.[1)]

여기서의 특신상태는 피고인의 진정성립 인정이 없는 때에도 피고인의 진술 내용을 증거로 할 수 있도록 하므로 전문진술의 증거능력을 좌우하는 중요한 역할을 담당한다. 지금 피고인이 법정진술을 통해 과거에 그런 말을 한 적이 없다고 부인하고 있을 때에도, 제3자가 구두로 전하는 피고인의 진술에 능력을 간단히 부여하게 된다면 직접주의의 의미가 크게 후퇴된다. 피고인 아닌 다른 사람의 진술을 대상으로 하는 제316조 ②항의 요건보다 피고인의 진술을 내용으로 하는 제316조 ①항의 증거능력 요건이 허술해지는 것도 불합리하다. 6

그러므로 제3자의 구두진술이 피고인의 진술을 간접적으로 전달하는 경우에, 피고인이 '내가 말했던 이야기가 아니다'라고 부인의 진술을 하는 때라면 특신상태를 부정해야만 한다. 그러나 피고인이 '내가 말한 대로 말하고 있는 것은 맞으나 그 내용은 인정하지 못한다'라고 하여 내용을 부인하더라도 증거능력을 부여하는 신용성이 보장되는 때이므로 증거능력은 인정될 수 있다. 이때는 피고인이 과거에 했던 말과 지금 법정에서의 전문진술 간에 증명력 판단의 문제가 된다. 7

(3) 조사자증언

전문진술을 하는 주체에 조사자를 포함하는 것으로 규정한 이유는 조사자가 위증죄의 부담을 안고 피고인측의 반대신문을 받으면서 증언을 하는 경우, 증거능력을 부여하는 길을 열어두어 실체적 진실발견과 피고인의 방어권 사이에서 조화를 도모한 것이라고 한다. 8

그러나 조사자 전문진술의 전문법칙 예외를 허용한 제316조 ①항은 위에서 서술한 수사기관작성 피의자신문조서의 증거능력(제312조 ①·③) 내용과 충돌될 수 있다. 문리해석으로 제316조 ①항에 따라 피의자를 조사한 자의 진술이 피고인진술을 내용으로 할 때, 만약 특신상태를 인정한다면 이로부터 독자적으로 증거능력을 인정받을 수 있게 된다. 이에 따라 조사자는 제312조의 요건을 갖추려 할 필요 없이 곧바로 자기 진술의 증거능력을 인정받고자 할 것이다. 특히 법개정을 통해 검사도 사법경찰관과 마찬가지로 자신이 작성한 피의자신문조서의 증거능력을 인정받기 위해 피고인에게 내용의 진실까지 인정받아야 하는 것으로 바뀌었기 때문에, 그보다는 피고인진술을 내용으로 하는 조사자의 증언을 간단하게 9

1) 대판 2014. 4. 30. 2012도725; 2004. 4. 27. 2004도482.

이용하고자 할 우려가 더 커졌다.

10 여기서는 특히 제312조가 차지하는 형사절차 내에서의 중요성을 고려하는 체계적 해석이 필요하다. 수사과정에서의 피의자진술을 대상으로 한 조사자의 증언이 공판정에서의 피고인진술과 일치하지 아니한 때에는 제316조 ①항의 특신상태를 부정해야 한다.[1] 즉, 제312조와 조화를 이루려면, 수사에 참여한 조사자 진술의 내용이 사실에 부합함을 피고인이 긍정할 때에만 특신상태가 인정되어 증거로 사용할 수 있는 것으로 보아야 한다.

II. 제316조 ②항 : 피고인 아닌 자의 진술을 내용으로 하는 경우

1. 피고인 아닌 자가 주체인 경우

11 **피고인 아닌 자**의 진술이 **피고인 아닌 타인의 진술**을 내용으로 하는 것인 때에는 그 피고인 아닌 타인[원진술자]이 사망, 질병, 외국거주, 소재불명 그 밖에 이에 준하는 사유로 인하여 진술할 수 없고, 그 진술이 특히 신빙할 수 있는 상태하에서 행하여진 때에 한하여 증거로 사용할 수 있다(제316조 ②항). 진술불능사유는 제314조와 같은 요건이다.[2]

12 여기서 '피고인 아닌 타인'에는 공동피고인도 포함되는 것으로 보아야 한다. 판례도 공동피고인이 법정에서 공소사실을 부인하고 있는 것이 원진술자가 진술할 수 없는 사정에 해당하지 않는다고 하여, 공동피고인의 진술을 내용으로 하는 제3자의 전문진술을 ②항 규정에 따라 판단하고 있다.[3]

2. 피고인이 주체인 경우

13 **피고인이** 공판준비 또는 공판기일에 행한 진술이 **피고인 아닌 자의 진술**을 내용으로 하는 경우에 관해서는 명문규정이 없다. 이에 대해 1) 원진술의 내용이 피고인에게 불리한 경우에는 반대신문권을 포기한 것이므로 증거능력을 인정하고, 이익이 되는 경우에는 제316조 ②항을 유추적용해야 한다는 소수견해와, 2)

---

1) 정승환 52/123; 홍영기, 검사작성 피의자신문조서의 실질적 진정성립 인정방식, 241면 이하.
2) 대판 2014. 4. 30. 2012도725.
3) 대판 2008. 9. 25. 2008도6985; 2007. 2. 23. 2004도8654; 2000. 12. 27. 99도5679.

진술내용의 불이익이 곧 전문증거의 예외요건인 것은 아니므로 피고인에게 유리한지 여부를 가리지 않고 제316조 ②항을 유추적용해야 한다고 보는 통설이 있다.[1]

그러나 증거능력의 형식적 원칙은 형사사법기관을 구속하는 것이지 피고인의 방어권을 제한하는 것이 아니다. 즉 피고인의 공판정에서의 진술이 전문진술에 해당한다고 하더라도 그것은 전문법칙의 심사를 받지 않는다(45/13). 예컨대 교통사고를 낸 직후의 피고인이 지나던 행인으로부터 '당신 잘못이 아니라 치인 자동차가 신호위반을 한 것이다'라는 말을 들었다고 했을 때, 피고인이 법정에서 이를 진술한다면 그 행인의 소재불명 등 전문법칙 예외의 사유를 피고인 스스로 증명해야 하는 것이 아니다. 이러한 피고인의 전문진술은 당연히 증거로 사용할 수 있으며, 이에 대해 법원은 자유심증주의에 따라 증거가치를 결정하면 된다. 14

피고인이 제시한 증거는 전문법칙으로부터 벗어나 있는 것이라는 사실을 법규정에서도 분명히 알 수 있는데, 굳이 없는 규정을 유추하면서까지 피고인에게 전문법칙의 굴레를 씌우는 것은 불합리하다.[2] 15

III. 재전문증거

1. 의 의

(1) 개념과 분류

재전문증거는 전문의 증거가 다시 전문증거에 포함된 경우를 말한다. 세 번 이상 전문으로 전달되면 재재전문증거 또는 다중전문증거라고도 한다. 재전문증거는 원진술자로부터 전해들은 자 [**전문자**] 의 전문진술을 다시 전해들은 자 [**재전문자**] 가 법정에서 구두로 증언하는 **재전문진술**과, 전문진술이 다시 서면을 통하여 법원에 간접적으로 보고되는 **재전문서류**로 나눌 수 있다. 어느 경우에도 한 번 이상의 구두진술은 개입된다. 전문서류만으로 연계되어 재전문증거가 될 수는 없다. 예를 들어 조서를 찍은 사진은 재전문증거가 아니다. 16

---

1) 신동운 1245; 신양균 815; 이영란 775; 이은모 722; 이재상/조균석 40/93; 임동규 552; 정영석/이형국 359; 정웅석/최창호 644.

2) 홍영기, 형사절차에서 증명책임귀속원리 – 피고인은 증거법원칙에 구속되지 않는다 –, 사법 50, 352면 이하.

(2) 조서의 재전문성

17 개념정의에서 주의할 점이 있다. 직접 사안을 체험한 자가 법정에서 구두로 증언한 것이 본래증거이고 그 증언을 들은 사람이 그 내용을 구두로 진술한 것은 전문증거이다. 직접 체험한 자가 말로 전하지 않고 진술서를 쓰면 그것도 전문증거이다. 그러므로 본래증거인 증언을 들은 사람이 말로 옮기는 것이 아니라 서면에 옮겨적어 제출한 것은 엄밀히 말해서 '재전문증거'라고 해야 한다. 그러나 이렇게 본다면 예컨대 모든 조서는 재전문서류가 되어 증거능력을 인정받기가 극히 어려워진다. 그러므로 타인의 구두진술을 그 자리에서 편집·조작 없이 그대로 옮겨적어 전해진 것이라면 재전문증거가 아니라 단순한 전문증거로 보아야 한다. 이 점은 검증조서 안에 원진술자의 진술증거가 포함된 때 그리고 수사기관 밖에서 작성된 진술기재서의 경우에도 마찬가지이다.

2. 전문법칙 예외의 요건

(1) 증거능력 부정설

18 재전문증거에 대해서는 명문규정이 없고 신용성이 낮으므로 증거능력을 인정할 수 없다는 견해도 있다[**증거능력 부정설**].[1] 그러나 재전문증거의 경우에도 다른 전문증거와 마찬가지로 증거로 사용해야만 하는 필요성이 인정되고, 작성과 전달과정에서의 신용성을 보장할 수 있다면 예외적으로 증거능력을 인정할 수 있는 것으로 보아야 한다. **피고인의 증거동의**가 있으면 재전문증거도 증거능력이 인정되는 것은 물론이다.[2] 구체적인 요건에 대해서는 다음과 같은 견해가 있다.

(2) 원진술자의 성립의 진정 인정 필요설

19 최초의 원진술자가 공판정에 출석하여 '재전문된 것과 같이 진술했었다'라고 자신의 원진술을 직접 인정하는 경우에 한하여 재전문증거의 증거능력을 인정할 수 있다는 견해이다. 원진술의 진실성을 담보하기 위하여 원진술자에 의한 확인절차가 필요하다는 것이다.[3] 그러나 재전문증거의 증거능력이 문제되는 것은 대부분 원진술자의 공판정출석이 불가능한 상황을 전제하고 있다. 따라서 원진술자의 성립의 진정을 요구하는 견해는 현실적으로는 증거능력 부정설과 같은 결과에

1) 신동운 1148; 신양균 816; 백형구 651.
2) 대판 2004. 3. 11. 2003도171.
3) 차용석/최용성 550.

이른다.

(3) 요건 중복충족 필요설

재전문증거에 포함된 진술부분이 전문법칙의 예외요건을 개별적으로 모두 충족하면 증거로 할 수 있다는 견해가 있다. 그 논거는 재전문서류뿐만 아니라 재전문진술도 이중의 전문이라는 점에서 차이가 없으므로 진술자의 각 진술에 필요성과 신용성의 정황적 보장 요건이 충족되면 증거능력이 인정된다는 것이다.[1] 20

(4) 구 분 설

'재전문서류'와 '재전문진술'의 경우를 구분하여, 재전문서류는 일정한 요건 하에서 증거능력을 인정하고, 재전문진술 및 재재전문증거 [**재전문진술**이 기재된 조서] 는 피고인의 증거동의가 없는 한 증거능력을 부정하는 견해로서 판례도 이에 따르고 있다.[2] 21

(5) 결론 : 구분설

피고인의 증거동의가 없는 한 재전문진술과 재재전문증거는 성질상 증거능력을 부여할 수준의 신용성을 갖추기 어렵기 때문에 증거능력을 부정하는 것이 타당하다. 반면에 재전문서류는 각 전문 과정에서 필요한 전문법칙 예외요건을 모두 검토하여 예외적으로 증거능력을 부여할 수 있다. 재전문증거는 한 번 이상의 구두진술이 개입된 것이므로 제316조는 언제나 검토된다. 최종적으로 전달되는 서류의 종류에 따라서 제311조 내지 제315조의 요건을 추가적으로 확인하여 이 모두를 충족했을 때 증거능력을 인정할 수 있다. 22

예를 들어 원진술자 A의 진술을 전해들은 B가 수사기관에 출석하여, 사법경찰관 C가 B를 상대로 참고인진술조서를 작성하였을 때, 이 조서의 증거능력을 검토해본다. 제312조 ④항에 따라 공판과정에서 B가 이 참고인진술조서가 자신이 말한 대로 쓰여 있다는 것을 인정하고, 피고인이 B에 대해 반대신문권을 행사할 수 있어야 한다. 또한 제316조 ②항에 따라 A가 공판정에 출석할 수 없는 진술불능사유와 특신상태가 확인되는 것까지 필요하다.[3] A가 수사기관 C에게 직접 진 23

---

1) 이은모 716; 이재상/조균석 40/94; 이창현 931; 임동규 536.

2) 대판 2012. 5. 24. 2010도5948; 2004. 3. 11. 2003도171; 2003. 12. 26. 2003도5255; 2001. 7. 27. 2001도2891; 2000. 3. 10. 2000도159; 손동권/신이철 649.

3) 대판 2001. 9. 4. 2001도3081 참조.

술하지 못했던 진술불능사유까지 요건이 되어야 한다고 생각할 수도 있으나, 이 조건은 공판과정에서 평가하기 어려운 요건이다. 그리고 제312조 ④항과 제316조 ②항에 공통으로 규정된 특신상태는 '공판정에 제출된 참고인진술조서가 원진술자 A의 진술을 그대로 옮긴 것이라는 점'에 대한 특신상태로서 전체과정을 통해 한 번만 검토하면 된다.

[57] 진술의 임의성

I. 제317조의 의의

1 제317조 ①항은 "피고인 또는 피고인 아닌 자의 진술이 임의로 된 것이 아닌 것은 증거로 할 수 없다"고 규정하고 있으며 같은 조 ②항은 "전항의 서류는 그 작성 또는 그 내용인 진술이 임의로 되었다는 것이 증명된 것이 아니면 증거로 할 수 없다"고 되어 있다. 같은 조 ③항은 "검증조서의 일부가 피고인 또는 피고인 아닌 자의 진술을 기재한 것인 때에는 그 부분에 한하여 전 2항의 예에 의한다"고 규정한다. 이에 대해서 임의성이 전문증거의 증거능력요건임을 선언한 규정이라고 보는 견해[1]와 증거능력요건뿐만 아니라 임의성에 대한 법원의 조사의무까지 규율하는 것이라고 보는 견해[2]가 있다.

2 임의성이 없는 진술은 위법수집증거배재법칙 및 자백배제법칙에 의해서도 증거능력이 배제된다. 전문법칙 예외규정에 이어 제317조로 다시 이를 강조한 것은, 법원이 특히 전문법칙의 예외요건을 평가할 때에도 진술의 임의성을 조사하는 데에 여전히 주의를 기울일 것을 요청하는 입법자의 의도라고 보아야 한다.

3 제317조의 적용범위에 대해서는 조문체계상 위치를 따지면 전문증거에만 적용된다고 볼 수도 있으나 [협의설], 일체의 진술증거를 그 적용대상으로 한다고 보는 것이 타당하다 [광의설].[3] 자백을 포함해도 무방하다. 피의자신문조서에 자백이 포함되는 것은 보편적인 일인데 그 자백에 임의성이 없을 때 제309조를 적용하지 않고 제317조를 적용하여 조서의 증거능력을 부인한다고 해서 잘못된 법적용이라

1) 백형구(강의) 650; 신동운 1276; 이은모 733; 이창현 954.
2) 이재상/조균석 40/95; 임동규 557; 정영석/이형국 361.
3) 백형구(강의) 650; 신동운 1274; 신양균 831; 이재상/조균석 40/96; 정영석/이형국 361.

고 볼 수 없다.

II. 임의성 요건

여기서 진술의 임의성의 의미에 관해 학설도 허위배제설, 위법배제설, 인권옹호설, 진술자유보장설 등으로 나뉘지만, 자백배제법칙의 근거에서 보았듯이 반드시 이 가운데 하나를 꼽아야 할 만큼 중요한 논점이 아니다(49/15). 의미도 제309조에서와 같다.[1] 4

진술의 임의성은 증거능력의 요건으로서 법원이 직권으로 임의성유무를 조사해야 한다. 당사자가 증거로 하는 데에 동의한다고 하더라도 진술에 임의성이 없는 것은 위법한 증거수집에 따른 것으로서 법원이 이를 조사하여 증거능력을 부정해야 한다. 진술의 임의성은 소송법적 사실이므로 원칙적으로 법원의 자유로운 증명에 맡겨져 있다.[2] 다만 피고인이 이에 대한 의문을 제기하는 경우에 임의성에 대한 증명책임은 검사가 지며, 임의성이 있었음을 객관적인 증거를 통해 증명해야 한다.[3] 5

[58] 기타 증거방법과 전문법칙

I. 원 칙

과거부터 논의되어 온 **사진, 녹음, 영상, 거짓말탐지기** 뿐만 아니라, CCTV나 **자동차용 블랙박스** 등 전문증거가 될 수 있는 매체가 늘어나고 있다. 이 다양한 매체들마다 개별적인 특징을 꼽아 전문법칙 예외요건을 각각 검토하는 것은 번거로운 일이며 실무와 학습에 필요 이상의 부담만 늘어나게 할 우려가 있다. 아래에서 보는 것처럼 전문법칙의 상위원리를 확정하고 이로부터 요건을 연역하는 방식으로 해결하는 것이 바람직하다. 1

---

1) 대판 2010. 5. 27. 2010도1755 참조.
2) 대판 1991. 7. 26. 91도1270; 1990. 6. 22. 90도741; 1989. 11. 14. 88도1251.
3) 대판 2015. 9. 10. 2012도9879.

1. 전문증거 여부

2 우선 '전문증거' 여부를 검토하는 것이 중요하다. 전문증거가 아닌 것은 본래증거로서 전문법칙과 무관하기 때문이다. 앞서 설명한 기준을 반복하자면 전문증거는 1) **진술**이어야 하며, 2) 그 진술이 **증거**여야 하고, 3) 그 진술증거가 **간접적으로 전달**되어야 한다. 서류 이외의 매체와 관련하여 특히 다음의 두 가지를 주의해야 한다.

3 첫째, 매체를 작성하는 방식 자체가 진술이 될 수 있다. 현장을 관찰하여 검증조서를 작성하는 것과 마찬가지로, 현장의 상황 중 일부를 수사기관이 선별하여 사진으로 찍거나 영상촬영을 하는 때에는 그러한 상황을 스스로 인식하고 판단한 것을 옮기는 과정에 해당한다. 비록 기계적인 매체로 옮겨진 것이지만 이는 전문증거이다.[1)]

4 둘째, 매체에 담긴 것 가운데 일부만 전문증거일 때도 있다. 이 경우에는 그것만 떼어 전문법칙을 검토해야 한다. 앞서 검증조서에서 보았듯이 법원이나 수사기관이 검증한 내용 자체가 옮겨지지 않고, 그 안에 진술자의 증언이 포함되어 있다면 이를 떼어 다른 전문서류로 취급한다.

2. 최량증거의 법칙

5 매체 가운데 전문증거가 아닌 것은 원본증거 또는 본래증거이다. 원본증거는 위법하게 수집된 것이 아닌 한 원칙적으로 증거능력이 있는 것이지만, 이를 공판정에서 사용하기 위해서는 이른바 '최량증거의 법칙'(Best evidence rule)의 검토를 거쳐야 한다. 최량증거법칙이란 특정한 자료를 증거로 사용할 수 있기 위해서는 신용성이 가장 높은 형태로 제출되어야 한다는 원칙이다.

6 최량증거법칙은 원래 전문법칙까지 포괄하는 상위의 증거법원칙이다. 그러나 전문법칙 및 그 예외규정은 이미 이 법칙을 구체화하고 있는 것으로 볼 수 있다. 예컨대 '성립의 진정', '특신상태' 요건은 이 원칙과 같은 요청을 담고 있다. 따라서 실제로는 전문증거가 아닌 비진술증거나 본래증거의 증거능력을 검토할 때에 더 의미 있는 평가기준이 되고 있다. 실무에서는 전문증거의 증거능력 인정요건 및 비진술증거를 재판에서 이용할 수 있게 하는 요건을 통칭하여 **동일성 증명**이

1) 수사기관이 현장을 녹음한 것을 검증조서로 보는 일반적인 견해도 이를 감안한 것이다. 대판 2007. 7. 26. 2007도3906 참조.

라고 부르기도 한다.[1)]

최량증거법칙에 따르면 단연 원본을 우선하며, 그것을 전달하는 매개체는 원본 제출이 불가능한 때에 보충적으로 채택해야 한다. 즉 원본이 아니라 간접적으로 전달된 자료가 증거로서 제출될 때에 최량증거법칙에 따라 다음을 검토한다.[2)] 7

1) 원본이 존재하거나 존재하였을 것,

2) 원본의 제출이 불가능하거나 현저히 곤란할 것,

3) 원본이 정확히 전달될 것(편집 · 조작의 우려가 없을 것).

II. 영상녹화물

1. 의 의

동영상으로 촬영된 매체는 형사절차에서 보편적으로 쓰이는 증거방법이다. 수사기관에 의한 조사과정의 영상녹화가 광범위하게 활용되고 있고, CCTV 영상 내지 차량의 블랙박스 녹화화면이 범죄예방과 수사에 큰 역할을 담당하고 있기도 하다. 이보다 증거로서 가치가 떨어지는 녹음이나 사진 등의 증거성도 이로부터 추론되기 때문에, 현행법상 영상녹화물의 증거능력 요건을 무엇보다도 중요하게 검토할 필요가 있다. 우선 영상녹화물에 진술증거성이 있느냐를 가려야만 한다. 사안에 대한 진술자의 인식 · 판단이 담긴 언어를 포함한다면 편집 · 조작의 우려가 있는 매체의 특징상 전문증거가 된다. 8

2. 수사기관의 신문과정 영상녹화

(1) 의 의

수사기관이 피의자신문과정에서 피의자의 진술을 녹화하거나(제244조의2), 참고인조사과정에서 참고인의 진술을 녹화한(제221조 ①항) 영상녹화물은 진술증거로서 전문증거이다. 현행법상 이와 같은 수사기관의 영상녹화물은, 1) 참고인진술조서의 실질적 진정성립 증명을 위한 대체수단(제312조 ④항) 또는 2) 진술자의 기억환기를 위한 보조수단(제318조의2 ②항)으로 사용된다. 3) 수사기관의 강압수사 9

---

1) 대판 2018. 2. 8. 2017도14222; 2018. 2. 8. 2017도13263; 2013. 7. 26. 2013도2511; 2007. 12. 13. 2007도7257.

2) 대판 2015. 4. 23. 2015도2275; 2014. 8. 26. 2011도6035; 2013. 7. 26. 2013도2511; 2008. 11. 13. 2006도2556; 2002. 10. 22. 2000도5461. 최량증거 여부는 자유로운 증명의 대상이다.

여부 및 진술의 임의성에 대한 객관적 증명자료로 사용될 수 있음은 물론이다.

(2) 독자적 증거능력 없음

10 영상녹화물의 증거능력을 부정하는 명시적인 규정이 없기에 증거능력이 인정된다거나 수사과정의 진술이 그대로 촬영된 것이므로 전문증거가 아니라는 견해도 있었으나, 이는 반대신문권을 보장하는 전문법칙의 의의를 오해한 것이다. 현행법은 이미 법정에서의 영상녹화물 재생이 미치는 위험성을 고려하여 수사시 진술이 녹화된 영상녹화물에 독자적인 증거능력이 없음을 분명히 하고 있다. 만약에 신문과정의 영상녹화물의 증거능력을 인정한다면, 수사기관은 굳이 어렵게 신문조서의 증거능력을 인정받으려 하지 않을 것이다. 진정성립인정이나 내용인정 등 어떠한 요건을 갖추더라도 수사기관의 신문과정을 녹화한 영상녹화물을 범죄사실을 증명하기 위한 본증으로 사용할 수는 없다.

11 판례도 수사기관이 참고인을 조사하는 과정에서 작성한 영상녹화물은 공소사실을 직접 증명할 수 있는 독립적인 증거로 사용할 수 없는 것으로 본다. **1)** 형사소송법이 이러한 영상녹화물을 조서의 실질적 진정성립을 증명하거나 참고인의 기억을 환기시키기 위한 것으로 한정하고 있고, **2)** 이 점에서 성범죄피해자의 진술이 담긴 영상에 대해 독립적인 증거능력을 인정하고 있는 성폭력특별법 및 아청법의 규정과 대조된다는 것이다.[1)]

(3) 탄핵증거로 사용할 수 없음

12 나아가 현행법은 피고인 또는 피고인 아닌 자의 진술을 내용으로 하는 영상녹화물은 기억환기용으로만 사용할 수 있다고 하여(제318조의2 ②항), 이를 탄핵증거로 이용할 수 없다는 점도 명확히 한다. 탄핵증거로는 활용할 수 있다는 소수견해가 있지만[2)] 현행법 해석론으로 취할 수 있는 입장이 못 된다. 수사과정에서 녹화된 영상물을 통해 공판정에서의 피고인진술의 신빙성을 다툴 수 있게 한다면, 공판중심주의를 침해하게 될 뿐만 아니라 자백을 얻어내는 데에 편중된 수사로 흘러갈 염려가 있다.

---

1) 대판 2022. 4. 14. 2021도14530; 2022. 4. 14. 2021도14616; 2014. 7. 10. 2012도5041. 과거 논의에 대해서는 홍영기, 검사작성 피의자신문조서의 실질적 진정성립 인정방식, 형사법연구 21-2, 235면 이하. 성폭력특별법에서 피해자 진술 영상의 증거능력을 인정한 제30조 ⑥항 또한 헌재결 2021. 12. 23. 2018헌바524에 의해 위헌결정이 내려졌다.
2) 노명선/이완규 543; 손동권/신이철 604; 정웅석/최창호 684.

(4) 실질적 진정성립 증명수단

과거에는 영상녹화물이 피고인이 검사작성 피의자신문조서의 실질적 진정성립을 부인하는 경우의 대체 인정수단으로 쓰였으나(구법 제312조 ②항), 2020년 법개정으로 그 역할이 없어졌다. 남은 것은 수사과정에서 제3자를 상대로 작성된 참고인진술조서 등이 증거능력을 인정받기 위해 그의 성립의 진정 인정이 필요함에도 이를 부인할 때, 이를 대체하기 위한 수단으로 이용가능하다는 내용이다(제312조 ④항). 이 경우에도 참고인진술조서 등이 제시되지 않은 경우나, 그 진정성에 대해서 공판정에 출석한 원진술자가 이의를 제기하지 않은 때에는 영상녹화물을 활용해서는 안 된다. 수사과정과 공판과정에서의 진술이 상이한 것으로 의심되는 때에 이를 확인하기 위해 이용해서도 안 된다. 조서의 진정성립을 대체하여 인정하는 수단에 그치며 독자적인 증거처럼 쓰여서는 안 된다는 점에 주의해야 한다. 13

3. 진술증거인 수사기관의 영상녹화

(1) 검증으로서 영상녹화

수사기관이 대상자의 의사에 반하여 영상녹화를 하려면 원칙적으로 검증영장을 받아야 한다. 그러나 범행이 행하여지고 있거나 행해진 직후이고, 증거보전의 필요성 또는 긴급성이 있는 때로서 일반적으로 허용되는 상당한 방법에 의하여 녹화한 경우에는 영장 없는 촬영이 허용된다.[1] 위와 같은 방식으로 만들어진 현장녹화가 전문증거가 되는 이유는, 촬영행위가 조서의 작성과 유사하게 일종의 정보전달수단으로서 언어적 행동이라고 할 수 있으며 수사기관이 사안에 대해서 인식하고 판단한 내용이 담겨 있는 것이기 때문이다. 원본 그대로 전달되지 않을 우려도 있다. 이에 따라 범죄현장이나 전후상황을 담은 현장녹화로서 영상녹화물에 대해서는 검증조서에 관한 제312조 ⑥항을 적용한다. 즉 촬영한 수사기관이 공판기일에 성립의 진정을 인정하면 증거능력이 인정된다. 이를 통해 영상녹화물을 작성한 수사기관이 최초에 촬영한 원본과 동일하게 옮겨 온 것이라는 사실을 인정해야 한다. 14

1) 대판 1999. 12. 7. 98도3329.

(2) 진술증거가 포함된 경우

15 만약 수사기관의 현장녹화 안에 피고인 또는 피고인 아닌 자가 사안에 대해 인식·판단한 내용을 진술한 것이 포함된 경우라면 그 부분은 따로 평가해야 한다. 그 내용은 피의자신문조서 또는 참고인진술조서 등과 같은 성격이므로 그와 같은 요건 하에 증거능력을 인정할 수 있다. 그런데 바로 위에서 보았듯이 피고인의 진술이 포함된 부분은 수사기관이 작성한 피의자 진술상황의 동영상이기에 언제나 증거능력이 없는 것으로 보아야 한다고 주장할 수도 있다. 그러나 수사기관 밖에서 녹화된 것으로서 작성주체가 수사관일 뿐 피의자신문절차와 더불어 만들어진 것이 아니기 때문에, 이때는 조서와 같이 취급하여 진술부분에 대한 피고인의 실질적 진정성립 또는 내용의 인정을 통해 증거능력을 갖출 수 있는 것으로 보는 것이 더 합리적인 해결이다.

4. 비진술증거인 영상녹화

(1) 진술증거성 평가

16 비진술증거인 영상녹화는 원본증거처럼 쓰일 수 있다. 녹화주체가 언어적 행동을 통해 전달하는 것이 아니거나 사안에 대한 인식·판단이 포함되지 않은 경우이다. 예를 들어 도로상 CCTV나 자동차 블랙박스에 촬영된 사건 장면처럼 설치된 촬영장치를 통해 기계적·반복적·우연적으로 취합된 영상자료는 비진술증거이며, 최량증거법칙을 거쳐 원본증거와 같은 증거능력이 인정된다. 즉 이러한 CCTV 영상을 편집·조작 없이 그대로 복사해서 가져왔다면 이는 원본증거이다.

17 이러한 영상녹화물 가운데에도 별도의 진술증거가 포함되었는지를 가리는 것은 중요하다. 그 장면 안에서 사안에 대한 인식·판단이 담긴 진술자의 진술이 있는 경우에는 이를 따로 전문증거로 평가해야 한다. 반면에 단순한 비명이나 외침 등은 비진술증거로서 매체와 일체를 이루는 것으로 보면 된다. 만약 CCTV의 장면을 그대로 공판정에 가져올 수 없어서 수사기관이 그 화상 가운데 몇 가지 장면을 다시 동영상 또는 사진으로 촬영한 것이라면, 그 장면을 선별한 수사기관의 의도가 개입되어 있고, 편집·조작의 우려가 증폭되므로 전문증거로서 검증조서와 같이 취급한다.[1)]

---

1) 대판 2011. 10. 13. 2009도13846: 동영상이 담긴 CD를 제출하여 보게 하지 않고 동영상 내용을 수사보고서에 옮긴

(2) 사인이 녹화한 영상

사인이 무심코 영상을 촬영하는 도중에 범죄사실이 포함된 장면도 사건에 대한 인식 · 판단이 의식적으로 옮겨진 것은 아니므로 비진술증거이다. 그러나 사인이 범죄를 신고하기 위해서 의도적으로 사안의 장면을 선별하여 촬영한 것을 제출하면 진술증거로서 전문증거가 되어 제313조 ①항의 적용을 받는다. 만약에 범죄사안을 직접 체험한 사람과 대화를 하는 과정을 영상녹화물로 녹화한 후에, 이를 전달하기 위해서 작성자가 다시 편집한 것이면 일종의 재전문서류와 같이 취급한다. 제313조 ①항에 따라 원진술자의 진술에 의하여 그 영상녹화물의 진정성립이 인정되는 것과 더불어, 제316조 ②항의 원진술자의 진술불능사유와 특신상태도 갖추어야 한다. 예컨대 어린 아이인 원진술자가 성범죄의 피해자로서 법정진술이 극히 어려워서 사안에 대해 진술하는 것을 영상으로만 녹화하였는데, 그 피해자가 이렇게 만들어진 영상녹화물의 모습과 음성을 확인하면서 '말하는 사람이 자신과 동일인'이라고 진술한 비디오테이프는 증거능력을 인정할 수가 있다.[1] 그러나 피해자의 진술을 들은 사람이 법정에서 다시 구두로 진술하는 것은 재전문**진술**이기 때문에 증거동의가 없는 한 증거능력이 없다. 18

III. 녹 음

녹음을 사람의 진술을 담은 '진술녹음'과 현장상황을 녹음한 '현장녹음'으로 나누는 것이 일반적이다. 현장녹음의 경우에 이를 비진술증거로 보는 견해, 진술증거로 보는 견해, 비진술증거이지만 검증조서에 준하여 증거능력을 판단해야 한다는 견해 등이 있다. 그러나 진술녹음과 현장녹음의 구별보다 진술증거와 비진술증거가 더 상위의 기준에 따른 구별이기 때문에 이와 같은 구분은 정확하지 않다. 19

1. 진술증거인 녹음

(1) 수사기관의 신문과정 녹음: 증거능력 없음

사법기관 안에서 진술증거를 녹음한 녹음 및 진술녹취서의 경우에, 이를 작성주체와 작성과정에 따라 제311조에서 제312조의 규정을 준용하는 것으로 보는 20

때에 유죄의 증거로 쓸 수 없다.

1) 대판 2004. 9. 13. 2004도3161.

통설과 과거 판례는 이제 더 이상 유효하지 않다. 녹음은 기계적 특성에 비추어 영상녹화물에 비해 증거능력 및 증명력이 더 제한될 수밖에 없다. 위 영상녹화물에 대한 법규정해석과 판례에서 보았듯이 수사기관이 피의자 또는 참고인의 신문과정을 녹음한 것은 전문법칙 예외요건을 갖추어도 독자적으로 증거능력을 인정받을 수 없다. 영상녹화물도 갖출 수 없는 증거능력을 같은 상황에서 만들어진 녹음이 인정받는다는 설명은 잘못된 것이다. 실질적 진정성립을 대신 증명하는 수단으로 쓸 수도 없으며 탄핵증거로 이용될 수도 없다. 신문과정에서 작성된 영상녹화물의 증거능력을 부정하는 현행법과 새 판례(58/11)의 입장을 감안하여 이와 같이 해석하는 것은 불가피하다.

21 영상녹화물 규정 · 판례와 대비하는 이러한 제한에 반대하면서 오히려 각종 조서 규정 · 판례를 논거로 들 수도 있을 것이다. 예를 들어 서면인 피의자신문조서도 일정 요건 하에 증거능력을 인정받는데, 그것보다 신용성이 뛰어난 녹음의 증거능력을 인정하지 말아야 할 이유가 없다고 반론할 수 있다. 그러나 여기서 영상녹화물 규정 등의 입법의도를 분명히 확인하는 것이 중요하다. 현행법은 전통적으로 중요시해온 수사결과인 조서의 증거능력은 계속 인정하면서도, 공판절차가 소위 '극장재판', '미디어재판'으로 전락하지 않도록 하기 위해 진술과정에서 작성된 기술적 매체의 독자적 증거능력을 인정하지 않고 있다. 이렇게 볼 때 녹음은 조서에 비하여 신용성이 높아 증거능력을 인정받을 수 있는 것이 아니라, 영상녹화물에 비하여 신용성이 낮으므로 증거능력을 인정받을 수 없는 대상으로 보는 것이 타당하다.

(2) 사법기관 밖에서의 녹음 : 제313조

22 법원이나 수사기관 밖에서 피의자 · 피고인 또는 제3자가 대화나 진술을 한 내용이 휴대폰 등으로 녹음된 것은 제313조에 따라 진술서 또는 진술을 기재한 서류 및 정보저장매체로 취급한다. 이러한 저장매체의 경우에는 서명 · 날인이 필요하지 않다.[1] 제313조 ①항에 따라 제3자의 진술이 담긴 녹음의 경우 그 녹음이 자신이 진술한 대로 만들어졌음을 원진술자가 인정하면 증거능력이 있다. 피고인의 말이 녹음된 때에 피고인이 진정성립을 부인하면, 녹음자가 성립의 진정을 인정하고 특신상태가 있는 때에 증거능력이 있다(같은 항 단서). 판례도 피고인

1) 대판 2014. 8. 26. 2011도6035; 2012. 9. 13. 2012도7461.

과 피해자 사이의 대화내용에 관한 녹취서가 공소사실의 증거로 제출된 때에 이를 제313조 ①항 단서에 따라 작성자의 성립의 진정과 특신상태 요건을 통해 증거능력을 검토하고 있다.[1]

2. 비진술증거인 녹음

녹음 가운데 비진술증거로서 사안을 전달하려는 의도나 발화자의 사건에 대 23
한 인식·판단의 내용이 담겨 있지 않은 것, 예컨대 사건현장상황이 그대로 녹음되어 있는 것은 비진술증거로서 최량증거법칙에 따라 원본증거처럼 취급된다. 제3자가 피의자의 언어를 휴대폰으로 녹음한 때에, 그것이 요증사실 자체를 이루고 있는 것(협박 등)이라면 이는 비진술증거로서 원본증거이다.[2]

수사기관이 사안을 전달하려는 의도로 현장을 녹음하여 가져온 것은 검증결 24
과를 기재하는 검증조서와 속성이 같다. 그리고 여기에 포함된 사람의 진술부분은 진술조서와 같이 취급하여야 한다.

IV. 사 진

기존에는 '사본인 사진', '진술의 일부인 사진', '현장사진'으로 나누어 고찰하였 25
으나 이러한 명칭은 중요한 구별기준이 아니다. 진술증거인지 여부만 의미가 있다.

증거 특성상 원본증거를 가져올 수 없는 사정으로 제출된 사진 [사체의 사진 26
등] 의 경우에는 최량증거의 법칙 요건을 전제로 증거능력이 인정된다.[3] 현장사진도 진술증거성에 따라서 개별적으로 판단하면 된다. 예를 들어 수사기관 등의 촬영주체가 사건현장을 전달할 목적으로 선별하여 찍은 사진은 진술증거이다. 수사기관이 촬영한 경우라면 검증조서처럼 취급한다. 검증조서나 감정서에 첨부되는 사진도 마찬가지이다.[4] 사인이 인식하고 판단하여 사건의 장면을 촬영한 경우라면 제313조에 따라 판단한다. 그러나 촬영자가 자신이 인식한 사안을 전달할 의도가 없이, 평상시에 찍은 것 가운데 현장의 중요한 정보가 들어 있다면 이는 비진술증거이다. 최량증거법칙에 부합한다면 이를 원본증거로서 사용할 수 있다.

1) 대판 2008. 12. 24. 2008도9414; 2005. 12. 23. 2005도2945; 1997. 3. 28. 96도2417; 1996. 10. 15. 96도1669.
2) 대판 2008. 11. 13. 2008도8007.
3) 대판 2007. 7. 26. 2007도3906; 2002. 10. 22. 2000도5461.
4) 대판 1988. 3. 8. 87도2692; 1981. 4. 14. 81도343.

[59] 증거동의

I. 제318조의 의의

1. 증거동의의 의의

1 전문증거임에도 피고인이 증거로 사용할 수 있다는 데에 동의하면 증거능력을 인정한다. 이를 '증거동의'라고 한다. 제318조는 "검사와 피고인이 증거로 할 수 있음을 동의한 서류 또는 물건은 진정한 것으로 인정한 때에는 증거로 할 수 있다"고 규정하고 있다. 증거동의는 전문증거 등의 증거능력을 문제삼지 않는다는 것일 뿐, 사안을 증명하기 위한 증명력을 인정한다는 뜻은 아니다.

2. 규정의 취지

2 증거동의에 대해서 제311조 내지 제316조와 더불어 또 하나의 전문법칙의 예외규정이라는 견해가 있었으나, 지금은 전문법칙에 의해 증거능력이 배제되는 증거에 대해 피고인이 예외적으로 증거능력을 인정하는 제도로 이해하고 있다.[1] 그렇다고 해서 증거의 증거능력 여부를 당사자가 취사처분할 수 있도록 한 것[권리포기설; 처분권설]은 아니다. 증거동의는 단지 전문법칙의 상위근거인 반대신문권의 보장여부를 묻지 않겠다는 의사표시에 그치는 것이기 때문이다[반대신문권포기설].[2] 그러므로 반대신문권에 의해 근거지워지는 것이 아니라 위법한 증거수집을 방지하는 데에 목적이 있는 자백배제법칙이나 위법수집증거배제법칙에 위배하여 얻어진 증거는 증거동의의 대상이 될 수 없다.

3. 진정성 요건

3 제318조 ①항은 증거동의와 더불어 '진정한 것으로 인정한 때' 증거로 할 수 있다고 규정하고 있다. 이 진정성 요건을 원진술자의 실질적 진정성립이나 내용인정 등으로 해석한다면 그 요건만으로 이미 대부분의 전문증거는 전문법칙의 예외규정을 충족할 것이므로 증거동의의 독자적인 의미가 거의 없어진다. 이때의

1) 대판 2004. 3. 11. 2003도171; 2000. 3. 10. 2000도159.

2) 대판 1983. 3. 8. 82도2873; 신양균 837; 이재상/조균석 41/3; 이은모 738; 임동규 579; 정영석/이형국 363. 반대신문권을 자체를 포기할 수 있다는 뜻은 아니다.

진정성은 현출된 증거가 원본을 제시할 수 없는 사정에 따라 증거사용의 필요성이 있는 증거로서, 작성과 전달과정에서 증거의 조작과 왜곡이 없음을 뜻하는 것으로 보아야 한다.

II. 증거동의의 절차

1. 증거동의의 주체와 상대방

(1) 피고인과 검사

제318조는 '검사와 피고인' 모두가 증거동의를 할 수 있는 것으로 규정하고 4
있다. 피고인이 증거동의의 주체인 것은 분명하다. 그러나 검사의 증거동의에 대해서는 논의가 필요하다. 법원이 직권으로 수집한 전문증거에 대해서라면 검사가 증거능력을 인정하는 의의가 있다. 그러나 피고인이 자신에게 유리한 증거를 제출하였다면 그것이 전문증거라고 하더라도 전문법칙의 적용을 받는 것은 아니므로 이에 대해 검사의 증거동의가 의미를 갖지는 못한다. 전문법칙을 비롯한 증거능력의 모든 원칙은 검사를 비롯한 국가기관을 구속하는 것이며, 피고인의 소송행위를 통제하는 것은 아니기 때문이다(45/13).[1] 실무에서 검사가 이 규정에 따라 형식적으로 증거동의여부를 확인하는 경우가 있으나, 소송법적으로 중요한 의미가 있는 과정은 아니다.

(2) 변 호 인

변호인은 포괄적 대리권을 가지므로 피고인을 대리하여 증거동의를 할 수 5
있다. 이 대리권은 **종속대리권**으로 보아야 한다. 즉 변호인의 동의에 대하여 피고인이 즉시 이의를 제기하지 아니하는 경우에 변호인의 동의로 증거능력이 인정된다.[2] 다만 예외적으로 피고인이 중대한 착오나 무지에 의해 증거동의를 한 경우에는 변호인이 이를 취소할 수 있다.[3]

(3) 상 대 방

증거동의의 상대방은 **법원**이다. 증거동의는 법원에 의해 형식적으로 증거능 6

---

1) 대판 1994. 11. 11. 94도1159; 1981. 12. 22. 80도1547; 1974. 8. 30. 74도1687; 1972. 1. 31. 71도2060; 홍영기, 형사절차에서 증명책임귀속원리 – 피고인은 증거법원칙에 구속되지 않는다 –, 사법 50, 350면 이하.

2) 대판 1999. 8. 20. 99도2029; 1988. 11. 8. 88도1628; 신동운 1287; 이재상/조균석 41/6; 정영석/이형국 364.

3) 강구진 466 신동운 1287. 반대견해는 신양균 838; 이재상/조균석 41/6; 임동규 580.

력이 없는 것으로 확인될 전문증거에 대해 증거능력을 부여하는 소송행위이기 때문이다. 따라서 수사기관이나 대립당사자, 특히 검사에 대해 행한 증거동의는 효력이 없다.

2. 증거동의의 대상

(1) 서류와 물건

7 진술증거인 모든 전문증거는 동의의 대상이 된다. 재전문증거도 동의대상이다. 문서의 원본뿐만 아니라 그 사본도 피고인이 증거로 함에 동의하고, 진정성립이 인정되는 경우에는 증거능력을 인정한다.[1]

8 제318조는 '서류 또는 물건'을 증거동의의 대상으로 규정하고 있다. 이에 따라 비진술증거로서 물증에 대해서도 널리 증거동의를 할 수 있다는 견해가 있다. 특히 공판정에 전달되는 과정에 오류개입의 위험성이 높은 물건은 그것이 진정한 것으로 인정되는 경우에 증거동의의 형식으로 증거능력을 인정할 수 있다고 한다 [물증포함설].[2] 그러나 비진술증거에 대해서는 반대신문을 할 수 없는 것이어서 전문법칙의 제한이 없고 따라서 증거동의의 대상도 될 수가 없는 것으로 보아야 한다 [물증불포함설].[3]

9 그러나 제318조가 '물건'을 대상으로 한 것을 입법오류로 볼 필요는 없다. 이때의 '물건'은 모든 물증을 포함하는 것이 아니라, '서류 이외의 형태'로 전달된 전문증거 [영상녹화물, 녹음, 디지털저장장치 등]를 포섭하는 것으로 해석해야 한다. 판례도 피해자의 상해부위를 촬영한 사진에 대해서 증거동의를 인정하고 있다.[4]

(2) 피고인에게 유리한 증거

10 검사가 신청한 증거에 대해 피고인이 증거동의를 하는 것이 전형적인 상황이다. 피고인이 신청한 증거에 맞서 검사가 행하는 반증도 동의대상이 된다. 그러나 증명책임의 귀속원리에 따를 때에 피고인측 증거에 검사가 하는 증거동의가 무의미한 것과 마찬가지로, 피고인에게 유리한 내용의 증거는 검사가 제출한 것이라고 하더라도 증거동의의 대상이 아니라고 해야 한다. 검사가 신청한 증거에

1) 대판 1996. 1. 26. 95도2526; 1991. 5. 10. 90도2601.
2) 신동운 1286; 이창현 965; 정웅석/최창호 666.
3) 신양균 839; 이은모 741; 이재상/조균석 41/9; 임동규 581; 정영석/이형국 365.
4) 대판 2007. 7. 26. 2007도3906.

대해 피고인이 행하는 반증도 마찬가지이다. 판례도 유죄의 증거에 대한 반대증거로 제출된 서류는 진정성립이 증명되지 않거나 증거동의가 없더라도 증거판단 자료로 할 수 있기 때문에 증거동의의 대상이 아니라고 한다.[1]

(3) 위법수집증거

자백배제법칙 및 위법수집증거배제법칙에 반하는 증거는 증거동의의 대상이 아니므로 동의가 있더라도 증거능력이 회복되지 않는다. 이 규범들은 반대신문권의 보장이 아니라 위법한 증거수집방식의 억제에 목적이 있기 때문이다. 판례의 입장도 같다.[2] 11

다음과 같은 예외적인 판례가 있다. 1) 피고인을 퇴정하게 하여 그에게 실질적인 반대신문권을 보장하지 않은 채 획득한 법정진술은 위법한 증거로서 증거능력이 없으나, 다음 공판기일에 피고인이 '변경할 점과 이의할 점이 없다'고 하여 책문권 포기 의사를 명시하였다면 하자가 치유된다고 한다.[3] 2) 법정에서 증언한 증인을 불러 얻어낸 번복진술을 기재한 참고인진술조서가 위법수집증거로 증거능력이 없다고 보면서도 '피고인이 증거동의를 하지 않는 한'이라는 전제를 단 경우가 있고,[4] 3) 공판 전 증거보전 또는 증인신문절차에서 피의자 또는 변호인에게 증인신문에 참여할 수 있는 기회를 주지 아니한 위법이 있는 경우라도 증인신문조서에 대해 피고인이 증거동의하면 증거능력이 부여될 수 있다고 하기도 하였다.[5] 12

이 사례들은 공통적으로 피의자·피고인의 **참여권 및 반대신문권을 제한한 위법**이 있는 경우이다. 전문증거에 대한 증거동의를 통해 반대신문권 제한을 문제삼지 않겠다는 의사표시를 할 수 있는 것과 똑같은 법리가 이때에 개입된 것으로 이해할 수 있다. 추후에 증거동의를 염두에 두고 증거조사시에 반대신문권을 제한할 우려가 있으므로 이와 같은 판례의 논리가 타당한 것은 아니다. 그러나 이러한 몇 가지 예로부터 판례가 원칙적으로 증거동의를 통해 위법수집증거에 증거능력을 부여하고 있는 것으로 볼 필요는 없다. 13

---

1) 대판 1994. 11. 11. 94도1159; 1981. 12. 22. 80도1547; 1974. 8. 30. 74도1687; 1972. 1. 31. 71도2060. 반증은 증거능력 있는 증거에 의해야 하므로 언제나 동의대상이 될 수 있다고 보는 다른 견해는 신양균 840; 이재상/조균석 41/11.

2) 대판 2014. 4. 10. 2014도1779; 2011. 4. 28. 2009도2109; 2010. 1. 28. 2009도10092; 2009. 12. 24. 2009도11401. 중대한 위법이 아니라면 동의가 가능하다는 견해는 정웅석/최창호 560.

3) 대판 2010. 1. 14. 2009도9344.

4) 대판 2000. 6. 15. 99도1108(전합). 최근 유사한 판례는 대판 2019. 11. 28. 2013도6825.

5) 대판 1988. 11. 8. 86도1646.

3. 증거동의의 방법

(1) 시 기

14 증거동의는 원칙적으로 증거조사 전에 하여야 한다. 증거사용과 관련되는 중요한 요건이기 때문이다. 그러나 증거조사 도중이나 증거조사 후 전문증거임이 밝혀진 경우라면 사후동의도 가능하다. 사후동의가 있으면 그 하자가 치유되어 증거능력이 소급하여 인정된다. 사전동의나 사후동의 모두 증거조사 완료 전이라면 공판기일뿐만 아니라 공판준비기일에도 가능하다. 동의의 취소 또는 철회의 기한도 마찬가지이다. 그렇기에 증거조사가 완료된 뒤에는 증거동의를 취소 또는 철회하더라도 이미 생긴 증거능력은 상실되지 않는다.[1]

(2) 명시적 의사

15 증거동의는 구두로 하거나 서면에 기재하는 방법 등으로 할 수 있으며,[2] 명시적인 의사표시로 해야 한다. 피고인의 태도에 비추어 반대신문권 포기로 볼 수 있다면 증거동의를 인정하는 견해나, 피고인진술과 동일한 내용의 진술조서에 대해 '이견이 없다'는 진술로 증거동의가 있다고 본 판례가 있다.[3] 그러나 피고인에게 불리한 증거에 대해서는 명시적인 증거동의만 유효한 것으로 보아야 한다.

(3) 개별적 동의

16 개별적 증거조사에 앞서 개개의 증거에 대해서 증거동의를 해야 한다. '검사가 제시한 모든 증거를 증거로 하는 데에 동의한다'는 식의 포괄적 의사표시에도 증거동의의 효과를 인정하는 판례가 있다.[4] 그러나 이러한 포괄적 증거동의는 개별증거에 대하여 반대신문을 하지 않는다는 뜻이 아니라, 반대신문권을 전면적으로 포기한다는 의사에 해당하므로 허용되지 않는 것으로 보아야 한다.

(4) 증거동의의 의제

17 피고인의 출정 없이 증거조사를 할 수 있는 경우에 피고인이 출정하지 아니한 때에는 피고인의 대리인 또는 변호인이 출정한 때를 제외하고 피고인이 증거

---

1) 대판 2015. 8. 27. 2015도3467; 2010. 7. 15. 2007도5776; 2008. 9. 11. 2008도6136 참조.

2) 대판 2016. 3. 10. 2015도19139: 공판조서에 증거에 대하여 동의한다는 기재가 되어 있다면 피고인이 증거동의를 한 것으로 보아야 한다.

3) 대판 1972. 6. 13. 72도922; 이재상/조균석 41/13; 임동규 582.

4) 대판 1983. 8. 2. 82도2873.

동의를 한 것으로 본다(제318조 ②항).[1] 증거동의의 의제는 피고인이 자발적으로 불출석한 때에는 전문증거를 사용할 수 있도록 하여 절차의 효율성을 도모하고자 하는 것이다.

재판을 받던 피고인이 임의로 퇴정하였을 때에도 증거동의를 의제하는 것이 판례의 태도이다 [**권한남용설**].[2] 그러나 피고인이 법원의 퇴정명령을 받은 때는 물론, 임의로 퇴정한 때에도 반대신문권을 포기한 것으로 보는 것은 잘못이다. 증거동의의 의제는 소송경제를 위한 것일 뿐, 자리를 떠난 피고인의 방어권을 박탈하는 제도는 아니기 때문이다 [**공정성설**]. 18

III. 증거동의의 효과

1. 증거능력의 인정

피고인이 증거로 하기에 동의한 전문증거는 진정한 것으로 인정되면 증거능력이 인정된다(제318조 ①항). 증거동의는 증거능력의 인정근거일 뿐 증명력을 다투지 않겠다는 것은 아니다. 증거동의가 있어도 법원이 진정한 것으로 인정하지 않은 때에는 증거능력이 인정되지 않는다. 이 진정성은 증거능력의 요건으로서, 전문증거의 형태로 전달된 데에 신용성을 의심스럽게 하는 유형적 정황이 없음을 말한다. 19

2. 증거동의의 효력범위

원칙적으로 동의의 효력은 그 대상인 전문증거 전체에 미친다. 따라서 일부에 대한 동의는 허용되지 않는다.[3] 다만 동의한 증거의 내용을 나눌 수 있는 경우에는 일부내용에 대한 동의도 가능하다.[4] 증거동의는 동의한 피고인에 대해서만 효력이 미친다. 즉 공동피고인이 동의한 경우에 그 효력은 다른 피고인에게 미치지 않는다.[5] 공동피고인들은 각자가 독립하여 반대신문권을 갖고 있기 때문이다. 20

증거동의의 효력은 공판절차의 갱신이 있거나 심급을 달리하는 경우에도 소 21

---

1) 대판 2011. 3. 10. 2010도15977; 2010. 7. 15. 2007도5776: 약식명령에 불복하여 정식재판을 청구한 피고인이 정식재판절차에서 2회 불출정하여 법원이 피고인의 출정 없이 증거조사를 하는 경우에 피고인의 증거동의가 간주된다.
2) 대판 1991. 6. 28. 91도865; 1990. 6. 8. 90도646: 필요적 변호사건에서 변호인의 퇴정.
3) 대판 1984. 10. 10. 84도1552.
4) 대판 1990. 7. 24. 90도1303.
5) 대판 1982. 9. 14. 82도1000.

멸되지 않는다. 예를 들어 제1심 법정에서 피고인이 경찰작성의 조서에 대해 증거동의를 하였다면, 항소심에서 피고인이 조서내용에 해당하는 범행 여부를 다투어도 제1심에서 행한 증거동의의 효력은 계속 유지된다.[1)]

3. 증거동의의 철회와 취소

22 증거동의는 절차의 유동적인 성격과 절차의 안정성을 비교형량하여 허용되는 범위 안에서 철회가 허용된다. **동의의 철회 허용시기**에 대해서는 증거조사의 시행 전까지 가능하다는 견해도 있었으나 증거조사완료 전까지 가능한 것으로 보아야 한다.[2)] 증거동의는 증거조사 과정에서 의미가 있는 것이기 때문이다. 판례도 증거동의의 의사표시는 증거조사가 완료되기 전까지 취소 또는 철회할 수 있으나, 일단 증거조사가 완료된 뒤에는 취소 또는 철회가 인정되지 않으므로 이미 취득한 증거능력은 상실되지 않는다고 한다.[3)] 제1심에서 한 증거동의를 제2심에서 취소할 수도 없다.[4)]

23 **착오**나 **강박**을 이유로 증거동의를 취소할 수 있는가의 문제에 관해서도, 절차의 형식적 확실성이 중요하기 때문에 증거동의를 취소할 수 없다는 견해[5)]와 피고인의 의사를 존중하여 피고인의 귀책사유 없는 중대한 착오나 수사기관의 강박에 의한 경우에는 증거동의를 취소할 수 있다는 견해[6)]로 나뉜다. 증거능력을 부여하는 중요한 의사표시에 흠결이 있어서는 안 될 것이므로 후자의 견해가 타당하다.

[60] 탄핵증거

I. 의 의

1. 탄핵증거의 개념

1 진술증거의 증명력을 다투기 위해서 사용되는 증거를 탄핵증거라고 한다. 전

1) 대판 1990. 2. 13. 89도2366.
2) 김기두 146; 백형구(강의) 672; 송광섭 245; 신동운 1293; 신양균 846; 이재상/조균석 41/24; 정영석/이형국 368.
3) 대판 1988. 11. 8. 88도1628.
4) 대판 2004. 6. 25. 2004도2611; 1983. 4. 26. 83도267.
5) 이재상/조균석 41/25; 임동규 588; 정영석/이형국 368.
6) 신동운 1294; 신양균 846. 하자에 의한 의사표시로 성립의 진정을 인정한 경우 같은 입장은 대판 2008. 7. 10. 2007도7760.

문법칙에 의해 증거로 할 수 없는 서류나 진술이라도 공판준비 또는 공판기일에 피고인 또는 피고인 아닌 자의 진술의 증명력을 다투기 위한 탄핵증거로는 사용할 수 있다(제318조의2). 탄핵증거는 범죄사실 자체를 증명하는 실질증거가 아니라 실질증거의 증명력을 감쇄할 때 쓰이는 보조증거이다. 탄핵증거는 범죄사실은 물론 그 간접사실의 증거로도 이용될 수 없으므로 엄격한 증명의 수단이 되지 않아서 증거능력 유무가 중요하지 않다.[1] 탄핵증거를 증명력을 다툴 수 있는 증거로 이용할 수 있다는 의미이며 그 증명력을 반드시 인정해야 한다는 뜻은 아니다. 즉 탄핵증거도 자유심증주의 예외에 놓인 대상이 아니다.

2. 탄핵증거의 역할

형사절차에서 탄핵증거의 역할은 증명력판단의 합리성과 소송경제를 도모하는 데 있다. 당사자의 신문권을 행사하는 데에도 도움이 되며 자유심증주의를 강화하는 기능도 한다. 그러나 탄핵증거가 공판정에서 법관의 사안에 대한 심증형성에 실질적으로 영향을 줄 수 있기 때문에, 개별 사안에서 증명책임 및 형식적 증거능력원칙과 충돌할 수 있다는 사실에 주의해야 한다. 2

3. 탄핵증거의 조사

탄핵증거는 요증사실을 증명하고자 하는 증거가 아니므로 엄격한 증거조사 방식을 필요로 하지 않는다. 그러나 탄핵증거를 통한 증명력 평가도 공판정에서 이루어져야 한다. 법정에 현출되지 않고 수사기록에만 편철되어 있는 증거를 탄핵증거로 사용할 수는 없다.[2] 3

증거제출 당시 탄핵증거라는 취지로 제출될 필요는 없지만, 적어도 증명력을 다투고자 하는 증거의 어느 부분에 의하여 진술의 어느 부분을 다투려고 하는지는 사전에 상대방에게 알려야 한다.[3] 증거신청 과정에서 증거목록에 기재되지 않았고 증거결정이 있지 아니하였다 하더라도 공판과정에서 그 입증취지가 구체적으로 명시되어 제시되었다면 탄핵증거로서의 증거조사는 이루어진 것으로 볼 수 있다.[4] 4

---

1) 대판 2012. 10. 25. 2011도5459; 2005. 8. 19. 2005도2617; 1996. 9. 6. 95도2945; 1996. 1. 26. 95도1333; 1976. 2. 10. 75도3433.
2) 대판 1998. 2. 27. 97도1770; 1978. 10. 31. 78도2292.
3) 대판 2005. 8. 19. 2005도2617.
4) 대판 2006. 5. 2. 2005도6271.

II. 탄핵증거의 범위

5 전형적인 탄핵증거는 **공판정에서 증인이 한 증언의 자기모순성을 지적**하는 것, 즉 '증인이 지금 진술한 것과 다른 내용의 진술을 한 바 있다'는 내용이다. 이와 같은 보편적인 탄핵증거 이외에 다른 형식을 인정할 것인가에 대해서는 견해가 일치하지 않고 있다.

1. 탄핵의 대상

(1) 진술증거

6 탄핵의 대상이 되는 진술에는 구두진술뿐만 아니라 진술을 기재한 서면도 포함된다. 제318조의2는 공판준비 또는 공판기일에 행한 진술만을 탄핵대상으로 명시하고 있으나 공판정 외에서 한 진술이 서면형식으로 증거가 된 경우에도 탄핵대상이 된다.

(2) 피고인의 진술

7 피고인의 진술도 탄핵대상이 될 수 있는가에 대해서, **1)** 제318조의2가 명문으로 피고인의 진술을 탄핵대상으로 규정하고 있으므로 이를 긍정하는 적극설[1]과 **2)** 이를 목적론적으로 축소해석함으로써 부정하는 소극설[2]이 있다. **3)** 판례는 적극설의 입장에서 피고인이 내용을 부인하여 증거능력이 없는 수사기관작성 피의자신문조서라도 피고인의 법정진술을 탄핵하는 증거로서 쓸 수 있다고 한다.[3]

8 만약 피고인의 법정진술이 탄핵될 수 없다고 한다면 이는 증명력 평가의 대상에서 벗어나 있다는 의미로서 실무관행은 물론 자유심증주의에 반한다. 피의자신문조서로서 피고인의 법정진술을 탄핵할 수도 있다. 피의자신문조서를 제312조 ①·③조의 요건 하에 공판과정에 전달하는 것은 수사당시의 피의자진술과 피고인의 법정진술의 증명력을 견주어본다는 의의가 있다[**적극설**].

9 피의자신문조서에 대해 피고인이 내용인정을 부인하여 증거능력이 없다고 하더라도, 증거능력 없는 전문증거를 증명력 판단의 근거로 사용할 수 있다는 제318조의2의 문리해석에 따를 때 판례의 결론도 타당하다. 다만 공판정에서 피고

---

1) 김재환 757; 손동권/신이철 666; 신동운 1311; 이재상/조균석 42/19; 이창현 1026; 임동규 595.
2) 백형구(강의) 704; 신양균 854; 이영란 851; 정승환 54/18.
3) 대판 2014. 3. 13. 2013도12507; 2005. 8. 19. 2005도2617; 1998. 2. 27. 97도1770.

인이 내용을 부인하여 증거능력을 갖추지 못한 서류를 통해 그 피고인 자신이 공판정에서 행하는 진술의 증명력을 깎아내리게 하는 것은 공판중심주의를 위축시키고 자백편중수사를 부추기게 만들 우려가 있다. 그러므로 개별사안에서 피고인의 법정진술을 증거능력 없는 피의자신문조서로 탄핵하는 데에는 법관의 특별한 주의가 필요하다.

(3) 자기측 증인의 증언

자기가 신청한 증인의 증언에 대한 탄핵도 가능하다. 자신이 증인을 신청했 10
다는 이유로 자신의 기대에 반하는 불리한 내용의 증언의 증명력을 다투지 못하게 해서는 안 되기 때문이다.

2. 탄핵증거의 내용

(1) 한 정 설

진술자의 **자기모순의 진술**에 대한 자료만 탄핵증거로 사용할 수 있다는 견해 11
가 있다.[1] 여기서 자기모순진술이란 공판정에서 현재 행하는 진술과 다른 진술을 한 바 있다는 내용을 말한다. 한정설에 따르면 이처럼 동일한 진술자의 전후 진술이 다르다는 사실을 지적하는 것이 탄핵증거의 역할이므로, 예를 들어 타인의 진술내용을 통해 증인의 진술의 증명력을 다투는 것은 일반적인 자유심증의 상황일 뿐 탄핵증거가 이용되는 때가 아니다. 따라서 이 경우 그 타인의 진술이 전문증거라면 증거로 사용할 수 없다.

(2) 비한정설

자기모순의 진술에 한하지 않고 증거의 증명력을 다툴 수 있는 것이면 제한 12
없이 탄핵증거로 사용될 수 있다는 시각도 있을 수 있다. 제318조의2가 '진술의 증명력을 다투기 위한' 것이라고 할 뿐 범위에 대해 제한을 두고 있지 않으므로 널리 탄핵증거로서 전문증거를 사용할 수 있게 한다면 법관의 자유심증주의를 충분히 활용할 수 있기 때문이다.

(3) 절 충 설

자기모순의 진술 이외에 증인의 신뢰성에 대한 보조사실을 증명하기 위한 13

1) 백형구(강의) 702; 신양균 851; 이영란 814; 이은모 753; 이재상/조균석 42/13; 정영석/이형국 373.

증거도 포함한다는 견해가 있다.[1] 예를 들어 증인이 전과가 있다거나 지적인 능력이 제한되어 있다는 등의 내용도 탄핵증거에 포함된다. 이러한 내용도 진술증거의 증명력을 감쇄시킬 수 있으므로 탄핵증거의 의미에서 벗어나 있는 것이 아니라고 한다.

(4) 결론 : 이원설

14 검사와 피고인을 구별하여 검사는 자기모순의 진술만을, 피고인은 제한 없이 모든 전문증거를 탄핵증거로 제출할 수 있다는 견해가 있다.[2] 증명책임 귀속의 원리에서 연역된 이 견해가 타당하다. 전문법칙에 구속되는 검사는 탄핵증거의 사용범위에 제한이 있지만, 피고인은 전문법칙을 주의해야 할 지위에 있지 아니하므로 자신에게 유리한 모든 전문증거를 제출하여 증명력 판단의 자료로 사용할 수 있다.

3. 증명력의 지지 · 보강

15 '탄핵'의 본질상 탄핵증거를 통해 증명력을 다툰다는 것은 증명력을 감쇄하는 경우를 말하고, 증명력을 지지 · 보강하는 것은 포함되지 않는다. 다만 감쇄된 증명력을 회복하는 경우, 즉 다시 지지 · 보강하는 방향으로 증명력을 다투는 경우에도 이에 해당하는가에 대해서는 견해가 나뉜다.

16 **부정설**은 증명력을 회복시키는 증거는 실질적으로 보강증명에 해당하기에 법관이 증거능력 없는 증거에 의해 사실의 존재를 인정하게 되므로 탄핵된 진술증거의 증명력을 회복하기 위한 회복증거는 허용되지 않는다고 한다.[3]

17 **긍정설**은 탄핵증거로 증명력을 회복할 기회를 주는 것이 공평의 원칙에 부합하므로 이를 탄핵증거의 범위에서 제외시킬 필요가 없다고 한다.[4] 증명력의 감쇄와 보강의 가능성을 미리 명확히 구별하는 것은 불가능하기 때문에 긍정설이 타당하다. 피고인 측에 유리한 진술증거의 증명력을 감쇄한 다른 진술증거가 있었다면, 그 후자에 대한 탄핵은 결국 전자인 진술증거를 보강하는 것이기도 하다. 그러나 피고인에게 불리한 증언의 증명력이 피고인의 방어활동에 의해 감쇄된 때

---

1) 신동운 1305; 이창현 1022; 임동규 951.
2) 정승환 54/11; 차용석/최용성 636.
3) 강구진 477; 신현주 294; 정영석/이형국 374.
4) 김재환 758; 신동운 1314; 신양균 856; 이재상/조균석 42/17; 임동규 596; 차용석/최용성 644.

에 이를 전문증거를 통해서 복구하는 것은 전문법칙에 반한다.

4. 탄핵증거의 제한

자백배제법칙에 위반한 자백이나 위법수집증거배제법칙에 반하는 진술증거 18
는 탄핵증거로도 사용될 수 없다. 이 원칙들은 위법한 증거수집의 억제를 목적으로 하고 있기 때문에 이로부터 수집된 증거에 어떠한 효용도 있어서는 안 된다. 진술의 임의성(제317조)이 없는 진술도 마찬가지이다.[1] 조서에 진술자의 서명·날인이 없는 전문서류도 탄핵증거로 사용할 수 없다. 내용상 오류의 가능성이 크기 때문이기도 하지만 이는 위법하게 수집된 증거에 해당한다. 증인의 공판정에서의 증언을 탄핵하기 위해, 수사기관이 별도로 그 증인을 다시 신문하여 원래의 증언을 번복하는 내용으로 작성한 진술조서도 위법수집증거이기 때문에 탄핵증거로 사용할 수 없다. 또한 진술거부권을 고지하지 않고 작성된 피의자신문조서를 통해 피고인의 법정진술을 탄핵할 수 없다.

제 5 절 증명력과 자유심증주의

위의 제2, 3, 4절에서는 세 가지 원칙을 통해 증거능력의 존부를 가리는 형식적 조건을 살펴보았다. 제5절에서는 증명력 판단의 문제를 다룬다. 법관의 심증형성의 정도에 영향을 미쳐야 하는 조건과 그렇지 않은 것을 나누어 고찰하여 그로부터 자유심증주의의 허용과 한계를 파악하는 것이 중요하다.

1) 대판 2005. 8. 19. 2005도2617.

[61] 자유심증주의

I. 자유심증주의의 의의와 내용

1. 개념과 역할

1 자유심증주의는 증거의 증명력은 법관의 자유판단에 의한다는 원리이다(제308조). 여기서 말하는 증명력은 증거의 신용력과 협의의 증명력을 포함하는 개념이다. **신용력**은 증거 그 자체가 진실일 가능성을 뜻하고, **협의의 증명력**은 요증사실의 존부를 인정하게 하는 효용을 의미한다.

2 증거의 증거능력을 가리는 작업은 법에 정해진 기준에 따라 형식적·고정적으로 이루어진다. 그에 반해 증명력 판단, 즉 어떤 증거를 어느 정도로 신뢰할 것인가 하는 것은 법관이 그의 재량에 따라서 자유롭게 확정할 수 있다. 그런 점에서 **증거평가자유의 원칙**이라고도 한다. 이와 같은 자유심증주의를 통해 사실인정의 구체적 합리성을 더욱 도모할 수 있다.

3 증거능력의 형식요건에 대해 이론과 실무가 고도로 집중하는 데에 반해, 자유심증주의의 역할과 제한가능성에 대해서는 그렇게 주목하고 있지 않는 것처럼 보인다. 그렇지만 유·무죄 및 죄의 경중에 대한 최종적인 판단이 증거의 증명력을 통해서 형성되기 때문에 자유심증주의는 전체 형사증거법 원칙 가운데 가장 결정적인 기능을 맡고 있는 것으로 보아야 한다.

2. 합리적 의심

4 자유심증은 법관이 증거의 증명력을 어떤 상위 법칙에 제한을 받지 않고 자신의 주관적 확신에 따라 판단하는 것이다. 그러나 그의 심증은 합당한 근거를 배경으로 해야 하며 단순한 자의에 의한 판단이 정당화되지는 않는다. 이에 대해 현행법은 "범죄사실의 인정은 합리적인 의심이 없는 정도의 증명에 이르러야 한다"고 규정하고 있다(제307조 ②항). 즉 합리적 의심은 국가기관이 피고인의 범죄를 증명하는 과정에서 존재하지 않게 해야 하는 요소이다. 피고인이 자신의 주장을 합리적 의심이 없는 수준까지 증명해야 하는 것은 아니다.

5 합리적 의심의 기준은 합리성이라는 구체화되기 어려운 요소를 내용으로 하고 있다. 이에 대해 판례는 '합리적 의심이란 모든 의문, 불신을 포함하는 것이

아니라 논리와 경험칙에 기하여 요증사실과 양립할 수 없는 사실의 개연성에 대한 합리성 있는 의문'이라고 한다. 피고인에게 유리한 정황을 사실인정과 관련하여 파악한 이성적 추론에 근거를 두어야 하는 것이므로 단순히 관념적인 의심이나 추상적인 가능성에 기초한 의심은 합리적 의심에 포함되지 않는다는 것이다.[1)]

6 합리적 의심은 적극적인 기준으로 활용되기 어렵다. 실무에서는 증거를 사실인정의 기초로 삼기에 불합리한 것으로 의심하는 때에 이를 배척하기 위한 표지로 사용하고 있다.[2)] 여기서는 다음의 두 단계의 소극적 평가를 거쳐야 한다.[3)] 1) 합리적 의심인지를 판단하기 위해서 그 의심이 객관적 근거 없이 관념적·추상적으로만 형성된 것은 아닌지 평가한다. 2) 그에 따라 합리적 의심이 존재한다면 그 경우는 증명되지 아니한 것으로서 배척하고[in dubio pro reo], 증명력을 인정할 수 있는 나머지 부분만을 유죄인정의 근거로 삼는다.

3. 자유판단의 유형

7 법관은 다른 증거와 모순되는 피고인의 진술을 믿을 수 있다. 법관은 피고인의 공판정에서의 구두진술을 믿어도 되고, 이보다 증인의 증언을 더 신뢰하여 유죄를 인정하더라도 공판중심주의에 반하는 것이 아니다. 공판정에서 진술된 증인의 증언에 비해서 수사과정에서 작성된 진술조서,[4)] 공판 전 증인신문(제221조의2) 및 증거보전(제184조)의 결과[5)]를 더 신뢰할 수도 있다.

8 법관은 증인의 성년·미성년, 책임능력 여부와 관계없이 증언의 증명력을 판단한다. 유아의 증언으로도 사실을 인정할 수 있고,[6)] 선서하지 않은 증인의 증언을 믿고 선서한 증인의 증언을 배척할 수도 있다. 법관은 심신상실의 감정결과에 반하여 유죄판결을 할 수도 있고 그 반대도 가능하다.[7)] 감정의견이 상충되는 경우에 소수의견을 따를 수도 있고, 여러 의견 가운데 각각 일부분만을 채용할 수도 있다.[8)] 자백에 반드시 증명력을 부여할 필요도 없다. 자백 내용 자체가 객관

---

1) 대판 2015. 8. 20. 2013도11650(전합); 2011. 1. 27. 2010도12728; 2004. 6. 25. 2004도2221; 1997. 7. 25. 97도974.
2) 대판 2017. 10. 31. 2016도21231; 2017. 5. 30. 2017도1549; 2017. 1. 25. 2016도15526; 2016. 2. 18. 2015도11428.
3) 적극적으로 근거짓는 대신 소극적으로 배제하는 이러한 반증원리에 대해서는 배종대/홍영기, 형사정책, 30/16.
4) 대판 2015. 8. 20. 2013도11650(전합).
5) 대판 1980. 4. 8. 79도2125.
6) 3세 7개월 된 여아의 증언에 신빙성을 인정한 예는 대판 2006. 4. 14. 2005도9561.
7) 대판 1995. 2. 24. 94도3163; 1990. 11. 27. 90도2210.
8) 대판 1976. 3. 23. 75도2068.

적으로 합리성이 있는지, 자백의 동기나 이유, 경위, 정황증거 중 자백과 저촉되거나 모순되는 것은 없는지 등 제반 사정을 고려하여 판단해야 한다.[1)]

9 법관은 하나의 증거 가운데 일부만 믿을 수도 있다. 증언에 전체적으로 신빙성이 없는 경우에도 증언의 일부를 신뢰할 수도 있다.[2)] 단독으로는 증명력이 없는 여러 개의 증거가 결합하여 증명력을 가지는 종합증거 가운데 위법증거가 있는 경우에도, 그 증거를 제외하고 사실을 인정할 수 있다. 간접사실을 증명하는 정황증거 또는 간접증거를 통해서 유죄의 심증을 확인할 수도 있다. 다만 정황증거로 사실을 인정하기 위해서는 추리과정이 논리와 경험칙에 반하지 않아야 하고, 정황증거 자체의 증명은 충분하여야 한다.

II. 자유심증주의의 한계

1. 자유심증의 내재적 한계

10 자의적 판단을 허용하는 것이 아니라 합리적 결정을 수용하도록 하는 원리로 유지되기 위해서 자유심증주의에도 내재적 한계를 두고 있다. 이 한계를 넘어서는 때에는 '심리미진' 또는 '채증법칙의 위반'이 된다.

(1) 심리미진

11 법원이 증거자료를 최대로 활용하지 않아 편파적으로 심증이 형성되거나 심리에 합리성이 결여된 경우를 심리미진이라 한다. 법원은 공판의 전과정, 즉 변론의 전체 취지를 개관하고 있어야 하고, 다양한 증거자료가 서로 충돌하거나 엇갈리는 경우에 대한 주의가 필요하다. 예를 들어 감정결과를 따르지 않을 때나 법원이 채택한 증거와 모순·반대되는 증거를 배척한 때에는 그 사실과 이유를 판결서에 명시해야 한다.

(2) 채증법칙 위반

12 법관의 심증은 논리법칙과 모순되지 않는 논증에 의하여 지지되어야 한다. 개념의 혼동, 판결이유의 모순, 논리의 착오 등에 의한 심증은 채증법칙에 반한다. 예를 들어 증인의 모순되고 일관성 없거나 모호한 진술, 객관적 신빙성이 없

1) 대판 2016. 10. 13. 2015도17869.

2) 대판 1980. 3. 11. 80도145.

는 증거를 근거로 유죄사실을 인정하는 것이 이에 해당한다.

자유심증은 경험법칙에도 구속된다. 예외 없는 경험법칙을 어겨서는 안 된다. 과학적으로 논란이 되고 있는 경험법칙이라면, 이를 통해 무죄를 추론하는 것은 가능하지만 유죄의 심증을 뒷받침하게 해서는 안 된다. 예컨대 거짓말탐지기에 의해서 피고인의 항변이 진실임을 드러낼 때에는 이를 통해 무죄의 심증을 형성할 수도 있고 그렇지 않을 수도 있지만,[1] 피고인진술이 거짓이라는 결과만으로 유죄의 증명이 된 것으로 보아서는 안 된다. 판례는 위드마크(widmark) 공식에 의한 역추산방식으로 피고인에게 가장 유리한 시간당 감소치를 적용하면 그 산출결과의 증명력도 인정할 수 있다고 한다.[2] 13

2. 자유심증의 법률상 한계

자유심증의 제한이 법에 규정된 경우가 있다. 대표적인 것은 **자백의 보강법칙**으로서, 이에 따르면 피고인의 자백이 그 피고인에게 불이익한 유일의 증거인 때에는 이를 유죄의 증거로 하지 못한다(제310조). **공판조서의 증명력**도 법률상 한계에 해당한다. 이는 공판기일의 소송절차로서 공판조서에 기재된 것은 그 조서만으로써 증명한다는 것이다(제56조). **무죄추정원칙**은 헌법과 형사소송법에 명시된 자유심증주의의 제한이다. 이에 따라 유죄가 명확하게 증명되지 않은 때에는 무죄판결을 해야 한다. 죄의 경중에 대한 평가가 불분명한 때에는 가벼운 죄로 본다. 무죄추정원칙의 법원리로부터 인정되는 in dubio pro reo – 원칙은 사실입증이 불분명한 때 뿐만 아니라 법률의 해석 또는 사안의 포섭여부가 모호한 때에도 적용된다. 14

3. 자유심증주의와 상소

법관이 자유심증주의를 남용하여 증거의 증명력을 합리적으로 판단하지 못하였을 경우, 상소에 의한 구제가 가능하도록 하기 위해서 유죄판결에는 설명이 필요하다(제323조). 판례는 이 요청이 유죄판결을 내릴 때 증거를 선택한 이유까지 기재할 것을 강제하는 것이 아니며, 범죄사실을 인정한 증거요지를 명시하면 충분하다고 한다.[3] 15

1) 대판 2016. 6. 9. 2016도4618.
2) 대판 2005. 2. 25. 2004도8387; 2001. 8. 21. 2001도2823.
3) 대판 1985. 5. 29. 84도682; 1979. 1. 23. 75도3546.

16 자유심증주의에 따라 법관의 심증형성이 합리적으로 형성된 경우, 법률심인 상고심에서는 이러한 사실심의 평가를 변경할 수 없다. 즉 증거의 선택과 이를 근거로 한 사실인정은 사실심법원의 전권이다. 다만 심증형성의 합리성이 없는 경우, 즉 심리미진이나 채증법칙의 위반이 있는 경우에는 상고심이 사실심판결을 파기할 수 있다.

[62] 자백의 보강법칙

I. 의 의

1. 개 념

1 피고인의 자백이 그 피고인에게 불이익한 유일한 증거인 때에는 이를 유죄의 증거로 하지 못한다(헌법 제12조 ⑦항, 제310조). 피고인이 임의로 한 자백으로서 증거능력과 증명력이 있어서 법관이 이로부터 유죄의 심증을 얻었다 할지라도, 다른 추가적인 보강증거가 없다면 이 자백만으로 유죄판결을 할 수는 없다는 이 원칙을 자백의 보강법칙이라고 한다. 이는 자백을 신뢰했다고 하더라도 유죄인정을 위해 추가적인 증거를 요구하는 것이므로 자유심증주의의 예외가 된다.

2. 역 할

2 '증거의 왕'이라고 불리는 자백에는 결정적인 증명력이 인정된다. 그러나 그만큼 잘못 이용될 가능성도 크다. 허위로 자백하여 진범을 감추려고 하는 피고인도 있을 수 있고, 일부러 허위의 가벼운 죄의 사실을 자백하기도 한다. 여기서 보강법칙은 허위자백으로 인한 오판의 위험을 방지하기 위해서 반드시 필요하다 [자백의 진실성 담보]. 또한 자백만으로 유죄판결을 할 수 있다고 한다면 수사기관은 다른 증거수집 없이 자백만을 받아내려 할 것이며, 이러한 방법은 쉽게 인권의 침해로 이어져왔다. 자백의 보강법칙은 인권침해를 방지하고 진술에 의존하는 것이 아니라 물증에 의한 수사, 과학수사로 유도하는 기능도 갖고 있다 [자백편중수사의 억제].

II. 요 건

1. 대 상

자백의 보강법칙은 헌법 제12조 ⑦항 후단에서 규정하는 형사재판에만 적용 3 된다. 따라서 즉결심판이나 소년보호사건[1]에서는 자백만을 증거로 범죄사실을 인정할 수 있다. 반면에 형사사건인 간이공판절차나 약식명령사건에는 보강법칙이 적용된다. 수사과정에서 영장청구시에 제출된 자료가 피의자의 자백뿐일 때에는 구속영장을 발부해서는 안 되는데, 이는 현저한 혐의의 확인이 부족할 우려 때문이지 자백의 보강법칙 때문은 아니다.

2. 피고인의 자백

보강증거가 필요한 피고인 자백의 범위를 넓게 생각할수록 그 이외에 추가 4 되어야 하는 증거가 요구된다는 점에서 이 원칙의 의의가 강화된다. 여기서 피고인의 자백에는 피고인의 지위에서 한 자백뿐만 아니라 피의자의 지위에서 한 자백도 포함된다. 다른 사건에서 참고인이나 증인으로서 한 자백도 자신의 피고사건에서는 피고인의 자백이 된다. 또한 사인에게 한 자백이나 수첩이나 장부 등에 상대방 없이 혼자 범죄를 자인한 내용도 보강법칙의 적용대상이 된다. 공개된 공판과정에서 행한 피고인의 자백은 진술의 자유가 보장된 상태에서 이루어진 것이라는 점에서 상대적으로 신빙성이 높다. 그렇지만 자백보강법칙의 효력은 개별적인 자백의 성격에 좌우되는 것이 아니기 때문에 이러한 자백에도 보강법칙이 적용되어야 한다.[2]

3. 공범의 자백

공범의 자백이 피고인의 공소사실에 대한 유일한 증거일 경우에도 보강증거 5 가 필요한지가 문제된다. 즉 공범의 자백도 피고인 자백에 포함되어 보강법칙의 적용대상이 되느냐 하는 질문이다. 제310조 '피고인의 자백'의 범위를 넓게 이해하여 공범자의 자백도 이에 포함된다고 보면 피고인에게 유죄를 인정하기 위해서는 이러한 공범의 자백 이외에 추가적인 보강증거가 필요하다. 그러나 공범의 자

1) 대판 1982. 10. 15. 82도36.
2) 대판 1980. 4. 8. 78도743; 1966. 7. 26. 66도634(전합).

백이 '피고인의 자백'에 포함되지 않는다고 하면, 이는 독립된 증거에 해당하기 때문에 보강증거 없이 피고인에게 유죄를 인정할 수 있다. 자백의 보강법칙은 피고인의 자백 이외에 보강증거가 필요하다는 내용일 뿐, 피고인 자백이 아닌 독립된 진술증거가 있다면 그것 하나만으로도 유죄판결을 할 수 있는 것이기 때문이다. 이에 대해서는 다음과 같은 견해의 차이가 있다.

(1) 필 요 설

6 공범의 자백을 피고인의 자백에 포함되는 것으로 보아, 피고인에게 유죄판결을 하기 위해서는 공범의 자백 이외에 추가적인 보강증거가 필요하다는 견해가 있다 [**공범자백 포함설**].[1] 1) 공범은 다른 공범에게 책임을 전가하려 하는 등 허위진술의 위험이 높으므로 자백 이외에 오판방지를 위해 보강증거가 필요하고, 2) 공범의 자백만으로 유죄를 인정하게 되면 이 자백 이외에 다른 증거가 없는 경우에, 자백한 공범은 추가적인 보강증거가 없어 무죄가 되고, 범죄사실을 부인한 공범관계의 피고인은 공범자백이 독자적인 진술증거가 되어 유죄판결을 받는 불합리한 결과가 생기기 때문이다.

(2) 불필요설

7 공범의 자백은 피고인의 자백이 아니므로 공범의 자백이 있으면 추가적인 보강증거 없이도 피고인의 유죄를 인정할 수 있다는 견해가 있다 [**공범자백 불포함설**].[2] 공범의 자백은 공범이 공동피고인인지 아닌지 또는 공판정에서 자백한 경우와 밖에서 한 경우를 불문하고 독립된 증거에 해당한다고 한다. 1) 공범의 자백은 공범관계의 피고인에 대해서는 제3자의 진술이며, 2) 공범에 대해서는 피고인의 반대신문이 가능할 뿐만 아니라 법관의 심증에 미치는 영향도 피고인 자백과는 다르고, 3) 자백한 공범과 부인한 피고인 사이의 처벌의 불합리는 보강법칙의 당연한 논리로서, 부인한 피고인이 유죄가 되는 것은 자유심증주의에 따른 정당한 결론이라고 한다. 판례도 불필요설의 입장에서 제310조의 '피고인의 자백'에 공범의 진술은 포함되지 아니하므로 공범의 자백이 있을 때에는 추가적인 보강증거가 필요없다고 한다.[3]

---

1) 백형구(강의) 657; 신양균 878; 정승환 56/14; 정영석/이형국 386.
2) 김재환 780; 이재상/조균석 43/16; 이창현 1002; 임동규 610; 차용석/최용성 554.
3) 대판 1992. 7. 28. 92도917; 1990. 10. 30. 90도1939; 1986. 10. 28. 86도1773; 1985. 7. 9. 85도951.

(3) 결론 : 필요설

자백보강법칙의 범위는 이 원칙의 근거를 통해서 설명되어야 한다. 공범의 자백 이외에 보강증거가 필요 없다는 견해는 공범자백에는 허위개입의 우려가 더 크고, 피고인이 아닌 공범의 자백을 받아내기 위한 편중된 수사를 부추기게 될 것이라는 점에서 찬성하기 어렵다. 제310조 '피고인'에 공범이 포함되는 것으로 보는 것은 유추적용에 해당하지만, 피고인에게 유리한 경우를 포섭할 수는 있는 것이므로 보강법칙의 취지를 분명히 하는 필요설이 타당하다. 8

III. 보강증거

1. 독립증거

인증, 물증, 증거서류 모두 보강증거가 될 수 있으며, 직접증거뿐만 아니라 간접증거, 즉 정황증거로도 충분하다.[1] 이때 정황증거는 공소사실과 직접 관련이 있는 것이어야 하므로, 범행동기에만 관련된 것은 보강증거가 될 수 없다.[2] 보강증거도 물론 증거능력을 갖춘 증거여야 한다. 9

자백을 보강하는 증거는 **피고인의 자백과 실질적으로 독립된 증거가치**를 지니는 것이어야 한다는 점이 중요하다. 보강증거는 자백의 증명력을 보강해야 하므로 실제로 본인의 자백인 내용으로 다시 자백을 보강하는 것은 불합리하다. 피고인의 법정자백으로 공판정 외의 자백을 보강할 수 없고, 그 반대도 마찬가지이다. 피고인의 자백을 전문으로 증언하는 진술로써 피고인의 자백을 보강해서도 안 된다.[3] 또한 자백의 내용이 소송서류나 기타 서면으로 전해진 것도 보강증거가 될 수 없다. 피고인의 자백을 피고인의 범행현장 재연행위로 보강할 수도 없다. 범죄혐의와 관계없이 작성된 피고인의 수첩, 메모, 상업장부 등도 피고인의 진술을 내용으로 하는 것이면 보강증거가 될 수 없다고 해야 하지만, 업무용 수첩의 기재내용은 자백문서라 할 수 없기에 보강증거가 될 수 있다고 본 판례가 있다.[4] 10

1) 대판 2010. 12. 23. 2010도11272; 2008. 11. 27. 2008도7883; 2004. 5. 14. 2004도1066; 2002. 1. 8. 2001도1897.
2) 대판 1990. 12. 7. 90도2010.
3) 대판 1981. 7. 7. 81도1314.
4) 대판 1996. 10. 17. 94도2865(전합).

2. 공범의 자백

(1) 공범자백의 독립증거성

11 공범의 자백이 피고인자백에 대한 보강증거가 될 수 있는가 하는 문제가 있다. 피고인과 공범 둘 다 자백한 상황에서 드러나는 질문이다. 앞에서 본 공범의 자백이 피고인자백에 포함되는가 하는 논의와 관련하여, 불필요설에 의하면 여기서 공범의 자백은 독립증거로 당연히 보강증거가 될 수 있다. 필요설을 취한다면 공범의 자백은 널리 피고인의 자백으로 볼 수 있어 보강증거가 될 수 없기 때문에, 만약 피고인과 공범 둘 다 자백한 경우에도 또 다른 보강증거가 필요하게 된다.

(2) 긍 정 설

12 위의 불필요설은 물론 필요설 중에서도 1) 피고인과 공범이 둘 다 자백한 경우에는 '상호 보강증거'가 될 수 있다고 하거나, 2) 공범의 자백만으로 유죄로 볼 수 없다는 것은 보강증거가 될 수 있다는 것과 별개의 문제라고 하면서, 3) 공범의 자백에 '절반의 증거가치'를 인정해 공범의 자백도 보강증거가 될 수 있어 피고인과 공범이 모두 자백한다면 추가의 보강증거가 필요 없다고 하는 예가 있다 [긍정설].[1] 불필요설의 입장인 판례는 일관되게 공범의 자백은 피고인의 자백에 대한 보강증거가 될 수 있다고 본다.[2] 판례는 더 나아가 공범자 전원이 자백하지 않고 일부가 부인한 경우에도, 자백한 공동피고인의 자백은 피고인의 자백에 대하여 보강증거가 되는 것으로 보기도 한다.[3]

(3) 결론 : 부정설

13 위의 필요설의 논리를 그대로 유지하여 공범자의 자백이 피고인자백의 보강증거가 될 수 없다고 보는 것이 타당하다.[4] 공범의 자백을 널리 피고인자백에 포함되는 것으로 보는 이상 공범의 자백을 피고인자백의 보강증거로 이용할 수는 없다. 보강법칙의 의의를 강조하는 것이 여기서도 여전히 중요하다. 실제로 공범 모두가 공모하여 허위자백을 하는 일도 드물지 않다. 그리고 공범의 자백을 보강

1) 백형구(강의) 658; 신동운 1412; 신양균 884; 이재상/조균석 43/21; 이창현 1009; 임동규 614; 정영석/이형국 388.
2) 대판 1990. 10. 30. 90도1939; 1987. 12. 22. 87도1020; 1984. 2. 28. 83도3343; 1972. 4. 11. 72도464.
3) 대판 1968. 3. 19. 68도43.
4) 정승환 56/19.

증거로 쓸 수 있다고 한다면, 피고인을 처벌하려는 취지에서 여전히 자백획득에 편중된 수사를 하게 될 것이다. 과학수사를 지향하는 지금, 수사기관이 다수의 공범이 관련된 사안에서 자백의 진실성을 담보하는 수준의 보강증거 하나도 추가하지 못한 경우임에도 법원이 여러 자백만을 믿고 모두를 유죄판결하는 데에 거리낌이 없어서는 안 된다.

Ⅳ. 보강의 범위

1. 학 설

보강증거가 자백을 어느 수준까지 보강해야 하는가의 문제가 있다. **죄체설**은 객관적 범죄구성사실로서 죄체의 전부 또는 중요부분에 대해서는 보강증거가 있어야 한다는 견해이다.[1] **진실성담보설** 또는 **실질설**은 자백에 대한 보강증거는 자백의 진실성을 담보하는 정도면 족하다는 견해로서 통설의 입장이다.[2] 판례도 '보강증거는 범죄사실의 전부 또는 중요부분을 인정할 수 있는 정도가 되지 아니하더라도 피고인의 자백이 진실한 것임을 인정할 수 있는 정도만 되면 족할 뿐만 아니라, 직접증거가 아닌 간접증거나 정황증거도 보강증거가 될 수 있고 자백과 보강증거가 서로 어울려서 전체로서 범죄사실을 인정할 수 있으면 유죄의 증거로서 충분하다'고 한다.[3] 14

죄체를 증명하는 증거까지 요구하는 것이 적법절차에 더 가깝다고 할 수는 있다. 그러나 허위자백이 개입하는 것이나 자백편중수사를 억제하는 데에는 자백의 진실성을 담보하는 정도의 보강증거로서 충분할 것이며, 이러한 기준이 절차의 효율성에도 기여할 수 있다 [진실성담보설]. 15

2. 보강범위의 일반적 기준

진실성담보설에 따를 때 자백과 보강증거를 종합하여 자백이 진실한 것이라고 인정할 수 있는지 여부가 중요하다. 자백의 신용성이 높을수록 보강을 필요로 하는 범위와 정도는 줄어들고, 반대로 자백의 신용성이 낮을수록 보강을 필요로 16

1) 김기두 156; 송광섭 273; 정영석/이형국 389.
2) 백형구(강의) 659; 신동운 1413; 신양균 886; 이재상/조균석 43/26; 임동규 615.
3) 대판 2017. 12. 28. 2017도17628; 2008. 11. 27. 2008도7883; 2008. 5. 29. 2008도2343; 2006. 1. 27. 2005도8704; 1995. 7. 25. 95도7448; 1993. 2. 23. 92도2972.

하는 범위와 정도가 커진다.

(1) 가벌성요건

17 고의나 목적 등 주관적 구성요건요소의 존재가 자백에 포함된다면 그에 대한 보강증거는 필요하지 않다. 판례도 고의는 자백만으로도 인정할 수 있다고 한다.[1] 객관적 처벌조건인 사실, 누범가중사유인 전과 및 정상 등은 좁은 의미의 구성요건사실과 구별되므로, 보강증거 없이 피고인의 자백만으로 존재를 인정해도 원칙에 반하는 것은 아니다.[2]

18 피고인과 범인의 동일성에 대해서 자백이 있다면 보강증거가 필요하지 않다는 견해가 있으나,[3] 피고인이 곧 범인이라는 사실은 공소범죄사실의 가장 중요한 핵심이므로 피고인의 자백에 대한 보강증거가 있어야 하는 대상이다.[4]

(2) 죄 수

19 상상적 경합범은 소송법상 일죄이므로 중한 죄에 대한 보강증거가 있으면 족하다.[5] 실체적 경합범은 수죄이므로 개개범죄에 관해 각각 보강증거가 필요하다.[6] 포괄일죄의 경우 포괄일죄의 개별행위가 각각 구성요건상 독립된 의미를 가진 경우(예컨대 연속범, 상습범)에는 개별범죄에 관해 보강증거가 필요하지만,[7] 그렇지 않은 경우(예컨대 영업범)에는 개개의 행위에 대한 각각의 보강증거가 요구되지 않는다.

V. 보강법칙위반의 효과

20 보강법칙의 위배는 항소이유(제361조의5 1호) 또는 상고이유(제383조 1호)이다. 유죄판결이 확정된 경우에는 비상상고이유(제441조)가 된다. 그러나 보강법칙을 위반한 유죄판결이 내려진 경우, 무죄증거가 새로 발견된 때가 아니라면 재심의 사유(제420조 5호)가 되지는 않는다.

1) 대판 1995. 4. 25. 95도424; 1994. 10. 21. 94도2048; 1987. 7. 7. 85도2662.
2) 대판 1983. 8. 23. 83도820; 1981. 6. 9. 81도1353.
3) 신동운 1415; 이창현 1012; 임동규 616; 정영석/이형국 387.
4) 강구진 503; 백형구(강의) 660; 신양균 888.
5) 신동운 1416; 이은모 671. 다른 견해는 신양균 888; 이재상/조균석 43/31; 정영석/이형국 390.
6) 대판 2008. 2. 14. 2007도10937.
7) 대판 1996. 2. 13. 95도1794.

[63] 공판조서의 증명력

I. 의 의

공판조서는 공판기일의 소송절차가 적법하게 진행되었음을 인정하기 위해, 법원사무관 등이 소송경과를 기술한 조서이다(제51조 ①항). 공판조서는 기본이 되는 **공판조서**와 증인신문조서 등의 각종 **신문조서** 그리고 **증거목록**의 세 가지로 분류된다. 1

공판조서는 조건 없이 증거능력을 인정받는다(제311조). 뿐만 아니라 공판기일의 소송절차로서 공판조서에 기재된 것은 그 조서만으로써 증명한다(제56조). 이를 **공판조서**의 **절대적 증명력** 또는 **배타적 증명력**이라고 한다. '조서만으로써 증명한다'는 뜻은 공판조서 이외의 다른 증거를 참작할 필요가 없고, 반증을 허용하지도 않는다는 의미이다.[1] 반드시 증명력을 인정해야 한다는 뜻이므로 이는 자유심증주의의 예외에 속한다. 2

공판조서의 절대적 증명력을 인정하는 까닭은, 먼저 행해진 절차가 조서에 쓰인 대로 진행된 것이 사실인지를 이후 절차에서 다시금 반복하여 논한다면 소송경제에 반하고 심리의 쟁점을 불분명하게 만들 우려가 있기 때문이다. 매번 법원 소속의 법관이나 법원사무관 등을 소환하여 증언을 들어야만 이전 절차의 유효성을 믿을 수 있다고 한다면 심급에 따른 재판이 불가능해진다. 이 점에서 공판조서의 증명력은 형사사법의 업무수행기능 자체를 유지하는 역할을 담당하고 있다. 3

II. 공판조서의 유효성

공판조서의 절대적 증명력은 유효한 공판조서를 전제로 한다. 예를 들어 공판조서 작성자인 법원사무관 등의 기명날인 또는 서명이 없거나, 공판정에 참석하지 않은 법관이 재판장으로 서명날인한 경우[2]와 같이 중대한 절차상의 오류가 있어 무효가 된 공판조서에는 증명력을 부여할 수 없다. 4

---

1) 대판 2005. 12. 22. 2005도6557; 1996.9.10. 96도1252; 1996.4.9. 96도173; 1990.2.27. 89도2304; 1988.8.9. 88도1018; 1983.10.25. 82도571.

2) 대판 1983. 2. 8. 82도2940.

5 공판조서가 무효이거나 멸실된 경우에 상소심에서 원심판결의 절차위법이 문제되면 다른 자료를 사용하지 않고 곧바로 원판결을 파기환송해야 한다는 견해도 있다. 그러나 현행법이 항소심에서 파기자판을 원칙으로 하는 점(제364조 ⑥항)을 고려할 때, 항소심은 원심절차의 법령위반 여부를 다른 자료에 의해서도 증명할 수 있다고 보는 통설이 타당하다.[1]

III. 절대적 증명력의 범위

1. 공판기일의 소송절차

6 절대적 증명력은 공판기일에 절차를 진행한 사정에 대해서만 증명력을 인정할 뿐이다. 이를 피고사건의 '실체적 사실 관련 내용'에 관해 공판조서를 믿어야 한다는 의미로 이해해서는 안 된다. 실체적 사실규명에 증명력을 절대적으로 부여한다면 이후 공판기일의 사실심리나 장래 심급에 따른 절차의 진행이 무의미하게 된다.

7 공판조서의 절대적 증명력은 이미 진행된 공판기일 내 절차의 존부와 적법성에 미친다. 예를 들어 검사의 모두진술, 진술거부권고지, 피고인의 이익사실 진술기회부여, 피고인신문 및 증거조사, 증거동의 여부,[2] 최종의견진술기회의 부여, 판결선고의 유무 등이다. 반면에 공판준비절차나 공판기일 외의 증인신문 · 검증 등의 절차에는 공판조서의 절대적 증명력이 미치지 않는다. 그리고 공판조서는 해당 사건에 한하므로 다른 사건의 공판조서에도 절대적 증명력이 인정되지 않는다.

2. 공판조서에 기재된 사항

8 공판조서에 기재되지 않은 사항에는 증명력이 인정되지 않고, 공판조서 이외의 자료에 의하여 증명해야 한다. 그러나 공판조서에 기재되지 않았다고 해서 소송절차가 없었음이 추정되는 것은 아니며, 일단 적법하게 절차가 진행된 것으로 사실상 추정된다.[3] 예컨대, 공판조서에 피고인 신상을 확인하는 인정신문에 대한 기재가 없더라도 피고인이 공소사실에 관해 진술한 사실이 인정되면 인정신문을

1) 백형구(강의) 700; 신동운 1422; 신양균 893; 이재상/조균석 44/7.
2) 대판 2016. 3. 10. 2015도19139: 공판기일의 공판조서에 증거동의의 기재가 있으면 이는 절대적인 증명력이 있다.
3) 대판 1972. 12. 26. 72도2421; 백형구(강의) 699; 신동운 1420; 이재상/조균석 44/5; 정영석/이형국 124.

한 것으로 추정된다.

공판조서가 위조, 변조 또는 허위작성되었음이 다른 형사절차에 의해 증명되 9
는 경우에는 증명력이 부인될 수 있다. 그리고 공판조서의 기재사항이 불명확하거나 모순이 있는 경우에는 절대적 증명력이 인정되지 않는다.[1] 또한 공판조서의 기재의 정확성에 대한 이의신청이 있거나(제54조 ③항), 이의신청이 방해된 경우에도 해당 공판조서의 절대적 증명력은 인정되지 않는다. 다만 공판조서에 단순한 오기가 있는 경우에는 그 올바른 내용으로 증명력이 인정되어야 한다.[2]

단순한 오기임이 명백한 때와 그렇지 않은 불명확한 기재를 구별하기 위해, 10
공판조서 이외의 자료의 참조를 허용하는 견해[3]와, 오기의 명확성이라는 개념 자체가 이미 해당 공판조서만을 가지고 판단할 수 있을 정도의 오류임을 전제하므로 공판조서에 기재된 사항만으로 판단해야 한다는 견해[4]가 있다. 명확한 오기라는 사실은 대체로 공판조서 안에서 이미 확인이 가능할 것이다. 그러나 다른 자료를 참조하여 오기여부를 밝혀냈다고 해서 공판조서의 증명력을 부인해야 하는 것은 아니므로, 전자의 견해가 타당하다. 공판조서에 피고인이 조서의 내용을 인정하였다고 쓰여 있지만, 피고인이 일관되게 경찰작성 피의자신문조서의 내용을 부인한 때에는 착오에 의한 기재로 본 판례도 같은 취지이다.[5]

1) 대판 1988. 11. 8. 86도1646.
2) 대판 1995. 12. 22. 95도1289; 1995. 4. 14. 95도110.
3) 백형구(강의) 699; 이재상/조균석 44/6; 정영석/이형국 125.
4) 신동운 1421; 신양균 892; 임동규 619.
5) 대판 2010. 6. 24. 2010도5040; 2001. 9. 28. 2001도3997.

제6장 재 판

* 실체재판[본안재판] : 사건의 실체적 법률관계에 관한 재판(유 · 무죄판결 → 종국재판)
* 형식재판 : 절차적 법률관계를 판단하는 재판 → 종국 전 재판 + 관할위반판결, 공소기각 및 면소의 재판 / 종국 전 재판은 모두 형식재판 / 상소불가

판결 : 종국재판의 원칙적 형식 / 구두변론에 의할 것 / 불복방법 → 항소, 상고

결정 : 종국 전 재판의 원칙적 형식 / 구두변론 필요 없음 / 불복방법 → 항고

<table>
<tr><td rowspan="2">실체재판</td><td colspan="2">유죄판결(제323조) : 법원이 피고사건에 대해 범죄의 증명이 있는 경우의 재판 → 형면제 판결, 형의 선고 · 집행유예도 포함
판결이유 명시 : ① 범죄될 사실, ② 증거의 요지, ③ 법령의 적용 + 조각, 가중, 감면 이유진술시 그에 대한 판단</td></tr>
<tr><td colspan="2">무죄판결(제325조) : 피고사건이 범죄를 구성하지 않거나 범죄사실의 증명이 없는 경우의 재판</td></tr>
<tr><td rowspan="4">형식재판</td><td colspan="2">관할위반판결(제319조) : 피고사건이 법원의 관할에 속하지 아니한 때에 판결로써 관할위반을 선고하는 것 → 소송은 그 심급에서 종결 / 일사부재리 효력 없음</td></tr>
<tr><td colspan="2">면소판결(제326조) : 공소권이 소멸된 경우 사건의 실체에 대해 판단을 하지 않고 소송을 종결시키는 형식재판 → 일사부재리 인정됨 / 피고인이 출석할 필요 없음
1. 확정판결, 2. 사면(특별사면은 제외), 3. 공소시효 완성, 4. 범죄 후 법령개폐로 형 폐지</td></tr>
<tr><td rowspan="2">공소기각재판
기소가 부적법하다고 인정 실체심리 없이 절차를 종결하는 재판</td><td>공소기각판결(제327조) : 구두변론 필요 / 항소 · 상고 가능(무죄를 주장하는 상소는 불가)
1. 피고인에 대해 재판권이 없는 때
2. 공소제기절차가 법률 위반으로 무효인 때
3. 이중기소 : 공소제기된 사건에 대하여 다시 공소제기된 때
4. 재기소 : 공소취소 후 다른 중요 증거없이 다시 공소제기된 때
5. 친고죄에 대해 고소가 취소되었을 때
6. 반의사불벌죄에 대해 처벌을 원하지 않는 의사표시가 있거나, 처벌을 원하는 의사표시가 철회되었을 때</td></tr>
<tr><td>공소기각결정(제328조) : 절차상 하자가 중대하고 명백한 때 → 구두변론 불필요 / 즉시항고(ㄱ. 명문규정 있음, ㄴ. 7일 이내 제기, ㄷ. 제기시 재판집행 정지) 가능
1. 공소취소된 경우
2. 피고인 사망 또는 피고인인 법인의 소멸
3. 관할경합으로 재판할 수 없는 경우
4. 공소장 기재사실에 범죄가 될 만한 사실이 포함되지 않은 경우</td></tr>
</table>

이제 형사절차는 수사절차와 공판과정을 거쳐 재판에 이르게 된다. 여기서 말하는 좁은 의미의 재판은 기소된 사건의 형식과 실체에 대한 법원의 공권적 판단, 즉 적법절차 여부를 가리는 형식재판 또는 유·무죄 및 양형에 대한 실체재판을 말한다. 반면에 넓은 의미의 재판은 법원 또는 법관의 법률행위적·의사표시적 소송행위를 총칭하는 개념으로 쓰인다.

[64] 재판의 개념

I. 재판의 종류

1. 실체재판과 형식재판

실체재판은 사건의 실질, 즉 실체적 법률관계를 판단하는 재판형식이다. **본안재판**이라고도 한다. **유·무죄의 판결**이 이에 해당한다. 실체재판은 모두 **종국재판**이며 **판결**형식에 의한다. 1

형식재판은 절차적·형식적 법률관계를 판단하는 재판이다. **절차재판**이라고도 부른다. **종국 전의 재판**은 모두 형식재판이며, 종국재판 가운데서도 **관할위반·공소기각** 및 **면소재판**은 형식재판에 해당한다. 실체재판과 형식재판이 둘 다 가능하여 경합하는 때는 형식재판을 해야 한다[**형식재판우선의 원칙**]. 그러나 형식재판 없이 실체심리가 완료되어 피고인의 이익을 위해 무죄판결한 것이 위법은 아니다.[1] 2

2. 종국재판과 종국 전 재판

종국재판은 소송을 그 심급에서 종결시키는 재판을 말한다. **유죄·무죄의 재판**과 **관할위반·공소기각·면소의 재판**이 여기에 해당된다. 상소심의 **파기자판·상소기각**의 재판과 **파기환송·파기이송**의 판결도 종국재판에 속한다. 종국재판을 한 법원은 그 재판을 취소·변경할 수 없으며, 상소에 의해서만 다툴 수 있다. 3

종국 전의 재판은 종국재판에 이르기까지 절차 문제를 해결하기 위한 재판을 말한다. **중간재판**이라고도 한다. 종국재판 이외의 결정과 명령이 여기에 속한다. 종국 전의 재판은 절차의 동적 성격이 반영되므로 취소·변경이 가능하며 원칙적으로 상소도 허용되지 않는다. 4

---

1) 대판 2015. 5. 14. 2012도11431.

3. 판결 · 결정 · 명령

5 **판결**은 법원이 하는 종국재판의 원칙적 형식으로서 가장 중요한 재판이다. **유 · 무죄의 판결**과 **관할위반 · 공소기각** 및 **면소의 판결**이 이에 해당한다. 종국재판으로서 실체재판은 모두 판결로 하게 되지만, 종국재판으로서 형식재판은 예외적으로 결정의 형식으로 하는 경우도 있다(예컨대 공소기각의 결정). 판결은 원칙적으로 **구두변론**을 거쳐서 이루어져야 하고(제37조 ①항), 이유를 명시하여야 한다(제39조). 판결에 대한 상소방법은 **항소** 또는 **상고**이다. 재심과 비상상고도 판결에 대해서만 청구할 수 있다.

6 **결정**은 법원이 하는 종국 전 재판의 원칙적 형식이다. **보석허가결정**(제95, 96조), **증거신청에 관한 결정**(제295조) 또는 **공소장변경의 허가**(제298조) 등이 있다. 결정을 하기 위해서는 구두변론을 해야 할 필요가 없다(제37조 ②항). 그러나 법원은 결정을 할 때 필요할 경우 사실을 조사할 수 있고(같은 조 ③항), 상소를 불허하는 결정을 제외하고는 결정에도 원칙적으로 이유를 명시하여야 한다(제39조). 결정에 대한 상소는 **항고**이다(제402조).

7 **명령**은 법관이 재판장 · 수명법관 · 수탁판사로서 행하는 재판형식이다. 법률에 명령으로 규정하지 않은 경우에도 재판장 또는 법관 1인이 하는 재판은 모두 명령에 해당한다. 결정과 마찬가지로 명령도 구두변론을 거치지 않을 수 있고(제37조 ②항), 사실조사를 할 수 있으며(제37조 ③항) 재판이유를 명시하지 않아도 된다(제39조 단서). 명령에 대한 일반적 상소방법은 없으며 특별한 경우 이의신청을 하거나(제304조) 그 법관이 소속한 법원에 재판의 취소 또는 변경을 청구할 수 있을 뿐이다(제416조의 준항고).

II. 재판의 성립

8 재판은 내부적 의사결정을 전제로 하여 그 의사가 외부적으로 표시됨으로써 성립한다. 즉 재판의 성립은 내부적 성립과 외부적 성립으로 나뉜다.

9 **재판의 내부적 성립**은 재판의 의사표시내용이 사건의 심리에 관여한 재판기관 내부에서 결정되는 것이다. 심리에 참여하지 않은 판사가 내부적 성립에 관여하는 것은 절대적 항소이유(제361조의5 8호)가 된다. 내부적 성립 시기는 합의부와 단독판사의 경우가 다르다. 합의부 재판은 구성원인 법관의 합의에 의하여 내부

적으로 성립하는 반면, 단독판사가 하는 재판의 경우에는 재판의 내부적 성립시기를 외부에서 관찰하여 판단할 수 없다.

재판의 외부적 성립은 법원 또는 법관의 의사표시내용이 재판을 받는 자에게 선고 또는 고지에 의해 인식될 수 있는 상태에 이른 것을 말한다. 다른 규정이 없는 한 재판의 선고 또는 고지는 공판정에서는 재판서에 의해야 하고, 기타 경우에는 재판서등본의 송달 또는 다른 적당한 방법으로 하여야 한다(제42조). 재판이 내부적으로 성립한 이상 성립에 관여하지 않은 판사가 재판을 선고하여도 외부적 성립에는 영향이 없다(제301조 단서). 종국 전 재판과 달리 종국재판이 외부적으로 성립한 때에는 그 재판을 한 기관에 의해서도 철회나 변경이 불가능하다. 이를 **재판의 구속력**이라고 한다. 10

III. 재판의 방식

재판은 주문과 이유로 구성된다. **주문**은 재판대상이 된 사실에 대한 최종결론을 말한다. 구체적 선고형, 형의 집행유예, 미결구금일수의 산입 여부, 노역장 유치기간, 재산형의 가납명령 및 소송비용부담도 주문에 기재된다. 재판에는 **이유**를 명시한다. 재판의 정당한 근거를 드러내고, 기판력 범위를 정하는 데 도움을 주기 위해서이다. 불복하는 자에게 상소제기 여부를 결정하는 근거를 제공하고 상소심법원에게는 판결의 당부를 심사할 기초를 마련하는 역할도 담당한다. 11

재판은 원칙적으로 법관이 작성한 **재판서**에 의해야 한다. 재판서는 재판형식에 따라 **판결서**, **결정서** 또는 **명령서**라고 부른다. 재판서에는 법률에 다른 규정이 없으면 재판을 받는 자, 기소 및 공판에 관여한 검사, 변호인의 인적 사항을 기재하고(제40조), 법관이 서명 · 날인하여야 한다(제41조). 이러한 법관의 서명 · 날인이 없는 재판서에 의한 판결은 제383조 1호의 '판결에 영향을 미친 법률의 위반이 있는 때'에 해당하여 파기되어야 한다.[1] 12

---

1) 대판 2022. 7. 14. 2022도5129.

[65] 실체재판

I. 유죄판결

1. 의 의

1 유죄판결은 공소사실에 대한 증명이 이루어진 때 선고하는 실체판결이다. 이를 위해서는 공판정에서 조사한 적법한 증거를 바탕으로 법관이 범죄사실의 존재에 대한 합리적인 의심이 없어야 한다. 유죄판결에는 **형선고의 판결**, **형면제** 및 **선고유예**의 판결이 있다. '형선고의 판결'은 피고사건에 대해 범죄의 증명이 있는 때 판결로써 형을 선고하는 것이다. 형의 집행유예, 판결 전 구금의 산입일수, 노역장 유치기간도 형의 선고와 동시에 판결로써 선고해야 한다(제321조). 피고사건에 대해 범죄증명이 있는 경우에도 형의 면제 또는 선고유예를 하는 때에는 판결로써 선고하여야 한다(제322조).

2. 유죄판결에 명시할 이유

(1) 의 의

2 형의 선고를 하는 때에는 판결이유에 범죄될 사실, 증거의 요지와 법령의 적용을 명시하여야 한다. 법률상 범죄성립을 조각하는 이유 또는 형의 가중·감면의 이유되는 사실의 진술이 있는 때에는 이에 대한 판단을 명시하여야 한다(제323조). 이러한 '**이유설시**'(**이유설명**)를 통해 재판참여자는 재판의 적법한 근거를 확인할 수 있고, 상소 여부 및 근거도 알 수 있다.

3 이 규정에 위반하여 판결에 이유를 붙이지 아니하거나 이유에 모순이 있는 때, 판결이유에 명시해야 할 내용 중 하나를 누락한 경우[1]는 절대적 항소이유가 된다(제361조의5 11호). 범죄성립을 조각하는 이유 또는 형의 가중·감면의 이유되는 사실에 대해 피고인의 진술이 있는 때 그에 대한 판단을 명시하지 않은 경우에도 마찬가지이다. 선고된 형과 판결원본에 기재된 형이 다를 때는 선고된 형이 집행의 기준이 된다.[2]

---

1) 대판 2014. 6. 26. 2013도13673.
2) 대결 1981. 5. 14. 81모8.

(2) 범죄될 사실

범죄될 사실이란 구성요건에 해당하고 위법하며 유책한 구체적 사실을 말한다. 엄격한 증명대상이라고 해서 모두 유죄판결에 명시해야 하는 것은 아니며, 법률적용에 의미 있는 개별사실만을 설명하면 된다. 4

구성요건해당사실로서 행위의 주체, 객체, 방법, 인과관계, 결과 등을 명시적으로 설명해야 한다. 예를 들어 문서위조죄의 위조방법, 증뢰죄에서 공무원의 직무범위,[1] 상해죄에서 상해부위와 정도[2]에 관한 기재가 없는 경우에는 범죄사실을 명시하였다고 할 수 없다. 고의, 목적, 불법영득의사도 명시되어야 한다. 과실범에서 구체적인 상황, 주의의무의 내용, 주의의무위반 등도 마찬가지이다. 실행의 착수에 해당하는 사실과 미수의 종류, 정범이나 공범에 해당하는 요건도 분명히 해야 한다. 범죄의 일시와 장소 등의 사실 가운데 법률적용에 의미 있는 것은 명시되어야 한다.[3] 5

구성요건에 해당하는 때에 위법성과 책임은 추정된다. 따라서 형의 감면에 영향이 있는 때를 제외하면 위법성과 책임존재를 명시할 필요는 없다. 처벌가능성을 좌우하는 처벌조각사유, 누범전과와 같은 형의 가중사유나 법률상의 감면사유도 판결이유에 명시하여야 한다. 단순한 양형사유인 정상에 관한 사실은 명시할 필요가 없지만, 사형을 선고하거나 이례적인 양형을 하는 경우에는 그 판단근거를 적시하여야 한다. 6

경합범이나 과형상 일죄의 경우에는 개별범죄마다 범죄될 사실을 명시하여야 한다. 포괄일죄는 개개 행위마다 특정할 필요는 없고 전체범행의 시기와 종기, 범행방법, 범행횟수, 피해액 합계 등을 명시하면 된다.[4] 7

(3) 증거의 요지

범죄사실을 인정하는 자료가 된 증거요지를 판결이유에 명시해야 한다. 어떤 증거로부터 어떤 사실을 인정하였는지를 알 수 있도록 증거를 구체적·개별적으로 표시한다. 증거의 '요지'를 설명하는 것으로, 증거에 의하여 사실을 인정한 이유를 설명해야 하는 것은 아니다. 공소사실 내용과 적시된 증거요지를 대조할 때 8

1) 대판 1982. 9. 28. 80도2309.
2) 대판 1982. 12. 28. 82도2588.
3) 대판 2008. 11. 13. 2006도755; 1986. 8. 19. 86도1073 참조.
4) 대판 1983. 1. 18. 82도2572.

어떤 내용의 증거자료에 의해 범죄사실을 인정하였는가를 추론할 수 있으면 족하다.[1] 범죄사실을 증명할 적극적 증거를 적시하면 되고, 범죄사실인정에 배치되는 소극적 증거까지 분명히 할 필요는 없다. 예컨대 피고인이 알리바이를 내세우는 증거에 대해서도 증거판단의 설명을 해야 하는 것은 아니다.[2]

(4) 법령의 적용

9 유죄판결의 근거가 된 형법총·각칙 또는 특별형법의 조문과 처벌규정을 명시해야 한다. 피고인이 여럿일 때는 각자에 적용되는 법령을, 범죄사실이 여러 개인 경우는 어느 사실에 어떤 법령이 적용되었는지 명시한다.[3] 여러 법령이 같은 법적 효과의 근거가 될 수 있으면 모두 나열할 필요는 없다. 법률의 해석론을 인용할 필요는 없으나, 기존 법원의 입장과 다른 해석론에 따라 재판한다면 이를 명시하는 것이 타당하다.[4] 기준이 된 선판례는 인용하는 것이 일반적이다.

(5) 주장에 대한 판단

10 피고인측이 범죄성립의 조각, 또는 형의 감면을 주장하고 근거를 들었을 때 이에 대한 판단을 명시하여야 한다(제323조 ②항). 그러나 법원의 재량에 의한 임의적 감면사유에 대해 명시할 필요는 없다.[5] 피고인의 주장이 증거에 근거하고 있다면, 그 주장을 받아들이지 않은 법원의 판단에도 증거가 제시되고 설명되어야 한다. 범죄성립을 조각하는 이유되는 사실이란 위법성조각사유와 책임조각사유에 해당하는 사실을 말한다. 구성요건해당성조각사유가 포함된다는 견해도 있으나,[6] 구성요건에 해당하지 않는다는 주장은 단순히 범죄를 부인하는 것이므로 제323조 ②항 요건에 속하지 않는다.[7] 명시해야 하는 형의 가중·감경의 이유되는 사실에는 누범·심신장애·중지미수의 경우과 같은 '필요적' 가중·감경은 물론,[8] 자수·작량감경사유와 같은 '임의적' 가중·감경사유도 포함된다.

---

1) 대판 1983. 7. 12. 83도995.
2) 대판 1982. 9. 28. 82도1798.
3) 대판 2004. 4. 9. 2004도340.
4) 외국의 예처럼 문헌을 명시적으로 인용하는 것이 바람직하나 실무에서는 정확한 인용 없이 학설의 뜻만 밝힌다.
5) 대판 2017. 11. 9. 2017도14769.
6) 김기두 285; 백형구(강의) 764; 이창현 1062; 임동규 681.
7) 대판 1990. 9. 28. 90도427.
8) 대판 1991. 11. 12. 91도2241.

II. 무죄판결

1. 의 의

무죄판결은 피고사건에 대해 형벌권이 없음을 확인하는 재판이다(제325조). 11
'피고인에게 죄가 없다'거나, '결백하다'는 식으로 확인된 실체를 선언하는 것이 아니라, 적법절차를 거쳤을 때에 피고사건이 범죄로 되지 않거나 범죄사실의 증명이 없는 경우라는 의미에 불과하다. **범죄불성립**은 공소사실이 법률상 범죄를 구성하지 않거나 위법성조각사유 또는 책임조각사유가 존재하여 범죄가 성립하지 않는 경우를 말한다. **범죄사실의 무증명**은 공소사실의 부존재가 증명된 경우, 그 사실에 관한 증거가 불충분하여 법관이 확실한 심증을 얻을 수 없는 경우이다. 재심사건에서 형벌에 관한 법령이 재심판결 당시 폐지되었더라도 그 폐지가 처음부터 헌법에 위배로 효력이 없는 것일 때는 제325조 '범죄로 되지 아니하는 때'의 무죄사유에 해당한다.[1)]

2. 판시방법

수개의 범죄사실이 모두 무죄이면 통틀어서 주문에 **피고인은 무죄**라고 기재 12
한다. 경합범인 수개의 범죄사실 중 일부의 범죄사실이 무죄의 대상일 때에는 그 부분에 대해 무죄를 선고한다. 결합범, 포괄일죄, 상상적 경합관계에 있는 수개의 범죄사실 중 일부의 범죄사실이 무죄인 경우 그 범죄사실은 주문에 판시하지 않고 유죄판결의 이유부분에서 해당 내용을 명시하여야 한다.[2)] 무죄판결도 재판의 일반원칙에 따라 그 이유를 명시하여야 한다(제39조). 그러나 가벌성을 배제한 이유는 소극적 요건이므로 모두 나열되지 않아도 되고 열거할 때 순서도 중요하지 않다. 검사가 상소제기 여부를 검토할 수 있는 정도로 서술하면 충분하다.

1) 대판 2019. 1. 31. 2018도6185; 2018. 12. 13. 2016도1397; 2011. 6. 23. 2008도7562(전합).
2) 대판 1982. 9. 28. 82도1656.

[66] 형식재판

I. 면소판결

1. 의 의

1 면소판결은 기소된 사실에 1) 확정판결이 있거나, 2) 사면이 있거나, 3) 공소시효가 완성되었거나, 4) 범죄 후 법령개폐로 해당하는 형벌이 폐지되었을 때 내리는 종국재판이다(제326조). 면소판결의 법적 성격에 대해서는 의견이 나뉘어 있다.

(1) 실체재판설

2 면소판결은 발생한 형벌권의 소멸을 확인하는 것이므로 이를 실체재판이라고 보는 견해가 있다. 이렇게 본다면 면소판결은 정지된 공소시효를 다시 진행시키지 않고(제253조 ①항), 소송비용부담 및 재심사유 판단에서 무죄판결처럼 취급된다. 면소판결에 일사부재리효력도 인정된다. 그러나 실체재판설의 논리대로라면 무죄의 확정판결이 있는 경우에 형벌권이 존재하지 않아 무죄판결을 해야 할 것임에도 면소판결 사유로 되어 있는 것을 설명할 수 없다는 비판이 있다.

(2) 이 분 설

3 확정판결을 이유로 하는 면소판결은 형식재판이지만, 사면, 공소시효의 완성, 형의 폐지를 이유로 하는 면소판결은 형벌권을 발생시킬 수 없는 사정을 이유로 한다는 점에서 실체재판이라는 견해가 있다. 그러나 이는 면소판결의 본질을 통일적으로 설명하지 못하는 단점이 있다.

(3) 실체관계적 형식재판설

4 면소판결은 실체적 소송조건이 결여된 경우에 선고하는 실체관계적 형식재판이라고 하는 견해이다.[1] 실체심리가 끝나기 전에 종결시킨다는 점에서 형식재판이지만, 요건을 판단하기 위해서는 어느 정도 실체에 대한 평가가 필요하다는 것이다. 면소판결에 기판력을 인정하고, 면소판결에 대해 무죄를 주장하여 상소할 수도 있다고 한다. 이 견해도 이미 무죄의 확정판결이 있을 때 무죄판결을 하지 않고 면소판결을 하도록 한 규정을 설명할 수 없는 단점이 있다.

---

1) 김기두 179; 송광섭 456; 정영석/이형국 425.

(4) 형식재판설

면소판결은 형식적으로 소송을 종결시키는 형식재판이라고 하는 견해로서 5
다수설과 판례의 입장이다. 이에 따르면 면소사유가 밝혀진 때에는 실체심리를 허용하지 않고, 피고인은 면소판결에 대해 무죄를 주장하여 상소할 수 없다.[1] 이 견해에 대해서는 면소판결의 기판력을 설명하기 어렵다는 지적이 있다.

(5) 결론 : 형식재판설

어떤 제도가 실체법적인 것인지, 절차법적인 것인지 가리는 원칙적 방법은 6
'만약 형사절차 자체가 없다고 가정할 때 해당 제도가 범죄자를 처벌하는 데 중요한 관건인지' 가정적으로 묻는 것이다. 형사절차라는 장치가 없었더라도 범죄자 처벌에 유의미했을 것으로 생각되는 제도는 실체법적인 것이고, 형사절차 자체가 없다면 처벌과정에서 의미가 없을 것으로 여겨지는 제도는 절차법적인 것이다[**카우프만의 구별공식**].[2]

1) 만약 공소사실에 상응하는 형벌규정이 처음부터 없었던 경우라면 처벌을 7
위한 실체법적 근거가 없다고 할 수 있다. 그러나 면소사유는 '범죄 후 법령개폐로 해당하는 형벌이 폐지되었을 때'이므로 이와 다르다. 형사절차가 존재하고 그것이 진행되는 것을 전제로 범죄와 그 형사절차 사이에 시간적 간극이 있는 상황의 문제이기 때문이다. 2) 이미 확정판결이 있거나, 3) 사면을 한 때의 요건은 재판이라는 형식적인 절차가 없다면 무의미하다. 4) 공소시효가 도과된 때의 면소판결은 공소시효의 성격을 어떻게 보느냐에 따라 다르게 볼 수 있으나, 이것 또한 형사절차라는 제도를 전제하고 있는 것은 분명하다. 이렇게 본다면 면소판결은 실체가 아니라 절차적 근거를 배경으로 한 형식재판으로 보아야 할 것이다. 그러므로 면소판결사유가 있는 경우에 무죄판결을 하는 것은 위법한 재판이다.[3]

면소판결에 일사부재리효력을 인정하는 까닭은 공소기각재판과는 달리 다시 8
요건을 갖추어 재기소하는 것이 의미가 없기 때문이다[**소송추행이익결여설**].[4] 일사부재리의 효력이 있어 무죄판결에 비해 피고인에게 불리한 결과가 아니기 때문

---

1) 대판 1966. 7. 26. 66도634; 1964. 3. 31. 64도64; 강구진 536; 백형구 570, (강의) 784; 신동운 1458; 이재상/조균석 46/37; 정영석/이형국 426.

2) 카우프만(H. Kaufmann)의 구별공식에 대해서는 홍영기, 형사소송법, 그 독자적인 법목적에 대한 이해, 259면 이하.

3) 대판 1969. 12. 30. 69도2018; 1966. 7. 26. 66도634; 1964. 4. 28. 64도134.

4) 신동운 1460; 신양균 931; 이재상/조균석 46/43.

에 면소판결에 대해 피고인이 무죄를 주장하여 상소할 수 없다.[1] 다만 폐지된 법률을 적용하여 기소되었을 때 법원이 면소를 선고하였다면 이에 대해서는 무죄판결을 구하는 상소가 가능하다.[2] 주로 위헌결정의 소급효(헌법재판소법 제47조 ③항)에 의해 발생하는 문제로서, 이 경우는 법적 근거가 처음부터 없었던 때로 보므로 실체법적 조건에 해당한다.

2. 면소판결의 사유

9 **확정판결이 있은 때**에서 확정판결은 일사부재리효력이 미치는 재판과 같은 뜻이다. 유·무죄 실체판결과 면소판결이 확정된 경우이며, 공소기각과 관할위반의 형식재판은 포함되지 않는다. 정식재판에서 선고된 경우는 물론 약식명령 또는 즉결심판에 의한 경우도 포함되지만 과태료처분이나, 외국에서 받은 판결은 이에 해당하지 않는다.[3]

10 **사면이 있은 때**는 일반사면만을 뜻하고, 특별사면은 형집행을 면제하는 것에 불과하므로(사면법 제5조 ①항 2호) 이에 해당하지 않는다.[4] 상상적 경합관계에 있는 두 개 범죄 중 하나의 공소사실에 대해 무죄를 선고한다면, 다른 범죄가 사면으로 면소판결 대상이 된 때라도 주문에서 따로 면소를 선고하지 않는다.[5]

11 **공소시효가 완성되었을 때**는 원칙적으로 공소제기시를 기준으로 한다. 공소가 제기되면 시효진행이 정지되기 때문이다(제253조 ①항). 그러나 공소가 제기된 범죄도 판결 확정 없이 25년을 경과하면 공소시효가 완성된 것으로 간주되므로(제249조 ②항), 이 경우에도 면소판결을 한다.[6]

12 **범죄 후 법령개폐로 형이 폐지되었을 때**는 명문으로 벌칙을 폐지한 경우뿐만 아니라, 법령에 정해진 유효기간이 경과한 경우나 구법과 신법의 저촉에 의하여 실질상 벌칙의 효력이 상실된 경우도 포함한다. 법령제정이유에 기존 처벌자체가 부당하거나 또는 과중하다는 입법적 동기가 있어야 한다는 판례도 있으나,[7] 이러

---

1) 대판 1984. 11. 27. 84도2106: 피고인에게는 실체판결청구권이 없으므로 면소판결에 대하여 무죄의 실체판결을 구하여 상소할 수 없다.
2) 대판 2010. 12. 16. 2010도5986(전합).
3) 이에 대해서는 아래 일사부재리의 효력범위를 참조.
4) 대판 2015. 10. 29. 2012도2938; 2000. 2. 11. 99도2983 참고.
5) 대판 1996. 4. 12. 95도2312.
6) 대판 1986. 11. 25. 86도2106; 1981. 1. 31. 79도1520.
7) 대판 1985. 5. 14. 85도529; 1983. 2. 8. 81도165; 1978. 2. 28. 77도1280.

한 개별 사정의 고려는 안정적인 적용을 어렵게 하므로, 형식적으로 법률의 개폐로 형이 폐지되면 곧 면소판결을 해야 할 것이다.

II. 공소기각의 재판

1. 의 의

공소기각의 재판은 형식적 소송조건이 결여되었거나 소송장애가 있는 경우, 절차상의 하자를 이유로 공소유지가 부적법하다고 인정하여 실체심리 없이 절차를 종결시키는 형식재판이다. **공소기각의 결정**(제328조)과 **공소기각의 판결**(제327조)로 나뉜다. 결정의 재판형식은 구두변론을 거치지 않고 이루어질 수 있기 때문에, 결정에 의한 공소기각사유는 판결에 의한 공소기각사유보다 그 절차상 하자가 더 명백하고 중대한 경우에 해당한다. 공소기각판결에 대한 상소는 항소와 상고이지만 공소기각결정에 대한 상소는 즉시항고(제328조 ②항)이다. 13

공소기각재판사유는 한정된 사유이므로 이 이외의 사유로는 공소기각재판을 할 수 없다.[1] 제327조 2호 '공소제기절차가 법률의 규정에 위반하여 무효인 때' 요건이 공소제기의 비정형적인 부적법 사유들을 포섭할 수 있다. 14

2. 공소기각판결

공소기각판결 사유는 다음과 같다(제327조). 1) 피고인에 대해 재판권이 없을 때(1호), 2) 공소제기절차가 법률의 규정을 위반하여 무효일 때(2호), 3) 공소제기된 사건에 대해 다시 공소가 제기되었을 때(3호), 4) 공소취소 후 다른 중요한 증거가 발견되지 않았음에도 다시 공소가 제기되었을 때(4호), 5) 친고죄에 대해 고소가 취소되었을 때(5호), 6) 반의사불벌죄에 대해 처벌을 원하지 않는 의사표시를 하거나 처벌을 원하는 의사표시를 철회하였을 때(6호)가 그것이다. 15

공소제기절차가 법률의 규정에 위반하여 무효인 때의 예로는 공소제기가 권한 없는 자에 의해 행해졌거나 공소제기방식에 중대한 하자가 있는 경우[2] 또는 공소제기 당시 소송조건이 결여된 경우 그리고 공소권남용이 있거나 중대한 위법수사(예컨대 위법한 함정수사)가 있는 경우[3] 등이다. 그러나 위법수사가 개입된 공 16

1) 대판 1990. 9. 25. 90도1586; 1986. 9. 23. 86도1547.
2) 공소장일본주의 위배에 대해서 대판 2015. 1. 29. 2012도2957.
3) 대판 2006. 9. 28. 2006도3464.

소제기가 모두 이에 해당하는 것은 아니다. 수사의 위법과 공소제기의 위법은 구별되기 때문이다.[1] 공소기각판결은 피고인 없이 선고할 수 있다. 공소기각판결에 의해 공소제기로부터 정지되었던 공소시효는 다시 진행한다(제253조 ①항).

3. 공소기각결정

17 중대한 절차상 하자를 이유로 다음과 같은 경우 공소기각결정을 할 수 있다(제328조). **1)** 공소가 취소된 경우(1호), **2)** 피고인이 사망하거나 피고인인 법인이 존속하지 않게 된 경우(2호), **3)** 관할의 경합으로 재판할 수 없는 경우(3호), **4)** 공소장에 기재된 사실이 진실하다고 하더라도 범죄가 될 만한 사실이 포함되지 않은 경우(4호)가 그것이다.

18 '범죄가 될 만한 사실이 포함되지 않은 때'는 공소장에 기재된 사실만으로는 법률상 범죄를 구성하지 않는 것이 실체심리를 통하지 않고서도 명백한 경우를 말한다.[2] 공소사실을 달리 구성할 경우 범죄가 성립하게 되는 때라면 공소장변경을 통해 공소를 유지할 수 있다. 범죄의 구성 여부에 대한 '의문이 있는 때'에는 실체심리를 거쳐 유·무죄의 판결을 해야 한다.[3]

19 공소기각결정을 하는 경우에도 피고인출석은 요건이 아니다. 피고인에게 소송행위능력이 없는 등의 이유로 공판절차정지사유가 있어도 피고인 출정 없이 재판할 수 있으며, 대리인을 출석하게 할 수도 있다(제276, 277조, 제306조 ④항). 공소기각결정이 확정되면 그때부터 정지된 시효는 다시 진행된다(제253조 ①항). 공소기각결정에 대해서는 즉시항고를 할 수 있다(제328조 ②항).

III. 관할위반의 판결과 사건의 이송

1. 의 의

20 피고사건이 해당 법원의 관할에 속하지 않을 때에는 판결로써 관할위반선고를 하여야 한다(제319조). 이는 재판권이 없는 경우에 공소기각판결(제327조 1호)을

1) 대판 1996. 5. 14. 96도561.
2) 대판 1977. 9. 28. 77도2603; 1973. 12. 11. 73도2173: 부정수표단속법위반 사건에 있어서 수표가 그 제시기일에 제시되지 아니한 사실이 공소사실 자체에 의하여 명백하다면 이 공소사실에는 범죄가 될만한 사실이 포함되지 아니하는 때에 해당한다.
3) 대판 2014. 5. 16. 2012도12867.

하는 것과 구별된다. 관할위반판결은 관할의 부존재만을 사유로 하는 형식재판이며 해당 심급의 소송계속을 종결한다는 점에서 종국재판이다. 형식적 확정력과 내용적 구속력이 있지만 일사부재리의 효력은 없다. 소송행위는 관할위반에도 효력에 영향이 없으므로(제2조), 관할위반의 판결을 선고한 법원에서 작성한 공판조서, 증인신문조서, 검증조서 등은 동일한 사건이 기소된 법원의 공판절차에서 증거로 사용할 수 있다.

2. 관할위반의 사유

관할위반의 판결사유는 피고사건이 해당 법원의 토지관할이나 사물관할에 21
속하지 않는 때이다. 이것은 소송조건이기 때문에 법원은 직권으로 관할유무를 조사하여야 하나, 토지관할에 대해서는 피고인의 신청이 있을 때에만 관할위반의 판단을 할 수 있다(제320조 ①항). 토지관할은 피고인의 편의를 위한 제도이기 때문이다. 사물관할은 공소제기시뿐만 아니라 재판시에도 존재해야 하지만, 토지관할은 공소제기시에만 존재하면 된다. 관할권 유무는 공소장에 기재된 공소사실을 기준으로 결정하며, 공소장이 변경된 경우에는 변경된 공소사실에 따른다.[1] 공소사실이 예비적으로 기재된 경우에는 본위적 공소사실을 기준으로 하고, 택일적으로 기재된 경우에는 형이 중한 공소사실을 기준으로 사물관할을 결정한다.

관할위반판결에는 공소기각재판과 달리 피고인불출석과 공판절차정지에 관 22
한 특칙이 인정되지 않는다. 구속영장의 실효사유도 아니다. 다만 관할위반판결이 확정되면 공소시효가 다시 진행되는 점은 같다(제253조 ①항).

3. 사건의 이송결정

사건의 이송결정은 소송조건을 갖추었으나 합목적적 고려에 의해 사건을 다 23
른 관할법원에 이송하는 형식적 종국재판이다. 피고인이 관할구역 안에 없을 경우 특별한 사정이 있으면 법원은 결정으로 사건을 피고인의 현재지를 관할하는 법원에 이송할 수 있다(제8조 ①항). 단독판사의 관할사건이 공소장변경에 의해 합의부 관할사건으로 변경된 경우에 법원의 결정으로 관할권이 있는 법원에 이송한다(같은 조 ②항).

---

1) 대판 1987. 12. 22. 87도2196.

[67] 재판의 확정

I. 재판확정의 의의

1 재판이 일반적 불복방법에 의해서는 다툴 수 없게 되어 그 내용을 변경할 수 없는 상태를 재판의 확정이라고 한다. 그리고 확정력이 있는 상태에 있는 재판을 **확정재판**이라고 부른다. 확정력은 구속력과 다르다. 구속력은 재판이 외부적으로 성립하여 법원이 재판내용을 철회하거나 변경할 수 없는 상태이며, 이는 상소에 의해 효력을 다툴 수 있다. 상소에 의해 더 이상 다툴 수 없게 되었을 때 재판의 구속력은 확정적으로 발생하는 것이고, 이로부터 재판의 집행력도 생긴다.

2 재판의 확정은 절차를 통해 법적 안정성을 구현하는, 형사절차의 본질적 기능에 해당한다. 이를 통해 실체적 진실에 상응하지 않는 다소의 불일치가 있더라도 더 이상 문제삼지 않도록 함으로써 이러한 절차의 안정적 실현이 실체적 정의를 어느 정도 제한하게 된다(3/18).

II. 재판확정의 요건

1. 재판확정의 시기

3 불복신청 허용기간이 경과하면 재판은 확정된다. 하급심에 대한 항소와 상고, 약식명령과 즉결심판에 대한 불복은 재판을 선고 또는 고지받은 날로부터 7일이며, 즉시항고의 경우에도 7일이다. 불복신청을 기각하는 확정재판에 의해서도 재판은 확정된다. 상소제기기간이 경과하여도 상소권자나 대리인이 책임질 수 없는 사유로 인하여 기간 안에 상소하지 못한 때에는 **상소권회복청구**를 할 수 있다. 이를 허락하는 결정이 확정되었을 경우에는 판결확정효력은 소급하여 취소되며 피고사건은 상소심에 계속된다(제345조 이하). 재판은 불복신청의 포기 또는 취하에 의해서도 확정된다(제349조).

2. 불복을 신청할 수 없는 재판

4 **법원의 관할 결정 또는 판결 전 소송절차에 관한 결정**은 특히 즉시항고할 수 있는 경우 외에는 항고하지 못하므로(제403조 ①항), 원칙적으로 그 선고 또는 고

지와 동시에 확정된다. **항고법원 또는 고등법원의 결정이나 법관의 명령**에 대해서는 재판에 영향을 미친 법령위반이 있음을 이유로 하는 때에 한하여 대법원에 즉시항고를 할 수 있을 뿐이다(제415, 416, 419조). **대법원의 결정과 판결**에 대해서도 불복이 허용되지 않으므로 선고 또는 고지와 함께 확정된다. 예외적으로 대법원은 판결의 내용에 오기 · 오산과 같은 오류가 있을 경우 판결로써 정정할 수 있다(제400, 401조).

III. 재판의 확정력

1. 형식적 확정력

재판이 통상의 불복방법에 의해 다투어질 수 없는 상태를 형식적 확정이라 5
하고, 이러한 효력을 **형식적 확정력**이라고 한다. 형식적 확정력은 소송관계인 입장에서는 재판에 대한 불복이 허용되지 않는다는 **불가쟁적 효력**이며, 법원 입장에서는 재판내용을 철회하거나 변경할 수 없다는 **불가변적 효력**이다. 이는 절차가 확정적으로 종결되는 절차면의 효력이므로 종국재판이건 종국 전의 재판이건, 실체재판이건 형식재판이건 모든 재판에서 발생한다. 종국재판의 확정은 재판집행이 가능해지는 시점이다(제459조).

2. 내용적 확정력

(1) 실질적 확정력

재판이 형식적으로 확정되면 그 의사표시의 내용도 확정된다. 이를 재판의 내 6
용적 확정이라고 한다. 재판이 내용적으로 확정되면, 그 판단내용에 따라서 일정한 법률관계가 정해진다. 이것을 **재판의 내용적 확정력** 또는 **실질적 확정력**이라고 한다. 특히 유 · 무죄의 실체재판이나 면소판결의 경우에 내용적 확정이 있게 되면 형벌권의 존부와 범위가 확정된다. 이와 같이 피고사건의 실체와 관련된 내용적 확정력을 **실체적 확정력**이라고 한다. 실체적 확정력이 발생하면 동일한 사건에 대해 재소가 금지되는 특별한 효과가 발생하는데, 이것을 **일사부재리효력** 또는 **기판력**이라고 한다. 내용적 확정력은 이러한 실체재판뿐만 아니라 형식재판에도 발생한다.

특별한 이유가 있을 경우 이러한 확정력을 배제하는 비상구제절차가 있다. 7

1) 재판의 확정 자체가 당사자, 특히 피고인의 이익을 부당하게 제한한 때에 구제하는 제도인 상소권회복(제345조 이하), 2) 사실오인을 시정하여 유죄판결을 받은 자의 불이익을 구제하는 제도인 재심(제420조), 3) 확정판결의 법령위반을 바로잡아 법령해석의 통일을 기하기 위한 비상상고(제441조) 등이다.

(2) 내용적 구속력

8 재판이 확정되면 상황변경이 없는 한 후소後訴법원으로 하여금 동일한 사항에 대해 상이한 판단을 할 수 없도록 하는 효과가 발생한다. 이러한 재판의 내용적 확정력을 특별히 **내용적 구속력**이라고도 한다.

9 '형식재판'이 확정된 때 후소법원은 동일한 사정 및 동일한 사항에 관해 다른 판단을 할 수 없다. 이를 후소법원에 대해 판단내용을 구속한다고 보아, 같은 사건으로 동일법원에 기소된 경우 '관할위반의 판결'을 해야 한다고 보는 **구속효설**과, 동일사항에 대한 판단을 금지하는 것이라고 보아 법원이 '공소기각의 판결'을 해야 한다고 보는 **차단효설**이 있다. 내용적 구속력을 인정하면, 그에 위반한 경우에는 '공소제기절차가 법률규정에 위반한 경우'로서 공소기각판결을 선고하는 것이 타당하다 [차단효설].[1]

10 피고인의 사망을 이유로 공소기각결정을 한 후에 피고인의 생존이 드러난 때처럼 형식재판에 오류가 있는 경우, 내용적 구속력에 따라 재소가 허용되지 않는다고 보는 견해가 있다.[2] 그러나 오류가 명백하거나, 피고인의 기망 등 뚜렷한 귀책사유가 있으면 재소를 허용할 수 있다고 보아야 한다.[3]

11 실체재판인 유·무죄 판결 또는 면소판결이 확정되면 형식재판과 마찬가지로 후소에 대한 내용적 구속력이 발생한다. 그리고 이로부터 동일사건에 대해 후소법원의 심리가 금지되는 효과, 즉 일사부재리효력이 발생한다.

IV. 일사부재리(기판력)

1. 일사부재리원칙의 의의

12 일사부재리(ne bis in idem)는 일정한 사안이 형사재판으로 처리되면, 그와 동

1) 김재환 850; 이재상/조균석 47/18; 이창현 1109; 차용석/최용성 751.
2) 신양균 950; 이은모 807; 이재상/조균석 47/20.
3) 김재환 873; 노명선/이완규 801; 백형구(강의) 768; 신동운 1495; 이창현 1110.

일성이 인정되는 사실에 대해 재차 국가형벌권이 행사되어서는 안 된다는 원칙이다. 한번 이루어진 재판의 효력을 다시 다툴 수 없게 하는 작용은 갈등을 종결짓는 재판의 근본 성질상 당연히 수반되므로 이 원칙은 재판자체와 역사를 같이 한다.

헌법은 "모든 국민은 동일한 범죄에 대하여 거듭 처벌을 받지 아니한다"고 13
규정하고 있다(헌법 제13조 ①항). 이에 따라 일반적인 견해는 일사부재리원칙을 자유주의 법치국가원리의 결과물로서 시민의 기본권 가운데 한 목록으로 이해한다. 그렇지만 일사부재리는 근대의 자유주의 이념이 자리잡기에 앞서, 이미 고대부터 인정된 것이며,[1] 피고인의 권리를 보장할 뿐만 아니라 그 반대방향으로도 동일하게 기능한다.

그러므로 이 원칙은 시민의 권리보장 목적에서 직접 도출되는 것이 아니라, 14
절차를 반복하여도 결국 실체적 정의를 온전히 구현할 역량이 없는 형사사법기관에게 그의 불가피한 한계를 승인하게 하는 제도로 보아야 한다. 즉 하나의 사안에 대해 절차를 반복하지 않도록 강제하는 국가 형사사법기관의 자기제한원리이다. 이를 통해 안정적인 절차는 실현되지만 실체법적 정의실현은 불가피하게 중단된다.[2]

2. 기 판 력

(1) 기판력의 의의

유·무죄의 실체재판이 확정되면 객관적 형벌권이 확정된다. 이러한 재판의 15
실질적 확정력을 기판력이라고 한다. 이를 인정함으로써 일사부재리원칙이 실현된다. 즉 이로부터 절차의 안정성이 보장되며, 같은 사안에 대해 모순되는 판결이 내려지는 것을 방지하고 소송경제도 도모할 수 있다.

기판력의 본질에 대한 **실체법설**은 이를 확정재판에 의해 실체법률관계가 형 16
성·변경되는 효력이라고 본다. 따라서 잘못된 판결이 내려져도 기판력에 의해 실체법률관계가 확정된다는 것이다. **구체적 규범설**은 일반적 규범인 실체법이 절차를 통해 구체적 법률관계로 형성되도록 하는 힘을 기판력이라고 한다. 기판력은 해당 사건에 대해서는 구체적 실체법처럼 작용하여 피고인은 이로써 유죄판결을 받은 자의 지위에 놓이게 되고 집행력이나 구속력과 같은 재판효력이 발생한

---

1) 일사부재리원칙의 제도사에 대해서는 홍영기, 일사부재리의 효력범위, 저스티스 123, 154면 이하.
2) 이러한 의의에 대해서는 홍영기, 앞의 글, 156면 이하.

다는 것이다.[1] **소송법설**은 기판력을 실체법률관계에 영향을 미치지 않는, 소송법상 인정되는 후소에 대한 구속력일 뿐이라고 한다.[2]

17 현재 기판력이 실체관계를 형성한다고 보는 학자는 없다. 구체적 규범설은 실체적 사실관계를 제대로 반영하지 못한 판결에도 기판력을 부여하는 것을 설명하지 못한다. 기판력이 현실적으로 작동하는 양상을 볼 때 소송법적 제도로 보는 다수설이 타당하다. 앞서 서술한 소위 '카우프만의 구별공식'(66/6)에 따라, 형사절차라는 제도가 없는 경우라면 기판력은 그 의의를 상실할 것이라는 점에서도 그렇다.

(2) 일사부재리와의 관계

18 기판력을 일사부재리효력과 같은 것으로 보는 견해를 **일치설**이라 한다. 실질적 확정력으로 동일사건의 실체에 관해 재차 심리·판결할 수 없는 일사부재리효력이 발생하는데, 이것이 곧 기판력이기에 양자는 같은 의미라는 것이다.[3] 반면에 **구별설**은 기판력은 재판의 내용적 확정력 가운데 대외적 효과를 의미하는 소송법 개념이지만, 일사부재리는 형사절차에 수반되는 피고인의 불안정한 상태를 제거하고자 하는 이중위험금지(double jeopardy)의 법리에서 유래하는 것으로 구별한다.[4] 기판력이 일사부재리효력을 포함한다고 보는 **포함설**은 기판력이 내용적 확정력의 대외 효과를 의미하는 내용적 구속력과 일사부재리 효력을 포함하는 의미라고 한다.[5]

19 기판력의 본질을 단순히 소송법적 제도로 바라보는 위 일반적인 견해가, 기판력이 일사부재리를 '포함한다'고 서술하는 것은 쉽게 이해할 수 없다. 기판력 안에 일사부재리효력 이외에 내용적 구속력까지 부여한다고 하지만, 후소법원으로 하여금 동일한 조건에서 다른 평가를 하지 못하게 하는 내용적 구속력을 감안하지 않고 일사부재리원칙이 유효해질 것으로 기대하기는 어렵다. 일사부재리가 형사사법기관으로 하여금 일회의 절차만을 허용한다고 볼 때, 기판력은 그 원칙을 구체적으로 실현하는 절차(법) 개념이라고 해야 한다. 소송법학의 시각에서 보면 양자를 구별할 필요가 없다 [일치설].[6]

1) 김기두 184; 신현주 708; 정영석/이형국 438.
2) 김재환, 855; 신동운 1501; 신양균 957; 이은모 812; 이재상/조균석 47/15; 임동규 715.
3) 김기두 185; 백형구 375; 신동운 1498; 이창현 1111; 정영석/이형국 439.
4) 임동규 712; 차용석/최용성 733.
5) 신양균 952; 이재상/조균석 47/11.
6) 홍영기, 일사부재리의 효력범위, 154면 각주 2) 참조.

3. 일사부재리의 대상이 되는 절차

일사부재리는 1) 형사사법을 통해 재판이 이루어진, 2) 동일한 사안을 재차 심 20
리할 수 없다는 원칙이므로 이 정의를 구체화하여 효력범위를 확정할 수 있다.

여기서 형사사법은 넓은 의미로 형사절차를 이루는 소송행위를 통해 진행되 21
는 과정이므로, **간이공판절차**나 **약식절차** 또는 **즉결심판** 등 신속성 또는 편의성을 고려해서 이루어지는 간략한 형태의 재판에도 일사부재리원칙이 적용된다.[1] 판결로 성립은 하였으나 중대한 하자로 인해 상소 기타 불복신청을 하지 않아도 그 본래 효력이 발생하지 않는 재판인 **당연무효 판결**에도 일사부재리효력이 인정된다.[2] 반면에 형사재판이 아닌 과태료 등 행정벌이나 세무공무원 등의 **통고처분**은 이에 해당하지 않는다. 다만 형벌적 성격을 갖는 경범죄처벌법 제8조 ③항과 도로교통법 제164조 ③항 통고처분 및 범칙금 납부는 예외적으로 일사부재리효력을 인정한다.[3] 소년법상의 보호처분결정(소년법 제32, 53조)에서 '다시 공소제기하지 못하도록 하는 것'은 일사부재리 효력이 아니라 공소기각판결 사유에 해당하는 것으로 보아야 한다.[4]

형사'사법'의 권한은 원칙적으로 법원에 속한 것이므로 **검사의 불기소처분**에 22
는 일사부재리 효력이 미치지 않는다.[5] 동일한 사안에 대해 중복된 기소를 금지하는 것은 절차의 효율성 및 피의자보호원리에 따른 것일 뿐 일사부재리 효과는 아니다. 형식재판인 **공소기각재판**은 '공소사실'을 평가한 것이 아니라 '검사의 소추행위'를 판단한 것이므로 일사부재리의 범위에 포함될 여지가 없다.[6] **면소판결**은 법원에 의한 판단일 뿐만 아니라, 해당 사안이 현행법에 의한 재판대상이 될 수 있는가에 대한 최종적 결정이기 때문에 일사부재리효력이 있다.

4. 일사부재리의 효력범위

(1) 절차상 '하나의 사건' : 기본적 사실 동일설

'일사'부재리의 객관적 효력범위는 '소송법상 하나의 사건' 개념에 따른다. 23

1) 특히 즉결심판에서 이를 배제해야 한다는 실무의 요청과 그에 대한 논평으로는 홍영기, 앞의 글, 169면 이하.
2) 손동권/신이철 715; 신동운 1504; 이재상/조균석 47/24. 반대견해는 백형구(강의) 766.
3) 대판 2012. 9. 13. 2012도6612; 2003. 7. 11. 2002도2642; 1986. 2. 25. 85도2664. 범칙행위에 대하여 경찰서장이 통고처분을 하였는데 통고처분에서 정한 범칙금 납부기간이 경과하지 아니하면, 원칙적으로 즉결심판을 청구할 수 없고, 검사도 동일한 범칙행위에 대하여 공소제기할 수 없다(대판 2020. 4. 29. 2017도13409).
4) 대판 1996. 2. 23. 96도47; 1985. 5. 28. 85도21.
5) 대판 2009. 10. 29. 2009도6614; 1987. 11. 10. 87도2020.
6) 대판 2008. 5. 15. 2007도6793.

이에 대해서는 앞의 소송물론과 공소장변경 부분(36/25)에서 자세히 서술하였다. **기본적 사실 동일설**에 따라, 전법률적 · 사회적 · 일상적 관점에서 하나의 사건으로 보아야 하는 모든 사실에 일사부재리 효력이 인정된다. 즉 그 가운데 일부분에 대한 재판이 있더라도 동일성이 인정되는 사실 전부에 기판력이 있으므로, 그 범주의 사실로 다시 공소가 제기되면 법원은 이에 대해 면소판결을 해야 한다.

(2) 규범적 기준의 고려

24 주의할 점은, 이러한 기본적 사실 동일설이 공소장변경의 허용범위나 영장의 효력범위 등에서는 이의 없이 받아들여지지만, 법원이 일사부재리의 효력범위를 정할 때에는 규범적 관점을 통해 수정되는 때가 있다는 것이다. 피고인이 제1심에서 장물취득죄로 유죄 확정판결을 받은 후, 실제 그의 행위가 강도상해에 해당한다는 사실이 밝혀져 다시 기소된 경우 일사부재리에 따라 면소판결을 하지 않고, 유효한 공소제기로 본 대법원판례가 대표적인 사안이다.[1] 판례는 기본적 사실관계의 동일성을 판단할 때 동일성이 갖는 기능을 염두에 두고 피고인의 행위와 그 사회적 사실관계를 기본으로 하되 '규범적 요소'도 아울러 고려해야 한다고 보고 있다.[2]

25 이와 같은 판례는 개별사안에서 형평으로서 정의를 고려하여 국가형벌권을 온전히 실현하는 데에 목적을 두고 있으나, 일사부재리원칙의 이념에는 반하는 것으로 볼 수밖에 없다. 형사절차 전반을 지배하는 형사소송법상 사건개념 및 동일성개념을 이 개별적 경우에만 수정하는 것이 체계적 정합성에 어긋나는 문제도 있다.[3]

(3) 포괄일죄의 일사부재리효력 제한

26 아래에서 A, B, C, D를 같은 종류의 범죄로서 포괄일죄(상습범)로 포섭되는 사안이라고 할 때, 판례 입장은 다음과 같다.

1) 상습범으로 공소제기된 이후 공판절차에서 추가로 동종의 범죄사실이 발

---

1) 대판 1994. 3. 22. 93도2080(전합).

2) 대판 2012. 9. 13. 2012도6612; 2010. 10. 14. 2009도4785; 2010. 2. 25. 2009도14263; 2009. 11. 12. 2009도9189; 2008. 12. 11. 2008도3656; 2006. 3. 23. 2005도9678; 2005. 1. 13. 2004도6390.

3) 이에 대해서는 홍영기, 형사소송법상 사건의 동일성, 형사법연구 19-3, 702면 이하. 그러나 방법론적으로는 설명이 가능하다. 처음 일반인들의 인식으로부터 형사절차가 시작되었으나 수사기관을 거쳐 공판과정을 통해 재판에 이르러 가는 동안 취급되는 사안은 점점 더 규범적인 언어로 정돈되어가는 것이기 때문이다. 동일성 판단에서 규범적 관점을 동원하는 것이 영장의 효력범위나 공소장변경의 허용범위에서는 납득될 수 없지만 기판력의 객관적 효력범위를 정할 때에는 설득력이 생기는 이유이다.

견되었다면, 공소장변경에 의해 범죄사실을 추가할 수 있다[A → B → C → **상습범기소** → D **발견** ⇒ **공소장변경으로** D **추가**].[1)]

2) 그러나 상습범의 유죄판결이 확정된 이후 피고인이 동종의 죄를 저질렀다면 '하나의 사건'으로 면소판결을 해야 하는 것이 아니라 경합범 관계에 있는 별개의 상습범으로서 검사는 독립된 범죄로 다시 기소해야 한다[A → B → C → **상습범기소** → **상습범재판** → D ⇒ D **별도기소**].[2)]

3) 반면에 상습성을 갖춘 자가 여러 동종의 범죄를 저질러 기소되어 유죄판결을 받았는데, 그 확정판결 이전에 동종의 죄를 저지른 것이 다시 드러났다면, 이 유죄판결이 '상습범으로 기소되어' 처단되었을 때에만 기판력이 미치는 것으로 보아야 한다[A → B → C → D → ABC **상습범재판** → D **발견** ⇒ **기판력인정**].[3)]

4) 따라서 '비상습범으로 기소되어' 유죄판결이 확정된 경우, 이후 다시 기소된 공소사실이 동일한 종류의 범죄로 상습범에 해당하는 것으로 판단되더라도, 그 기판력이 후소의 공소사실에 미치지 않는다[A → B → C → **비상습범재판** → D **발견** ⇒ **기판력부정**].[4)]

5) 상습범에 해당하는 동종의 여러 행위의 중간 시점에 별종(=이종)의 범죄의 확정판결이 끼어 있는 경우에, 그 확정판결 후의 동종의 범죄는 별종의 죄 전에 저질러진 동종의 죄와 둘로 분리되지 않는다. 그러므로 앞선 상습범의 기판력이 후속 상습범에 미치는 것이 아니라 모두 합쳐서 하나의 상습범이 된다[A → B → X → C → D ⇒ **기판력 문제되지 않음**].[5)]

6) **재심판결**과 관련된 판례는 다음과 같다. 상습범으로 유죄의 확정판결을 받은 사람이 그 후 동일한 습벽에 의해 후행범죄를 저질렀다. 유죄의 확정판결에 대해 재심이 개시된 경우, 동일한 습벽에 의한 후행범죄가 재심판결 선고 전에 저질러졌다면 재심판결의 기판력이 후행범죄에 미치지 않

---

1) 대판 2017. 4. 28. 2016도21342.

2) 대판 2017. 5. 17. 2017도3373; 2017. 4. 28. 2016도21342; 2000. 3. 10. 99도2744. 이 경우 포괄일죄와 같은 종류의 죄로 다시 포괄일죄의 기소가 있는 경우에는 면소판결을 해야 한다(대판 2000. 2. 11. 99도4797).

3) 대판 2010. 2. 11. 2009도12627; 2004. 9. 16. 2001도3206(전합).

4) 대판 2015. 6. 23. 2015도2207. 단순일죄 기소로부터 확정판결이 이루어진 이후라면 뒤의 포괄일죄사실은 공소사실의 추가로 해결되거나 면소판결을 해야 하는 것이 아니라 별개의 독립된 범죄로 공소를 제기해야 한다(대판 2000. 3. 10. 99도2744).

5) 대판 2003. 8. 22. 2002도5341; 2002. 7. 12. 2002도2029.

는다 [A → B → C → ABC 상습범재판 → D → ABC 재판에 대한 재심판결선고 ⇒ D 에 대한 재심판결 기판력부정].[1)]

7) 위 5)의 경우에 선행범죄에 대한 재심판결을 선고하기 전에 후행범죄에 대한 판결이 먼저 선고되어 확정되었다면 후행범죄에 대한 판결의 기판력은 선행범죄에 미치지 않는다 [A → B → C → ABC 상습범재판 → D → D 재판 → ABC 재판에 대한 재심판결선고 ⇒ ABC에 대한 D 판결의 기판력부정].[2)]

27 상습범은 실체법상 포괄일죄이다. 이를 소송법상으로도 예외없이 일죄로 생각한다면 위와 같이 요약된 판례의 태도(특히 2번)는 이해하기 어렵다. 실체법상 다수의 죄가 소송법적으로 하나의 죄로 생각되는 경우가 훨씬 더 많겠지만, 그렇다고 해서 이론적으로 '실체법상 하나의 죄 ⊂ 소송법상 하나의 죄'로 정리될 수 있는 것은 아니다. 상습범으로서 포괄일죄는 실체법적으로 하나의 죄이지만, 전법률적 · 역사적 의미에서 여러 죄로 생각할 수 있기 때문이다. 즉 실체법상 죄수와 절차법상 죄수는 원리적으로 다른 기준을 취하는 것으로 보아야 한다.[3)]

(4) 일사부재리의 시간적 · 주관적 효력범위

28 위와 같이 확정판결 전후에 걸쳐서 계속범, 상습범 등이 행해진 경우에 어느 시점을 기준으로 일사부재리효력을 따지는지에 대해 변론종결시설, 판결선고시설, 판결확정시설이 대립한다. 일사부재리효력의 시간적 한계는 사실심리가 가능한 최종시점을 표준으로 하는 것이 원칙이지만, 현행법은 변론재개를 허용하고 있기 때문에 사실심판결선고시를 기준으로 보아야 한다.[4)] 약식명령에서 사실심리가 가능한 최후시점은 약식명령의 발령시이다.[5)]

29 일사부재리효력은 기소된 피고인에 대해서만 발생한다. 한 피고인에 대한 판결효력이 다른 공동피고인에게 미치지 않는다. 피고인이 성명을 모용한 경우 판결효력은 피모용자에게 미치지 않는다. 그러나 위장출석한 피고인, 즉 부진정피고인에 대해 유죄판결이 확정되었을 때에는 그에게 기판력이 미친다.

---

1) 대판 2019. 6. 20. 2018도20698(전합). 이 판례에 따르면 이 경우 A, B, C죄에 대해서 D죄가 형법 제37조 후단 경합범(사후경합범)에 해당하지 않는다고 한다.
2) 대판 2019. 7. 25. 2016도756.
3) 대판 2004. 9. 16. 2001도3206의 별개의견 참조.
4) 대판 2000. 3. 10. 99도2744; 1982. 12. 28. 82도2500. 따라서 제1심 판결에 대해 항소가 제기된 때에는 항소심판결 선고시가 표준이 된다(대판 1993. 5. 25. 93도836).
5) 대판 1994. 8. 9. 94도1318; 1984. 7. 24. 84도1129.

제 7 장　상소와 특별절차

제 1 절　상소 일반론

[68]　상소의 의의와 요건

I. 상소의 의의

1. 개　념

상소는 확정되지 않은 재판에 대해 상급법원에 불복을 신청하는 것을 말한 1
다. 항소(제357조 이하), 상고(제371조 이하) 그리고 항고(제402조 이하)를 포함하는 개념이다. **항소**는 제1심 판결에 대한, **상고**는 제2심 판결에 대한 상소이다. **항고**는 법원의 결정에 대한 상소를 말한다. 항고에는 **일반항고**와 **특별항고**(**재항고**)가 있으며, 일반항고는 다시 **보통항고**와 **즉시항고**로 구별된다. 상소를 통해 상급법원에서 다투기 위해서는 1) 상소권을 가진 자가, 2) 상소의 이익이 있을 때에 한해, 3) 법률이 정한 기한 · 방식에 따라 상소의 의사표시를 하여야 한다.

재판결과를 통해 절차의 목적이 안정적으로 실현되어야 하나, 상소제도는 예 2
외적으로 이를 제한하고 실체적 정의에 근접한 수정이 이루어지도록 하는 데 의의를 두고 있다. 각 심급의 법원 사이에 법령해석이 다른 경우 상급법원을 통해 법령해석의 통일을 기할 수 있는 기능도 있다.

삼심으로 되어 있는 심급제도는 단지 더 상위의 법원을 향해 두 번의 상소 2–1
기회를 부여받는다는 형식만을 뜻하는 것은 아니다. 각 심급이 맡은 상호 구별되는 고유의 판단방식이 있다. 이와 같은 특징을 분명히 하는 것은, 한편으로는 소송경제와 절차의 동적 안정성을 유지하면서도, 다른 한편으로는 각기 다른 관점에 상대적으로 더 집중하게 함으로써 심급마다 서로의 특징을 보완하는 작용을 하게 하는 의미가 있다.[1)]

---

1) 대판 2019. 7. 24. 2018도17748은 예외적으로만 제1심의 증거조사의 신빙성을 항소심이 뒤집을 수 있다고 하여 서로

2. 상소심의 유형적 분류

(1) 복 심

3 원심의 심리·판결을 무효로 하고 처음부터 다시 심리하는 상소심을 복심 또는 반복심이라고 한다. 독일 항소심이 이러한 형태이다. 복심구조를 취하는 경우에 상소심 심리는 하급심과 동일하게 진행된다. 상소인은 원심판결에 대한 불복취지를 밝혀서 상소하면 되고 불복이유를 명시할 필요는 없다. 기판력의 시점은 상소심판결선고시이다. 복심은 상소심의 심리를 철저히 함으로써 정의회복과 피고인 이익보호에 기여하는 장점이 있다. 그러나 소송경제에 반할 뿐만 아니라 하급심 결과를 중시하지 아니하여 남상소(=상소권남용)를 억제하기 어렵다는 것은 단점이다.

(2) 속 심

4 속심은 하급심의 사실심 변론을 이어받아 심리하는 것처럼 진행하는 상소심 구조이다. 복심과 사후심의 절충형태로서, 우리나라 항소심은 원칙적으로 속심이다. 속심은 하급심의 피고사건을 심판대상으로 삼되, 하급심판결 후에 발생한 사실이나 새로 발견된 증거도 판단자료로 사용할 수 있다. 기판력의 시간적 범위는 상소심판결선고시를 기준으로 한다. 상소심의 판결주문은 원칙적으로 파기자판의 형식을 띤다. 속심구조는 복심구조에 비해 소송경제를 도모할 수 있는 장점이 있다. 그러나 원심의 소송자료에 대한 예단을 갖게 된다는 점에서 사안구성면에서 제한이 있다.

(3) 사 후 심

5 원심법원의 소송자료를 토대로 원심판결의 당부를 사후적으로 심사하는 상소심구조를 사후심이라고 한다. 우리나라 상고심과 미국의 항소심이 이에 속한다. 사후심의 판결주문은 원칙적으로 파기환송이다. 여기서는 원심판결 후에 발생한 사실이나 새로운 증거를 판단자료로 할 수 없으므로 상소이유가 제한되며 이유를 명시해야 한다. 사후심 기판력의 시간적 범위는 원심법원의 판결선고시점이 기준이 된다. 사후심은 신속한 재판의 이념을 실현할 수 있지만, 사실을 면밀히 재검토할 수 없기 때문에 원심의 결함을 그대로 이어받을 우려가 있다.

구별되는 심급간의 특징을 명확히 하고 있다.

II. 상 소 권

상소권은 상소할 수 있는 소송법상 권리를 말한다. 상소권은 재판의 선고 또는 고지에 의해 발생하고, 상소기간이 경과하거나 제기한 상소를 재판 전에 취하함으로써 소멸한다. 6

1. 상소권자

검사와 피고인은 소송주체로서 당연히 상소권을 가진다(제338조 ①항). 검사는 공익의 대표자로서 피고인의 이익을 위해서 상소할 수 있다. 피고인의 법정대리인 그리고 피고인의 배우자 · 직계친족 · 형제자매 또는 원심의 대리인이나 변호인은 피고인을 위하여 상소할 수 있으나(제341조 ①항), 피고인의 명시한 의사에 반하여 상소하지는 못한다(같은 조 ②항). 법정대리인의 상소권은 고유권으로 보아야 하고, 피고인의 상소권이 소멸한 경우에도 법정대리인은 상소할 수 있다. 변호인의 상소권은 독립대리권이며, 피고인의 상소권이 소멸하였다면 변호인도 상소할 수 없다.[1] 7

2. 상소권의 회복

(1) 의의와 요건

상소권회복은 상소권자의 귀책사유 없이 상소기간이 경과하여 소멸된 상소권을 법원의 결정으로 회복시키는 것을 말한다(제345조). 예외적으로 절차의 안정성과 소송경제보다 상소권자의 구체적 권리를 재고하는 데 제도의 취지가 있다. 8

상소권자의 **책임질 수 없는 사유**는 상소를 제기하지 않은 데 상소권자의 고의 · 과실이 없는 때를 말한다. 피고인의 주소가 잘못 기재되어 공시송달절차에 의해 판결이 선고됨으로써 피고인이 판결사실을 알지 못한 경우,[2] 위법한 공시송달 때문에 피고인 없이 판결이 선고됨으로써 상소제기기간을 놓친 경우,[3] 교도소장이 결정정본을 송달받고 1주일이 지난 뒤에 피고인에게 알린 경우 등이다.[4] 반면에 피고인의 질병 입원,[5] 공동피고인의 기망에 의하여 상소권을 포기 9

---

1) 대판 1998. 3. 27. 98도253; 1992. 4. 14. 92감도10; 대결 1986. 7. 12. 86모24.
2) 대결 1973. 10. 20. 73모68.
3) 대결 2014. 10. 16. 2014모1557.
4) 대결 1991. 5. 6. 91모32.
5) 대결 1986. 9. 17. 86모46.

한 때,[1] 교도소 담당직원이 상소권회복청구를 할 수 없다고 하면서 규칙 제177조에 따른 편의를 제공해주지 않은 경우,[2] 법정이 소란하여 판결주문을 알아들을 수 없어 항소기한을 모르게 된 경우[3] 등에는 상소권회복사유를 인정할 수 없다.

(2) 절 차

10 상소권회복청구권자는 상소권자와 그의 대리인이다(제345조). 상소권회복청구는 사유가 해소된 날로부터 상소제기기간에 해당하는 기간 안에 서면을 원심법원에 제출하는 방법으로 한다. 이때는 책임질 수 없는 원인사유를 소명하여 상소권회복의 청구와 동시에 상소를 제기하여야 한다(제346조). 교도소나 구치소에 있는 피고인은 신청서면을 교도소장 또는 구치소장 등에게 제출해도 된다(제355, 344조). 상소권회복의 청구가 있는 때에는 법원은 지체없이 상대방에게 그 사유를 통지하여야 한다(제356조). 청구를 받은 법원은 그 허용 여부에 대한 결정을 해야 하고, 이 결정에 대해서는 즉시항고를 할 수 있다(제347조). 상소권회복청구를 한 자는 그 결정이 있을 때까지 청구를 취하할 수 있다. 상소권회복청구를 인용하는 결정이 확정되면 상소제기가 유효하게 되고 먼저 발생했던 재판의 확정력은 소멸한다.

III. 상소의 이익

1. 의 의

11 상소를 위해서는 원심재판으로 인하여 법적으로 보호할만한 이익에 대한 침해가 있어야 하는데, 이것을 상소의 이익 또는 상소의 필요성이라고 한다. 상소이익은 상소의 일반적 적법요건으로서, 상소의 이익 없는 상소는 허용되지 않는다. 이는 상소권자에게 상소를 제기해야 할 실질적 이익 존부의 문제이며, 원심재판에 사실인정, 법령적용, 양형 등의 잘못이 있는가에 대한 **상소이유**와 다르다.

2. 상소이익의 판단기준

(1) 피고인의 상소이익

12 피고인은 재판이 자신에게 불리한 경우에만 상소를 제기할 수 있다.[4] 이러

---

1) 대결 2004. 1. 13. 2003모451; 2002. 7. 23. 2002모180; 1984. 7. 11. 84모40.
2) 대결 1986. 9. 27. 86모47.
3) 대결 1987. 4. 8. 87모19.
4) 대판 1994. 8. 12. 94도1591.

한 법적 이익의 침해 여부는 판결주문을 토대로 판단한다. 여기서 상소의 이익을 비교 평가하는 기준에 대해서는, 피고인의 주관적 측면을 기준으로 판단하는 **주관설**, 사회통념을 기준으로 하는 **사회통념설**이 있으나, 법익의 객관적 중요성을 기준으로 하는 **객관설**이 통설이다.[1]

(2) 검사의 상소이익

검사는 정의를 실현해야 할 객관의무가 있기 때문에, 피고인의 이익 여부와 상관없이 재판이 공정하게 이루어지지 않은 경우에 상소의 이익을 갖는다. 이러한 의미의 상소의 이익을 판단하기 위해서는 판결주문과 함께 판결이유를 고려하여야 한다. 13

피고인에게 불리한 상소를 검사가 제기하는 것은 물론이며, 무죄판결뿐 아니라 유죄판결에 대해서도 중한 죄나 중한 형을 구하는 상소를 제기할 수 있다. 검사의 상소의 이익이 피고인과 대립되는 당사자지위에서 비롯된다는 견해가 있다. 그러나 이는 국가형벌권을 객관적으로 실현해야 하는 검사의 형벌의무에 근거가 있다고 보아야 한다. 따라서 **피고인의 이익을 위한 상소**도 검사가 제기할 수 있으며, 양자가 서로 다른 근거 위에 놓여 있지 않다. 14

3. 상소이익의 구체적 내용

(1) 유죄판결에 대한 상소

유죄판결은 피고인에게 가장 불리한 재판이므로 무죄를 주장하거나 가벼운 형의 선고를 구하는 데 당연히 상소의 이익이 있다. 더 중한 형의 선고를 요구하는 상소의 이익은 인정할 수 없다. 포괄일죄를 경합범이라고 주장하는 경우처럼 원칙적으로 유·불리를 따지기 어려운 경우에는 구체적 사안에 따라 판단한다. 유죄판결 중에 형면제의 판결 및 형의 선고유예판결을 받은 피고인은 무죄를 주장하여 상소할 수 있다. 15

피고인 소유물이 몰수되면 피고인은 그에 대한 상소의 이익을 갖는다. 제3자 소유물에 대한 몰수가 피고인의 유죄판결에 부가형으로 선고된 경우에도 마찬가지이다. 제3자의 소유물에 대한 몰수재판으로 피고인의 사용·수익·처분이 곤란 16

1) 백형구(강의) 810; 손동권/신이철 732; 신동운 1548; 신양균 984; 이재상/조균석 49/24; 정영석/이형국 466; 차용석/최용성 771.

해지거나, 그 제3자로부터 배상청구를 받을 수도 있기 때문이다.

(2) 무죄판결에 대한 상소

17 피고인은 무죄판결에 대해 상소의 이익이 없다. 다만 무죄판결의 '이유'에 불복하여 상소할 수 있는가에 대해서는 견해가 나뉜다. **부정설**은 무죄판결은 피고인의 법익의 박탈이 없고, 상소는 판결이유가 아니라 판결주문에 대해 허용되며 이를 인정하면 소송경제에도 반한다고 한다.[1] **제한적 긍정설**은 심신상실을 이유로 무죄판결을 선고하여 '치료감호'가 부과된 경우에는 제한적으로 상소의 이익을 인정할 수 있다는 견해이다.[2]

18 무죄판결이 '실제로 죄가 없다'는 확인이 아니듯이(2/8), 무죄판결의 이유도 실질적인 상황을 확정하는 것이 아니다. 판결이유로부터 피고인의 평판에 영향이 있을 수 있지만, 그렇다고 해서 상소의 이익을 인정해야 하는 것은 아니다[부정설].

(3) 공소기각·관할위반 및 면소재판에 대한 상소

19 공소기각, 관할위반, 면소판결 등 형식재판에 대해 피고인이 무죄를 주장하여 상소할 수 있는지 문제된다. **긍정설**은 형식재판보다 무죄의 실체판결을 받는 것이 기판력의 확보라는 점에서 유리하고, 형사보상도 받을 수 있는 법률상의 이익이 있음을 근거로 한다.[3] 부정설 가운데 **실체재판청구권결여설**은 소송조건이 흠결된 때라면 상소법원도 실체판결을 할 수 없기 때문에 상소의 이익을 논할 여지가 없다고 하며,[4] **상소이익결여설**은 형식재판에 의해서도 피고인이 형사절차로부터 조속히 해방되었고, 무죄추정원리에 따를 때 형식재판과 무죄판결이 차이가 없으므로 상소의 이익이 없다고 한다.[5] 상소의 이익을 배제하는 소극적 근거의 특징상 부정설의 두 가지 근거 모두 타당하다[부정설]. 판례는 공소기각판결에 대해서는 유죄판결의 위험이 없다는 이유로,[6] 면소판결에 대해서는 피고인에게 실체판결청구권이 없다는 이유로[7] 각각 무죄를 구하는 상소를 인정하지 않는다. 예외적으로 법령의 변경으로 면소판결을 받은 때에 무죄판결을 구하는 상소가 가능

---

1) 대판 1998. 11. 10. 98두11915. 백형구 871; 신양균 987; 이재상/조균석 49/29; 임동규 740; 정영석/이형국 467.
2) 신동운 1550.
3) 송광섭 773; 신현주 738.
4) 백형구(강의) 813.
5) 김재환 918; 신동운 1552; 이재상/조균석 49/34; 이창현 1153; 임동규 741; 정영석/이형국 467.
6) 대판 1997. 8. 22. 97도1211; 1988. 11. 8. 85도1675; 1983. 5. 10. 83도632.
7) 대판 1996. 6. 25. 96도1009; 1986. 12. 9. 86도1976; 1964. 4. 7. 64도57.

하다고 한 경우가 있는데,[1] 간통죄 위헌결정으로 면소판결을 받은 때에는 이에 대한 상고가 불가능하다고 하였다.[2]

(4) 항소기각판결에 대한 상고

항소기각판결에 대해서는 항소인에게 상고제기의 이익이 인정된다. 다만 제1심 유죄판결에 대해 피고인이 항소를 포기하고, 검사만 양형부당을 이유로 항소하여 기각된 경우에는 피고인에게 상고의 이익이 없다.[3] 이러한 결론은 제1심에서 피고인이 방어권을 제대로 행사할 수 있었던 경우에 국한된다. 피고인이 제1심 및 항소심의 소송절차에서 배제되어 방어권을 전혀 행사할 수 없었던 경우에는 상고의 이익이 있다.[4] 20

4. 상소의 이익이 없는 경우의 재판

무죄 · 면소판결 · 공소기각 등에 대해 피고인이 상소한 때와 같이 상소의 이익 없음이 분명한 경우에, 원심법원은 상소제기가 법령의 방식에 위배되었다거나(제360, 376조, 제407조 ①항 전단), 상소권소멸을 이유로(같은 항 후단) 상소기각결정을 내려야 한다. 원심법원이 이러한 결정을 하지 않을 때에는 상소법원이 기각결정을 하여야 한다(제362, 381, 413조). 21

상소의 이익이 없다는 사실이 상소이유를 검토하는 과정에서 비로소 나타날 수 있는 경우에는, 상소이유의 실질적 검토를 행하여 '상소의 이유 없음' 판결, 즉 상소기각판결을 한다(제364조 ④항, 제399조, 제414조 ①항). 이 상소기각판결은 상급심에서 변론 없이 행하는 판결형식이다(제364조 ⑤항). 22

IV. 상소제기의 절차

1. 상소의 제기

상소제기는 상소제기기간 안에 상소장을 원심법원에 제출함으로써 이루어진다(제343조 ①항, 제359, 375, 406조). 교도소나 구치소에 있는 피고인은 기간 내에 23

1) 대판 2019. 1. 31. 2018도6185; 2010. 12. 16. 2010도5986.
2) 대판 2019. 12. 24. 2019도15167.
3) 대판 1991. 3. 27. 90도2978; 1990. 1. 25. 89도2166.
4) 대판 2003. 11. 14. 2003도4983.

교도소장이나 구치소장에게 상소장을 제출하면 상소한 것으로 간주된다(제344조 ①항). 이를 **상소제기기간의 재소자특칙**이라고 한다. 재소자특칙은 정식재판서 제출,[1] 상소이유서 제출[2]에도 준용되지만, 재정신청 기각결정에 대한 재항고나, 그 재항고 기각결정에 대한 즉시항고로서의 재항고에는 적용되지 않는다.[3] 상소제기가 있으면 법원은 지체없이 그 사유를 상대방에게 통지하여야 한다(제356조).

2. 상소제기의 효과

24 상소제기에 의해 재판의 확정과 그 집행은 정지되고, 소송계속은 원심에서 상소심으로 옮겨진다. 이와 같은 '이심移審'의 효력이 발생하는 시점에 대해서는 견해가 나뉘어 있다.

25 **소송기록송부기준설**은 이심효력을 상소장·증거물·소송기록이 원심법원으로부터 상소법원에 송부된 때 발생한다고 한다.[4] 상소기각사유를 검토하여 원심법원이 상소기각결정을 내린다는 점과, 소송기록이 상소법원에 도달할 때까지는 피고인구속, 구속취소, 보석 등에 대한 결정을 소송기록이 있는 원심법원에서 내려야 한다는 점을 근거로 든다.

26 **상소제기기준설**은 이심의 효력이 원심법원에 상소장을 제출하여 상소를 제기하는 때 발생한다고 본다.[5] 이심효력이 상소제기의 효과라고 한다면 상소제기시에 효력이 발생하는 것으로 보는 것이 원칙이고, 소송계속의 이전이라는 중요한 계기를 기록도달이라는 사정에 의존하게 할 수는 없기에 이 견해가 타당하다[상소제기기준설]. 상소기각결정 및 구속영장발부 등을 원심법원이 하는 것은 상소법원의 권한을 대행하는 것으로 이해하면 될 것이다.

3. 상소의 포기·취하

(1) 의의와 주체

27 **상소의 포기**는 상소권자가 상소제기기간 안에 상소권 행사를 포기한다는 적

1) 대결 2006. 10. 13. 2005모552.
2) 대판 2006. 3. 24. 2004도4835; 2006. 3. 16. 2005도9729(전합).
3) 대결 2015. 7. 16. 2013모2347(전합).
4) 백형구(강의) 821; 송광섭 477; 신양균 991; 이재상/조균석 49/39; 임동규 744; 정영석/이형국 469. 소송기록이 항소심법원에 도달하기 전에 제1심법원이 구속영장을 발부한 것이 적법하다고 본 대결 2007. 7. 10. 2007모460 참조.
5) 대결 1985. 7. 23. 85모12; 김재환 927; 신동운 1536; 이창현 1158.

극적인 의사표시이다. 이로서 상소제기기간이 경과하기 전에 상소권이 소멸하고 재판이 확정되며 곧바로 형집행이 이루어진다. **상소의 취하**는 일단 제기한 상소의 철회를 의미한다. 고유의 상소권자는 상소를 포기 또는 취하할 수 있다(제349조). 다만 피고인 또는 상소권의 대리행사자는 사형, 무기징역이나 무기금고가 선고된 판결에 대해 상소의 포기를 할 수 없다(같은 조 단서). 법정대리인이 있는 경우에 피고인은 법정대리인의 동의를 얻어야 상소를 포기 · 취하할 수 있다(제350조).[1] 피고인 상소권의 대리행사자는 피고인의 명시적 동의를 얻어 상소를 취하할 수 있다(제351조). 이때 변호인의 상소취하에 대한 피고인의 동의는 명시적으로 이루어져야 한다.[2] 피고인이 상소를 포기 · 취하하면 변호인은 상소하지 못한다.[3]

(2) 절차와 효력

상소포기는 상소제기기간 안에 언제나 할 수 있고, 상소취하는 상소심의 종국판결 전까지 가능하다. 상소의 포기 · 취하는 서면으로 해야 하나, 공판정에서는 구술로써 할 수 있으며, 이 경우에는 그 사유를 조서에 기재하여야 한다(제352조). 상소포기는 원심법원에, 상소취하는 상소법원에 하는 것이지만, 소송기록이 상소법원에 송부되지 않은 때에는 상소취하도 원심법원에 할 수 있다(제353조). 28

상소포기나 취하가 있으면 상소권은 소멸한다. 상소취하의 효력은 상소취하서의 접수시에 발생한다. 일단 포기 · 취하한 사건에 대해서는 재상소가 금지된다(제354조). 다만 항소를 포기 · 취하하였으나 상대방이 항소를 제기한 경우, 항소를 포기 · 취하한 자가 항소심 판결에 대해 상고하는 것은 허용된다. 상소의 포기 · 취하에 의한 상소권의 소멸은 해당 심급에 국한되기 때문이다. 29

V. 파기판결의 기속력

1. 의 의

상소심에서 원판결을 파기환송 또는 이송한 경우, 상급심 판단이 그 사건에 관하여 환송 또는 이송받은 하급심을 구속하는 효력을 파기판결의 기속력 또는 30

1) 대판 1983. 9. 13. 83도1774.
2) 대판 2015. 9. 10. 2015도7821.
3) 대결 1992. 4. 14. 92감도10; 대판 1974. 4. 23. 74도762.

구속력이라고 한다(법조법 제8조). 이러한 강제를 인정하여 하급심이 상급심의 판단을 존중할 것을 전제로 해야만, 그 하급심 재판에 대해 또다시 상소하지 않도록 할 수 있다. 파기판결의 성질에 대해서는 견해가 나뉜다.

31 **중간재판설**은 파기판결을 일종의 중간재판으로 보고, 이후 하급심 심리를 환송판결을 한 상급심절차의 속행으로 본다. 그러나 파기환송판결은 원심에 대해 새로운 심리를 명하는 종국판결이기에 환송 후 절차를 상급심의 속행이라 볼 수는 없다. **확정력설**은 파기판결의 기속력을 확정판결의 기판력으로 보는 견해이다. 이에 의하면 하급심은 물론 파기판결을 한 상급심 법원도 파기판결에 구속된다. 그러나 파기판결의 기속력은 법률관계뿐만 아니라 사실관계에 대한 판단에도 영향을 미친다는 점에서 기판력과 다르고, 기판력은 동일사건에 대한 후소금지임에 반해, 파기판결의 기속력은 동일소송내의 심급간 효력이라는 점에서 구별된다. **특수효력설**은 파기판결의 기속력을 심급제도의 합리적 유지를 위한 특별한 효력으로 바라보는 시각으로서 타당한 견해이다.[1]

2. 기속력이 미치는 법원

32 해당 사건을 심리하였던 하급심은 파기판결에 기속된다. 상고법원이 제2심 판결을 파기하여 제1심에 환송하고, 제1심 법원이 환송된 사건을 재판하였으나 이에 불복하여 다시 항소한 경우라면, 항소법원은 그 사건에 관하여 상고법원의 하급심이므로 그 파기판결에 기속된다. 파기판결은 하급심법원뿐만 아니라 파기판결한 법원 자신도 기속한다. 하급심을 거쳐 다시 상급심으로 불복되고 그 이후 상급심에서 다른 판단을 할 수 있게 하면 파기판결의 기속력을 인정한 취지가 무의미해지기 때문이다.[2] 물론 대법원 전원합의체가 종전 법원의 견해를 변경하는 경우는 예외에 해당한다.[3]

3. 기속력이 미치는 판단

33 상급법원의 법률해석은 그 사건에 관해 하급심을 기속한다. 그리고 원칙적으로는 법률판단뿐 아니라 사실판단에도 이러한 기속력이 작용한다.[4] 그러나 사실

1) 백형구(강의) 851; 신동운 1585; 신양균 1016; 임동규 770; 정영석/이형국 480.
2) 대판 1987. 8. 18. 87누64; 1985. 7. 9. 85도263; 1983. 4. 18. 83도383; 1983. 2. 8. 82도2672.
3) 대판 2001. 3. 15. 98두15597(전합).
4) 대판 2018. 4. 19. 2017도14322(전합); 2009. 4. 9. 2008도10572; 1996. 12. 10. 95도830; 1987. 4. 28. 87도294.

판단에 완전히 기속된다고 하면 파기재판을 하여 추가적인 하급심 재판을 하게 하는 의의가 없어질 것이다. 사실판단은 원칙적으로 개별 법관의 자유심증에 따르는 것이기 때문에 사실인정에서도 기속력을 인정하되, 규범적용에 결정적 원인이 된 사실판단에만 기속력이 미치는 것으로 보아야 한다.

기속력이 파기의 직접적 이유가 된 소극적·부정적 판단이 아닌, 적극적·긍 34
정적 판단에도 미치는지 문제된다. 예를 들어 상고심이 항소심 판단을 받아들인 내용도 파기재판 후 하급심을 기속하는가의 문제이다. **긍정설**은 사실판단에서 부정적 판단과 긍정적 판단은 일체이므로 직접적 파기이유와 불가분의 관계에 있거나 필연적·논리적 전제관계에 있는 긍정적 사유에도 기속력이 있다고 한다.[1] 반면에 **부정설**은 상고심은 원칙적으로 사후심이며, 파기자판의 경우에 소송기록과 하급심법원이 조사한 증거만을 기초로 삼는다는 점에서, 상고법원의 파기판결은 소극적·부정적 판단부분에 대해서만 기속력이 있다고 본다.[2] 하급심법원에 자유심증의 재량을 어느정도 인정해야 한다는 점에서 부정설이 타당하다.

4. 기속력의 배제

사실관계의 변동이 환송 후에 새로운 사실과 증거에 의해 드러나면 파기판결 35
의 기속력은 깨진다. 따라서 환송 후 새로운 증거를 통해 파기 전의 판단을 그대로 유지한 경우에는 기속력에 반하지 않는다.[3] 이는 증거관계의 실질적 변화가 있는 경우에 한한다. 종전 증거를 다시 한번 확인하는 정도로는 기속력을 배제할 수 없다.[4] **법령의 변경**이 있어 법적 평가에 영향이 있을 때에도 기속력이 배제된다.[5] 그러나 **판례의 변경**은 개별 사안에 대한 평가결과가 달라진 것이며, 판례가 재판의 근거로 쓰이는 것은 부수적 역할일 뿐이므로 판례변경이 기속력을 배제하는 것은 아니다.[6]

---

1) 손동권/신이철 768; 이재상/조균석 49/92.
2) 대판 2018. 4. 19. 2017도14322(전합); 2004. 4. 9. 2004도340; 백형구(강의) 852; 송광섭 488; 신동운 1588; 신양균 1017; 임동규 771; 정영석/이형국 482.
3) 대판 2004. 4. 9. 2004도340; 2003. 2. 26. 2001도1314; 1990. 3. 13. 89도2360; 1984. 9. 11. 84도1379; 1983. 12. 13. 83도2613.
4) 대판 2009. 4. 9. 2008도10572.
5) 대판 1981. 4. 14. 80도3089.
6) 대판 1978. 1. 31. 77도3605.

[69] 일부상소

I. 의 의

1 재판의 일부에 대한 상소 및 일부에 대한 상소의 포기와 취하도 가능하다(제342조 ①항). 이러한 일부상소는 상소심의 심판대상을 상소권자의 의사에 따라 재판의 일부로 축소시키고, 상소되지 않은 부분은 확정하게 함으로써 소송경제를 도모하는 제도이다. 여기서 재판의 일부란 재판의 객관적 범위의 일부를 의미한다. 주관적 범위, 즉 공동피고인 중 일부가 상소되는 경우는 일부상소라고 말하지 않는다.

2 원칙적으로 재판의 일부에 대한 상소는 그 일부와 불가분의 관계가 있는 부분에 대해서도 그 효력이 미치는데(같은 조 ②항), 이를 **상소불가분원칙**이라고 한다. 여기서 상소가 제기된 일부와 불가분의 관계가 있다는 것은 주로 실체법상 일죄인 경우이다. 그러므로 일부만 상소되는 효과를 가져오는 좁은 의미의 일부상소는 주로 수죄가 경합되어 심리된 때를 전제로 한다. 이 점에서 하나의 사건에서 상소범위를 제한하는 '상소이유서에 의한 심판대상의 제한'(제364조 ①항, 제384조)과 구별된다. 후자는 당사자가 불복하지 않은 재판부분도 상소법원에서 심리대상이 되지만, 단지 상소심의 편의를 위해 상소인이 불복하는 부분에 대해서만 심판하도록 제한하는 것이다.

II. 일부상소의 허용범위와 방식

1. 일부상소가 허용되는 경우

3 일부상소는 원심재판이 분할되는 것을 전제하기에, 원심법원이 재판대상으로 삼은 대상이 나눌 수 있는 것이어야 한다. 경합범으로 기소되었거나 병합심리로 재판이 이루어진 때 일부상소가 가능하고, 사건의 동일성 범위 안에 있는 절차상 하나의 죄 안에서도 분할가능한 경우가 있다. 판결주문이 분할가능한지도 고려된다.

4 분할이 가능한 소송대상의 예는 1) 일부는 유죄, 다른 일부는 무죄 · 면소 · 공소기각 · 관할위반 또는 형면제의 판결이 선고된 경우, 2) 일부 징역형, 일부 벌금형이 선고된 경우와 같이 주문에서 2개 이상의 다른 형이 병과된 경우, 3) 수

개의 공소사실이 확정판결 전후에 범한 죄이기 때문에 수개의 형이 선고된 경우, 4) 경합범관계에 있는 범죄사실전부에 대하여 무죄가 선고된 경우 등이다.

2. 일부상소가 허용되지 않는 경우

5 실체형법상 단순일죄,[1] 과형상의 일죄[2] 등의 일부에 대한 상소는 허용되지 않는다. 이처럼 나눌 수 없는 재판대상은 일부만 상소한다고 해도 그 전부에 대해 상소효력이 미친다(제342조 ②항) [**상소불가분원칙**]. 포괄일죄의 경우 가분성은 피고인에게 유리하게 편향적으로 적용된다.

6 1) 포괄일죄 일부에 대해 유죄가 선고되었는데, 검사만 무죄부분에 대해 상고한 경우라면 유죄부분도 상고심에 이심되어 함께 상고심의 심판대상이 된다.[3] 2) 그러나 피고인만 유죄부분에 대해 상고한 경우, 무죄부분도 상고심에 이심되기는 하지만 무죄부분은 사실상 심판대상에서 제외되고 상고심은 그 무죄부분을 판단할 수 없다.[4] 상고심이 유죄부분을 원심법원에 파기환송한 경우, 그 원심법원도 무죄부분에 대해서는 심판할 수 없다.

7 주위적·예비적 공소사실의 일부에 대한 상소제기 효력은 나머지 공소사실부분에 대하여도 미친다. 하나의 사실에 대해 양립할 수 없는 법조를 적용하게끔 주위적·예비적으로 기소하여 예비적 공소사실만 유죄로 인정된 때에도 그 인정부분에 대해 피고인만 상소하였다면, 주위적 공소사실까지 함께 상소심 심판대상에 포함된다.[5] 택일적 기재에는 이 원리가 적용되지 않는다.

8 1개의 형이 선고된 경합범(형법 제37조, 제38조 ①항)의 일부상소는 허용되지 않는다. 경합범 판단에서 이미 여러 사실이 한꺼번에 고려되어 하나의 전체형이 선고된 것일 뿐만 아니라, 판결주문을 분할할 수도 없기 때문이다.[6] 주형과 일체가 된 부가형으로서 집행유예, 미결구금산입, 환형처분 등에 대해서만 일부상소를 할 수 없다. 압수물의 환부나 추징,[7] 소송비용부담재판도 마찬가지이다.

---

1) 대판 2001. 2. 9. 2000도5000; 1990. 1. 25. 89도478; 1989. 4. 11. 86도1629; 1975. 9. 30. 74도2732.
2) 대판 2003. 5. 30. 2003도1256.
3) 대판 2008. 12. 11. 2008도8922.
4) 대판 1991. 3. 12. 90도2820.
5) 대판 2006. 5. 25. 2006도1146.
6) 대판 2022. 1. 13. 2021도13108.
7) 대판 2008. 11. 20. 2008도5596(전합); 1984. 12. 11. 84도1502.

3. 일부상소의 방식

9 일부상소를 하려면 상소장에 일부상소를 한다는 취지를 명시하고 불복부분을 특정하여야 한다. 일부상소 여부를 확인하는 데 상소이유를 참고할 필요는 없다. 불복부분을 특정하지 않은 상소는 원칙적으로 전부상소한 것으로 간주된다. 판례도 상소장기재가 불분명하고 상소이유서에서 상소장에 기재하지 않은 부분에 대해서도 상소이유를 명시한 때에는 전부상소로 본다.[1] 예외적으로 일부상소의 취지나 불복부분이 명시되지 않더라도 판결주문의 구성에 의해 일부상소가 명백한 경우에는 일부상소가 인정될 수 있다. 즉 일부무죄, 일부유죄의 판결에 대한 일부상소가 있으면 피고인은 유죄부분에 대해, 검사는 무죄부분에 대해 상소한 것으로 해석하는 것이 옳다. 검사가 불복의 범위란에 기재를 하지 않고 판결주문란에 유죄부분의 형만을 기재한 항소장을 제출하였으나, 항소이유서에 무죄부분에 대하여도 항소이유를 개진하였다면 판결전부에 대한 항소로 보아야 한다.[2]

III. 일부상소의 심판범위

10 일부상소에서 상소심의 심판범위는 상소제기된 부분에만 미치고, 상소제기되지 않은 부분의 재판은 확정되는 것이 원칙이다. 상고심의 파기환송에 의해 사건을 환송받은 법원도 이미 확정된 부분을 심판할 수 없다. 그러나 다음과 같은 경우에는 견해가 나뉜다.

1. 경합범 중 무죄부분에 대해서 검사만 상고한 경우

11 경합범 중 일부에 대해 무죄를 선고한 항소심 판결에 '검사만 무죄부분을 상고한 경우', 상고심에서 원심판결을 파기하고자 할 때 상소된 무죄부분만 파기하여야 하는가 아니면 재판이 확정된 유죄판결 부분까지 전부파기하여야 하는가에 대한 물음이 있다.

(1) 일부파기설

12 일부상소의 심판범위에 대한 원칙에 따라, 상소가 제기되지 않은 항소심의

1) 대판 2014. 3. 27. 2014도342; 2004. 12. 10. 2004도3515.

2) 대판 1991. 11. 26. 91도1937.

유죄판결부분은 재판이 확정된 것이므로 상고심에서는 무죄부분만 파기할 수밖에 없다는 견해이다. 일부상소의 본질과 소송경제, 절차의 안정성을 중요시하는 태도로서 판례와 다수설 입장이다.[1)]

(2) 전부파기설

경합범의 일부만 상소된 경우에도 경합범 전체에 상소제기효력이 미친다고 보는 견해이다. 이에 따르면 상소된 무죄부분을 심리하여 그것이 유죄로 확정되는 때 원심판결을 전부파기해야 한다. 1) 피고인은 이미 확정된 유죄판결에 더하여, 파기환송된 것으로부터 다시 추가로 유죄판결을 받게 되는 불이익이 생기며, 2) 이러한 불이익을 받지 않기 위해서, 무죄부분에 대한 검사의 상소로 무죄부분이 파기될 경우에 대비하여 피고인도 유죄부분에 굳이 승복하지 말고 검사와 함께 상소하라고 하는 것은 불합리하고, 3) 이는 필요 없는 상소를 남발할 가능성을 야기하기 때문이라는 것이다.[2)] 13

(3) 결론 : 일부파기설

일부상소의 원칙적 법리에 따라 일부만 파기하는 것이 타당하다. 그 결과 피고인은 양형에서 소위 '동시심판의 이익'을 누리지 못하는 불이익이 있을 수 있다. 이는 전부를 한꺼번에 유죄판결받는 것보다 일부를 유죄판결받은 후, 다시 다른 일부의 유죄판결을 추가함으로써 비롯되는 불이익을 말한다. 그러나 이는 규범해석 문제가 아니라 사실상 있을 수 있는 불이익에 그치는 것이며, 형법 제39조 ①항 및 불이익변경금지원칙의 의미를 고려하여 실제로 그러한 불이익을 최소화하는 것이 타당하다.[3)] 14

2. 죄수판단의 변경

원심이 경합범 가운데 하나(A)는 무죄, 다른 하나(B)는 유죄를 선고하였고, 당사자 일방만 상소를 제기하였는데, 상소심 심리 결과 두 범죄사실이 (포괄)일죄 또는 과형상 일죄에 해당하는 것으로 관점이 달라질 경우, 상소법원이 상소불가 15

---

1) 대판 2010. 11. 25. 2010도10985; 2000. 2. 11. 99도4840; 1992. 1. 21. 91도1402(전합); 손동권/신이철 749; 신동운 1563; 이재상/조균석 49/57.

2) 대판 1992. 1. 21. 91도1402(전합)의 반대의견. 예전 판례인 대판 1988. 11. 8. 85도1675.

3) 집행유예 기간 중 유죄선고에 의해 유예효력이 상실되는 예전의 문제도 형법 제63조의 개정에 의해 더 이상 문제되지 않게 되었다.

분원칙에 따라 상소되지 않은 부분에 대해서도 심판할 수 있는지 문제된다.

(1) 면소판결설

16 상소심에서 일죄로 보고자 하는데 그 일부분이 하급심에서 이미 확정된 때이므로 상소심은 전체에 대해 면소판결을 해야 한다는 견해가 있다. 특히 무죄판결을 받은 사실(A)에 중점을 두어 일사부재리원칙을 관철하려 하는 것으로서 피고인에게 유리한 시각이다. 그러나 이에 따르면 일부상소에서 일죄로 죄수판단이 달라지는 모든 경우에 무조건 면소판결을 해야 한다는 뜻이 되며, 죄수평가를 달리하는 의의가 없어지게 된다. 상소를 제기하는 것은 확정되지 않은 부분에 기판력이 있지 않음을 전제하는 것이므로 논리적으로도 결함이 있다.

(2) 전부심판설

17 포괄일죄 안에 포함되는 A, B 두 사실 모두 함께 상소심의 소송계속에 속한다는 견해는 상소불가분원칙을 근거로 한다.[1] 이 견해는 당사자에 의해 이미 확정된 사실 부분에 대해 절차의 안정적 실현을 가능하게 해야 하는데, 이를 간과하게 되고 그에 따라 불이익변경금지원칙도 제한될 수 있는 단점이 있다.

(3) 분리확정설(이원설)

18 피고인이 유죄부분을 상소한 경우 무죄사실(A)은 확정된 것으로 보아 유죄부분(B)과 분할되며, 유죄부분(B)만 상소심으로 이심되어 심판대상이 된다는 견해가 있다. 검사가 무죄부분을 상소한 경우 전부 심판대상이 되는 것으로 보아, 두 경우를 서로 다르게 보고자 하는 점에서 이원설이라고도 한다.[2] 상소심에서 죄수평가가 일죄로 바뀐다고 해서 원칙적으로 일부상소의 법리가 달라질 수 없다는 점에서 이 견해가 타당하다.[3]

---

1) 대판 1980. 12. 9. 80도384(전합); 1995. 6. 13. 94도3250: 원심이 두개의 죄를 경합범으로 보고 한 죄는 유죄, 다른 한죄는 무죄를 각 선고하자 검사가 무죄부분만에 대하여 불복상고 하였다고 하더라도 위 두죄가 상상적 경합관계에 있다면 유죄부분도 상고심의 심판대상이 된다.

2) 백형구 588; 신양균 1004; 이재상/조균석 49/59; 임동규 753; 정영석/이형국 472; 차용석/최용성 779. 바로 위의 판례는 검사만 상고한 때의 예이며, 피고인만 상고한 때에도 전부심판대상으로 삼는지는 확인하지 않았다.

3) 그러나 피고인만 유죄부분을 상소한 경우에 포괄일죄인 상습범으로 관점이 달라지는 경우에는 불이익변경금지원칙이 유지된다고 볼 수 없다.

[70] 불이익변경금지의 원칙

I. 의 의

불이익변경금지원칙은 피고인이 상소한 사건이나 피고인을 위하여 상소한 사건에 대해서 상소심이 원심판결의 형보다 무거운 형을 선고할 수 없다는 원칙이다(제368조, 제396조 ②항). 불이익변경금지원칙의 의의에 대해, 상소심 심리를 당사자의 불복신청 범위로 제한하는 당사자주의적 제도로 보는 견해, 검사의 상소가 없는 이상 피고인의 이익 한도 안에서 상대적 확정력을 보장하는 것이라는 견해가 있다. 그러나 피고인의 기본권인 상소권을 실질적으로 보장하는 적법절차원리로서 상소권 보장의 구체적·정책적 역할을 담당한다는 견해가 일반적이다.[1] 일반인인 피고인으로서는 불이익변경금지가 보장되지 않으면 상소권을 행사하는 것이 매우 어렵기 때문이다. 1

II. 불이익변경금지원칙의 적용범위

1. 피고인이 상소한 사건

불이익변경금지원칙은 피고인이 상소한 사건에 대해 적용된다(제368조, 제369조 ②항). 검사만 상소한 사건이나 검사와 피고인 쌍방이 상소한 사건에 대해서는 적용되지 않는다.[2] 이 경우에도 피고인에게 이익되는 판결을 할 수 있는 것은 물론이다. 검사와 피고인이 모두 상소했더라도 검사의 항소가 결정 또는 판결로 기각된 때에는 피고인만 상소한 경우와 마찬가지로 불이익변경금지원칙이 적용된다.[3] 2

2. 피고인을 위하여 상소한 사건

불이익변경금지원칙은 피고인 이외 상소권자(제340, 341조)가 피고인을 위하여 상소한 사건에도 적용된다. 검사가 피고인의 이익을 위하여 상소한 경우에도 3

---

1) 대판 2007. 7. 13. 2007도3448; 1999. 11. 26. 99도3776; 1964. 9. 17. 64도298; 백형구(강의) 855; 신양균 1005; 임동규 754; 정영석/이형국 473.

2) 대판 2008. 11. 13. 2008도7647.

3) 대판 1998. 9. 25. 98도2111; 1969. 3. 31. 68도1870.

이 원칙을 적용할 것인가에 대해서는 견해가 나뉜다. 1) **부정설**은 검사가 상소한 경우는 불이익변경금지원칙의 근거인 상소권 보장과 관계가 없고, 이 경우 검사의 상소는 피고인의 이익을 위한 것뿐만 아니라 공익을 위한 것이기도 하기 때문에 이 원칙이 적용되지 않는다고 한다.[1] 2) 물론 검사가 형벌권의 객관적 실현을 위해서 이러한 상소를 하는 것은 맞지만, 상소제기를 하지 않은 피고인이 검사와 법원의 작용만으로 결과적으로 더 불리한 처분에 놓이는 것은 불합리하다. 이때에도 불이익변경금지원칙이 적용된다는 **긍정설**이 타당하다.[2]

3. 상소사건 이외의 대상

(1) 파기환송 · 파기이송

4 파기환송 또는 파기이송을 받은 법원은 원판결을 계속 심리하는 것이므로 상소심이라고 할 수는 없다. 그러나 피고인의 상소권 보장이라는 취지는 이 경우에도 유지되어야 하기 때문에 상소심을 거쳐 되돌아온 이 경우에도 불이익변경금지원칙이 적용되어야 한다.[3] 환송 후 원심에서 공소장변경에 따라 그 항소심이 새로운 범죄사실을 유죄로 인정하는 경우에도 마찬가지이다.[4]

5 제1심에 대해 피고인만 항소한 후, 항소심 판결에 대해서는 검사만 상고하였는데, 상고심에서 파기환송을 하여 원심법원이 다시 재판을 할 때에도 이 원칙이 적용되는지 문제된다[제1심 피고인상소+제2심 검사상소]. 피고인은 제1심에 대해 항소하였을 뿐, 그 이후에는 아무 소송행위를 하지 않았다. 이후 검사가 상고하고 상고법원이 항소심의 잘못을 인정하여 원심법원으로 파기환송한 경우, 그 결과 피고인이 제1심보다 불리한 선고를 받는 것은 결국 상소권 보장이라는 불이익변경금지원칙의 취지에 반하게 된다. 따라서 파기환송을 받은 법원은 제1심이 선고한 형보다 중한 형을 선고할 수 없다.[5]

(2) 정식재판의 청구

6 약식명령에 불복하여 정식재판을 청구함으로써 정식재판이 진행될 때에는

---

1) 이재상/조균석 49/64; 정영석/이형국 475.
2) 김재환 931; 백형구 592; 손동권/신이철 755; 신동운 1573; 신양균 1007; 임동규 747; 차용석/최용성 782.
3) 대판 2021. 5. 6. 2021도1282; 2006. 5. 26. 2005도8607; 1992. 12. 8. 92도2020; 1986. 9. 23. 86도402; 1980. 3. 25. 79도2105.
4) 대판 2014. 8. 20. 2014도6472.
5) 대판 1957. 10. 4. 4290형비상1 · 57오1(전합); 신동운 1572; 이재상/조균석 49/63.

약식명령의 형에 비하여 불이익변경금지원칙이 적용되지 않는다.[1] 즉결심판에 대한 정식재판청구도 마찬가지이다(즉심법 제19조).[2] 다만 벌금형을 자유형 등으로 바꾸는 것은 허용되지 않으며, 동종의 형 내에서 액수를 상향하는 것은 가능하다. 정식재판청구의 남용 및 정식재판시 피고인의 불성실한 참여 등을 억제하려는 취지에서, 법개정을 통해 불이익변경금지원칙을 폐지하였다. 그러나 이러한 법개정은 아쉽다.[3] 이때 불이익변경금지원칙이 적용되지 않는다고 본다면 약식명령이나 즉결심판에 불복한 정식재판청구는 현실적으로 극히 위축될 것이기 때문이다.

(3) 기 타

재심에 불이익변경금지원칙(제439조)이 있으나, 이러한 '이익재심'의 성격은 7
확정판결의 오류로부터 피고인 이익을 보호하려는 재심제도의 본질로부터 비롯된다. 상소권을 보장하는 불이익변경금지원칙과 성격이 다르다.

항고에 불이익변경금지원칙이 적용될 수 있는가를 두고 적극설과 소극설이 8
대립한다. 집행유예 또는 선고유예 취소 및 실효결정에 대한 항고(제335 · 337조 ③항, 제336조, 제335조 ④항)처럼 형의 선고에 준하는 경우에는 예외적으로 이 원칙을 적용해야 하는 것으로 보는 견해도 있다.[4] 그러나 불이익변경금지원칙은 형의 선고에만 해당하는 것이며, 항고에 대한 규정도 없으므로 부정하는 것이 타당하다.[5]

죄수평가의 변화가 상소심에서 있는 경우, 즉 사건을 병합하여 경합범으로 9
하거나 일죄였던 것을 상소심에서 상습범 등 포괄일죄로 보고자 할 때 등에는 이 원칙이 적용되지 않는다. 불이익변경금지원칙이 죄수판단의 변화까지 불가능하게 하는 것은 아니기 때문이다.[6]

---

1) 원칙이 적용된다고 보았던 법개정 전 과거 판례는 대판 2013. 2. 28. 2011도14986.
2) 다른 결론은 대판 1999. 1. 15. 98도2550.
3) 헌재결 2005. 3. 31. 2004헌가27 · 2005헌바8(전원재판부); 홍영기, 일사부재리의 효력범위, 저스티스 123, 179면 이하.
4) 손동권/신이철 756; 신동운 1573; 이영란 880.
5) 백형구(강의) 859; 신양균 1008; 이재상/조균석 49/66; 임동규 758; 정영석/이형국 476.
6) 대판 2003. 5. 13. 2001도3212. 다른 입장은 대판 2004. 11. 11. 2004도6784.

III. 불이익변경금지의 내용

1. 불이익변경금지의 대상

10 불이익변경금지원칙은 피고인에 대한 형의 선고가 원심판결보다 중하게 변경되는 것을 금지하는 것이다. 그러므로 사실인정, 법령적용, 죄명 등이 달라지더라도 중한 양형으로 이어지지 않는다면 이 원칙에 반하지 않는다.[1] 불이익의 기준은 형법 제41조가 규정하고 있는 **형식적 형벌**의 정도에 국한되는 것은 아니다. **실질적 형벌**[2]이라고 할 수 있는 처분으로서 노역장유치, 추징 등은 물론, 보안처분, 위치추적전자장치 부착 등에도 불이익변경금지원칙이 적용된다. 다만 치료감호는 원칙적으로 치료조치에 해당하므로 불이익변경금지원칙이 적용되지 않는다. 소송비용부담은 실질적 형벌이 아니기 때문에 이 원칙이 적용되지 않는다.[3]

2. 불이익변경판단의 기준

(1) 원칙: 실질설

11 어떤 기준을 통해 '불이익'하게 변경된 것이라고 볼 것인가에 대해 형식설과 실질설의 대립이 있다. **형식설**은 형의 종류(형법 제41조) 및 형의 경중에 관한 규정(같은 법 제50조)을 기준으로 불이익변경을 판단하는 입장이다. 이에 따르면 법원의 자의적 판단은 억제되겠지만 개별적 평가의 유연성은 떨어진다. **실질설**은 원심판결과 상소심판결의 주문을 전체적·종합적으로 고찰하여 어느 형이 실질적으로 피고인에게 불리한가를 판단하는 입장이다. 통설·판례는 실질설의 입장에서, 형법 제50조를 원칙적 기준으로 삼지만 전체적으로 피고인의 자유구속과 법익박탈 정도를 실질적으로 고려하여 불이익변경 여부를 판단하고 있다.[4]

(2) 형의 추가와 종류의 변경

12 원칙적 기준은 형의 종류와 경중에 대한 형법 제41조와 제50조이다. 형의 종류 자체가 중요한 것은 아니어서, 징역형을 금고형으로 변경하면서 형기를 높이

---

1) 대판 2013. 2. 28. 2011도14986.

2) 실질적 형벌개념: 1) 과거에 저질러진 범죄행위에 대해서 2) 국가가 부과하는 3) 해악으로서의 반작용(배종대/홍영기, 형사정책, 91/5 이하).

3) 대판 2008. 3. 14. 2008도488; 2001. 4. 24. 2001도872; 백형구(강의) 859; 신양균 1010; 이은모 857; 이재상/조균석 49/70; 임동규 761; 정영석/이형국 477. 다른 견해는 송광섭 483; 신동운 1576.

4) 대판 2016. 5. 12. 2016도2136; 2013. 12. 12. 2012도7189; 2009. 12. 24. 2009도10754; 1998. 3. 26. 97도1716; 백형구(강의) 860; 신동운 1577; 이재상/조균석 49/72; 정영석/이형국 477.

는 것은 금지된다. 반대로 금고형을 징역형으로 변경하면서 형기를 단축하는 것은 허용된다. 형기가 같은 때에는 금고를 징역으로 변경할 수 없다. 보안처분을 징역형으로 바꾸는 것도 불이익한 변경이다.1) 판례는 부정기형을 정기형으로 변경하는 경우에 부정기형의 단기와 장기의 중간형, 즉 (단기 + 장기)/2를 기준으로 하여 정기형을 비교해야 한다고 한다.2)

13 자유형을 벌금형으로 변경하는 것은 원칙적으로 불이익변경이 아니다. 자유형을 벌금형으로 변경하면서 벌금형에 대한 노역장유치기간이 자유형을 초과하는 경우에도 학설 · 판례는 벌금형의 특수한 집행방법에 불과하기 때문에 불이익변경이 아닌 것으로 본다.3) 벌금형이 감경되면서 노역장유치기간이 증가된 경우에도 불이익변경이 아니다.4) 반면에 벌금액이 동일하고 노역장유치기간이 길어진 경우에는 비록 추징금이 감액되었다 하더라도 불이익변경이다.5) 항소심에서 두 개의 사건이 병합심판되어 경합범으로 처단되는 경우에는 제1심의 각 형량보다 무거운 형이 선고되었더라도 원칙에 위배되는 것이 아니다.6)

13-1 검사가 항소장에 양형부당이유를 구체적으로 기재하지 않았거나, 항소이유서에 '양형부당'이라는 문구만을 적었을 때 항소심이 1심보다 높은 형을 선고하면 불이익변경금지원칙에 반한다.7)

(3) 집행유예와 선고유예

14 집행유예가 부가된 자유형에 대해 집행유예만 박탈하거나 그 기간을 연장하는 경우는 물론, 자유형기간을 단축하면서 집행유예를 삭제하는 경우도 불이익변경에 해당한다.8) 징역형을 늘리면서 없던 집행유예를 추가한 경우에도, 주된 형이 중하게 변경되었고 집행유예가 취소되거나 실효되는 경우의 불이익도 고려해야 하므로 불이익변경이라고 본다.9) 반면에 집행유예를 붙인 자유형에 대해 형을 가볍게 하면서 유예기간을 늘리는 판결은, 주형 자체가 가벼워지므로 원칙적으로

1) 대판 1983. 6. 14. 83도765.
2) 대판 2020. 10. 22. 2020도4140(전합). 이 판례에 대한 평석으로는 홍영기, 2020년 형사법분야 대법원 주요판례와 평석, 안암법학 62, 153면 이하.
3) 대판 1990. 9. 25. 90도1534; 1981. 10. 24. 80도2325; 1980. 5. 13. 80도765.
4) 대판 2000. 11. 24. 2000도3945.
5) 대판 1976. 11. 23. 76도3161.
6) 대판 1980. 5. 27. 80도981.
7) 대판 2020. 8. 27. 2020도8615; 2020. 7. 9. 2020도2795.
8) 대판 2016. 3. 24. 2016도1131; 1970. 3. 24. 70도33; 1965. 12. 10. 65도826(전합); 대결 1986. 3. 25. 86모2.
9) 대판 1996. 12. 8. 66도1319; 1977. 10. 11. 77도2713; 백형구(강의) 862; 신동운 1580; 이재상/조균석 49/77.

불이익변경이 아니다. 형기의 변경 없이 금고형을 징역형으로 바꾸면서 집행유예를 선고하는 것은 불이익변경이 아니다.[1] 집행유예판결을 벌금형으로 변경하는 것은 불이익변경이 아니나,[2] 선고유예를 벌금형으로 변경하는 것은 불이익변경이다.[3] 징역형에 대해서는 집행유예를 추가하고, 선고유예된 벌금형을 병과하는 것은 불이익변경이 아니다.[4] 동일한 형을 선고하면서 새로 수강명령 또는 이수명령을 병과하는 것은 불이익변경금지원칙에 반한다.[5] 집행유예는 원칙적으로 형집행면제보다 유리한 것이다.[6]

(4) 몰수 · 추징과 보안처분

징역형에 몰수 또는 추징을 추가하거나 늘리는 것은 불이익변경이다. 반면에 주형을 가볍게 하고 몰수나 추징을 추가하거나 늘리는 경우는 불이익변경이 아니다.[7] 자유형 형기를 줄이고, 압수물을 피해자에게 환부할 것을 선고로 추가한 경우도 불이익변경이 아니다.[8] 벌금형은 유지하면서 성폭력 치료프로그램 이수명령을 추가한 경우는 불이익한 변경이다.[9] 주형은 같은데 위치추적장치 부착명령기간을 늘린 것도 불이익한 변경이다.[10]

---

1) 대판 2013. 12. 12. 2013도6608.
2) 대판 1990. 9. 25. 90도1534; 1966. 9. 27. 66도1026
3) 대판 1999. 11. 26. 99도3776; 1984. 10. 10. 84도1489.
4) 대판 1976. 10. 12. 74도1785.
5) 대판 2018. 10. 4. 2016도15961. 법개정에 따라 제1심과 동일한 형과 함께 3년간의 취업제한명령을 추가한 것은 불이익변경금지원칙에 반하지 않는다고 본 판례는 대판 2018. 12. 13. 2018도13562.
6) 대판 1985. 9. 24. 84도2972(전합).
7) 대판 1998. 5. 12. 96도2850; 1998. 3. 26. 97도1716(전합); 백형구(강의) 862; 신동운 1582; 신현주 753; 정영석/이형국 478. 액수가 크면 불이익변경이 될 수 있다는 견해는 신양균 1014; 이재상/조균석 49/80; 임동규 766.
8) 대판 1990. 4. 10. 90도16.
9) 대판 2015. 9. 15. 2015도11362.
10) 대판 2014. 3. 27. 2013도9666.

제 2 절 항소 · 상고 · 항고

[71] 항 소

I. 항소심의 의의

1. 항소심의 구조

항소는 제1심 판결에 불복하여 제2심 법원에 제기하는 상소를 말한다. 형사소송법상 항소심의 성격을 어떻게 이해하는가에 대해서는 시각이 통일되어 있지 않다. 1

(1) 사후심설

항소심을 사후심으로 보거나, 원칙적으로 사후심이되 예외적으로 항소심이 파기자판하는 경우에 속심의 성질을 가진다고 보는 견해가 있다.[1] 1) 항소이유가 원심판결의 법령위반 · 사실오인 및 양형부당에 제한되고(제361조의5), 2) 항소법원은 항소이유에 포함된 사유만 심판하며, 3) 항소이유 없음이 명백한 때에는 변론 없이 항소를 기각할 수 있고, 4) 항소이유가 있다고 인정될 때 원심판결을 파기하는 재판형식을 취하기 때문이라고 한다. 2

(2) 속 심 설

다수설과 판례는 항소심을 원칙적으로 속심이라고 하면서 일부 사후심적인 요소는 남상소를 억제하려는 정책적 제한에 불과하다고 한다.[2] 1) 제1심 공판에 관한 규정을 항소심 심리에 준용한다고 규정되어 있고(제370조), 2) 항소심에서도 제1심 법원에서 증거로 할 수 있었던 증거를 사용할 수 있으며(제364조 ③항), 3) 항소심에서도 실체적 진실발견이 중요하기 때문이라고 한다. 3

현행법은 항소심을 속심으로 규정하고 있는 것으로 보인다. 따라서 항소심에서도 피고인의 권리를 보호하면서 사안을 진실에 맞게 재구성하는 데 집중해야 4

1) 정영석/이형국 460.
2) 대판 2005. 5. 26. 2005도130; 1983. 4. 26. 82도2829; 대결 2002. 12. 3. 2002모265; 김재환 950; 백형구(강의) 817; 신동운 1601; 신양균 1021; 이재상/조균석 50/9; 임동규 776.

하고, 원심법원이 조사한 증거를 사용하더라도 그 증명력을 합리적으로 재평가해야 한다. 속심적 성격으로 인해 원심판결 당부 판단의 기준은 원심판결시점이 아니라 항소심판결선고의 시점이다.[1] 기판력의 시간적 범위도 항소심판결선고시이다 [속심설].

5 예외적으로 항소심이 사후심처럼 제1심 판단을 재평가하고자 할 때에는, 제1심의 증거가치 판단이 명백히 잘못되었다거나, 사실인정에 이르는 논증이 논리와 경험법칙에 어긋나는 등 현저히 부당하다고 볼 만한 합리적 사정이 있어야 한다.[2]

2. 항소심에서 공소장변경

6 항소심을 사후심으로 이해하면 원심판결을 고정시킨 채 그 당부를 판단하는 구조로 보아 공소장변경이 허용되지 않는다고 할 수 있겠으나, 현재 판례와 통설은 항소심을 속심으로 보고, 항소심에 제1심 공판과정이 준용되므로 공소장변경이 허용된다고 한다.[3]

7 공소장변경은 피고인의 방어권을 보장하고 객관적 사실에 상응한 재판이 이루어지도록 하는 핵심적 역할을 담당한다. 항소심이 사실관계 심리를 과제로 삼는 이상, 공소장변경을 허용하지 않을 이유가 없다. 사물관할이 달라지는 경우, 예컨대 항소심에서 단독판사 사건이 합의부 관할사건으로 공소장변경이 되는 경우,[4] 제1심에서 합의부를 통해 재판을 받을 피고인의 권리가 일정 정도 제한되는 문제는 있지만 이것이 공소장변경을 허용하지 말아야 할 근거는 아니다.

II. 항소이유

1. 의의와 구분

8 항소이유란 항소권자가 적법하게 항소를 제기할 수 있는 법률상의 이유를 말한다. 항소인 또는 변호인은 이를 적은 항소이유서를 항소법원에 제출해야 한

---

1) 대판 2009. 5. 28. 2009도2682,2009전도7; 1993. 5. 25. 93도836; 1990. 4. 24. 90도539.
2) 대판 2017. 3. 22. 2016도18031; 2016. 4. 15. 2015도8610.
3) 대결 2016. 3. 11. 2014모2521; 대판 2017. 9. 21. 2017도7843; 1991. 3. 27. 91도65; 백형구(강의) 543; 신동운 1603; 신양균 1039; 이재상/조균석 50/10; 임동규 776.
4) 대판 1997. 12. 12. 97도2463.

다(제361조의3 ①항, 제361조의4 ①항 본문). **절대적 항소이유**는 일정한 요건이 있으면 무조건 항소이유로 인정되는 것을 말한다. **상대적 항소이유**는 그 사유의 존재가 '판결내용에 영향을 미친 경우'에 한하여 항소이유로 인정되는 것이다. 제361조의5 1호의 '판결에 영향을 미친 헌법, 법률, 명령 또는 규칙 위반'과 14호의 '판결에 영향을 미친 사실오인'은 상대적 항소이유이고, 다른 것은 절대적 항소이유이다. 다른 분류로는 **법령위반을 이유로 하는 것**과 **법령위반 이외의 사유를 이유로 하는 것**으로 나눌 수 있고, 구체적 사유를 항소이유로 하는 **구체적 항소이유**와 구체적 사유를 명시하지 않은 경우의 **일반적 항소이유**로 나눌 수도 있다.

2. 항소이유의 종류

(1) 판결에 영향을 미친 헌법 · 법률 · 명령 또는 규칙의 위반

제361조의5 1호에서 위반 대상이 되는 법령에는 실체법과 절차법이 모두 포 9
함된다. 그러나 수사절차나 공소제기에 관한 법령위반은 그 자체로 항소이유가 아니다. 법령위반이 판결에 영향을 미쳐야 한다. 즉 **인과관계**가 필요하다. 법령위반이 없었다면 원판결과 다른 판결이 내려졌을 개연성이 있어야 한다는 견해가 있으나 [개연성설],[1] 법령위반이 판결결과에 영향을 미쳤을 단순한 가능성만으로도 충분하다고 할 것이며 [가능성설],[2] 특히 피고인의 헌법적 기본권에 침해가 있었던 경우라면 더욱 약한 인과관계만으로도 항소이유가 된다고 해야 한다. 헌법재판소의 위헌결정으로 소급하여 효력을 상실한 법령을 적용한 경우도 이 요건에 해당한다.[3]

(2) 판결 후 형의 폐지 · 변경 및 사면

제361조의5 2호는 판결 후 형의 폐지 · 변경 · 사면을 절대적 항소이유로 인정 10
하고 있다. 형법 제1조 ②항의 취지를 고려할 때 여기서의 형의 변경은 가볍게 변경된 경우를 의미한다.

(3) 관할규정의 위반

관할이 법률에 위반되면 절대적 항소이유가 된다(제361조의5 3호). 관할을 잘 11

---

1) 백형구(강의) 827.
2) 김재환 955; 신동운 1612; 이창현 1213.
3) 대판 1991. 8. 13. 90도637.

못 지정한 것[1]은 물론 관할위반판결을 해야 하는데도 실체심리를 한 경우, 관할권이 존재하여 사건을 심판할 수 있음에도 하지 않거나 또는 관할위반선고를 할 것이 아님에도 관할위반판결을 하는 경우 등이다.

(4) 법원구성의 위법

12 판결법원의 구성이 법률에 위반된 경우도 절대적 항소이유이다(제361조의5 4호). 여기서 판결법원은 판결 및 그 기초가 되는 심리를 행한 법원으로서 소송법상 의미의 법원이다. 이 항소이유에 해당하는 경우로는, 근거 없이 재판을 공개하지 않은 경우(헌법 제109조, 법원조직법 제57조, 제361조의5 9호), 합의부의 법적 구성원을 충족하지 못한 경우, 재판에 관여하지 못할 판사가 심판에 관여한 때(제361조의5 7호) 등이다. 후자는 제척원인 있는 판사(제17조), 기피 또는 회피신청(제18, 24조)이 이유 있다고 결정된 판사를 말한다. 사건심리에 참여하지 않은 판사가 판결에 관여한 때도 절대적 항소이유가 된다(제361조의5 8호). 처음부터 심리에 관여하지 않은 경우는 물론 심리 도중에 판사경질이 있음에도 공판절차를 갱신하지 않고 판결한 경우도 포함된다.

(5) 이유불비와 이유모순

13 판결에 이유를 붙이지 않거나 이유가 불충분한 경우, 이유에 모순이 있는 때에도 절대적 항소이유가 인정된다(제361조의5 11호). 이유불비는 법령의 적용이 없거나 판결주문과 적용법령이 모순되는 경우로서 법령위반과 다르다. 법령해석의 잘못이나 다른 법령의 적용은 법령위반에 해당한다.

(6) 재심청구의 사유

14 재심사유는 절대적 항소이유가 된다(제361조의5 13호). 이때 재심사유가 피고인에게 이익이 되는 경우뿐만 아니라 불이익이 되는 경우도 포함되는가에 관해서 긍정설[2]과 부정설[3]이 대립되나, 부정설에 따르더라도 아래 제14호에 해당할 수 있으므로 실질적 차이는 없다. 원심의 근거법률이 위헌결정을 받은 때,[4] 궐석재판으로 유죄의 확정판결이 있는 경우나, 피고인이 재심청구가 아니라 항소권회복

---

1) 대판 1999. 11. 26. 99도4398.

2) 백형구(강의) 831; 신동운 1618; 임동규 780.

3) 김재환 955; 손동권/신이철 774; 신양균 1030; 이재상/조균석 50/23; 차용석/최용성 807.

4) 대판 2005. 4. 15. 2003도2960.

을 청구하여 인용받았는데, 청구사유 가운데 피고인이 책임을 질 수 없는 사유로 공판절차에 출석할 수 없었던 사정이 포함되어 있다면 '재심청구 사유가 있는 때'로서 항소이유에 해당한다.[1)]

(7) 판결에 영향을 미친 사실오인

사실오인이 판결에 영향을 미친 때에는 상대적 항소이유가 된다(제361조의5 15
14호). 1) 사실오인으로 범죄에 대한 구성요건 평가에 영향을 미쳤을 경우, 2) 사실오인으로 판결주문에 영향을 미쳤을 경우이다.[2)] 이때의 '사실'은 재판의 기초가 되는 일반적 사실이 아니라, 구체적 형벌권 존재와 그 범위에 관한 사실이어야 한다.

(8) 양형부당

양형은 법원의 기속재량사항이므로 재량의 합리적 한계를 벗어난 양형은 항 16
소이유가 된다(제361조의5 15호). 법정형을 넘은 형의 선고는 양형부당이 아니라 법령위반이다. 양형의 기초사실에 관한 오인은 사실오인이나 양형조건이 아니라 양형부당이다.[3)] 대부분 피고인의 방어활동이 무죄변론보다 양형변론에 치중하는 실무현실과, 양형이 피고인에게 미치는 결정적 영향을 고려할 때 이를 절대적 항소이유로 보는 것이 타당하다.

III. 항소심 절차

1. 항소의 제기

항소는 7일의 항소기간 안에 항소장을 원심법원에 제출함으로써 이루어진다 17
(제359조). 항소장에는 항소를 제기하는 취지와 대상이 되는 판결을 기재하는 것으로 충분하고, 항소이유를 기재할 필요는 없다(제361조의4 ①항 단서). 원심법원은 항소장을 심사하여 항소제기의 법률위배나 항소권소멸이 명백한 때에는 결정으로 항소를 기각하여야 한다(제360조 ①항). 이에 대해서는 즉시항고가 가능하다(같은 조 ②항). 항소기각결정을 하지 않은 경우에, 원심법원은 항소장을 받은 날로부터

1) 대판 2015. 11. 26. 2015도8243.
2) 대판 1996. 9. 20. 96도1665.
3) 대판 2015. 7. 23. 2015도3260(전합).

14일 이내에 소송기록과 증거물을 항소법원에 송부하여야 한다(제361조). 항소법원은 기록송부를 받으면 즉시 항소인과 상대방에게 그 사유를 통지하여야 한다(제361조의2 ①항).

2. 항소이유서와 답변서의 제출

(1) 항소이유서의 제출과 송달

18 항소인 또는 변호인은 적법한 절차에 따라 소송기록의 접수통지를 받은 날로부터 20일 안에 항소이유서를 항소법원에 제출하여야 하고(제361조의3 ①항),[1] 항소이유서를 제출받은 항소법원은 지체없이 그 부본 또는 등본을 상대방에게 송달하여야 한다(제361조의3 ②항). 상대방은 송달일로부터 10일 안에 답변서를 항소법원에 제출해야 하며(같은 조 ③항), 항소법원은 지체없이 답변서의 부본 또는 등본을 항소인이나 변호인에게 송달해야 한다(같은 조 ④항). 항소이유서의 제출기간에는 재소자를 위한 특칙(제344조)이 준용된다.[2] 피고인과 국선변호인이 모두 기간 내에 항소이유서를 제출하지 아니한 때, 국선변호인이 항소이유서를 제출하지 아니한 데에 피고인에게 귀책사유가 없다면 항소법원은 종전 국선변호인의 선정을 취소하고 새로운 국선변호인을 선정하여 다시 소송기록접수통지를 함으로써 그로 하여금 그 통지를 받은 때로부터 기간 내에 피고인을 위하여 항소이유서를 제출하도록 하여야 한다.[3] 항소이유서 제출기간의 경과를 기다리지 않고 항소사건을 심판할 수는 없다. 따라서 항소이유서 제출기간 내에 변론이 종결되었는데 그후에 제출기간 내에 항소이유서가 제출되었다면 법원은 변론을 재개하여 항소이유에 대해 심리하여야 한다.[4] 일부유죄, 일부무죄가 선고된 제1심판결 전부에 대하여 검사가 항소하였더라도 검사가 유죄부분에 대해 아무 항소이유를 주장하지 않았다면 유죄부분에 대해서는 법정기간 내에 항소이유서를 제출하지 않은 것이다.[5]

---

1) 대결 2017. 11. 7. 2017도2162. 피고인의 항소대리권자인 배우자가 피고인을 위하여 항소한 경우에도 소송기록접수통지는 항소인인 피고인에게 하여야 하고, 피고인이 적법하게 소송기록접수통지서를 받지 못하였다면 항소이유서 제출기간이 지났다는 이유로 항소기각결정을 하는 것은 위법하다(대결 2018. 3. 29. 2018모642).

2) 대판 2006. 3. 16. 2005도9729(전합).

3) 대결 2012. 2. 16. 2009모1044(전합).

4) 대판 2018. 4. 12. 2017도13748; 2015. 4. 9. 2015도1466.

5) 대판 2008. 1. 31. 2007도8117.

(2) 부적법 사유

항소이유서를 제출하지 않은 때에는, 직권조사사유가 있거나 항소장에 항소 이유의 기재가 있는 때를 제외하고는 결정으로 항소를 기각하여야 한다(제361조의4 ①항). 항소이유서 미제출로 인한 항소기각결정에 대해서는 즉시항고를 할 수 있다(같은 조 ②항). 부적법한 항소이유서가 제출되면 결정으로 항소를 기각하여야 한다(같은 조 ①항). 19

항소이유서 부본을 송달하지 않았다고 하더라도 그로 인해 피고인의 방어권 행사에 지장이 초래되지 않고 정상적으로 소송절차가 진행되는 경우에는 하자가 치유된다.[1] 20

3. 항소심의 심리

(1) 심판범위

항소법원은 항소이유에 포함된 사유에 대해 심판한다(제364조 ①항). 그 밖의 사항이 공판정에서 진술되었더라도 심판범위에 속하는 것은 아니다.[2] 다만 항소 이유에 포함되지 않은 사유라고 하더라도 '판결에 영향을 미친 사유'라면 직권으로 심판할 수 있다(같은 조 ②항).[3] 판결에 영향을 미친 사유는 법령위반, 사실오인, 양형부당[4]을 모두 포함한다. 검사의 항소이유서에 기재된 사항이지만 실질적으로 구두변론을 거쳐 심리되지 않았다면, 항소심법원이 이를 이유로 피고인에게 불리하게 제1심판결을 변경할 수 없다.[5] 반면에 검사가 항소하는 경우 항소장이나 항소이유서에 단순히 '양형부당'이라는 문구만 기재하였을 뿐 그 구체적인 이유를 기재하지 않았음에도, 항소심이 제1심판결의 형이 너무 가볍다는 이유로 파기하고 그보다 무거운 형을 선고할 수 없다.[6] 21

(2) 심리의 특칙

항소심 심판은 원칙적으로 제1심 공판절차를 준용한다(제370조). 역시 구두변론이 원칙이다.[7] 다만 피고인이 공판기일에 출정하지 않은 때에는 다시 기일을 22

1) 대결 1998. 2. 10. 97모101; 대판 1981. 9. 8. 81도2040.
2) 대판 2014. 7. 10. 2014도5503; 1998. 9. 22. 98도1234.
3) 대판 2009. 4. 9. 2009도870; 1976. 3. 23. 76도437.
4) 대판 2010. 12. 9. 2008도1092.
5) 대판 2015. 12. 10. 2015도11696.
6) 대판 1991. 8. 13. 90도637.
7) 대판 1994. 10. 21. 94도2078.

정해야 한다(제365조 ①항). 피고인이 정당한 사유 없이 다시 정한 기일에도 출정하지 않으면 피고인의 진술 없이 판결할 수 있다(같은 조 ②항). 피고인이 불출석한 상태에서 그 진술 없이 판결할 수 있기 위해서는 피고인이 적법한 공판기일통지를 받고서도 2회 연속으로 정당한 이유 없이 출정하지 않은 경우에 해당하여야 한다.[1] 제1심에서 증거로 할 수 있었던 증거는 항소심에서도 증거로 할 수 있으며, 다시 증거조사를 해야 하는 것은 아니다(제364조 ③항). 물론 새로운 증거에 대한 증거조사는 언제든 가능하다. 제1심에서 피고인이 자백하여 간이공판절차에서 조사된 증거는 항소심에서 피고인이 자백내용을 부인하더라도 심판의 기초로 사용할 수 있다.[2]

4. 항소심의 재판

(1) 공소기각의 결정

23 항소법원은 공소기각결정사유가 있으면 결정으로 공소를 기각하여야 한다(제363조 ①항). 이에 대해서는 즉시항고가 가능하다(같은 조 ②항). 공소기각결정은 피고사건 자체에 관한 판단이 아니라 항소기각결정에 준하는 형식재판이다.

(2) 항소기각의 재판

24 항소제기가 법률의 방식을 위반하거나 항소권소멸 후에 항소가 제기되었음에도 원심법원이 항소기각결정을 하지 아니한 때(제362조, 제360조 ①항) 또는 항소이유서가 제출되지 않은 때에는 항소법원은 결정으로 항소를 기각하여야 한다. 다만 항소이유서가 제출되지 않은 때라도 직권조사사유가 있거나, 항소장에 항소이유의 기재가 있는 경우 또는 필요적 변호사건에서 국선변호인이 선정되지 아니하여 국선변호인에 의해 항소이유서가 제출기간 안에 작성·제출되지 못한 경우는 예외로 한다.[3]

(3) 항소기각의 판결

25 항소가 이유가 없다고 인정되는 때에는 판결로써 항소를 기각해야 한다(제364조 ④항). 항소이유 없음이 명백하여 판결로써 항소를 기각하는 경우에는 구두변론을 필요로 하지 않는다(같은 조 ⑤항) [**무변론기각**]. 검사와 피고인 양쪽이 상소

---

1) 대판 2019. 10. 31. 2019도5426.
2) 대판 1998. 2. 27. 97도3421.
3) 대결 1996. 11. 28. 96모100.

한 경우, 어느 일방의 상소는 이유 없으나 다른 일방의 상소가 이유 있어 원판결을 파기하고 다시 판결하는 때에는 이유 없는 상소에 대해서는 판결이유 중에서 그 이유가 없다는 점을 적으면 충분하고 주문에서 그 상소를 기각해야 하는 것은 아니다.1)

(4) 원심판결파기의 판결

항소가 이유 있는 것으로 인정될 때에는 원심판결을 파기해야 한다(제364조 ⑥항). 원심판결을 파기하면 사건은 원심판결 전 상태로 항소심에 계속된다. 이때 파기와 함께 항소법원이 취할 수 있는 재판형태는 자판, 환송 및 이송의 세 가지가 있다. 26

파기자판은 항소이유가 인정될 때 항소법원이 원심판결을 파기하고 스스로 다시 판결하는 것을 말한다. 항소심의 속심구조에 따라 파기자판을 원칙으로 하고 있다(같은 항). 절차흠결이 있는 경우에도 마찬가지이다. 예를 들어 미성년 피고인 등의 이유로 필요적 변호사건(제282조)인데도 제1심 공판절차가 변호인 없이 이루어진 경우, 위법한 소송행위로서 무효이므로 항소심은 위법한 제1심판결을 파기하고, 변호인이 있는 상태에서 항소심에서의 진술 및 증거조사 등 심리에 따라 다시 판결하여야 한다.2) 자판에는 반드시 구두변론을 거쳐야 한다.3) 27

파기환송은 원심의 공소기각 또는 관할위반의 재판이 법률에 위반되었을 때 이를 파기하여 원심법원에 환송하는 판결이다(제366조). 이때 파기'자판'한다면 실질적 3심제가 실현되지 않으므로 제1심 법원에 환송하도록 한 것이다. 따라서 항소법원이 제1심 공소기각판결을 위법이라고 하여 파기하면서 사건을 환송하지 않고 자판하여 피고인에게 유죄판결을 선고하면 판결에 영향을 미친 위법(제366조 위반)에 해당한다.4) 28

파기이송은 관할인정이 법률에 위반됨을 이유로 원심판결을 파기하는 때 판결로써 사건을 관할법원에 이송하는 것이다(제367조 본문). 다만 항소법원이 그 사건의 제1심 관할권이 있는 때에는 제1심으로서 심판한다(같은 조 단서). 29

---

1) 대판 2020. 6. 25. 2019도17995.

2) 대판 2011. 9. 8. 2011도6325. 항소심으로서는 피고인의 심급의 이익을 박탈하지 않기 위하여 위법한 제1심판결을 파기하고 사건을 제1심법원으로 환송할 필요는 없다(대판 2008. 6. 12. 2008도2621).

3) 대판 1994. 10. 21. 94도2078; 1981. 7. 28. 81도1482.

4) 대판 1998. 5. 8. 98도631; 1994. 5. 13. 93도3358.

(5) 공동피고인을 위한 파기

30 항소법원이 피고인을 위해 원심판결을 파기하는 경우에 파기이유가 항소한 공동피고인에게 공통되는 때에는 그 공동피고인에 대해서도 원심판결을 파기하여야 한다(제364조의2). 이는 공동피고인 사이에서 파기이유가 공통되는 해당 범죄사실이 동일한 소송절차에서 병합심리된 경우에만 적용된다.[1] 공동피고인의 항소가 적법한 이상 항소이유서를 제출하지 않거나 항소이유가 부적합한 경우 피고인에게도 공동파기를 허용할 수 있다.

(6) 재판서의 기재방식

31 항소법원의 재판서에는 항소이유에 대한 판단을 기재하여야 한다(제369조 전단). 항소를 기각하는 경우에는 항소이유에 대한 판단으로 충분하며, 원심판결에 기재한 사실과 증거요지 및 법령적용을 명시하여야 하는 것은 아니다.[2] 여러 개의 항소이유 중에서 1개의 이유로 원심판결을 파기하는 경우에는 나머지 항소이유를 판단하지 않아도 된다. 반면에 원판결을 파기하여 유죄신고를 하는 경우에는 범죄사실과 증거요지 및 법령적용을 명시하여야 한다(제370, 323조).

(7) 항소재판의 효과

32 항소심판결이 선고되면 제1심 판결에 대한 항소권은 소멸된다. 즉 제1심 판결에 대해 피고인 또는 검사가 항소하여 항소법원이 판결을 선고한 후에는 상고법원으로부터 사건이 환송 또는 이송되는 경우 등을 제외하고는 항소법원이 다시 항소심 소송절차를 진행하여 판결을 선고할 수 없다. 따라서 제1심 판결에 대한 항소권 회복청구와 항소는 허용되지 않으며, 이는 제1심 재판 또는 항소심 재판이 소촉법의 특례 등에 따라 궐석재판으로 진행된 경우에도 마찬가지이다.[3]

[72] 상 고

I. 상고의 의의와 상고이유

1 제2심 판결에 대해 제3심 법원에 제기하는 상소를 상고라고 한다(제371조).

1) 대판 2019. 8. 29. 2018도14303(전합).
2) 대판 1994. 2. 8. 93도3524.
3) 대결 2017. 3. 30. 2016모2874.

상고심은 **법률심**으로서, 법령을 통일적으로 해석 · 적용하는 기능을 담당한다.[1] 상고심 판결은 그 사건에 관해 하급심을 기속하는 효력(법조법 제8조)을 갖는다.

1. 상고심의 구조

2 판결에 영향을 미친 법령위반이 가장 중요한 상고이유이므로 상고심은 사후심 · 법률심이고, 사실오인과 양형부당이 예외적 상고이유이므로 예외적인 사실심 기능을 담당한다. 즉 새로운 증거를 제출하거나 증거조사를 하는 것은 허용되지 않으며, 증거재판주의에 근거한 새로운 사실심리가 불가능하다. 공소장변경도 인정되지 않는다. 원판결에 대한 판단은 상고심판결시가 아니라 원판결시가 기준이 된다. 예컨대 항소법원의 판결 당시 피고인이 미성년자였기에 부정기형이 선고되었다면, 상고심에서 피고인이 성년이 되었더라도 원심판결을 파기할 수 없다.[2] 예외적으로 판결 후 형의 폐지나 변경 또는 사면이 있는 때, 원심판결 후 재심청구사유가 판명된 경우는 사실이나 증거가 판단대상이 될 수 있는데 이때에만 예외적으로 속심의 성격을 띨 뿐이다. 따라서 상고심에서 **파기환송**이 원칙이며, 파기자판은 예외이다.

2. 상고이유

3 제383조 네 가지 상고이유는 **1)** 판결에 영향을 미친 헌법 · 법률 · 명령 또는 규칙위반이 있는 때(1호), **2)** 판결 후 형의 폐지, 변경 또는 사면이 있는 때(2호), **3)** 재심청구의 사유가 있는 때(3호),[3] **4)** 사형 · 무기 또는 10년 이상의 징역이나 금고가 선고된 사건에서 중대한 사실 오인이 있어 판결에 영향을 미친 때 또는 형의 양정이 심히 부당하다고 인정될 현저한 사유가 있는 때(4호)이다. 제1호부터 제3호는 항소이유와 내용이 같다. 제4호는 중한 형이 선고된 사건에서 중대한 사실오인이나 심한 양형부당이 있는 경우를 상고이유로 하고 있다.[4] 이는 중한 형을 선고받은 피고인이 상고하는 경우에만 적용되고, 검사가 상고하는 경우에는 적용되지 않는다.[5] 원심판결 선고 후에 별개의 범죄에 대하여 금고 이상의 형을

---

1) 대판 2008. 5. 29. 2007도1755.

2) 대판 1990. 11. 27. 90도2225; 1989. 9. 29. 89도1440; 1986. 1. 28. 85도2500.

3) 대판 2015. 6. 25. 2014도17252(전합): 피고인이 재심을 청구하지 않고 상고권회복에 의한 상고를 제기하여 궐석재판을 상고이유로 주장한다면 소촉법 제23조의2 ①항을 유추적용하여 상고이유인 제383조 제3호에 해당한다.

4) 대판 2003. 2. 20. 2001도6138(전합).

5) 대판 2022. 4. 28. 2021도16719; 2017. 7. 11. 2017도2793; 2014. 2. 13. 2013도14914; 1985. 2. 26. 84도2963;

선고한 판결이 확정된 경우는 1호나 2호의 상고이유가 존재하는 것이 아니다.[1]

II. 상고심의 절차

1. 상고의 제기 등

4 상고제기 방법과 기간, 상고기각 및 그에 대한 즉시항고, 자료의 송부 및 상고법원의 통지의무는 항소의 경우와 같다(제375, 376, 377, 378조). 상고이유서 제출의무와 기간, 상고이유서의 기재사항 및 이를 제출받은 상고법원의 송달의무와 그에 따른 답변서 제출도 항소의 경우와 다르지 않다(제379조). 상고이유서에 구체적·명시적인 이유설시 없이 단순히 원심판결에 사실오인 내지 법리오해의 위배가 있다고만 기재한 경우는 적법한 상고이유의 제출방식이 아니다.[2]

2. 상고심의 심리

5 상고심 심판에는 항소심규정을 준용한다(제399조). 추가로 다음과 같은 특칙이 있다.

(1) 상고심의 심판범위

6 상고심은 상고이유서에 포함된 사유에 대해 심판하나 제383조 1~3호의 경우에는 상고이유서에 포함되지 않은 때에도 직권으로 심판할 수 있다(제384조). 예컨대 법률의 개정에 의해 형이 경하게 변경된 경우에 상고법원은 직권으로 원판결을 파기할 수 있다.[3] 이에 반해 사실오인이나 양형부당(제383조 4호)은 상고이유서에 포함되지 않는 한 직권으로 심판할 수 없다 [상고이유 제한법리].[4]

(2) 상고심에서 변론

7 상고법원은 변론 없이 판결할 수 있다(제390조 ①항). **서면심리주의**는 상고기각의 경우뿐만 아니라 원심판결파기의 경우에도 적용된다. 다만 상고법원은 필요한 경우 특정한 사항에 관하여 변론을 열어 참고인의 진술을 들을 수 있다(같은

1982. 1. 19. 81도2898 참고.

1) 대판 2007. 1. 12. 2006도5696.

2) 대판 2009. 4. 9. 2008도5634.

3) 대판 1981. 4. 14. 80도3089.

4) 대판 2019. 3. 21. 2017도16593-1(전합). 이 판례에 대한 평석으로는 홍영기, 형법·형사소송법 2019년 대법원 주요판례와 평석, 안암법학 58, 150면 이하.

조 ②항). 이때 변호인이 아니면 피고인을 위하여 변론하지 못한다(제387조). 상고심 공판기일에는 피고인의 소환을 요하지 않는다(제389조의2). 변호인의 선임이 없거나 변호인이 공판기일에 출정하지 않을 경우에는 필요적 변호사건의 경우를 제외하고는 검사의 진술만을 듣고 판결할 수 있다(제283조, 제389조 ①항). 이때 적법한 상고이유서의 제출이 있으면 그 진술이 있는 것으로 간주한다(같은 조 ②항).

3. 상고심의 재판

(1) 공소기각의 결정

공소가 취소된 때(제328조 ①항), 피고인이 사망하거나 피고인인 법인이 존속 8
하지 않게 된 경우(2호), 관할의 경합(제12, 13조)으로 인하여 재판할 수 없는 경우(3호), 공소장에 기재된 사실이 진실하더라도 범죄가 될 만한 사실이 포함되지 아니한 경우(4호) 등 공소기각결정사유(제328조 ①항)가 있는 경우에 상고법원은 결정으로 공소를 기각하여야 한다.

(2) 상고기각의 재판

상고이유서를 제출기간 안에 제출하지 못하거나(제380조), 상고제기가 법률의 9
방식에 위반되거나 상고권소멸 후인 것이 명백함에도 원심법원이 상고기각결정을 하지 않은 때 상고법원은 결정으로 상고를 기각하여야 한다(제381조). 제383조 각 호에 규정한 사유가 아닌 상고이유가 기재된 상고이유서가 제출된 경우에는 결정으로 상고를 기각할 수 있다.[1] 그리고 상고가 이유 없다고 인정되면 판결로써 상고를 기각하여야 한다(제399조, 제364조 ④항).

(3) 원심판결파기의 판결

상고가 이유 있는 때에는 판결로써 원심판결을 파기하여야 한다(제391조). 피 10
고인의 이익을 위하여 원심판결을 파기하는 경우에, 파기이유가 상고한 공동피고인에 공통되면 그에 대해서도 원심판결을 파기하여야 한다(제392조). 항소심에서 전부 유죄로 인정된 포괄일죄의 일부범죄사실이 유죄로 인정될 수 없는 경우 상고심은 항소심판결을 전부파기하여야 한다. 항소심이 경합범의 일부는 무죄, 일

1) 대판 2010. 4. 20. 2010도759(전합).

부는 유죄판결을 하고 검사와 피고인이 모두 그 판결에 대해 상고하였을 때, 상고법원이 피고인의 상고는 이유가 없고, 검사의 상고만 이유 있다고 인정하면 항소심이 유죄로 인정한 부분까지 함께 파기하여야 한다.[1] 법률의 해석 · 적용을 그르쳐 피고인을 유죄로 잘못 인정한 원심판결에 대해 검사만 상고한 경우에도, 상고법원은 직권으로 심판하여 무죄취지로 원심판결을 파기할 수 있다.[2]

11 상고법원이 원심판결을 파기할 때에는 파기와 동시에 환송, 이송 또는 자판을 하여야 한다. **파기환송**(제393조)은 상고법원의 원칙적인 재판형식이다. 관할위반의 인정이 법률에 위반됨을 이유로 원심판결 또는 제1심 판결을 파기하는 경우에도 판결로써 사건을 원심법원 또는 제1심 법원에 환송하여야 한다(제395조). 이 밖의 이유로 원심판결을 파기하는 때에도 자판하는 경우가 아니면 환송 또는 이송의 결정을 내려야 한다(제397조). **파기이송**은 관할인정이 법률에 위반됨을 이유로 원심판결 또는 제1심 판결을 파기하는 경우에 판결로써 사건을 관할권이 있는 법원에 이송하는 것이다(제394조). **파기자판**은 상고법원이 원심판결을 파기할 경우에 해당 소송기록 그리고 원심법원과 제1심 법원이 조사한 증거로 충분히 판결할 수 있다고 인정되어 피고사건에 대해 직접 판결을 내리는 것이다(제396조 ①항). 이때는 불이익변경금지원칙이 적용된다(같은 조 ②항).

III. 비약상고와 판결정정

1. 비약상고

12 제1심 판결에 대한 항소를 제기하지 않고 직접 대법원에 상고하는 것을 비약상고(=비약적 상고)라고 한다(제372조). 비약상고는 법령해석의 통일에 신속을 기하고, 피고인의 이익을 일찍 회복시키기 위한 제도이다. 비약상고 대상은 제1심 판결이므로 결정에 대해서는 비약상고가 허용되지 않는다.

13 비약상고의 이유는 1) 원심판결이 인정한 사실에 대해 법령을 적용하지 않았거나 법령적용에 착오가 있는 때(같은 조 1호), 2) 원심판결이 있은 후 형의 폐지나 변경 또는 사면이 있는 때(같은 조 2호) 두 가지이다. 따라서 채증법칙위배와 같은 소송절차에 관한 법령위반이나 사실오인 또는 양형부당은 비약상고의 이유

1) 대판 2009. 2. 12. 2007도2733; 1997. 6. 13. 96도2606.

2) 대판 2002. 3. 15. 2001도6730.

가 될 수 없다. 비약상고가 있는 경우에도 상대방이 같은 사건에 대해 항소를 제기하면 비약상고는 효력을 잃게 된다(제373조 본문). 그러나 이 경우 피고인의 비약상고가 항소로서의 적법요건을 갖추고 있다면, 피고인의 재판청구권을 보장한다는 취지에서 항소로서의 효력은 인정된다.[1)]

2. 상고심판결의 정정

14 상고심판결에 명백한 오류가 있는 경우 이를 바로잡는 것을 판결정정이라고 한다(제400조 ①항). 상고심은 최종심이므로 선고와 함께 확정되기 때문에 원래 정정할 수 없는 것이 원칙이지만, 상고법원이 자신의 판결에 명백한 오류가 있을 때 이를 통해 자체적으로 바로잡을 수 있도록 한 것이다(제400, 401조). 판결정정 사유는 판결내용에 대한 오류의 발견이다. 계산착오, 오기, 미결구금일수산입 오류[2)] 등이 예가 된다.

[73] 항 고

I. 항고의 의의와 종류

1 항고는 법원의 결정에 대한 상소이다. 여기서 결정은 절차적 사항에 대한 종국 전 재판형식이기 때문에 항고는 종국재판인 판결에 대한 상소, 즉 항소 또는 상고와 구별된다. 판결에 대해 항소·상고는 언제나 허용되지만, 항고는 법률이 특별히 필요하다고 인정한 경우에만 허용되고 그 절차도 간단하다.

1. 일반항고

(1) 즉시항고

2 즉시항고는 명문규정이 있을 때에만 허용된다. 즉시항고의 제기기간은 7일로 제한되며(제405조), 즉시항고가 제기되면 재판집행은 정지된다(제410조). 즉시항고를 할 수 있는 예는 공소기각결정(제328조 ②항), 상소기각결정(제360조 ②항, 제362조 ②항, 제376조 ②항)과 같은 종국재판인 결정이나, 기피신청기각결정(제23조

---

1) 대판 2022. 5. 19. 2021도17131(전합).
2) 대결 1987. 5. 12. 86초2703.

①항), 구속취소결정(제97조 ④항), 소송비용부담결정(제192조 ②항, 제193조 ②항)과 같은 종국 전 결정이다.

(2) 보통항고

3 보통항고는 즉시항고 이외의 항고를 말한다. 법원의 결정에 대한 불복수단이며 특별한 규정이 있는 경우는 항고가 허용되지 않는다(제402조). 법원의 관할 또는 판결 전의 소송절차에 관한 결정에 대해서는 특별히 즉시항고할 수 있는 경우를 제외하고는 항고하지 못한다(제403조 ①항). 예를 들면 위헌제청신청을 기각하는 하급심의 결정, 국선변호인 선정신청을 기각하는 결정, 공소장변경허가결정 등은 판결 전 소송절차에 관한 결정이므로 독립하여 항고할 수 없다.

4 구금, 보석, 압수나 압수물의 환부에 관한 결정 또는 감정하기 위한 피고인의 유치에 관한 결정에 대해서는 보통항고가 가능하다(같은 조 ②항). 강제처분에 의한 권리침해를 종국재판에 대한 상소로 구제할 수는 없기 때문이다. 다만 구속적부심사청구에 대한 기각결정이나 인용결정에 대해서는 항고가 허용되지 않는다(제214조의2 ⑧항). 항고법원이나 고등법원의 결정에 대해서도 재판에 영향을 미친 헌법 · 법률 · 명령 또는 규칙의 위반이 있는 경우가 아니면 항고할 수 없다(제415조). 대법원의 결정은 최종심이므로 항고대상이 되지 않는다.[1)]

2. 재 항 고

5 재항고는 항고법원, 고등법원 또는 항소법원의 결정에 대한 항고를 말한다(법조법 제14조 2호). 또한 준항고(제416, 417조)에 대한 관할법원의 결정도 재항고의 대상이 된다(제415, 419조). 항고법원 또는 고등법원의 결정에 대해서는 원칙적으로 재항고가 허용되지 않는다. 다만 재판에 영향을 미친 헌법, 법률, 명령 또는 규칙에 대한 위반이 있으면 즉시항고가 가능하다(제415조).[2)]

II. 항고심의 절차

6 항고의 제기는 항고장을 원심법원에 제출함으로써 이루어진다(제406조). 항고장에는 항고이유를 기재한다. 즉시항고의 제기기간은 7일이지만, 보통항고에는

1) 대결 1987. 1. 30. 87모4; 1983. 6. 30. 83모34; 1967. 12. 27. 67모23.
2) 대결 2008. 4. 14. 2007모726.

기간제한이 없다. 항고제기가 법률의 방식에 위배되거나 항고권이 소멸한 후인 것이 명백한 때에는 원심법원은 결정으로 항고를 기각하여야 한다. 이에 대해서는 즉시항고를 할 수 있다(제407조). 항고를 이유 없다고 인정한 때에는 결정으로 항고를 기각하여야 한다(제414조 ①항). 항고를 이유 있다고 인정한 때에는 결정으로 원심결정을 취소하고, 필요하면 항고사건에 대해 직접 재판을 하여야 한다(같은 조 ②항). 그러나 항고의 전부 또는 일부가 이유 없다고 인정되면 항고장을 받은 날로부터 3일 이내에 의견서를 첨부하여 항고법원에 송부하여야 한다(제408조). 원심법원이 필요하다고 인정하면 소송기록과 증거물을 항고법원에 송부하여야 한다(제411조 ①항). 항고법원은 제1심법원에게서 소송기록과 증거물을 받은 날부터 5일 이내에 당사자에게 그 사유를 통지하여야 한다. 그 취지는 당사자에게 항고에 관하여 이유서를 제출하거나 의견을 진술하고 유리한 증거를 제출할 기회를 부여하려는 데 있다.[1] 즉시항고에는 재판집행이 정지되는 효력이 있으나(제410조), 보통항고에는 이 효력이 없다(제409조 본문).

항고심은 결정을 위한 심리절차이므로 구두변론을 생략할 수 있다(제37조 ② 7
항). 또한 항고법원은 사실과 법률을 모두 심사할 수 있고 그 범위도 항고이유에 한정되지 않는다. 필요하면 증인을 신문하거나 감정을 명할 수도 있다(제37조 ③항, 규칙 제24조 ①항). 이 경우에 검사, 피고인 · 피의자 또는 변호인을 참여하게 할 수 있다(규칙 제24조 ②항).

III. 준 항 고

1. 의 의

준항고는 법관의 재판이나 수사기관의 처분에 대해 불복이 있는 때, 그 재판 8
또는 처분의 취소 또는 변경을 법원에 구하는 불복신청방법을 말한다(제416, 417조). 준항고는 상급법원에 대한 구제신청이 아니므로 엄격한 의미에서 상소가 아니나, 실질적으로 항고에 준하는 성격이 있으므로 항고에 관한 규정을 준용한다(제419조). 준항고의 형태로는 재판장 또는 수명법관의 재판을 대상으로 하는 경우(제416조)와 검사 또는 사법경찰관의 처분을 대상으로 하는 경우(제417조)가 있

1) 대결 2018. 6. 22. 2018모1698.

다. 따라서 공판기일 전 증거보전절차(제184조)나 증인신문절차(제221조의2)에서 수임판사가 행한 재판에 대해서는 준항고가 허용되지 않는다.

2. 준항고의 절차

9 재판장 또는 수명법관이 1) 기피신청을 기각한 재판, 2) 구금, 보석, 압수 또는 압수물의 환부에 관한 재판, 3) 감정을 위해 피고인의 유치를 명한 재판, 4) 증인, 감정인, 통역인 또는 번역인에 대하여 과태료 또는 비용의 배상을 명한 재판을 고지하여 이에 불복이 있을 경우에는 준항고가 허용된다(제416조 ①항). 즉결심판절차에서 판사의 유치명령(즉심법 제17조 ①항)에 불복하는 경우에 준항고(제416조 ①항 3호)도 허용된다. 검사 또는 사법경찰관의 구금, 압수 또는 압수물의 환부에 관한 처분과 변호인의 피의자신문참여 등에 관한 처분[1]에 불복이 있으면, 그 직무집행지의 관할법원 또는 검사의 소속검찰청에 대응한 법원에 준항고를 제기할 수 있다(제417조). 검사가 압수 등 강제처분을 하지 않은 것은 준항고사유가 아니다.[2]

10 준항고의 청구는 서면으로 관할법원에 제출한다(제418조). 법관의 재판에 대한 준항고의 청구는 재판의 고지가 있은 날로부터 7일 이내에 하여야 하며(제416조 ③항), 지방법원이 청구를 받은 때에는 합의부에서 결정하여야 한다(같은 조 ②항). 준항고에 대한 결정은 서면심리로 할 수 있다(제37조 ②항, 제413, 414조).

1) 대결 2003. 11. 11. 2003모402.
2) 대결 2007. 5. 25. 2007모82.

제 3 절 재심과 비상상고

[74] 재심제도의 개관

I. 개념과 역할

1 재심은 유죄의 확정판결에 중대한 사실인정의 오류가 있는 경우에 판결을 받은 사람의 이익을 위하여 이를 바로잡을 수 있게 한 비상구제절차이다(제420조). 재심은 확정판결에 대한 것이라는 점에서 재판확정 전의 불복신청제도인 상소와 구별된다. 확정판결을 받은 자에게 불이익이 되는 재심은 인정되지 않는다는 점에서 현행법상 재심을 **이익재심**이라고 말한다.

2 제도의 성격에 대해, **입법정책설**은 재심이 법적 안정성을 해치지 않는 범위 안에서 실질적·구체적 정의를 실현하는 제도라고 한다.[1] **헌법적 근거설**은 재심을 무고한 자의 구제를 제도적 이념으로 하는 인권옹호를 위한 적법절차원칙으로 본다.[2] 재심은 예외적 상황을 전제로 하여 판결을 통해 확정된 법적 안정성을 수정함으로써 실체적 정의를 구현하기 위한 제도이다. 이로부터 실체법적 정의와 절차법적 정의를 실현하게 되며, 절차의 안정성과 절차유지 측면의 소송경제는 제한된다. 그러나 이러한 역할을 담당한다고 해서 인권보호기능이 없는 것은 아니기 때문에 위 두 시각을 대립된 학설로 볼 필요는 없다.

II. 재심의 구조와 대상

1. 재심의 구조

3 재심은 유죄의 확정판결에 사실인정의 오류가 있다고 인정될 경우 피고사건을 다시 심판하는 절차이다. 따라서 재심은 1) 재심이유의 유무를 심사하여 다시 심판할 것인가를 결정하는 사전절차인 **재심개시절차**와, 2) 피고사건을 다시 심판하는 절차인 **재심심판절차**의 2단계로 구성된다. 재심개시절차는 결정(제433조 내

---

1) 백형구(강의) 873; 이재상/조균석 53/3; 임동규 816.
2) 송광섭 518; 신동운 1674; 차용석/최용성 833.

지 435조)의 형식 그리고 재심심판절차는 통상의 공판절차와 같은 종국재판의 형식에 의해 종결된다.

2. 재심의 대상

4 재심의 대상은 유죄의 확정판결과 항소 또는 상고의 기각판결이다. 현행법은 이익재심만을 인정하기 때문에 무죄판결, 면소판결,[1] 공소기각판결, 관할위반의 판결 등은 재심대상이 되지 않는다. 그러나 특별사면으로 형 선고의 효력이 상실된 유죄의 확정판결은 재심청구의 대상이 된다.[2] '판결'만 대상이 되므로 '결정'은 재심대상이 될 수 없다. 예를 들어 피고인이 사망하여 공소기각결정이 확정된 때는 이에 해당하지 않는다.[3] 재심은 항소 또는 상고를 기각한 판결도 대상이 된다(제421조 ①항). 여기서 말하는 항소기각판결이나 상고기각판결은 상소기각판결에 의하여 확정된 하급심판결이 아니라 항소기각판결 또는 상고기각판결 그 자체이다.[4] 그 확정에 의해 원심의 유죄판결이 확정되기 때문이다.

[75] 재심사유

I. 유죄의 확정판결에 대한 재심사유

1. 분 류

1 **신규형 재심사유**는 확정판결 후에 사실인정을 변경할 만한 새로운 증거가 발견된 경우에(제420조 5호), **오류형 재심사유**는 원판결의 사실인정자료가 잘못된 경우에(1 · 2 · 3 · 4 · 6 · 7호) 인정되는 재심사유를 말한다. 재심사유는 원칙적으로 원판결의 사실인정에 변경을 가져오는 사유들이지만, 헌법재판소의 법률위헌결정(헌재법 제47조 ③ · ④항, 제75조 ⑦ · ⑧항)에 의한 재심사유는 원판결의 법률적용에 변경을 가져오는 사유이다.[5] 재심사건에서 형벌에 관한 법령이 재심판결 당시

---

1) 대결 2021. 4. 2. 2020모2071; 2018. 5. 2. 2015모3243.
2) 대판 2015. 5. 21. 2011도1932(전합).
3) 대판 2013. 6. 27. 2011도7931.
4) 대결 1984. 7. 27. 84모48.
5) 소촉법 제23조의2에는 귀책사유 없이 공판정에 출석하지 못한 채 유죄판결이 있는 경우의 재심사유가 있다. 이 규정은 제1심 궐석재판에 대하여 검사만 항소하고, 항소심도 불출석하여 진행한 결과 제1심을 파기하고 다시 유죄판결을 선고한 경우에도 유추적용된다(대판 2016. 10. 27. 2016도11969; 2015. 6. 25. 2014도17252(전합)).

폐지되었더라도 그 폐지가 처음부터 헌법에 위배로 효력이 없는 것일 때는 제325조 '범죄로 되지 아니하는 때'의 무죄사유에 해당한다.[1]

2. 오류형의 재심사유(제420조 1 · 2 · 3 · 4 · 6 · 7호)

2

1) 제1호는 '원판결의 증거가 된 서류 또는 증거물이 확정판결에 의해 위조되거나 변조된 것으로 증명된 때'이다. 서류 또는 증거물은 범죄사실 인정을 위한 증거의 요지부분에 기재된 증거에 제한되지 않으며, 범죄사실을 인정하기 위한 증거가 진술증거인 때에 그 증거능력을 인정하기 위한 증거도 포함된다. 2) 제2호는 '원판결의 증거가 된 증언 · 감정 · 통역 또는 번역이 확정판결에 의해 허위임이 증명된 때'이다. 여기서 원판결의 증거가 된 허위증언을 제외하고 다른 증거에 의해서도 범죄될 사실이 유죄로 인정될 것인지 여부는 중요하지 않다.[2] 원판결에서 증언을 한 자가 사실대로 증언한 다른 증인을 위증으로 고소하였다가 무고죄로 유죄의 확정판결을 받은 경우는 여기에 해당하지 않는다.[3] 3) 제3호는 '무고로 인하여 유죄를 선고받은 경우 그 무고죄가 확정판결에 의해 증명된 때'이다. 4) 제4호는 '원판결의 증거가 된 재판이 확정판결에 의하여 변경된 때'이다. 이는 유죄증거로 채택되어 범죄사실을 인정하는 데 인용된 다른 재판을 의미한다. 재판은 형사재판에 국한되지 않는다. 5) 제6호는 '저작권, 특허권, 실용신안권, 디자인권 또는 상표권을 침해한 죄로 유죄선고를 받은 사건에 관하여 그 권리에 대한 무효의 심결 또는 무효의 판결이 확정된 때'이다. 6) 제7호는 '원판결 · 전심판결 또는 그 판결의 기초가 된 조사에 관여한 법관, 공소제기 또는 그 공소의 기초가 된 수사에 관여한 검사나 사법경찰관이 그 직무에 관한 죄를 지은 것이 확정판결에 의하여 증명된 때'이다. 다만 원판결의 선고 전에 법관, 검사 또는 사법경찰관에 대해 공소가 제기되었을 경우에는 원판결의 법원이 그 사유를 알지 못한 때에 한정하여 재심사유가 된다(같은 호 단서). 유죄선고를 받은 자가 직무에 관한 죄를 범하게 한 경우에는 검사가 아니면 재심을 청구하지 못한다(제425조). 유죄판결을 받은 자가 자신에게 유리한 판결을 얻기 위하여 공무원의 위법행위를 유발하는 경우에 재심사유를 인정할 수 없기 때문이다.

---

1) 대판 2019. 1. 31. 2018도6185; 2018. 12. 13. 2016도1397.
2) 대결 1997. 1. 16. 95모38.
3) 대판 2005. 4. 14. 2003도1080.

3. 신규형의 재심사유(제420조 5호)

3 유죄를 선고받은 자에 대하여 무죄 또는 면소를, 형의 선고를 받은 자에 대하여 형의 면제 또는 원판결이 인정한 죄보다 경한 죄를 인정할 명백한 증거가 새로 발견된 때는 재심사유가 된다(제420조 5호).

(1) 증거의 성격

4 여기서 **새로운 명백한 증거**란 사실인정의 오류를 밝혀줄 수 있는 증거를 말한다. 법률적용에 관한 것은 제외된다. 그러나 예외적으로 법령개폐나 법원의 해석변화는 이에 해당할 수 있다.[1] '유죄를 선고받은 자에 대하여 무죄 또는 면소를 인정할 경우'에 제한되므로 공소기각판결은 여기에 적용되지 않는다.

5 '형의 선고를 받은 자에 대하여 형의 면제 또는 원판결이 인정한 죄보다 경한 죄를 인정할 경우'에서 형의 면제는 필요적 면제만을 의미하고 자수·자복의 경우와 같은 임의적 면제는 해당하지 않는다.[2] 형의 경중은 원칙적으로 법정형을 기준으로 결정한다. 심신미약이나 방조범 감경 사유와 같이 형의 '감경'사유일 뿐이거나 양형에 변동을 가져오는 경우[3] 또는 원판결이 인정한 죄와 동일한 죄에 대해 공소기각을 선고할 수 있는 경우[4]는 포함하지 않는다.

6 '새로운 증거'에 증거능력이 필요한가에 대해, 증거능력이 전제되어야 한다는 견해와,[5] 엄격한 증명을 필요로 하는 사실에 관한 증거에만 증거능력이 요구된다는 절충설이 있다.[6] 그러나 이는 이익재심에서 피고인에게 유리한 증거일 것이므로 증명책임 귀속원리에 따라 증거능력이 필요하지 않다고 보아야 한다.[7]

(2) 새로운 증거

7 '새로운 증거'란 원판결 당시 존재했던 증거가 후에 발견된 경우, 원판결 후에 새로 생긴 증거, 원판결 당시 그 존재를 알았으나 제출·조사하지 못했던 증

---

1) 조세부과처분을 취소하는 행정판결이 확정된 경우 부과처분은 소급하여 효력을 잃어 납세의무가 없어지므로 조세포탈에 대한 무죄 또는 원심판결이 인정한 죄보다 경한 죄를 인정할 명백한 증거에 해당한다(대판 1985. 10. 22. 83도2933). 조세심판원 조사에 따라 과세관청이 애초 부과처분을 취소하였다면 그 부과처분은 처분 시에 소급하여 효력을 잃게 되어 원칙적으로 그에 따른 납세의무도 없어지므로 재심사유에 해당한다고 보아야 한다(대판 2015. 10. 29. 2013도14716).

2) 대결 1984. 5. 30. 84모32.

3) 대판 1985. 2. 26. 84도2809; 대결 1992. 8. 31. 92모31.

4) 대결 1997. 1. 13. 96모51; 1986. 8. 28. 86모15.

5) 김기두 333; 백형구(강의) 875.

6) 신양균 1091; 이은모 913; 이재상/조균석 53/16; 이창현 1278; 임동규 822.

7) 결론면에서 같은 김재환 1001; 신동운 1682.

거로서 제출 · 조사가 가능하게 된 경우를 말한다. **증거의 신규성**은 법원의 입장에서 새로운 것이어야 한다.

이에 추가하여 법원 이외에 당사자에게도 새로운 증거이어야 하는가에 대해서는 견해가 대립된다. 1) **필요설**은 허위진술을 하여 유죄판결을 받은 자에 대해서까지 재심을 인정하는 것은 형평에 반하므로 당사자에 대해서도 증거는 새로운 것이어야 한다고 본다.[1] 2) **불필요설**은 재심을 정의를 회복하기 위한 제도로 보고 가능한 한 피고인을 폭넓게 보호해야 한다는 점에서 증거는 법원에 대해서만 새로운 것이면 된다는 입장이다.[2] 3) **절충설**은 원칙적으로 증거가 당사자에게 새로운 것일 필요는 없으나 고의 · 과실 등의 귀책사유로 증거를 제출하지 못한 때에는 예외적으로 신규성을 인정할 수 없다고 본다. 판례의 입장이다.[3] 피고인에게 증거제출에 귀책사유가 있을 때에 재심을 제한하는 견해는 증명책임이 국가기관의 의무라는 점을 간과하고 있다. 불필요설이 타당하다. 8

(3) 증거 명백성의 판단기준

여기서 명백성은 새로운 증거에 의할 때 확정판결이 인정한 범죄가 없었다는 사실이 확실하거나 고도로 개연적인 의심이 생긴 경우를 의미한다. 새로운 증거의 증거가치가 이전 증거보다 경험칙이나 논리칙에 비추어 객관적으로 두드러지게 월등한 것이어야 하고, 법관의 자유심증범위 안에서 증거가치에 어느 정도 차이나는 수준에 그쳐서는 안 된다.[4] 그렇기에 이 평가에서는 in dubio pro reo - 원칙이 적용되지 않는다. 재심은 확정판결을 무효로 하고 구체적 정의를 실현하는 예외에 해당하는 제도이기 때문이다. 9

증거의 명백성을 판단하는 기준에 대해서 1) **단독평가설**은 새로 나타난 증거만으로 종전 확정판결의 문제가 명확하게 드러나야 한다는 입장이다.[5] 2) **종합평가설**은 새로운 증거뿐만 아니라 확정판결 이전에 제시된 증거까지 포함해서 종합적으로 판단해야 한다는 다수견해이다.[6] 종합평가설 중에서, 이전 증거를 통해 얻은 확정판결의 심증을 그대로 인계해야 한다는 견해도 있지만 [심증인계설], 새 10

1) 김기두 333.
2) 신동운 1684; 신양균 1092; 이재상/조균석 53/19; 차용석/최용성 846.
3) 대판 2015. 10. 29. 2013도14716; 대결 2009. 7. 16. 2005모472(전합); 백형구(강의) 875; 임동규 825.
4) 대판 1993. 10. 12. 93도1512; 대결 1999. 8. 11. 99모93; 1990. 2. 19. 88모38; 1987. 2. 11. 86모22.
5) 구판례 대결 1999. 8. 11. 99모93.
6) 백형구(강의) 877; 신동운 1686; 신양균 1094; 이재상/조균석 53/20; 이창현 1282; 정영석/이형국 511.

로운 증거에 의해 이전 증거의 증거가치를 재평가한 후 증거의 명백성을 종합평가해야 한다는 견해[**재평가설**]가 일반적이다. 판례도 종합평가설 가운데 재평가설과 가까운 입장으로 이해된다.[1)]

(4) 공범의 무죄판결

11 공범 사이에 모순된 판결이 있는 경우, 유죄판결을 받은 공범이 다른 공범의 무죄판결을 가지고 무죄를 인정할 명백한 증거로 삼을 수 있는가 하는 점이 문제된다. 1) **부정설**은 공범에 대한 무죄판결은 증명력평가의 차이에서 생긴 결과이므로 이를 인정하지 않는데 반해, 2) **긍정설**은 동일한 범죄사실에 대해 상반된 판결이 확정되는 것은 불합리하고, 공범의 무죄판결은 형벌법규 해석차이로 인한 것이 아니라, 사실인정에 관하여 결론을 달리한 것이므로 다른 공범의 확정된 무죄판결은 명백한 증거로 보아야 한다는 입장이다.[2)] 3) **이분설**은 공범에 대한 무죄판결이 법령의 개폐나 새로운 법률해석에 따른 것이면 여기의 명백한 증거에 해당하지 않으나, 공범의 무죄판결에 사용된 증거가 먼저 확정된 유죄판결을 파기할 만한 개연성이 있는 경우에는 이에 해당된다는 입장이다.[3)] 공범의 종류에 따라서 다른 취급이 가능하겠으나, 공범간 행위가 동일한 경우라면 긍정설이 타당하다. 이분설도 긍정설과 결론 면에서 다른 이야기를 하고 있는 것은 아니다.

II. 기타 재심사유

1. 상소기각의 확정판결에 대한 재심이유

12 항소 또는 상고의 기각판결에 대해서는 제420조 1·2·7호의 사유가 있을 때에 한해 그 선고를 받은 자의 이익을 위하여 재심을 청구할 수 있다(제421조 ① 항). 여기서 '항소 또는 상고의 기각판결'은 항소 또는 상고기각판결에 의하여 확정된 제1심 또는 항소심판결을 의미하는 것이 아니라, 항소기각 또는 상고기각판결 자체를 의미한다.[4)] 그렇기에 하급심의 확정판결에 대해 재심청구를 기각하는 결정이 있더라도 상소기각의 확정판결에 대해 재심청구를 하는 것은 가능하다.

---

1) 대결 2009. 7. 16. 2005모472(전합).
2) 손동권/신이철 805; 신양균 1096; 이재상/조균석 53/22.
3) 대결 1984. 4. 13. 84모14 참조. 임동규 825.
4) 대결 2022. 6. 16. 2022모509.

하급심판결에 대한 재심청구를 인용하여 재심개시결정에 따라 재심심판절차 의 판결이 이루어진 후에는, 그 하급심판결에 대한 상소를 기각하는 확정판결에 대한 재심청구(제421조 ①항) 목적은 이미 달성된 것이라고 할 수 있다. 따라서 제1심 확정판결에 대한 재심청구사건의 판결이 있은 후에는 항소기각판결에 대해 다시 재심을 청구하지 못하며(같은 조 ②항), 제1심 또는 제2심 확정판결에 대한 재심청구사건의 판결이 있은 후에는 상고기각판결에 대해 다시 재심을 청구하지 못한다(같은 조 ③항). 13

2. 확정판결에 대신하는 증명

확정판결이 재심청구이유가 되는 때이지만 그 확정판결을 얻을 수 없을 때 14
에는 그 사실을 증명하여 재심청구를 할 수 있다. 다만 증거가 없기에 확정판결을 얻을 수 없는 때에는 그렇지 않다(제422조). '확정판결을 얻을 수 없다'는 것은 유죄판결을 할 수 없는 사실상 또는 법률상 장애가 있는 경우로서, 1) 범인이 사망하였거나 행방불명인 경우, 2) 범인이 현재 심신상실상태에 있는 경우, 3) 공소시효가 완성된 경우, 4) 기소유예처분한 경우, 5) 사면이 있었던 경우 등이다.

[76] 재심절차

I. 재심의 청구

재심청구는 원판결의 법원이 관할한다(제423조). 재심청구대상이 제1심 판결 1
이면 제1심 법원이, 상소기각판결이면 상소법원이 관할한다. 제1심법원이 재심관할법원인 항소심법원으로 재심사건을 이송하여야 하는데도 재심청구기각결정을 한 데에 대해 재심관할법원인 항소심법원에 항고가 제기된 경우, 제367조를 유추적용하여 관할권이 없는 제1심결정을 파기하고 재심관할법원으로서 그 절차를 진행해야 한다.[1] 제2심 판결을 대법원이 파기자판한 경우는 대법원이 관할한다. 재심청구권자는 1) 검사, 2) 유죄선고를 받은 자, 3) 유죄선고를 받은 자의 법정대리인, 4) 유죄판결을 선고받은 자가 사망하거나 심신장애가 있는 경우에는 그 배우자, 직계친족 또는 형제자매이다(제424조).

1) 대결 2003. 9. 23. 2002모344.

2 재심청구시기에는 제한이 없다. 형집행을 종료하거나 형집행을 받지 않게 된 때에도 할 수 있다(제427조). 유죄선고를 받은 자가 사망한 때에도 무죄판결공시(제440조)를 통해 명예를 회복하고 형사보상과 집행된 벌금, 몰수된 물건 또는 추징금액의 환수 등과 같은 법률상 이익을 받을 수 있다. 재심청구를 할 때에는 재심청구의 취지 및 이유를 구체적으로 기재한 재심청구서에 원판결의 등본 및 증거자료를 첨부하여 관할법원에 제출하여야 한다(규칙 제166조). 구두에 의한 청구는 허용되지 않는다. 상소기각판결에 대한 재심청구라면 상소기각판결의 등본뿐만 아니라 원심판결의 등본까지 포함해야 한다. 재심청구는 형집행을 정지하는 효력이 없다.

3 재심청구의 취하도 서면으로 하여야 하나, 공판정에서는 구술로 할 수 있다(규칙 제167조 ①항). 재심청구를 취하한 자는 동일한 이유로 다시 재심을 청구하지 못한다(제429조 ②항). 취하시기는 공소제기와 마찬가지로 제1심 판결선고시까지로 보는 것이 타당하다.

II. 재심청구의 심리와 재판

1. 재심청구에 대한 심리

4 재심청구 자체에 대한 심리는 판결절차가 아니라 결정절차이므로 구두변론을 필요로 하지 않는다. 청구인이 재심청구의 이유로 주장한 사실에 국한하여 사실심리를 할 수 있다. 재심청구에 대한 결정을 내릴 때에는 청구자와 상대방의 의견을, 유죄선고를 받은 자의 법정대리인이 재심을 청구한 경우에는 유죄선고를 받은 자의 의견을 들어야 한다(제432조). 의견진술기회 없이 청구기각결정을 한 경우는 결정에 영향을 미치는 중대한 법령위반에 해당하므로 즉시항고(제437조) 및 재항고(제415조)의 사안이 된다.

2. 재심청구에 대한 재판

(1) 청구기각결정

5 재심청구가 부적법한 경우(제433조), 재심청구가 이유 없는 경우(제434조), 재심청구가 경합하는 경우(제436조)에 법원은 청구기각결정을 하여야 한다. **재심청**

구가 부적법한 경우는 재심청구취지 및 재심청구이유를 구체적으로 기재하지 않거나 원판결의 등본 및 증거자료를 첨부하지 않은 경우, 청구취하 후 동일한 이유로 다시 재심을 청구한 경우(제429조 ②항), 이유 없음을 이유로 기각결정된 재심청구사건을 동일한 이유로 다시 재심청구한 경우(제434조 ②항), 항소심에서 파기된 제1심 판결을 대상으로 하는 재심청구[1] 등이다. 상소를 기각하는 확정판결과 이 판결로 확정된 하급심판결에 대한 재심청구가 있는 경우에 하급법원이 재심판결을 한 때에는, 상소기각판결을 한 법원은 재심청구를 기각하여야 한다(제436조). 재감자에 대한 재심기각결정을 교도소 등의 장에게 송달하지 아니한 경우는 위법한 절차이다.[2]

(2) 재심개시결정

재심청구가 이유 있다고 인정한 때에는 재심개시결정을 하여야 한다(제435조 6
①항). 경합범 일부에 대해서만 재심청구가 이유 있다고 인정되는 경우, **전부재심설**에 따르면 재심청구가 없는 부분도 포함하여 전체에 대해 재심개시결정을 하여야 한다고 하나,[3] **일부재심설**과 판례에 따라 해당 일부사실만 재심대상이 되고, 재심사유가 없는 범죄사실 부분은 양형에서 형량만을 다시 정할 수 있는 사실이라고 보는 것이 타당하다.[4]

(3) 결정에 대한 불복

재심청구에 대한 기각결정(제433조, 제434조 ①항, 제436조 ①항)과 재심개시 7
결정(제435조 ①항)에 대해서는 즉시항고를 할 수 있다(제437조). 다만 대법원의 결정에 대해서는 즉시항고가 허용되지 않는다. 7일의 즉시항고기간(제405조)이 경과하거나 즉시항고가 기각된 때에 재심개시결정은 확정된다.

III. 재심의 심리와 재판

1. 재심의 공판절차

재심개시결정이 확정된 사건에 대해 법원은 그 심급에 따라 다시 심판하여 8

---

1) 대결 2004. 2. 13. 2003모464.
2) 대결 2009. 8. 20. 2008모630.
3) 백형구(강의) 882; 신동운 1698.
4) 대판 2016. 3. 24. 2016도1131; 2011. 1. 20. 2008재도11(전합); 2001. 7. 13. 2001도1239; 1996. 6. 14. 96도477.

야 한다(제438조 ①항). 여기서 **심급에 따라 심판**한다는 것은 제1심 확정판결에 대한 재심의 경우에는 제1심 공판절차에 따라, 항소심에서 파기자판된 확정판결에 대하여는 항소심절차에 따라, 그리고 항소기각 또는 상고기각의 확정판결에 대해서는 항소심 또는 상고심의 절차에 따라서 각각 심판한다는 의미이다. 따라서 재심판결에 대해 다시 상소할 수도 있다.

9 '다시' 심판한다는 것은 재심대상판결의 당부를 심사하는 것이 아니라 피고사건 자체를 처음부터 새로 심판한다는 뜻이다[복심]. 재심사건의 공소사실에 관한 증거의 선택과 이에 근거한 사실인정도 재심사건을 심리하는 법원의 자유심증에 따른 전권에 속한다.[1)]

2. 특 칙

10 사망자 또는 회복이 불가능한 심신장애자를 위한 재심청구가 있는 때 또는 유죄선고를 받은 자가 재심 판결 전에 사망하거나 회복불가능한 심신장애자가 된 때에는 공판절차의 정지나 공소기각결정을 할 수 없다(제438조 ②항). 공소취소는 제1심 판결의 선고 전까지 가능하므로, 제1심 판결이 선고되어 확정된 원심재판을 전제로 하는 재심사건의 경우, 재심공판절차에서 공소취소를 하는 것은 불가능하다.

11 재심공판절차에서 공소장변경이 허용될 수 있는가에 대해서는 **전면적 허용설**[2)]과 원판결의 죄보다 중한 죄를 인정하기 위한 공소사실의 추가·변경은 허용되지 않는다는 **제한적 허용설**[3)]이 대립되어 있다. 이익재심이므로 피고인의 방어권 보장이라는 공소장변경의 근거에 따라 제한적 허용설이 타당하다.

3. 재심의 재판

12 재심에는 원판결의 형보다 무거운 형을 선고할 수 없다(제439조)[이익재심]. 이는 검사가 재심을 청구한 경우에도 마찬가지이다. 재심에서 무죄선고를 한 때에는 그 판결을 관보와 그 법원소재지의 신문에 기재하여 공고하여야 한다(제440조). 이는 유죄선고를 받은 자의 명예회복을 위한 조치이다. 다만 재심을 청구한 사람이 원하지 않는 경우에는 공시하지 않을 수 있다(같은 조 단서).

---

1) 대판 2015. 5. 14. 2014도2946.
2) 백형구(강의) 884; 신양균 1112.
3) 신동운 1702; 이재상/조균석 53/42; 임동규 837.

재심판결이 확정되면 원판결은 당연히 그 효력을 잃는다.[1] 그러나 재심판결이 확정된 경우에도 원판결에 의한 형의 집행까지 무효가 되는 것은 아니다. 따라서 원판결에 의한 자유형의 집행은 재심판결에 의한 자유형의 집행에 합산된다. 13

경합범인 수 개의 범죄사실에 1개의 형을 선고한 불가분의 확정판결 중 일부 범죄사실에만 재심청구이유가 있지만 판결 전부에 대하여 재심개시결정을 한 경우라면, 재심법원이 재심사유가 없는 범죄에 대하여 새롭게 양형을 하는 것은 이중처벌금지원칙, 일사부재리에 반하지 않는다. 그러나 이 경우에도 불이익변경금지원칙은 적용되어야 한다.[2] 특별사면으로 형선고의 효력이 상실된 유죄확정판결에 대해 재심심판법원이 다시 심판한 결과 유죄로 인정되는 경우에는, 이익재심과 불이익변경금지원칙에 따라 '피고인에 대하여 형을 선고하지 아니한다'는 주문을 선고해야 한다.[3] 14

1) 상습범인 선행범죄로 유죄의 확정판결을 받은 사람이 동일한 습벽에 의해 후행범죄를 저질렀는데 선행범죄에 대하여 재심이 개시된 경우, 후행범죄가 재심대상판결에 대한 재심판결 선고 전에 저질러진 범죄이더라도 재심판결의 기판력이 후행범죄에 미치지 않는다. 2) 만약 유죄의 확정판결 이후 별개의 후행범죄를 저질렀고 유죄의 확정판결에 대해 재심이 개시된 경우, 후행범죄가 재심대상판결에 대한 재심판결 확정 전에 저질러졌다 하더라도 아직 판결을 받지 않은 후행범죄와 재심판결이 확정된 선행범죄 사이에는 형법 제37조 후단경합범[사후경합범] 관계가 성립하지 않는다.[4] 15

[77] 비상상고

I. 의 의

비상상고는 확정판결에 대하여 그 심판의 **법령위반**을 바로잡기 위한 비상구제절차이다. 이는 비상구제절차로서 확정판결의 교정수단이라는 점에서는 재심과 같고, 미확정판결의 불복방법인 상소와 다르다. 비상상고는 법령위반을 이유로 1

1) 대판 2019. 4. 11. 2018도17900; 2017. 9. 21. 2017도4019.
2) 대판 2018. 2. 28. 2015도15782.
3) 대판 2015. 10. 29. 2012도2938.
4) 대판 2019. 6. 20. 2018도20698(전합).

하는 점, 신청권자가 검찰총장에 제한되고, 관할법원이 언제나 대법원인 점, 판결 효력이 원칙적으로 확정판결이 선고된 자에게 미치지 않는다는 점에서 재심과 구별된다. 비상상고는 법령의 해석 · 적용의 통일을 목적으로 하는 제도이다. 다만 법령위반의 원판결이 피고인에게 불리한 때에는 원판결을 파기하고 피고사건에 대해 다시 판결을 내려야 하므로(제446조 1호 단서), 피고인의 불이익을 구제하는 부수적인 역할도 담당한다.

2 **비상상고의 대상**은 모든 확정판결이다. 유죄판결, 무죄판결, 면소판결, 공소기각판결, 관할위반판결 모두가 비상상고의 대상이 된다. 확정판결의 효력이 부여되는 약식명령, 즉결심판, 경범죄처벌법 및 도로교통법의 범칙금납부 등도 그 대상이 된다. 공소기각결정, 항소기각결정, 상고기각결정 등도 결정의 형식을 취하지만 종국판결이라는 점에서 역시 비상상고의 대상이 된다. 판결이 당연무효라 할지라도 판결은 확정되어 존재하므로 비상상고가 가능하다. 그러나 상급심의 파기판결에 의해 효력을 상실한 재판은 위 조항에 따른 비상상고의 대상이 될 수 없다.[1)]

II. 비상상고의 이유

1. 판결의 법령위반과 소송절차의 법령위반

3 비상상고의 이유에는 판결뿐만 아니라 소송절차의 법령위반이 포함된다. 양자는 대법원의 재판형식에서 차이가 있다. 원판결의 법령위반을 이유로 하는 경우에는 일부분이라도 원판결을 파기해야 하고, 또한 원판결이 피고인에게 불리한 때에는 원판결을 파기할 뿐만 아니라 피고사건에 대해 다시 판결을 하여야 한다(제446조 1호). 이에 반해 소송절차의 법령위반을 이유로 하는 경우에는 그 위반된 절차를 파기하는 것으로 충분하다(같은 조 2호).

4 '판결의 법령위반'과 '소송절차의 법령위반'을 어떤 기준으로 구분할 것인가에 대해 견해대립이 있다. 특히 소송조건이 흠결되었음에도 실체재판을 한 경우가 둘 중 어디에 속하는 것으로 보아야 할 것인가의 문제이다. 판결의 법령위반은 판결내용의 법령위반과 판결절차의 법령위반을 포함하는 것이고, 소송절차의 법령위반은 판결 전 소송절차의 법령위반을 의미하는 것으로 보는 견해가 있다[제1설]. 법

1) 대판 2021. 3. 11. 2019오1.

령적용의 위법과 면소의 잘못은 판결의 법령위반이고, 관할위반 · 공소기각의 잘못과 판결절차의 법령위반은 소송절차의 법령위반이라는 견해도 있다 [제2설].

다수의 견해는 판결의 법령위반은 판결내용에 직접 영향을 미치는 법령위반 5
을 의미하고, 소송절차의 법령위반은 판결내용에 영향을 미치지 않는 소송절차의 법령위반을 의미한다고 본다 [제3설].[1] 이러한 일반적 견해에 따르면 **판결내용에 영향을 미치는 법령위반**에는 실체법위반뿐만 아니라 절차법위반도 포함된다. 그리고 **소송절차의 법령위반**은 판결절차가 법령에 위반된 경우로서, 예컨대 형을 선고하면서 상소권의 고지를 누락한 경우 등이고, 판결 전 절차가 법령에 위반된 경우로는 친고죄에서 고소가 없거나 고소취소가 되었음에도 유죄판결을 선고 · 확정한 경우,[2] 공소시효완성 사실을 간과한 채 피고인에 대하여 약식명령을 발령한 경우,[3] 증인신문방식의 위법이 있는 경우, 공소장변경의 위법이 있는 경우 등이 이에 속하지만, 원판결선고 전에 피고인의 사망 사실을 알지 못하여 공소기각의 결정을 하지 않고 실체판결에 나아간 경우는 이에 해당하지 않는다.[4]

2. 전제사실의 오인과 비상상고

비상상고는 법령위반을 이유로 하나, 사실오인의 결과로 법령위반의 오류가 6
발생한 경우에, 그 사실오인을 이유로 비상상고를 제기할 수 있는지 문제된다. 사실오인으로 발생하는 법령적용의 위법은 재심제도로 교정해야 한다는 **전면부정설**과, 사실오인이 법령적용의 위법을 초래한 경우, 그 사실오인이 기록조사에 의해 쉽게 인정할 수 있는 사항이면 비상상고의 대상이 된다고 보는 **전면허용설**이 있다.[5] **절충설**은 법령위반이 소송법적 사실의 오인으로 인한 때는 비상상고의 이유로 인정하지만, 실체법적 사실오인으로 인한 때에는 인정하지 않는다고 한다.[6] 소송법적 사실인정은 판결이유에도 명시되지 않기 때문에 소송법적 사실오인과 법령위반을 구별하기가 쉽지 않다. 그럼에도 제444조 ②항이 소송절차의 법령위반과 관련하여 사실오인을 검토할 여지를 두고 있기에 절충설이 타당하다.

---

1) 백형구(강의) 888; 신양균 1118; 이재상/조균석 54/10; 임동규 842; 정영석/이형국 523; 차용석/최용성 866.
2) 대판 2000. 10. 13. 99오1.
3) 대판 2006. 10. 13. 2006오2.
4) 대판 2005. 3. 11. 2004오2.
5) 강구진 612; 신양균 1119; 이재상/조균석 54/15; 정영석/이형국 524.
6) 김재환 1020; 백형구(강의) 889; 신동운 1709; 임동규 842; 대판 2017. 6. 15. 2017오1; 2005. 3. 11. 2004오2; 1963. 4. 11. 63도2 참조.

III. 비상상고의 절차

1. 비상상고의 신청과 심리

7 비상상고의 신청권자는 검찰총장이며, 관할법원은 대법원이다(제441조). 비상상고를 할 때에는 그 이유를 기재한 신청서를 대법원에 제출하여야 한다(제442조). 비상상고의 신청기간에는 제한이 없다. 비상상고를 심리하기 위해 대법원은 반드시 공판기일을 열어야 한다. 검사는 비상상고의 공판기일에 출석하여야 하나, 피고인이 출석할 필요는 없다. 비상상고의 공판절차에는 상고심절차가 준용되기 때문이다. 피고인의 변호인이 공판기일에 출석하여 의견진술을 할 필요가 있는 경우에는 이를 인정하는 것이 타당하다. 대법원이 신청서에 포함된 이유에 한하여 조사하여야 하므로(제444조 ①항), 비상상고에는 직권조사사항이 없다. 다만 법원의 관할, 공소의 수리와 소송절차에 관하여는 사실조사를 할 수 있다(같은 조 ②항).

2. 비상상고의 판결

8 비상상고가 이유 없다고 인정하거나 비상상고 신청이 부적법한 때에는 판결로써 이를 기각하여야 한다(제445조). 비상상고가 이유 있다고 인정한 때에는 대법원은 확정판결을 파기한다. 판결에 법령위반이 있는 때에는 그 위반된 부분만을 파기하여야 한다(제446조 1호 본문) [**부분파기**]. 다만 예외적으로 원판결이 피고인에게 불리한 때에는 원판결을 파기하고 그 피고사건에 대해 다시 판결을 한다(같은 호 단서) [**파기자판**]. 원심소송절차가 법령을 위반한 때에는 그 위반된 절차를 파기한다(제446조 2호) [**부분파기**].

제 4 절 간이화된 절차와 국민참여재판

[78] 간이공판절차

I. 간이공판절차의 의의와 요건

1 간이공판절차란 피고인이 '공판정에서 공소사실을 **자백**한 경우' 일정한 요건을 전제로 형사소송법이 규정하는 **1) 증거조사절차를 간소화**하고, **2) 증거능력제한을 완화**하여 심리를 신속하게 진행하는 공판절차를 말한다(제286조의2). 소송경제에 기여하는 제도이나, 공정한 재판과 적법절차이념을 어느 정도 포기한다는 점에서 간이공판절차의 운영에는 주의가 따른다.

2 피고인의 공판정에서의 자백이 간이공판절차의 요건이다. 자백배제법칙이나 자백보강법칙의 대상과 달리, 간이공판절차에서는 피고인이 공판정에서 자백한 사건으로 엄격하게 제한된다(제286조의2). 수사절차나 공판준비절차에서 행한 자백을 근거로 간이공판절차를 적용할 수 없다. 현행법은 피고인의 모두진술에서 공소사실의 인정여부를 진술하도록 규정하고 있으므로 자백의 시점은 모두진술시까지라고 보아야 한다 [**모두진술시설**]. 판례는 제5회 공판기일에 피고인이 이전의 부인 진술을 번복하고 공소사실을 자백한 때에 법원이 간이공판절차로 진행하도록 한 결정이 정당하다고 한다 [**변론종결시설**].[1)]

3 피고인이 의사무능력자인 경우라고 하더라도 법정대리인 등이 피고인을 대신하여 자백할 수는 없다. 피고인이 검사가 신문할 때는 자백하였으나 변호인이 신문할 때 공소사실을 부인한 경우에도 간이공판절차가 개시될 수 없다.[2)] 자백은 자기의 형사책임을 승인하는 내용이어야 하지만 유죄임을 명시적으로 진술할 필요는 없다.[3)] 위법성이나 책임조각사유를 덧붙인다면 자백으로 보아서는 안 된다.[4)]

---

1) 대판 1987. 8. 18. 87도1269.
2) 대판 1998. 2. 27. 97도3421.
3) 대판 1983. 2. 22. 82도3176; 1981. 11. 24. 81도2422; 1981. 6. 9. 81도775.
4) 대판 2006. 5. 11. 2004도6176; 2004. 7. 9. 2004도2116.

II. 간이공판절차의 특칙

4 간이공판절차에는 '증거능력'과 '증거조사방식'에 특칙이 있고, 이외에는 공판절차에 대한 일반규정이 그대로 적용된다. 간이공판절차에서는 전문법칙에 따라 증거능력이 부인되는 증거가 있을 때 증거동의가 있는 것으로 간주되지만, 검사, 피고인 또는 변호인이 증거로 하는 것에 이의가 있을 경우에는 그러하지 아니하다(제318조의3).[1] 간이공판절차에서 증거조사는 법원이 상당하다고 인정하는 방법에 의하면 되고, 통상의 절차와 같은 엄격한 증거조사방식을 따르지 않아도 된다(제297조의2).[2] 그러나 공개주의에 비추어 볼 때 당사자나 방청인이 증거조사 내용을 알 수 있도록 해야 한다. 간이공판절차에서도 자백의 보강법칙은 그대로 유지된다.

III. 간이공판절차의 형식

1. 개시결정

5 간이공판절차의 요건이 갖추어져 있을 때 법원이 간이공판절차에 의한 심판을 할 것을 결정하는 것은 재량사항이다(제286조의2). 법원이 간이공판절차를 결정하고자 할 때 재판장은 미리 피고인에게 간이공판절차의 취지를 설명하여야 하고, 공판조서에 이를 기재해야 한다(제51조 ②항 14호, 규칙 제131조). 간이공판절차 개시결정은 판결 전 소송절차에 대한 결정이므로 항고할 수 없다(제403조 ①항). 간이공판절차요건을 갖추지 않았음에도 불구하고 간이공판절차로 심판하여 판결을 내렸다면, 그 판결에 대해서는 판결에 영향을 미친 법령위반을 이유로 항소 또는 상고할 수 있다(제361조의5 1호, 제383조 1호).

2. 취소결정

6 법원은 피고인의 자백을 신빙할 수 없거나 간이공판절차로 심판하는 것이 현저히 부당하다고 인정할 때에는 그 결정을 취소하여야 한다(제286조의3). "피고인의 자백을 신빙할 수 없는 때"란 피고인의 자백에 임의성이 없는 경우를 말한

1) 이에 따라 증거능력이 있는 증거는 항소심에서도 계속 증거로 할 수 있다(대판 2005. 3. 11. 2004도8313).
2) 대판 1980. 4. 22. 80도333.

다. 자백의 보강증거가 없다는 이유로 간이공판절차 개시결정을 취소할 수는 없다. "간이공판절차로 심판하는 것이 현저히 부당한 때"는 간이공판절차의 요건이 갖추어지지 않은 경우이거나, 요건은 충족되었지만 간이공판절차로 심판하는 것이 제도 취지에 비추어 부당한 때이다. 간이공판절차의 취소는 검사의 의견을 들어 법원이 직권에 의하여 결정으로 한다(제286조의3). 간이공판절차의 개시결정은 법원의 재량이지만 취소결정은 법원의 의무이다. 간이공판절차의 결정이 취소된 때에는 공판절차를 갱신하여야 한다(제301조의2).

[79] 약식절차와 약식명령

I. 약식절차의 의의

약식절차란 지방법원의 관할사건에 대하여 검사의 청구가 있을 때 공판절차에 의하지 않고 검사가 제출한 자료만을 조사하여 약식명령으로 피고인에게 벌금·과료 또는 몰수의 형을 과하는 간이화된 재판절차이다(제448조 ①항). 이에 따라 형을 선고하는 재판을 **약식명령**이라고 한다. 약식절차는 서면심리를 원칙으로 하는 절차이므로 간이공판절차(제286조의2)와 구별된다. 또한 약식절차는 검사의 청구에 의하여 진행된다는 점에서 경찰서장의 청구에 의하여 진행되는 즉결심판절차(즉심법 제3조 ①항)와 다르다. 1

약식절차는 법원의 심판업무를 줄여 소송경제이념을 실현하면서, 공개재판에 대한 피고인 부담을 완화시켜 주고 자유형선고의 위험도 미리 차단한다는 점에서 피고인의 이익을 보호한다. 그러나 효율성에 치중한 나머지 국가의 형벌의무를 온전히 이행할 수 없게 되거나, 당사자의 참여권과 공정한 재판을 받을 권리를 침해할 위험성이 있다는 점도 지적된다. 2

II. 약식명령의 청구

약식명령을 청구할 수 있는 사건은 지방법원관할에 속하는 사건으로서 벌금·과료 또는 몰수에 처할 수 있는 사건에 한정된다(제448조 ①항). 이 경우 검사는 '공소의 제기와 동시에 서면으로' 약식명령을 청구하여야 한다(제449조). 약 3

식명령청구서의 기재사항과 공소장의 기재사항은 동일하다. 이때 증거서류 및 증거물도 함께 법원에 제출해야 하므로(규칙 제170조) 약식절차에는 공소장일본주의가 적용되지 않는다. 그리고 통상의 공소제기와 달리 약식명령청구는 부본의 첨부와 송달이 필요 없다.

III. 약식절차의 심판

1. 법원의 심사

4 약식절차는 서면심사로 이루어지나, 조사에 시일을 요하지 않고 약식절차의 본질을 해하지 않는 범위에서는 사실조사도 허용된다. 그러나 증인신문·검증·감정 등 통상의 증거조사나 강제처분 등이 필요한 경우에는 통상의 공판절차에서 심리하여야 한다. 약식절차에는 공소장변경도 허용되지 않는다. 약식절차는 직접주의가 배제되어 전문법칙이 적용되지 않으나, 자백배제법칙, 위법수집증거배제법칙, 자백보강법칙은 유지된다. 이 면에서 자백보강법칙이 배제되는 즉결심판절차와 다르다.

2. 정식 공판절차로의 이행

5 약식명령청구가 있는 경우, 그 사건을 약식명령으로 할 수 없거나 적당하지 않다고 인정되는 때에는 공판절차로 심판하여야 한다(제450조). 이때 법원사무관 등은 즉시 그 취지를 검사에게 통지하여야 하고(규칙 제172조 ①항), 이에 검사는 5일 이내에 통상의 공소제기처럼 피고인의 수에 상응하는 공소장부본을 법원에 제출하고, 법원은 이를 피고인에게 송달하여야 한다(같은 조 ②·③항).

3. 약식명령

6 심리결과 약식명령이 적당하다고 인정한 때에 법원은 약식명령청구가 있은 날로부터 14일 이내에 약식명령을 하여야 한다(소촉법 제22조, 규칙 제171조). 약식명령 발령시에 기판력이 생긴다.[1] 약식명령의 고지는 검사와 피고인에 대한 재판서 송달에 의한다(제452조). 약식명령은 7일 이내의 정식재판 청구기간이 경과하

---

1) 대판 2013. 6. 13. 2013도4737.

거나 그 청구의 취하 또는 청구기각결정이 확정된 경우 확정판결과 동일한 효력을 갖게 된다(제457조). 이때 기판력은 약식명령의 발령시를 기준으로 한다.[1] 피고인의 성명이 모용된 자에게 약식명령이 있는 경우 그에게는 공소제기효력이 미치지 않으므로 공소기각판결(제327조 2호)을 해야 한다.[2]

IV. 정식재판의 청구

정식재판의 청구란 약식절차에 의해 법원이 약식명령을 하는 경우, 그 재판에 불복이 있는 검사 또는 피고인이 정식재판절차에 의한 심판을 구하는 소송행위이다(제453조 ①항 본문). 이는 동일심급의 법원에 대해 재판의 시정을 구하는 제도라는 점에서 상소와 다르다. 7

1. 정식재판청구의 방법

정식재판청구는 약식명령의 고지를 받은 날로부터 7일 이내에 약식명령을 한 법원에 서면으로 하여야 한다(제453조 ①·②항). 이 기간 후에는 상소권회복의 규정에 의해 정식재판청구권의 회복청구와 동시에 정식재판청구를 할 수 있다(제458조 ①항, 제345, 346조). 그러나 정식재판청구권의 회복청구 없이 정식재판만을 청구할 수는 없다.[3] 피고인의 법정대리인은 피고인의 의사와 관계없이 정식재판을 청구할 수 있고, 피고인의 배우자·직계친족·형제자매·원심의 대리인 또는 변호인은 피고인의 명시적 의사에 반하지 않는 범위에서 독립하여 청구할 수 있다(제458, 340, 341조). 8

정식재판청구가 있는 때에는 법원은 지체없이 청구인 상대방에게 그 사유를 통지하여야 한다(제453조 ③항). 약식명령에 대해 정식재판청구가 있는 경우에는 이미 피고인에게 공소장부본과 동일한 내용의 약식명령서가 송달되어 있으므로(제452조) 공소장부본을 송달할 필요는 없다. 정식재판의 청구권자는 제1심 판결의 선고 전까지는 정식재판청구를 취하할 수 있다(제454조). 정식재판청구를 취하한 자는 다시 정식재판을 청구하지 못한다(제458조 ①항, 제354조). 9

---

1) 대판 1994. 8. 9. 94도1318; 1984. 7. 24. 84도1129; 1981. 6. 23. 81도1437; 신동운 1727; 이재상/조균석 57/17.
2) 대판 1981. 7. 7. 81도182.
3) 대결 2008. 7. 11. 2008모605; 1986. 2. 27. 85모6; 1983. 12. 29. 83모48.

2. 정식재판청구에 대한 재판

10 정식재판청구가 법령상의 방식에 위반하거나 정식재판청구권의 소멸 후인 것이 명백한 경우에는 결정으로 기각하여야 한다(제455조 ①항). 기각결정에 대해 불복이 있는 경우에는 즉시항고를 할 수 있다(같은 조 ②항).

11 적법한 정식재판청구가 있는 때에는 공판절차에서 심판하여야 한다(같은 조 ③항). 정식재판청구에 의해 공판절차가 시작되면 통상의 공판절차와 동일한 절차가 되므로 공소장변경과 공소취소가 허용된다. 약식명령에 불복하여 정식재판의 심리가 이루어지는 때에는 불이익변경금지원칙이 적용되지 않는다. 다만 형의 종류를 달리하는 것은 허용되지 않으며 벌금형의 범위 내에서 형량의 상향은 가능하다[**형종상향금지원칙**]. 그러나 검사 또는 피고인과 검사가 피고인에 대한 약식명령에 불복하여 정식재판을 청구한 사건에서는 형종상향금지원칙이 적용되지 않는다.[1] 정식재판에서 다른 사건이 병합심리되어 경합범으로 처단하는 경우에는 약식명령의 형량보다 중한 형을 선고하여도 불이익변경금지원칙에 위배되지 않는다.[2]

12 정식재판청구에 의한 판결이 있는 때에는 약식명령은 당연히 효력을 상실한다(제456조). 여기서 '판결이 있는 때'란 판결이 확정된 경우를 의미하며, 판결에는 공소기각결정도 포함된다. 부적법한 정식재판청구라 할지라도 그러한 청구에 의해 확정판결이 있는 때에는 약식명령은 효력을 상실한다. 약식명령에 대한 정식재판절차에서 유죄판결이 선고되어 확정된 경우, 재심청구의 대상은 약식명령이 아니라 유죄의 확정판결이다.[3]

[80] 즉결심판절차

I. 즉결심판절차의 의의

1 즉결심판은 20만원 이하의 벌금, 구류 또는 과료에 처할 경미한 범죄에 대하

1) 대판 2020. 12. 10. 2020도13700.

2) 대판 2003. 5. 13. 2001도3212. 피고인이 절도죄 등으로 벌금 300만 원의 약식명령을 받은 후 정식재판을 청구하였는데, 제1심법원이 위 정식재판청구 사건을 통상절차에 의해 공소가 제기된 다른 점유이탈물횡령 등 사건들과 병합한 후 각 죄에 대해 모두 징역형을 선택한 다음 경합범으로 처단하여 징역 1년 2월을 선고한 것이 제457조의2 ①항의 형종 상향 금지의 원칙 위배라는 판례는 대판 2020. 1. 9. 2019도15700. 대판 2020. 3. 26. 2020도355 참조.

3) 대판 2013. 4. 11. 2011도10626.

여 지방법원, 지원 또는 시·군법원의 판사가 공판절차에 의하지 않고 신속하게 처리하는 심판절차이다(법조법 제34조 ①항 3호, ③항, 즉심법 제2조). 즉결심판은 대부분 도로교통법 위반 또는 경범죄처벌법 위반 사건을 다룬다. 도로교통법 위반으로 범칙금납부 통고를 받고도 이에 응하지 아니하면 경찰서장에 의하여 즉결심판에 회부된다.[1] 이를 통해 확정판결과 동일한 효력이 부여된다는 점, 법관이 청구를 기각하고 통상재판으로 옮길 수 있다는 점, 정식재판의 청구권이 보장된다는 점에서는 약식절차와 같다. 반면에 절차의 청구권자가 검사가 아닌 경찰서장이라는 점, 판사가 공개된 법정에서 피고인을 직접 신문한다는 점, 즉결심판절차에 의해서 구류형도 부과할 수 있다는 점에서는 약식절차와 다르다.

즉결심판절차는 약식절차와 더불어 경미사건을 신속하게 처리할 수 있도록 제도화한 것으로서, 당사자가 절차부담으로부터 빨리 해방되도록 하는 기능도 담당한다. 그러나 검사가 아닌 경찰서장에게 심판청구권을 부여하여 기소독점주의의 예외를 인정한 것, 이를 통해 자유형인 구류까지 부과할 수 있도록 한 것에 대한 법이론적인 문제제기가 있다. 특히 즉결심판이 기판력을 갖는다는 점을 악용하는 경우 무거운 죄를 저지른 범죄자에게 면죄부를 주는 역기능이 초래된다는 문제도 있다.[2] 2

II. 즉결심판의 청구

관할경찰서장 또는 관할해양경찰서장은 관할법원에 즉결심판을 청구할 수 있다(즉심법 제3조). 즉결심판청구는 즉결심판청구서를 제출함으로써 이루어진다. 즉결심판청구서의 기재사항은 공소장의 필요적 기재사항과 동일하다. 약식절차와 달리 선고할 형을 미리 기재하지 않는다. 즉결심판청구와 동시에 즉결심판을 하는 데 필요한 서류와 증거물을 판사에게 제출하므로(즉심법 제4조), 공소장일본주의가 적용되지 않는다. 3

1) 대판 2020. 4. 29. 2017도13409.
2) 홍영기, 일사부재리의 효력범위, 저스티스 123, 170면 이하. 대판 1996. 6. 28. 95도1270 참조.

III. 즉결심판청구사건의 심리

1. 판사의 심사와 경찰서장의 송치

4 즉결심판청구가 있는 경우에 판사는 그 사건이 즉결심판으로 심리할 사건인지 심사한다. 사건의 성질이나 양형을 예측하여, 일반 공판절차에서 신중하게 심판하는 것이 타당하다고 인정되는 경우에는 기각결정을 하여야 한다(즉심법 제5조 ①항). 판사가 기각결정을 하여 경찰서장이 검사에게 송치한 사건에 대해서도 기소편의주의에 따라 검사는 여전히 불기소처분을 할 수 있다.

2. 심리상의 특칙

5 즉결심판절차법에 특별한 규정이 없고 그 성질에 반하지 않는 한, 형사소송법규정은 즉결심판절차에 준용된다(즉심법 제19조).

(1) 기일의 심리에서 특칙

6 즉결심판의 심리와 재판의 선고는 경찰관서 외의 공개된 법정에서 행한다(즉심법 제7조 ①항). 피고인의 출석은 통상의 공판절차와 마찬가지로 즉결심판에서도 개정요건이다(같은 법 제8조). 벌금 또는 과료를 선고하는 경우에는 피고인의 진술을 듣지 않고 형을 선고할 수 있다(같은 법 제8조의2 ①항). 즉결심판의 심리는 공개된 법정에서 구두주의와 직접주의에 의하여 판사가 직권으로 심리한다.

(2) 증거에 대한 특칙

7 즉결심판절차에는 형사소송법 제312조 ③항과 제313조가 적용되지 않는다(즉심법 제10조). 그러므로 즉결심판절차에서는 피고인이 내용을 인정하지 않더라도 수사기관이 작성한 피의자신문조서를 증거로 사용할 수 있고, 성립의 진정이 인정되지 않더라도 피고인 또는 피고인 아닌 자가 작성한 진술서 등도 증거로 할 수 있다. 즉결심판절차에는 형사소송법 제310조의 자백의 보강법칙이 적용되지 않는다(즉심법 제10조).

IV. 즉결심판의 선고와 효력

8 즉결심판으로 부과할 수 있는 형벌은 20만원 이하의 벌금·구류 또는 과료

이다. 무죄 · 면소 또는 공소기각의 선고도 할 수 있다는 점에서(즉심법 제11조 ⑤항) 약식절차와 구별된다. 즉결심판의 선고는 피고인이 출석한 경우에는 선고, 피고인 없이 심리한 경우에는 즉결심판서등본의 교부에 의한다.

즉결심판은 정식재판청구기간의 경과, 정식재판청구권의 포기 또는 그 청구의 취하에 의하여 확정판결과 동일한 효력, 즉 집행력과 기판력이 생긴다.[1] 정식재판청구를 기각하는 재판이 확정된 경우에도 동일하다(즉심법 제16조). 그러므로 즉결심판이 확정된 경우의 불복은 재심이나 비상상고 등 비상구제절차방식에 의해서만 가능하다. 즉결심판에 의한 형은 경찰서장이 집행하며, 그 집행결과를 지체없이 관할검사에게 보고하여야 한다(즉심법 제18조 ①항). 9

V. 정식재판의 청구

1. 청구절차

유죄선고를 받은 피고인 등은 정식재판을 청구할 수 있다(즉심법 제14조 ①항). 정식재판을 청구하고자 하는 경우에는 즉결심판선고 또는 고지를 받은 날로부터 7일 이내에 정식재판청구서를 경찰서장에게 제출하여야 한다. 판사가 무죄 · 면소 또는 공소기각을 선고 또는 고지한 경우에 경찰서장은 그 선고 또는 고지를 한 날로부터 7일 이내에 정식재판을 청구할 수 있다. 검사에게는 정식재판청구권이 없다. 정식재판청구권자는 정식재판청구권을 포기하거나 정식재판청구를 취하할 수 있고, 또한 일부의 정식재판청구(제342조)와 정식재판청구권의 회복청구(제345 내지 348조)도 인정된다. 정식재판청구의 취하는 제1심 판결선고전까지 할 수 있다(제454조). 정식재판청구권을 포기한 자와 정식재판청구를 취하한 자는 다시 정식재판을 청구할 수 없다(제354조). 10

2. 정식재판청구에 대한 심판

법령상의 방식에 위반된 정식재판의 청구와 청구권의 소멸 후의 정식재판청구에 대해서는 기각결정을 하여야 한다. 이 결정에 대해서는 즉시항고할 수 있다(제455조 ① · ②항, 즉심법 제14조 ④항). 정식재판청구가 적법한 때에는 공판절차에 11

1) 이에 대한 비판과 반론으로는 홍영기, 앞의 글, 169면 이하.

의해 심판하여야 한다(제455조 ③항, 즉심법 제14조 ④항). 즉결심판과 정식재판 사이에는 불이익변경금지원칙이 적용되지 않는다(즉심법 제19조).[1]

[81] 국민참여재판

I. 국민참여재판의 의의

1 국민참여재판이란 '국민의 형사재판 참여에 관한 법률'에 따라 형사재판에 참여하도록 선정된 배심원이 참여하는 재판을 말한다(같은 법 제2조).[2] 사법절차에서 국민의 참여를 보장하여 국민의 상식과 경험을 재판절차에 반영하고 사법에 대한 신뢰와 국민의 법의식을 증진시키기 위해서 도입된 제도이다. 그러나 배심재판을 운영하고 관리하는 데 효율성이 떨어진다는 점, 배심원들이 법과 원리보다는 언론이나 여론 또는 선입견 등에 상대적으로 큰 영향을 받는다는 점, 이를 통해 직업법관의 책임의식이 약화될 수 있다는 점 등은 한계로 지적된다.[3]

II. 대상사건 및 관할

1. 대상사건

2 국민참여재판의 대상사건은 법원조직법 제32조 ①항(2호 · 5호 제외)에 따른 합의부 관할사건, 위 사건의 미수죄 · 교사죄 · 방조죄 · 예비죄 · 음모죄에 해당하는 사건과 그 관련 사건으로서 병합하여 심리하는 사건이다(같은 법 제5조 ①항). 공소사실의 일부 철회 또는 변경으로 인하여 대상사건에 해당하지 않게 된 경우에도 이 법에 따른 재판을 계속 진행한다.

3 법원은 심리상황이나 그 밖의 사정을 고려하여 국민참여재판으로 진행하는 것이 적당하지 않다고 인정한 때에는 결정으로 국민참여재판에 의하지 아니하고 심판하게 할 수 있다(같은 법 제6조 ①항). 국민참여재판의 대상사건은 모두 필요적 변호사건이다.

---

1) 이에 대한 비판으로는 홍영기, 앞의 글, 179면.
2) 이하는 이 법과 국민의 형사재판 참여에 관한 규칙의 내용을 요약한 것이다(자세한 내용은 법령을 참조).
3) 이에 대해서는 홍영기, 일반인의 범죄인식이 형사사법에 미치는 영향, 고려법학 57, 25면 이하.

2. 피고인 의사의 확인

4 피고인은 공소장부본을 송달받은 날부터 7일 이내에 국민참여재판을 원하는지 여부에 관한 의사가 기재된 서면을 제출하여야 하며, 이 서면을 제출하지 않은 때에는 국민참여재판을 원하지 아니하는 것으로 본다. 만약 이 과정을 생략하고 통상의 공판절차로 재판을 진행하였다면, 그 절차는 위법하고 이러한 위법한 공판절차에서 이루어진 소송행위도 무효가 된다.[1] 서면만으로 피고인 의사를 확인할 수 없는 경우에는 법원은 피고인을 심문하는 등 방법으로 피고인 의사를 확인하여야 한다. 위 기간 내 의사확인서를 제출하지 않은 피고인도 제1회 공판기일이 열리기 전까지는 국민참여재판 신청을 할 수 있다(같은 법 제8조).[2]

3. 국민참여재판의 배제결정

5 법원은 배심원 등에게 해가 미칠 우려가 있거나 공범 관계에 있는 피고인들 중 일부가 국민참여재판을 원하지 아니하여 진행에 어려움이 있다고 인정되는 경우, 성폭력법 제2조의 범죄로 인한 피해자 또는 법정대리인이 국민참여재판을 원하지 아니하는 경우[3] 등에는 국민참여재판을 하지 않기로 하는 결정을 할 수 있다(같은 법 제9조 ①항). 배제결정을 하기 전에 검사·피고인 또는 변호인의 의견을 들어야 하고, 이러한 법원의 결정에 대해서는 즉시항고를 할 수 있다(같은 조 ②·③항). 피고인이 국민참여재판을 신청하였는데도 법원이 배제결정도 하지 않고 통상의 공판절차로 재판을 진행하는 것은 위법하다.[4]

4. 통상절차 회부

6 법원은 피고인의 질병 등으로 공판절차가 장기간 정지되거나, 피고인에 대한 구속기간이 만료되거나, 성폭력범죄 피해자를 보호하는 등의 이유로 부적절하다고 인정하는 경우에는 대상사건을 국민참여재판에 의하지 아니하고 심판하게 할 수 있다(같은 법 제11조 ①항). 이와 같이 통상절차에 회부하는 결정을 하기 전에는 당사자의 의견을 들어야 하며, 이러한 법원의 결정에 대하여는 불복할 수 없다(같

---

1) 대판 2012. 9. 13. 2012도7760; 2012. 4. 26. 2012도1225.
2) 대결 2009. 10. 23. 2009모1032.
3) 대결 2016. 3. 16. 2015모2898.
4) 대판 2011. 9. 8. 2011도7106.

은 조 ②·③항).

III. 배 심 원

1. 배심원의 구성

7 배심원은 사실의 인정, 법령의 적용 및 형의 양정에 관한 의견을 제시할 수 있다(같은 법 제12조 ①항). 배심원의 의견은 법관을 기속하지 않는다(같은 법 제46조 ⑤항). 배심원은 만 20세 이상의 국민 중에서 무작위로 선정하되(같은 법 제16조), 공무원·변호사 등 직업에 의한 제외사유(같은 법 제18조)가 있거나 제척사유(같은 법 제19조)에 해당하는 자는 배심원으로 선정할 수 없다. 배심원은 사건의 경중에 따라 9인, 7인, 5인으로 구성된다(같은 법 제13조 ①항). 법원은 배심원 결원 등에 대비하여 5인 이내의 예비배심원을 둘 수 있다(같은 법 제14조 ①항).

2. 배심원의 선정절차

8 검사와 변호인은 배심원 선정기일에 출석하여야 하며, 피고인은 법원의 허가를 받아 출석할 수 있다(같은 법 제27조 ②항). 검사와 변호인은 필요적으로 참여해야 하기 때문에, 변호인이 선정기일에 출석하지 아니한 경우 법원은 국선변호인을 선정하여야 한다(같은 조 ③항). 배심원선정기일의 절차는 비공개로 진행한다(같은 법 제24조 ②항).

9 법원은 배심원후보자가 결격사유 등에 해당하거나 불공평한 판단을 할 우려가 있다고 인정되는 때에는 직권 또는 검사·피고인·변호인의 기피신청에 따라 그 배심원후보자에 대해 불선정결정을 한다. 기피신청을 기각하는 법원의 결정에 대하여는 즉시 이의신청을 할 수 있으며, 이의신청에 대한 결정에 대하여는 불복할 수 없다(같은 법 제29조).

10 검사와 변호인은 배심원이 9인인 경우는 5인, 배심원이 7인인 경우는 4인, 배심원이 5인인 경우는 3인의 범위 내에서 배심원후보자에 대하여 이유를 제시하지 아니하는 기피신청을 할 수 있다(같은 법 제30조 ①항) [**무이유부**無理由附**기피신청**]. 이 신청이 있는 때에 법원은 그 배심원후보자를 배심원으로 선정할 수 없다(같은 조 ②·③항).

3. 배심원의 해임과 사임 등

법원은 배심원 또는 예비배심원이 선서를 하지 않거나 배심원의 의무를 위반하여 그 직무를 담당하게 하는 것이 적당하지 않다고 인정되는 때 등에는 해임결정을 할 수 있다(같은 법 제32조 ①항). 이러한 법원의 결정에 대해 불복할 수 없다(같은 조 ③항). 배심원과 예비배심원은 직무를 계속 수행하기 어려운 사정이 있는 때에는 법원에 사임을 신청할 수 있고, 법원은 신청에 이유가 있다고 인정하는 때에는 그 배심원 또는 예비배심원을 해임하는 결정을 할 수 있다(같은 법 제33조 ①·②항). 배심원의 해임과 사임에 따라 배심원이 부족하게 된 경우 예비배심원은 미리 정한 순서에 따라 배심원이 된다. 이때 배심원이 될 예비배심원이 없는 경우 배심원을 추가로 선정한다(같은 법 제34조 ①항). 11

4. 배심원 등의 보호를 위한 조치

누구든지 배심원·예비배심원 또는 배심원후보자인 사실을 이유로 해고하거나 그 밖의 불이익한 처우를 할 수 없다(같은 법 제50조). 그들이 직무상 취득한 비밀을 알아낼 목적으로 접촉하여서는 안 된다(같은 법 제51조). 또한 성명·주소와 그 밖의 개인정보도 공개하면 안 된다(같은 법 제52조). 재판장은 배심원·예비배심원이 피고인 등에게 위해를 받거나 받을 염려가 있다고 인정하는 때 또는 공정한 심리나 평의에 지장을 초래하거나 초래할 염려가 있다고 인정하는 때에는 신변안전을 위하여 보호, 격리, 숙박, 그 밖에 필요한 조치를 취할 수 있다(같은 법 제53조 ①항). 12

IV. 국민참여재판의 공판절차

1. 공판 전 준비절차

재판장은 피고인이 국민참여재판을 원하는 의사를 표시한 경우로서 법원의 배제결정이 없는 한, 사건을 공판준비절차에 부쳐야 한다[**필요적 공판준비절차**]. 법원은 합의부원으로 하여금 공판준비기일을 진행하게 할 수 있고, 이 경우 수명법관은 공판준비기일에 관하여 법원 또는 재판장과 동일한 권한이 있다(같은 법 제37조). 13

2. 공판과정

14 국민참여재판에서는 피고인에게 진술거부권을 고지하기 전에 배심원과 예비배심원으로 하여금 선서하게 하고, 재판장이 모두설명을 하여야 한다. 이 설명은 변론종결 후 평의에 도움을 주기 위해 행하여지는 재판장의 설명(같은 법 제46조 ①항)과 구별되는 것으로, 재판절차에 익숙하지 않은 배심원을 배려하는 차원의 설명이다.

15 배심원과 예비배심원은 피고인 · 증인에 대해 필요한 사항을 신문하여 줄 것을 재판장에게 요청할 수 있다(같은 법 제41조 ①항 1호). 재판장은 배심원 또는 예비배심원에 의해 요청된 신문 사항을 수정하여 신문하거나 신문하지 않을 수 있다.

3. 평의, 평결 및 양형의 토의

16 재판장은 변론이 종결된 후 법정에서 배심원에게 공소사실 요지와 적용법조, 피고인과 변호인 주장의 요지, 증거능력, 그 밖에 유의할 사항에 관하여 설명하여야 한다(같은 법 제46조 ①항). 이러한 재판장의 설명에는 무죄추정원칙 등 기본적인 원리와 증거법원칙, 배심원의 절차상 의무, 평의 및 평결의 방법 등이 포함된다.[1] 검사 · 피고인 또는 변호인은 재판장에게 설명이 필요한 사항을 특정하여 서면으로 설명을 요청할 수 있다.

17 국민참여재판에서는 피고인이 자백하더라도 간이공판절차를 적용하지 않는다(같은 법 제43조). 배심원 또는 예비배심원은 법원의 증거능력에 관한 심리에 관여할 수 없다(같은 법 제44조). 재판장의 설명을 들은 후 배심원은 유 · 무죄에 관하여 평의한 후 평결한다(같은 법 제46조 ②항). 평결에서 전원의 의견이 일치하면 그에 따라 평결하되, 배심원 과반수의 요청이 있으면 심리에 관여한 판사의 의견을 들을 수 있다(같은 법 제46조 ②항). 유 · 무죄에 관하여 전원의 의견이 일치하지 않을 때에는 평결을 하기 전에 심리에 관여한 판사의 의견을 들어야 한다. 이 경우 유 · 무죄의 평결은 다수결의 방법으로 한다. 평결이 유죄인 경우 배심원은 심리에 관여한 판사와 함께 양형에 관하여 토의하고 그에 관한 의견을 개진한다.

---

1) 공소장에 포함되지 않은 사실이 설명되어서는 안 된다(대판 2014. 11. 13. 2014도8377). 설명제도의 한계에 대해서는 홍영기, 앞의 글, 49면 이하.

재판장은 양형에 관한 토의 전에 처벌범위와 양형의 조건 등을 설명하여야 한다(같은 조 ④항).

4. 평결의 효과와 판결의 선고

배심원의 평결과 의견은 법원을 기속하지 않는다. 판결의 선고는 변론을 종 18
결한 기일에 하는 것이 원칙이다(같은 법 제48조 ①·②항). 재판장은 판결을 선고할 때 피고인에게 배심원의 평결결과를 고지하여야 하며, 배심원의 평결결과와 다른 판결을 선고하는 때에는 피고인에게 그 이유를 설명하여야 한다(같은 조 ④항). 국민참여재판에서 배심원이 만장일치 의견으로 내린 무죄의 평결이 재판부의 심증에 부합하여 그대로 채택되었다면 항소심은 원칙적으로 이러한 제1심 판단을 뒤집을 수 없다.[1)]

1) 대판 2010. 3. 25. 2009도14065.

【판례색인】

【사항색인】

[ㅈ]

[공저자 약력]

배 종 대
고려대학교 법과대학 졸업
독일 Frankfurt a. M. 대학 법학박사(Dr. jur.)
고려대학교 법학전문대학원 명예교수

Der Grundsatz der Verhältnismaßigkeit im Maßregelrecht des StGB(1985)
형법총론(제16판, 2022)
형법각론(제13판, 2022)
형사정책(제2판, 공저, 2022)

홍 영 기
고려대학교 법과대학 졸업
독일 베를린 대학(Humboldt Univ. zu Berlin) 법학박사(Dr. jur.)
(현재) 고려대학교 법학전문대학원 교수

Zeitablauf als Grenze des staatlichen Strafanspruchs(2005)
법학논문작성법(제3판, 2020)
형사정책(제2판, 공저, 2022)

제 3 판 **형사소송법**

2018년 2월 10일 제 1 판 발행
2020년 8월 20일 제 2 판 발행
2022년 8월 25일 제 3 판 발행

공저자 배종대 · 홍영기
발행인 임 권 규
발행처 **홍 문 사**

05855 서울시 송파구 송파대로 167 테라타워 B동 802호
등록 1993. 6. 24. 제1-1543호
TEL. 712-5311(代) FAX. 716-5311

값 41,000원

* 이 책의 무단전재 또는 복제행위를 금합니다.
ISBN 978-89-7770-728-3 93360